RAINER KAMPLING (HRSG.)

HERRLICHKEIT

RAINER KAMPLING (HRSG.)

HERRLICHKEIT

ZUR DEUTUNG EINER THEOLOGISCHEN KATEGORIE

Ferdinand Schöningh
Paderborn · München · Wien · Zürich

Umschlagabbildung:
Georg Meistermann, Feuerflammen. Aus dem rechten Fenster der Josefskapelle

Bibliografische Information der Deutschen Nationalbibliothek

Die Deutsche Nationalbibliothek verzeichnet diese Publikation in der Deutschen Nationalbibliografie; detaillierte bibliografische Daten sind im Internet über http://dnb.d-nb.de abrufbar.

(Verlag Ferdinand Schöningh GmbH & Co. KG, Jühenplatz 1, D-33098 Paderborn)

Internet: www.schoeningh.de

Einbandgestaltung: Evelyn Ziegler, München
Printed in Germany.
Herstellung: Ferdinand Schöningh GmbH & Co. KG, Paderborn

ISBN 978-3-506-75622-0

Vorwort

„How long? Not long, (Not long) because:
Mine eyes have seen the glory of the coming of the Lord; (Yes, sir)“
(Martin Luther King, Jr. 25. März 1965)

Die Entstehung dieses Buches verdankt sich einer Wahrnehmung. Während in der Schrift und in den Werken der Theologiegeschichte der Rede von der *Herrlichkeit Gottes* nicht nur ein eigener hervorgehobener Platz, sondern auch eine unstreitige Selbstverständlichkeit eignet, ist ihr beides in der Theologie der Neuzeit abhanden gekommen. Unter den unzeitigen Begriffen nimmt *Herrlichkeit Gottes* offensichtlich einen vorderen Rang ein. Das, was sich mit diesen Worten verbindet, ist nicht verortbar in der religiösen Erfahrung und theologischen Reflexion. Es scheint, als sei die *Herrlichkeit Gottes* der Welt verloren.

Diese Beobachtung der Gegenläufigkeit – hier ein großes Wort, dort sein Verschweigen – war der Anlass Autorinnen und Autoren einzuladen, über dieses Thema zu arbeiten und die Möglichkeit auszuloten, wie es von neuem zu einem Reden darüber kommen kann.

Ihnen, den Autorinnen und Autoren, gilt zunächst mein Dank. Und nicht nur wegen ihres Mittuns, sondern auch wegen ihrer Geduld im solidarischen Warten. Denn manch eine und manch einer, die einen Beitrag zugesagt und schreiben wollten, wurden dann schlussendlich durch Krankheit oder anderweitige Widrigkeiten an der Fertigstellung gehindert.

Doch nun liegt der Sammelband vor. Als Herausgeber darf ich der Hoffnung Ausdruck geben, dass er dazu verhelfen wird, die theologische Bedeutung der Rede von der *Herrlichkeit Gottes* besser zu verstehen. Nochmals sage ich Dank. Wie so oft schon Dr. Jacobs, der als Lektor das Projekt von Anfang an unterstützte, und Gedeon Klein, der auch diesmal all die technischen Arbeiten übernahm, die notwenig sind.

Das Zitat von Martin Luther King, Jr. begleitet mich wie viele seine Reden durch mein Leben. Es enthält die letzte aller Antworten auf die Frage nach der *Herrlichkeit Gottes*. Man muss sie schauen.

Berlin-Dahlem, im Januar 2007
Rainer Kampling

Inhaltsverzeichnis

Im Schatten der Herrlichkeit

Versuch eines Prologs

Rainer Kampling

„... behind the dim unknown,
Standeth God within the shadow,
keeping watch above his own“
(James Russell Lowell, The Present Crisis 1844)

Ernst Ludwig Ehrlich gewidmet

Vom Schweigen der Herrlichkeit

Das Wort von der Herrlichkeit Gottes, das seine Absolutheit, seine Macht und seine Herrschaft über seine Schöpfung erinnert, und zugleich seine gnadenhafte Zuwendung an das Seine und an die Seinen erinnert, gehört gewiss zu den großen Worten der Schrift und der christlichen Theologie, aber ohne Zweifel auch zu den schweren, wie man mit den Augen wahrnehmen kann.

Bekanntlich gehören spätestens mit dem Ende der iconoklastischen Streitigkeiten innerhalb der lateinischen römischen Kirche und der Durchsetzung der pragmatischen, wenn auch nicht überaus theologisch fundierten Position Gregor I.[1] Bilder zur Liturgie, zum

---

[1] Der berühmte Satz: *Nam quod legentibus scriptura, hoc idiotis praestat pictura cernentibus, quia in ipsa etiam ignorantes vident quid sequi debeant, in ipsa legunt qui litteras nesciunt. Unde et praecipue gentibus pro lectione pictura est.* (PL 77, 1128f; Ep. XI,13) bietet eine Legitimation, aber keine theologische Begründung; vgl. K. Greschat, *Gregor des Großen Auseinandersetzung mit Serenus von Marseille um die Frage der Bilder*, in: Andreas Wagner u.a. (Hg.), Gott im Wort – Gott im Bild. Bilderlosigkeit als Bedingung des Monotheismus? Neukirchen-Vluyn 2005, 59-74; C. Dagens, *Saint Grégoire le Grand inspirateur d'une nouvelle culture chrétienne à l'aube du moyen âge,*

religiösen Leben und zur Erscheinungsform der römisch-katholischen Kirche. Innerhalb der westeuropäischen vorneuzeitlichen Kunstproduktion besteht eine enge Verbindung zwischen Kunst und Kirche, zwischen der Sprache der Theologie und der der Kunst.[2] Freilich gibt es im Laufe der Geschichte einen Loslösungsprozess der Kunst von der Kirche, der fraglos nicht zufällig zeitnah zur Reformation[3] statthatte und der die neuzeitliche Kunst ebenso ermöglichte wie die Disziplin der Kunstgeschichte. Dessen ungeachtet gilt für den Bereich der römisch-katholischen Kirche cum grano salis weiterhin, dass die künstlerische Gestaltung der Sakralräume zugleich ein Gradmesser des theologischen Bewusstseins und der je aktuellen Frömmigkeit ist.[4] Unter diesen Voraussetzungen ist der Umstand, dass ab der Mitte des 20. Jahrhunderts die strenge Form der abstrakten Kunst Eingang in den Sakralbau und dessen Ausgestaltung gefunden hat,[5] als Indiz dafür anzusehen, dass die Abbildbarkeit des Geglaubten nunmehr der Selbstverständlichkeit entrāt und die traditionelle religiöse Bildsprache nicht mehr vermittelbar ist. Die Reduktion der Darstellung als Visualisierung von Stille und Leerstelle hebt die Verborgenheit Gottes als neuzeitliche religiöse Grundbefindlichkeit hervor. Sie ist gleichsam paradox, da sie durch die Verneinung des Konkreten dennoch bildnerisch den *deus absconditus* als unvergegenwärtigbar bezeugt. Das Bild des Abstrakten erinnert die gewesene Zuversicht der künstlerischen Vergegenwärtigung des Transzendenten in der

in: Gregorio Magno nel XIV centenario della morte. Convegno internazionale (Roma, 22-25 ottobre 2003), Rom 2004, 209-221.

2 Vgl. nur: H. Belting, *Bild und Kult: Eine Geschichte des Bildes vor dem Zeitalter der Kunst*, München 1990; ders., *Das echte Bild. Bilderfragen als Glaubensfragen*, München 2005.

3 Vgl. M. Weinrich, *Die Profanisierung der Bilder. Zur Bildproblematik zwischen Kult und Kunst in der reformatorischen Theologie*, in: A. Hölscher, R. Kampling (Hg.), Religiöse Sprache und ihre Bilder. Von der Bibel bis zur modernen Lyrik, Berlin 1998, 151-174.

4 Dabei hat sich die Blickrichtung verändert: Während die vormoderne Kunst Religiöses ansehbar machte, gilt es heute, das Religiöse in der Kunst zu entdecken; vgl. aus der schier unübersehbar gewordenen Literatur: C. Grenier, *L'art contemporain est-il chrétien?* Nimes 2003; M. Zink, *Theologische Bildhermeneutik. Ein kritischer Entwurf zu Gegenwartskunst und Kirche* (Ästhetik - Theologie – Liturgik 24), Münster 2003; R. Hoeps (Hg.), *Religion aus Malerei? Kunst der Gegenwart als theologische Aufgabe*, Paderborn 2005.

5 Vgl. A. Stock, *Keine Kunst. Aspekte der Bildtheologie*, Paderborn 1996.

Negation; ihm eignet Verweischarakter auf das, wovon man eigentlich nur noch schweigen kann. Zwar knüpfen diese Werke bisweilen explizit durch das Material an die christliche Kunsttradition an, etwa durch monochrome goldene Farbaufträge,[6] aber selbst dieses Zitat gemahnt an das aufgegebene Schweigen; es verbirgt. Auch wenn es ein generalisierendes Urteil ist, so wird man doch sagen können, dass die religiöse Kunst des 20. Jahrhunderts überaus beeindruckende Umsetzungen der theologischen Gedanken der Kenosis Gottes und seinem Dunkel hervorgebracht hat, aber kaum solche, in denen die Herrlichkeit Gottes ahnbar, erfahrbar und ansehbar wird.

Aber eben darin ist die Kunst Zeitzeugin des 20. Jahrhunderts, dessen unermessliche Anhäufung an Leid, Gefährdungen, Schmerzen und Tod keine Glorifikation duldet. Nur wer der Meinung anhinge, religiöse Menschen seien gegen Schmerz gefeit und gegen Trauer resistent, könnte verwundert darüber sein, dass diese Krisis auch den Glauben und die Glaubenspraxis berührt. Der Rückzug in ein Haus voll Glorie wäre durch den Preis der Mitleidlosigkeit und Selbstverblendung teuer erkauft.

Die Infragestellung des Menschen und seiner Menschlichkeit findet daher notwenig ihren Widerhall in der Frage nach Gott, in seiner Befragung.[7] Der Schrecken, der die Schöpfung überzieht und ihr stetig droht, hat die Herrlichkeit des Schöpfers verdunkelt; die Rede von ihr steht unter dem Verdacht der Erbarmungslosigkeit und Leichtfertigkeit in einer Welt, in denen die Spuren der Herrlichkeit mannigfaltig verschattet, wenn nicht gar unauffindbar und unlesbar geworden sind.

Mit der Schwere der Rede von dem Transzendenten in der Immanenz droht aber auch die Rede von der absolut transzendenten *Gloria Dei*, biblisch gesprochen, der himmlischen Herrlichkeit als Wesenheit Gottes, zu einem bezugs- und beziehungslosen Sprechen zu werden, das jeglicher Annäherung zu entraten scheint.

---

6 Th. Sternberg im Auftrag des Ökumenischen Kirchentags 2003 (Hg.), *Golden Fields. Winfried Muthesius*, Berlin 2003.

7 Vgl. etwa: E. Fackenheim, *To Mend the World: Foundations of post-Holocaust Jewish Thought*, New York ²1994; H. Jonas, *Gedanken über Gott. Drei Versuche*, Frankfurt a. M. 1994; J. B. Metz, *Theodizee-empfindliche Gottesrede*, in: ders. (Hg.), „Landschaft aus Schreien“ – Zur Dramatik der Theodizeefrage, Mainz 1995, 81-102; Th. Pröpper, *Fragende und Gefragte zugleich. Notizen zur Theodizee*, in: ders., Evangelium und freie Vernunft. Konturen einer theologischen Hermeneutik, Freiburg 2001, 266-275.

Vom Nichtschweigen der Herrlichkeit

Gleichwohl ist die Rede von der Herrlichkeit Gottes durch die Heilige Schrift stets gegenwärtig und vorgegeben. Sie ist hier nicht marginal, sondern gehört als vielfach bezeugte zu den Grundelementen biblischer Gottesrede und damit zugleich zu der über den Menschen und seinem Sein vor Gott. Denn obgleich von der kabod JHWH, der Doxa oder der Gloria, im eigentlichsten Sinne nur theozentrisch gesprochen wird, so wird sie doch auch als Widerfahrnis der Menschen mitbedacht. Sie beinhaltet eine beschreibende Aussage, die das Verhältnis von Gott und Mensch prägnant benennt. Sie zieht Grenzen, um zugleich deren Offenheit aufzuzeigen. Diese komplexe theologische Rede hat in der jüdischen und christlichen Theologiegeschichte eine vielfache und vielförmige Antwort erhalten und wurde in je neuen Kontexten im Gespräch mit der Schrift bedacht.

Wegen dieser Gegebenheiten hat die Rede von der *Gloria Dei* in Absehung aller gegenwärtigen Infragestellungen gleichwohl einen Ort des Zugegenseins: Herrlichkeit Gottes ereignet sich als in der Schrift bezeugte und in der theologischen Tradition bedachte Erfahrung und Redeform. Insofern die Schrift und die aus ihr erwachsende Theologie anwesend sind, ist es mithin auch das Wort von der Herrlichkeit, das in die geschichtliche Gegenerfahrung hineinspricht und dem Fremden, Anderen Raum schafft. In der Contrafaktizität von Aussage und Erfahrung wird es selbst zum Fremden und Unerhörtem. Indem das Wort von der Herrlichkeit Gottes angesichts der Opfer der Geschichte den Widerspruch herausfordert, verweist es ausdrücklich dadurch auf die bleibende Unerlöstheit von Welt, mit der es ein Versöhnen nicht gibt. Der Rede von der *Gloria Dei* kommt damit selbst eine kritische Funktion zu. Es kann nicht damit getan sein, sie affirmativ zu behaupten, sondern es geht darum, die Diskrepanz zwischen der Erfahrung menschlichen Leids und der geglaubten Herrlichkeit auszuhalten um der Würde Gottes und der Menschen willen. Alles andere wäre Zynismus im Gewand der Idylle. In der verstörenden Gewissheit biblischer Rede liegt ihre Herausforderung.

Genauerhin wird eingedenk der biblischen Rede von der Herrlichkeit Gottes, die eine Ahnung davon gibt, was Menschen in Glauben und Hoffnung für möglich erachteten, die Unversöhnlichkeit von menschlicher Existenz im Leid und dem Erhofften nicht nur offengehalten, sondern auch deutlich anklagend benannt. Es wäre jedoch eine Täuschung zu meinen, diese kritische Funktion sei etwas an die biblische Rede Herangetragenes. Denn auch die Menschen der biblischen Zeit, die diese Rede tradierten, meinten sicher nicht, in der besten aller möglichen Welten zu leben. Die vorbefindliche Welt und das in ihr Mögliche hat sich jedoch nach biblischer Denkart nicht an dem auszurichten, was Menschen dem Menschen antun können, sondern sie hat sich an dem Größeren messen zu lassen, der den Glanz seiner Herrlichkeit auf sie gelegt hat (Ps 8,5). Sie kann als Maßstab der Hoffnung ein wohlfeiles Abfinden mit irdischer Drangsal verhindern, wenn denn der offene Widerspruch zur darin gründenden Hoffnung nicht verschleiert wird.

Allerdings kann durch die Vergegenwärtigung der biblischen Rede von der *Gloria Dei* nicht nur kontrastierend das Elend aufgedeckt werden, sondern sie entbirgt auch die Möglichkeit, es zu ertragen oder zu überwinden. Hier sogleich mit der Hermeneutik des Verdachts zu operieren und selbst dem Erwägen dieser Möglichkeit zu unterstellen, es solle billige Vertröstung geboten werden, die das Leid nicht ernstnimmt, führte im Letzten dazu, vom biblischen Zeugnis ganz zu schweigen. Indes gelingt dieser Position auch nicht die Antwort, wie Menschen denn des Leides Überfülle ertragen sollen, wenn ihnen jeder Trost fehlt. Sich den Trost von Gott zu erwarten, sich zu erhoffen, dass die ihm eigene Herrlichkeit dem Menschen nicht verschattet ist, sondern ihn überschattet, das meint gerade nicht, dass „das Leiden der Menschen von vornherein theologisch entwichtigt wird.“[8].

Vielmehr wird es, ohne es als Not und Elend zu leugnen, in seiner konkreten menschlichen Dignität erkannt, die darin liegt, dass die Bedrängnis des Menschen zum Ort der Antwort auf die darin aufbrechende Fraglichkeit der Herrlichkeit Gottes wird. Wenn es in der Erfahrung der Gottesferne dennoch möglich ist, dass in Hoffnung und Glaube die *Gloria Dei* zum Trost wird, dann ist sie in die Wirklichkeit eingebrochen, die sie zugleich negiert und entmächtig. In der Sehnsucht nach ihr ereignet sich ihre contrafakti-

8 J. B. Metz, *Memoria passionis. Ein provozierendes Gedächtnis in pluralistischer Gesellschaft*, Freiburg 2006, 20.

sche Bejahung, die das Schweigen Gottes überwindet, indem sie ihm mehr glaubt als seinem Schweigen.[9]

Da dieses Hoffen und Erwarten der Teilhaftwerdung der göttlichen Herrlichkeit in der vorbefindlichen menschlichen Existenz nicht nur darum weiß, dass das Einbrechen der *Gloria Dei* in Welt, was meint, dass sich Gott als Gott erweist, nicht allein notwendend, sondern zugleich zeitwendend ist, eignet ihr jejetzt fundamental eschatologische Qualität. Das erhoffte Angesichtigwerden des Wesenserweises Gottes durchbricht im Vorgriff die Wirklichkeit, weil sie diese in ihrer Fragwürdigkeit entlarvt und stellt die Zeit in die Perspektive der Herrlichkeit Gottes, an der sie zerbrechen muss. Das „Tu solus" des liturgischen Gloria ist in letzter Konsequenz die radikale Absage an das Gleißen jeder weltlichen Macht und die Öffnung für die wahre Majestas (Ps 24,7.9.10).

Das Andere der Herrlichkeit

Die Divergenz, die sich mit dem Wort von der Herrlichkeit Gottes verbindet, ist ihr biblisch anfänglich beigegeben. Es ist ein zugleich verbergendes und offenbarendes Wort. Einerseits wird damit eine Erscheinungsform Gottes benannt, mithin die erfahrbare und erlebbare Epiphanie und der Erweis seines Wesen als Gott, andererseits ist die Herrlichkeit das dem Menschen ganz Verborgene Gottes, das zu schauen ihm unmöglich ist. Das Wort von der Herrlichkeit Gottes bringt die Selbstmitteilung Gottes zum Begriff: „Bin ich nur ein Gott, der nahe ist, spricht der HERR, und nicht auch ein Gott, der ferne ist?" (Jer 23,23)

Es erfasst wie kaum eine andere biblische Gottesbeschreibung Immanenz und Transzendenz des Einen und benamt das zusammenfassend, was sich an religiöser Erfahrung mit diesem Gott gesammelt hat. Es enthält die ganze Schwere Gottes, die sich dem Menschen mitteilt, ohne dass er ihrer ganz teilhaftig würde. Es verweist auf die je größere Freiheit Gottes. Er ist der freie sich gnadenhaft zuwendende Gott, der aber auch der sich Verbergende sein kann.

---

9 Vgl. dazu meine Überlegungen: *Gottes und Abrahams Freiheit. Nachdenken über den Gang in das Land von Morija*, in: M. Böhnke u.a. (Hg.), Freiheit Gottes und der Menschen (FS Thomas Pröpper), Regensburg 2006, 529-533.

Das Wort von der *kabod JHWH*, der Doxa oder der Gloria, ist als Wort von Menschen lesbar als eine Kurzformel menschlicher Erfahrung des Hoffens und des vergeblichen Hoffens. In ihm artikuliert und ereignet sich das Ablassen-Können von diesem Gott, dessen Herrlichkeit einem nahe und fremd zugleich ist. In diesem Sinne ist die Rede von der Herrlichkeit Gottes notwendig fragmentarisch. Sie verbleibt angesichts der Nähe und der Ferne Gottes unter seinem Vorbehalt. Sie kann erst in Fülle enthüllt geschaut werden um den Preis des irdischen Lebens. Der Glaube und die Hoffnung auf dieses Innewerden der endgültigen Herrlichkeit stehen der Treue und dem Vertrauen nahe; denn hier artikuliert sich der Glaube, dass Gott sich über den Tod als treu erweist, aber auch, dass der Mensch seinen Glauben und seine Hoffnung entgrenzt.

Unternähme man es, die verschiedenen und vielfachen Implikationen des Wortes von der Herrlichkeit Gottes zu vereinen, sie auf den Begriff zu bringen, so würde man wohl scheitern, denn das Wort selbst lebt von der Vielfältigkeit seiner Konnotationen. Gleichwohl kann man feststellen, dass mit ihm die Ebene Gottes und die der Menschen nicht vermengt werden. Dem Größeren wird das Größere gelassen. Herrlichkeit Gottes verweist dementsprechend auch nicht auf eine relationale Erfahrung, sondern auf eine Widerfahrnis des Menschen, die ihm zuteil wird. Er findet sich zunächst als Objekt gegenüber der Herrlichkeit Gottes vor. Er wird aber dann zum Subjekt, wenn er sie contrafaktisch glaubt und erhofft; damit wird sie Wirklichkeit.

Wenn man sich nicht damit begnügt, Herrlichkeit einfach als Synonym für Allmacht[10] zu nehmen, dann erschließt sich die Komplexität eines Wortes, das durch Bejahung und Negation, Offenbarung und Verbergen, Fülle und Fragmentarisches, Widerspruch und Zuspruch konturiert wird. Hält man diese Divergenzen aus, dann erschließt sich das Ahnen, dass dieses alte große Wort der Bibel mehr über die Wirklichkeit des Glaubens und der Glaubenden zu sagen vermag, als es scheint.

---

[10] Vgl. dazu: Th. Pröpper, *Allmacht Gottes*, in: ThQ 174 (1994) 288-303.

Bibel

Herrlichkeit als kābōd in der hebräischen Bibel –

mit einem Schwerpunkt auf dem Pentateuch

Gerhard Langer

223 Mal setzt die Einheitsübersetzung den Begriff „Herrlichkeit" in der Bibel an, davon 102 Mal im Tanach.[1] Die absolute Mehrzahl der Belege übersetzt eine Form von kbd, Ijob 37,22 hōd; Ps 45,4, Dan 4,27 und 5,18 hadar; Jes 49,3; 60,21; 61,3 pāʾar. In Ez 7,11 fehlt der Bezug überhaupt in der BHS; Dan 3,53 (52) gibt das griechische δόξα wieder, Dan 7,27 das aramäische rebutāʾ. Dazu kommen 19 Belege für „herrlich", drei (sieben)[2] für „herrliche"; 14 (17) für „herrlicher", drei für „herrliches" und Jer 3,19 für „herrlichste", hier übrigens als Umschreibung für das Land als nahalat ṣebi ṣibʾōt gojim.

Der simple Vergleich mit dem „glory" der King James Version ergibt für das AT gleich mehr als doppelt so viele Belege (247), was hier nur angeführt werden soll, um das Problem von Übersetzung aufzuzeigen. Ein kurzer Artikel wie dieser kann freilich ohnehin nicht umfassend sein. Und so mag man mir erlauben, mich auf die Belege von kābōd zu konzentrieren, im Bewusstsein, dass eine Reihe anderer Begriffe, die Stärke, Macht oder Glanz umschreiben, nicht berücksichtigt werden.

Entsprechend der Fragestellung nach der „theologischen Kategorie Herrlichkeit" lese ich die hebräische Bibel, den Tanach, kanonisch und bibeltheologisch, was bedeutet, dass nicht die religionsgeschichtliche Fragestellung im Mittelpunkt steht, sondern die Frage nach der Funktion der Rede vom kābōd in der heute vorliegenden Endgestalt. Unterschiedliche Herkunft und Schichtungen werden dabei nicht verleugnet, unterstehen jedoch der Bemühung, ein Ge-

---

1 Dazu kommen in der EÜ noch einige Belege in den deuterokanonischen Schriften, Tob 13,16; Judit 16,13; 1 Makk 1,40 und 2,62; 2 Makk 2,8; Weish 5,16; 7,25; 9,10; dann vor allem bei Sira 17,13; 36,19; 42,16f.; 45,3.7; 49,12 und Baruch 4,24.37 und 5,1.2.4.7 und 9, auf die ich hier nicht eingehe.

2 In Klammern jeweils die Gesamtbelege für das AT inklusive Deuterokanonika.

samtbild zu entwerfen, das die Unterschiede und vielleicht auch Differenzen zu vereinen vermag.[3] 199 Mal im AT vertreten, liegen die Schwerpunkte in den Psalmen (55 Mal), bei Jesaja (38 Mal), gefolgt von Pentateuch (24 Mal), Ezechiel (19 Mal), dem Chronistischen Geschichtswerk (18 Mal) und den Sprichwörtern (16 Mal).

Ich konzentriere mich hier auf den Pentateuch, da er die überwiegende Bedeutung innerhalb des Tanach erhält, der ganz auf ihn abgestimmt ist. Unzweifelhaft bildet er den zentralen Bezugspunkt für das Judentum über die Jahrhunderte. Und obwohl innerhalb der christlichen Tradition die Prophetenüberlieferung einen sehr hohen Stellenwert erlangt, zeigt dennoch schon der Aufbau des NT mit der Positionierung der Evangelien analog zur Tora im sog. Alten Testament die Bedeutung des Pentateuch auch für Christen auf.[4]

Schon vor 40 Jahren schrieb Rolf Rendtorff, der 2005 seinen 80er feiern durfte, dass der kābōd die „den Menschen erkennbare Seite des Wirkens Jahwes, in dem er selbst in seiner Macht offenbar wird,“[5] sei. Diese Kurzbeschreibung ist wie kaum eine andere geeignet, den komplexen Inhalt des Begriffes aufzuschließen, der jedoch in der Folge noch detaillierter entfaltet werden muss.

Bemerkenswert ist, dass die beiden ersten Belege in Gen 31,1 und Gen 45,13 jeweils – auf unterschiedliche Weise – die Aneignung von Ehre und Macht[6] durch zwei Israeliten ausdrücken, nämlich Jakob

---

3 Ich gehe auch nicht auf mögliche religionsgeschichtliche Bezüge ein, um das Phänomen kābōd zu beschreiben, wie dies nicht selten versucht wird, sondern suche nach der genuin bibeltheologischen Bedeutung des Begriffes.

4 Vgl. die grundlegenden Aussagen bei E. Zenger, *Einleitung in das Alte Testament* (StTh 1,1), Stuttgart [5]2004, 21-33.

5 R. Rendtorff, *Die Offenbarungsvorstellungen im Alten Israel*, in: W. Pannenberg, Offenbarung als Geschichte (KuD Beiheft 1), [3]1965, 21-41, 31.

6 Ehre und Macht sind Bereiche, die eng mit dem Begriff kbd verbunden sind. Von der Wurzel her ist kbd mit „Schwere“ verbunden. Schwer ist, um nur Beispiele zu nennen, etwa das Haar des Absalom (2 Sam 14,26) oder ein Fels in der Wüste (Jes 32,2) oder die Wolke am Sinai (Ex 19,16). Mit kbd kann etwa die Schwere der Bedrängnis (Neh 5,18 u.ö.) und der Hungersnot (Gen 12,10; 41,31; 47,4 u. ö.) ausgedrückt sein, ebenso auch die Schwere der Herrschaft unter dem israelitischen König Rehabeam (1 Kön 12,1 // 2 Chr 10,11), die Schwere der individuellen (Ps 38,5) oder der kollektiven Vergehen (Gen 18,20 – Sodom; Jes 1,4 – Israel). Aber kbd drückt auch die Belastung aus, die ein Gastgeber hat, wenn ihn zu viele Gäste be„ehren“ wollen (2 Sam 13,25). Gleich mehrfach lassen sich spannende Kontraste zeigen: Schwer ist der Kampf (Jes 21,15) und gewaltig die Streitmacht, die Edom gegen Israel führt (Num 20,20) oder der König Aram gegen Elischa (2 Kön 6,13) oder Assur gegen Hiskija

(2 Kön 18,17 // Jes 36,2). Schwer ist aber auch der Kampf Israels gegen Benjamin (Ri 20,34). Und dies kontrastiert gerade mit dem großen Gefolge, das die Königin von Saba nach Jerusalem begleitet (1 Kön 10,2 // 2 Chr 9,1). Es ist nicht zuletzt die Hand Gottes selbst, die schwer auf einem lastet, auf Ägypten etwa in Form der vielfältigen schweren Plagen (Ex 9,3.18.24), auf den Philistern, die die Lade entführten, aber umgekehrt auch auf dem frommen Beter (Ps 32,4; Ijob 23,2), dessen Leid schwer wird (Ijob 6,3). Umgekehrt ist die erhobene Hand des Mose Garant des Siegs gegen Amalek (Ex 17,12), der in Gefahr gerät, als ihm die Hände schwer werden. Wie Pharao (Ex 7,14 u.ö.) wie die Ägypter ihre Herzen schwer machten, also verhärteten, so steht auch Israel (1 Sam 6,6) in der Gefahr, es zu tun. Der Reichtum eines Abraham (Gen 13,2) kann schwer wiegen, ebenso aber auch der Ärger, den man mit einem Idioten hat (Spr 27,3). Jitro warnt Mose vor der nicht zu bewältigenden Aufgabe der Betreuung seines Volkes (Ex 18,18) und tatsächlich ist es ihm zu schwer (Num 11,14), weshalb er sich bei Gott beklagt. Überhaupt ist auch die Zunge des Mose schwer (Ex 4,10), woraus man später sein Stottern eruierte. Jakobs Auge ist schwersichtig (Gen 48,10); Gottes Ohr dagegen nicht schwerhörig (Jes 59,1). In einem weiteren Sinn wird die Schwere zur Fülle, zur Menge, wie bei den Ausziehenden unter Josef (Gen 50,9) oder der Exodusgeneration (Ex 12,37). Reichen Lohn gibt es für den, der Israel verwünscht (Num 22,17.37; 24,11), das Ungeziefer der Plagen gegen Ägypten tritt in Massen auf (Ex 8,20; 10,14), die Wasserquellen der Welt sind übervoll (Spr 8,24).

Aus der Schwere leitet sich auch die Bedeutung und Anerkennung einer Person ab. „Der Sohn ehrt seinen Vater und der Knecht seinen Herrn. Wenn ich der Vater bin - wo bleibt dann die Ehrerbietung? Wenn ich JHWH bin – wo bleibt dann die Furcht vor mir?, spricht JHWH der Heere zu euch, ihr Priester, die ihr meinen Namen verachtet. Doch ihr sagt: Wodurch verachten wir denn deinen Namen?“, heißt es in Mal 1,6. Der Begriff bezeichnet vor allem im piel die Verehrung von Gott und – zumindest in Dan 11,38, vielleicht aber auch allgemein in Ri 9,9 – von Göttern. Nach Spr 3,9 ehrt man Israels Gott mit seinem Vermögen, mit dem Besten, was man besitzt und kontrastiert damit das ungehörige Verhalten der Israeliten in Maleachi, wo nur ungeeignete Opfer dargebracht werden, die man sich hätte sparen können. Vielmehr gebietet die Ehr-Furcht einen Umgang, der dem Gegenüber würdig ist, ihm die nötige „Schwere“ gibt und selber „schwer genug wiegt“, um als angemessen zu gelten. Gerade der Hinweis auf die Ehrerbietung gegenüber dem Herrn parallel zum Vater an dieser Stelle erhellt gleichzeitig eine noch viel bekanntere, nämlich das Dekaloggebot in Ex 20,12 und Dtn 5,16, wonach Vater und Mutter geehrt werden sollen. Auch hier geht es nicht um grenzenlos selbstlose Liebe, sondern um die passend angemessene Achtung, die sich wohl vor allem in konkreten Verrichtungen äußert, bis hin zu einer würdigen Trauerfeier (Gen 50,11) und soll sich natürlich über alle erstrecken, die Gott fürchten (Ps 15,4). Gott gegenüber äußert sich Ehrfurcht in Liebe zum Armen (Spr 14,31), in Opfer (Jes 43,23) und vor allem Lobpreis (Jes 24,15; Ps 22,24), darf sich aber nicht im Lippendienst oder einer eingelernten Pflichtübung genügen (Jes 29,13) und bleibt auch keineswegs auf Israel beschränkt (Ps 86,9; Jes 25,3 – Völker;

und Josef. Ersterer erhält sie durch Tricks von Laban, letzterer als Vizekönig von Ägypten. Im Buch Numeri stehen dem zwei Belege gegenüber, die von der hohen „Belohnung“ Bileams durch Balak sprechen (22,37), die er schließlich nicht bekommt, da er gesegnet statt geflucht hat (24,11).

Alle anderen Belege haben mit Gott zu tun. Ex 28,2, wo Aaron priesterliche Gewänder voll kābōd und tifæræt geschneidert bekommen soll, wird verstehbar, wenn wir in der Folge die Pentateuchbelege näher betrachten. Hier drückt sich Gottes besondere Gegenwart im Volk aus, die Aaron im Gottesdienst erinnert.

Einige wichtige Vorbemerkungen sind zu machen, ehe die Belege im Detail weiter analysiert werden. Die vorhandenen Bilder des Tanach sind in Anlehnung etwa an Othmar Keel u.a. in seinem wichtigen Hoheliedkommentar[7] nicht als Schaubilder sondern als Denkbilder zu verstehen. Dies bedeutet nicht, dass wir die Bibel auf klassische Weise allegorisch auszulegen haben. Hinter Themen wie Wolke, Feuer, Herrlichkeit und anderen Erscheinungsformen des Göttlichen verstecken sich jedoch grundlegende theologische Kategorien der Gotteserfahrung von Unmittelbarkeit und Mittelbarkeit, die es aufzudecken gilt.

Jes 43,20 – Tiere). „Wer Opfer des Lobes bringt, ehrt mich; wer rechtschaffen lebt, dem zeig' ich mein Heil,“ heißt es in Ps 50,23. In Jes 58,13 kommt dem Sabbat als Tag des Herrn Schwere und Ehre zu. Ehrerbietung gegenüber Gott kommt zurück und mündet in eigener Ehre und Glück (1 Sam 2,30; Spr 27,18; Ps 91,15; Jes 43,4; 49,5; Jer 30,19). Naturgemäß verschafft die Weisheit als Ausdruck des Gott entsprechenden Verhaltens Ehre (Spr 4,8), ebenso wie Einsicht und Kritikfähigkeit (Spr 13,18). Mit ehrenden Worten ist zu sparen (Spr 25,27). Ehre mündet in Ansehen, wobei Einfluss und Ehre keine Rückschlüsse auf das richtige oder falsche Verhalten zulassen (Gen 34,19 – Sichem; 1 Sam 9,6 – ein Gottesmann). Sie kommt Helden (2 Sam 23,23 u.ö.) ebenso zu wie den sprichwörtlichen Notablen (Jes 23,8; Nahum 3,10).
Michals Spott über David spielt mit der Ehre, die er durch seinen nackten Tanz ihrer Ansicht nach aufs Spiel setzt (2 Sam 6,20). Saul bittet um die „Ehre“, trotz eigener Schuld, dass Samuel ihn begleite um Gott anzubeten.

7 O. Keel, *Das Hohelied* (Zürcher Bibelkommentare 18), Zürich 1986.

Betrachten wir einmal die Belege für Gott und kābōd im Pentateuch:

kābōd und Murren I – Essen

Der erste Beleg des Substantivs für Gott ist Ex 16,7. Hier lässt Mose das Volk den kābōd Gottes schauen, weil es wegen mangelnden Essens aufbegehrt.

Genau in diesem Zusammenhang und der damit verbundenen Rede Aarons erscheint Gottes kābōd in der Wolkensäule (16,10).

Sinai

In Ex 24,16 lässt sich der kābōd auf den Sinai herab und die Wolke bedeckt den Berg Sinai sechs Tage lang.
In Ex 24,17 erscheint der kābōd wie verzehrendes Feuer auf dem Gipfel des Berges. Hier beginnt der Aufstieg des Mose.

Zelt als wandernder Sinai

Im Rahmen einer langen Anweisung in Bezug auf das Heiligtum will sich Gott nach Ex 29,43 am Offenbarungszelt allen offenbaren und in seinem kābōd heilig erweisen.
Ziel ist das Wohnen Gottes im Volk (29,45).

Mose

Wichtig ist die direkte Offenbarung des kābōd nach Bitte des Mose in 33,18 nach dem Fiasko mit dem Goldenen Kalb und der diplomatischen Intervention des Mose. In 33,22 zieht Gottes kābōd an ihm vorbei.

Zelt als wandernder Sinai – Umsetzung von Ex 29

In Ex 40,34 verhüllt die Wolke das Zelt und der kābōd erfüllt das Zelt, weshalb Mose in 40,35 es nicht betreten kann.

Zelt als wandernder Sinai – erstes Opfer

In Lev 9,6 wird die Erscheinung des kābōd bei der Einweihung des Zeltes angekündigt und an den richtigen Kult gebunden. In 9,23 erscheint er folgerichtig auch dem Volk, nachdem Mose und Aaron das Zelt betreten hatten und wieder herausgekommen waren. Feuer verzehrt schließlich das Opfer.

kābōd und Murren II

In Num 14,10 murrt das Volk gegen Mose und Aaron im Zusammenhang mit der Kundschaftererzählung. Der kābōd erscheint allen.

Num 14,22 erwähnt den kābōd in der Wüste im Kontext des zehnmaligen Murrens. Gott macht eine Selbstaussage in 14,21, wonach der kābōd das ganze Land erfülle und spricht gleichzeitig die Drohung aus, dass die Generation der Murrenden das Land nicht besitzen wird.

In Num 16,19 erscheint der kābōd der Gemeinde, nachdem sie von Korach versammelt wurde. Doch ist dies der Auftakt zur folgenden Vernichtung seiner Gruppe.

In Num 17,7 kommt es erneut zur Erscheinung des kābōd und der Wolke, als das Volk wieder gegen Mose und Aaron murrt. Gott beginnt mit der Vernichtung der Gemeinde. Ein Entsühnungsritual kann das Schlimmste verhindern.

In Num 20,6 erscheint der kābōd nur Mose und Aaron vor dem Zelt bewusst abseits des Volkes, nachdem es gemurrt hatte. Es geht um die Versorgung mit Wasser.

kābōd sehen als hören

Der letzte Beleg steht in Dtn 5,24: „Sieh, JHWH, unser Gott, hat uns seinen kābōd sehen lassen und seine Größe sehen lassen, und wir haben seine Stimme mitten aus dem Feuer gehört. Heute haben wir gesehen, dass Gott zu Menschen spricht und sie bleiben am Leben."

Lassen Sie mich die einzelnen Stellen auswerten und in Bezug setzen. Schon vielfach wurden Querbezüge und Zusammenhänge innerhalb der Belege festgestellt, u.a. in der Dissertation von Ursula Struppe zur „Herrlichkeit Jahwes in der Priesterschrift",[8] wozu sie die für den Gesamtpentateuch wichtigen Belege in Ex 33 nicht zählt. Sie unterscheidet zwischen dem Erscheinen des kābōd am Sinai und der Wüstenüberlieferung. Ich will die Erscheinung des kābōd in der Wüste unter das Stichwort „Gegenwart des Gerichts" stellen und dies in der Folge erläutern.

---

8 U. Struppe, *Die Herrlichkeit Jahwes in der Priesterschrift* (ÖBS 9), Klosterneuburg 1988. Vgl. auch die Struktur bei T. Podella, *Das Lichtkleid JHWHs. Untersuchungen zur Gestalthaftigkeit Gottes im Alten Testament und seiner altorientalischen Umwelt* (FAT 15), Tübingen 1996, 214-216.

kābōd als Gegenwart des Gerichts

Da die Wüstenüberlieferung als Rahmen fungiert, sei sie hier zuerst genannt. Struppe zeigt sehr anschaulich die strukturellen und formalen Bezüge der einzelnen Stellen zueinander. M. E. ist jedoch die Ausdeutung zu einseitig positiv. Der Umstand, dass der kābōd in den Rahmenteilen jeweils vom Murren der Israeliten geradezu herbeigerufen wird, findet zu wenig Beachtung. „Sein machtvolles Wirken bedeutet entweder Gericht (Ex 14; Num 14; Num 20), oder Rettung (Ex 16; Num 20)“[9] ist so zwar nicht falsch, unterschlägt aber die Funktion des Gerichtes auch und gerade in den sog. Rettungspassagen. Schon Benno Jacob schrieb daher richtig zu 16,10: „Hiernach ist die erscheinende Glorie die Gegenwart Gottes, der stumm, aber zürnend die Mahnung Ahrons bestätigt.“[10] Auch in Num 14 ist die Erscheinung des kābōd an das skandalöse Verhalten des Volkes gebunden. Nur die Fürbitte des Mose vermag die Ausrottung des Volkes durch Gott zu verhindern. Und gerade sie zeigt einen wichtigen Aspekt der kābōd-Theologie. Gott offenbart sich als machtvoll und stark, zeigt seine Präsenz und fordert Erkenntnis und Anerkennung. Mose argumentiert, die Ägypter würden diesen Gott missachten, wenn er sich gegenüber seinem Volk nicht als fähig erweist, es ins Land zu führen. Und gerade das Zitat der Gnadenformel in Num 14,18 beschwört die Zuwendung Gottes. Gott lässt sich zwar von Mose erweichen, doch der daran anschließende Schwur Gottes argumentiert nun seinerseits mit der Gegenwart des kābōd, der seine machtvolle Existenz unterstreicht. Gott hält fest, dass niemand aus der Wüstengeneration mit Ausnahme von Kaleb das Land sehen wird.

Ganz ähnlich geht es in der nächsten Szene weiter: Der Aufruhr Korachs, Datans und Abirams gegen die Exklusivität des aaronidischen Priesteramts und die Führung des Mose provoziert in Num 16 die Gegenwart Gottes. Mose und Aaron leisten gemeinsam Fürbitte für die Gemeinde, wodurch es zu keiner Kollektivhaftung kommt und die Affäre dramatisch damit endet, dass „die Rotte Korachs“ von der Erde verschluckt wird.

---

9 Struppe, *Herrlichkeit*, 232.

10 B. Jacob, *Das Buch Exodus*. Herausgegeben im Auftrag des Leo Baeck Instituts von Shlomo Mayer unter Mitwirkung von J. Hahn und A. Jürgensen, Stuttgart 1997, 464.

Num 17 schildert ein noch intensiveres Szenario. Der Vorwurf der Gemeinde belastet Mose und Aaron als Mörder der Gemeinde, wodurch sie sich solidarisch mit Korach, Datan und Abiram zeigt. Diesmal bedarf es bereits eines Sühnerituals Aarons, um Gott von der Vernichtung des Volkes abzuhalten. 14.700 Menschen hatten aber ihr Leben lassen müssen.

Num 20 führt wieder an den Anfang zurück, zu Ex 16, wo das Murren über das mangelnde Essen begonnen hat. Jetzt setzt es sich über den Wassermangel fort. Diesmal erhält die Erscheinung des kābōd aber eine neue Nuance. Denn sie ist nun direkte Folge der mangelnden Bezeugung der Heiligkeit Gottes durch Mose und Aaron, die sich vom Volk weg hin zum Zelt bewegen. Zwar lässt Gott Wasser aus dem Felsen fließen, doch die Führer Mose und Aaron werden das Land nicht sehen. Nur wer Ex 16 in Erinnerung hat, kann die Strafe ermessen. In Ex 16 redet Gott mit Mose nach dem Murren des Volkes von sich aus. Mose und Aaron tadeln das Volk und geben gleichzeitig die Zuwendung Gottes zu verstehen. In Num 20 tadeln sie das Volk ebenfalls, spielen sich aber selber in den Vordergrund. Die Verfehlung von Mose und Aaron besteht m. E. nicht in der Widersetzlichkeit gegen Gottes Heilswillen, wie dies etwa Seebass in seinem Kommentar darstellt.[11] Zwei Deutungen scheinen mir logischer. Entweder verfehlen sie sich in ihrer Selbstüberhebung gegen die Funktion der Gottesbezeugung als des eben ganz Anderen, des Heiligen. Dieser Selbsterweis geschieht dann durch die Bereitstellung des Wassers für ein widerspenstiges Volk, das Gott hier explizit distanziert nicht „seine“ Gemeinde, sondern „diese Gemeinde da“ nennt (V. 12).[12] Eine weitere damit verbundene Deutung könnte aber gerade aus den bislang gemachten Beobachtungen zu kābōd folgern, dass an dieser Stelle die Bezeugung des bedingungslosen Gotteswillens und der Gotteszusage durch Mose und Aaron erwartet worden wäre, die beide dadurch verweigern, dass sie das Zelt aufsuchen. Die eigentliche Sünde bestünde demnach bereits im Hilfe suchenden Weg zum Zelt. Gottes kābōd erscheint nicht als Zeichen der Zuwendung zum Volk wider allen Missmut, sondern aus Ärger über die beiden Führer, deren Aufgabe es gewesen wäre, das Volk von Gottes Heiligkeit zu überzeugen.

11 H. Seebass, *Numeri* (BKAT IV.2), Neukirchen 2003.

12 Vgl. A. Schart, *Mose und Israel im Konflikt. Eine redaktionsgeschichtliche Studie zu den Wüstenerzählungen* (OBO 98), Göttingen 1990, 116-118.

Der kābōd war jedes Mal Folge des Murrens und damit des Unglaubens. Als Ergebnis kommt es zwar zur physischen Rettung aber gleichzeitig zur psychischen Bestrafung durch Vorenthalten des Lohns der Mühe, des Landes.

Der kābōd als Selbsterweis Gottes

Zu einem umfassenden Verständnis des kābōd gehört der Aspekt des Selbsterweises Gottes im Zusammenhang mit seiner Erscheinung. Dieser Selbsterweis Gottes beginnt in Verbindung mit kbd bereits in Ex 14,4.17.18. Gott verhärtet das Herz des Pharao und schlägt ihn dann, denn „die Ägypter sollen erkennen, dass ich JHWH bin, wenn ich am Pharao, an seinen Streitwagen und Reitern meinen kābōd erweise" (14,18).

In Ex 16 wendet sich Gott an das Volk, hört das Murren, doch folgt keine Strafe, jedoch wieder die eindeutige Absicht Gottes, das Volk zur Gotteserkenntnis zu führen: „JHWH sprach zu Mose: Ich habe das Murren der Israeliten gehört. Sag ihnen: Am Abend werdet ihr Fleisch zu essen haben, am Morgen werdet ihr satt sein von Brot, und ihr werdet erkennen, dass ich JHWH, euer Gott, bin" (16,12).

Die relative Milde, die Benno Jacob als stummes Zürnen interpretierte, ist wohl auch durch das erst bevorstehende entscheidende Sinaiereignis bedingt, das das Volk neu bindet und verpflichtet. Vor und nach dem Sinai sind zwei entscheidend andere Epochen, der Bundesschluss in Ex 24 bringt neue und intensive Verantwortung für das Volk im Umgang mit Gott.

In Ex 29,46 heißt es entsprechend: „Sie sollen erkennen, dass ich JHWH, ihr Gott bin, der sie aus Ägypten herausgeführt hat, um in ihrer Mitte zu wohnen, ich, JHWH, ihr Gott."

Diese Gotteserkenntnis ist mit der Erkenntnis der Rettung verbunden aber auch mit der Anerkennung als Heiliger und Mächtiger.

Nach dem Ereignis am Sinai schließlich hört man schon wesentlich deutlicher den negativen Unterton heraus:

In Lev 10 wird das unerlaubte Opfer der Söhne Aarons mit dem Tod bestraft: „Da sagte Mose zu Aaron: Das ist es, was JHWH meinte, als er sprach: An denen, die mir nahe sind, erweise ich mich heilig, und vor dem ganzen Volk zeige ich mich herrlich. Aaron schwieg“ (10,3). So wie einst Gott schweigend dem Volk seine Verpflegung zukommen ließ, als es murrte, zieht Aaron es vor, den Tod seiner Söhne schweigend zur Kenntnis zu nehmen und Gottes Handeln nicht zu kommentieren.[13]

In Num 14,21-23 kommt der Selbsterweis rückblickend und in Verbindung mit einer Beschwörungsformel daher: „Doch so wahr ich lebe und der kābōd JHWHs das ganze Land erfüllt: Alle Männer, die meinen kābōd und meine Zeichen gesehen haben, die ich in Ägypten und in der Wüste vollbracht habe, und die mich jetzt schon zum zehnten Mal auf die Probe gestellt und doch nicht auf mich gehört haben, sie alle werden das Land nicht zu sehen bekommen, das ich ihren Vätern mit einem Eid zugesichert habe. Keiner von denen, die mich verachtet haben, wird es zu sehen bekommen.“

Der Kontrast könnte nicht größer sein. Gottes kābōd erfüllt das Land, aber die Menschen, die er zu seiner Anerkennung bestimmt hat, werden es nicht zu Gesicht bekommen.

Und in Num 20,13 trifft es schließlich Aaron und Mose selbst: „JHWH aber sprach zu Mose und Aaron: Weil ihr mir nicht geglaubt habt und mich vor den Augen der Israeliten nicht als den Heiligen bezeugen wolltet, darum werdet ihr dieses Volk nicht in das Land hineinführen, das ich ihm geben will. Das ist das Wasser von Meriba (Streitwasser), weil die Israeliten mit JHWH gestritten haben und er sich als der Heilige erwiesen hat.“ Der Selbsterweis der Zuwendung Gottes ist nun bitter geworden. Niemand aus der Generation Aarons und Mose kommt in das Land. Als Mose stirbt, heißt es in Num 27,13f.: „Wenn du es (das Land) gesehen hast, wirst du mit deinen Vorfahren vereint werden wie dein Bruder Aaron; denn ihr habt euch in der Wüste Zin meinem Befehl widersetzt, als die Gemeinde aufbegehrte und ihr vor ihren Augen hättet bezeugen sollen, dass ich der Heilige bin.“

Die Erscheinung des kābōd kann nur mit großer Naivität allein als Heilszuwendung erfahren werden. Sie ist Ausdruck des Willens Gottes, sich als Gott erkennen zu geben und mehr als deutlich mit der Vorstellung des Gerichts verbunden.

[13] Wie sehr sich die rabbinische Tradition um ein Verständnis der Stelle bemühte, zeigt beispielsweise PRK 26.8f. Hier wird ausführlich die Schuld der Söhne Aarons begründet (Schwerpunkt Arroganz).

kābōd als gefährliche und heilige Gegenwart Gottes im Heiligtum

Das Zentrum der kābōd-Texte des Pentateuch kreist um den Sinai. Struppe hat in Bezug auf diese Texte bereits die Zusammenhänge deutlich gemacht: „Die Parallelität von Ex 24 und Lev 9 sowie die Bezüge zwischen Ex 29 und Ex 40" und „zwischen Ex 29 und Lev 9"[14] werden in Bezug auf die Sinaierzählung von ihr zu Recht als Indiz für eine gezielte und konzentrische Struktur aufgefasst. Sie nennt 24 die „Einleitung", 29 „Verheißung und Zielbestimmung" und Ex 40 und Lev 9 „Einweihung und Annahme durch Jahwe."[15] Theologische Mitte ist demnach die Heiligung des Zeltes und damit verbunden der Priester und des Altars. „Die Herrlichkeit heiligt und bestätigt den nach den Aufträgen Jahwes errichteten Kult. Dieses Ereignis hat einmaligen unwiederholbaren Charakter."[16] Die Herrlichkeit fungiert hier als jene Erscheinungsform Gottes, die die Heiligkeit bewirkt. Sie ist wiederum Voraussetzung des Kultes der Zukunft. Die Heiligkeit muss mit Christoph Dohmen als „Wahrnehmung der Differenz ... als Voraussetzung für eine Begegnung ... als solche Ermöglichung der Begegnung"[17] verstanden werden. Das Ziel, auf das die gesamte Theologie des Pentateuchs hinstrebt, ist die Begegnung Gottes mit dem Menschen, das Wohnen Gottes inmitten des Volkes, das sich im Zeltheiligtum konkretisiert. Während Israel seine Heiligkeit durch Einhaltung des Gotteswillens zeigt, ist es Gott durch seine besondere Gegenwart im kābōd.

Dazu gehört unmittelbar die Erkenntnisaussage – in Ex 29,46: „Sie sollen erkennen, dass ich JHWH, ihr Gott bin, der sie aus Ägypten herausgeführt hat, um in ihrer Mitte zu wohnen, ich, JHWH, ihr Gott."

In Lev 10,2, als Aarons Söhne im göttlichen Feuer umkommen, weil sie ein unerlaubtes Opfer gebracht haben, erweist sich Gott als „herrlich" gegenüber der Gemeinde: „An denen, die mir nahe sind, erweise ich mich heilig, und vor dem ganzen Volk zeige ich mich herrlich." Das Feuer, das in Ex 24,17 den Israeliten als Erscheinungsform des kābōd begegnet und in Lev 9 zum Jubel Aller das gottgefällige Opfer verzehrt, tötet hier im Gegenzug das Leben der

14 Struppe, *Herrlichkeit*, 106.
15 Struppe, *Herrlichkeit*, 105.
16 Struppe, *Herrlichkeit*, 98.
17 C. Dohmen, *Exodus 19-40* (HThK.AT), Freiburg 2004, 66f.

unerlaubt Opfernden. Leben und Tod, Jubel und Trauer liegen aufs Engste beisammen. Der kābōd ist Machterweis und Souveränitätsbeweis und unterscheidet radikal zwischen richtig und falsch.

Feuer und Wolke – Nähe und Distanz

Struppe hat bereits zu Recht darauf hingewiesen, dass der kābōd nicht mit der Wolke und auch nicht mit dem Feuer gleichgesetzt werden darf. Dem ist kurz nachzugehen: In Ex 24 erscheint der kābōd für die Israeliten wie „fressendes Feuer“. In Lev 9,23f. werden Erscheinung der kābōd und das Feuer, welches das Opfer frisst/ verzehrt in einer engen Verbindung aneinandergereiht. In 10,2 ist das die Söhne Aarons „fressende“ Feuer Ausdruck des Selbsterweises Gottes in seinem kābōd.

Podella[18] zeigt anschaulich auch die Zusammenhänge zwischen Feuer und Morgenröte auf und assoziiert sie mit dem Gerichtsgedanken, der ja eng mit dem Sonnenaufgang verbunden ist. Das Motiv der Hilfe Gottes am Morgen spielt hier zweifelsfrei eine Rolle. Allerdings ist das Erscheinen des kābōd eben nicht nur Rettungsgeschehen, sondern auch und gerade Gerichtserfahrung.

Was die Wolke betrifft, so kann man sie wohl als „schützende Hülle“[19] der Erscheinung Gottes verstehen. Sie verstellt den Blick auf den kābōd, zeigt aber gleichzeitig seine Nähe an. Als solche schützende Hülle erscheint sie zum letzten Mal in Num 17,7. Die Wolke gehört in den Bereich der distanzierten Zuwendung, der verhüllten Nähe. In Ex 16 erscheint der kābōd Gottes direkt in der Wolke, ähnlich nur noch in Ex 24. Dort befindet sich das Volk in weiter Entfernung von ihr, und ein Nahen wäre zutiefst gefährlich. Nur Mose kommt dem Berg nahe und steigt in die Wolke hinein. Auch der kābōd ist dort fern, auf dem Gipfel des Berges und nicht zugänglich.

In Kap. 40 ist erneut von der Distanz die Rede. Wolke und kābōd stehen parallel. Doch ist der kābōd nicht in der Wolke. Wolke und kābōd behindern den direkten Zugang des Mose. Während die Wolke das Zelt bedeckt, drückt der kābōd die Gegenwart, das Wohnen Gottes in ihm aus. Dies entspricht Ex 24, wo Gott sich auf

[18] Podella, *Lichtkleid*, 212-226.
[19] Struppe, *Herrlichkeit*, 228.

dem Sinai aufhält und von ihm Besitz ergreift. Benno Jacobs Vergleich zwischen Sinai und Heiligtum ist daher völlig angebracht.[20] Das Zelt ist der mobile Sinai geworden.

Die Wolke (wie die Feuersäule) aber dient nicht nur der Verhüllung der realen Präsenz Gottes, sie ist auch Garant des Mitseins mit dem Volk auf dem Weg, in Ex 40,36-38 auch und gerade in Abhebung vom kābōd. Dies gilt auch für Num 17.

Das Zelt und der kābōd

Das Zelt übernimmt in Ex 29; 40, Lev 9, Num 14, 16, 17 und 20 die Aufgabe des tragbaren Sinai. Die Erscheinung des kābōd in ihm ist in Ex 29 Vorbereitung der Inbesitznahme und Heiligung, in Ex 40 Inbesitznahme und in Lev 9 Folge der rituellen Einweihung des Zeltes. Daraus leitet sich jedoch keine kultische Funktion des kābōd ab, wohl aber eine Bindung an das Zelt. Alle weiteren Erfahrungen des kābōd geschehen nun hier. In Num 14-17 sind sie jeweils Ausdruck des Unmutes und Zornes Gottes über das Murren der Israeliten. In Num 20 erscheint Gottes kābōd nach Intervention von Mose und Aaron ebenfalls missmutig. Während sein Erscheinen in den anderen Fällen jedoch jeweils mit der Solidarität mit Mose und Aaron in Verbindung steht, richtet sich hier seine Ablehnung gerade gegen sie.

In dem Zusammenhang ist die Heiligkeit ein wichtiger mit dem kābōd verbundener Begriff. Der Erweis der Heiligkeit durch den kābōd gehört zur gottgewollten Gegenwart im Zelt in Ex 29,43. Sie zeigt sich im kompromisslosen Verhalten gegenüber den Söhnen des Aaron in Lev 10. Heiligkeit und kābōd werden dort aufgeteilt auf Auserlesene und das Volk. Der Kontext lässt dabei keine einseitig positive Erscheinungsform zu. Vielmehr geht es erneut um die Durchsetzung des Gotteswillens. „Gott bewahrt seine Heiligkeit, indem er sie sterben läßt",[21] folgert Rolf Rendtorff daher auch richtig in seinem wichtigen Leviticus-Kommentar. Auf dem Spiel steht die Heiligkeit Gottes, die durch das unerlaubte Opfer gefährdet ist. Dass es sich hier wahrscheinlich auch um die Abwehr des

---

[20] Jacob, *Exodus*, 1032.

[21] R. Rendtorff, *Leviticus. 1. Teilband Leviticus 1,1-10,20* (BKAT III/1), Neukirchen 2004, 311.

unangemessenen Aufbegehrens gegen eine Vormachtstellung des Aaron in Kultbelangen handelt, wie Rendtorff argumentiert, unterstreicht die Funktion des Abschnitts im Kontext der kābōd-Texte, in denen das „Murren" eine große Rolle spielt. Dies zeigt auch die Parallele mit Num 16 und den Leviten Korachs, die ebenso ein schreckliches Ende nehmen wie die Söhne Aarons. Dort werden ebenfalls kultische Vorrechte gezielt mit Fragen der Autorität von Aaron und Mose verknüpft und dabei der Aufruhr der Leviten als Auflehnung gegen Gott interpretiert.

Der kābōd, Mose (und Aaron)

Aaron Schart[22] hat zu Recht den Aspekt der Führung des Mose im Kontext der Wüstenwanderung auch und gerade in Zusammenhang mit den kābōd-Texten herausgestrichen. Demnach erscheint Gottes kābōd als Unterstützung der Führung des Mose, die von Israel in den Murrerzählungen angegriffen wird. Rendtorff drückt es so aus: „Der Kabod erscheint als Demonstration der Macht Gottes zum Schutz Moses und Aarons gegenüber den revoltierenden Israeliten."[23]

Gleichzeitig sind die Aktionen des Aaron und vor allem des Mose vor und nach der Erscheinung des kābōd von tragender Bedeutung für die Gesamterzählung. In Ex 16, Num 14 und 17 murrt das Volk gegen Aaron und Mose, in Num 16 sollen sich Mose und Aaron von der Gemeinde des Korach absondern. „Die Erzählungen thematisieren ... immer wieder, daß Mose einer ungerechtfertigten Kritik durch das Volk ausgesetzt ist ... und daß das Volk es sich letztlich selbst zuzuschreiben hat, wenn für die Exodusgeneration die Wüste zum Ort des Todes wird, wie es gerade diese Generation Mose immer wieder vorgeworfen hat."[24]

In Ex 16,4; 25,1; Num 14,11; 17,10 und 20,7 spricht Gott ausschließlich mit Mose nach der Erscheinung des kābōd, nur in Num 16,19 mit Mose und Aaron.

---

22 Zur Beziehung zwischen Gott, Mose und Aaron in den Stellen vgl. A. Schart, *Mose*.

23 R. Rendtorff, *Theologie des Alten Testaments. Ein kanonischer Entwurf.* Bd. 2: Thematische Entfaltungen, Neukirchen 2001, 174. Vgl. dort auch das Stichwortverzeichnis zu „Herrlichkeit".

24 Schart, *Mose*, 257.

Entscheidend ist natürlich die Funktion des Mose als Fürbitter, die in der Gesamtkonzeption des Pentateuchs eine führende Stellung einnimmt. Diese Fürbitte tritt verbal in Num 14 und vor allem in Ex 33 – dort in rhetorischer Brillanz – auf, in Num 16 gemeinsam mit Aaron, in Num 17 mit Unterstützung des Mose als rituelle Entsühnung.[25] Gott spricht auch in 16,23 nur mit Mose.

Die direkte Begegnung – Mose und der kābōd

Mit Dohmen lässt sich Ex 32-34 als eine Art Neuinterpretation der Sinaiperikope mit dem Fokus auf der Gegenwart Gottes am siebten Tag verstehen. Damit knüpft Ex 33-34 an Ex 24 an. Dort bereits war der kābōd auf der Spitze des Berges für alle Israeliten sichtbar geworden. Mose geht dann direkt auf diese Spitze zu und empfängt dort nicht nur die Tafeln, sondern detaillierte Konstruktionspläne für das Heiligtum, die Wohnstätte Gottes. Tragischerweise kommt es in Ex 31 zum radikalen Bundesbruch durch das Volk aufgrund der Errichtung des Goldenen Kalbes. Hier nun geschieht Entscheidendes. In Ex 32 macht sich Mose zu einer Versöhnungsmission mit höchst diplomatischem Charakter auf. Zuerst gesteht Gott ihm zu, das Volk immerhin durch Führung eines Engels ins Land geleiten, selbst aber nicht mitgehen zu wollen. Daraufhin kommt es erneut zu Begegnungen von Gott (ohne Erwähnung seines kābōd) und Mose im Zelt. Nach 33,14 erreicht Mose, dass Gottes Angesicht (panîm) mitgehen wird, wodurch mehr als nur ein „Engel" das Volk begleiten würde. Denn die konkrete Gegenwart Gottes selbst im Volk versinnbildlicht sich hier im Angesicht.[26] Mose insistiert weiter mit den folgenden Worten:

„Mose entgegnete JHWH: Wenn dein Angesicht nicht mitgeht, dann führ uns lieber nicht von hier hinauf! Woran soll man erkennen, dass ich zusammen mit deinem Volk deine Gnade gefunden habe? Doch wohl daran, dass du mit uns ziehst. Und dann werden wir, ich und dein Volk, vor allen Völkern auf der Erde ausgezeichnet werden. JHWH erwiderte Mose: Auch das, was du

25 Vgl. ohne kābōd auch Num 11,2 und 12,13.

26 Vgl. dazu F. Hartenstein, *Das „Angesicht Gottes" in Ex 32-34*, in: M. Köckert/ E. Blum (Hg.), Gottes Volk am Sinai, Gütersloh 2001, 157-183.

jetzt verlangt hast, will ich tun; denn du hast nun einmal meine Gnade gefunden, und ich kenne dich mit Namen.“

Dies ist für eine Theologie des Mitseins Gottes mit dem Volk entscheidend. Das Miteinander konkretisiert sich im Weg durch die Wüste hinauf ins Land. Ein Alleingang ist sinnlos. Die Gegenwart Gottes im Volk bedeutet gleichzeitig eine Sonderstellung des Volkes gegenüber allen andern Völkern. Benno Jacob meint im Anschluss an jüdische Tradition, dass vor allem auf Ägypten angespielt sei.[27] Dies würde noch stärker unterstreichen, dass es sich bei der Gegenwart Gottes im Volk auch und gerade um einen Selbsterweis gegenüber den Zweiflern, den scheinbar Mächtigen und denen handelt, die ihn nicht erkennen. Dies wird nun im Folgenden noch deutlicher. Denn Mose lässt nicht locker. Er bittet: „Lass mich doch deinen kābōd sehen!“ Lassen Sie mich hierzu nur kurz Benno Jacob zitieren:

„Der כבד Gottes ist die glanzvolle, Anerkennung heischende Manifestation seiner Macht, Würde und Majestät, wie sie sich in der Natur, und seines heiligen Waltens, seines Gesetzes und Gerichtes, wie sie sich in Geschichte und Gewissen kundtun. Diese Herrlichkeit *kann und soll* der Mensch sehen. Dazu erscheint sie in der Welt, und es ist eine Anklage, dass die Menschen sie nicht sehen und daraus lernen *wollen* ... obgleich die ganze Erde voll ist seiner Herrlichkeit (Nu 14,21 Jes 6,3 Ps 72,19) und erst recht sein Heiligtum (40,3f. IK 8,11).“[28]

Was Jacob hier umschreibt, ist zu fokussieren, trifft aber im Kern die Funktion des kābōd. Es ist ihm wichtig, auch Mose nicht als einen Mystiker darzustellen, dem es um eine Gottesschau ginge, auch nicht um Metaphysik. Dies ist im Prinzip richtig, dennoch verbirgt sich in der Antwort Gottes eine mehr als nur konkret dingliche Feststellung.

Lassen Sie mich die Antwort Gottes strukturieren:

---

27 Jacob, *Exodus*, 958.

28 Ebd.

„JHWH gab zur Antwort:
Ich will all meine Güte (ṭobî) vor dir vorüberziehen lassen
und den Namen des Herrn vor dir ausrufen =
Ich gewähre Gnade, wem ich will, und ich schenke Erbarmen, wem ich will.
Weiter sprach er:
Du kannst mein Angesicht/Vorderes nicht sehen; denn kein Mensch kann mich sehen und am Leben bleiben.
Dann sprach JHWH: Hier, diese Stelle da! Stell dich an diesen Felsen! Wenn mein kābōd vorüberzieht, stelle ich dich in den Felsspalt und halte meine Hand über dich, bis ich vorüber bin.
Dann ziehe ich meine Hand zurück,
und du wirst mein Hinteres sehen.
Mein Angesicht aber kann niemand sehen."

Die Antwort Gottes reagiert auf die Frage nach dem Sehen des kābōd auf den ersten Blick unpassend. Zentrale Aussage ist die Unmöglichkeit des Sehens und Überlebens. Lassen Sie mich darauf kurz eingehen:

Sehen

Mehrfach haben wir hier bereits die Gegenwart des kābōd mit dem Begriff des Sehens in Verbindung gesehen. In Ex 33 ist es das beherrschende Thema. Darum soll dieser Aspekt noch kurz betont werden. Die Wurzel r'h – „sehen" begegnet an folgenden kābōd-Stellen:

Vor dem Sinai in Ex 16,7 („Und morgen werdet ihr den kābōd JHWHs sehen; denn er hat euer Murren gegen ihn gehört"); auf dem Berg in Ex 33,18 („Dann sagte Mose: Lass mich doch deinen kābōd sehen!"); beim Zelt in Lev 9,23 („Und Mose ging mit Aaron in das Offenbarungszelt. Dann kamen beide heraus und segneten das Volk. Da erschien der kābōd JHWHs dem ganzen Volk"); als Rückblick in Num 14,22 („Alle Männer, die meinen kābōd und meine Zeichen gesehen haben, die ich in Ägypten und in der Wüste vollbracht habe") und maßgeblich wieder am Zelt: in Num 16,19 („Korach aber versammelte die ganze Gemeinde bei ihnen am Eingang des Offenbarungszeltes. Da erschien der ganzen Gemeinde der kābōd JHWHs"); Num 17,7 („Als sich die Gemeinde gegen Mose und Aaron zusammenrottete und sich dem Offenbarungszelt zuwandte, bedeckte die Wolke das Zelt, und der kābōd JHWHs erschien“) und Num 20,6 („Mose und Aaron verließen die Versammlung, gingen zum Eingang des Offenbarungszeltes und warfen sich auf ihr Gesicht nieder. Da erschien ihnen der kābōd JHWHs“).

Ex 24,9-11 schildert eine ganz besondere Begegnung mit Gott, ohne dass hier der Begriff kābōd erschiene:

> „(Darauf nahm er die Urkunde des Bundes und verlas sie vor dem Volk. Sie antworteten: Alles, was JHWH gesagt hat, wollen wir tun; wir wollen gehorchen) ... Danach stiegen Mose, Aaron, Nadab, Abihu und die siebzig von den Ältesten Israels hinauf, und sie sahen den Gott Israels. Die Fläche unter seinen Füßen war wie mit Saphir ausgelegt und glänzte hell wie der Himmel selbst. Gott streckte nicht seine Hand gegen die Edlen der Israeliten aus; sie durften Gott sehen, und sie aßen und tranken.“

Diese vieldiskutierte und schon den Rabbinen problematische Stelle kann hier nicht erschöpfend behandelt werden, sie zeigt jedoch deutliche Anklänge an den thronenden Gott von Jes 6 und lässt einen Text wie Ez 1 anklingen. Doch wäre es verfehlt, die Gottesbegegnung nur ins Visionäre zu verschieben. Vielmehr wird gerade hier im Bewusstsein der Anerkennung des Bundes mit Gott die Möglichkeit der Gottesschau – ohne Schaden zu nehmen – als Erfüllung des priesterlichen Königreichs von Ex 19,6 dargestellt. M. E. fehlt der kābōd hier keineswegs zufällig. Es ist kein Platz für eine Vorstellung einer Gegenwart Gottes, die ambivalent, also einerseits helfend, andererseits aber gefährlich und bedrohlich erscheint. Durch die Anerkennung Gottes hat das Volk hier die Bedingung erfüllt, ganz nahe und unmittelbar mit Gott zu verkehren. Diese Unmittelbarkeit geht durch die Sünde mit dem Goldenen Kalb verloren.

Aber was ist nun mit Mose, dessen besondere Nähe zu Gott die Texte durchzieht? Wird ihm auch diese direkte Offenbarung nicht zuteil, wie uns Ex 33,23 weismacht oder noch deutlicher Ex 40,35, wo Mose das Zelt wegen der Anwesenheit des kābōd nicht betreten kann? Wie muss man es dann verstehen, wenn Gott mit ihm von panîm zu panîm, also von Angesicht zu Angesicht in Ex 33,11 redet? Die Rabbinen deuten beispielsweise in LevR 20.10 den persönlichen Umgang Gottes mit Mose in Ex 33,11 gerade als Belohnung für das Bedecken seines Angesichts in Ex 3,6. Demnach ist Ansehen Gottes, Schauen wollen, Ausdruck der Arroganz und Überheblichkeit, das Bedecken des Gesichtes aber Symbol der Demut. Gott ist und bleibt der ganz Andere, ihm auf gleicher Ebene begegnen zu wollen kann und darf nur Geschenk sein, niemals eigener Antrieb.

Wie also Ex 33,11 mit 33,23 und Ex 40,35 in Einklang bringen? Eine literarkritische Schichtenscheidung hat u.a. Jan Christian Gertz vorgeschlagen, der Gunneweg folgt und für Ex 33,7-11 eine „nachpriesterliche Bearbeitung der Sinaiperikope“[29] postuliert. Tatsächlich ist hier das Zelt in weiter Ferne vom Volk aufgerichtet und Gottes Gegenwart wird nur dem Mose direkt zuteil. Das Volk schaut hinter Mose her und er kann nun mit Gott reden, während das Volk sich ehrerbietig verneigt. Die Gegenwart Gottes im Volk ist hier nur mehr vermittelt über Mose Botschaft möglich, weshalb Gertz Gunneweg zitiert, dass „die Tora als die durch Mose Mittlertum gegebene und gegenwärtig gültige Offenbarung“[30] gemeint ist.

Doch braucht es gar keine Auflösung in Schichten. Denn 33,7-11 ist nur aus dem Vorangehenden erklärbar. Gott und der ausschließliche Offenbarungsempfänger Mose, das Offenbarungszelt als besonderer Ort der Begegnung, das ergibt sich logisch aus der Erfahrung von Gottes Ablehnung durch das Volk, die sein Wohnen in dessen Mitte nun verunmöglicht. Doch auch gegenüber dieser Ansicht ist Vorsicht geboten. Christoph Dohmen interpretiert 33,7-11 wohl zu Recht als „Potentialis“,[31] der offensichtlich im gesamten Exodusbuch nicht eingeholt wird, weil Gott dem Volk vergibt.

Für Ex 33,11 muss man eine Direktheit der Gottesbegegnung annehmen, die jedoch nicht identisch ist mit einer Gottesschau? Reden und Sehen ist nicht das gleiche. Überhaupt muss der gesamte Abschnitt eher in einem theologischen Sinn ausgewertet werden. Von hierher wird der Wunsch des Mose, den kābōd Gottes zu schauen, in einem Licht zu sehen sein, das sich aus den bislang gemachten Beobachtungen speist.

Mose hat in Ex 33 Gott überredet, mit dem Volk zu ziehen. In V. 13 fragt er ihn nach der Offenbarung des Weges Gottes. Dieser Weg meint nicht die Zukunft, sondern zielt ganz und gar auf Gottes Umgang mit dem Menschen ab. Der Weg (dæræk) ist der Begriff für Gottes Rechtsverständnis, wie es uns in Gen 18 und Jes 5,1-6 begeg-

---

29 J. C. Gertz, *Beobachtungen zu Komposition und Redaktion in Exodus 32-34*, in: M. Köckert/E. Blum (Hg.), Gottes Volk am Sinai. Untersuchungen zu Ex 32-34 und Dtn 9-10, Gütersloh 2001, 88-106, 103.

30 Ebd.

31 Dohmen, *Exodus*, 320.

net.[32] Zweifellos zielt Mose wie Abraham auf eine Gerechtigkeit ab, die Rettung wegen der Unschuldigen und damit gnädige Verschonung bedeutet. Und genau hier setzt auch die Frage nach dem Schauen des kābōd ein. Denn wie die Gerechtigkeit Gottes zwischen Ahnden der Schuld und gnädiger Zuwendung einen Ausgleich schaffen muss, so bildet die Erscheinung des kābōd den machtvollen Selbsterweis im Hinblick auf die Durchsetzung des Gotteswillens. Gerade jetzt, nach der Sünde mit dem Goldenen Kalb, steht alles auf dem Spiel, die Existenz des Volkes. Wenn Mose mit dem Hinweis auf den Weg bereits den Fokus auf die Rettung legte, so wird er mit dem Blick auf Gottes kābōd eine ähnliche Zielrichtung verfolgen. Nicht die strafende Seite Gottes, das Durchsetzen seiner Gerechtigkeit, sondern die Zuwendung zu Israel steht im Mittelpunkt.

Gottes Reaktion ist daher gerade in ihrem scheinbaren Ausweichen passend. Sie zielt ja zuerst auf das nicht Sehen können. Gottes Unmittelbarkeit ist für den Menschen unaushaltbar. Gott ist nicht Mensch und der Mensch nicht Gott. Der panîm, das Angesicht Gottes, symbolisiert diese Identität, das eigentliche Ich Gottes. Dieses Ich bleibt auch Mose in seiner vollen Bedeutung verborgen, auch wenn er nach Ex 33,11 mit ihm von „Angesicht zu Angesicht" *redet*.

Anstelle der direkten unzugänglichen Gegenwart erscheint Gott in Form von Aspekten. Gott löst vorderhand das statische „sehen" durch das dynamische „vorüberziehen" auf.

Ein Vorüberziehen Gottes ist mit großer Gefahr und der Verschonung davor verbunden. Hartenstein[33] verweist auf den Ps 57,2 und natürlich auf Ex 12,22f., wo das Vorüberziehen mit Bedrohung konnotiert ist und gleichzeitig durch Gott ein Schutzraum bereitgestellt wird. Felsspalte und Handfläche dienen in Ex 33 als Schutz für Mose. Ex 12,22f. bildet einen ausgezeichneten Hintergrund zum Verständnis des Vorganges des Vorüberziehens:

> „JHWH zieht vorüber (ʿbr), um die Ägypter mit Unheil zu schlagen. Wenn er das Blut am Türsturz und an den beiden Türpfosten sieht, wird er an der Tür vorübergehen (psḥ) und dem Vernichter nicht erlauben, in eure Häuser einzudringen und euch zu schlagen."

---

32 Vgl. auch Dohmen, *Exodus*, 342-344.

33 F. Hartenstein, *Das „Angesicht Gottes" in Exodus 32-34*, in: M. Köckert/ E. Blum (Hg.), Gottes Volk am Sinai. Untersuchungen zu Ex 32-34 und Dtn 9-10, Gütersloh 2001, 157-183, 177.

Der vorüberziehende Gott ist der gefährlich bedrohliche, der jedoch an den mit Blut beschmierten Türpfosten der Israeliten vorbeigeht. In Dtn 31,3 zieht Gott mit dem Volk in das Land hinüber, nicht ohne die (feindlichen) Völker dort zu besiegen. Amos 7,8 oder 8,2 gebraucht den Begriff ʿbr positiv als „Vorbeigehen" im Sinne des Verschonens. Doch sind diese Stellen, an denen ʿbr wohl am bestem mit dem deutschen „ignorieren" übersetzt werden kann, nicht mit dem bewussten Vorbeiziehen in Ex 33 zu vergleichen. Tatsache ist, dass das Vorüberziehen des kābōd in Ex 33,21 mit dem Schutzbedarf für Mose verbunden wird.

Vom Sehen des kābōd ist einmal keine Rede mehr. Gott hat einen „Alternativvorschlag", der im Vorbeiziehen der Güte Gottes besteht. Das Vorbeiziehen der Güte Gottes erinnert eindeutig an die Namensoffenbarung in Ex 3 und spielt deutlich darauf an. Der Name Gottes, sein „Ich bin und werde sein, der ich bin und sein werde" ist Garant der Güte Gottes. Hier konkretisiert sich dieser Name in Gnade (ḥen) und Erbarmen (raḥamîm). Beides wird der Souveränität Gottes unterstellt.

In V. 20 Ende nimmt Gott das Stichwort „sehen" wieder auf, allerdings in Bezug auf das Angesicht. In V. 23 wird schließlich der Rücken, das Hintere sichtbar. Dohmen weist hier richtigerweise auf die eigentlich gemeinte zeitliche Bedeutung der verwendeten Begriffe pnj und ʾḥr als „früher" und „später/hinterher" hin und deutet in Anlehnung an Rabbiner Hertz die Blickrichtung des Mose als die uns einzig zugängliche auf den „Wirkungen und Eindrücken"[34] beruhende Gottesoffenbarung.

Der kābōd selbst ist in V. 22 angesprochen. Hier scheint er V. 21 wieder aufzunehmen. Sind demnach kābōd und Güte identisch? Wird gerade darauf Wert gelegt, dass in dem freien Machterweis Gottes durch Gnade und Barmherzigkeit sich die Herrlichkeit Gottes für den Menschen kundtut, der Gott nicht von Angesicht zu Angesicht sehen kann? Dem würde entsprechen, was Dohmen für den Abschnitt postuliert, nämlich nicht „die Handlungen Gottes umschreiben ... sondern Deutung des Ereignisses sein"[35] zu wollen. Noch klarer wird dies aus der eigentlichen Ausführungserzählung in Ex 34,5-7:

---

34 Dohmen, *Exodus*, 352.
35 Dohmen, *Exodus*, 351.

„JHWH aber stieg in der Wolke herab und stellte sich dort neben ihn hin. Er rief den Namen JHWH aus. JHWH ging an ihm vorüber und rief: JHWH ist JHWH = ein barmherziger und gnädiger Gott, langmütig, reich an Huld und Treue: Er bewahrt Tausenden Huld, nimmt Schuld, Frevel und Sünde weg, lässt aber (den Sünder) nicht ungestraft; er verfolgt die Schuld der Väter an den Söhnen und Enkeln, an der dritten und vierten Generation.“[36]

Dieser klassisch als „Gnadenformel“ bezeichnete Text umfasst Barmherzigkeit und Gerechtigkeit als sich ergänzende Teile des göttlichen Handelns, wobei „sowohl die Formel in sich als auch der Kontext ... von der göttlichen Vergebung und der Wiederherstellung des Bundes als einem Akt des göttlichen Wohlwollens“[37] sprechen.

Die rabbinisch-jüdische Tradition hat häufig den Gottesnamen JHWH als Ausdruck der Barmherzigkeit Gottes interpretiert und sich dabei auf diesen Text berufen, aus dem sie 13 Gnadenattribute (middot) Gottes ableiten konnte.[38] Ex 34,5 wird in Blick auf diese Gnadenformel Ex 33,19 eingeholt. Das Vorüberziehen der Güte Gottes und das Ausrufen des barmherzigen Gottesnamens sind Garanten der Zuwendung Gottes. Zwar fehlt auch hier der Aspekt der Gerechtigkeit nicht, er tritt aber stärker in den Hintergrund.

Gegenüber den anderen behandelten Stellen zu kāḇōd bildet diese in der vorliegenden Interpretationen keinen Widerspruch, wohl aber eine Nuancierung. War bislang vor allem der Aspekt des machtvollen Aufweises der göttlichen Gegenwart mit dem des Gerichts im Mittelpunkt gestanden, so scheint sich hier der Schwerpunkt auf Gnade und Zuwendung zu verlagern, ohne die Gerechtigkeit auszublenden. Im Gespräch zwischen Mose und Gott scheint

---

36 Zur Frage der Übersetzung und zur Stelle allgemein vgl. R. Scoralick, *„JHWH, JHWH, ein gnädiger und barmherziger Gott ...“ (Ex 34,6). Die Gottesprädikationen aus Ex 34,6f. in ihrem Kontext in Kapitel 32-34*, in: M. Köckert/ E. Blum (Hg.), Gottes Volk am Sinai. Untersuchungen zu Ex 32-34 und Dtn 9-10, Gütersloh 2001, 141-156.

37 G. Barbiero, *„... aber gewiss lässt er die Schuldigen nicht unbestraft“ (Ex 34,7b): Die Gerechtigkeit Gottes und Moses in Ex 32-34*, in: G. Barbiero, Studien zu alttestamentlichen Texten (SBAB 34), Stuttgart 2002, 255-282, 282.

38 Vgl. G. Bodendorfer (Langer), *Die Spannung von Gerechtigkeit und Barmherzigkeit in der rabbinischen Auslegung mit Schwerpunkt auf der Psalmeninterpretation*, in: R. Scoralick (Hg.), Das Drama der Barmherzigkeit Gottes. Studien zur biblischen Gottesrede und ihrer Wirkungsgeschichte in Judentum und Christentum (SBS 183), Stuttgart 2000, 157-192.

sich der kābōd als Ausdruck der gnädigen Zuwendung Gottes – garantiert und dokumentiert im Namen – zu erweisen.

Umso erstaunlicher ist, dass schon in Ex 40,35 Mose das Zelt nicht mehr betreten kann, wenn die Wolke sich darauf befindet und der kābōd es erfüllt. Eingelöst ist das Mitsein Gottes mit dem Volk, das Mose in Ex 33 erstritten hat. Das Zelt als wanderndes Heiligtum zeigt die Richtung an, gibt die Marschgeschwindigkeit vor. Der kābōd erhält seinen bedrohlichen Aspekt zurück. War also doch das Vorüberziehen des kābōd in 33,19 mit allen seinen Vorsichtsmaßnahmen Zeichen der Gefährlichkeit? War er wirklich deckungsgleich mit der Ausrufung des Namens und der Güte? Oder lässt sich im Blick auf den Gesamttext gerade in der Erfahrung des kābōd auch in Ex 33,22 ein zusätzliches Element finden? Gott schreitet an Mose vorüber, und zwar sowohl in all seiner Güte als auch in seinem kābōd. Doch nur im Hinblick auf den kābōd wird der Schutz besonders erwähnt und damit die Verbindung zum Verständnis von Ex 40 mehr als deutlich.

Im Rückblick auf 29 wird die Gegenwart im Zelt in Ex 40 eingelöst. 1 Kön 8,10f. nimmt diesen Text in Bezug auf das Jerusalemer Heiligtum auf, ohne Mose freilich, dafür mit den Priestern, die am Tempel Dienst tun. Die Gegenwart des kābōd ist auch hier Zeichen der Inbesitznahme des Heiligtums durch Gott, Sinnbild seiner Gegenwart, die vom Menschen Distanz verlangt. Christoph Dohmen, dem ich für seine vielen Anregungen und Hinweise herzlich danke, hat in einer Stellungnahme an mich herausgestrichen, dass das „Können“ bzw. „Nicht-Können“ des Mose von den vorher beschriebenen Konzeptionen zur Offenbarung in Ex 24,15ff. verstanden werden muss. Nicht Mose kann im Zeltheiligtum die Initiative ergreifen und das „Gespräch“ mit JHWH aufnehmen, sondern im nun „bewohnten“ Zelt gilt wie am Sinai (24,16), dass er von JHWH gerufen bzw. angesprochen werden muss. Dohmen meint, dass 40,35 nicht sagen will, Mose kann niemals mehr das Zelt betreten, sondern Mose kann das von ihm (mit) errichtete Zelt nur betreten, wenn Gott mit ihm sprechen = sich ihm offenbaren will.

In zeitlicher Abfolge steht die Ankündigung der Gottesgegenwart in Ex 29 vor der Realisierung in 40 und der Darbringung der ersten Opfer in Lev 9. In diesem Kontext ist die ganze Abfolge verständlich. Erst nachdem alle Bereiche des Heiligtums hergerichtet und vorbereitet und das Heiligtum tatsächlich – seinem Namen gerecht –

geheiligt ist, vermag der dafür vorbereitete Mensch die Gegenwart des kābōd in dieser heiligen Zone zu ertragen, ohne Schaden zu nehmen. Hier ist nun auch der Gedanke zu erwähnen, den Brevard Childs in seinem wichtigen Kommentar zu Ex 40,34-38 ausspricht, um die Diskrepanz zwischen Ex 33,7 und 40,35 zu klären: „Moses´ older role before the tent of meeting ... has been replaced by a new priestly role which he shares with Aaron (Lev. 9.23)".[39] Im Bereich des Heiligtums ist die priesterliche Rolle mit einer klaren Trennung von Heiligkeit und Profanität verbunden, sind Nähe und Distanz, richtiges gegen falsches Opfer entscheidende Kriterien. Aber auch wenn man die Lösung von Childs nicht teilt: Das Verbindende all dieser Überlegungen scheint mir die Funktion des kābōd als Element im Zusammenhang mit einer Entscheidung zu sein, eben zwischen richtig und falsch, heilig und profan. Es ist Gottes Gegenwart im Hinblick auf eine Entscheidung, die seinem Willen entspricht. Es zeugt von der Durchsetzung von Macht.

Als solches Entscheidungselement hat es eigentlich keinen Platz in der Rede von der intimen und direkten Rede zwischen Gott und Mose, wie sie in Ex 33,11 begegnet. Num 12,8 kommt schließlich noch einmal auf die Erscheinungsform Gottes gegenüber Mose zu sprechen, ohne den Begriff kābōd zu gebrauchen. Nach dem eifersüchtigen Aufbegehren von Miriam und Aaron gegen Mose steigt Gott in der Wolke vor den Zelteingang herab und verteidigt ihn mit den Worten:

> „Mit ihm rede ich von Mund zu Mund, von Angesicht zu Angesicht, nicht in Rätseln. Er darf die Gestalt (t^{e}munā) des Herrn schauen. Warum habt ihr es gewagt, über meinen Knecht Mose zu reden? JHWH wurde zornig auf sie und ging weg."

Nur wenige Male begegnet das Herabsteigen Gottes im Pentateuch, so im Angesicht des Turmbaus von Babel in Gen 11,5, bei der Berufung des Mose auf den Berg am Sinai in Ex 19,20, in Ex 34,5 als Einleitung der oben zitierten Gnadenformel und in Num 11,25 und 12,5. In Num 11,25 nimmt Gott vom Geist des Mose und gibt es den Ältesten.

Lässt sich hier ein triftiger Grund ausmachen, warum nicht von dem kābōd die Rede ist? Ein möglicher Grund liegt m. E. darin, dass in den genannten Stellen das Volk keine Rolle spielt. Der Zorn

39 B. Childs, *Exodus* (Old Testament Library), London 1974 ([7]1991), 638.

Gottes in Gen 11 richtet sich gegen die Weltvölker, in Ex 19 wird bewusst Mose angesprochen, ebenso in 34,5 oder in Num 11. In Num 12 nun geht es um Miriam und Aaron, die beide eine Sonderstellung einnehmen. Ausschließlich Num 20 – und hier zeigt sich die Zuspitzung der Lage – verwendet den kābōd – im strafenden Sinn – gegenüber Mose und Aaron. Überall sonst hat er bei seinem Erscheinen mit dem gesamten Volk zu tun.

Num 12 thematisiert voll und ganz eine prophetische Funktion des Mose, die weit über Träume und Visionen hinausgeht. Mose kann und darf die t^{e}munā Gottes schauen und sieht damit doch nur ein Schemenbild (Ijob 4,16). Wichtiger als die konkrete Erfahrung des Sehens ist die Unmittelbarkeit der Botschaft, die Mose zuteil wird und nie wieder in der Prophetie eingeholt werden kann.

Bislang noch nicht behandelt habe ich den letzten Beleg für kābōd im Pentateuch, Dtn 5,24:

> „Sieh, JHWH, unser Gott, hat uns seinen kābōd sehen lassen
> und seine Größe sehen lassen,
> und wir haben seine Stimme mitten aus dem Feuer gehört.
> Heute haben wir gesehen,
> dass Gott zu Menschen spricht
> und sie bleiben am Leben."

Überdeutlich verknüpfen sich die Elemente an dieser Stelle. Die Unterscheidung von Sehen und Hören bzw. das Interpretieren des Sehens als Hören ist dem Dtn wichtig, zielt es doch ganz auf die bildlose Erfahrung Gottes ab. Das Hören steht im Mittelpunkt. Das Sehen des kābōd wird durch das Hören der Stimme interpretiert und verdeutlicht. Diese gebietende Stimme als Gottes kābōd erscheint so bedrohlich, dass das Volk Mose allein vorschickt, um mit Gott zu reden. Und der erachtet es nicht als Affront, sondern in V. 28f. sieht er die Furcht vor Gott als ein Zeichen der Ehrfurcht an, die sich mit dem paaren soll, was das eigentliche Anliegen Gottes ist, das Tun der Tora.

Die Anknüpfungspunkte zu bislang besprochenen Texten sind vielfältig. Feuer aus Ex 24,17 aber auch Lev 9,23 begegnet ebenso wie die Wendung vom Leben, die so wichtig für Ex 33 war.

Von Angesicht zu Angesicht hatte Gott mit Mose geredet, heißt es auch in Dtn 5,4 und Mose berichtet daraufhin: „Ich stand damals zwischen JHWH und euch, um euch das Wort JHWHs weiterzugeben; denn ihr wart aus Furcht vor dem Feuer nicht auf den Berg gekommen.“

Mose Mittlerschaft ist Ergebnis der Gottesfurcht.

Mose vermittelt die Gebote, die für Israel für immer verbindlich bleiben.

Lassen Sie mich den Befund bis hierher zusammenfassen:

Der kābōd im Pentateuch drückt Gottes Gegenwart im Rahmen von Machterweis und Durchsetzung eines ihm angemessenen Verhaltens aus. Diese Gegenwart zielt auf die kompromisslose Anerkennung Gottes ab. Die Erscheinung des kābōd ist furchterregend und latent gefährlich. Dem Erscheinen des kābōd eignet eine Dynamik, die von der Umwelt ausgelöst wird. Vielfach ist es Reakion auf das Verhalten des Volkes. Dem widersprechen auch jene Stellen nicht, die von einer Gegenwart des kābōd im Zeltheiligtum sprechen. Auch hier ist vom kābōd in ganz bestimmten Kontexten und Umständen die Rede. Insofern ist m. E. nicht zufällig in Ex 29,43-45 zwischen dem Wohnen Gottes im Volk und der Gegenwart des kābōd unterschieden. Denn der kābōd zeigt seine Eigentümlichkeit im situationsbezogenen Erscheinen und Weggehen, besonders in seiner theologischen Funktion des spezifischen Machterweises Gottes. Er ist nicht loszulösen von der Gegenwart Gottes, präzisiert sie jedoch. Die Gegenwart des kābōd ist verbunden mit der Initiative Gottes. Sich ihm zu nähern ist lebensgefährlich. Durch ihn drückt Gott seine Andersheit und Unnahbarkeit aus. Der kābōd ist daher nicht einfach identisch mit dem Wohnen Gottes im Heiligtum, er garantiert den Selbsterweis Gottes in seiner Heiligkeit. Dieser Heiligkeit muss auch die Heiligkeit der vom ihm erwählten Personen entsprechen. Mit dieser Analyse stelle ich die vorhandenen Definitionen des kābōd nicht grundsätzlich in Frage,[40] versuche jedoch, eine schärfere Differenzierung und Nuancierung einzubringen.[41]

---

40 Ich verweise hier ausdrücklich positiv auf den Band von B. Janowski, *Gottes Gegenwart in Israel. Beiträge zur Theologie des Alten Testaments*, Neukirchen 1993.

41 Was für den kābōd gilt, hat einige Analogien in der deuteronomi(sti)schen Rede vom „Namen“ (šem), auf den ich hier nicht näher eingehe. Er verbindet ebenfalls Nähe und Distanz. Das „Wohnen des Namens“ im Heiligtum bedeutet Besitzergreifung, ist jedoch nicht mit einer dauerhaften Wohnvorstellung

In der Folge will ich in aller Kürze nachprüfen, ob die vorhandene Beschreibung des kābōd im Pentateuch im restlichen Tanach Unterstützung findet. Dies kann nur probeweise geschehen.

Die Psalmen

Die häufigste Verwendung von kābōd findet sich in den Psalmen. Lässt sich hier meine These untermauern, wonach kābōd eine spezifische Erscheinungsform Gottes mit starker Dynamik und Betonung des Gerichtsaspekts darstellt? An einer Reihe von Stellen wird der kābōd im Sinne von Ruhm, Ehre und Ansehen verstanden.[42] Weiters gibt es einen Schwerpunkt Lobpreis.[43] Stärke und Macht des nicht zuletzt durch seine Stimme waltenden Schöpfers stehen im Mittelpunkt des Lobes von Ps 29, 66 und 104,3ff. Ich möchte mich in aller Kürze auf einige wenige Psalmen konzentrieren, die zum Thema besonders aussagekräftig sind. In Ps 24,7-10 ist vom König des kābōd die Rede, der ins Heiligtum einzieht. Die Beschreibung ist aussagekräftig: „Wer ist der König des kābōd? JHWH, stark und gewaltig, JHWH, mächtig im Kampf ... Wer ist der König des kābōd? JHWH der Heerscharen ist der König des kābōd." Auch hier ist kābōd nicht neutrale Gegenwart Gottes, sondern durch seine machtvollen Taten definiert.

In Ps 26 wird das Heiligtum als miškan k^{e}bōdækā bezeichnet, als „Wohnsitz deines kābōd". Der Beter bringt seine Liebe für dieses Heiligtum zum Ausdruck um gerade da zu insistieren, dass Gott ihn nicht wegraffen möge, weil er unschuldig ist und sich von den bösen Menschen seiner Umgebung unterscheidet. Der kābōd ist also auch hier ein Ort der Gegenwart Gottes, die Böses und Gutes scheidet und sich demgemäß für den Unschuldigen einsetzt.

Ebenfalls mit dem Heiligtum verbunden ist Ps 63. Deutlich wird dort die Sehnsucht des Beters nach JHWH, dessen kābōd sich in Güte und Liebe repräsentiert. Dies ist jedoch gerade kein Widerspruch zu den vorher gemachten Feststellungen über den bedroh-

Gottes im Tempel verbunden. Vgl. G. Langer, *Von Gott erwählt – Jerusalem. Die Rezeption von Dtn 12 im frühen Judentum* (ÖBS 8), Klosterneuburg 1989, 16-21.

42 Ps 4,3; 7,6; 8,6; 19,2; 21,6; 49,17f.; 62,8; 79,9; 96;7f.; 112,7.9; 115,1; 149,5

43 Ps 29,1; 30,13; 66,12; 96,3; 138,5.

lichen Charakter des kābōd. Vielmehr verdeutlicht sich im Laufe des Psalms die Funktion der „Güte“ Gottes als Einsatz für den bedrohten Beter gerade im Durchsetzen gegen die Feinde.

In dem schwierigen Text Ps 73,24 wird der Psalmenbeter in den Bereich des kābōd Gottes hinein genommen, was dort wohl ein Ausdruck einer über den Tod hinaus reichenden Gemeinschaft ist. Der Beter sieht sich vorher stark von arroganten und reichen Menschen auch religiös bedrängt, weshalb das Eingehen in den kābōd des Gottes, der sich gegen diese Hochmütigen durchsetzt, durchaus auch Anteilnahme an der siegreichen Kraft dieses Gottes bedeuten wird.

In Ps 79,9 ist der kābōd seines Namens Ausdruck der Selbstbestimmung Gottes gegenüber Israel und seinen Feinden. Für die umkehrenden Sünder wird er zur Vergebung, für die bedrohlichen Gegner zum Richter. In Ps 84,12f. taucht kābōd in folgender Kombination auf:

> „Denn JHWH ist Sonne und Schild.
> Gnade und kābōd gibt JHWH.
> Er versagt denen Gutes nicht,
> die in Vollkommenheit gehen.
> JHWH der Heerscharen,
> selig die Menschen, die auf dich vertrauen.“

Erich Zenger schreibt hier zu Recht: „Er ist ‚Sonne‘, d.h. immer neu aufgehende Quelle des Lebens und des Rechts ... und ‚Schild‘, d. h. Schutz vor feindlicher, tödlicher Bedrohung ... Er gibt ihnen Anteil an seiner königlichen Herrlichkeit ... und zwar als ‚Lohn‘ für ihr Bemühen, ihren Lebensweg (zu ihm) ‚in Vollkommenheit zu gehen‘ ... Gerade diese explizite Ethisierung der ‚Wallfahrt zum Zionsgott‘ macht noch einmal folgendes deutlich: Die ‚Tempelfrömmigkeit‘ von Ps 84 ist nicht kultisch enggeführt, sondern intendiert eine umfassende Alltagsspiritualität.“[44] Die Zuwendung der Güte bindet sich an die Lebensführung im Sinne Gottes. Der kābōd ist wie auch in Ps 8 einerseits im Sinne von „Ehre“ zu verstehen, andererseits Teilhabe an Gottes kraftvoller Stärke, die vorher in der Doppelbedeutung des Richtens und Rettens ausgeführt wurde.

Wunderbar formuliert Ps 85,10-14:

---

44 F.-L. Hossfeld/E. Zenger, *Psalmen 51-100* (HThK.AT), Freiburg-Basel-Wien 2000, 519.

„Ja, nahe ist denen, die ihn fürchten, seine Rettung,
damit sein kābōd in unserem Land wohne.
Güte und Treue sind sich begegnet;
Gerechtigkeit und Friede haben sich geküsst.
Treue sprosst aus der Erde hervor;
Gerechtigkeit blickt vom Himmel hernieder.
Ja, JHWH gibt Gutes, und unser Land gibt seinen Ertrag.
Gerechtigkeit geht vor seinem Angesicht her und bestimmt den Weg seiner Schritte."

Das Miteinander der scheinbaren Gegensätze prägt das Bild des Psalms. Von daher ist die Gegenwart des kābōd erneut nicht nur, wie dies Zenger ausdrückt, in der Gestalt von „Güte, Treue und Sündenvergebung"[45] wahrnehmbar, sondern sehr wohl in der Ambivalenz von Güte und Gerechtigkeit, die erst im Zusammenspiel die Gegenwart Gottes ausmacht. Dies ist auch gegenüber Metzger festzuhalten, der zu rasch aus dem Vorkommen von Begriffen wie „Leben", „Gutes", „Segen" usw. im Umfeld von kābōd schließt, dass diese Begriffe synonym zu kābōd stünden und Gott mit dem kābōd „Heils- und Segensgaben spendet".[46]

Rettung ist an die Gottesfurcht gebunden. Gerade der nächste wichtige Psalm, 96, zeigt den Zusammenhang von kābōd und Gericht auf.

„Singt JHWH ein neues Lied, singt JHWH, alle Länder der Erde!
Singt JHWH und preist seinen Namen, verkündet seine Rettung von Tag zu Tag!
Erzählt bei den Völkern von seinem kābōd,
bei allen Nationen von seinen Wundern!
Denn groß ist JHWH und hoch zu preisen,
mehr zu fürchten als alle Götter.
Alle Götter der Völker sind Götzlein,
JHWH aber hat den Himmel geschaffen.
Hoheit und Pracht sind vor seinem Angesicht,
Macht und Glanz in seinem Heiligtum.
Bringt dar JHWH, ihr Stämme der Völker,
bringt dar JHWH kābōd und Macht!
Bringt dar JHWH den kābōd seines Namens,
spendet Gaben, und tretet ein in sein Heiligtum!

---

45 Zenger, *Psalmen*, 532.

46 M. Metzger, *„Thron der Herrlichkeit". Ein Beitrag zur Interpretation von Jeremia 17,12f*, in: R. Liwak/S. Wagner (Hg.), Prophetie und geschichtliche Wirklichkeit im alten Israel. Festschrift für Siegfried Herrmann zum 65. Geburtstag, Stuttgart u.a. 1991, 237-262, 248.

In heiligem Schmuck werft euch nieder vor JHWH,
erbebt vor ihm, alle Länder der Erde!
Verkündet bei den Völkern: JHWH ist König.
Den Erdkreis hat er gegründet, so dass er nicht wankt.
Er richtet die Nationen so, wie es recht ist.
Der Himmel freue sich, die Erde frohlocke, es brause das Meer und alles, was es erfüllt. Es jauchze die Flur und was auf ihr wächst. Jubeln sollen alle Bäume des Waldes vor JHWH,
wenn er kommt, wenn er kommt, um die Erde zu richten.
Er richtet den Erdkreis gerecht und die Nationen nach seiner Treue."

Die Rede vom kābōd ist eingebunden in die Verehrung durch die Völker, die erkennen, dass ihre Götter „Nichtse" sind, kleine Götzen, unbedeutend und unwirksam. Demgegenüber steht der Weltenschöpfer und Weltenrichter, der in der Theophanie erscheint und sich in seinen Taten wirksam erweist. Ps 97 setzt daraufhin mit einer Proklamation des Königs JHWH ein und fordert den Jubel aller. Wiederum sind „Gerechtigkeit und Recht" das „Fundament seines Thrones" (V. 2) und die Theophanie mündet in die Verkündigung der „Gerechtigkeit und es werden alle Völker seinen kābōd schauen" (V. 6). Darauf folgt die Vernichtung der Götzendiener. Der Psalm endet mit der Erkenntnis:

„Ihr, die ihr JHWH liebt, hasst das Böse! / Er behütet das Leben seiner Getreuen, er entreißt sie der Hand der Frevler. Licht ist dem Gerechten gesät und denen, die geraden Herzens sind, Freude. Freut euch, ihr Gerechten, an JHWH und lobt seinen heiligen Namen."

Zenger schreibt richtig: „Es ist die Herrlichkeit JHWHs, die sich nicht in Naturerscheinungen welcher Art auch immer zeigt ... sondern in der Durchsetzung seiner Gerechtigkeit als einem die Weltgeschichte vollendendem Geschehen auf der Bühne der Völkerwelt."[47]

In Ps 102,16f. wird der kābōd zum Erscheinungsmerkmal des sich für den Zion einsetzenden Gottes gegen die Feinde. Dies ist als Hoffnung eines Beters charakterisiert, der gerade diesen Gott in seiner machtvollen und bedrohlichen Qualität am eigenen Leib verspürte.

Bemerkenswert ist die Darstellung im großen Geschichtspsalm 106, wo V. 20 das Aufstellen des Goldenen Kalbes so kommentiert: „Ihren kābōd tauschten sie ein gegen das Bild eines Stieres, der Gras

---

47 Zenger, *Psalmen*, 682.

frisst.“ Vorher und nachher ist die Rede von der Verstockung des Volkes, das immer wieder gegen Gott murrt und seine Taten vergisst. kābōd umfasst im Kontext Gott in seinem umfassenden Wirken durch die Zeit und kann nicht nur auf die positiven Erfahrungen eingeschränkt werden. Die machtvollen Taten Gottes sind Rettung für Israel, aber auch, wie V. 8 sagt, Machtbekundung Gottes und Ehre seines Namens, die sich gegen die Feinde im inneren des Volkes und außerhalb richtet.[48] Der Sieg gegenüber den Feinden kennzeichnet auch die Durchsetzung des kābōd in Ps 108,6. Und in Ps 138,5 ist das Singen vom kābōd Gottes verbunden mit dem Wissen um die Parteinahme Gottes für die Schwachen und gegen die Stolzen. In Ps 145 schließlich wird noch einmal die ganze Wucht der kābōd-Aussagen deutlich. Sie paaren sich dort mit den machtvollen Taten und stehen in kraftvollem Ausgleich zu seiner Güte und Barmherzigkeit:

> „Ich will dich rühmen, mein Gott und König,
> und deinen Namen preisen immer und ewig;
> ich will dich preisen Tag für Tag
> und deinen Namen loben immer und ewig.
>
> Groß ist JHWH und hoch zu loben,
> seine Größe ist unerforschlich.
>
> Ein Geschlecht verkünde dem andern den Ruhm deiner Werke
> und erzähle von deinen gewaltigen Taten.
>
> Sie sollen vom glanzvollen kābōd künden;
> ich will deine Wunder besingen.
> Sie sollen sprechen von der Gewalt deiner erschreckenden Taten;
> ich will von deinen großen Taten berichten.
>
> Sie sollen die Erinnerung an deine große Güte wecken
> und über deine Gerechtigkeit jubeln.
> JHWH ist gnädig und barmherzig, langmütig und reich an Gnade.
> JHWH ist gütig zu allen, sein Erbarmen waltet über all seinen Werken.

---

48 Wenn Metzger, *Thron*, 252, schreibt, dass „Jahwe darüber hinaus mit ‚dem Quell lebendigen Wassers‘ identifiziert wird“, was er aus der Kombination des Psalms mit Jer 2,11-13 ableitet, und der kābōd daher „die Bedeutung ‚erquickende, unabdingbare Lebensgrundlage‘“ erhalte, reduziert er die Ambivalenz des Begriffes einseitig auf positive Konnotationen.

Danken sollen dir, JHWH, all deine Werke
und deine Frommen dich preisen.

Sie sollen vom kābōd deines Königtums reden,
sollen sprechen von deiner Macht,
den Menschen deine machtvollen Taten verkünden
und den kābōd-haften Glanz deines Königtums.

Dein Königtum ist ein Königtum für ewige Zeiten,
deine Herrschaft währt von Geschlecht zu Geschlecht.

JHWH stützt alle, die fallen, und richtet alle Gebeugten auf.
Aller Augen warten auf dich, und du gibst ihnen Speise zur rechten Zeit.
Du öffnest deine Hand und sättigst alles, was lebt, nach deinem Gefallen.
Gerecht ist JHWH auf allen seinen Wegen,
und gnädig in all seinen Werken.
JHWH ist allen, die ihn anrufen, nahe, allen, die zu ihm aufrichtig rufen.
Die Wünsche derer, die ihn fürchten, erfüllt er,
er hört ihr Schreien und rettet sie.
Alle, die ihn lieben, behütet JHWH,
doch alle Frevler vernichtet er.

Mein Mund verkünde das Lob JHWHs.
Alles, was lebt, preise seinen heiligen Namen immer und ewig!“

Vergleicht man die Vorkommen von kābōd in der Tora mit denen der Psalmen, so finden sich weitestgehend Übereinstimmungen. kābōd ist verbunden mit Macht und Durchsetzung des Gotteswillens, zeigt seine Stärke gerade im Angesicht der Feinde und findet besonderen Ausdruck in der Gerechtigkeit, die die Welt Gottes durchzieht.[49] Auch schon in Num war der universale Aspekt der kābōd aufgefallen, doch in den Psalmen wird er noch stärker und fordert die Anerkennung der Völker heraus. Im Angesicht des kābōd sollten alle Gott preisen. Der über die Welt herrschende Schöpfer ist gleichzeitig ihr gerechter Richter. Auffällig ist, wie wenig das Heiligtum, das in einigen Psalmen zweifellos als Ort der Gegenwart Gottes herausgestrichen wird,[50] den kābōd zu fassen vermag, der keineswegs nur dort seine Gegenwart zeigt. Es sind Gottes machtvolle Taten, die ihn bezeugen, seine Wunder. Wenn er wie in Ps 102

49 Vgl. dazu auch Jes 58,8.
50 Vgl. prominent etwa Ps 68,17.

bedrohlich fern dem Zion scheint und seine Anwesenheit dort erhofft und erbeten wird, so ist nicht von einer Wohnung des kābōd am Zion die Rede. Gott thront vielmehr im Himmel, soll aber für Zion und am Zion seine Macht erweisen.

Die Perspektive des Psalters ist nun freilich die des Beters bzw. der Beter in der dringlichen Hoffnung auf Zuwendung und Durchsetzung von Gottes kābōd für sein und ihre Anliegen. Während die Pentateuchredaktion – scheinbar – den Blick von außen auf die eigene Geschichte lenkt, sieht der Psalter sie – mehrheitlich – von innen. Gerade darum wird der kābōd nicht als bedrohlich für sich selbst erfahren, wohl aber in seiner Macht gegenüber den Feinden erlebt und erbeten.

Die gottesfürchtigen Gerechten, als die sich die Endredaktoren des Psalters selbst sehen,[51] stehen auf der Seite der Guten, wandeln auf den Wegen Gottes, die längst weit mehr sind als eine Wallfahrt zu einem Heiligtum, sondern ein Gehen auf den Wegen der Tora, die einst Mose verkündete.

Die Erscheinung Gottes, die sich in dem kābōd vergegenwärtigt, ist im Pentateuch wie im Psalter eine machtvolle, Ehrfurcht gebietende und den Erdkreis umfassende. Der hier erscheinende Gott ist der Gott von Gerechtigkeit und Recht, der sich gegen seine Feinde durchsetzt und sich einsetzt für die Gerechten. Mit dieser Gerechtigkeit paart sich das Erbarmen, das Mose am Sinai erfährt und zum Inbegriff des JHWH-Namens wird. Das Vorüberziehen des kābōd darf jedoch – gerade nach der eben dargelegten Analyse – nicht einseitig auf diese Gnadenerfahrung reduziert werden.

Gottes kābōd ist Garant für eine machtvolle Durchsetzung seines Willens. Dies wird auch in den übrigen Belegen des Tanach deutlich, die ich hier nicht mehr behandeln kann. Sowohl die Jesajabücher als auch Ezechiel bezeugen diesen Aspekt mehrfach. Der kābōd verbreitet seine Kraft in der machtvollen Tat und wird zur schützenden Gegenwart für die, die Gottes Willen tun. So macht Jes 4,5 deutlich, dass der „heilige Rest“ den kābōd als ḥuppā erlebt, als „Brautbaldachin“.

---

51 Zur Endredaktion des Psalters vgl. E. Zenger, *Der Psalter als Buch. Beobachtungen zu seiner Entstehung, Komposition und Funktion*, in: E. Zenger (Hg.), Der Psalter in Judentum und Christentum (HBS18), Freiburg u.a.1998, 1-56.

Für Jes 6 hat Hartenstein[52] in einer komplexen Untersuchung gezeigt, dass eine umfassende Gerichtsperspektive vorliegt. Ohne dass er dabei – wie ich es eben versuchte – besonders auf kābōd abheben würde, bestätigt er indirekt die Beobachtungen und spricht z. B. vom Rauch wie von der Wolke als „Zeichen der Unzugänglichkeit“ und von der „Gerichtspräsenz Gottes im Heiligtum.“[53]

Die Offenbarung des strahlenden kābōd in Jes 24,23 ist Ausdruck einer machtvollen Präsenz auf dem Zion erst recht und gerade nach dem Völkergericht. Und die berühmte Stelle von Jes 40 zeigt Gott – im Übrigen nach der überstandenen Strafe des Volkes – als machtvollen Weltenherrscher, gegen den Menschen wie Götzen nur Staub sind.

Ein Text wie Jes 58,8 zeigt die enge Verknüpfung von kābōd und Gerechtigkeit, die am Gerichtstermin, dem frühen Morgen aufstrahlt: „Dann wird dein Licht hervorbrechen wie die Morgenröte, und deine Wunden werden schnell vernarben. Deine Gerechtigkeit geht dir voran, der kābōd JHWHs folgt dir nach“. So ist auch in Jes 60,1 und 62,1f. der kābōd Synonym für den zur Gerechtigkeit erscheinenden Gott bzw. für seine Gerechtigkeit.

Aus dem bisher Festgestellten werden die Wahrnehmungen des kābōd bei Ezechiel anschaulicher in ihrer kraftvollen erschreckenden Erscheinung.[54] kābōd begegnet in drei verschiedenen großen Abschnitten (1,1-3,15; 8-11; 40-48), wobei der mittlere Abschnitt die Gräuel und das Strafgericht über Jerusalem beschreibt. Erst wenn die Stadt für Gott erneut vom Götzendienst gereinigt wird, erscheint der kābōd wieder im Tempel und Gott lässt sich dauerhaft inmitten Israels nieder. Die in der Tora vorhandene Spannung zwischen Gottes Gegenwart und der Vergehen in Israel ist hier besonders präsent. Gottes Gegenwart im Heiligtum setzt die Reinigung des Landes von Götzendienst voraus, ja macht sie zur Bedingung.

Bei Ezechiel ist wie in der Tora die Bedeutung des kābōd als einer „Erscheinung“sform des Göttlichen bedeutsam. Sie kann umschrieben und beschrieben werden, ohne gänzlich die Fülle der Bedeutung zu umfassen. Dabei treten dieselben Motive auf, vor allem das Feuer

---

52 F. Hartenstein, *Die Unzugänglichkeit Gottes im Heiligtum. Jesaja 6 und der Wohnort JHWHs in der Jerusalemer Kulttradition* (WMUNT 75), Neukirchen 1997.

53 Hartenstein, *Unzugänglichkeit*, 183 u.ö.

54 Vgl. den Überblick bei T. Mettinger, *The Dethronement of Sabaoth. Studies in the Shem and Kabod Theologies* (CB OTS 18), Gleerup 1982, 97f.

in 1,27f. und 8,2. Der kābōd ist das sichtbare Element der Gottesgegenwart. Anders als Mose jedoch vermag Ezechiel diesen geschauten Gott nicht zu besänftigen (8,8f.). Das Strafgericht wird vollzogen. Heiligung des Gottesnamens und Gegenwart des kābōd fordern Reinheit. Insofern stimmt es nicht, dass erst die Abwesenheit des kābōd vom Tempel das Unheil nach sich zieht. Gerade dort, wo der kābōd präsent ist, findet Gericht statt. Dies trifft auch für Jer 17,12f. zu, bei dessen Auslegung Metzger[55] den bedrohlichen Aspekt des kābōd gerade im Zusammenlesen von V. 12 und 13 unterschlägt.

Lassen Sie mich damit zum Schluss kommen:

Der kābōd ist ein Aspekt der Rede von Gott und kann nicht für Gott an sich stehen. Er fehlt z. B. gerade im Zusammenhang mit dem kapporæt, dem „mercy seat“, wo sich Gott zu erkennen gibt (Ex 25,22), wie schon Mettinger bemerkte.[56]

Der von Weinfeld[57] aufgegriffene Teil des Achtzehn-Bitten-Gebetes am Neujahrsfest (Rosch ha-Schana) fasst auf überzeugende Weise die Aspekte zusammen:

„Unser Gott und Gott unserer Väter! Herrsche als König über das ganze Universum in deinem kābōd und erhebe dich über die ganze Erde in deiner Hoheit (jeqar) und erscheine im Glanz deiner machtvollen Größe über alle Bewohner des Erdkreises deines Landes. Und jedes Geschöpf erkennt, dass du es gemacht hast ...“

Ein wenig vorher heißt es „Und du herrschst als König, JHWH allein, über all deine Werke auf dem Berg Zion, dem Wohnsitz deines kābōd und in Jerusalem, der Stadt deiner Heiligkeit.“

Herrlichkeit und Heiligkeit haben sich in vielerlei Hinsicht nicht nur von ihrer Assonanz im Deutschen her als ähnlich erwiesen. Beiden eignet das Phänomen der klaren Entscheidung zwischen richtig oder falsch, gerecht oder frevelhaft, rein oder unrein, geeignet oder ungeeignet.

Der kābōd umfasst Stadt und Welt, was nicht als Widerspruch zu sehen ist, denn beide Aspekte gehören zu einer „Symbolik des ‚Zentrums‘ und entfalten in dieser Perspektive in der vertikalen und

55 Metzger, *Thron*.
56 Mettinger, *Dethronement*, 81.
57 M. Weinfeld, *kābôd*, in: ThWAT IV (1984) 23-40, 38.

der horizontalen Ebene einen sozusagen ‚von innen', von der Mitte zu den umliegenden Rändern hin ausgespannten Raum der Welt."[58]

Der kābōd Gottes begegnet uns im Tanach als Ausdruck von Gottes Gegenwart nie neutral, sondern stets im Hinblick auf die Entscheidung für oder gegen ihn, letztlich in der großen Vision einer universalen Anerkennung durch die gesamte Menschheit aufgrund der Erfahrung, dass die ganze Erde von JHWHs kābōd erfüllt ist (vgl. auch Hab 2,14). Wenn Weinfeld schreibt, dass der kābōd „die Erde als universales Heil" erfüllt,[59] so muss diese Aussage dahingehend präzisiert werden, dass es „Heil" nur gibt, wo Gerechtigkeit herrscht und der Gotteswille beachtet wird. Die Anerkennung des kābōd ist mit der Erfahrung der Macht und der Handlungsstärke dieses Gottes verbunden. Der kābōd ist für Israel als sein paradigmatisches Eigentumsvolk wie für alle Menschen eine erfahrbare Ehrfurcht gebietende und spürbare Gegenwart Gottes und Garant dafür, dass Gott kein blutleeres Hirngespinst bleibt. Ich meine, dass es aufgrund der Belege gute Gründe gibt, den kābōd als eine spezifische Erscheinungsform des Göttlichen zu bezeichnen, die nicht loszulösen ist von den Begriffen Gerechtigkeit und Recht und der sie durchsetzenden Macht. Sie wird zum „Heil" für alle, die in Gottes Rechtswillen und in der damit verbundenen „Reinheit" und „Heiligkeit" leben, um biblische Begriffe zu gebrauchen, sie wird aber zur Drohung für jene, die im Pochen auf eigene Macht oder auch in mangelndem Zutrauen zu diesem Gott und vor allem in der Zuwendung zu anderen Göttern handeln. Ihnen wird der kābōd zum Feind. Der kābōd zeigt, dass Gottes Güte und Liebe, seine Barmherzigkeit und Gnade, die zum Entscheidenden der biblischen Gottesrede gehören, nicht zu haben sind ohne die Gerechtigkeit, die diese Welt durchdringen soll. Gottes Wille unter Menschen zu wohnen braucht Menschen, die ihr Leben ganz auf ihn ausrichten und ihren Alltag nach ihm gestalten.

Einst erstand im Mittler Mose eine Person, die Gottes Gerechtigkeit in Güte und Barmherzigkeit zu wandeln verstand. Mose ist tot, seine Tora als Vermächtnis und Mittel zur Verherrlichung Gottes im Tun aber lebt weiterhin.

---

58 Hartenstein, *Unzugänglichkeit*, 217.

59 M. Weinfeld, *kābôd*, 38.

„Gib uns, dass wir sitzen … in deiner Herrlichkeit“ (Mk 10,37)

Doxa bei den Synoptikern

Matthias Blum

Doxa ist (nur) Gott zu eigen, während jede andere doxa ein Abbild davon ist.

Eine einschlägige Bedeutungsgeschichte des Wortes doxa liegt bereits vor.[1] Der im Vergleich mit dem außerbiblischen Griechisch als überraschend geltende neutestamentliche Bedeutungsbefund soll nun in Hinblick auf das Vorkommen bei den Synoptikern untersucht werden.

Markus

Der Begriff der doxa findet sich bei Markus an drei Stellen und dort immer im Zusammenhang der Parusie.

Die Vorstellung einer erwarteten doxa kompensiert und kontrastiert die Erniedrigung in Leiden und Tod, ihr wird die Wiederkunft in doxa gegenübergestellt.

In Mk 8,38 ist die Rede vom Menschensohn, der kommen wird in der doxa seines Vaters mit den heiligen Engeln. Jesus spricht:

> „Wer sich aber meiner und meiner Worte schämt unter diesem abtrünnigen und sündigen Geschlecht, dessen wird sich auch der Menschensohn schämen, wenn er kommen wird in der Herrlichkeit seines Vaters mit den heiligen Engeln.“[2]

---

1 H. Kittel, *Die Herrlichkeit Gottes. Studien zu Geschichte und Wesen eines Neutestamentlichen Begriffs* (BZNW 16), Gießen 1934.

2 Vgl. J. Gnilka, *Das Evangelium nach Markus* (EKK II,2), Zürich 1979, 22: „Schwierig ist die Analyse des Menschensohnwortes in 38.“

Das Wort findet sich in der Perikope von der Nachfolge Mk 8,34-9,1, welche nicht zur vormarkinischen Passionsgeschichte gehört.[3] „Die mk Fassung des Verleugnerspruchs ist gegenüber der Q-Fassung (Lk 12,9, red bearbeitet Mt 10,33) sekundär weiterentwickelt und offenbar auf den Zusammenhang der Spruchfolge, die zur Leidens- und Martyriumsbereitschaft um Jesu willen anhält, hin formuliert."[4] Die heiligen Engel ebenso wie das ehebrecherische und sündige Geschlecht, dessen Gegenpol sie bilden, dürften also der Markusvorlage entstammen, hingegen der Zusatz „in der doxa seines Vaters" auf Markus zurückgehen dürfte.[5] Im endzeitlichen Gericht wird sich der Menschensohn der Abgefallenen schämen. Während zunächst nur das Versagen der Jünger in den Blick zu treten scheint,[6] dürfte es letztendlich um die der Verfolgung ausgesetzte Gemeinde gehen.[7] Die Jünger zeigen pars pro toto ein Verhalten, das es zu vermeiden gilt. Der nachösterlichen Gemeinde ist damit angezeigt, dass zu diesem Verhalten des Schämens weder Anlass noch Grund gegeben sind. Der Spruch, der nach dem ius talionis angelegt ist – Entsprechung von Tun und eschatologischer Strafe –, bedürfte der anschließenden Begründung nicht mehr. Dem Sich-Schämen, einem Terminus der christlichen Missionssprache,[8] wird jedoch die doxa gegenübergestellt. Damit wird aber indirekt zum Ausdruck gebracht, dass die nachfolgende Gemeinde die Nachfolge in doxa zu missen scheint, d.h. grundsätzlich zur Nachfolge ohne doxa, die deshalb wiederum als noch ausstehende angezeigt wird, motiviert werden muss.[9] Der Motivation zur Nachfolge dürfte

---

3 Vgl. R. Pesch, *Das Markusevangelium* (HThK II,2), Freiburg 1977, 57.

4 R. Pesch, *Markusevangelium*, 64.

5 Vgl. J. Gnilka, *Evangelium*, 22.

6 Vgl. J. Gnilka, *Evangelium*, 25.

7 Vgl. J. R. Donahue/D. J. Harrington, *The Gospel of Mark* (Sacra Pagina Series, 2), Collegeville 2002, 266: „The content of these sayings would have been especially challenging and comforting to a Christian community facing persecution, as seems to have been the case with Mark's first readers."

8 Vgl. J. Gnilka, *Evangelium*, 22. Vgl. ebenfalls ebd., 25f.: „Sich schämen ist weiter gespannt als verleugnen in par Lk 12,9. Weder ist nur die Verfolgungssituation eingeblendet noch viel weniger auf ein subjektives Unbehagen angespielt, sondern der Abfall steht zur Debatte. [...] In Anlehnung an ein alttestamentliches Motiv, das dort den Abfall von Gott bezeichnet, wird dieses ehebrecherische und sündige Geschlecht als Ort angegeben, wo man sich Jesus und seiner Worte schämt."

9 Dies dürfte um so mehr gelten, wenn man wie W. Thüsing von der „Unbedingtheit" und „Radikalität" ausgeht, mit der Jesus souverän in die

auch die Anfügung von 9,1 mit erneuter Redeeinleitung geschuldet sein: „Einige werden den Tod nicht schmecken, bis sie sehen das Reich Gottes kommen mit Kraft."

Nach dem näheren und weiteren Kontext steht die Identität von Jesus und dem Menschensohn fest. Das Logion selbst legt die Annahme einer anderen Person nahe. Die eschatologische Rede von einer apokalyptischen, ursprünglich anderen Gestalt wurde also in einen neuen Kontext gestellt, um den Aufruf zur Nachfolge zu unterstreichen. Der mittelbare Kontext bietet die zentralen Aussagen über Jesus: Er ist der Christus (8,29), er, d.h. der Menschensohn muss viel leiden, verworfen und getötet werden und nach drei Tagen auferstehen (8,31), er ist der geliebte Sohn (9,7). Indem die Aussage vom erwarteten Menschensohn, der in doxa kommen wird, durch die Nennung der Hoheitstitel gerahmt wird, gewinnt sie an Gewicht. Der Christus und geliebte Sohn ist der in doxa erwartete Menschensohn.[10] Der Hoheitstitel Menschensohn erfährt darin eine entsprechende Präzisierung.[11] Der Kernfrage, wie dem jüdischen Messias, Jesus Christus, ein solch schändlicher Tod wie die Kreuzesstrafe widerfahren konnte, wird hier auch mit dem Hinweis auf seine Parusie in doxa geantwortet.

Das nächste doxa-Logion findet sich in der Perikope vom Herrschen und Dienen Mk 10,37: „Gib uns, dass wir sitzen einer zu deiner Rechten und einer zu deiner Linken in deiner Doxa."[12] Auch hier eignet der doxa eindeutig eine eschatologische Komponente. Die Jünger äußern den Wunsch, in der doxa ihres Lehrers sein zu wollen. Sie werden jedoch darauf verwiesen, dass es ihnen im

---

Nachfolge rufe, mit der er den Gerufenen zumute, sein Schicksal zu teilen. Vgl. W. Thüsing, *Die neutestamentlichen Theologien und Jesus Christus. Bd. I. Kriterien aufgrund der Rückfrage nach Jesus und des Glaubens an seine Auferweckung*, Düsseldorf 1981, 68.

10 Die Herrlichkeit des Vaters ist auch die des Menschensohnes; vgl. E. Lohmeyer, *Das Evangelium des Markus* (KEK 1,2), Göttingen [15]1959, 172.

11 Vgl. J. Gnilka, *Evangelium*, 26: „Die Herrlichkeit, die die göttliche Qualität des Menschensohnes umschreibt, ist die Herrlichkeit ‚seines Vaters'. Damit werden nicht bloß Menschensohn- und Sohneschristologie miteinander verknüpft und auf 8,31; 9,7 verwiesen, sondern auch die himmlische Gestalt des Menschensohnes wird als der Gottessohn Jesus unzweideutig erkennbar."

12 Nach E. Lohmeyer, *Evangelium*, 221, ist das kaum das ursprüngliche Wort, „denn es meint ja nicht mehr nur die Herrlichkeit, die Er hat, sondern das Reich der Herrlichkeit, in dem Er Herr und König ist. Das Wort des Mt ‚in Deinem Königreich' ist prägnanter und deshalb wohl ursprünglich."

Gegensatz zu den Herrschern der Welt nicht um eine Vorrangstellung zu gehen habe, sondern um das Dienen:

> „Ihr wisst, die als Herrscher gelten, halten ihre Völker nieder, und ihre Mächtigen tun ihnen Gewalt an. Aber so ist es unter euch nicht; sondern wer groß sein will unter euch, der soll euer Diener sein; und wer unter euch der Erste sein will, der soll aller Knecht sein. Denn auch der Menschensohn ist nicht gekommen, dass er sich dienen lasse, sondern dass er diene und sein Leben gebe als Lösegeld für viele." (Mk 10,42-45)

Der Wunsch nach doxa wird mit dem Gebot des Dienens beschieden. Gleichwohl wird der Wunsch nicht ablehnend beantwortet; Jesus sagt vielmehr, dass ihm eine Entscheidung darüber nicht zustehe (10,40). Im Gegensatz zur Perikope von der Nachfolge findet sich hier kein impliziter sondern ein expliziter Wunsch nach doxa. Dem „Schämen" der Nachfolge-Perikope korrespondiert nun das „Dienen". Beide sind Leit-Motive der Nachfolge. Wer Jesus nachfolgt, der dient und dessen wird man sich (außerhalb der Nachfolge-Gruppe) schämen. Hier dürfte sich eine konkrete Erfahrung der Jesus-Anhänger widerspiegeln. Einer solchen Nachfolge wird in beiden Perikopen die doxa bzw. das Mitsein in der doxa des Herrn in Aussicht gestellt, allerdings erst, nachdem im letzten Gericht darüber befunden wurde.[13]

Eine weitere Rede von der doxa findet sich in der expliziten Thematisierung vom Kommen des Menschensohnes Mk 13,24-27, die an Dan 7,13 angelehnt ist: „Und dann werden sie sehen den Menschensohn kommen in den Wolken mit großer Kraft und Doxa." (13,26) Die Zeit der Bedrängnis (13,24) wird abgelöst durch das Kommen des Menschensohnes. Der Menschensohn kommt zum Gericht. „Das Subjekt des Sehens sind die unbestimmt vorgestellten vom Gericht Betroffenen, die Gegner Jesu und seiner Jünger."[14] Attribut dieses Kommens ist wieder die doxa, erneut geht ihr eine Kontrasterfahrung voraus, die Bedrängnis.

---

13 Vgl. auch J. Gnilka, *Evangelium*, 101: „Die Nähe Jerusalems bildet den Hintergrund für das vorgetragene Verlangen in seiner Herrlichkeit zur Rechten und Linken Jesu – man kann hinzufügen: auf Thronen – sitzen zu dürfen. Worauf richtet sich der Ergeiz der Jünger? In Herrlichkeit wird sich der Menschensohn nach 8,38; 13,26 bei seiner Parusie zum Gericht offenbaren. Nur daran kann gedacht sein, nicht an die Errichtung eines messianischen Reiches in Israel." Anders E. Lohmeyer, *Evangelium*, 222.

14 R. Pesch, *Markusevangelium*, 303.

Es bleibt anzumerken, dass Mk 14,62 „Jesus aber sagte: Ich bin es, und ihr werdet den Menschensohn zur Rechten der Kraft sitzen und mit den Wolken des Himmels kommen sehen“, doxa nicht anführt, obwohl dies den anderen Anführungen doch entsprechen würde.[15]

Alle drei thematisierten Stellen sprechen vom Kommen des Menschensohnes zum endzeitlichen Gericht. Ebenso wie die Vorstellung von der Parusie des Menschensohnes in doxa kontrastiert auch die Vorstellung vom letzten Gericht die Erfahrungen der nachfolgenden Gemeinde: Nicht-Anerkenntnis, Leiden und Verfolgung erfahren hier Gerechtigkeit ebenso wie die Gegner gerichtet werden. Es bleibt jedoch auffällig, dass sowohl in Mk 8,38 (Gnilka) und Mk 10,37 (Lohmeyer) die Erwähnung und damit Hervorhebung der doxa spezifisch markinisch ist. Damit eignet der Parusie des Menschensohnes nach Mk ein ganz spezifisches Attribut, nämlich das der doxa. Dass der Menschensohn in doxa kommen wird, ist Ausdruck markinischer Christologie.[16]

Grundsätzlich ist doxa durch die kontextuellen Bezüge auszulegen.[17] Da alle drei Stellen vom Kommen des Menschensohnes bildliche Vorstellungen evozieren, ist die Annahme eines Macht- oder Lichtglanzes bzw. eines Herrschermotivs wie z.B. Thron[18] nahe liegend. „In der ungeheuren Leere und Finsternis erscheint ‚mit vielem Glanz‘ der Menschensohn auf Wolken.“[19] Die profane Bedeutung von Schwere im Sinne von Gewichtigkeit, Ansehen und

15 Möglicherweise, weil es sich nicht gut zum „altertümlichen“ Gottesnamen „Kraft“ fügte? Vgl. J. Gnilka, *Evangelium*, 281: „Der altertümliche Gottesname ‚Kraft‘ (gebura) bezeichnet im rabbinischen Judentum die sich offenbarende, besonders die durch das Wort sich offenbarende Gottheit. Da diese Nuance hier nicht zu erkennen ist, vermutete man, daß ‚Kraft‘ im apokalyptischen Judentum Umschreibung für die zum Gericht herrlich erscheinende Gottheit war.“

16 Vgl. dazu auch J. R. Donahue/D. J. Harrington, *Gospel*, 381.

17 So R. Pesch mit Bezug auf Mk 10,37, *Markusevangelium*, 155.

18 Vgl. R. Pesch, *Markusevangelium*, 155, der für Mk 10,37 unter Bezugnahme auf äth. Hen. folgenden Verweis bringt: „Im Zusammenhang der Vorstellung vom ‚Sitzen‘ = ‚Thronen‘ führt das Stichwort doxa eher in den Umkreis der Menschensohnerwartung und der ihr zugehörigen Vorstellung vom ‚Thron der Herrlichkeit‘.“

19 E. Lohmeyer mit Bezug auf 13,26, *Evangelium*, 279. Ebenso J. Gnilka, *Evangelium* 1, 201.

Ehre erführe somit eine entsprechende Präzisierung. In 13,26 wir neben doxa auch dynamis genannt, um die Machtfülle anzuzeigen.[20]

Matthäus

Im Evangelium des Matthäus findet sich doxa zunächst in der Erzählung von der Versuchung Jesu, in der die zentrale Frage, nämlich in welcher Weise Jesus Sohn Gottes ist,[21] im Mittelpunkt steht (4,1-11): „Darauf führte ihn der Teufel mit sich auf einen sehr hohen Berg und zeigte ihm alle Reiche der Welt und ihre Herrlichkeit." (4,8) An dieser Stelle ist nun von der doxa des Kosmos die Rede;[22] die doxa ist Attribut der Welt. „Die Doxa, die

---

[20] Vgl. A. Vögtle, *Die „Gretchenfrage" des Menschensohnproblems. Bilanz und Perspektive* (QD 152), Freiburg i. Br. 1994, 103: „Nur in diesem MS-Wort ist ‚Macht' mit ‚Herrlichkeit' gepaart, werden beide Begriffe sodann noch potenziert durch das Attribut ‚großer' [an den beiden Parallelstellen ausgelassen] und ist ‚Macht' ‚Gewalt' vorangestellt." Ferner auch R. Pesch, *Markusevangelium*, 304: „Die Wolken sind Symbol der dem Menschensohn verliehenen Macht und Herrlichkeit Gottes. In der Wendung μετὰ δυνάμεως πολλῆς καὶ δόξης ist das Symbol übersetzt, die Macht- und Herrlichkeitsfülle des Endrichters umschrieben." Ebenso C. S. Mann, *Mark* (Anc Bib), New York 1986, 532.

[21] Vgl. H. Frankemölle, *Matthäus* 1, Düsseldorf 1994, 189.

[22] Vgl. auch J. Gnilka, *Matthäusevangelium* I. Teil (HThK 1,1) Freiburg 1986, 90: „Die Vergötzung der Welt und ihrer Herrlichkeit, das Verfallensein an eine von Gott losgelöste Welt steht an. Diese Bedrohung kann jeden ankommen, und so ist auch in diesem Fall das Verhalten Jesu paradigmatisch. Der Teufel ist Weltherrscher, als Gott dieses Äons gesehen. Die Doxa aber deutet den Schein an, den trügerischen Glanz, die Unbeständigkeit, die seiner Herrschaft zu eigen ist." Vgl. dazu auch A. Lindemann, *Die Versuchungsgeschichte Jesu nach der Logienquelle und das Vaterunser*, in: D.-A. Koch (Hg.), Jesu Rede von Gott und ihre Nachgeschichte im frühen Christentum: Beiträge zur Verkündigung Jesu und zum Kerygma der Kirche (FS W. Marxen), Gütersloh 1989, 91-100, 94f., Anm. 22: „Die Kirchenväter-Exegese debattierte die Frage, ob der Teufel überhaupt die Möglichkeit dazu gehabt habe, über ‚alle Reiche' zu verfügen; darüber macht sich der ursprüngliche Erzähler keine Gedanken, sondern er setzt als gegeben voraus, daß die gegenwärtigen Mächte ihre ἐξουσία und δόξα vom Teufel und jedenfalls nicht von Gott haben." Vgl. ferner Th. Söding, *Der Gehorsam des Gottessohnes. Zur Christologie der matthäischen Versuchungserzählung (4,1-11)*, in: Chr. Landmesser u. a. (Hg.), Jesus Christus als die Mitte der Schrift. Studien zur Hermeneutik des Evangeliums (BZNW 86), Berlin 1997, 722: „Daß die letzte Szene mit dem wohl überlegten Terminus βασιλεῖαι (Pl.) τοῦ κόσμου den Gegenbegriff zu βασιλεία (Sg.) τῶν οὐρανῶν aufbringt, weist

von den kosmischen Königreichen ausgeht, ist gerade nicht ein Widerschein göttlicher Herrlichkeit (vgl. Mt 16,27; 19,28; 24,30; 25,31) wie bei Salomo (6,29), sondern eine diabolische Faszination, die auf der Anziehungskraft der Gewalt (20,25 par. Mk 10,42) und des Mammons beruht (6,24 par. Lk 16,13).“[23] Und mit diesem Attribut versucht der Teufel nun erneut Jesus (V. 9), der jedoch schriftgemäß auch diese dritte Versuchung zurückweist unter Hinweis auf das Dienen (V. 10):

> „Weg mit dir, Satan! Denn es steht geschrieben: ‚Du sollst anbeten den Herrn, deinen Gott, und ihm allein dienen.‘“

Es fällt auf, dass hier ebenfalls die doxa und das Dienen in einem Kontrast zueinander stehen. Das Angebot und damit der potentielle Wunsch nach der doxa der Welt erscheinen nur allzu menschlich, gefordert ist jedoch das Dienen. Vorstellbar wäre, dass sich hier ebenfalls konkrete Gemeindeerfahrungen widerspiegeln.[24] Zielt die Versuchungsgeschichte auf Paränese?[25] „Genauso wie Jesus sollen seine Anhänger sich kompromißlos zu dem einen und einzigen Gott bekennen und konkurrierende religiöse Ansprüche als satanische Versuchung zurückweisen. Im Zusammenhang der ganzen Versuchungsgeschichte heißt das: Nichts in der Welt, weder die Verheißung von Nahrung, Sicherheit noch Macht, ist es wert, vom monotheistischen Bekenntnis auch nur einen Schritt abzuweichen.“[26]

Doxa taucht dann wieder auf in der Schlussdoxologie des Vaterunser.[27] Einige Textüberlieferungen[28] bieten im Anschluss an

---

erneut auf Jesu Dienst an der Himmelsherrschaft hin, zu dem ihn seine Gottessohnschaft befähigt und von dem sie ihrerseits geprägt wird.“

23 Th. Söding, *Gehorsam*, 743.

24 Vgl. auch H. Frankemölle, *Matthäus* 1, 190: „Jesus ist nicht nur stärker als Johannes der Täufer (3,11), er hat auch bereits die Macht des Bösen überwunden. Wenn Leser darin einen Appell für sich selbst gesehen haben, dann liegt dies durchaus in den weiteren Rezeptionsmöglichkeiten.“

25 In diesem Sinn L. Schottroff/W. Stegemann, *Jesus von Nazareth – Hoffnung der Armen*, Stuttgart 1978, 72-76, nach denen die illusionären Herrschaftsräume aufständischer Gruppen zurückgewiesen werden.

26 G. Theißen, *Lokalkolorit und Zeitgeschichte in den Evangelien. Ein Beitrag zur Geschichte der synoptischen Tradition* (NTOA 8), Göttingen 1989, 230.

27 Vgl. J. Gnilka, *Matthäusevangelium* I, 228: „Um das Vaterunser vollends liturgiefähig zu machen, wurde es, allerdings schon sehr früh, mit einer Doxologie versehen (schon Did 8,2), aber nur die mt Variante.“

Mt 6,13: „Denn dein ist das Reich und die Macht und die Doxa in die Äonen. Amen." Auffallend ist die Parallele zu 1 Chr 29,11f./LXX, dem Lobpreis Davids anlässlich der Spenden des Volkes für den Tempelbau:

> „σοί, κύριε, ἡ μεγαλωσύνη καὶ ἡ δύναμις καὶ τὸ καύχημα καὶ ἡ νίκη καὶ ἡ ἰσχύς, ὅτι σὺ πάντων τῶν ἐν τῷ οὐρανῷ καὶ ἐπὶ τῆς γῆς δεσπόζεις, ἀπὸ προσώπου σου ταράσσεται πᾶς βασιλεὺς καὶ ἔθνος. παρὰ σοῦ ὁ πλοῦτος καὶ ἡ δόξα, σὺ πάντων ἄρχηεις, κύριε ὁ ἄρχων πάσης ἀρχῆς, καὶ ἐν χειρί σου ἰσχὺς καὶ δυναστεία, καὶ ἐν χειρί σου, παντοκράτωρ, μεγαλῦναι καὶ κατισχῦσαι τὰ πάντα."

Im Grundtyp geht die Doxologie also auf 1 Chr 29,11 zurück.[29] 1 Chr 29,11/LXX bietet zwar neben δύναμις καύχημα und nicht δόξα, führt δόξα dann aber neben πλοῦτος an als vom Herrn kommend (παρὰ σοῦ;

---

[28] So die Codizes Regius, W und Koridethianus sowie 0233, die Minuskelhandschrift Familie 13 und der Minuskelkodex 33, der Mehrheitstext, einzelne altlateinische Handschriften, die gesamte syrische Überlieferung, die sahidische Überlieferung und in Teilüberlieferung die bohairischer sowie die Didache; ohne Doxologie: die Codizes Sinaiticus, Vaticanus, Bezae und Dublinensis sowie 0170, die Minuskelhandschrift Familie 1, Lektionar 2211, wenige altlateinische und Vulgata-Handschriften und in Teilüberlieferung die bohairischer sowie Origenes; eine weitere Variante bietet dann noch die Minuskelhandschrift 1253. Auch wenn aufgrund der fehlenden Bezeugung vor allen Dingen in einigen bedeutenden Codizes das Vaterunser auch ohne die Doxologie gebetet worden sein dürfte, bleibt doch die breite Bezeugung der Doxologie auffallend. Anders J. Jeremias, *Das Vater-Unser im Lichte der neueren Forschung*, in: Ders., Abba. Studien zur neutestamentlichen Theologie und Zeitgeschichte, Göttingen 1960, 152-171, 170: „Der Schluß wäre jedoch völlig verfehlt, daß das Vater-Unser je ohne abschließenden Lobpreis Gottes gebetet worden wäre." Vgl. auch M.-B. v. Stritzky, *Studien zur Überlieferung und Interpretation des Vaterunsers in der frühchristlichen Literatur* (MBT 57), Münster 1989, 16f.: „Die zweigliedrige Fassung [...] zeigt, daß diese Doxologie in Anlehnung an den synagogalen Gottesdienst bereits ihren festen Platz in der Liturgie der Gemeinde eingenommen hatte. Aus diesem Grund ist sie dann wohl auch in spätere Handschriften des Matthäusevangeliums eingegangen." Vgl. auch H. Frankemölle, *Matthäus 1*, 254: „Solche Doxologien waren in jüdischen Gebeten gang und gäbe, so daß es nahe lag, daß die frühe griechische Kirche in der Liturgie von Anfang an das Vaterunser mit dem Lobpreis abschloß." Ebenso G. Schneider, *Das Vaterunser des Matthäus*, in: A cause de l'Evangile (FS J. Dupont) (Lectio Divina 123), Paris 1985, 57-90, 63.

[29] Vgl. U. Luz, *Das Evangelium nach Matthäus* (EKK I,1) Zürich [5]2002, 455. Nach J. Gnilka, *Matthäusevangelium I*, 228, ist eine direkte Abhängigkeit nicht anzunehmen. Vgl. ferner auch E. Lohmeyer, *Das Vater-unser*, Göttingen [5]1962, 164ff.; G. Dalman, *Die Worte Jesu*, Bd. 1, Darmstadt 1965, 360-365.

29,12); in beiden Preisungen ist also von δόξα die Rede. Doxa ist in der Doxologie des Vaterunser neben Reich und Macht positives Attribut Gottes. „Der fürsorglich handelnde ‚Vater‘ ist zugleich der, dessen ‚Reich/Herrschaft‘ sich durchsetzen wird und dem alle Herrlichkeit gebührt.“[30]

In der Perikope von falscher und rechter Sorge ist doxa Attribut Salomos.

> „Und warum sorgt ihr euch um die Kleidung? Schaut die Lilien auf dem Feld an, wie sie wachsen: sie arbeiten nicht, auch spinnen sie nicht. Ich sage euch, dass auch Salomo in all seiner Doxa nicht gekleidet gewesen ist wie eine von ihnen.“ (Mt 6,28f.)

Glanz und Erscheinung Salomos, dessen Reichtum als sprichwörtlich gilt (1 Kön 10,4ff.; 2 Chr 9,13ff.), werden hier mit dem Attribut der doxa charakterisiert. Damit soll jedoch nicht etwa die glanzvolle Erscheinung Salomos relativiert und kritisiert werden,[31] sondern indirekt die Sorge um die doxa, die es zu vernachlässigen gilt. „Trachtet zuerst nach dem Reich Gottes und seiner Gerechtigkeit, so wird euch das alles zufallen.“ (33) Wie in der Versuchungsgeschichte findet sich hier eine Relativierung irdischer Herrscher- und Machtkategorien, in diesem Fall der doxa. „Es geht weiter um die Alternative Gott oder Welt/irdische Schätze, keineswegs um ein sorgloses In-den-Tag-Hineinleben.“[32] Als Subjekte des Sorgens werden zwar in V. 32 die Heiden genannt, aber in direkter Anrede doch die Gläubigen, die als Kleingläubige bezeichnet werden (ολιγόπιστοι; V. 30), deren Kleingläubigkeit eben durch das Sorgen zum Ausdruck kommt. „Die direkte Anrede [...] verrät, daß konkrete Menschen

---

30 H. Frankemölle, *Matthäus 1*, 254.

31 Salomos sprichwörtliche und sagenhafte Pracht wird angeführt, um den Kontrast zu einer einzigen Lilie zu unterstreichen, der Gottes fürsorgliches Verhalten gilt; erst recht kann dann der Mensch auf Gottes fürsorgliches Verhalten vertrauen. Anders M. Ebner, *Jesus – ein Weisheitslehrer?: synoptische Weisheitslogien im Traditionsprozeß* (HBSt 15), Freiburg 1998, 263: „Der Superlativ menschlicher Prachtentfaltung (Salomo) ist jeder beliebig herausgegriffenen Lilie unterlegen. Es geht also um eine qualitative Stufung, eben einen Schönheitsvergleich. Dabei schneidet das Paradigma ‚Salomo‘ schlecht ab. Selbst wenn die menschlichen Möglichkeiten, wie im Fall Salomos, mit letzter Anstrengung ausgereizt werden, reichen sie nicht im entferntesten an den Standard der Natur heran. Die Auswertung hat einen eindeutig destruktiven Akzent.“

32 H. Frankemölle, *Matthäus 1*, 259.

angesprochen sind. [...] Für Matthäus ist dieser überlieferte Ausdruck wichtig geworden; er charakterisiert die Situation der Gemeinde, die zwischen Unglauben und Glauben steht."[33] Als weltliches Attribut ist die doxa für die Jesus-Nachfolgenden zunächst nicht erstrebenswert, wird aber, wie an anderen Stellen deutlich wird, in eschatologischer Perspektive in Aussicht gestellt.[34]

Nun folgen jene doxa-Stellen, die auch Markus teilweise schon anführt, die Menschensohn-Logien; zunächst taucht doxa in der Perikope von der Nachfolge und Selbstverleugnung (Mt 16,24-28) auf. Im Unterschied zur Markusvorlage ist nun aber V. 27 „Denn der Menschensohn wird kommen in der doxa seines Vaters mit seinen Engeln, und dann wird er jedem vergelten nach seinem Verhalten." weitgehend neu formuliert.[35] Das Wort vom Sich-Schämen, d.h. das Mk 8,38 entsprechende Menschensohn-Wort findet sich bei Mt bereits in der Jüngeraussendungsrede (10,33). V. 27 spricht nun von der richterlichen Vergeltung des künftig in der doxa seines Vaters kommenden Menschensohnes. „Daß der Menschensohn nur ‚zurückgibt/vergilt', dürfte dem Leser von 5,26; 6,4.6.18 noch in Erinnerung sein, da er generell im MtEv – in Übereinstimmung mit der jüdischen Theologie – die These vernommen hat, daß entsprechend dem Tun-Ergehen-Zusammenhang sein Ergehen bei Gericht von seinem konkreten Tun bestimmt ist, daß es also dem Menschen im Gericht so ergeht, wie er sich im konkreten Tun verhalten hat."[36] Das Attribut der doxa unterstreicht hier die göttliche Machtfülle.

---

33 U. Luz, *Matthäusevangelium 1*, 480. Dass der Vorwurf des Kleinglaubens auf die Jüngerschaft zielt und damit an einen bereits vorhandenen Glauben ansetzt und diesen als unzureichend kritisiert, stellt Gnilka, *Matthäusevangelium I*, 249, heraus. „Das Unzureichende besteht nicht in einem Mangel an Glaubenswissen, sondern im mangelnden Vertrauen."

34 Vgl. J. Gnilka, *Matthäusevangelium I*, 250: „Die Erfüllung des Lebens ist in einer anderen Richtung zu suchen. Während die Heiden nach all diesen Dingen trachten und dabei ihr Leben verlieren, trachten die Jünger nach der Herrschaft und Gerechtigkeit ihres himmlischen Vaters, indem sie darauf vertrauen, daß dieser ihnen dann all diese Dinge hingeben wird."

35 Zu den Veränderungen gegenüber der Markusvorlage vgl. J. Gnilka, *Das Matthäusevangelium, II. Teil* (HThK 1,2), Freiburg 1988, 86.

36 H. Frankemölle, *Matthäus: Kommentar, Bd. 2*, Düsseldorf 1997, 231. Zum entsprechend biblisch vielfach belegten Topos vgl. H. Frankemölle ebd., 232; U. Luz, *Das Evangelium nach Matthäus, 2. Teilband* (EKK I/2), Neukirchen-Vlyn 1990, 494; J. Gnilka, *Matthäusevangelium II*, 88.

Es folgen die Menschensohn-Worte in der Perikope vom Lohn der Nachfolge (Mt 19,27-30) und vom Kommen des Menschensohnes (Mt 24,29-31). Vorlage der matthäischen Perikope vom Lohn der Nachfolge ist Mk 10,28-31, wobei V. 28, ein aus Q stammendes Logion, eingeschoben ist („Jesus aber sprach zu ihnen: Wahrlich, ich sage euch: Ihr, die ihr mir nachgefolgt seid, werdet bei der Wiedergeburt, wenn der Menschensohn sitzen wird auf dem Thron seiner Doxa, auch sitzen auf zwölf Thronen und richten die zwölf Stämme Israels.“) Die Frage des Petrus nach dem Lohn der Nachfolge (für Aufgabe von Heimat und Familie, Besitz und Beruf?; 19,27) erfolgt weisheitlich gedacht im Tun-Ergehen-Zusammenhang.[37] So werden die Zwölf bei der Wiedergeburt[38] am Ende der Zeit auch auf „zwölf Thronen sitzen“, so die Antwort Jesu in V. 28, „wenn der Menschensohn auf dem Thron seiner Doxa sitzen wird.“ Mit dem „Thron der Doxa“ dürfte der Thron Gottes gemeint sein (vgl. Jer 14,21; 17,12; Weish 9,10), in den Bilderreden des Henochbuches sitzt der Auserwählte auf dem Thron seiner doxa (äth Hen 45,3; 51,3; 55,4; 61,8; 62,2). Mit Gnilka ist zu resümieren: „Die Nachfolge des irdischen Jesus führt zur Teilhabe an der Herrlichkeit des kommenden Menschensohnes.“[39]

Die doxa ist ebenfalls Attribut des kommenden Menschensohnes in der entsprechenden Perikope Mt 24,29-31. Gegenüber der Markus-Vorlage (13,24-27) ist hier jedoch von „Macht und *viel* Doxa“ des Menschensohnes die Rede. Durch die Wortumstellung von πολλῆς (nicht mehr Adjektiv von Macht, sondern von doxa) wird die Bedeutung der doxa und damit Machtfülle und Glanz des kommenden Menschensohnes noch unterstrichen. „Die Stämme der Erde werden ihn sehen, nachdem sein Zeichen erschienen ist, genauer: seine Ankunft. Es ist das Kommen des vom Doxa-Lichtglanz umgebenen himmlischen Menschensohnes, von dem schon Daniel, der Prophet, kündete.“[40] Wie JHWH thront er auf den Wolken, in Macht und in viel doxa. Ergänzend ist mit Gnilka in Hinblick auf die Partizipation der Nachfolgenden an der doxa des

37 Vgl. H. Frankemölle *Matthäus 2*, 283.

38 Zur Frage der Bedeutung des Hapaxlegomenon παλιγγενεσία vgl. U. Luz, *Das Evangelium nach Matthäus, 3. Teilband* (EKK I/3), Neukirchen-Vlyn 1997, 129.

39 J. Gnilka, *Matthäusevangelium II*, 172.

40 J. Gnilka, *Matthäusevangelium II*, 330. Zur Frage nach der Bedeutung des Zeichens vgl. H. Frankemölle, *Matthäus 2*, 405; U. Luz, *Evangelium 3*, 434f.

Menschensohnes anzumerken: „Das Kommen des Menschensohnes sagt Christus auch in 13,37ff.; 16,27; 26,64 voraus, Stellen, die den für Mt wichtigen Gerichtsgedanken weiter ausführen: Partizipation der Söhne des Reiches am Doxaglanz des Menschensohnes, Gericht nach den Werken, Identität des Menschensohnes mit dem leidenden und sterbenden Christus."[41]

Noch einmal ist bei Mt von doxa die Rede, im Gleichnis vom Endgericht über „alle Völker" (25,31-46). Dort heißt es gleich zu Beginn (V. 31): „Wenn aber der Menschensohn in seiner doxa kommt und alle Engel mit ihm, dann wird er sich auf den Thron seiner doxa setzen."

Das Bild vom kommenden Menschensohn dürfte den Hörer/innen und Leser/innen inzwischen vertraut sein. Seine Hoheit ist ebenso offensichtlich wie die Begleitung seiner Engel eine vertraute Selbstverständlichkeit. Er kommt nicht nur in göttlicher doxa, sondern setzt sich auch auf den „Thron der doxa", d.h. auf den Thron Gottes, die doxa der Epiphanie erfährt somit noch eine besondere Hervorhebung[42]; der Menschensohn selbst ist der Weltenrichter.[43] Im Matthäusevangelium ist doxa nicht nur göttliches Attribut, an dem die Nachfolgenden partizipieren, wie in eschatologischer Perpektive in Aussicht gestellt, sondern kann auch die weltliche Machtsphäre bezeichnen, wie die Versuchungsgeschichte zeigt.

Lukas

Im Lukasevangelium tritt doxa zunächst in der Geburtsgeschichte auf. Als der Engel des Herrn zu den Hirten tritt, umleuchtet sie zunächst die doxa des Herrn (περιλάμπω; 2,9). „Der jenseitige

41 J. Gnilka, *Matthäusevangelium II*, 331.

42 Vgl. J. Gnilka, *Matthäusevangelium II*, 370: „Die Erscheinung des kommenden Menschensohnes schließt sich an 24,30b.31 an. Ist dort die Beschreibung der kosmischen Begleiterscheinungen zusätzlich gegeben, so ist jetzt die Herrlichkeit seiner Epiphanie eher noch gesteigert. Er selbst, der Menschensohn, wird sichtbar."

43 „Darin", so U. Luz, „besteht die wichtigste Sachparallele zwischen den Bilderreden des äth Hen und der gesamten ntl. Menschensohnüberlieferung, wobei das NT noch über die Bilderreden hinausgeht." U. Luz, *Evangelium 3*, 531, Anm. 109.

Lichtglanz ‚umleuchtet‘ die Hirten, was wie eine eschatologische Verheißung ist. Zudem stellt solche Schilderung die nun ergehende Botschaft als eine denkbar wichtige Offenbarung heraus, ihr hat alle Aufmerksamkeit zu gelten.“[44] Das göttliche Einschreiten des Engels in der Nacht wird durch die leuchtende doxa gekennzeichnet und herausgehoben.[45] In dieser doxa verkündet der Engel den Hirten eine große Freude, die dem ganzen Volk, das heißt dem Heilsvolk, Israel gilt: Die Geburt des Retters, „der Christus, der Herr ist, in der Stadt Davids“ (V. 11). „V 9 dient als großartige Szenerie für die Rede, aber auch als Vorwegnahme des Engelchores der VV 13-14. Die Herrlichkeit Gottes lebt nicht ohne den himmlischen Hofstaat. Sie ist weder verschwunden noch im Tempel gefangen. Unheimlich lebendig strahlt sie hier und jetzt, in Widerspruch zu jedem menschlichen, sogar religiösen Programm.“[46] Im Lobgesang der Engel, einem zweiteiligen Lied, entsprechen sich Höhe und Erde sowie doxa und Friede (chiastische Gegenüberstellung). Doxa (gebühre) Gott, und Friede (sei) unter den Menschen des (d.h. seines) Wohlgefallens.[47] „In der Geburt Jesu verherrlicht sich Gott, und damit ereignet sich Heil (Friede im Sinne des biblischen schalom) bei den Menschen.“[48] Unabhängig von der Entscheidung, ob die doxa bei Gott ist (vgl. V. 9) oder Gott im Lobpreis gegeben wird,[49] ist sie Attribut Gottes. Während doxa an den bisher diskutierten Stellen vor allen Dingen die Machtfülle Gottes und seinen Lichtglanz kennzeichnete, ist an dieser Stelle dann aber doch wohl von der Ehre auszugehen, die Gott im Lobpreis zugesprochen wird.

Von der doxa ist dann wieder im Lobpreis des Simeon die Rede: „Jetzt entlässt du deinen Knecht Herr, nach deinem Wort in

44 H. Schürmann, *Das Lukasevangelium, 1. Teil* (HThK III,1), Freiburg 1969, 110.

45 Vgl. H. H. Malmede, *Die Lichtsymbolik im Neuen Testament* (StOR 15), Wiesbaden 1986, 11: „Der Ausdruck ‚die doxa des Herrn umleuchtete sie‘ ist unmißverständlich. Die strahlende Herrlichkeit ist völlig real gedacht. Sie wird von den Hirten sogleich als göttliche Erscheinung erkannt und durch die topische Reaktion des Sich-Fürchtens beantwortet: das Licht weist die doxa aus.“

46 F. Bovon, *Das Evangelium nach Lukas, Teilband 1* (EKK III/1), Neukirchen-Vlyn 1989, 124.

47 Zur Textgeschichte der Doxologie vgl. H. Klein, *Das Lukasevangelium* (KEK I/3), Göttingen 2006, 138; ferner J. A. Fitzmyer, *The Gospel according to Luke (I-IX)* (AncB 28), New York 1981, 411.

48 G. Schneider, *Das Evangelium nach Lukas; Kapitel 1-10* (ÖTKNT 3,1), Gütersloh ^{2}1984, 67.

49 Vgl. H. Klein, *Lukasevangelium*, 137, Anmerk. 137.

Frieden, denn meine Augen haben dein Heil gesehen, das du bereitet hast vor allen Völkern, Licht zur Offenbarung für die (Heiden-)Völker und zur Doxa deines Volkes Israel.“ (2,29-32)[50] Das Heil dient somit der doxa des Volkes Israel. Das Heilswirken ereignete sich dergestalt, dass es allen Völkern (λαός) sichtbar wurde (vgl. Jes 52,10: alle Völker), d.h. es ist für die Stämme Israels bereitet. Funktional ist es in Erfüllung der Weissagung für den Gottesknecht (vgl. Jes 42,6; 49,6) „Licht für die Völker“, also für die Heiden (ἔθνη).[51] Näherhin heißt es „Licht zur Offenbarung der (Heiden-)Völker und (Licht zur) doxa deines Volkes Israel.“ Offenbarung und doxa haben den gleichen Kasus (Akkusativ; εἰς αποκάλψιν; δόξαν) und sind deshalb auf einer Ebene dem Licht (φῶς; Nominativ) zugeordnet.[52] In dem in Jesus personifizierten Heil Gottes ereignet sich Erleuchtung zur doxa, d.h. zur Ehre Israels, während den Heiden-Völkern darin zunächst einmal eine Offenbarung widerfährt; wobei grundsätzlich zu beachten ist, dass das Heil ganz aus der Sicht Israels, nicht aus der der Völkerwelt zu sehen ist.[53] „Doxa ist zunächst Gottes Herrlichkeit, die sich wie

---

50 Zur Frage traditionsgeschichtlicher Zuschreibung vgl. R. Kampling, *„Gepriesen sei der Herr, der Gott Israels“. Zur Theozentrik von Lk 1-2*, in: Th. Söding (Hg.) Der einzige Gott. FS W. Thüsing, Münster 1996, 149-179. 163ff.

51 Vgl. zum alttestamentlichen Bezug R. C. Tannehill, *The Story of Israel within the Lukan Narrative*, in: D. P. Moessner (Hg.), Jesus and the Heritage of Israel. Luke's Narrative Claim upon Israel's Legacy, Harrisburg 1999, 325-339, 329.

52 Anders H. Schürmann, *Lukasevangelium I*, 126, Anm. 209, der allerdings in seiner Anmerkung den Akkusativ von doxa unberücksichtigt lässt: „aber δόξα ist hier doch φῶς (nicht ἀποκάλψιν) nebengeordnet“. Anders wiederum auch F. Bovon, *Evangelium 1*, 145, der drei Gründe aufzeigt für die Verbindung von ἐθνῶν mit φῶς und nicht mit ἀποκάλψις. Vgl. ferner J. A. Fitzmyer, *Gospel (I-IX)*, 428; K. Löning, *Das Geschichtswerk des Lukas, Bd. 1: Israels Hoffnung und Gottes Geheimnisse*, Stuttgart 1997, 125: „Zu der Erkenntnis, die in der Begegnung des Charismatikers Simeon mit dem verborgenen Christus aufbricht, gehört nicht nur das Schauen über die Todesgrenze des bedrohten Lebens des einzelnen Gerechten, sondern auch das Erkennen des Lichtes der Offenbarung Gottes für die Völker zur Verherrlichung seines Volkes Israel.“

53 Vgl. H. Klein, *Lukasevangelium*, 148. Vgl. auch H. Schürmann, *Lukasevangelium I*, 126: „Das messianische Heil ist bereitet in und für Israel. V. 32 b macht den heilsgeschichtlichen Primat Israels deutlich.“ Vgl. ferner R. C. Tannehill, *Story*, 329: „Simeon's words are the first mention of the Messiah's significance for the Gentiles. Previously it has been said repeatedly that Jesus Messiah means salvation for the Jews. The introduction of Gentiles in 2:32 does not mean that they are replacing the Jews, for the one who is ‚light‘ for the Gentiles

früher im Gesicht Moses jetzt in Israel widerspiegelt, wenn es sie annimmt. Für die, die das sehen, wird sie so zum ‚Ruhm' Israels."[54] Indem Jesus als Christus in der Kindheitsgeschichte Retter und Herr ist, zeigt sich bereits hier eine soteriologische und christologische Konzentration. Diese gemeinhin als soteriologisch entfaltet verstandene Christologie[55] ist jedoch in „ihrer unbedingten Verflechtung mit der Theologie" zu sehen: „die Rede von Gott begründet die Rede von Christus."[56] Und Ausdruck davon, Preis Gottes, ist das Nunc dimittis. „Die Erwartung, den ‚Christus des Herrn' (Lk 2,26) zu schauen, geht in Erfüllung. Und da Simeon das Kind, das das Ziel seiner Hoffnung ist, in den Armen hält und in ihm, durch den Geist angeleitet, die Verkörperung des Heils erkennt, richtet er seinen Preis an Gott, weil er darum weiß, daß Heil nur von ihm her ursächlich geschehen kann. Der unmittelbare Grund des Lobes Gottes ist das Heraufführen seines Heiles in Jesus, seinem Christus, der aber über sich selbst hinaus auf den verweist, der in ihm wirkt."[57] Die doxa als Attribut Gottes ist grundsätzlich Ausdruck der Theozentrik, als Attribut Israels besonderer Ausdruck lukanischer Israelbezogenheit. „Für Lukas ist es keine Zufälligkeit, daß Gott sein Heilshandeln in Jesus Christus wirkt an Israel. Vielmehr liegt dies in der Beziehung Israels zu Gott begründet, das exklusiv sein Volk (Lk 1,68; 2,32) war und ist, was Gott durch vergangenes und gegenwärtiges Tun bestätigt, und zwar in dem Sinne, daß die je ergehende Annahme Israels durch Gott es als Gottesvolk erweist."[58]

Lukas bietet in der Versuchungsgeschichte ebenfalls doxa als etwas, was nun vom Teufel geboten wird (Lk 4,1ff.). „Der δόξα fügt Lukas, was ihn noch wichtiger dünkt, die ἐξουσία dieser Reiche hinzu. Beide sind dem Sohn versprochen. Die Erweiterung der Q-

is also ‚glory of your people Israel'. The careful inclusion of both Jews and Gentiles is important."

54 F. Bovon, *Evangelium 1*, 145. vgl. auch G. Schneider, *Evangelium 1*, 72.

55 Vgl. F. Bovon, *Evangelium 1*, 144f.

56 R. Kampling, *Theozentrik*, 173. Vgl. ebd., 174: „Die Christologie ist in den ersten beiden Kapiteln des lukanischen Evangeliums integriert in die Theozentrik seiner Darstellung. Eine Gleichordnung Jesu mit Gott oder gar eine Einschränkung der Macht Gottes durch Christus ist bei Lukas nicht zu finden."

57 R. Kampling, *Theozentrik*, 173.

58 R. Kampling, *Theozentrik*, 175f. Vgl. ebd.: „Israel ist in den Kindheitsgeschichten thematisch, erzählerisch und theologisch von solcher Präsenz, daß es die gesamte Erzählung mitprägt."

Fassung wird bei Lukas zur sprachlichen Parodie göttlicher Inspiration: Der redaktionelle Zusatz erinnert an Dan 4,31 LXX; 7,14 und Lk 10,22."[59] In der Perikope von der Nachfolge und Selbstverleugnung (9,23-27) kommt der Menschensohn im Unterschied zur Fassung des Mk (und Mt) nicht in Begleitung von Engeln, sondern in der doxa der Engel. Der Menschensohn wird kommen „in seiner doxa, der des Vaters und der heiligen Engel" (9,26). „Entgegen der Q-Fassung Lk 12,8f. par Mt 10,32f. ist das ‚Kommen' des Menschensohnes hier breit gemalt. Er ist hier nicht mehr der im himmlischen Gerichtssaal als Zeuge oder Anwalt Anwesende; er ist der hoheitlich in die Welt Kommende. Er wird nach 21,27 kommen ‚mit Macht und viel Herrlichkeit'. Dort wird deutlich, daß es die Doxa ist, die Gott, die aber auch den heiligen Engeln eignet, die ihn umleuchtet. In solcher Formulierung liegt gegenüber Mk (ἐν τῇ δόξῃ τοῦ πατρὸς αὐτοῦ) ein christologisches Weniger, gewissermaßen aber auch ein Mehr, insofern der Menschensohn – freilich ‚nur' wie die ‚heiligen Engel' – neben Gott selbst Doxa-Träger ist."[60]

Diese doxa Jesu wird nun in der folgenden Perikope von der Verklärung Jesu expliziert (9,28-36). Lukas überarbeitet offensichtlich die markinische Fassung grundsätzlich, so betont er auch die doxa der beiden Männer und Jesu. „Und siehe, zwei Männer unterhielten sich mit ihm, die Mose und Elija waren. Sie erschienen in Doxa und sagten seinen Ausgang an, den er in Jerusalem erfüllen sollte. Und Petrus und die mit ihm waren vom Schlaf bedrängt. Da sie sich aber wach gehalten hatten, sahen sie seine Doxa und zwei Männer, die bei ihm standen." (9,30-32). Lukas hat das Wort doxa also hier eingeführt.[61] Die in V. 29 explizierte Verwandlung des Aussehens spiegelt die jetzt empfangene doxa (in Anlehnung an die Verherrlichung des Mose am Sinai; Ex 34,29-35?)[62] und leitet die

---

59 F. Bovon, *Evangelium 1*, 199.

60 H. Schürmann, *Lukasevangelium I*, 549.

61 Vgl. J. A. Fitzmyer, *Gospel (I-IX)*, 794; ferner R. v. Bendemann, *Zwischen Doxa und Stauros. Eine exegetische Untersuchung der Texte des sogenannten Reiseberichts im Lukasevangelium* (BZNW 101), Berlin 2001, 131.

62 Anders H. Schürmann, *Lukasevangelium I*, 557: „Jesus wird aber von Luk doch auch deutlich von Moses abgehoben, da es nicht der Widerschein Gottes auf seinem Antlitz ist, sondern die ihm eigene Doxa." Vgl. auch G. Schneider, *Evangelium 1*, 216. „Das Gewand Jesu wird leuchtend weiß. An Jesus bricht ‚seine (künftige) Herrlichkeit' sichtbar durch." Ferner H. H. Malmede, *Lichtsymbolik*, 199: „Zwischen den beiden doxai von V. 30 und 32 besteht, auch sprachlich markiert, der gleiche Unterschied wie zwischen dem

Erklärung der Vater-Sohn-Beziehung ein, deren Ausdruck sie gleichfalls ist. Die christologische, an der doxa-Vorstellung entfaltete Betrachtung bleibt also hier wieder in die Lehre über Gott eingebunden, „‚das andere Aussehen‘ drückt nicht eine göttliche Natur, sondern eine Beziehung Gottes zu ihm aus, wie auch er selbst im Gebet jetzt in der rechten Beziehung zu Gott steht.“[63] Dass Mose und Elija als Repräsentanten von „Gesetz und Propheten“, die das Leiden des Messias vorausgesagt hatten, auch in doxa erscheinen,[64] unterstreicht wiederum die Kontinuität der Israelbezogenheit und sollte deshalb gegenüber der doxa Jesu nicht relativiert werden, auch wenn Jesus der vorbestimmte Träger der göttlichen Herrlichkeit ist.[65] Doxa ist hier wohl als Glanz im Sinne von himmlischem Lichtglanz oder Machtglanz zu verstehen.

Auch Lukas schreibt parallel zu Mt von der doxa Salomos in der Perikope „Von falscher und rechter Sorge“ (12,22-32). Dass doxa von Lukas vielfältig verwendet wird, zeigt sich im Gleichnis von den Einladungen (14,7-14; SLk). In der Rede an die Eingeladenen (VV. 7-11), einer zunächst moralischen Belehrung (VV. 8-10), rät Jesus

---

Gesichtsleuchten bei Mose und Jesus: die erste zeigt topisch die Erscheinungsweise himmlischer – nicht göttlicher Personen –, die zweite das Wunder des plötzlich durchbrechenden Wesens an. Jesus wird mit den beiden Erscheinenden, die, nie gestorben, vom Himmel herabsteigen, nicht auf gleiche Stufe gestellt; was an ihm erscheint, ist seine eigene doxa. Trotzdem kann im Aussehen der so bedeutungsgleichen doxai ein Unterschied nicht angenommen werden. Die Jünger sehen nicht einfach Jesus als leuchtenden, vielmehr seine göttliche Eigentlichkeit, die in seiner Verwandlung leuchtend zum Vorschein kommt; die Konkretheit des Vorgangs verlangt die Anschaubarkeit solcher doxa, die als das, ‚worin‘ Mose und Elia erscheinen, keine andre sein kann.“ Vgl. weiterhin B. J. Koet, *Divine Communication in Luke-Acts*, in: J. Verheyden (Hg.), The Unity of Luke-Acts (BEThL 148), Leuven 1999, 745-757, 754.

63 F. Bovon, *Evangelium 1*, 495.

64 Vgl. F. Bovon, *Evangelium 1*, 496, Anm. 43: „Lukas sagt nicht, daß die beiden ebenfalls verklärt worden seien, sondern daß sie in der eschatologischen Herrlichkeit erschienen seien.“

65 Vgl. aber F. Bovon, *Evangelium 1*, 498: „Nach Lukas gehört die δόξα zu Gott und seiner Welt. Sie ist für die Menschen jetzt an die Auferstehung gebunden; insofern kann ihre eschatologische Dimension nicht von der Christologie getrennt werden. Allein Jesus ist durch die Auferstehung in seine δόξα, nämlich die ihm jetzt zugesprochene Herrlichkeit Gottes, eingetreten (24,26). Als Sohn Gottes ist Jesus der vorgesehene Träger der göttlichen Herrlichkeit, aber mit Ausnahme der Verklärung wird er sie erst nach seinem Leiden übernehmen. Erst in seiner Parusie wird sie schließlich allen Menschen offenbar (9,26; 21,27).“

gegenüber der Hast, sich einen guten Platz beim Mahl zu sichern, zum gegenteiligen Verhalten: „Sondern, wenn du eingeladen bist, geh und lege dich auf den letzten Platz, damit wenn der, der dich eingeladen hat, kommt, zu dir sagen wird: Freund, rücke hinauf. Dann wird dir Doxa widerfahren in Gegenwart aller, die mit dir bei Tische sind." Auf der Sachebene meint doxa „Ehre", die dem aufrückenden Freund widerfährt. Die eingangs als Gleichnis bezeichnete Rede legt im Anschluss an V. 11 „Denn jeder, der sich erhöht, wird erniedrigt werden, und wer sich erniedrigt, erhöht" jedoch auch einen übertragenen Sinn nahe, nach dem doxa die in Christus wieder gefundene Herrlichkeit des Menschen meint.[66] Damit ist aber letztlich wiederum die Nachfolge Jesu angesprochen, in der sich die Zurückstellung der eigenen Person empfiehlt – wobei dem Zurücktretenden doxa zuteil wird und damit doch auch etwas, was im profanen Leben bereits ersehnt wird. Die Erfüllung der irdischen Sehnsucht nach doxa findet sich schlussendlich in der doxa Christi aufgehoben.

In der Bedeutung von „Ehre" findet sich doxa ebenfalls in der Perikope von der Heilung der zehn Aussätzigen, die Jesus heilt (17,11-19).[67] Doch nur einer dankt es ihm. Darauf antwortete Jesus (VV. 17f.): „Wurden nicht die zehn gereinigt? Und die neun, wo sind

---

66 Vgl. F. Bovon, *Evangelium 2*, 489f.: „Für das profane wie das kirchliche Leben schlägt Lukas in der Nachfolge Jesu nicht eine zwingende Hierarchie, aber eine freiheitlich ethische Ordnung vor, die mit der Wahl gewisser Einschränkungen verbunden sein kann. Nach dieser Ordnung ist jeder Mensch in Eigenverantwortlichkeit dazu aufgefordert, sich nicht höher als die anderen einzustufen und symbolisch, und zwar nicht nur andeutungsweise, sondern mit der ganzen Kraft des Symbols, den letzten Platz einzunehmen oder wenigstens den richtigen Platz. So wie der johanneische Christus bei der schändlichen Erhöhung am Kreuz, die demütigendste Folter ist, im Glanz strahlt (dasselbe Wort δόξα wie im V 10c), so die Gläubigen hier, die sich auf der profanen wie auf der heiligen Hochzeit auf den letzten Plätzen einrichten. Der Gang der Demut wird sich in der Herrlichkeit, im Aufstieg erfüllen, zu dem jener aufgefordert wird, der den guten Namen ‚Freund' bekommt; eine umgekehrte Bewegung zu der, welche von Großtuerei zu Verlegenheit führt."

67 Vgl. H. Klein, *Lukasevangelium*, 563: „Der Wunderbericht ist Sondergut. Lk hat ihn sprachlich überarbeitet. Das zeigen die vielen Lukanismen. Daß er die Erzählung selbst gebildet hat, ist unwahrscheinlich. Denn er hat nicht an all ihren Zügen Interesse. Wichtig ist ihm der Glaube des Samaritaners, der sich im Gotteslob äußert. Der Gegensatz von neun Juden zu einem Samaritaner aber ist kaum lukanisch, zumal das Wort ἀλλογενής sich nicht als lukanisch nachweisen läßt."

sie? Hat sich unter ihnen keiner gefunden, um zurückzukehren und Gott doxa zu erweisen, außer diesem Ausländer?“ Der Einzug in Jerusalem bringt die nächste doxa-Stelle (19,28-39). Es findet sich innerhalb des Gotteslobes (V. 38): „Und sie sagten: Gelobt sei, der kommt, der König, im Namen des Herrn. Friede im Himmel und doxa in der Höhe!“ Es ist einerseits im ersten Teil eine Anlehnung an Ps 118,26, andererseits ist die Parallele zu 2,14 offensichtlich. Der himmlische Frieden zeugt von Gottes Heilswillen.[68] Das Kommen des Menschensohnes auf einer Wolke mit viel Macht und doxa bringt ebenfalls Lukas in der Perikope vom Kommen des Menschensohnes (21,25-28; hier V. 27). „Die Parusie des Menschensohnes erfolgt erst, wenn alles in dieser Welt, auch im Himmel ins Wanken gerät. Die Himmelskörper stehen allesamt im Dienste des Menschensohnes. Kriege allein reichen dazu nicht aus. Für Lk ist sein Kommen an das Zerbrechen aller kosmischen Ordnungen gebunden. Wie Jesus starb und als Toter auferweckt wurde, so geht die Welt zugrunde, wenn der Menschensohn zur Erlösung kommt. Die himmlische Welt stellt die irdische in Frage, wenn sie in die irdische eindringt.“[69] Vom „Eingehen in die doxa“ ist in der Perikope von den Emmausjüngern die Rede (24,26): „Musste nicht Christus diese Dinge erleiden und eingehen in seine Doxa?“ „Der Messias mußte – im Vollzug des in der Schrift und ihren prophetischen Aussagen niedergelegten und bekundeten Gotteswillens – ‚das alles leiden‘, was Jesus erlitten hat, um so in ‚seine Herrlichkeit‘ zu gelangen. Dies wird in einer rhetorischen Frage gesagt [...] V 26 faßt die lukanische Auffassung vom Weg Jesu in die himmlische Herrlichkeit zusammen. Diesem Weg entspricht – wie einer von Gott verfügten Gesetzmäßigkeit – der Weg des Jesusjüngers (vgl. Apg 14,22).“[70]

---

68 Anders H. Klein, *Lukasevangelium*, 616f.: „Wird in 2,14 der Friede auf Erden bei der Geburt des σωτήρ zugesprochen, so wird er jetzt von den Jüngern der Welt abgesprochen. Der Friede kehrt in den Himmel zurück. Das Gottesvolk hat seinen König und damit das Angebot des Friedens nicht angenommen.“

69 H. Klein, *Lukasevangelium*, 651.

70 G. Schneider, *Evangelium 1*, 498.Vgl. auch R. Glöckner, *Die Verkündigung des Heils beim Evangelisten Lukas* (WSAMA.T 9), Mainz o. J. (1975), 202: „Leiden und Auferstehung bzw. Erhöhung Jesu gehören für Lukas offensichtlich zusammen und bilden die eine Erfüllung der Schriften. Die δόξα Jesu (Lk 24, 26) kommt immer von seinem Leiden her, und der ἔξοδος in Jerusalem übergreift den Tod auf die Erhöhung hin.“

In der Apg ist in der Rede des Stephanus von der doxa Gottes die Rede (7,2). „Gott wird feierlich als ‚Gott der Herrlichkeit' bezeichnet, was mehr ist als nur Ornament. Denn das Gesicht des Stephanus zeigt einen Abglanz der göttlichen Herrlichkeit, die er auch als Geistesbegabter sieht, 6,15; 7,55."[71] Stephanus sieht dann vor seinem Tod nicht Gott selbst, sondern seine doxa (7,55), „das heißt, seine Majestät in der göttlichen Lichtherrlichkeit".[72] Lukas verwendet ferner auch in der Apg die Wendung „Gott die doxa/Ehre geben" (12,23). Doxa findet dann noch einmal Verwendung in der Apologie des Paulus (22,1-21). Paulus berichtet in der Beschreibung des Damaskusereignisses, dass er wegen der doxa jenes Licht nicht sehen konnte (V. 11). An dieser Stelle ist doxa eindeutig mit und durch φῶς/Licht konnotiert; der Glanz des Lichtes[73] spielt auf die göttliche Herrlichkeit an.

Reflektion

Das im biblischen Griechisch verwendete Wort doxa wird im Allgemeinen mit Herrlichkeit übersetzt. Dies entspricht der Anzeige von Gottes Macht- und Lichtglanz sowie seines Machtbereiches.[74] Hinter diesen (religiösen) Gebrauch von göttlichem Macht- und Lichtglanz tritt die eine profangriechische Grundbedeutung von Ansehen und Ehre zurück, während die andere alte Grundbedeutung von Meinung im neutestamentlichen Gebrauch gar nicht gegeben ist. Im Vergleich mit dem außerbiblischen Griechisch ist

---

71 J. Jervell, *Die Apostelgeschichte* (KEK 3), Göttingen 1998, 232. Vgl. hinsichtlich des seltenen Ausdrucks „ὁ θεὸς τῆς δόξης" M. Bachmann, *Die Stephanusperikope (Apg 6,1-8,3). Ihre Bedeutung für die lukanische Sicht des jerusalemischen Tempels und des Judentums*, in: J. Verheyden (Hg.), The Unity of Luke-Acts (BEThL 148), Leuven 1999, 545-562, 556, Anm. 41.

72 J. Jervell, *Apostelgeschichte*, 252.

73 Vgl. E. Haenchen, *Die Apostelgeschichte* (KEK 3), Göttingen [7]1977, 598: „blind vom Glanz".

74 Vgl. E. Lohmeyer, *Das Vater-unser*, 169: „Mit Herrlichkeit hat Luther das Wort Doxa wiedergegeben, nicht mit Ehre; denn das Wörtchen ‚ist' legt einen Sinn fest, der Gott nicht erst von Menschen zukommt, sondern ihm von sich aus gehört. Von Gottes Macht und Herrlichkeit zu reden, ist ein geläufiger Satz jüdischer Theologie; wenn er sich offenbart, so geschieht es eben in Macht und Herrlichkeit."

dieser Befund auffällig.[75] „Es ist umstritten, ob diese Bedeutung im vulgären Sprachgebrauch der Umwelt vorbereitet war; eher wohl in der hellenistischen Hofsprache. Diese scheint in ntl. Belegen nachzuwirken.“[76] Diese gegenüber dem Profangriechischen vermeintlich neue Bedeutung im Sinne von Licht- und Machtglanz wird zurückgeführt auf die Septuaginta-Übersetzung des hebräischen kabod mit doxa. Die Bedeutungsbreite von kabod (kbd = schwer sein) – Gewichtigkeit, Masse, Kraft, Macht, (Reichtum), Ehre, in Theophanien Ausdruck der machtvollen Lichtgestalt der Gottheit[77] – wäre dann entsprechend auf doxa übergegangen.[78]

---

75 Vgl. G. Kittel, *Art. δοκέω, δόξα ktl.*, ThWNT II (1935), 235-240; 245-258, 235, der die begriffsgeschichtliche Problematik entsprechend so benennt, „daß [...] das Nomen doxa einem starken Bedeutungswandel unterliegt, so daß es in der biblischen Gräzität nicht nur einen Teil seiner Profanbedeutung verliert, sondern zugleich eine dem Profanen völlig fremde, spezifisch religiöse Bedeutung entwickelt.“

76 H. Hegermann, *Art. δόξα*, EWNT 1 (1980) 832-841, 833. Vgl. etwa die Annahme von J. Schneider, *Doxa. Eine bedeutungsgeschichtliche Studie*, Gütersloh 1932, in dem Frauen- und Schiffsnamen doxa sei ein Lichtname erhalten – in Analogie zu aus Bezeichnungen des Lichts hergeleiteten Frauennamen – und somit eine entsprechende Bedeutung von Licht und Glanz grundsätzlich belegt. Dagegen G. Kittel, *Art. δοκέω, δόξα*, 238: „Dagegen wäre nichts einzuwenden, wenn diese Bedeutung für doxa sonst feststünde. In Wirklichkeit ist diese hypothetische Deutung des Namens der einzige Beleg für diese Bedeutung in der außer- und vor-jüdisch-christlichen Welt.“ Kritisch auch H. Kittel, *Die Herrlichkeit Gottes*, 24-27.

77 Vgl. G. v. Rad, *Art. δοκέω, δόξα ktl.*, ThWNT II (1935), 240-245 (kabod im AT); U. Struppe, *Art. Herrlichkeit (AT)*, NBL 2 (1995), 131-133, 132: Die Herrlichkeit Gottes „wird im Zusammenhang mit Glanz, Licht oder besonders mit Feuer vorgestellt. Der Kult ist der privilegierte Ort, an dem Jahwe Herrlichkeit erwiesen wird. Sie thront im Tempel von Jerusalem. Vor allem erweist sie sich aber als Herrlichkeit seines rettenden Handelns in der Geschichte. [...] Durch Jahwes Tun an Israel erhält es selbst Herrlichkeit.“

78 Vgl. H. Kittel, *Herrlichkeit*, 59ff.: 3. Wie kam doxa zu der Bedeutung Herrlichkeit?; R. Hoeps, *Das Gefühl des Erhabenen und die Herrlichkeit Gottes. Studien zur Beziehung von philosophischer und theologischer Ästhetik* (BDS 5), Würzburg 1989, 118ff. Vgl. auch H. H. Malmede, *Lichtglanz*, 33: „Der Unterschied zum Profangriechischen liegt weniger in der Bedeutung als in der Spezifizierung des Anwendungsbereichs. Dies ergibt sich durch die Übersetzung von kabod und chvarna. Sie ist möglich, weil doxa begrifflich bezeichnet, was jene anschaulich meinen. Aus ihr entsteht eine Bewegung, die doxa der Anschaulichkeit, kabod und chvarna der Abstraktion annähert. [...] Es wird freilich keine neue Bedeutung supponiert, sondern die alte auf religiöse Aussagen beschränkt und durch die aus diesen hinzutretenden Assoziationen modifiziert. Neu ist die – gleichsam hypostasierte – Selbständig-

Auch wenn im NT eine Schau sichtbaren, göttlichen Machtglanzes stark zurücktritt,[79] steht bei den Synoptikern doxa doch überwiegend für eine (auch potentielle) Schau/Erscheinung eben dieses Machtglanzes. Die Annahme, dass gerade dies durch die Wahl von doxa abstrahiert werde, geht bei vielen Exegeten jedoch einher mit der Intention, das NT gegenüber dem AT ab- und hervorzuheben.[80]

Die doxa Gottes ist auf Erden offenbar geworden. Gott hat die ihm eigene doxa auf Christus übertragen. Doch die doxa Gottes zeigt sich nicht erst mit Christus. An und für Israel zeigte sich bereits Gottes doxa in der Geschichte, gehört sie doch dem Gottesvolk (Lk 2,32). In Hinblick auf die christologische Auslegung sollte dies immer bedacht werden.

keit des mit doxa Bezeichneten, die dem jüdischen und iranischen Verständnis entspricht. "

79 So H. Hegermann, *Art. δόξα*, 836.

80 Vgl. etwa H. Kittel, *Herrlichkeit*, 274f.: „Das NT hat sich in der Geschichte unseres Begriffs als ein Höhepunkt dargestellt. Der aus dem AT überkommene Begriff wird im hegelschen Sinne ‚aufgehoben', d.h. die neuartige Manifestation der Machtidee in der christlichen Grunderfahrung erzwingt eine tiefgehende Umdeutung des überkommenen Begriffs. [...] Das Lichtmotiv wird ganz in die Machtidee hineingeschlungen und verliert seine Bedeutung. [...]" So meint dann auch H. Kittel abschließend sagen zu können, „daß unser Begriff im NT zur Erfüllung gekommen ist."

Von Herrlichkeit zu Herrlichkeit

Δόξα bei Paulus zwischen den Polen protologischer und eschatologischer Gottebenbildlichkeit am Beispiel der Korintherkorrespondenz

Marlis Gielen

Herrlichkeit – welche Deutung dieser theologischen Kategorie bietet Paulus in seinen Briefen an? Dieser Frage im Rahmen eines Beitrags zum vorliegenden Sammelband nachzugehen, schien mir eine gleichermaßen reizvolle wie auch im vorgegebenen Umfang lösbare Aufgabe zu sein. Schon bald aber wurde meine Erwartungshaltung sowohl positiv als auch negativ durchkreuzt: Positiv, weil sich die Aufgabe nicht nur als reizvoll, sondern als ausgesprochen spannend entpuppte, negativ, weil die Fülle des Materials und die Komplexität des Befundes eher eine monographische Bearbeitung empfahl. Schon eine erste Auswertung der Konkordanz ergibt nämlich, dass das Wortfeld δόξα[1] unter konsequenter Eingrenzung auf eine theologische Konnotation[2] in den 7 authentischen Paulusbriefen (Röm, 1.2 Kor, Gal, Phil, 1 Thess und Phlm) mit 64 Belegen breiten Raum einnimmt. Dabei verteilen sich die Belege sehr unterschiedlich. Seine größte Konzentration findet das Wortfeld in der Korinther-

---

1 Einschließlich der Derivate δοξάζειν, συνδοξάζειν, ἔνδοξος, κενόδοξος und κενοδοξία.

2 Selbstverständlich gehören dazu neben der theologischen Verwendung des Wortfeldes im engeren Sinn auch Verwendungsmöglichkeiten mit christologischer, soteriologischer, eschatologischer und ethischer Nuancierung. Den zu dieser Bedeutungsgruppe gehörigen Belegen des Wortfeldes δόξα gemeinsam ist, dass sie sich im Deutschen durchweg durch den Begriff „Herrlichkeit" bzw. damit verwandten Begriffsbildungen (etwa Verherrlichung, verherrlichen) wiedergegeben lassen. Ausgeblendet bleiben dagegen Belege des Wortfeldes, die dem Bereich gesellschaftlicher Wertung zugehören. Sie lassen sich in der Regel durch Begriffe wie „Ruhm, Ansehen, Ehre" (bzw. durch die entsprechenden Derivate) übersetzen und überschneiden sich nicht selten mit dem Wortfeld τιμη, (vgl. S. Aalen/H. Kvalbein, *Ehre*: TBLNT 1, Wuppertal ²1997, 304-313, 304.

korrespondenz mit 33 Belegen (1 Kor: 12[3]; 2 Kor: 21) und im Röm mit 22[4] Belegen. Im Phil bemüht Paulus das Wortfeld 6 Mal, im Gal zweimal und im 1 Thess nur einmal. Im Phlm schließlich ist es nicht repräsentiert. Angesichts dieser doch insgesamt intensiven Nutzung des Herrlichkeitsmotivs bei Paulus erstaunt es freilich, dass sie in der jüngeren, aber auch älteren[5] Forschung bisher auf nur geringes

---

3 Einschließlich der 4 Belege in 1 Kor 15,40.41, die eine gewisse Sonderstellung einnehmen, vgl. dazu Ziffer 1.4.

4 Einschließlich des Beleges in 16,27, der zum sekundären Briefschluss des Röm gehört, vgl. U. Wilckens, *Der Brief an die Römer (Röm 1-5)* (EKK VI/1), Neukirchen-Vluyn ²1987, 22-24.

5 Signifikant erscheint mir in diesem Zusammenhang, dass die 1953 in 1. Auflage erschienene und stark begriffsgeschichtlich orientierte Theologie des Neuen Testaments von R. Bultmann, die sich als Standardwerk etabliert hat, dem Wortfeld δόξα nur im Kontext joh Theologie Beachtung schenkt, vgl. R. Bultmann, *Theologie des Neuen Testaments* (UTB 630), 7., durchgesehene, um Vorwort und Nachträge erweiterte Auflage, herausgegeben von O. Merk, Tübingen 1977, 383; 400-412. Dieser Befund unterstreicht freilich nur ein besonders stark ausgeprägtes Desinteresse an der paulinischen Rezeption des Herrlichkeitsmotivs, das auch in anderen Traditionskontexten die Aufmerksamkeit der neutestamentlichen Forschung nur selten auf sich lenken konnte. So bemerkt H. Schlier zu Beginn der sechziger Jahre des letzten Jahrhunderts zutreffend: „Der Begriff δόξα gehört ohne Zweifel zu den bedeutsamsten Grundbegriffen des NT. Doch hat er innerhalb der ntl Theologie im allgemeinen nicht die Beachtung gefunden, die ihm gebührt", vgl. H. Schlier, *Doxa bei Paulus als heilsgeschichtlicher Begriff*, in: Ders., Besinnung auf das Neue Testament. Exegetische Aufsätze und Vorträge II, Freiburg 1964, 307-318, 307. Die Literaturliste, die Schlier ebd. 307f. anfügt und die zwischen 1900-1960 erschienene Titel zur Herrlichkeitsthematik umfasst, bestätigt im Übrigen nur die besonders ausgeprägte Vernachlässigung dieser Thematik im Blick auf die Paulusbriefe. Eine monographische Bearbeitung verzeichnet Schlier für den angegebenen Zeitraum nicht. Ergänzend wäre hier allenfalls hinzuweisen auf M. Berquist, *Meaning of DOXA in the epistles of Paul*, unveröffentlichte Dissertation, Southern Baptist Seminary, Louisville/Kentucky 1941. Die m. W. bislang „jüngste" Monographie zum Herrlichkeitsmotiv bei Paulus stammt von M. Carrez, *De la souffrance à la gloire. De la doxa dans la pensée paulienne*, Neuchâtel 1964.
Im Unterschied zur älteren Forschung, die, sofern sie sich der Doxa-Thematik näherte, dies primär in begriffgeschichtlich orientierten Untersuchungen tat (vgl. auch H. Schlier, *Doxa*, 307f.), kennzeichnet die jüngere Forschung, dass sie sich – gerade im Kontext der Paulusbriefe – dem Thema Herrlichkeit eher indirekt über die Exegese bestimmter Textpassagen widmet, die im eigentlichen Zentrum des Interesses stehen, vgl. etwa: L. L. Belleville, *Reflections of Glory. Paul's Polemical Use of the Moses-Doxa-Tradition in 2 Corinthians 3.1-18* (JSNT. SS 52), Sheffield 1991; M. M. Gruber, *Herrlichkeit in Schwachheit. Eine*

Interesse gestoßen ist. Für den vorliegenden Beitrag bedeutet dies, dass es auf exegetisch weithin unbestelltem Feld eine gewisse Pionierarbeit zu leisten gilt. Diese kann freilich im Rahmen eines Sammelbandes notwendigerweise nur skizzenhaft durchgeführt werden. Dabei verzichte ich bewusst auf eine Vollständigkeit anzielende und systematisierende Präsentation der Belege. Denn eine vollständige Präsentation würde im vorgegebenen Rahmen zwangsläufig zu einer m. E. unbefriedigenden lexikonhaften Darstellungsweise führen, eine systematisierende Präsentation aber würde dem Proprium paulinischer Theologie als einer Theologie in pastoral-situativer Zuspitzung[6] nicht gerecht. So bleibt als Alternative, sich dem Herrlichkeitsmotiv bei Paulus in exemplarischer Auswahl und zugleich im vorgegebenen brieflichen Argumentationskontext zu nähern. Dies soll hier anhand der Korintherkorrespondenz geschehen. Denn dadurch wird einerseits ein repräsentativer Charakter der Untersuchung garantiert, insofern in diesen beiden Briefen mehr als die Hälfte aller Belege des Wortfeldes δόξα vereinigt sind. Andererseits sind diese Belege aber auch – mit Ausnahme von 1 Thess 2,12 – die ältesten innerhalb der Paulusbriefe insgesamt. Es darf daher also mit einer gewissen Berechtigung vermutet werden, dass Paulus in den Korintherbriefen unbeschadet der konkret situativen Einbettung der Belege bereits konstitutive Merkmale seines Verständnisses von Herrlichkeit als einer theologischen Kategorie zu erkennen gibt, die er in seinen späteren Briefen allenfalls situations- und argumentationsgerecht adaptiert.

Auslegung der Apologie des Zweiten Korintherbriefes 2 Kor 2,14-6,13 (fzb 89), Würzburg 1998; J. Meißner, *Das Kommen der Herrlichkeit. Eine Neuinterpretation von Röm 8,14-30* (fzb 100), Würzburg 2003; J. Schröter, *Der versöhnte Versöhner. Paulus als unentbehrlicher Mittler im Heilsvorgang zwischen Gott und Gemeinde nach 2 Kor 2,14-7,4* (TANZ 10), Tübingen 1993, 86-127; C. K. Stockhausen, *Moses' Veil and the Glory of the New Covenant. The Exegetical Substructure of II Cor. 3,1-4,6* (AnBib 116), Rom 1989.

6 Vgl. dazu M. Gielen, *Universale Totenauferweckung und universales Heil? 1 Kor 15,20-28 im Kontext paulinischer Theologie*, in: BZ N.F. 47 (2003), 86-104, 102f.

1. Der erste Korintherbrief

Der erste Korintherbrief ist ein Schreiben, das sich durch eine Fülle von scheinbar unverbundenen Themen, Fragen und Problemstellungen auszeichnet, die jedoch bei genauerem Zusehen aus einem gemeinsamen Grundkonflikt[7] erwachsen.

Als Initialzündung dieses Grundkonflikts darf das Wirken des Apollos, eines aus Alexandria stammenden Judenchristen (vgl. Apg 18,24-28), in der korinthischen Gemeinde gelten. Apollos, der nach Paulus in Korinth als Verkündiger tätig wurde (vgl. 1 Kor 3,6; Apg 19,1), hatte nämlich wohl mit einer Interpretation von Christologie und Soteriologie, die offenbar durch das religionsphilosophische und theologische Werk seines Mitbürgers Philo von Alexandrien beeinflusst war, die Sympathien einer Gruppe korinthischer Christen und Christinnen gewonnen. In dieser Gruppe dürften sich vor allem die wenigen gebildeten, einflussreichen und vornehmen Mitgliedern der Gemeinde (vgl. 1 Kor 1,26) zusammengefunden haben. Kennzeichen für die Verkündigung des Apollos war offenbar, den religiös skandalösen und gesellschaftlich geächteten Kreuzestod Jesu (vgl. 1 Kor 1,23), der im Zentrum der paulinischen Verkündigung stand (vgl. 1 Kor 2,2), weitgehend in den Hintergrund zu drängen und zur soteriologisch marginalen Durchgangsstation auf dem Weg der Rückkehr in die urbildlich-pneumatische Existenzweise zu degradieren.
Wichtig ist hierbei vor allem das philonische Verständnis der zwei verschiedenen Erzählungen von der Erschaffung des Menschen in Gen 1 und Gen 2 (vgl. All I, 31-32; Op 134-135). Philo interpretiert nämlich die beiden Versionen gleichsam harmonisierend, indem er zwei Arten von Menschen unterscheidet: Der allein durch das Wort Gottes erschaffene Menschen (Gen 1,26f.) gehört zum himmlischen Bereich und ist ein rein pneumatisches Wesen. Unter Rückgriff auf die platonische Philosophie stellt er für Philo das Urbild des irdischen Menschen dar. Die Erschaffung dieses irdischen Menschen wird nun nach philonischer Interpretation in Gen 2,7 erzählt. Im Unterschied zum pneumatischen Menschen wird dieser Mensch von Gott aus vergänglicher Materie („Erdenstaub“ Op 135) gebildet und gehört entsprechend dem irdischen Bereich an. Weil Gott aber dem irdisch-vergänglichen Menschen seinen Geist als Lebensatem

7 Zum Verständnis dieses Grundkonflikts lege ich die Hypothese zugrunde, die H. Merklein 1992 im ersten Band seines Kommentars zum 1. Korintherbrief entwickelt hat, vgl. H. Merklein, *Der erste Brief an die Korinther. Kapitel 1-4* (ÖTBK 7/1), Gütersloh 1992, 114-152. Sie hat sich durch die gesamte Kommentierung hindurch als heuristisch wertvoll und tragfähig erwiesen, wie ich auch selbst während der Fertigstellung des dritten Bandes dieses Kommentarprojekts (H. Merklein/M. Gielen, *Der erste Brief an die Korinther. Kapitel 11,2-16,24* (ÖTBK 7/3), Gütersloh 2005) bei der Auslegung von 1 Kor 15,12-16,24 erfahren konnte.

einhaucht, besitzt auch er eine Verbindung zum himmlisch-pneumatischen Bereich. Er verfügt also (von Gott her) über die Befähigung zum wahren, d.h. pneumatischen Leben entsprechend dem himmlischen Urbild, eine Befähigung, die die Möglichkeit zur Erkenntnis Gottes und zur Aneignung der göttlichen Weisheit einschließt. Diese Befähigung kann er brachliegen lassen und damit endgültig der Vergänglichkeit anheim fallen. Oder er kann sie nutzen und damit der Erlösung durch Anteilhabe an der pneumatisch-unvergänglichen Existenzweise teilhaftig werden.
Wird nun durch die Verkündigung des Apollos in Korinth das pneumatische Urbild des Menschen in Anlehnung an eine aus den Schriften Philos bekannte, jetzt freilich christologisch adaptierte Anthropologie mit dem erhöhten Christus identifiziert, so besteht Erlösung in der (von Gott geschenkten) Erkenntnis dieser Identität und in der Ausrichtung der Glaubenden auf die pneumatische Existenz Christi. Dieser pneumatischen Existenz wähnten sich die Apollosanhänger wohl bereits durch die Taufe teilhaftig geworden (vgl. 4,8) und hofften auf deren postmortale Vollendung, nachdem der Tod sie vom Leib befreit haben würde.
Die solchermaßen noetisch akzentuierte Christologie und Soteriologie dürfte zudem in der Verkündigung des Apollos unter das Vorzeichen der Weisheit gestellt worden sein. Dafür spricht zum einen der auffällig gehäufte Gebrauch des Wortfeldes Weisheit/weise (σοφία/σοφός) in 1 Kor 1-3 (insgesamt 26 Belege), das ansonsten in den pln Briefen kaum bemüht wird. Zum anderen spricht dafür die Bedeutung, die in der frühjüdischen Theologie der Weisheit als einem personifizierten himmlischen Wesen, das an der Seite Gottes lebt, zukam (vgl. Weish 6-9), eine Bedeutung, die sich nicht zuletzt in der soteriologischen Funktion dieser Weisheit „als Mittel und Inhalt heilsamer Erkenntnis“[8] konkretisierte. Apollos und seine korinthischen Anhänger partizipierten somit wohl an einem urchristlichen Traditionsstrang, der den Glauben an die Heil bringende Funktion Christi weisheitlich interpretierte, d.h. Christus mit der präexistenten Weisheit identifizierte. Dies schlug sich im Wirken des Apollos offenkundig auch dadurch nieder, dass er die Art seiner Verkündigung (nach Apg 18,24 war er ein rhetorisch geschulter Mann) ihrem weisheitlich akzentuierten Inhalt anglich. Damit dürfte er auf Zustimmung der gebildeten Mitglieder der Gemeinde gestoßen sein, jedoch auf Unverständnis und Ablehnung der großen Mehrheit der einfachen Gemeindemitglieder, die mit einer „Verkündigung in Weisheit des Wortes“ (vgl. 1,17) wohl überfordert waren.

Damit ist die aktuelle korinthische Gemeindesituation umrissen, in die hinein die paulinische Argumentation in 1 Kor zielt. Im Rahmen dieser Argumentation bemüht Paulus immer wieder das Motiv der Herrlichkeit (δόξα). Orientiert am Briefaufbau gilt es nun, der Verwendung dieses Motivs nachzuspüren und dabei besonders auf

8 H. Merklein, *1 Kor I*, 127.

die jeweilige argumentative Einbindung und Akzentuierung zu achten.

1.1 Die gegenwärtige Anteilhabe an der göttlichen Herrlichkeitsexistenz unter dem Vorzeichen des Kreuzes (1 Kor 2,7f.)

Innerhalb des 1 Kor bedient sich Paulus erstmals des Wortfeldes δόξα in 2,7.8.

Kontextuell sind die beiden δόξα-Belege damit der Auseinandersetzung mit den konkurrierenden Gruppenbildungen in der korinthischen Gemeinde zugeordnet, der sich Paulus schwerpunktmäßig im ersten Briefteil (1,10-4,21) widmet.[9] Damit verbunden ist sein Bemühen um Korrektur einer spezifischen Variante von Weisheitschristologie, die die korinthische Gemeinde durch Apollos kennen gelernt und die unter seinen Anhängern Anklang gefunden haben dürfte. Für Paulus stellt diese Variante eine inakzeptable Verkürzung dar, insofern sie die Identifizierung Christi mit der Weisheit Gottes, die er als solche nicht ablehnt, auf den präexistenten und erhöhten Christus reduziert und das Kreuzesgeschehen als soteriologisches Zentrum weitgehend ausblendet. Dies aber ist für Paulus nichts anderes als der Versuch, sich der nur im Glauben an den Gekreuzigten zugänglichen paradoxen Weisheit Gottes nach menschlichen bzw. weltlichen Kriterien zu bemächtigen. Unausweichliche Folge eines solchen Versuches ist es, sich um die Heil schaffende Kraft der göttlichen Weisheit zu bringen. Grundlegend entfaltet Paulus diese Gedanken bereits in 1,18-25, um sie dann anhand des Beispiels der wenig beeindruckenden soziologischen Zusammensetzung der Gemeinde (1,26-31) wie anhand des Beispiels seiner durch Furcht und Zittern gekennzeichneten und gleichwohl erfolgreichen Erstverkündigung in Korinth (2,1-5) zu untermauern. Beide Beispiele sollen die Korinther die Paradoxie göttlicher Weisheit erkennen lassen, die nach menschlichen Maßstäben geurteilt nur als Torheit qualifiziert werden kann. In 2,6-16 greift Paulus vertiefend die grundlegenden Ausführungen aus 1,18-25 auf. Nachdem er zuvor die Paradoxie der Weisheit Gottes, die sich gerade im Kreuz Christi manifestiert, sicher gestellt hat, kann er sich jetzt rhetorisch auf die Ebene der Apollosanhänger einlassen. So profiliert er jetzt noch einmal seine Position in einer von ihnen favorisierten Weisheitsrede, die er ohne seine kreuzestheologische Klarstellung ablehnen musste (vgl. 1,17). Die Wahl der Weisheitsrede bringt es mit sich, dass Paulus sich gerade in 2,6-16 intensiver als zuvor auf die Diktion der weisheitlich

9 H. Merklein, *Korintherbriefe*: Lexikon für Theologie und Kirche VI, Freiburg [3]1997, 379-382, 380.

orientierten Apollosgruppe einlässt, sie damit zugleich aber auch gemäß seinem Verständnis korrigiert.

In unserem thematischen Zusammenhang interessieren hierbei vor allem V.6-8. V.6 dient einmal mehr der Klarstellung und Abgrenzung: Wenngleich Paulus nun also eine bei den Apollosanhängern beliebte Weisheitsrede hält, ist die Weisheit inhaltlich nicht definiert nach dem Maßstab dieser Weltzeit bzw. ihrer der Vernichtung preisgegebenen Repräsentanten (vgl. 1,18f.). Zugleich benennt V.6 mit den „Vollkommenen" (τέλειοι) auch die Adressaten der paulinischen Weisheitsrede. Mit diesem Begriff greift Paulus wohl eine Selbstbezeichnung der Apollosanhänger auf. Darin dokumentierte sich ihre Überzeugung, eine besondere göttlich bzw. pneumatisch vermittelte Erkenntnis Christi zu besitzen. Durch diese Erkenntnis wähnten sie sich von den übrigen Gemeindemitgliedern abgehoben, die ihnen als „Unmündige" (νήπιοι) (vgl. 3,1) galten. Im Unterschied dazu verwendet Paulus in 2,6 den Begriff „Vollkommene" nicht exklusiv für eine bestimmte Gruppe in der Gemeinde. Vielmehr dient er ihm als Bezeichnung für alle, die sich auf die paradoxe Weisheit Gottes einlassen. Insofern ersetzt der Begriff Formulierungen wie „die Gerettetwerdenden" (1,18), „die Glaubenden" (1,21) und „die Berufenen" (1,24). Innerhalb der christologisch-soteriologischen Grundlegung von 1,18-25 zielten diese Formulierungen aber textpragmatisch auf die Gesamtgemeinde, deren Mitglieder sich ausnahmslos auf die paulinische Kreuzespredigt eingelassen haben (vgl. 2,1-5). V.6 stellt also sicher, dass Paulus auch weiterhin von der Weisheit Gottes redet, wie er sie in 1,18-25 von der Weisheit dieser Welt abgegrenzt und inhaltlich als Christus, den Gekreuzigten, bestimmt hat (vgl. V.23f.).

Auf dieser Basis kann sich Paulus dann in V.7 der soteriologischen Zielsetzung dieser Weisheit Gottes zuwenden. Dieses Heilsziel Gottes für die Glaubenden[10] beschreibt Paulus mit Hilfe des Herrlichkeitsmotivs. Konkret bezeichnet er mit δόξα den personalen Status des Heils als eine Herrlichkeitsexistenz. Eine solche Herrlichkeitsexistenz aber ist nichts anderes als ein Sein, das an der göttlichen Lebenswirklichkeit partizipiert.[11] Auf diese Teilhabe zielte

---

10 Hier textpragmatisch durch das Personalpronomen der 1. Pers. Pl. focussiert auf Briefadressaten und Briefschreiber.

11 Ähnlich für das ntl. Verständnis von „Herrlichkeit" insgesamt: S. Aalen/ H. Kvalbein, *Ehre*, 308. Im paulinischen Kontext scheint mir der Blick auf

die Weisheit Gottes als sein präexistenter Heilsplan bereits vor aller Zeit. Doch noch ist sie eine verborgene Weisheit, eine Weisheit im Geheimnis, die allgemeiner Erkenntnis verschlossen ist. Gleichwohl ist sie in der Gegenwart den Glaubenden bereits in der Verkündigung des gekreuzigten Christus offenbar (vgl. 2,6a.7a mit 1,23f.). Mit dieser Verkündigung bzw. mit ihrer Annahme beginnt also der Heilsplan Gottes bereits in der Gegenwart für die Glaubenden Früchte zu tragen. Aber er ist noch nicht vollendet. Insofern eignet dem δόξα-Begriff in V.7 eine prozesshafte Nuance, die durch die Übersetzung „Verherrlichung" treffend zum Ausdruck gebracht werden kann. Diese eschatologische Spannung zwischen dem „Schon" und „Noch-Nicht" richtet sich gerade in der Auseinandersetzung des Paulus mit den Apollosanhängern in Korinth gegen deren präsentisches Erlösungsverständnis (vgl. besonders 4,8-10). Insofern aber die Mitglieder der Apollosgruppe zu einer enthusiastischen Interpretation von Erlösung unter weitgehender Verdrängung des Kreuzesgeschehens neigten, hält Paulus im Kontext seiner Argumentation mit der Verwendung des Begriffs δόξα in 2,7 fest: Der

---

1 Thess 2,12 aufschlussreich, also auf den einzigen theologisch konnotierten Beleg für das Herrlichkeitsmotiv vor der Abfassung von 1 Kor. Hier ergeht die Ermahnung an die Briefadressaten zu einem „Lebenswandel, Gottes würdig, der euch in seinen Herrschaftsbereich (βασιλεία) und in seine Herrlichkeit (δόξα) beruft." Durch βασιλεία ist die Berufung als eine eschatologische qualifiziert, insofern βασιλεία ntl. die endzeitliche Königsherrschaft bzw. den endzeitlichen Herrschaftsbereich Gottes bezeichnet (vgl. A. Lindemann, *Herrschaft Gottes/Reich Gottes IV*: TRE XV, Berlin 1986, 196-218, 200.). Diese βασιλεία ist aber zugleich der Raum bzw. die Sphäre, die ganz von der göttlichen Lebenswirklichkeit der δόξα (Herrlichkeit) erfüllt und durchdrungen ist. Die Berufung zur δόξα stellt in 1 Thess 2,12 nämlich keine zweite Zielangabe neben der Berufung in die βασιλεία dar. Vielmehr sind βασιλεία und δόξα komplementär zu verstehen und erklären sich wechselseitig. Traditionsgeschichtlich grundgelegt ist dieses komplementäre Verständnis von βασιλεία und δόξα bereits alttestamentlich, wie die Syntagmen δόξα τῆς βασιλείας σου (!) Ps 144,11.12 (LXX) sowie βασιλεὺς τῆς δόξης Ps 23,7-10 und Ps 28,3.10 (LXX) belegen, vgl. G. Kittel/G. von Rad, *δοκέω κτλ.*, in: ThWNT II 235-258, 245,10-27 und 248,4. Das betont vorangestellte Possessivpronomen ἑαυτοῦ (seine βασιλεία, seine δόξα) hebt dabei in 1 Thess 2,12 hervor, dass δόξα ebenso die ureigene Lebenswirklichkeit Gottes ist, also das, was göttliches Sein qualifiziert, wie βασιλεία den allein Gottes Herrschaft vorbehaltenen Bereich bildet, der im eschatologischen Vollendungszustand allumfassend sein wird (vgl. 1 Kor 15,28). Unter dem Aspekt der δόξα bedeutet also die Berufung, die an die Glaubenden von Gott aus ergeht, die Berufung zur endzeitlichen Anteilhabe an der göttlichen Lebenswirklichkeit der Herrlichkeit.

gegenwärtig für die Glaubenden beginnende Prozess der Verherrlichung ist geprägt durch die Paradoxie göttlicher Weisheit, das heißt, durch das Kreuz Christi. Oder noch einmal zugespitzt formuliert: Die Herrlichkeitsexistenz der Christen als beginnende Anteilhabe an der göttlichen Lebenswirklichkeit ist in der Gegenwart paradoxerweise nicht anders denn als Kreuzesexistenz erfahrbar.

Diesen für ihn zentralen Gedanken unterstreicht Paulus dann auch noch einmal in V.8, der zunächst erneut bestätigt, dass die Weisheit Gottes als sein präexistenter Heilsplan noch nicht der Erkenntnis aller Menschen offen steht. Beweis hierfür ist die Kreuzigung Christi durch die Machthaber der gegenwärtigen Weltzeit.[12] Bezeichnenderweise formuliert Paulus nun aber nicht „Wenn sie (die Machthaber dieser Weltzeit) sie (die Weisheit Gottes) nämlich erkannt hätten, hätten sie Christus nicht gekreuzigt", sondern er sagt stattdessen: „... hätten sie den Herrn der Herrlichkeit (τὸν κύριον τῆς δόξης) nicht gekreuzigt." Die Formulierung „Herr der Herrlichkeit" ist bei Paulus singulär. Zudem verwendet er im Zusammenhang mit Aussagen über das Kreuz bzw. die Kreuzigung durchweg den Christus-, nicht den Kyriostitel.[13] Dies legt die Vermutung nahe, dass er in 1 Kor 2,8 eine Formulierung aus der korinthischen Gemeinde aufgreift und sie zugleich korrigiert bzw. präzisiert. Als „Herr der Herrlichkeit" erweist sich Christus eben nicht nur als Präexistenter und Erhöhter. Vielmehr wird er als „Herr der Herrlichkeit" gerade am Kreuz offenbar. Zu dieser Einsicht gelangen allerdings nur die Glaubenden (vgl. zu V.6: die Vollkommenen), die die paradoxe Weisheit Gottes zu ihrem Beurteilungsmaßstab gemacht haben.

1.2 Die göttliche Herrlichkeit im angemessenen Verhalten für die Welt erkennbar machen (1 Kor 6,20; 10,31)

In 6,20 begegnet das Herrlichkeitsmotiv in verbaler, näherhin imperativischer Verwendung. Mit dem Aufruf „Verherrlicht also Gott durch euren Leib!" beschließt Paulus die mit 6,12 beginnende

12 Zu Recht bemerkt im Übrigen H. Merklein, *1 Kor I*, 230 in diesem Zusammenhang: „Paulus argumentiert dabei vom Faktischen her, so daß die Überlegung, daß im Falle des Erkennens ja auch der Gekreuzigte als Inbegriff der Weisheit Gottes dahinfiele, in eine gedankliche Sackgasse führt."

13 Vgl. H. Merklein, *1 Kor I*, 230.

Argumentation, die der Zurückweisung der libertinistischen These „Alles ist mir erlaubt“ (V.12), genauer der Zurückweisung ihrer Begründungsfunktion für den Umgang mit Prostituierten dient. Diese libertinistische These wurde in der korinthischen Gemeinde mit hoher Wahrscheinlichkeit von der Gruppe der Apollosanhänger vertreten. Denn die spezifische Heilsvorstellung dieser Gruppe von einer rein pneumatischen Existenz nach dem Modell des himmlischen Urmenschen Christus implizierte eine Abwertung des Leibes, die ihren Ausdruck in einer libertinistischen Grundhaltung finden konnte. Wer sich nämlich der pneumatisch-himmlischen Existenz bereits teilhaftig wähnt und vom Tod nur noch die Befreiung vom Leib erhofft, der sieht sich entbunden von jeder Verantwortung für das, was er mit seinem Leib tut (vgl. auch 6,13).[14]

Zugleich bildet der Aufruf in 6,20 auch den Schluss- und Zielpunkt des zweiten Hauptteils des Briefes (5,1-6,20), in welchem Paulus die korinthischen Christen und Christinnen in ihrer Gesamtheit mit ihrer Verantwortung für die Reinheit und Heiligkeit der Gemeinde konfrontiert.[15] Diese Reinheit und Heiligkeit ist aber durch ethisches Fehlverhalten Einzelner, das im Kontext spezifischer Überzeugungen einer gemeindlichen Gruppierung steht, gefährdet. Der Aufruf an die Gemeindemitglieder, Gott mit und in ihrem Leib zu verherrlichen, steht also an einer argumentationsstrategisch prominenten Stelle des Briefes, eine Beobachtung, die auf seine Bedeutung hinweist.

Wichtig für ein sachgerechtes Verständnis von 6,20 ist nun die dem Aufruf unmittelbar vorausgehende Begründung: „Um einen Preis (bzw. gegen Bezahlung) seid ihr erkauft“. Wie schon 5,7 und 6,11 spielt Paulus damit an auf die Heil schaffende Kraft des Kreuzestodes Christi, aus der den korinthischen Gemeindemitgliedern die Verpflichtung zu einem entsprechend angemessenen Verhalten erwächst. Dieses Verhalten aber bestimmt er semantisch unter Rückgriff auf das Wortfeld δόξα. Im Unterschied zu der von Gott den Menschen bestimmten und schon gegenwärtig be-

---

14 Hier korrigiert Paulus wahrscheinlich im zweiten Versteil einen in Korinth vertretenen Analogieschluss von Speisen/Bauch auf Unzucht/Leib, vgl. W. Schrage, *Der erste Brief an die Korinther (1Kor 6,12-11,16)* (EKK VII/2), Neukirchen-Vluyn 1995, 20f.

15 Zur semantischen und thematischen Kohärenz der beiden Kapitel vgl. H. Merklein, *Der erste Brief an die Korinther. Kapitel 5,1-11,1* (ÖTBK 7/2), Gütersloh 2000, 24-26.

ginnenden Verherrlichung als geschenkweiser Partizipation an göttlicher Herrlichkeit (vgl. 2,7) impliziert umgekehrt die Verherrlichung Gottes durch die Menschen nun selbstverständlich nicht den Aspekt der Anteilgabe. Der Handlungsaufruf in 6,20 „Verherrlicht also Gott durch euren Leib!" zielt vielmehr darauf, dass die Mitglieder der korinthischen Gemeinde mit und in ihrer gesamten Existenz[16] die göttliche δόξα in der Welt und für die Welt erkennbar und anerkennbar werden lassen. Findet sich in 1 Kor 2,7f. das Herrlichkeitsmotiv im Kontext soteriologischer Aussagen, die durch V.8 eine christologische bzw. kreuzestheologische Präzisierung erhalten, so begegnet es in 1 Kor 6,20b in ethischer Verwendung, konkret als angemessene Antwort auf das Erlösungshandeln Christi (V.20a).[17]

Auch der nächste Beleg des Wortfeldes δόξα in 10,31 ist ethisch konnotiert. Er findet sich im dritten Hauptteil des Briefes (7,1-14,40) gegen Ende einer von 8,1-11,1 reichenden thematischen Einheit, die sich unter verschiedenen Aspekten[18] der Frage nach der gemeindlichen Haltung gegenüber dem heidnischen Kult stellt. Auch dieser Themenkomplex dürfte sich im Wesentlichen erneut bestimmten Verhaltensweisen der Apollosanhänger verdanken. Offenbar suchten sie unter Berufung auf ihre Erkenntnis[19] der Nicht-Existenz von Götzen in libertinistischer Manier[20] geradezu provokanten Kontakt mit dem Bereich heidnischen Kultes und verursachten dadurch bei anderen Gemeindemitgliedern Anstoß und Gewissenskonflikte. Der differenzierten paulinischen Erörterung dieser Thematik kann hier nicht nachgespürt werden. Wichtig für die in diesem Beitrag erörterte Frage nach der paulinischen Verwendung des Herrlichkeitsmotivs ist aber, dass Paulus in 10,31 den Aufruf über den unmittelbaren Zusammenhang („Ob ihr nun esst oder trinkt") ins

16 Diese Existenz ist nach paulinischem Verständnis unaufhebbar somatisch bestimmt, vgl. das berühmte Diktum von R. Bultmann, *Theologie*, 195, wonach für Paulus gilt: „der Mensch hat nicht ein σῶμα, sondern er ist σῶμα."

17 Vgl. H. Schlier, *Doxa*, 314f.

18 Essen von Götzenopferfleisch (8,1-13) Teilnahme an heidnischen Kultmählern (10,14-22), Verhalten angesichts der Angebote des Fleischmarktes und der Gastfreundschaft eines Heiden (10,23-11,1).

19 Vgl. die wiederholte Verwendung des Begriffs γνῶσις, vgl. 8,1-3.7.10f.

20 Darauf deutet die in 10,23 nach 6,12 ein weiteres Mal zitierte korinthische Parole: „Alles ist erlaubt" hin, vgl. C. Wolff, *Der erste Brief des Paulus an die Korinther* (ThHK 7), Leipzig 1996, 236.

Grundsätzliche („oder sonst etwas tut") ausweitet:[21] Als Maßstab für ihr Handeln soll den Mitgliedern der korinthischen Gemeinde stets gelten, dass es geeignet ist, Gottes Herrlichkeit in der Welt und für die Welt transparent zu machen.

1.3 Die in der Schöpfung grundgelegte Gottebenbildlichkeit des Menschen als Widerschein göttlicher Herrlichkeit (1 Kor 11,7)

Auch im unmittelbar folgenden neuen Abschnitt 11,2-16 benutzt Paulus in V.7 zweimal den Begriff der Herrlichkeit. Thematisch setzt er sich hier auseinander mit einer aus seiner Sicht provokanten Aufhebung der geltenden Geschlechtsrollensymbolik durch Frauen in der korinthischen Gemeinde.[22]

Ausgangspunkt war wohl die in paulinischen Gemeinden selbstverständlich geübte und auch von Paulus nicht in Frage gestellte (vgl. V.4f.) funktionale Gleichstellung von Männern und Frauen, die mit der urchristlichen Tauftradition von Gal 3,28 begründet worden sein dürfte. Wie 1 Kor 7,17-24 und 12,13 belegen, war diese Tradition auch in der Gemeinde von Korinth bekannt. Sie betont die neue Identität, die die Glaubenden durch ihre Taufe in Christus Jesus gewonnen haben, so dass nun für sie alle religiösen („nicht mehr Jude noch Grieche"), sozialen („nicht mehr Sklave noch Freier") und geschlechtlichen („nicht mehr männlich und weiblich") Unterschiede zwischen Menschen bedeutungslos geworden sind. In Korinth beließen es Christen und Christinnen aber offenkundig nicht bei den aus Gal 3,28 abgeleiteten praktischen Konsequenzen einer funktionalen Gleichstellung von Männern und Frauen auf Gemeindeebene. Dafür spricht gerade auch 11,2-16. Denn wie auch immer man das Geschlechtsrollensymbol, dessen Negierung Paulus in den VV. 4-6.13-15 skizziert, inhaltlich genauer bestimmen mag – ob als spezifisch weibliche Kopfbedeckung oder (m.E. wahrscheinlicher) als spezifisch weibliche Frisur[23] – entscheidend ist: Die Ablehnung der Geschlechtsrollensymbolik, die entsprechend gesellschaftlichen Konventionen festlegt, was als typisch männlich bzw. typisch weiblich zu gelten hat,

[21] Vgl. C. Wolff, *1 Kor*, 240; H.-J. Klauck, *1. Korintherbrief* (NEB.NT7), Würzburg 1984, 77.

[22] Vgl. dazu M. Gielen, *Beten und Prophezeien mit unverhülltem Kopf?. Die Kontroverse zwischen Paulus und der korinthischen Gemeinde um die Wahrung der Geschlechtsrollensymbolik in 1 Kor 11,2-16*, in: ZNW 90 (1999), 220-249.

[23] Zu den verschiedenen Interpretationsvorschlägen vgl. M. Gielen, *Beten*, 223-235.

und die damit die geschlechtliche Differenzierung zwischen Mann und Frau sinnenfällig dokumentiert, zielt ins Grundsätzliche. Die korinthischen Christinnen, die diese Ablehnung praktizierten und sich damit erkennbar der gesellschaftlich akzeptierten Vorstellung vom Mannsein anglichen, dürften das „nicht mehr männlich und weiblich" aus Gal 3,28 prinzipiell als Aufhebung der Schöpfungsordnung und der darin verankerten Differenzierung zwischen den Geschlechtern verstanden haben.

Gegen eine solche Interpretation argumentiert Paulus in V.3.7-12. Zentral ist für ihn dabei der Gedanke, dass auch im eschatologischen Herrschaftsbereich des Herrn bis zur Vollendung der Neuschöpfung die Schöpfungsordnung in Geltung steht und damit Mann und Frau gerade in ihrer schöpfungsbedingten Verschiedenheit aufeinander hingeordnet und verwiesen bleiben (V.11f.).

Diese wechselseitige Hinordnung der Geschlechter in und aufgrund ihrer Verschiedenheit leitet Paulus nun aus seiner Interpretation der beiden Schöpfungserzählungen von Gen 1 (11,7) und Gen 2 (11,8f.) ab, die er aufeinander bezieht und die er gemäß der zeitgenössisch-frühjüdischen Auslegungstradition patriarchal liest. So spielt er in V.8 auf die Ersterschaffung des Mannes bzw. auf die Erschaffung der Frau aus dem Mann an (vgl. Gen 2,21f.)[24] und unterstreicht in V.9, dass die Erschaffung der Frau um des Mannes willen geschah (vgl. Gen 2,18). Die beiden Verse halten also unter Berufung auf die jahwistische Schöpfungserzählung fest, dass im Blick auf den Anfang der Schöpfung die Frau dem Mann ihre Existenz verdankt, insofern sie aus ihm und für ihn erschaffen wurde. Im Aufbau der Argumentation dienen V.8f. nun der Begründung von V.7, der auf die Aussage der Gottebenbildlichkeit des Menschen aus Gen 1,26f. zurückgreift. Bemerkenswert ist dabei, wie und mit welch eigenen Akzenten Paulus diese Aussage für seine Argumentation einsetzt. In der ihm vertrauten LXX-Fassung lauten die entscheidenden Passagen so:

(26) „Und Gott sprach: Lasst uns einen Menschen (ἄνθρωπον) machen nach unserem Bild (κατ' εἰκόνα ἡμετέραν) und [uns] ähnlich gemacht (καθ' ὁμοίωσιν),[25] und er soll herrschen über ... (27) Und Gott machte den

24 Vgl. dazu schon V.3, wo Paulus den Begriff „Haupt" (κεφαλή) im Verständnis von „Ursprung" verwendet, vgl. M. Gielen, *Beten*, 238, 240-242.

25 Da ὁμοίωσις ein Nomen actionis ist, das im Deutschen am besten verbal übersetzt wird (ähnlich machen) (vgl. W. Groß, *Gen 1,26.27; 9,6: Statue oder Ebenbild Gottes? Aufgabe und Würde des Menschen nach dem hebräischen und dem griechischen Wortlaut*, in: B. Hamm u.a. (Hg.), Menschenwürde

Menschen (τὸν ἄνθρωπον), nach dem Bilde Gottes (κατ' εἰκόνα θεοῦ) machte er ihn, männlich und weiblich (ἄρσεν καὶ θῆλυ) machte er sie."

Vergleicht man Gen 1,26f. LXX nun mit 1 Kor 11,7b, so entsteht zunächst der Eindruck, Paulus wolle sein Insistieren auf Beachtung der Geschlechtsrollensymbolik (V.7a) damit begründen, dass er der Frau – gegen Gen 1,27 – die Gottebenbildlichkeit abspricht.[26] Denn während er dem Mann attestiert, dass er Bild (εἰκών) und [Widerschein der] Herrlichkeit (δόξα) Gottes ist, will er der Frau scheinbar nur zugestehen, dass sie [Widerschein der] Herrlichkeit (δόξα) des Mannes ist. Bei genauerem Hinsehen allerdings legt sich ein differenzierteres Urteil über die paulinische Argumentation nahe. Dazu gilt es zunächst noch einmal den Blick zurückzulenken auf Gen 1,26 LXX: Hauptbegriff dort ist Bild (εἰκών), der durch ὁμοίωσις (ähnlich machen) semantisch nur bekräftigt wird.[27] Gen 1,26f. stellt zudem durch die präpositionale Formulierung mit κατά (nach/gemäß/entsprechend unserem Bild) sicher, dass sich die Vorstellung der Gottebenbildlichkeit noch auf der Ebene analogen Denkens bewegt: Der Mensch ist nach dem Bild Gottes geschaffen, doch ist er nicht Bild Gottes. Diese Gleichsetzung, die zugleich die Frage impliziert, worin sich das Sein des Menschen als Bild Gottes inhaltlich dokumentiert, findet sich erst Weish 2,23. Zugleich bietet diese Stelle auch eine Antwort auf die genannte Frage: „Denn Gott schuf den Menschen zur Unvergänglichkeit und machte ihn zum Bild seiner eigenen Ewigkeit (εἰκόνα τῆς ἰδίας ἀϊδιότητος)."[28] Die Parallelen zu 1 Kor 11,7 sind deutlich erkennbar: Wie Weish 2,23 versteht auch Paulus die Gottebenbildlichkeit als seinshafte Aussage und qualifiziert sie inhaltlich. Im Unterschied zu Weish 2,23 ist sie aber paulinisch nicht durch das Kriterium der Unvergänglichkeit definiert, sondern (umfassender) durch das Kriterium der Herrlichkeit: Bild Gottes zu sein bedeutet demnach, Anteil zu haben an der göttlichen Lebenswirklichkeit als einer solchen in Herrlichkeit. Insofern also in 1 Kor 11,7 Bild (εἰκών) zunächst ein Leerbegriff ist,

[JBTh 15/2000], Neukirchen 2001, 11-38, 35), lässt sich die im griechischen Text vorhandene syntaktische Parallelität der beiden Präpositionalausdrücke (κατ' εἰκόνα, καθ' ὁμοίωσιν) in der Übersetzung leider nicht nachahmen.

26 Vgl. W. Groß, *Statue*, 38.

27 Vgl. W. Groß, *Statue*, 35. Neben der syntaktischen Angleichung von κατ' ὁμοίωσιν an κατ' εἰκόνα in Gen 1,26 LXX ist auch zu beachten, dass Gen 1,27 LXX nur den Begriff εἰκών, nicht aber ὁμοίωσις aufgreift.

28 Vgl. dazu W. Groß, *Statue*, 36f.

der erst durch Herrlichkeit (δόξα) inhaltlich qualifiziert wird,[29] erweist sich – im Unterschied zu Gen 1,26f. – δόξα hier als Leitbegriff.[30] Dokumentiert sich also gerade in der δόξα als Widerschein der göttlichen Herrlichkeit die Gottebenbildlichkeit, so ist festzuhalten: Paulus spricht der Frau mit 1 Kor 11,7 diese Gottebenbildlichkeit gerade nicht ab, auch wenn er den Begriff Bild (εἰκών) im konkreten Kontext nur auf den Mann bezieht und die der Frau eignende δόξα über den Mann vermittelt sein lässt. Dies jedoch als Gottebenbildlichkeit „zweiter Klasse" und damit als Herabsetzung der Würde der Frau zu verstehen, hieße Paulus misszuverstehen. Denn in den unmittelbar anschließenden Versen 8 und 9 argumentiert er ja auf der Grundlage von Gen 2,21-23. Demnach aber ist die Frau im Unterschied zu allen anderen Lebewesen dem Mann ebenbürtig und nur deshalb ist sie ihm die adäquate Hilfe, deren er bedarf. Gerade daran hält Paulus fest. Pragmatisch geht es ihm bei seiner Argumentation um eine differenzierende Zuordnung der Geschlechter, die er aus der zeitlichen Abfolge (Ersterschaffung des Mannes) erschließt und aus welcher er die Unverzichtbarkeit einer Geschlechtsrollensymbolik ableitet. Eben dies dürfte der Grund sein, warum er die auch der Frau eignende Gottebenbildlichkeit, die er inhaltlich als δόξα entfaltet, mittelbar über den Mann verlaufen lässt. Dass er es jedoch vermeidet, die Frau ausdrücklich auch als Bild (εἰκών), nicht nur als δόξα des Mannes zu bezeichnen, dürfte sich unschwer mit dem konkreten Anlass seiner Stellungnahme erklären. Denn angesichts der wahrscheinlichen Bestrebungen der korinthischen Christinnen, die gesellschaftlich akzeptierte Ge-

---

29 Insofern lässt sich die Konjunktion καί (und) im Syntagma εἰκὼν καὶ δόξα θεοῦ (Bild und [Widerschein der] Herrlichkeit Gottes) zutreffend als καί *explikativum* (und zwar [das heißt]) verstehen.

30 Ganz ähnlich kann etwa Ps 8, der sachlich und in seiner historischen Verankerung in großer Nähe zu Gen 1 steht (vgl. U. Neumann-Gorsolke, *„Mit Ehre und Hoheit hast du ihn gekrönt" [Ps 8,6b]. Alttestamentliche Aspekte zum Thema Menschenwürde*, in: B. Hamm u.a. (Hg.), Menschenwürde [JBTh 15/2000], Neukirchen 2001, 39-65, 43), die Gottebenbildlichkeit des Menschen unter Verzicht auf den εἰκών-Begriff thematisieren. In V. 6b bedient sich der Psalmist dabei mit der hebräischen Wortverbindung *kabod w^ehadar* (Herrlichkeit und Ehre) einer für Gott typischen Prädikation (vgl. Ps 29,1.4; 96,1; 104,1) (vgl. F.-L. Hossfeld/E. Zenger, *Die Psalmen. Psalm 1-50* [NEB AT 29], Würzburg 1993, 80), die hier jedoch die herausragende, gottverdankte Stellung des Menschen in der Schöpfung bezeichnet und in der LXX durch δόξα καὶ τιμή (δόξα wiederum als Leitbegriff) übersetzt wird.

schlechtsrollensymbolik außer Acht zu lassen und sich in ihrem Erscheinungsbild den Männern anzugleichen, hätte eine Formulierung „Bild des Mannes“ doch allzu sehr die Gefahr des Missverständnisses geborgen. Diese Gefahr ließ sich jedoch umso leichter vermeiden, insofern Paulus im Argumentationszusammenhang δόξα und nicht εἰκών als Leitbegriff wählte.[31]

Das Herrlichkeitsmotiv begegnet damit innerhalb des 1 Kor in 11,7 erstmals in einem protologisch konnotierten Aussagekontext. Der Begriff qualifiziert dabei die in Gen 1,26f. grundgelegte Vorstellung der Gottebenbildlichkeit des Menschen inhaltlich dadurch, dass der Mensch gemäß Gottes Schöpferwillen die göttliche Herrlichkeit widerspiegelt und somit das, was Gottes Gottsein ausmacht.

1.4 Der künftige Auferweckungsleib – eschatologisch vollendete Anteilhabe an der göttlichen Herrlichkeitsexistenz unter dem Vorzeichen der Christusebenbildlichkeit (1 Kor 15, 43 im Kontext von 15,42-49)

Ein letztes Mal begegnet das Herrlichkeitsmotiv innerhalb des 1 Kor in 15,43.

Das gesamte 15. Kapitel des Briefes ist der Widerlegung der These gewidmet „Eine Auferstehung von Toten gibt es nicht“ (V.12b). Diese These dürfte in Korinth wiederum von den Mitgliedern der Apollosgruppe (vgl. 1,12) vertreten worden sein. Denn ihre Heilshoffnung richtete sich auf den Erhalt einer rein pneumatischen Existenzweise nach dem Modell des erhöhten Christus, in dem sie – angeregt wohl durch Philos platonisierende Auslegung der Schöpfungserzählungen in Gen 1.2 – das Urbild des himmlisch-pneumatischen Menschen erkannten (s. Ziffer 1.). Damit war ihr Verständnis von Heil und Erlösung also grundlegend schöpfungstheologisch angelegt. Entsprechend mussten sie die erhoffte postmortale Existenz auch leiblos denken. Denn Leiblichkeit ist unter den Bedingungen dieser Schöpfung stets eine irdisch-materielle und damit vergängliche. Auferstehung Christi, die sie kaum geleugnet haben dürften, verstanden die Verfechter der korinthischen These in den Bahnen ihres schöpfungsimmanent fixierten Denkens wohl als Rückkehr in die urbildlich-pneumatische und damit leiblose Existenzweise. Auferstehung der Toten dagegen hat eine leibliche Dimension, die die korinthischen Apollosanhänger von ihren Verstehensvoraussetzungen aus nur als Rückkehr in dieses Leben verstehen konnten und daher ablehnen mussten.

---

31 Vgl. M. Gielen, *Beten*, 239f.

Ziel der paulinischen Argumentation in 1 Kor 15 ist es nun, auf der ihm und der korinthischen Gemeinde gemeinsamen Grundlage des urchristlichen Kerygmas (VV.3b-5) die schöpfungsimmanent konzipierte Soteriologie der korinthischen Bestreiter einer Totenauferweckung auf eine eschatologische Betrachtungsweise hin aufzubrechen. Denn im Einklang mit der urchristlichen Tradition und vor dem Hintergrund frühjüdischen Denkens stehen für Paulus Auferweckung Christi und Auferweckung der Toten in einem unauflöslichen, und zwar eschatologisch qualifizierten Zusammenhang. Totenauferweckung ist demnach ein Akt eschatologischer Neuschöpfung am Ende der Tage, die mit der Auferweckung Christi bereits begonnen hat (V.20) und durch sie garantiert ist (V.21f.). Die eschatologische Qualität der Auferstehungsexistenz impliziert dabei für Paulus selbstverständlich, dass die Leiblichkeit dieser Auferstehungsexistenz ebenfalls eschatologisch qualifiziert ist und somit nicht mehr den Bedingungen dieser Schöpfung unterliegt.[32]

Versucht Paulus in einem ersten Argumentationsgang (V.12-34) in einer grundsätzlichen Beweisführung den Mitgliedern der korinthischen Gemeinde zu vermitteln, dass die Toten auferweckt werden (vgl. V.12), widmet er sich in V.35-49 der speziellen Beweisführung, wie die Toten auferweckt werden bzw. präziser: wie die eschatologische Auferstehungsexistenz zu denken ist (vgl. V.35). Steht dabei der unverzichtbare Aspekt der Leiblichkeit im Mittelpunkt, so ist es aber zugleich paulinische Intention, die Diskontinuität zwischen der irdischen Leiblichkeit und der eschatologischen Auferstehungsleiblichkeit herauszuarbeiten. Dazu bedient er sich in V.36-38 sowie 39-41 schöpfungsimmanenter Beispiele. Er holt also seine Adressaten bei ihren eigenen Verstehensvoraussetzungen ab, um ihnen die Akzeptanz eines Analogieschlusses auf die eschatologische Neuschöpfung hin zu erleichtern bzw. zu ermöglichen.

Bereits in V.39-41 bedient sich Paulus übrigens in auffälliger Konzentration des Begriffs δόξα, nämlich einmal in V.40 und viermal in V.41. Wie wohl im schöpfungstheologischen Kontext – der kurze Abschnitt weist unübersehbare Reminiszenzen an die priesterschriftliche Schöpfungserzählung in Gen 1 auf[33] –, steht die Verwendung des Begriffs hier im Unterschied zu 1 Kor 11,7 in keinerlei Bezug zum Motiv der Gotteben-

32 Vgl. hierzu H. Merklein/M. Gielen, *1 Kor III,* 304-306.
33 Vgl. H. Merklein/M. Gielen, *1 Kor III*, 355-357.

bildlichkeit noch ist sie primär theologisch konnotiert.[34] Vielmehr erklärt sie sich durch das Bemühen des Paulus um den Nachweis, dass Leiblichkeit für alle Geschöpfe dieser Welt – sei es auf der Erde, sei es am Himmel – konstitutiv ist (V.40a), dass sich aber die Geschöpfe untereinander – sowohl auf der Erde wie auch am Himmel – in ihrer konkreten Leiblichkeit unterscheiden.[35] Kann Paulus nun die differente Leiblichkeit in der Gruppe der Erdengeschöpfe mit der Bezeichnung Fleisch (σάρξ) umreißen (V.39), so ist dieser Begriff für die Himmelsgeschöpfe unangemessen. Zudem eignet er sich auch nicht für die direkte Gegenüberstellung von Himmels- und Erdengeschöpfen (V.40b). Stattdessen bedient sich Paulus nun des Begriffs δόξα in der Bedeutung „Erscheinung(sweise), Gestalt", wobei bezogen auf die Gestirne durchaus die Nuance „Glanz" mit hineinspielt.[36] Allenfalls verhalten klingt in 15,40f. bei δόξα der Aspekt der göttlichen Herrlichkeit an, wie sie an den Schöpfungswerken erkannt werden kann (vgl. Ps 8).[37]

Den durch V.36-38.39-41 vorbereiteten Analogieschluss vollzieht Paulus dann in V.42-44 und begründet ihn in V.45-49 unter Rückgriff auf die Schrift. Gerade als analoges ist aber das Verhältnis zwischen Schöpfung und Neuschöpfung ungeachtet der Ähnlichkeit, die den Vergleich zwischen ihnen ermöglicht, zugleich gekennzeichnet von einem scharfen Kontrast zwischen beiden Größen. Entsprechend gestaltet Paulus V.42-44 dezidiert antithetisch, wobei die konkreten Oppositionen den Gegensatz zwischen der Leiblichkeit unter den Bedingungen dieser Schöpfung (irdischer Leib [σῶμα ψυχικόν]) und der Leiblichkeit unter den Bedingungen der Neuschöpfung (geistlicher Leib [σῶμα πνευματικόν]) entfalten (V.44). Ist der irdische Leib charakterisiert als eine Existenzweise in Vergänglichkeit (ἐν φθορᾷ) (V.42), in Jämmerlichkeit (ἐν ἀτιμίᾳ) (V.43a) und in Schwäche (ἐν ἀσθενείᾳ) (V.43b), so zeichnet sich der geistliche Leib der Neuschöpfung aus als Existenzweise in Unvergänglichkeit (ἐν ἀφθαρσίᾳ) (V.42), in Herrlichkeit (ἐν δόξῃ) (V.43a)

34 Allerdings lässt sich der Begriff δόξα in 1 Kor 15,40.41 auch nicht der Bedeutungsgruppe „gesellschaftliche Wertung" zuordnen (vgl. o. Anm. 2). Da die Belege aber innerhalb eines dezidiert theologischen bzw. eschatologisch-soteriologischen Argumentationszusammenhangs Verwendung finden, sollen sie aufgrund ihrer Argumentationsfunktion berücksichtigt werden.

35 Vgl. H. Merklein/M. Gielen, *1 Kor III*, 354-357.

36 Vgl. K. Müller, *Die Leiblichkeit des Heils. 1 Kor 15,35-58*, in: L. de Lorenzi (Hg.), Résurrection du Christ et des Chrétiens (1Co 15) (Série monographique de „Benedictina". Section Biblico-Oecuménique 8), Rom 1985, 171-281, 202-204.

37 Zur Entfaltung kommt dieser Aspekt bei Paulus erst in Röm 1,19-23.

und in Kraft (ἐν δυνάμει) (V.43b). Beachtung verdient hier, wie weit Paulus den korinthischen Bestreitern einer Totenauferweckung entgegenkommt. Zwar hält er unverrückbar an der erlösten Existenz als einer leiblichen Existenz fest, doch qualifiziert er diesen Leib ausdrücklich als einen pneumatischen Leib (V.44). Den irdischen Leib aber versieht er durchweg mit negativ besetzten Attributen (Vergänglichkeit, Jämmerlichkeit, Schwäche), was den Mitgliedern der Apollosgruppe in ihrer Geringschätzung des Leibes entgegengekommen sein dürfte. Entsprechend weist Paulus in V.43a dann auch den Begriff der δόξα, mit dem er in 11,7 noch die protologisch verankerte Gottebenbildlichkeit des Menschen als Widerspiegelung der Herrlichkeit des Schöpfergottes in dieser Welt inhaltlich qualifiziert hatte, nun konsequent dem Bereich der eschatologischen Neuschöpfung bzw. der Auferweckungsleiblichkeit zu. Erst der auferweckte pneumatische Leib hat wirklich und endgültig Anteil an der göttlichen Lebensdimension der Herrlichkeit, die sich zugleich durch Unvergänglichkeit und Kraft auszeichnet. Mit dieser eschatologisch-soteriologischen Akzentuierung von Herrlichkeit (δόξα) knüpft Paulus allerdings an die Verwendung des Begriffs in 2,7 an, wenngleich er in 15,43 stärker die Perspektive der Vollendung in den Blick nimmt.

Im Vorgriff auf die Entfaltung, die das Herrlichkeitsmotiv in Verbindung mit dem Ebenbildlichkeitsmotiv in 2 Kor erfahren wird, verdienen jetzt noch V.45-49 Beachtung, auch wenn sich hier der Begriff δόξα ebenso wenig wie einer seiner Derivate findet. Kennzeichen von V.45-49, die zu V.42-44 in einem begründenden Verhältnis stehen, ist wiederum eine ausgeprägte Antithetik. Erneut treten Schöpfung und Neuschöpfung einander gegenüber, jetzt freilich unter dem neuen Aspekt ihrer jeweiligen Repräsentanten: Auf der Seite der Schöpfung Adam als der erste und zugleich irdische Mensch (V.45a.47a), auf der Seite der Neuschöpfung Christus als der eschatologische Adam, als der zweite, himmlische und damit pneumatische Mensch (V.45b.47b).[38] V.48f. erweitern

---

[38] Im Unterschied zu V.42-44, wo Paulus den korinthischen Bestreitern einer Totenauferweckung entgegenkommt, grenzt er sich hier deutlich von ihnen ab: Christus ist gerade nicht der urbildliche, sondern der eschatologische Mensch, dem als solchem eine pneumatische Existenz eignet. Dabei kann nach den vorausgehenden Ausführungen freilich kein Zweifel daran herrschen, dass diese pneumatische Existenz Christi aus seiner Auferweckung von den Toten resultiert und somit zugleich somatische Qualität besitzt.

dann die Gegenüberstellung von Adam und Christus um die Gegenüberstellung der zu ihnen Gehörenden. V.48 betont die strenge Entsprechung zwischen dem von der Erde stammenden Adam und der protologisch-vergänglichen Existenz der Menschen einerseits sowie zwischen dem vom Himmel stammenden Christus und der eschatologisch-pneumatischen Auferweckungsexistenz der Menschen andererseits. In V.49 schließlich spitzt Paulus diesen Entsprechungsgedanken nicht nur existentiell auf den korinthischen Adressatenkreis und sich selbst zu, sondern bringt ihn auch unter der Perspektive der Ebenbildlichkeit präzise auf den Punkt: „Und wie wir das Bild des Irdischen getragen haben, so werden wir auch das Bild des Himmlischen tragen." Das „Bild des Irdischen" (εἰκὼν τοῦ χοϊκοῦ) bezeichnet die Adamebenbildlichkeit. Sie ist im Argumentationskontext definiert als Existenzweise in Vergänglichkeit, Jämmerlichkeit und Schwachheit (V.42b.43a.b), kurz als eine dem Tod verfallene Existenz (vgl. 1 Kor 15,21a.22a).[39] Das „Bild des Himmlischen" (εἰκὼν τοῦ ἐπουρανίου) bezeichnet dagegen die Christusebenbildlichkeit, die in antithetischer Entsprechung charakterisiert ist als Existenzweise in Unvergänglichkeit, Herrlichkeit und Kraft (V.42b.43a.b). Die Christusebenbildlichkeit besteht damit in der (künftigen) Teilhabe an der pneumatischen Auferweckungsexistenz Christi (vgl. 1 Kor 15, 21b.22b). Bewusst kontrastiert Paulus im Übrigen hier wohl die Vergangenheit und nicht die Gegenwart mit der Zukunft.[40] Denn im Glauben blicken sein Adressatenkreis und er bereits auf ihre todverfallene, adamitische Existenz zurück, die sie erfahrungsweltlich noch bestimmt.[41] Zugleich sind sie durch ihre Bindung an Christus als den eschatologischen Adam, der lebendig machender Geist ist (V.45b), schon in der Gegenwart auf die endzeitliche Zukunft hin ausgerichtet, in der sie als Christus-

---

39 Mit dem Motiv der Adamebenbildlichkeit eröffnet Paulus in 1 Kor 15,49 (vgl. V.42-48) also eine diametral entgegen gesetzte Perspektive auf den Menschen in seiner Geschöpflichkeit im Vergleich zum Motiv der Gottebenbildlichkeit in 1 Kor 11,7!

40 Zur Zeitenfolge in V.49 (V.49a: Vergangenheitstempus [augmentierter Aorist], V.49b: Futur) vgl. H. Merklein/M. Gielen, *1 Kor III*, 369f; M. Gielen, *Grundzüge paulinischer Anthropologie im Licht des eschatologischen Heilsgeschehens in Jesus Christus*, in: B. Hamm u.a. (Hg.), Menschenwürde (JBTh 15/2000), Neukirchen 2001, 117-147, 143f.

41 Dem entspricht, dass die gegenwärtig bereits beginnende Anteilhabe an der Herrlichkeit gerade durch das Kreuz geprägt ist (vgl. o. Ziffer 1.1. zu 1 Kor 2,7 sowie u. Ziffer 2.2. zu 2 Kor 3,18 und 2.4. zu 2 Kor 4,17).

ebenbildliche – und das heißt in der vollendeten Herrlichkeit der Auferweckungsexistenz – leben werden.

1.5 Zwischenergebnis

Damit spannt sich ein Bogen von der ersten (2,7f. im Kontext von 2,6-16) zur letzten (15,43a im Kontext von 15,42-44.45-49) Verwendung des Begriffes δόξα in 1 Kor. Hier wie dort ist das Motiv der Herrlichkeit eschatologisch-soteriologisch konnotiert. Hier wie dort steht es in der Spannung zwischen dem Schon der im Glauben gegenwärtig beginnenden und dem Noch-Nicht der eschatologisch vollendeten Anteilhabe an der göttlichen Lebenswirklichkeit als einer Herrlichkeitsexistenz. Zugleich akzentuiert Paulus unterschiedlich. In 2,7f. betont er stärker den Gegenwartsaspekt der bereits im präexistenten göttlichen Heilsplan verankerten und jetzt beginnenden Anteilhabe. Dabei schiebt er freilich der Gefahr eines enthusiastischen Missverständnisses einen Riegel vor, indem er ganz gemäß der Paradoxie göttlicher Weisheit, die er von 1,18 an dargelegt hat, deutlich macht, dass diese beginnende Herrlichkeitsexistenz nur und gerade als Kreuzesexistenz erfahrbar ist. Dagegen stellt er bei der knappen Herrlichkeitsaussage in 15,43a, die sich in ihrer vollen Bedeutung erst im Kontext von V.42-49 erschließt, stärker den Zukunftsaspekt der eschatologisch vollendeten Herrlichkeitsexistenz heraus. Zugleich präzisiert er diese Herrlichkeitsexistenz als pneumatischen Auferweckungsleib nach dem Vorbild Christi als des Erstlings der Entschlafenen (15,20) und damit als Christusebenbildlichkeit (15,49). Im Unterschied zu dieser eschatologischen Qualifizierung des Herrlichkeitsmotivs bedient sich Paulus in 11,7 des Begriffs δόξα in einem schöpfungstheologischen Zusammenhang und verwendet ihn zur inhaltlichen Qualifizierung der protologisch fundierten Gottebenbildlichkeit.

Die beiden Belege des Wortfeldes δόξα in 6,20 und 10,31 sind ethisch konnotiert und zielen darauf, dass durch das Handeln der korinthischen Gemeindemitglieder die Herrlichkeit Gottes in der Welt erkennbar wird. In 6,20 hebt Paulus dabei noch besonders nachdrücklich den responsorischen Charakter der Verherrlichung Gottes hervor, insofern dieses Verherrlichungsgeschehen vom Menschen her als adäquate Antwort auf das Heilshandeln Gottes im Kreuzesgeschehen erscheint.

2. Der zweite Korintherbrief

Innerhalb des 2 Kor findet sich das Herrlichkeitsmotiv ausschließlich in den Kapiteln 1-9, ist also auf den sog. Versöhnungsbrief beschränkt.[42]

Dieser Versöhnungsbrief markiert den glücklichen Abschluss einer schwierigen Phase im Verhältnis zwischen Paulus und der korinthischen Gemeinde.[43] Denn nicht lange nach der Abfassung des 1 Kor war Paulus bei einem Kurzbesuch in der korinthischen Gemeinde von einem Gemeindemitglied persönlich schwer beleidigt worden. Mit einiger Wahrscheinlichkeit stand diese Beleidigung im Zusammenhang mit der Kollekte für Jerusalem und bestand im Vorwurf beabsichtigter Veruntreuung von Spendengeldern.[44] Der Versöhnungsbrief 2 Kor 1-9 entsteht, nachdem die korinthische Gemeinde sich – freilich erst nach überstürzter Abreise des Paulus und anschließend einsetzender „Krisendiplomatie" (sog. Tränenbrief, vgl. 2,3f.; Sendung des Titus nach Korinth, vgl. 7,6f.13-15) – von diesem Verhalten ihres Mitglieds distanziert und es sanktioniert hat (vgl. 2,5-7). So reicht auch Paulus in diesem Schreiben der Gemeinde die Hand zur Versöhnung (vgl. besonders 5,11-21!). Nachdem er das

---

42 Unabhängig davon, wie die Kapitel 10-13 beurteilt werden (ob als genuiner Bestandteil des kanonischen 2 Kor, den Paulus nach dem Erhalt neuer Nachrichten aus der korinthischen Gemeinde noch vor Absendung des Schreibens 2 Kor 1-9 anfügte oder als ursprünglich eigenständiger Brief, der a) kurze Zeit nach 2 Kor 1-9 entstand bzw. b) mit dem sog. Tränenbrief [vgl. 2 Kor 2,4] identisch ist), setzt sich in der Paulusforschung zunehmend die These durch, dass 2 Kor 1-9 als kohärente briefliche Einheit mit dem Ziel der Aussöhnung zwischen Apostel und Gemeinde zu würdigen ist, von der sich die letzten vier Kapitel aufgrund des deutlich verschärften Tones und der Polemik abheben und so auf eine andere situative Verortung hinweisen, vgl. dazu etwa H.-J. Klauck, *2. Korintherbrief* (NEB.NT 8), Würzburg 1986, 9; C. Wolff, *Der zweite Brief des Paulus an die Korinther* (ThHK VIII), Leipzig 1989, 2; V. P. Furnish, *II Corinthians* (The Anchor Bible 32A), New York 1984, 35.41-48; H.-M. Wünsch, *Der paulinische Brief 2 Kor 1-9 als kommunikative Handlung. Eine rhetorisch-literaturwissenschaftliche Untersuchung* (Theologie 4), Münster 1996; W. Kleine, *Zwischen Furcht und Hoffnung. Eine textlinguistische Untersuchung des Briefes 2 Kor 1-9 zur wechselseitigen Bedeutung der Beziehung von Apostel und Gemeinde* (BBB 141), Berlin 2002.

43 Vgl. dazu W. Kleine, *Furcht*, 48-57.

44 Darauf deutet jedenfalls die Beobachtung hin, dass sich das Motiv der moralischen Integrität des Paulus wie ein roter Faden durch das Schreiben zieht (1,12; 2,17; 4,2; 6,6). Kaum zufällig dürfte Paulus in 7,2 auch betonen: „Niemand haben wir ungerecht beurteilt, niemand finanziell ruiniert (ἐφθείραμεν), niemand übervorteilt (ἐπλεονεκτήσαμεν)." Vgl. ferner die gezielte Absicherung gegen Verdächtigungen im Zusammenhang der Kollektenaktion in 8,20f., dazu: W. Kleine, *Furcht*, 55.

> Briefcorpus mit einem Rückblick auf den Konflikt eröffnet hat (1,15-2,13), widmet er sich unter dem Vorzeichen der Versöhnung ausführlich dem Thema der wechselseitigen Verwiesenheit von Apostel und Gemeinde (2,14-7,3). In Entsprechung zur retrospektiven Betrachtung des Konflikts blickt Paulus dann zunächst noch zurück auf dessen beginnende Beilegung (7,4-15), bevor er sich abschließend bemüht, die Gemeinde für die Teilnahme an der Kollektenaktion erneut zu gewinnen (8,1-9,15).[45]

Nicht weniger als 21 Mal bemüht Paulus nun im Versöhnungsbrief das Motiv der Herrlichkeit in theologischer Konnotation. Auffallend ist vor allem die Konzentration in den Kapitel 3f. (mit insgesamt 17 Belegen).

2.1 Die Zuverlässigkeit der Verkündiger in ihrem Handeln an der Gemeinde als Sichtbarmachen der Herrlichkeit Gottes (2 Kor 1,20)

Ein erstes Mal bedient sich Paulus des Begriffs δόξα innerhalb des Versöhnungsbriefs in 1,20. Eingebettet ist dieser Vers in den weiteren Zusammenhang von V.15-24. Im Rahmen des Rückblicks auf den Konflikt zwischen Paulus und der korinthischen Gemeinde (1,15-2,13) verfolgen diese Verse das pragmatische Ziel, die Änderung der paulinischen Reiseplanung zu rechtfertigen (V.23f.). Offenbar hatte Paulus bei seinem sog. Zwischenbesuch in Korinth zunächst der Gemeinde für die nahe Zukunft einen weiteren Besuch in Aussicht gestellt (V.15). Angesichts des Eklats, der den Zwischenbesuch dann abrupt beendete, verzichtete Paulus aber auf diese Visite und schrieb stattdessen den sog. Tränenbrief (vgl. 2,1-5), der von Titus der korinthischen Gemeinde überbracht worden sein dürfte (vgl. 7,6-16). Sei es, dass die Planungsänderung Paulus in Korinth als Wankelmut ausgelegt wurde, sei es, dass er diese Interpretation nur erwartete (vgl. 1,17), in 1,15-24 jedenfalls weist er entschieden einen solchen – tatsächlichen oder möglichen – Vorwurf als ungerechtfertigt zurück, und zwar untermauert durch eine dezidiert theologische Argumentation (V.18-20.21f.). Die erste Argumentationseinheit (V.18-20) mündet dabei in V. 20 in das

45 Nicht zufällig mündet der Versöhnungsbrief in die beiden Kollektenkapitel 8 und 9! Zur rhetorischen und pragmatischen Abstimmung der Kapitel 8f. aufeinander und zu ihrer Beurteilung als pragmatischer Zielpunkt des Versöhnungsbriefes vgl. W. Kleine, *Furcht*, 46-48, 437-440.

Herrlichkeitsmotiv. Inhaltliches Zentrum dieser ersten Einheit ist die Treue Gottes, die sich in Jesus Christus als dem göttlichen Ja zu allen Verheißungen erweist (V.19b.20a). Diese Treue Gottes garantiert damit für Paulus zugleich die Zuverlässigkeit des Wortes der Verkündiger (V.18.19a).[46] Daher ist jede Verdächtigung des Apostels, im Zusammenhang mit der Nichtrealisierung des angekündigten Gemeindebesuchs wankelmütig zu sein, von Gott her obsolet. Gerade die in Jesus Christus verbürgte Treue Gottes ist nämlich der Ermöglichungsgrund für die Verkündiger,[47] sich auf die ihnen aus dem göttlichen Heilshandeln erwachsende Aufgabe einzulassen, ihr Amen/Ja dazu durch Jesus Christus zu sprechen. Diese Aufgabe beinhaltet dabei nicht nur im engeren Sinn die Verkündigung des Evangeliums, sondern eine umfassende Sorge um das Wohl der Gemeinden, die Paulus im konkreten Fall auf den angekündigten Besuch in Korinth verzichten lässt (vgl. 1,23-2,1). Mit einer solch verantwortungsvollen Wahrnehmung ihrer Aufgabe aber machen die Verkündiger die Herrlichkeit Gottes für die Welt und in der Welt erkennbar.

Wie schon in 1 Kor 6,20; 10,31 bemüht Paulus also auch in 2 Kor 1,20 das Herrlichkeitsmotiv (akzentuiert als prozesshaftes Geschehen der Verherrlichung) unter dem Vorzeichen einer angemessenen Antwort der Menschen auf Gottes Heilshandeln in Jesus Christus, und zwar in den konkreten Handlungsbezügen, in denen sie stehen.

2.2 Die Überbietung der heilsgeschichtlichen Offenbarung der Herrlichkeit Gottes im Sinaigeschehen durch ihre eschatologische Offenbarung im Christusgeschehen (2 Kor 3,7-18)

Mit 13 Belegen (V.7 [2x].8.9 [2x].10 [3x].11 [2x].18 [3x]) weist das Wortfeld δόξα in 2 Kor 3,7-18 innerhalb der paulinischen Briefe seine größte Konzentration auf. Die Argumentation des Paulus in

46 Die Formulierung „unser an euch gerichtetes Wort“ (ὁ λόγος ἡμῶν ὁ πρὸς ὑμᾶς) (V.18) ist bewusst offen gewählt und vermeidet eine semantische Engführung auf die Evangeliumsverkündigung, die erst in V. 19a durch das Partizip κηρυχθείς (von κηρύσσομαι = verkündigen) erfolgt. Damit lässt sich das Wort in V. 18 auch auf das Versprechen des Paulus beziehen, die korinthische Gemeinde bald wieder zu besuchen.

47 Zur Einschränkung des Personalpronomens der 1. Pers. Pl. auf die Gruppe der Verkündiger vgl. C. Wolff, *2 Kor*, 36.

diesen Versen, die im übergreifenden Zusammenhang der Thematik von der wechselseitigen Verwiesenheit von Apostel und Gemeinde stehen (2,14-7,3),[48] wird damit in für ihn singulärer Weise vom Motiv der Herrlichkeit dominiert. Umgekehrt steht das Herrlichkeitsmotiv angesichts seiner konkreten brieflichen Einbettung dann aber im Dienst dieser übergeordneten Thematik.

Zu Beginn von Kapitel 3 fasst Paulus in V.1-3 zunächst seine eigene Verwiesenheit auf die Gemeinde in den Blick. Anknüpfend an den antiken Brauch von Empfehlungsschreiben (V.1b) qualifiziert er die korinthische Gemeinde selbst metaphorisch als sein lebendiges und allen Menschen uneingeschränkt zugängliches Empfehlungsschreiben (V.2). „Autor" dieses Empfehlungsbriefes ist unzweifelhaft Christus, der freilich für dessen „Abfassung" – also für die Gründung der Gemeinde – den Apostel in Dienst stellt (V.3).[49] Das aber bedeutet, dass die apostolische Autorität untrennbar mit der Existenz der Gemeinde verbunden ist, weil die Gemeinde die göttliche Legitimation des paulinischen Wirkens öffentlich bestätigt. Eine Zerrüttung des Verhältnisses zwischen Apostel und Gemeinde kann damit nicht folgenlos bleiben.
Mit V.4 wird der Wechsel zur komplementären Perspektive der Verwiesenheit der Gemeinde auf den Apostel eingeleitet. Zunächst verweist Paulus gleichsam thetisch auf die Zuversicht, die er vor Gott hat[50] und die ihm durch Christus erwächst (V.4). Die Präpositionalwendung durch Christus (διὰ τοῦ Χριστοῦ) dürfte dabei auf die Offenbarung Christi zielen, die Paulus von Gott aus zuteil wurde und durch die er als Apostel der Heiden in Dienst gestellt wurde (vgl. Gal 1,15; 2 Kor 4,6).[51] In Gott selbst also, der Paulus zum authentischen Urteil (und zwar konkret über sein Heilshandeln in Christus) (V.5) und damit als Diener des neuen Bundes (V.6a) befähigt hat, wurzelt die Zuversicht, die den Apostel vor Gott trägt. Die göttliche Authentizität seines Urteils und seines Dienstes aber kommt der Gemeinde zugute, die somit – soll das Heilshandeln Gottes für sie Früchte tragen – auf das Wirken des Apostels angewiesen bleibt.

Gleichsam eine „Kostprobe" seiner apostolischen Urteilsfähigkeit liefert Paulus der korinthischen Gemeinde dann in V.7-18. Die Hintergrundfolie dieser Verse bildet die Erzählung über die Rückkehr des Moses vom Sinai im Kontext der Bundeserneuerung

---

48 Vgl. W. Kleine, *Furcht*, 161-164.

49 Vgl. H. Windisch, *Der Zweite Korintherbrief* (KEK 6), Göttingen 1970 (= Neudruck der Auflage von 1924 [herausgegeben von G. Strecker]), 105.

50 Zum Verständnis der ntl. singulären Verbindung πεποίθησις πρός (Zuversicht vor, nicht Vertrauen auf) vgl. C. Wolff, *2 Kor*, 60; E. Gräßer, *Der zweite Brief an die Korinther. Kapitel 1,1-7,16* (ÖTBK 8/1) Gütersloh 2002, 123; W. Kleine, *Furcht*, 193.

51 Ähnlich J. Schröter, *Versöhner*, 78 mit Anm. 1.

(Ex 34,29-35). Diese Erzählung legt Paulus midraschartig aus[52] und macht sie speziell in V.7-11 einem typologischen Überbietungsschema nutzbar. Als Anknüpfungspunkt dieser typologischen Interpretation der Exoduserzählung dient Paulus seine Qualifizierung als „Diener des neuen Bundes" (V.6), also seine Indienststellung für die Verkündigung des göttlichen Heilshandelns in Christus. Dabei präzisiert er diese Qualifizierung semantisch noch durch eine scharfe Antithetik: Diener des neuen Bundes zu sein heißt Diener des lebendig machenden Geistes, nicht aber Diener des tötenden Buchstabens zu sein. In V.7-11 setzt sich diese Antithetik fort, allerdings mit bezeichnenden Modifikationen. Zunächst einmal fällt auf, dass Paulus im Folgenden nicht mehr persönlich von „Diener" (διάκονος), sondern unpersönlich von „Dienst" (διακονία) spricht (VV.7-9)[53] und damit die eigene Person vorübergehend in den Hintergrund treten lässt. Sodann nimmt er in V.7 eine entscheidende inhaltliche Zuordnung vor, indem er den „Dienst des Todes" in Beziehung setzt zum Sinaigeschehen,[54] näherhin zur Bundeserneuerung (Ex 34), als dessen Repräsentant explizit Moses genannt wird. Vor allem aber ersetzt Paulus die V.6 kennzeichnende <u>absolute</u> Antithetik durch eine <u>relative</u>, deren Vergleichspunkt in V.7-11 durch das Wortfeld δόξα bezeichnet wird. Obwohl nun das Sinaigeschehen durchweg negativ konnotiert wird (Dienst des Todes V.7; Dienst der Verurteilung V.9; das Vergehende V.11),[55] ist

52 Vgl. H.-J. Klauck, *2 Kor*, 37; O. Hofius, *Gesetz und Evangelium nach 2. Korinther 3*, in: Ders., Paulusstudien (WUNT 51), Tübingen 1989, 75-120, 86-107; anders M. M. Gruber, *Herrlichkeit*, 207.

53 Dies wird im Übrigen in V.10f. noch fortgesetzt, wo neutrische Formulierungen (das Verherrlichte [V.10], das Vergehende, das Bleibende [V.11]) den Begriff des Dienstes, der zuvor jeweils durch ein Genitivattribut positiv oder negativ konnotiert wurde, substituieren.

54 Vgl. die auf διακονία bezogene Partizipialkonstruktion „mit steinernen Buchstaben eingemeißelt" (ἐν γράμμασιν ἐντετυπωμένη λίθοις). Der „Dienst, der zum Tod führt" ist damit identifiziert als die auf Steintafeln eingemeißelte Sinaitora (vgl. Ex 34,4.27-29).

55 Diese negative Konnotation ist allerdings gemäß der theologischen bzw. christologischen Hermeneutik des Paulus dem Sinaigeschehen bzw. der Sinaitora nicht inhärent, sondern erwächst aus der Erkenntnis, dass die Menschen ausnahmslos Nichttäter dieser Tora sind, deren von Gott her Leben spendende Funktion sich damit in ihr Gegenteil verkehrt, vgl. H. Merklein, *Die Bedeutung des Kreuzestodes Christi für die paulinische Gerechtigkeits- und Gesetzesthematik*, in: Ders., Studien zu Jesus und Paulus (WUNT 43), Tübingen 1987, 1-106, 76-78; Ders., *Der (neue) Bund als Thema der paulini-*

es gleichwohl – wie Paulus wiederholt betont (V. 7a.9a.10.11a) – ein Herrlichkeitsgeschehen,[56] also ein Geschehen, in dem sich heilsgeschichtlich Gottes Gottsein als ein Sein in Herrlichkeit offenbart. Dies leitet Paulus mit V.7b offenbar aus Ex 34,29b-30 ab. Denn dort heißt es, dass das Angesicht des Moses nach seiner Gottesbegegnung δόξα ausstrahlte, dass sich also die Herrlichkeit Gottes im Angesicht des Moses widerspiegelte. Die angemessene Reaktion der Israeliten auf diese – wenngleich nur mittelbare – Begegnung mit der Herrlichkeit als dem Spezifikum göttlichen Seins ist Furcht (Ex 34,30b). An eben dieses Motiv der Furcht knüpft Paulus in V.7b an, wobei er freilich etwas anders akzentuiert: Allein schon der Widerschein der göttlichen Herrlichkeit auf dem Angesicht des Moses überfordert die Israeliten, Moses unverwandt anzuschauen und dies – wie Paulus gegen den Exodustext hinzufügt[57] – obwohl die an Moses wahrnehmbare δόξα doch vergeht. Mit der Einfügung des Motivs der Vergänglichkeit nimmt Paulus nun die entscheidende Weichenstellung vor, um im Folgenden gleich dreifach dem Sinaigeschehen als heilsgeschichtlicher Offenbarung der Herrlichkeit Gottes das Christusgeschehen als die sie überbietende, gleichsam in den Schatten stellende[58] eschatologisch-endgültige (vgl. V.11: das Bleibende [τὸ μένον]) Offenbarung der göttlichen δόξα gegenüberzustellen. Eine geradezu paradoxe Zuspitzung erfährt diese überbietende Gegenüberstellung von Sinaigeschehen und Christusgeschehen in V.10: Aus der Perspektive ante Christum erweist sich das Sinaigeschehen als ein Geschehen, in dem sich heilsgeschichtlich die Herrlichkeit Gottes offenbart. Aus der Perspektive der alles überragenden eschatologischen Offenbarung der Herrlichkeit Gottes im Christusgeschehen (vgl. „in

schen Theologie, in: Ders., Studien zu Jesus und Paulus II (WUNT 105), Tübingen 1998, 357-376, 361-363.

56 Vgl. auch J. Schröter, *Versöhner*, 91.

57 Darauf verweisen etwa auch D.-A. Koch, *Die Schrift als Zeuge des Evangeliums. Untersuchungen zur Verwendung und zum Verständnis der Schrift bei Paulus* (BHTh 69), Tübingen 1986, 333 u. Anm. 13; J. Schröter, *Versöhner*, 91; M. Hasitschka, *„Diener eines neuen Bundes“. Skizze zum Selbstverständnis des Paulus in 2 Kor 3,4-4,6*, in: ZKTh 121 (1999), 291-299, 294.

58 Vgl. das dreimalige „um wie viel mehr“ (πολλῷ μᾶλλον) VV. 8.9b.11b. In dieselbe Kerbe schlägt die Attributierung der auf das Christusgeschehen bezogenen δόξα als „überragend“ (ὑπερβαλλούσα).

diesem Fall" [ἐν τούτῳ τῷ μέρει]) dagegen gibt sich die Herrlichkeit des Sinaigeschehens geradezu als Nicht-Herrlichkeit zu erkennen.

Eine vergleichbar differierende Beurteilung von δόξα-Präsenz je nach Perspektive – wenngleich in einem anderen Argumentationszusammenhang – begegnete bei Paulus bereits in 1 Kor: Unter ausschließlich schöpfungstheologischem Vorzeichen setzt er in 1 Kor 11,7 für seine Argumentation selbstverständlich voraus, dass die korinthischen Gemeindemitglieder als konkret in dieser (vergänglichen) Welt lebende Menschen Gottes Ebenbilder sind und ihnen damit δόξα im Verständnis des Widerscheins göttlicher Herrlichkeit gegeben ist. In der Gegenüberstellung freilich von irdischer Existenz unter den Bedingungen dieser vergänglichen Schöpfung und der Auferweckungsexistenz unter den Bedingungen der eschatologischen Neuschöpfung in 1 Kor 15,42-44 spricht Paulus angesichts der Herrlichkeit der Auferweckungsexistenz der irdischen Existenz keinerlei δόξα mehr zu, sondern qualifiziert die irdische Existenz einseitig negativ als Existenz in Jämmerlichkeit (V.43a; vgl. V.42 in Vergänglichkeit; V.43b: in Schwachheit).

Mit der kontrastierend-überbietenden Gegenüberstellung von Sinaigeschehen und Christusgeschehen anhand des am Maßstab der δόξα durchgeführten Vergleichs in 2 Kor 3,7-11 wird die Verwendung des Herrlichkeitsmotivs, das bereits unter protologischer wie eschatologischer Perspektive bemüht wurde, nun durch die heilsgeschichtliche Perspektive ergänzt. Pragmatisch geht es Paulus in diesen Versen um den Nachweis seiner von Gott stammenden Befähigung, den unüberbietbaren soteriologischen Stellenwert des Christusgeschehens als eschatologisch-endgültiger Offenbarung der Herrlichkeit Gottes zutreffend zu beurteilen (V.5), und um den Nachweis seiner von Gott stammenden Befähigung, dieses Christusgeschehens als Diener des neuen Bundes zu verkündigen (V.6). Beide Facetten seiner göttlichen Befähigung aber kommen der Gemeinde zugute. Damit steht auch im Hintergrund von V.7-11 der Gedanke der Verwiesenheit der Gemeinde auf ihren Apostel, der in den folgenden Versen noch vertieft wird.

Dazu setzt sich Paulus in V.12f. zunächst von Moses als dem Repräsentanten bzw. Diener des Sinaigeschehens ab. Kennzeichen seines apostolischen Wirkens ist die Offenheit. Diese Offenheit (παρρησία) erwächst aus der Hoffnung, die sich auf die zuvor entfaltete (vgl. V.7-11) gottgeschenkte Erkenntnis der alles heilgeschichtliche Wirken überragenden, eschatologischen Offenbarung der Herrlichkeit Gottes im Christusgeschehen gründet (V.12). Entsprechend wird das Verhalten des Moses gleichsam als dunkle

Hintergrundfolie stilisiert, vor der sich die Haltung des Paulus umso strahlender abhebt. Dabei greift Paulus in V.13 modifizierend V.7b auf. In V.7b nämlich rezipierte er Ex 34,29b-30, ergänzt um den Aspekt der Vergänglichkeit des Widerscheins göttlicher δόξα auf dem Angesicht des Moses. In V.13 bezieht er jetzt unter Rückgriff auf Ex 34,35 das Motiv der Decke (κάλυμμα) ein, mit der Moses sein Gesicht bedeckte. Während sich aber dieses Motiv in Ex 34,35 im Zusammenhang mit Ex 34,30 als Maßnahme des Moses erklärt, den Israeliten die Furcht angesichts der (wenngleich nur mittelbaren) Konfrontation mit der göttlichen Herrlichkeit zu nehmen, unterstellt Paulus Moses einen negativ anmutenden Beweggrund. Er geht dabei aus von der Vergänglichkeit des Sinaigeschehens wie der dabei erfolgten heilsgeschichtlichen Offenbarung der Herrlichkeit Gottes. Diese Vergänglichkeit leitet er aus dem eschatologischen Christusgeschehen ab und stellt sie retrospektiv in eine Beziehung zu der von Moses vorgenommenen Verhüllung des Angesichtes. Damit erscheint nun die Verhüllung als Bemühen, die Vergänglichkeit zu verschleiern. Diese „Verschleierungstaktik" aber steht in Gegensatz zur Offenheit, mit der Paulus auftritt. Pragmatisch will er mit der Betonung seiner παρρησία wohl seinen gemeindlichen Kritikern signalisieren, dass er nichts zu verbergen hat.[59] Seine Verkündigung verfolgt dem göttlichen Auftrag gemäß ausschließlich das Heil der Gemeinde und keine persönlichen Ziele wie etwa die eigene Bereicherung (vgl. 2 Kor 2,17).

Setzt Paulus sich in V.12f. von Moses ab, so kontrastiert er in V.14-17 die Mitglieder des Volkes Israel und die Mitglieder der Gemeinde. Chiastisch an das „Negativbeispiel" des Moses anknüpfend greift er das Motiv der verhüllenden Decke auf (V.14f.), um jetzt die gegenwärtige Haltung Israels so zu zeichnen, dass sich die Haltung der Gemeinde davon positiv abhebt (V.16). Das Motiv der verhüllenden Decke wird dabei einmal mehr variiert. Denn nun liegt eben diese Decke, die Moses zur Verschleierung der

---

59 Vgl. H.-M. Wünsch, *Brief*, 249. Gerade wenn O. Hofius, *Gesetz*, 87 zutreffend feststellt, dass 2 Kor 3,7-18 integraler Bestandteil des Argumenationskontextes 2 Kor 2,14-4,6 ist und für diesen Kontext ad hoc formuliert wurde, ist m. E. nicht nachvollziehbar, dass er für den Gegensatz von paulinischer Offenheit und mosaischer Verhüllungsmaßnahme (3,12f.) einen pragmatischen „Seitenhieb" auf die konkrete Kommunikationssituation zwischen Paulus und der korinthischen Gemeinde ausschließen will, die er für 4,2 selbstverständlich annimmt (vgl. O. Hofius, *Gesetz*, 105 mit Anm. 190).

Vergänglichkeit des Sinaigeschehens verwendete (V.13), nicht mehr auf seinem Angesicht, sondern auf den Herzen der Israeliten. Und zwar verhüllt sie ihre Herzen immer dann, wenn die auf dem Sinai erlassene Tora, die jetzt in Entsprechung zur Rede vom neuen Bund (V.6) explizit als „alter Bund" bezeichnet wird (V.14),[60] verlesen wird. Die verhüllende Decke dient Paulus damit als Metapher für die Verstockung der Israeliten, die sie die Heilsbedeutung des Christusgeschehens nicht erkennen lässt. Eine solche – wirkungsgeschichtlich verheerende – Aussage erwächst bei Paulus sicherlich aus seiner Enttäuschung und Trauer über die mehrheitlich ablehnende Haltung Israels gegenüber der Evangeliumsverkündigung (vgl. Röm 9,1-3). Im Argumentationsgang von 2 Kor 3 dient sie pragmatisch als Kontrastfolie zur Konstituierung der Gemeinde der an Christus Glaubenden (V.16). V.16 nun ist in deutlicher Anspielung auf Ex 34,34a (LXX) formuliert, allerdings wiederum mit bezeichnenden Modulationen. Abweichend von Ex 34,34a wird nicht Moses als handelndes Subjekt genannt, vielmehr wird elliptisch formuliert, wobei ein unbestimmtes τίς (jemand) als Subjekt zu ergänzen ist. Statt wie in Ex 34,34a mit dem Imperfekt den Blick auf ein vergangenes Geschehen zu richten, zielt die Aussage auf ein Geschehen der Gegenwart. Und schließlich wird das lokal konnotierte Verb „hineingehen" (εἰσπορεύεσθαι) gegen das Verb „sich hinwenden" (ἐπιστρέφεσθαι) ausgetauscht, das hier metaphorisch eine Bewegung im geistig-geistlichen Sinn bezeichnet und als Fachbegriff für die Bekehrung gilt.[61] Aufgrund dieser Eingriffe, die Paulus in den Wortlaut von Ex 34.34a (LXX) vornimmt, wird Moses jetzt in V.16 zum (durchaus positiv verstandenen!) Typos, der voraus weist auf jeden – Juden wie Heiden – der sich in der eschatologisch qualifizierten Gegenwart zum allein dem Menschen Freiheit[62] garantierenden (V.17) Kyrios Christos hinwendet.[63] Diese

60 In V.15 wird die Bezeichnung der Sinaitora als „alter Bund" semantisch substituiert durch die Identifizierung der Sinaitora mit der Person des Moses, der nach Ex 34 die von Gott erlassene Sinaitora für Israel aufgeschrieben hat.

61 Vgl. G. Bertram, *ἐπιστρέφω/ἐπιστροφη*, in: ThWNT VII, Stuttgart 1964, 722-729, 728.

62 Im Kontext der Argumentation ist „Freiheit" in V.17 als semantische Opposition zu der Decke zu verstehen, die nach V.14f. beim Verlesen der Sinaitora auf den Herzen der Söhne Israels liegt. Sobald die Decke durch die Hinwendung zum Kyrios entfernt ist, ist dem Menschen Freiheit gegeben. Inhaltlich besteht diese Freiheit dann aber im Freisein von der verurteilenden (V.9 „Dienst der Verurteilung") und todbringenden (V.7 „Dienst des Todes")

Hinwendung erfolgt durch die Annahme des Evangeliums, das Paulus im Auftrag und als Diener Gottes (V.6; vgl. 4,1; 1 Kor 1,17; Gal 1,15f.) verkündet. Wie Moses Gott im Bundeszelt begegnete, so wird nun das Evangelium zum „Ort" der Gottesbegegnung im Kyrios Christus.[64] Erneut wird damit die Verwiesenheit der Gemeinde auf den Apostel als dem Boten dieses Evangeliums greifbar.

In V.18 führt Paulus den mit 3,1 beginnenden Gedankenbogen zu Ende, indem er die aus dem zuvor Gesagten ersichtlichen soteriologischen Konsequenzen für sich und seine korinthischen Briefadressaten (wir alle[65] aber)[66] zusammenfasst. V.18a knüpft dabei an V.16 an: Insofern nämlich die Hinwendung zum Kyrios durch die Akzeptanz der Evangeliumsverkündigung erfolgt und einhergeht mit der Entfernung der verhüllenden Decke, schauen die Glaubenden eben mit unverhülltem Angesicht im Evangelium[67], das somit die Funktion des Spiegels erfüllt,[68] die Herrlichkeit (δόξα) des Kyrios. Ist das Herrlichkeitsmotiv in V.7-11 auf das Sinaigeschehen und das Christusgeschehen als Manifestationen des heilsgeschichtlichen und eschatologischen Handelns Gottes bezogen, so wird es in V.18 christologisch auf die Person des Kyrios zugespitzt. Indem aber

---

Funktion, die die Tora gegenüber den Nichttätern des Gesetzes entfalten muss, vgl. dazu etwa E. Gräßer, *2 Kor I*, 141.

63 Ähnlich verbindet auch H.-J. Klauck, *2 Kor*, 40 mit V.16 eine prototypische Funktion des Moses, die er allerdings auf „jeden in Israel" einschränkt. Dies dürfte angesichts des paulinischen Selbstverständnisses als Heidenapostel (vgl. Gal 1,15f.) doch eine unzutreffende Einschränkung der Aussage sein, die m. E. gerade deshalb so vage formuliert ist, um entgegen der Erfahrungswirklichkeit die Möglichkeit der Hinwendung zum Kyrios auch für jeden in Israel offen zu halten.

64 Vgl. M. Gielen, *Grundzüge*, 139.

65 „Alle" (πάντες) hat angesichts der soliden handschriftlichen Bezeugung (es fehlt nur in 𝔓[46] sowie in einem Vulgata-Manuskript) als ursprünglich zu gelten, vgl. C. Wolff, *2 Kor*, 77 m. Anm. 138; E. Gräßer, *2 Kor I*, 142.

66 Grundsätzlich gilt die Aussage natürlich uneingeschränkt für alle, die sich dem Christusgeschehen öffnen (= alle Christen), vgl. H.-J. Klauck, *2 Kor*, 41; C. Wolff, *2 Kor*, 77; E. Gräßer, *2 Kor I*, 142. Aufgrund der konkreten kommunikativen Verankerung der Aussage zielt sie jedoch unmittelbar und primär auf Paulus und die Mitglieder der korinthischen Gemeinde.

67 Zum Bezug auf das Evangelium vgl. u.a. O. Hofius, *Gesetz*, 115-117; H. Merklein, *Christus als Bild Gottes im Neuen Testament*, in: I. Baldermann u.a. (Hg.), Die Macht der Bilder (JBTh 13), Neukirchen-Vluyn 1998, 53-75, 70; C. Wolff, *2 Kor*, 78; E. Gräßer, *2 Kor I*, 143.

68 Zur Bevorzugung der Übersetzung von κατοπτρίζομαι mit „wie in einem Spiegel schauen" statt „widerspiegeln" vgl. M. Gielen, *Grundzüge*, 137-140.

die Glaubenden im Evangelium die Herrlichkeit des Herrn als Spiegelbild erkennen, beginnt ihre vom Geist gewirkte[69] Verwandlung, deren Zielpunkt die vollkommene Christusebenbildlichkeit[70] ist. Diese Verwandlung als Verherrlichungsgeschehen vollzieht sich gleichsam in zwei Stufen „von Herrlichkeit zu Herrlichkeit" (ἀπὸ δόξης εἰς δόξαν) und steht damit in der eschatologischen Spannung zwischen dem Schon und Noch-Nicht. Gemäß paulinischem Denken gibt sich die mit der Annahme des Evangeliums erreichte gegenwärtige Herrlichkeitsstufe unter Rückgriff auf 1 Kor 2,7f. paradoxerweise nur als Kreuzesexistenz zu erkennen, das heißt freilich zugleich als Existenz, die geprägt ist durch die Heil bringende Kraft des Kreuzes Christi als der Manifestation der paradoxen Weisheit Gottes (s. Ziffer 1.1.). Nicht zuletzt aufgrund dieser soteriologischen Bestimmung dürfte Paulus sich berechtigt sehen, bereits die gegenwärtige Existenz der Glaubenden als Herrlichkeitsexistenz zu qualifizieren. Ebenfalls in 1 Kor gibt Paulus schon einmal den Blick frei auf die künftige Stufe vollkommener Herrlichkeit, die die Glaubenden erwartet. Er tut dies in 1 Kor 15,49 in Entsprechung zu 2 Kor 3,18 unter Zuhilfenahme des Ebenbildlichkeitsmotivs. Dabei stellt die Einbindung in den Gesamtkontext von 1 Kor 15 sicher, dass die Aussage „wir werden tragen das Bild des Himmlischen" sich auf die Teilhabe an der Auferweckungsexistenz Christi bezieht, die nach 15,43 eine Existenz „in Herrlichkeit" (ἐν δόξῃ) ist, also eine Existenz der Teilhabe an der göttlichen Lebenswirklichkeit (s. Ziffer 1.4).

Unter Würdigung der sachlichen Berührungen mit zentralen Herrlichkeitsaussagen in 1 Kor lässt sich 2 Kor 3,18 damit folgendermaßen paraphrasierend zusammenfassen: Im Evangelium tritt den Glaubenden gleichsam wie in einem Spiegelbild die Herrlichkeit des Herrn als eine Herrlichkeit in der Spannung zwischen Kreuz und Auferweckung entgegen. Diese spannungsvolle Herrlichkeitsexistenz ist gleichsam Vor-Bild für die Glaubenden, deren Existenz mit der Hinwendung zum Kyrios (vgl. V.16) eine Christus ebenbildliche und damit durch δόξα gekennzeichnete geworden ist. Auf der gegenwärtigen Herrlichkeitsstufe erweist sich die Christusebenbildlichkeit als geprägt durch das Kreuz; auf der künftigen

69 Vgl. die zutreffende Paraphrase bei C. Wolff, *2 Kor*, 78 „so wie es sich ergibt, wenn der Herr durch den Geist an uns wirkt".

70 „Wir werden verwandelt in eben dasselbe Bild (nämlich das der δόξα des Herrn)".

Herrlichkeitsstufe der eschatologischen Vollendung aber besteht die Christusebenbildlichkeit in der Teilhabe an der Auferweckungsexistenz Christi. Insgesamt steht in 2 Kor 3,18 die Verwendung des Wortfeldes δόξα unter eschatologisch-soteriologischem Vorzeichen, erhält aber durch die Verknüpfung mit dem Motiv der Christusebenbildlichkeit gleichzeitig einen deutlich christologischen Akzent. Diese Verknüpfung von Herrlichkeits- und Ebenbildlichkeitsmotiv kennzeichnet nun auch die beiden nächsten Belege des Wortfeldes in 2 Kor 4,4.6.

2.3 Die Gottebenbildlichkeit Christi als eschatologische Erkenntnismöglichkeit göttlichen Seins als Herrlichkeitsexistenz (2 Kor 4,4.6)

Unmittelbar an 3,18 anschließend tritt mit 4,1f. der situative Hintergrund des Versöhnungsbriefes 2 Kor 1-9 wieder schärfer hervor. Einleitend erinnert Paulus die korinthische Gemeinde noch einmal an seine Indienstnahme durch Gott (V.1). Inhaltlich ist diese Indienstnahme bezogen auf den neuen Bund und wird konkret in der Evangeliumsverkündigung (vgl. 3,6). Die Übertragung der Verkündigungsaufgabe verbindet sich für Paulus mit seinem Berufungserlebnis, das er als einen Akt des gänzlich unverdienten erbarmenden Handelns Gottes an sich erfährt (vgl. Gal 1,15f.; 1 Kor 15,8-10). Und diese Erfahrung setzt bei ihm ungeahnte Kräfte frei (vgl. 1 Kor 15,10). Sie verhindert, dass er müde wird bzw. den Mut verliert[71] (V.1). Diese Bemerkung ist im Rahmen des Versöhnungsbriefes wohl kaum eine allgemeine Feststellung. Vielmehr dürfte Paulus sie konkret auf den Konflikt mit der korinthischen Gemeinde beziehen. Trotz der Schwierigkeiten und Enttäuschungen, die die Gemeinde ihm bereitet hat, sieht er keinen Anlass zur Resignation. Deutlicher noch tritt die situative Verortung des Schreibens dann in V.2 zutage. Dem in Korinth gegen ihn erhobenen Vorwurf der Unredlichkeit hält Paulus die Redlichkeit und Wahrhaftigkeit seines Handelns im Dienst des Evangeliums entgegen. Basis dafür ist einmal mehr sein

---

71 Das Verb ἐγκακέω weist diese beide Bedeutungsnuancen auf (vgl. K. Aland/ B. Aland [Hg.], *Griechisch-deutsches Wörterbuch zu den Schriften des Neuen Testaments und der frühchristlichen Literatur*, von W. Bauer, 6., völlig neu bearbeitete Auflage, Berlin 1988, 434.), die in 2 Kor 4,1 auch beide mit hineinspielen dürften.

Berufungserlebnis, das einherging mit einer Absage[72] an schändliche Verhaltensweisen, die das Licht der Öffentlichkeit scheuen müssen. Paulus daher eine beabsichtigte Veruntreuung von Spendengeldern unterstellen zu wollen, ist absurd. Er hat es nicht nötig, mit Tricks zu arbeiten und das Wort Gottes zu seinem Vorteil zu verfälschen.[73] Sein Verhalten, das gekennzeichnet ist durch eine offene Verkündigung der Wahrheit, hat vor Gott Bestand. Es erweist sich aber auch den Menschen gegenüber als untadelig, sofern sie als Beurteilungsinstanz ihr Gewissen bemühen.

Mit V.3f. greift Paulus wieder das Motiv der Verhüllung auf, das bereits den Argumentationskontext in 3,12-18 dominiert hatte. Obwohl die paulinische Verkündigung sich durch Offenheit auszeichnet (V.2; vgl. 3,12), bleibt das Evangelium doch für eine bestimmte Gruppe von Menschen verhüllt. Damit fasst Paulus hier in Abgrenzung vom positiven Beispiel der korinthischen Gemeinde (vgl. 3,16.18) alle diejenigen in den Blick, die sich seiner Evangeliumsverkündigung verschließen. Diese negativen Missionserfahrungen schreibt er in typisch dualistischer Weltsicht dem Wirken einer widergöttlichen Macht zu.[74] Die Charakterisierung dieser widergöttlichen Macht als „Gott dieser Weltzeit“ zeigt im Übrigen an, dass sie zur vergänglichen Schöpfung gehört. Diese Schöpfung aber ist mit der Auferweckung Christi bereits prinzipiell an ihr Ende gekommen. Bis zum endgültigen Durchbruch der neuen Schöpfung ist freilich dem Gott dieser Weltzeit noch ein Spielraum gegeben (vgl. 1 Kor 15,24-28).[75] Diesen Spielraum nutzt er, um die Gedanken der Ungläubigen zu verblenden. In V.4b beschreibt Paulus dann das, was durch das verblendende Wirken der widergöttlichen Macht der Erkenntnis der Ungläubigen verschlossen bleibt, als „Leuchten des Evangeliums der Herrlichkeit Christi (τὸν φωτισμὸν τοῦ εὐαγγελίου τῆς δόξης τοῦ Χριστοῦ) (…), welcher das Bild Gottes ist (ὅς

---

72 Vgl. die punktuell-ingressive Aktionsart der Aoristform ἀπειπάμεθα („wir haben uns losgesagt“).

73 V.2 greift damit ziemlich genau die Aussage von 2,17 auf, wo Paulus bereits versichert hatte: „Wir sind ja nicht wie die Vielen, die das Wort Gottes verhökern, sondern wie man aus Lauterkeit und aus Gott reden muss, so reden wir vor Gott in Christus.“ Die beiden inhaltlich nahezu identischen Bemerkungen (zum Rückbezug von 4,2 auf 2,17 vgl. W. Kleine, *Furcht*, 226f.) zeigen deutlich, wie sehr Paulus der ungerechtfertigte Vorwurf der Unredlichkeit und Selbstbereicherung menschlich getroffen haben muss.

74 Vgl. J. Schröter, *Versöhner*, 134.

75 Vgl. dazu M. Gielen, *Totenauferweckung*, 95-100.

ἐστιν εἰκὼν τοῦ θεοῦ)". Die Rückbindung dieser Formulierung an 3,18 ist offenkundig: Die Herrlichkeit Christi (bzw. des Kyrios, 3,18), das heißt, seine Existenz als solche der göttlichen Lebenswirklichkeit, ist mit Hilfe des Evangeliums erkennbar. Bedient sich Paulus jedoch in 3,18 der Spiegelmetaphorik, so ersetzt er sie in 4,4b – wohl bereits in Vorbereitung auf V.6 – durch die Lichtmetaphorik.[76] Zudem erfährt das Motiv der Ebenbildlichkeit, das ebenfalls 3,18 mit 4,4 verbindet und erneut in Beziehung zum Wortfeld δόξα steht, eine Akzentverschiebung. Stand in 3,18 der Verwandlungsprozess der Glaubenden in die Christusebenbildlichkeit als Herrlichkeitsexistenz im Blick (christologisch-anthropologische Relation), so wird Christus in 4,4b als Bild Gottes (εἰκὼν θεοῦ) definiert (theologisch-christologische Relation). Aufgrund der Gottebenbildlichkeit Christi gibt also die im Evangelium erkennbare Herrlichkeit Christi den Blick frei auf die Herrlichkeit Gottes.[77] Dies bedeutet aber zugleich in Verbindung mit der Aussage von 3,18, dass der eschatologische Verwandlungsprozess der Glaubenden in die <u>Christus</u>ebenbildlichkeit eine letztlich <u>theo</u>logische Zielsetzung hat, nämlich ihre <u>Gott</u>ebenbildlichkeit.

Eine Verhältnisbestimmung zwischen der <u>protologischen</u> Gottebenbildlichkeit, die in 1 Kor 11,7 selbstverständliche Grundlage der paulinischen Argumentation ist, und der <u>eschatologischen</u> Gottebenbildlichkeit, wie sie sich aus den aufeinander bezogenen Aussagen in 2 Kor 3,18 und 4,4 ergibt, nimmt Paulus entsprechend der situationsbezogenen Akzentuierung seiner Aussagen nicht vor. Allerdings legt sich vor dem Hintergrund seiner Ausführungen in 1 Kor 15,42-44.49 die Vermutung nahe, dass er die eschatologische Gottebenbildlichkeit mit der Herrlichkeitsexistenz des Auferweckungsleibes verbindet, während für ihn die protologische Gottebenbildlichkeit als vorläufige und gebrochene unter dem Vorzeichen der Sterblichkeit steht. Entsprechend ordnet Paulus in 1 Kor 15,48 der vergänglichen irdischen Existenz dann auch das Motiv der Adamebenbildlichkeit zu.[78]

---

76 Dabei bestätigt V.4b im Übrigen den sachlichen Bezug des Spiegelvergleichs in 3,18 auf das (dort nicht explizit genannte) Evangelium, indem Paulus nun den Begriff „Leuchten" (φωτισμός) ausdrücklich semantisch verbindet mit dem Begriff „Evangelium".

77 Vgl. C. Wolff, *2 Kor*, 86.

78 Den mit der Adamebenbildlichkeit verbundenen Aspekt der Sünde entfaltet Paulus explizit und ausführlich erst im Römerbrief (vgl. Röm 5,12-21), wo er auch – über die Korintherbriefe hinausgehend – vom Verlust der göttlichen δόξα, und das heißt der protologisch verankerten Gottebenbildlichkeit des Menschen (vgl. 1 Kor 11,7) sprechen kann (vgl. Röm 3,23). In den Korintherbriefen

In V.5 lenkt Paulus die Aufmerksamkeit wieder zurück auf sein apostolisches Wirken. Einmal mehr unterstreicht er die Lauterkeit seines Handelns und seine enge Bindung an die Gemeinde. So betont er, dass im Mittelpunkt seiner Verkündigung eben nicht seine Person, sondern Jesus Christus steht (vgl. 1 Kor 2,2). Jesus Christus aber nimmt als Herr (κύριος) die Menschen in Dienst und hat auch Paulus in die Funktion eines Sklaven für die korinthische Gemeinde eingewiesen. Paulus also weiß sich vom Herrn selbst in die Pflicht genommen, der Gemeinde zu dienen, und das heißt zugleich im Blick auf den konkret beizulegenden Konflikt, sie selbstverständlich nicht zu übervorteilen.

V.6 ist in deutlichem Gegensatz zu V.4 gestaltet: Handelt in V.4 der „Gott dieser Weltzeit" <u>verblendend</u> an den Ungläubigen, so schaut V.6 zurück auf das <u>erleuchtende</u> Handeln Gottes an Paulus im Akt seiner Berufung.[79] Beachtung verdient nun, dass dieses erleuchtende Handeln Gottes sich auf denselben „Sachverhalt" bezieht wie das verblendende Handeln der widergöttlichen Macht.[80] Erneut steht die theologisch-christologische Relation im Blick, und zwar bezogen auf die Erkenntnis von Herrlichkeit (δόξα). Nur wird die Perspektive leicht variiert. Richtet sich nämlich in V.4b der Blick von der Herrlichkeit Christi auf Gott, so wird er in V.6b von der Herrlichkeit Gottes auf Christus gelenkt. Herrlichkeit Gottes und Herrlichkeit Christi erhellen also wechselseitig einander. Weil

---

dagegen beschränkt sich Paulus auf den Aspekt der Vergänglichkeit und Sterblichkeit, der aus der Adamebenbildlichkeit erwächst (1 Kor 15,21a.22a). Implizit freilich spielt das Motiv der Sünde jedoch auch hier schon eine Rolle, insofern für Paulus der Tod selbstverständlich aus der Sünde resultiert (1 Kor 15,56), vgl. H. Merklein/M. Gielen, *1 Kor III*, 316f., 391.

79 Vgl. J. Schröter, *Versöhner*, 135f.

80 Unterstrichen wird dies zum einen durch die weitgehend parallele syntaktische Konstruktion und zum anderen durch die starken semantischen Übereinstimmungen:

V. 4b:	damit sie nicht sehen	das <u>Leuchten</u> des Evangeliums	<u>der Herrlichkeit</u> <u>Christi</u>,
	εἰς τὸ μὴ αὐγάσαι	τὸν φωτισμὸν τοῦ εὐαγγελίου	τῆς δόξης τοῦ Χριστοῦ,
V. 6b:	zum	<u>Leuchten</u> der Erkenntnis	<u>der Herrlichkeit</u> <u>Gottes</u>
	πρὸς	φωτισμὸν τῆς γνώσεως	τῆς δόξης τοῦ θεοῦ
V. 4b:	welcher Bild Gottes ist.		
	ὅς ἐστιν εἰκὼν τοῦ θεοῦ		
V. 6b:	auf dem Angesicht Jesu Christi.		
	ἐν προσώπῳ Ἰησοῦ Χριστοῦ.		

Christus Bild Gottes ist (V.4b), gibt sich auf seinem Angesicht die Herrlichkeit Gottes zu erkennen (V.6b), die damit zugleich die Herrlichkeit Christi ist. Oder anders formuliert: An Christus wird Gottes Gottsein als Herrlichkeitsexistenz transparent. Diese Erkenntnis – und dies steht im Mittelpunkt von V.6 – hat Gott selbst bei Paulus bewirkt. Mit dem Gotteswort „Aus Finsternis soll Licht aufleuchten" spielt Paulus unverkennbar auf die Schöpfungserzählung in Gen 1 (vgl. V.14f.) an. Indem er also seine von Gott initiierte Berufung in einen Bezug zum Schöpfungshandeln Gottes bringt, qualifiziert er ihn zugleich als einen Akt eschatologischer Neuschöpfung.[81]

2.4 Das Wirken des Apostels im Spannungsfeld zwischen der δόξα gegenwärtiger Kreuzesexistenz und künftiger Auferweckungsexistenz im Dienst der Offenlegung göttlicher Herrlichkeit (2 Kor 4,15.17)

Ist die Existenz des Apostels vom Moment seiner Berufung an als neue Schöpfung qualifiziert, so bleibt sie als solche doch erfahrungsweltlich verborgen. Dies entfaltet Paulus in den nachfolgenden V.7-14 unter Hinweis auf seine physische Schwäche, seine Anfechtungen und Bedrängnisse. Es bestätigt sich somit die anhand von 3,18 gewonnene Einsicht: Die Existenz als neue Schöpfung ist als Herrlichkeitsexistenz angesichts des sich vollziehenden Verwandlungsprozesses von (gegenwärtiger) Herrlichkeit zu (künftiger) Herrlichkeit paradoxerweise Kreuzesexistenz (2 Kor 4,10a). Dabei trägt Paulus die Glaubensgewissheit, dass seine gegenwärtig vom Kreuz geprägte Herrlichkeitsexistenz im eschatologischen Vollendungszustand eine dem auferweckten Christus ebenbildliche (vgl. 1 Kor 15,49) Herrlichkeitsexistenz sein wird (2 Kor 4,10b.11b.14). Eben derselben Hoffnung verleiht er dann noch einmal in 4,17 Ausdruck. Die eschatologisch vollendete Auferweckungsexistenz bezeichnet er hier als ein jedes Maß sprengendes „ewiges Gewicht an Herrlichkeit" (αἰώνιον βάρος δόξης). Die Formulierung bildet damit das semantische Widerlager zur gegenwärtig leidvollen Situation (als Ausdruck der jetzt noch vom Kreuz geprägten Herrlichkeitsexistenz), die als „leichte Last der Bedrängnis" (ἐλαφρὸν τῆς θλίψεως) charakterisiert wird und die nach paulinischer

81 Vgl. auch 2 Kor 5,17 im Kontext von 5,18-21!

Überzeugung geradezu Voraussetzung für den künftigen Vollendungszustand ist.[82] Entsprechend dieser positiven Bewertung der Negativerfahrungen stellt sich Paulus gemäß Gottes Auftrag (4,1; vgl. 3,6) um der Gemeinde willen in den Dienst der Verkündigung (4,15). Als Zielsetzung formuliert er dabei die wachsende Zahl von Gemeindemitgliedern, die eine Steigerung des Gott abgestatteten Dankes impliziert und auf diese Weise zur Verherrlichung Gottes (εἰς δόξαν τοῦ θεοῦ), das heißt zur Bekanntmachung der Herrlichkeit Gottes in der Welt beiträgt.

2.5 Die Jerusalemkollekte als Möglichkeit der Begegnung mit Christi und Gottes Herrlichkeit (2 Kor 8,19.23; 9,13)

Dreimal noch begegnet das Herrlichkeitsmotiv in den so genannten Kollektenkapiteln des Versöhnungsbriefs (2 Kor 8,1-9,15), die nach Beilegung des Konflikts zwischen Apostel und Gemeinde um den Wiedereinstieg der korinthischen Gemeinde in die Geldsammlung für die Jerusalemer Urgemeinde werben.[83]

Zwei der Belege finden sich davon im Schlussabschnitt des 8. Kapitels (V.16-24). Dessen pragmatisches Ziel ist es, eine aus Titus und zwei weiteren Glaubensbrüdern bestehende Delegation, die in Korinth diesen von Paulus angestrebten Wiedereinstieg unterstützen soll, den Gemeindemitgliedern vorzustellen und zu empfehlen. Mit dieser Delegation verbindet Paulus angesichts seiner erst kürzlich in Korinth gesammelten Negativerfahrungen offenkundig die Hoffnung, jedem gegen ihn erwachsenden Verdacht des Eigennutzes oder gar der persönlichen Bereicherung vorzubeugen.[84] Denn unter den drei Delegationsmitgliedern besitzt nur Titus den Status eines Paulusvertrauten (vgl. V.23a: κοινωνὸς ἐμὸς ...), die beiden anderen dagegen entstammen den Gemeinden, von denen

---

82 Entsprechend seiner Vorstellung von zwei aufeinander folgenden Herrlichkeitsstufen (3,18), vgl. o. Ziffer 2.2.

83 Vgl. o. Ziffer 2.

84 Den Konflikt, der zwischen Paulus und der korinthischen Gemeinde um seine Zuverlässigkeit in Sachen Kollektenaktion entbrannte, spiegeln innerhalb von V.6-24 ganz unmittelbar vor allem noch V.20f. wider: (20) Denn angesichts der großen Spende, die von uns überbracht werden soll, möchten wir vermeiden, dass man uns verdächtigt. (21) Es liegt uns nämlich daran, dass alles einwandfrei zugeht, nicht nur vor dem Herrn, sondern auch vor den Menschen. (Einheitsübersetzung); vgl. W. Kleine, *Furcht*, 411f.

sie – wohl zur zeitweisen Unterstützung und Mitarbeit in der Mission (vgl. auch 8,18)[85] – zu Paulus entsandt worden waren.[86] Aus V.19 geht nun hervor, dass der zuerst genannte Bruder von den Gemeinden zudem mit einer besonderen Aufgabe im Zusammenhang der Jerusalemkollekte betraut worden war. Demnach sollte er auf der Reise zur Überstellung der Kollekte die Funktion eines Begleiters des Paulus übernehmen. Diese von den Gemeinden organisierte Reisebegleitung dürfte dabei kaum dem Bedürfnis entsprungen sein, Paulus zu kontrollieren. Sie diente wohl eher dem ehrenvollen Geleit des Initiators der Aktion wie auch der repräsentativen Präsenz der Spender. Paulus dürfte jedoch angesichts der konkreten Vorgeschichte des Versöhnungsbriefes gerne auf die Entsendung eines Reisebegleiters durch die an der Kollekte beteiligten Gemeinden hingewiesen haben, implizierte sie doch seine Entlastung von den Vorwürfen durch einen unabhängigen Zeugen.[87]

Gleichfalls im Kontext des situativen Hintergrundes erschließt sich die Beschreibung des Zwecks der Kollekte, die Paulus in V.19b konkret wählt und dabei auch wieder das Herrlichkeitsmotiv bemüht. Ihre erste und eigentliche Zielsetzung ist eine christologische, nämlich die Verherrlichung des Kyrios selbst (πρὸς τὴν αὐτοῦ κυρίου δόξαν). Seine Herrlichkeit, die ihn der göttlichen Lebenssphäre zuweist und die für die Glaubenden im Evangelium sichtbar wird, durch das sie schon jetzt anfanghaft Anteil an dieser δόξα erhalten,[88] gilt es, für die Welt transparent zu machen. Diese Verherrlichung des Kyrios ist aber responsorisch qualifiziert, insofern sie für Paulus die allein angemessene Antwort auf seine Berufungserfahrung darstellt, bei der ihm „die Herrlichkeit Gottes auf dem Angesicht Jesu Christi“ (2 Kor 4,6) aufschien. Die pointierte Hervorhebung der christologischen Zielsetzung der Kollektenaktion impliziert nun zugleich die Zurückweisung jeden Verdachts, Paulus betreibe die Kollekte um des eigenen Ansehens willen. Was seine

---

85 Vgl. dazu W.-H. Ollrog, *Paulus und seine Mitarbeiter. Untersuchungen zu Theorie und Praxis der paulinischen Mission* (WMANT 50), Neukirchen-Vluyn 1979, 119-125.

86 Vgl. die ausdrückliche Bezeichnung als „Gesandte der Gemeinden“ (ἀποστολοὶ ἐκκλησιῶν) in V.23b; zur spezifischen Verwendung des Apostelbegriffs an dieser Stelle vgl. W.-H. Ollrogg, *Paulus*, 79-84.

87 Vgl. W. Kleine, *Furcht*, 411.

88 Vgl. o. zu 2 Kor 3,18 (Ziffer 2.2.).

Person betrifft, so ist sie nichts anderes – wie er fast beiläufig in V.19 hinzufügt – als Ausdruck seines guten Willens. Dieser gute Wille aber dürfte der Sache nach verbunden sein mit dem auf dem Apostelkonvent in Jerusalem gegebenen Versprechen, „der Armen zu gedenken" (vgl. Gal 2,10). Es ist also der gute Wille des Paulus, dieses Versprechen auch einzulösen.[89]

In V.22 hat Paulus die Vorstellung der Delegation und ihres Auftrags zu Ende gebracht und leitet nun mit V.23 abschließend ihre Empfehlung ein. Dabei differenziert er noch einmal betont zwischen Titus als seinem Vertrauten (κοινωνὸς ἐμός) und den beiden anderen Männern als Gesandten der Gemeinden (ἀπόστολοι ἐκκλησιῶν). Sind diese beiden den jeweiligen Status beschreibenden Appositionen antithetisch angelegt, so die ergänzenden Charakterisierungen (Titus: Mitarbeiter im Blick auf euch; unsere Brüder: [Widerschein der] Herrlichkeit Christi) parallel. Die Qualifikation des Titus als Mitarbeiter des Paulus, hier pragmatisch eng geführt auf die Mitarbeit zugunsten der korinthischen Gemeinde (συνεργὸς εἰς ὑμᾶς), steht gemäß paulinischem Sprachgebrauch in Zusammenhang mit dem Dienst an der Evangeliumsverkündigung.[90] In V.18 erwähnt Paulus ausdrücklich zumindest für einen der beiden anderen Männer ebenfalls dessen Tätigkeit für das Evangelium. Dies legt m. E. die berechtigte Vermutung nahe, dass auch die auffällige Kennzeichnung der beiden Glaubensbrüder in V.23 als δόξα Χριστοῦ in eben diesem Zusammenhang mit ihrem Einsatz für das Evangelium zu sehen ist, wozu für Paulus selbstverständlich auch die Jerusalemkollekte zählt: Weil und insofern die beiden sich im Dienst des Evangeliums engagieren, durch das die Herrlichkeit Christi wie in einem Spiegel erkennbar wird (vgl. 3,18; 4,4), werden sie in herausragender Weise zum Widerschein dieser Herrlichkeit, die allen Glaubenden bereits anfanghaft eignet und ihrer eschatologischen Vollendung harrt (vgl. 3,18). Denn sie stehen gegenüber den Gemeinden und gegenüber der Welt[91] mit ihrer Person für das Evangelium der Herrlichkeit Christi ein.

Ein letztes Mal innerhalb der Korintherkorrespondenz begegnet das Herrlichkeitsmotiv ganz am Ende des Versöhnungsbriefes, also nochmals im thematischen Kontext der Jerusalemkollekte. Subjekt

---

89 So auch H-J. Klauck, *2 Kor*, 71.

90 Vgl. W.-H. Ollrog, *Paulus*, 63-79.

91 Evangeliumsverkündigung hat stets eine zweifache Ausrichtung: innergemeindlich (katechetisch) wie außergemeindlich (missionarisch).

des verbal ausgedrückten Verherrlichungsgeschehens sind die „Heiligen“ (vgl. V.12), womit Paulus hier speziell die Mitglieder der Jerusalemer Urgemeinde als Empfänger des Kollektengeldes bezeichnet. Wie schon zu 1 Kor 6,20; 10,31 festgestellt,[92] zielt das verherrlichende Tun aufseiten der Menschen nicht darauf, Gott Herrlichkeit zukommen zu lassen, sondern vielmehr darauf, Gottes δόξα als Proprium seiner göttlichen Existenz innerweltlich erkennbar zu machen. Im konkreten Kontext von 2 Kor 9,13 geht es Paulus nun darum, am Ende der Kollektenkapitel und damit am Ende des Versöhnungsbriefes die korinthische Gemeinde noch einmal nachdrücklich zu einem Wiedereinstieg in das Kollektenprojekt zu motivieren. Dazu eröffnet er ihr die Perspektive, dass dieses von ihm erwünschte Verhalten, das er sowohl theologisch als „Bekenntnisgehorsam“[93] als auch ethisch als „aufrichtigen Gemeinschaftssinn“ positiv würdigt, den Jerusalemer Heiligen zum Anlass der Verherrlichung Gottes werden wird, „weil seine Gnade die Freigebigkeit allererst ermöglicht (V. 8)“.[94]

3. Zusammenfassung

Die paulinische Verwendung des Herrlichkeitsmotivs in 2 Kor weist im Vergleich zu 1 Kor keine signifikanten Änderungen oder gar Brüche auf. Allerdings lassen sich angesichts eines veränderten situativen Hintergrundes und einer daraus resultierenden veränderten Briefthematik und -pragmatik einige Akzentverschiebungen und Präzisierungen erkennen.

Zunächst einmal wird mit der Bestätigung der Spannung zwischen der durch die Hinwendung zum Evangelium gegenwärtig beginnenden und der künftig vollendeten Anteilhabe an der göttlichen Lebenswirklichkeit als δόξα-Existenz ein wichtiger Aspekt des Herrlichkeitsmotivs aus 1 Kor aufgegriffen (vgl. 1 Kor 2,7f.; 15,43 [im Kontext von V.42-49] mit 2 Kor 3,18). Zudem findet sich die paradoxe Qualifizierung der schon gegenwärtig erreichten Herrlichkeitsstufe als eine vom Kreuz gekennzeichnete Existenz

92 Vgl. o. Ziffer 1.2.

93 Zu diesem Bezug von Kollektenprojekt und bekenntnishaftem Gehorsam gegenüber den Forderungen des Evangeliums vgl. auch E. Gräßer, *2 Kor II,* 65.

94 E. Gräßer, *2 Kor II*, 64.

(vgl. 1 Kor 2,7f.) wieder (vgl. 2 Kor 4,17 im Kontext von V.4,7-18 und in Rückbezug auf 2 Kor 3,18). Entfaltet und vertieft wird diese Paradoxie dabei am Beispiel der persönlichen Leidenserfahrungen des Paulus selbst, zu denen auch die korinthische Gemeinde angesichts der Vorgeschichte des Versöhnungsbriefes nicht unerheblich beigetragen hat.[95]

Kontinuität von 1 Kor zu 2 Kor besteht ferner in der engen Verbindung zwischen dem Herrlichkeits- und dem Ebenbildlichkeitsmotiv. In 1 Kor findet sich diese Verbindung zum einen im schöpfungstheologischen Kontext von 11,7, wo Paulus die im Schöpfungshandeln Gottes fundierte Gottebenbildlichkeit des Menschen der Sache nach als Widerschein der göttlichen Herrlichkeit bestimmt. Zum anderen begegnet die Motivverbindung in 1 Kor im eschatologisch-soteriologischen Kontext von 15,42-49, wo Paulus die künftige Auferweckungsleiblichkeit der Menschen gleichermaßen als Herrlichkeitsexistenz (V.43) wie als Christusebenbildlichkeit qualifizieren kann (V.49). In 2 Kor wird die Beziehung zwischen Herrlichkeits- und Ebenbildlichkeitsmotiv im schöpfungstheologischen Kontext nicht aufgegriffen, stattdessen aber im eschatologischen Kontext vertieft und präzisiert. In den beiden aufeinander bezogenen Versen 4,4 und 4,6 erklären sich Herrlichkeit Gottes und Herrlichkeit Christi gegenseitig. Aufseiten Christi wird dies in 4,4 durch seine Kennzeichnung als „Bild Gottes" noch unterstrichen. Weil also Christus Bild Gottes ist, gibt sich in seiner Herrlichkeit Gottes Gottsein als Herrlichkeitsexistenz zu erkennen. In Rückbindung an 3,18 (vgl. 1 Kor 15,49) wird damit die bereits begonnene und der künftigen Vollendung harrende Verwandlung der Menschen zu Christus Ebenbildlichen durch 4,4.6 als Verwandlung in die eschatologisch vollendete und endgültige Gottebenbildlichkeit präzisiert.[96]

---

95 Möglicherweise verzichtet Paulus angesichts seiner diskreten Anspielung auf diesen konkreten Hintergrund bewusst auf die Verwendung des Wortfeldes δόξα in Bezug auf seine durch leidvolle Erfahrungen geprägte gegenwärtige Existenz, die – wie gerade 4,7-18 noch einmal betont – ganz im Dienst der Verkündigung steht. Dies ist umso bemerkenswerter, als Paulus in 3,8 diesen Dienst noch durch δόξα konnotiert hatte. In 4,8-17 dagegen kann er sich zur Skizzierung seiner gegenwärtigen Existenz keine positivere Umschreibung abringen als „die augenblicklich leichte Last unserer Bedrängnis" (4,17a).

96 Zur dezidiert theozentrischen Ausrichtung pln Denkens unbeschadet der zentralen Bedeutung der Christologie vgl. W. Schrage, *Unterwegs zur Einheit und Einzigkeit Gottes. Zum „Monotheismus" des Paulus und seiner alt-*

Neu hinzu kommt in 2 Kor im Vergleich zu 1 Kor die heilsgeschichtliche Konnotation des Herrlichkeitsmotivs (3,7-11). Doch begegnet in dieser Passage, die innerhalb der Korintherbriefkorrespondenz wie der Paulusbriefe insgesamt mit 10 Belegen die größte Dichte des Wortfeldes δόξα aufweist, diese heilsgeschichtliche Konnotation ausschließlich in Relation zur eschatologischen Konnotation des Herrlichkeitsmotivs. Dass sich im Sinaigeschehen Gottes Herrlichkeit heilsgeschichtlich offenbart, wird dabei von Paulus nicht zur Diskussion gestellt, sondern bildet geradezu die Grundlage seiner Argumentation.[97] Diese Argumentation zielt freilich auf die Überbietung durch die eschatologische Offenbarung der Herrlichkeit Gottes im Christusgeschehen.

Schließlich wird in 2 Kor die ethisch-responsorische Konnotation des Herrlichkeitsmotivs in seiner Anwendung auf menschliche Akteure aufgegriffen, die bereits in 1 Kor 6,20 und 10,31 begegnete. Erneut gibt sich die den Menschen obliegende Verherrlichung Gottes als Offenlegung göttlicher Herrlichkeit in und für die Welt zu erkennen, die durch ein verantwortungsvolles Handeln erfolgt, das dem erfahrenen Heilshandeln Gottes angemessen ist. Allerdings wird in 2 Kor die Perspektive erweitert. In den Blick genommen wird nicht mehr nur das auf die Verherrlichung Gottes zielende Handeln der Gemeindemitglieder (2 Kor 4,15; 9,13). Vielmehr wird auch das entsprechende Handeln der Verkündiger ins Auge gefasst (2 Kor 1,20), und zwar in 2 Kor 8,19.23 zudem in christologischer Ausrichtung, also im Dienst der Verherrlichung Christi.[98]

Kennzeichnend für das Herrlichkeitsmotiv innerhalb der Korintherbriefkorrespondenz ist seine eschatologisch-soteriologische Ausrichtung und Zielsetzung sowie seine Verknüpfung mit dem Ebenbildlichkeitsmotiv. Der Heilswille Gottes für die Menschen

---

testamentlich-frühjüdischen Tradition (BThSt 48), Neukirchen-Vluyn 2002, 150-184. Angesichts dessen ist es konsequent, dass Paulus zwar wechselweise von Herrlichkeit Gottes und Herrlichkeit Christi spricht, jedoch nicht in Entsprechung zu Christus als Bild Gottes Gott als Bild Christi bezeichnet. Denn die Herrlichkeit Christi ist zwar eine uneingeschränkt göttliche, steht also auf einer Ebene mit der Herrlichkeit Gottes, doch kommt diese Herrlichkeit Christus von Gott her zu, nicht umgekehrt!

97 So auch J. Schröter, *Versöhner*, 96.

98 Insofern sich freilich für Paulus Herrlichkeit Gottes und Herrlichkeit Christi gegenseitig erhellen (vgl. 2 Kor 4,4.6), besteht freilich kein sachlicher Unterschied zwischen der Verherrlichung Gottes und der Verherrlichung Christi im Sinne der Offenlegung der ihnen eignenden Herrlichkeitsexistenz.

besteht in der Teilhabe an seiner Herrlichkeit als der Existenzweise, die sein Gottsein qualifiziert. Dieser Heilswille dokumentiert sich bereits am Beginn der Schöpfung durch die Erschaffung des Menschen als Gott ebenbildliches Wesen, in dem Gottes δόξα ihren Widerschein findet. Die protologisch fundierte Gottebenbildlichkeit hat freilich die Adamebenbildlichkeit zur Kehrseite und steht daher unter den Vorzeichen der Gebrochenheit, Vorläufigkeit und Vergänglichkeit. Erst eschatologisch kommt der göttliche Heilswille für die Menschen durch das Christusgeschehen zur Erfüllung. Im Christusgeschehen nämlich offenbart sich die Herrlichkeit Gottes end-gültig, während im Vergleich hierzu die heilsgeschichtliche Offenbarung der göttlichen δόξα im Sinaigeschehen sich ebenso als vor-läufig zu erkennen gibt wie die in der Schöpfung grundgelegte Gottebenbildlichkeit des Menschen. Begegnet nun in Christus als dem Bild Gottes die göttliche Herrlichkeit (2 Kor 4,4.6), so zielt die Verwandlung des Menschen zur Christusebenbildlichkeit (2 Kor 3,18; 1 Kor 15,49) auf die eschatologische Vollendung der protologisch fundierten Gottebenbildlichkeit des Menschen. Diese Verwandlung erfolgt freilich stufenweise. Sie beginnt bereits gegenwärtig in der glaubenden Hinwendung zum Evangelium, in dem die Herrlichkeit Christi wie in einem Spiegel erkennbar wird (2 Kor 3,16.18; 4,4). Diese schon gegenwärtig erreichte Stufe der Herrlichkeitsexistenz ist aber paradoxerweise Kreuzesexistenz in Entsprechung zum Schicksal Christi, des gekreuzigten Herrn der Herrlichkeit (1 Kor 2,7f.; 2 Kor 4,7-18). Erst künftig bei der Vollendung der Neuschöpfung und im Zuge der allgemeinen Totenauferweckung wird den Menschen die Herrlichkeitsexistenz in vollem Umfang für immer geschenkt. Konkret besteht sie in der Teilhabe an der pneumatischen Auferweckungsleiblichkeit Christi (1 Kor 15,42-49; vgl. 1 Kor 15,20-28). Diese Teilhabe aber ist gleichbedeutend mit der Christusebenbildlichkeit (1 Kor 15,49; 2 Kor 3,18) und – sofern Christus das Bild Gottes ist (2 Kor 4,4) – mit der christologisch vermittelten Gottebenbildlichkeit. So erstreckt sich also das δόξα-Motiv in der Korintherkorrespondenz des Paulus zwischen den Polen protologischer und eschatologischer Gottebenbildlichkeit – von Herrlichkeit zu Herrlichkeit.

Theologiegeschichte

Δόξα bei Theophilos von Antiochien

Ferdinand R. Prostmeier

Vorbemerkung

Für den theologischen Sprachgebrauch von δόξα bei den Apologeten im zweiten Jahrhundert ist von der Wortbedeutung in der biblischen Gräzität auszugehen; denn das gräkophone Frühchristentum orientiert seine theologische Terminologie und Argumentation an griechischen Bibelübersetzungen[1] und den davon beeinflussten christlichen Traditionen.[2] In der biblischen Gräzität ist δόξα „mit כָּבוֹד identisch geworden"[3]. Alle Bedeutungen von כָּבֹד

---

1 Vgl. F. R. Prostmeier, *Was bedeutet die Autorität der Schrift bei Paulus?*, in: Die Bedeutung der Exegese für Theologie und Kirche (QD 215), Freiburg u.a. 2005, 97-130.

2 Die Prägekraft der biblischen Gräzität für die theologische Sprache der nachapostolischen Generation bezeugen Schriften extra canonem wie z.B. 1 Klem, Barn oder OdSal; vgl. H. E. Lona, *Der erste Klemensbrief* (KAV 2), Göttingen 1998, 30-35.42-61; F. R. Prostmeier, *Der Barnabasbrief* (KAV 8), Göttingen 1999, 89-106.334-339; ders., *Antijüdische Polemik im Rahmen christlicher Hermeneutik. Zum Streit über christliche Identität in der Alten Kirche*, in: ZAC 6 (2002) 38-58; M. Lattke, *Oden Salomos. Text, Übersetzung, Kommentar* (NTOA 41/1-3), Freiburg (CH)/Göttingen 1999/2001/2005, hier 2,140-144; A. v. Harnack, *Marcion. Das Evangelium vom fremden Gott. Eine Monographie zur Geschichte der Grundlegung der katholischen Kirche*, Darmstadt 1960 (ND 2. Aufl. Leipzig 1924) 93f., zufolge gilt dies sogar für Markion. Als erster in der Christenheit stützt Markion seine Theologie explizit auf zwei große Buchsammlungen: negativ auf die Schrift in griechischer Übersetzung und positiv auf das Evangelium und die Paulusbriefe. Das zweite „Buch" stößt das erste ab und bestimmt dadurch den Inhalt der Verkündigung. In diesem Sinn will das markionitische Kerygma „nichts anderes sein als biblische Theologie" (ebd. 93). Vgl. ferner J. Schneider, *Doxa. Eine bedeutungsgeschichtliche Studie* (NTF 3), Gütersloh 1932, spez. 139-159.

3 G. Kittel, δόξα, in: ThWNT 2 (1935) 245-258, hier 246; vgl. TBLNT 1,205-207. Die Vetus Latina und die Vulgata übersetzen primär mit gloria, seltener mit maiestas und claritas.

bzw. כָּבוֹד[4] kehren im Septuagintawort wieder, und zugleich fehlen die in כָּבוֹד nicht vorhandenen Bedeutungen des δόξα-Begriffs der außerbiblischen Gräzität. Für die pagane Tradition hingegen ist der Zusammenhang mit δοκέω signifikant und dominierend.[5] Von dessen Hauptbedeutungen „glauben, meinen" (trans.) und „scheinen"[6] her meint das Nomen zum einen die subjektive Meinung (opinio) und persönliche Vorstellung und Überzeugung[7] sowie im Plural öffentliche Meinung[8]. Im akademischen Diskurs können δόξα und δοκέω zwar im Sinne Platons die „wahre Überzeugung (ἀληθὴς δόξα; ὀρθὴ δόξα)"[9] und sogar die Axiomatik einer philosophischen Erkenntnis bezeichnen;[10] je offensichtlicher aber die Subjektivität ist, umso deutlicher gerät δόξα zum Antonym von Einsicht, Kennt-

---

4 Vgl. A. v. Gall, *Die Herrlichkeit Gottes. Eine Bibeltheologische Untersuchung, ausgedehnt über das Alte Testament, die Targume, Apokryphen, Apokalypsen und das Neue Testament*, Gießen 1900; G. v. Rad, כָּבוֹד *im AT*, in: ThWNT 2 (1935) 240-245; M. Weinfeld, כָּבוֹד *kābôd*, in: ThWAT 4 (1984) Sp. 23-40; E. H. Hatch/H. A. Redpath, *Concordance to the Septuagint and the other greek versions of the Old Testament (including the Apocryphal Books)*. 3 Bde. Grand Rapids, Mi. 1987, s.v. δόξα, δοξάζειν.

5 Die griechischen Bibelübersetzungen verwenden δοκέω nur in wenigen Ausnahmen für Derivate von כָּבוֹד; vgl. Hatch/Redpath, *Concordance to the Septuagint*, s.v. δοκεῖν; T. Muraoka, *Hebrew/Aramaic Index to the Septuagint*, Grand Rapids, Mi. 1998, s.v. כבד bzw. כָּבוֹד. Zum ntl. Sprachgebrauch vgl. TBLNT 1,205f.

6 Vgl. F. Passow, *Handwörterbuch der Griechischen Sprache*, Darmstadt 1993 [ND der 5. Aufl. Leipzig 1847], 1,710b-711b; als Beispiele vgl. die Eröffnungsrede des Apollodoros zu Platons Symposion (Platon, Smp. 172a) (Δοκῶ μοι περὶ ὧν πυνθάνεσθε οὐκ ἀμελέτητος εἶναι.) oder Sokrates' Beschreibung des subjektiven Lernerfolgs seiner Schüler (Platon, Tht. 150d).

7 Vgl. die Frage des Hermogenes in Platon, Cra. 420b; ferner Lukian, Hist.Conscr. 41.

8 Vgl. Platon, Crit. 44c7; 46c.d; 47a.c. 48a passim.; Tim. 22b; Pol. 310e.

9 Zum komplexen Problem des platonischen Sprachgebrauchs vgl. J. Sprute, *Der Begriff der DOXA in der platonischen Philosophie* (Hypomnemata 2), Göttingen 1962, hier 59. 92-100. 111-123. 128f.; Y. Lafrance, *La Théorie Platonicienne de la Doxa* (CEA), Montréal/Paris 1981; E. Tielsch, *Die platonische Version der griechischen Doxalehre. Ein philosophisches Lexikon mit Kommentar*, Meisenheim an der Glan 1970, dort 425-486 ein „Verzeichnis der Doxahauptwortstellen" mit deutscher Übersetzung.

10 Vgl. Athenagoras, leg. 6,2; 24,1, wo δόξα „Lehrmeinung, Zitat, Ausspruch von Philosophen und Dichtern" bedeutet, sowie Klemens, prot. 61,1a, der diesen positiven oder auch nur neutralen Sprachgebrauch in prot. 61,1,b sogleich durch die Charakterisierung dieser Lehren als κενοδοξία etikettiert.

nis, Wissen (γνώμη, νόησις, ἐπιστήμη)[11] und schließlich zur Negation von ἀλήθεια sowie zum Synonym für φαντασία und analoge Pejorationen.[12] Zum anderen kann δόξα Ansehen und Ruhm[13] meinen[14], und zwar auch im Kult.[15] Damit fokussiert dieser Sprachgebrauch aber nicht zuerst auf Formen der Doxologie, sondern auf die Bedeutung von Ruhm und Ansehen für das hellenische Selbstverständnis und Menschenbild.[16] Diese Exzellenzrepräsentation kann allerdings pervertiert werden. Δόξα besagt in diesen Fällen „schlechter Ruf"[17] oder bedeutet unangemessene Prätention.[18] In der Regel stellen Attribute[19], pejorative Komposita[20] oder der Kontext diese durch die dominierende Semantik von δοκέω geprägte negative Konnotation der δόξα klar. Dadurch wird zugleich die Unvereinbarkeit des als δόξα qualifizierten Objekts nicht nur mit

11 Klemens, prot. 72,1, zufolge macht ἡ δόξα ἡ κοινή die Menschen zu Sklaven, wobei durch 72,1b (ἀμφὶ τὸν Πυθαγόραν) klar wird, dass der Ausdruck bekannte philosophische Ansichten anvisiert. Die Subjektivität des persönlichen Urteils (δόξα), die im Grunde auch alle Lehren der Philosophen signiert, birgt laut Klemens, q.d.s. 31,2 die Gefahr, Gottes Gebote nicht zu erfüllen.

12 Vgl. Kittel, δόξα 237. Abgesehen vom Œuvre Klemens v. Alexandrien fehlen bei den frühchristlichen Apologeten viele von den im Diskurs mit der hellenistisch-römischen Tradition verwendeten Antonymen zu ἀλήθεια und zur „wahren" Gnosis wie z.B. ἐπεικασμός, ὑπονόημα, οἴησις; am häufigsten findet sich φαντασία.

13 Vgl. Platon, Apol. 29d.; Gorg 457b; 486d; Rep. 358a; 361c 363a; 612b.

14 Im positiven Sinn als εὐδοξία vgl. Platon, Menex. 238d; 247b; Legg. 733a.

15 Zu der allein Gott gebührenden δόξα vgl. Athenagoras, leg. 15,3, wo der Begriff im Sinn der paganen Kulttradition verstanden scheint (οὐκ ἡ ὕλη τὴν δόξαν καὶ τὴν τιμὴν δικαίαν ἔχει).

16 Vgl. TBLNT 1,206.

17 Vgl. Platon, Phaidr. 257d; 499a.e.

18 Vgl. Platon, Criti. 44c; 121b; Athenagoras, leg. 29,4; 301 über die Vergötterung der Ino und anderer „Abscheulichen und Gottverhaßten" (ὡς ἀπόπτυστοι καὶ θεοστυγεῖς δόξαν ἔσχον εἶναι θεοί); Klemens, prot. 54,1b.5.

19 Die am meisten verwendeten Ausdrücke sind: ἀνθρωπίνη, δοξομανία, κενὴ δόξα (vgl. Theophilos, Autol. I 1,1) sowie ψευδεῖς δόξαι (vgl. Athenagoras, leg. 27,2); für positive Konnotationen dominiert der Ausdruck ἀληθὴς δόξα (vgl. Justin, Dial. 10,1).

20 Die am meisten verwendeten Komposita sind: δοξοκαλία, δοξοκοπία, δοξοποιΐα, δοξοσοφία, δοξοφαγία, κενοδοξία (vgl. Tatian, orat. 32,1; Klemens, prot. 61,1b); ganz ähnlich das Diminutivum δοξάριον (vgl. Marc Aurel 10,30). Thematisch beachtliche Gegenbegriffe zu ἀλήθεια sind Komposita wie z.B. δοξομανία (Klemens, paed. II 125,1; Tatian, or. 11,2: δοξομανίας ἀπήλλαγμαι ebd. 19,2), δοξοποιΐα (prot. 27,5), κενοδοξία (ebd. 64,1; 101,3; Tatian, or. 32,1). Abgesehen von Belegen bei Klemens und Tatian sind diese aber Formen pervertierter δόξα.

der ἀλήθεια,[21] sondern auch mit der ἀρετή angezeigt. Hierin spiegelt sich die elementare, klassische Verbindung von παιδεία, ἀρετή und der (philosophischen) Idee des ἀγαθόν wider.[22] Der Mangel an Wahrheitsliebe ist zugleich ein eklatanter Mangel an Tugend.[23]

Die semantische Reduktion des facettenreichen und nicht selten mit einem Odium behafteten paganen δόξα-Begriffs und seine Anverwandlung in Form eines eminenten biblischen Theologumenons machten es für den Diskurs mit der kaiserzeitlichen Bildungswelt erforderlich, seine Verwendung als theologisches Attribut zu erklären. Vielleicht ist Philon wegen dieser Erschwernis der biblischen δόξα-Semantik nicht gefolgt.[24] Die frühjüdische Binnen-

---

21 Vgl. Theophilos, Autolykos I,1,1, der an prominentester Stelle mittels des Ausdrucks στωμύλον ... στόμα καὶ φράσις εὐεπής das rhetorische Ideal der εὐέπεια und damit die eminente Ausdrucksform der griechisch-römischen Kulturtradition in den Blick nimmt und sie sogleich doppelt desavouiert: Erstens entwertet er diese Selbstdarstellung der Paideia als κενὴ δόξα und zweitens spricht er den „Gebildeten" die Wahrheitsliebe ab, indem er ihnen all jene als Anhänger der Wahrheit (ἡ ἀληθεία ἐραστής) gegenüberstellt (μὲν ... δέ), die auf die Kongruenz ihrer Lehre mit ihren Werken bedacht sind.

22 Vgl. Platon, Ep. 7, 512b.c; ferner W. Jaeger, *Paideia. Die Formung des griechischen Menschen*, 3 Bde., Berlin 4. Aufl. 1959, 1,23-62.

23 Theophilos diagnostiziert diesen doppelten Mangel selbstverständlich bei den Repräsentanten der griechisch-römischen Tradition. Vor allem im 2. Buch wendet er sich vor und nach seiner Hexaemeronauslegung den Dichtern und Philosophen sowie den zeitgenössischen Rhetoren und Sophisten zu und versucht darzutun, dass die philosophische Tradition in allen Teilen die Abwesenheit von Wahrheit, den Irrtum und die Verirrung zeigt, und er nimmt auch Platon von diesem Verdikt nicht aus. Das Ziel ist es, die griechisch-römische Kulturüberlieferung als Negativfolie für die erstrebte ἀλήθεια und ἀρετή aufzulegen. Diese protreptische und zugleich polemische Argumentationsstrategie findet sich auch bei anderen Apologeten der frühen Kaiserzeit, sowohl christlichen als auch jüdischen und heidnischen. Die Verknüpfung von ἀλήθεια und ἀρετή zum Zweck der religiösen Polemik hat heidnischer- und christlicherseits auch noch unter den Bedingungen des politischen Siegs des Christentums Bestand. Näheres vgl. F. R. Prostmeier, *„Die Wolke der Gottlosigkeit". Gültigkeit und politische Relevanz des traditionellen Wirklichkeitsverständnisses in der Polemik gegen das Christentum bei Kaiser Julian*, in: JAC 44 (2001), 33-57; ders., *Christliche Paideia. Die Perspektive Theodorets von Kyrrhos*, in: RQ 100 (2005) 1-29.

24 Vgl. Kittel, δόξα 239. F. Siegert, *Philon von Alexandrien. Über die Gottesbezeichnung „wohltätig verzehrendes Feuer" (De Deo)*. (WUNT 1,46), Tübingen 1988, 103-105, zeigt in Bezug auf Philons Kommentar zu Ex 24,17 (τὸ δὲ εἶδος τῆς δόξης κυρίου ὡσεὶ πῦρ φλέγον ἐπὶ τῆς κορυφῆς τοῦ ὄρους ἐναντίον τῶν υἱῶν Ἰσραήλ), dass der Alexandriner – wie nach ihm Klemens v. Alexandrien,

literatur orientiert sich allerdings weiterhin an der biblischen Übersetzungstradition und charakterisiert entsprechend der biblischen Lichtglanz-Metaphorik[25] mit δόξα Gottes erhabene und nun in der δόξα epiphane Mächtigkeit und Präsenz.[26] Dieser innerjüdischen Sprachregelung schließen sich die ältesten christlichen Schriften[27] an und akzentuieren nun auch mittels des δόξα-Begriffs die theologische sowie soteriologisch-eschatologische Signifikanz der Offenbarung in Jesus Christus.[28]

Das Problem der gegenläufigen Semantik des paganen und christlichen δόξα-Begriffs entsteht also nicht erst, als Christen das Evangelium Gottes von Jesus, dem Christus, in Griechisch verkünden, sondern es ist ein jüdisches Erbe im Christentum. Zunächst wird der Klärungsbedarf der biblisch geprägten christlichen Gottesrede im Raum der griechisch-römischen Kulturtradition kaschiert von der neuen Anfangsbegeisterung, die die Gemeinden durchflutet. Die Differenz wird fast beiläufig und als gegeben

---

Aristides und Athenagoras – an der Identifizierung von Gott mit dem („leichteren") Feuer in der Stoa interessiert ist und in der Vergleichspartikel ὡσεί das Argument für die „wesenhafte" Nichtidentität von Gott mit dem Feuer findet. Den Ausdruck τῆς δόξης κυρίον hingegen bespricht Philon nicht. Eine der sehr seltenen Fundstellen für die δόξα Gottes ist spec 1,45-50. Philon lässt Mose Ex 33,18 allegorisch auslegen: „Unter Deiner Herrlichkeit verstehe ich aber die dienstbaren Kräfte zu Deiner Seite, die zu begreifen mir bisher noch nicht gelang, nach deren Erkenntnis ich aber grosse Sehnsucht empfinde" (spec 1,45b [L. Cohn, Philo von Alexandria 2,23]). In der folgenden „Gottesrede" werden diese Kräfte „unsterbliche Wesenheit" (spec 1,47c.) und „Ideen" (spec 1,48a) genannt. Wichtig dabei ist auch, dass das für Menschen Fassbare in der Offenbarung vollständig erschlossen ist und dass es „nur dem unermüdlichen Auge des Geistes zu erreichen möglich ist" (spec 1,49).

25 Vgl. z.B. Ex 24,17; Dtn 5,24; Jes 4,5; 60,1.19; Bar 5,9; 2 Chr 7,3; ähnlich Ode 13,32; Jes 58,8; ferner Lk 2,9. In Mysterienkulten und in der kaiserzeitlichen Theosophie (vgl. Plotin, Enn. 1,270) dient der δόξα-Begriff im Sinne der Lichtglanz-Metaphorik zur Veranschaulichung des Göttlichen und Numinosen.

26 Vgl. A.-M. Denis, *Concordance Grecque des Pseudépigraphes d'Ancien Testament*, Louvain-la-Neuve 1987, s.v. δόξα. Δόξα als Zeichen der kultischen Gegenwart Gottes ist bei Theophilos kein Thema.

27 Vgl. U. Theissmann, *Herrlichkeit*, in: HWP 3 (1974) Sp. 1080; G. Dautzenberg, *Die Beziehung der Christen zur göttlichen Herrlichkeit. Zur Interpretation von 2 Kor 3,18*, in: Krisen und Umbrüche in der Geschichte des Christentums (FS M. Greschat), Gießen 1994, 225-236; Lattke, *Oden Salomos* 2,140.

28 Vgl. Joh 17,10.24; Röm 8,18-21.30; Phil 3,21; 1 Kor 15,35.40-42a; 1 Thess 2,12; 2 Kor 4,7; 1 Petr 4,4.10.

registriert,[29] aber nicht sogleich auch erkannt als theologische Herausforderung, die die christliche Identität an der Wurzel trifft. Als das Christentum ab Mitte des zweiten Jahrhunderts mit der heidnischen Bildungswelt in einen direkten Diskurs eintritt und für seine Botschaft wirbt, wird es jedoch unausweichlich, auch die Terminologie der christlichen Rede von Gott zu klären.[30] Dieser Aufgabe widmen sich die frühchristlichen Apologeten. Sie sind – wie auch frühchristliche Gnostiker auf ihre Weise – die theologische Avantgarde des 2. Jahrhunderts.[31] Abgesehen von der vielfältigen Verwendung des δόξα-Begriffs im Œuvre des Klemens von Alexandrien[32] verteilen sich die Belege auf Zitate aus der griechischen Bibel[33] oder aus frühjüdischen und christlichen Schriften[34], die aber immer die biblische Semantik eintragen,[35] sowie auf einen

---

29 Vgl. 1 Kor 1,21-24; Röm 2,14-16; 1 Petr 4,4.

30 Vgl. N. Brox, *Terminologisches zur frühchristlichen Rede von Gott*, in: SBAW.PH 1996/1, München 1996, 1-46; ders., *„Gott" – mit und ohne Artikel. Origenes über Joh 1,1*, in: Norbert Brox. Das Frühchristentum. Schriften zur Historischen Theologie, Freiburg u.a. 2000, 423-429.

31 Vgl. R. M. Grant, *After the New Testament*, Philadelphia, Pa. 1967, 157, resümiert über den Wert speziell der drei Bücher an Autolykos: „Their value lies in their reflection of the beginnings of a learned theology. Theophilus was not successful; but he was a pioneer."

32 Im Protreptikos sind v.a. folgende Stellen beachtenswert: 7,2 (Zitat aus Tit 2, 11-13); 25,5 (δοξοποιΐα); 54,1b.5; 70,1 (Δόξα als philosophische Meinung, hier als theologische Anschauung, die Platon von den Hebräern bezogen habe.); 72,3; 81,2 (Zitat aus Röm 1,21.23.25); 94,4; 97,1; 102,2; 121,2.

33 Vgl. Anm. 10.

34 Vgl. Klemens, q.d.s. 29,4, eine freie Wiedergabe von Röm 8,18f., ferner Klemens, prot. 94,4, wo neben dem Zitat aus 1 Kor 2,9 eine Anspielung auf ApcEl 37,2-4 vorliegen könnte; letztere Vorstellung scheint verbreitet zu sein wie die Doxologie in Diog 12,9 zeigt; vgl. H. E. Lona, *An Diognet* (KfA 8), Freiburg u.a. 2001, 356f. Zu den δόξα-Stellen in den Apostolischen Vätern vgl. Schneider, *Doxa* 139-149.

35 Vgl. das Zitat aus 1 Chr 16,27 in Justin, 1 apol. 41,1b-4, das Anklänge an den Einzugshymnus Ps 94,1f. (LXX) enthält. Ferner Jes 58,8b in Justin, dial. 15,5; Ps 72,19 (LXX) in dial. 34,6; 64,6; Ps 22,8a (LXX) in dial. 36,6; Jes 40,5a in dial. 50,3; mit Bezug auf Ex 16,7ff. in dial. 61,1 (δόξα κυρίου); mit Bezug auf Prov 8,21-36 in dial. 61,3 (καὶ λόγος καὶ σοφία καὶ δύναμις καὶ δόξα γεννήσαντος ὑπάρχων); Ps 19,1 (LXX) in dial. 64,8; mit Bezug auf die Mose-δόξα (Ex 19,21) in dial. 127,3. Zur (strittigen) christologischen Anwendung des theologischen δόξα-Begriffs vgl. die Aufforderung Tryphons in Justin, dial. 39,7 und mit Bezug auf Jes 42,8 in dial. 65,1.3.5.7; ferner die Deutung der apostolischen Predigt in dial. 42,1 als ein Erfüllen der ganzen Erde „mit der Herrlichkeit und Gnade Gottes und seines Christus". Vgl. auch Schneider, *Doxa* 149-151.

unprätentiösen paganen Sprachgebrauch, der zumeist die traditionellen Reserven gegen δόξα[36] mehr oder weniger geschickt für die eigene Polemik wider die pagane Christentumskritik[37] und wider griechisch-römische Religiosität und Kultpraxis einsetzt.[38] Eine Ausnahme bildet Theophilos mit seinen drei Büchern an Autolykos.[39] Zwar findet sich bei ihm auch der scheinbar unprätentiöse, im Grunde aber raffiniert zur Polemik eingesetzte pejorative δόξα-Begriff der griechisch-römischen Tradition. Theophilos erläutert δόξα aber nachdrücklicher als andere frühchristliche Apologeten[40] aus der biblisch-christlichen Tradition als zutreffenden theologischen Begriff, ordnet ihn dabei zentralen Streitthemen der Theologie und der Eschatologie zu und artikuliert damit eine von der griechisch-römischen Tradition grundverschiedene Wirklichkeitsauffassung mit einem in der biblisch-christlichen Tradition beheimateten Gottes-, Menschen-, Welt- und Geschichtsbild.

1. „Hohler, eitler Ruhm" (Autol. I 1,1)

Theophilos beginnt seine Einführung ins Christentum mit einer Gegenüberstellung der geistigen und moralischen Integrität zweier Personengruppen, der rhetorisch gewandten Vertreter der griechisch-römischen Bildungskultur und derjenigen, die „die Wahrheit lieben" (ὁ δὲ τῆς ἀληθείας ἐραστής). Die rhetorisch prominente Stellung beider Personalprofile sowie die wertschätzende Anrede des

36 Vgl. Athenagoras, leg. 4,2; 7,3 (προσέχειν δόξαις ἀνθρωπίναις), Tatian, orat. 27,1.

37 Vgl. das Zitat des antichristlichen Einwands gegen die Gottessohnschaft Christi in Justin, 1 apol. 30,1a: δόξαι διὰ τοῦτο υἱὸν θεοῦ εἶναι; ferner Tatian, orat. 32,1, der Ruhmsucht und Meinungsverschiedenheiten als Kennzeichen der griechisch-römischen Bildungstradition anprangert und als Unterscheidungsmerkmal gegenüber dem Christentum akzentuiert (παρ' ἡμῖν τῆς μὲν κενοδοξίας ὁ ἵμερος οὐκ ἔστιν, δογμάτων δὲ ποικιλίαις οὐ καταχρώμεθα).

38 Vgl. Anm. 53.

39 Zu Person, Werk und Text vgl. J. P. Martín, *Teófilo de Antioquía. A Autólico* (Fuentes Patrísticas 16), Madrid 2004; R. Rogers, *Theophilus of Antioch. The Life and Thought of a Second-Century Bishop*, Lanham, Maryland 2000; J. Sender, *Théophile d'Antioche. Trois Livres à Autolycus* (SC 20), Paris 1948; C. Burini, *Gli Apologeti Greci*, Roma 1986, 349-362; Grant, *After the New Testament* 57-69. 126-157; deutsche Übersetzung BKV$^{2.1}$ 14,12-110.

40 Der δόξα-Begriff scheint in den griechischen Fragmenten der Apologie des Aristides zu fehlen.

Diskurspartners mit „guter Freund“ (ὦ ἑταῖρε)[41] weisen auf ein tatsächliches oder doch vorausgesetztes Einvernehmen über die Gültigkeit und den Rang beider Charakterisierungen für den Dialog unter Gleichen. Dieser Konsens, der auf Vorbehalte gegen Konzertredner[42] spekuliert sowie an das Ideal eines von Wahrheitssuche

41 Die attributive Verstärkung der Emphase dieser vokativischen Anrede ὦ ἑταῖρε in der Form ὦ φίλε ἑταῖρε zeigt, dass sie nicht synonym ist mit der φίλος-Titulation und somit nicht von dem für die Welt der Paideia wichtigen und kennzeichnenden φιλία-Begriff (vgl. A. Fürst, *Streit unter Freunden. Ideal und Realität in der Freundschaftslehre der Antike*, Stuttgart/Leipzig 1996; H.-H. Schrey, *Freundschaft*, in: TRE 11 [1983] 590-599; K. Treu, *Freundschaft*, RAC 8 [1972] Sp. 418-434) her zu deuten ist. Der Akzent dürfte aber ebenfalls nicht auf der Anonymität liegen. Vielleicht klingen zwei Aspekte an, die den Angeredeten gleich zu Beginn des Diskurses auf eine bestimmte Rolle und Position festlegen: Zum einen dient ὦ ἑταῖρε als Bezeichnung von jemandem, mit dem man sich in bestimmter Hinsicht verbunden weiß und zum anderen als Anspielung auf die schon für Sokrates bezeugte Bezeichnung des Schülers. Trifft dieser Konnex zu, dann ist damit subtil festgestellt, dass der Angesprochene der Belehrung bedarf, d.h. Autolykos benötigt Aufklärung über die christliche Lehre. Diese Rollenverteilung wird bestätigt von der als Zitat eingeführten Aufforderung in Autol. I 21,1 (δεῖξον μοι τὸν θεόν σου) sowie von den Übergangssequenzen zwischen den drei Büchern. Demonstrativ wiederholt Theophilos in Autol. I 14,7 die anonyme Anrede und fügt daran eine Paränese. Wenngleich Theophilos in der Vorrede zum zweiten Buch (Autol. II 1,1b) daran erinnert, man sei μετὰ πλείστης φιλίας ἐπορεύθημεν, so lassen die Anrede ὦ ἀγαθώτατε Αὐτόλυκε und die Zwischenbemerkung, dass Autolykos die pagane Tradition „noch nicht versteht“ (οὐδέπω γινώσκεις), an dem Lehrer-Schüler-Verhältnis keinen Zweifel mehr. Am Ende des zweiten Buches schärft Theophilos (vielleicht in Anspielung auf Platon, Tht. 150d) seinem „Schüler“ ein, häufig mit ihm zusammenzukommen, um die Wahrheit genau kennen zu lernen. Im dritten Buch scheinen Achtung und Respekt verblasst zu sein, die in der Anrede ὦ ἑταῖρε liegen. Autolykos wird nun in demonstrativer Förmlichkeit gegrüßt (Θεόφιλος Αὐτολύκῳ χαίρειν). Theophilos avisiert ihm eine „Gedenkschrift (ὑπόμνημα)“, deren Studium „das unnütze Geschwätz (τὴν φλυαρίαν) anderer Zusammenstellungen“ erkennen lassen wird. Entsprechend dieser gewandelten Emphase – und reduzierten Ästimation – erhält Autolykos zum Schluss nicht mehr nur einen gut gemeinten Rat, sondern hier ist mit der Asymmetrie der Rollen evident, dass die Rede eine Missionspredigt für Gebildete sein will. Entsprechend mutiert die Mahnung zur Direktive: „Nimm also gefälligst diese Schrift fleißig zur Hand, damit du an ihr einen Ratgeber und ein Unterpfand der Wahrheit besitzest.“

42 Im Visier der Kritik standen vor allem die Sophisten und mit ihnen auch „gefeierte“ Rhetoren. Hermogenes, Id. 1,6, bezeichnet sie als ὑπόξυλοι σοφισταί (Holzköpfe), Klemens, strom. 1,3, nennt sie κακοδαίμονες σοφισταί. Dion von Prusa, or. 14,78, verurteilt alle Gattungen und Formen sophistischer Bered-

geprägten Lebenswandels appelliert, ist ebenso unspezifisch wie formal. Sein gebildeter Diskurspartner könnte beiden Aussagen die Zustimmung aber nur um den Preis der Verleugnung seiner eigenen Ideale aus paganer Tradition vorenthalten. Mit beachtlicher Raffinesse untergräbt Theophilos diesen inneren Zusammenhang, indem er die griechisch-römische Tradition gezielt gegen sie selbst anführt und auf diese Weise das Christentum bzw. seine Apologie ins Spiel bringt.

Die Desavouierung beginnt mit den ersten Worten der Apologie,[43] dem programmatischen Auftakt: στωμύλον ... στόμα καὶ φράσις εὐέπης. Er spielt auf das rhetorische Ideal der εὐέπεια und damit auf eine eminente Selbstrepräsentation der griechisch-römischen Bildungswelt an. Durch die Gegenüberstellung der beiden Personalprofile wird nun aber den Repräsentanten der paganen Tradition sowohl die Kompetenz abgesprochen, über die Wahrheit zutreffend Auskunft geben zu können, als auch die Integrität, dies zu wollen. Sie sind ἄθλιος und ihr ganzes Streben ist von einem verdorbenen Sinn (τόν νοῦν κατεφθαρμένον) geleitet. Das Adjektiv ἄθλιος unterstellt hier keine intellektuelle Unfähigkeit. Aus dem Kontext wird vielmehr deutlich, dass Unsittlichkeit und Unwillen sowie Unkenntnis und Unfähigkeit in einem Bedingungsgefüge verbunden sind. Die sprachgewandten Repräsentanten der griechisch-römischen Kultur sind ἄθλιος, weil die Quellen ihrer Tradition ein Erkennen der Wahrheit erst gar nicht zulassen.[44] Entsprechend ihrer Gegenbildlichkeit zu den Wahrheitsliebenden vertrauen sie zudem einem in die Irre führenden, statt zur Wahrheit

samkeit und schilt sie ὑψηλοὶ καὶ μεγαλοπρεπεῖς τῶν σοφιστῶν λόγοι, die nur πρὸς χαρίν ist, nicht aber πρὸς ἀλήθεια.

43 Autol. I 1,1: Eine gelenke Zunge und eine wohlklingende Phrase verschafft zwar armseligen Menschen mit verdorbenem Verstand Wohlgefallen, Lob und eitlen Ruhm. Wer aber die Wahrheit liebt, kümmert sich nicht um leere Worte, sondern untersucht, welches und wie beschaffen die mit der Lehre verbundene Tat ist. Στωμύλον μὲν οὖν στόμα καὶ φράσις εὐεπὴς τέρψιν παρέχει καὶ ἔπαινον πρὸς κενὴν δόξαν ἀθλίοις ἀνθρώποις ἔχουσι τὸν νοῦν κατεφθαρμένον· ὁ δὲ τῆς ἀληθείας ἐραστὴς οὐ προσέχει λόγοις μεμιαμμένοις, ἀλλὰ ἐξετάζει τὸ ἔργον τοῦ λόγου τί καὶ ὁποῖόν ἐστιν.

44 Daran schließt sich im Rahmen des Altersbeweises der biblisch-christlichen Überlieferung und damit des Deszendenzaufweises der griechisch-römischen Tradition die fast stereotype Feststellung an, dass deren Nestor, Platon, alle Wahrheit und Weisheit von anderen Völkern und anderen Traditionen entlehnt habe. Vgl. Klemens, prot. 70,1, in Bezug auf die theologische Wahrheit: δόξαν τὴν τοῦ θεοῦ παρ' αὐτῶν ὠφέλησαι τῶν Ἑβραίων.

leitenden Untersuchungsverfahren: Sie fragen nicht, ob das Handeln und die Lehre kongruent sind (τὸ ἔργον τοῦ λόγου τί καὶ ὁποῖόν ἐστιν). Nicht genug, dass sie sich über ihren doppelten Irrtum vollends täuschen, sie fesseln andere an ihn, indem sie mit στωμύλον ... στόμα καί φράσις εὐέπης brillieren. Alle diese glänzenden Reden sind nur hohle Phrasen (λόγοι μεμιαμμένοι)[45], konstitutionell insuffizient, um auch nur als Meinung (δόξα) gewürdigt zu werden. Was wundert noch, dass Theophilos diesen „Schönrednern" vorwirft, einzig auf ihren eigenen Ruhm erpicht (κενὴ δόξα)[46] zu sein.

Diese subtile Desavouierung der Inhalte und der Träger der paganen Tradition trifft die griechisch-römische Kulturtradition ins Mark, weil die rhetorische wie auch die literarische Exzellenz eine dominierende Bedeutung im Selbstverständnis und in der Selbstdarstellung der kaiserzeitlichen Bildungswelt besitzt.[47] Mit dem formalen Konsens, an den die beiden ersten Sätze der Apologie appellieren, wird also sogleich ein grundlegender Dissens evident, in den jeder hineingezogen wird, der den Konsens übernimmt.

Für die terminologische Präzisierung des δόξα-Begriffs leistet diese wohlüberlegte Eröffnung zweierlei: Theophilos führt sich als

---

45 Das Passiv μεμίασμαι („verunreinigen, entweihen, beflecken") besagt nicht nur, dass diese λόγοι unklar, falsch und irrig sind, sondern es betont ihre Unsittlichkeit (vgl. Passow, *Handwörterbuch* 2,245b), denn die ‚hohlen Phrasen' beruhen nicht auf Versehen, sondern sind verfälschte λόγοι. Für Theophilos ist zwar klar, dass dieses Defizit auch durch die Insuffizienz der paganen Quellen verursacht ist, doch dispensiert dies die Träger der paganen Tradition nicht von ihrer selbst gewählten und als ureigen beanspruchten Verpflichtung zur ἀλήθεια. Vgl. dazu Theophilos, Autol. III 3,1, über die griechischen Schriftsteller (οἱ συγγραφεῖς): „Denn alle diese Männer strebten nur nach hohlem, eitlem Ruhm (δόξα γὰρ κενῆς) und kannten die Wahrheit weder selbst noch führten sie andere zur Wahrheit" (BKV$^{2.1}$ 14,78).

46 Dieses Verdikt kehrt bei Theophilos in Abwandlung (δόξα γὰρ κενῆς; Autol. III 3,1) und verschiedenen Wendungen (Autol. III 1; 3,1) sowie in synonymen Termini mehrfach wieder; vgl. auch Klemens, prot. 99,1; 97,1; 102,2; 121,2.

47 Zur philosophisch-rhetorischen Selbststilisierung der Gebildeten in der römischen Kaiserzeit vgl. P. Zanker, *Die Maske des Sokrates. Das Bild des Intellektuellen in der antiken Kunst*, München 1995; Ch. P. Jones, *Multiple identities in the age of the Second Sophistic*, in: Paideia. The World of the Second Sophistic (Millennium-Studien 2), Berlin/New York 2004, 13-22; Prostmeier, *Christliche Paideia* 2-4; H. Steiner, *Das Verhältnis Tertullians zur antiken Paideia* (STG 3), St. Ottilien 1989, 38-45; H. Dörrie, *Die Andere Theologie. Wie stellten die frühchristlichen Theologen des 2.-4. Jahrhunderts ihren Lesern die „Griechische Weisheit" (= den Platonismus) dar?*, in: ThPh 56 (1981) 1-46; C. Zintzen (Hg.), *Der Mittelplatonismus*, Darmstadt 1981.

intimer Kenner der paganen Bildungswelt ein, indem er δόξα selektiv verwendet und nur seine pejorativen außerbiblischen Bedeutungen pointiert: Δόξα ist Antonym zu ἀλήθεια und zeigt als diese unstrittige κενὴ δόξα nun aber auch die Irrelevanz der paganen Tradition und Bildung sowie die Sittenlosigkeit ihrer Repräsentanten. Zugleich schafft Theophilos damit für den Diskurs die Voraussetzung, um konkordant mit der Aufforderung seines „guten Freundes“, „Zeig mir deinen Gott“ (Autol. I 2,1)[48], über die Grundlage und den Inhalt der Wahrheit, das Verhältnis von Lehre und Handeln – und über die *wahre* δόξα aufzuklären, weil diese δόξα mit der (theologischen) ἀλήθεια zusammenhängt. Aus jener thematischen Lokalisierung der δόξα im theologischen Diskurs folgt, dass ihre Bedeutung nur auf der Grundlage der autoritativen Quellen theologischer Rede zutreffend dargelegt werden kann.

2. „Seine Herrlichkeit ist unfassbar ...“ (Autol. I 3,1)

Bevor Theophilos auf die δόξα zu sprechen kommt, formuliert er im Kapitel 2 mithilfe der Doppelmetapher „Augen deiner Seele und Ohren deines Herzens“ eine theologische Hermeneutik, mit der er auf die Aufforderung seines „guten Freundes“ antwortet.[49] Demzufolge kann Gott nur mit den „Augen des Geistes“[50] gesehen werden

48 Vgl. Joh 5,37b.

49 Autol. I 3,1: Du wirst nun zu mir sagen: „Beschreibe mir du, der du siehst, die Gestalt Gottes.“ Höre, o Mensch, die Gestalt Gottes ist unaussprechbar, unerklärbar und für leibliche Augen unsichtbar. Seine Herrlichkeit ist unfassbar, seine Größe unbegreifbar, seine Hoheit dem Denken unerreichbar; seine Stärke unermesslich, seine Weisheit unvergleichlich, seine Güte unnachahmlich, sein herrliches Wirken unbeschreiblich. Ἐρεῖς οὖν μοι· „Σὺ ὁ βλέπων διήγησαί μοι τὸ εἶδος τοῦ θεοῦ.“ ἄκουε, ὦ ἄνθρωπε· τὸ μὲν εἶδος τοῦ θεοῦ ἄρρετον καὶ ἀνέκφραστόν ἐστιν, μὴ δυνάμενον ὀφθαλμοῖς σαρκίνοις ὁραθῆναι. δόξῃ γάρ ἐστιν ἀχώρητος, μεγέθει ἀκατάληπτος, ὕψει ἀπερινόητος, ἰσχύϊ ἀσύγκριτος, σοφίᾳ ἀσυμβίβαστος, ἀγαθωσύνῃ ἀμίμητος, καλοποιΐᾳ ἀνεκδιήγητος.

50 Die Metapher verwendet Philon mehrfach im Zusammenhang mit seinen Anmerkungen über die Möglichkeit, Gott zu erkennen und den, was – in philosophischer Diktion – δόξα Gottes meint. In Bezug auf den Einzelnen vgl. Philon, spec. 1,49; mut. 3f. und als Kennzeichen Israels vgl. conf. 92 (ὁ ψυχῆς ὀφθαλμός). Joh 5,37b zufolge kennzeichnet es die Juden, dass sie die Gestalt Gottes nie gesehen haben. Vgl. auch E. Früchtel, *Inneres Auge und göttliche Schau. Reflexionen zum antiken Horizont des Begriffs „Vision“*, in: Perspektiven der Philosophie 32 (2006) 259-279, hier: 269-271; ferner Anm. 24.

und nur von Menschen, die sich durch ihre moralische Integrität dafür disponieren[51] und nicht in der Abkehr von Gott stehen.[52] Geschickt nimmt Theophilos dann den zu erwartenden Einwand vorweg, er selbst solle, da er ein „Sehender" ist, die Gestalt Gottes (τὸ εἶδος τοῦ θεοῦ) beschreiben. Seine Erwiderung darauf bedeutet die Bestätigung seiner theologischen Hermeneutik und akzeptiert die ihm zugesprochene Disposition für eine zutreffende Rede von Gott. Der Sache nach beinhaltet die Rede vom „Gestaltsein Gottes" zugleich eine theologische Grundauskunft: Gott ist keine bloße Idee, sondern er ist gestalthaft existent, er ist gegenwärtig und er wird gemäß der theologischen Hermeneutik erkannt. Bezüglich der Gestalt Gottes konstatiert Theophilos mit den Adjektiven „unaussprechbar und unbeschreibbar" (ἄρρητον[53] καὶ ἀνέκφραστον) sowie dem Unvermögen, Gott mit leiblichen Augen zu sehen (μὴ ... ὁραθῆναι), die Begrenztheit menschlichen Erkennens und Sprechens von Gott. Dieser Vorbehalt gegenüber theologischer Rede korrespondiert mit den in Autol. I 5,2 und I 5,4-1,7,3 dargelegten Mög-

---

51 Vgl. Theophilos, Autol. I 7,4a. Zur neutestamentlichen Herkunft der „Sünderliste" vgl. Grant, *After the New Testament*, 68.

52 Vgl. das Zitat aus Jes 64,3 in 1 Kor 2,9. Zu dem darin artikulierten Selbstverständnis vgl. 1 Petr 1,7b-12, wonach sich Hoffnung und Glaube auch in der von „himmlischer Herrlichkeit" gekennzeichneten proleptischen Freude über das zukünftige Lob, die δόξα und die Ehre, im Eschaton ausdrücken.

53 Vgl. Justin, 1 apol. 9,3b: ἄρρητον δόξαν καὶ μορφήν. Der Ausdruck bezieht sich auf ὁ θεός in V 3a. Δόξα ist wie auch μορφή sowohl durch den Kontext als auch durch das Adjektiv als Gottesattribut ausgewiesen, denn ἄρρητος meint im Gegensatz zum Simplex ῥητός „das Nichtsagbare, das man nicht aussprechen kann – und darf –, weil Gott ein μυστήριον ist und bleiben sollte". Justins δόξα-Begriff ist an dieser Stelle aber keineswegs von der biblischen Gräzität bestimmt. Das ἄρρητος kann zwar auch Ausdruck für die Scheu vor dem Göttlichen sein. In Verbindung mit δόξα καὶ μορφή signalisiert die Vokabel für die gebildeten Leser der Apologie vor allem die Kenntnis der philosophischen Tradition, denn die evozierte Vorstellung ist im Kern platonisch. Platon, leg. 931a, zufolge vergelten die unsichtbaren, „beseelten Götter" (τοὺς ἐμψύχους θεούς) alle Verehrung, die ihnen an „unbeseelten", d.h. von Menschen gemachten Götterbildnissen erwiesen wird. In der Apologie steht der Ausdruck als Ellipse innerhalb Justins Polemik gegen die pagane Götterverehrung. Justin bedient sich also der „aufgeklärten" platonischen Theosophie, um gegen die usuelle kultische Repräsentation der griechisch-römischen Kulturtradition anzugehen. Im Vergleich mit dem Septuagintawort fehlt dem δόξα-Begriff an dieser Stelle der Aspekt der Offenbarung Gottes und deren soteriologische Bedeutung.

lichkeiten indirekter[54] Gotteserkenntnis, nämlich ‚aus Gottes Vorsehung[55] und aus seinen Werken'[56] (Autol. I 5,2a). Aus dieser

54 Der mittelbaren Gotteserkenntnis aus seiner Vorsehung und seinen Werken steht die „Gottesschau" als die Gott angemessene und aufschlussreiche Erkenntnis gegenüber. Autol. I 7,4c.d zufolge wird diese „Schau" die Gabe Gottes an die Auferweckten sein, welche, unsterblich geworden, „den Unsterblichen" schauen (καὶ τότε ὄψῃ γενόμενος ἀθάνατος τὸν ἀθάνατον). Menschen können also aufgrund ihrer Kreatürlichkeit Gott nicht direkt erkennen. In Autol. I 5,3 versucht Theophilos plausibel zu machen, dass im Unterschied zur Schöpfung die göttliche Sphäre menschlichem Erkenntnisvermögen nicht zugänglich ist, es sei denn sie offenbart sich. Hierdurch sind freilich die Schrift und die älteste christliche Tradition sowie die Fleischwerdung des Logos in den Blick gerückt. Die dreigliedrige Beweisführung geht a minori ad maius. Im ersten Glied seiner Argumentation greift er ein traditionelles Motiv auf: Menschen sind nicht fähig, direkt in die Sonne zu blicken. Das zweite Glied ist durch Autol. I 3,1b vorbereitet: Gottes δόξα ist unaussprechlich. Im Zwischenglied wird die Überbietung durch die Relation von (relativ) geringer Größe der Sonne und ihrer dennoch unerträglichen Leuchtkraft definiert. Als axiomatische Voraussetzung gilt dabei, dass das Geschaffene geringer ist als sein Schöpfer. Über diesen Grundsatz hat Theophilos in Autol. I 4 gehandelt. Am Beispiel der Gestirne hat er ihre Geschöpflichkeit und Dienstfunktion für den Menschen expressis verbis festgehalten (Autol. I 4,4.5a) und sie damit zugleich in Front zur paganen θεοσέβεια profanisiert. Zu den antiken Parallelen, die am Beispiel der Sonne die Unmöglichkeit der Gottesschau erläutern, vgl. Prostmeier, *Barnabasbrief*, 248.

55 Theophilos versucht die πρόνοια als Ansatz mittelbarer Gotteserkenntnis anhand von fünf Gleichnissen – Seele im Menschen (V 1), Steuermann eines Schiffes (V 2), Sonne und ihre Strahlen (V3), Granatapfel und Samen (V 4), irdischer König (V 5) – einsichtig zu machen. Das Steuermanngleichnis (Autol. I 5,2) macht seiner Meinung nach evident, dass es zwingend, d.h. vernünftig ist, Gott auch als Lenker des Alls zu erkennen (οὕτως δεῖ νοεῖν εἶναι τὸν θεὸν κυβερνήτην τῶν ὅλων), was selbstverständlich konfessorische Folgen beinhaltet. Das Granatapfelgleichnis scheint Theophilos selbst „gefunden" zu haben, das Gleichnis über die lenkende Seele im Menschen sowie das Sonnengleichnis finden sich in Philo, Abr 74-76; weitere Parallelen bei Philon, in der paganen und patristischen Literatur vgl. Martín, *Teóphilo*, 68-71. – Dem ersten Satz in Aristides' Apologie zufolge, mit dem er seine Selbstvorstellung beginnt, setzt Gottes Vorsehung das Individuum ins Sein: Ἐγώ, βασιλεῦ, προνοίᾳ θεοῦ ἦλθον εἰς <τόνδε> τὸν κόσμον (E. J. Goodspeed, *Die ältesten Apologeten*, Göttingen 1914, 3). Insofern ist der Mensch in seiner Geschichte eine Quelle für eine zwar mittelbare, aber zutreffende Erkenntnis Gottes. Diesen demonstrativen theozentrischen Auftakt der griechischen Version bezeugen auch das armenische und das syrische Fragment. Für diesen Hinweis aus der Kommentierungsarbeit zur Apologie des Aristides für die Reihe ‚Kommentar zu frühchristlichen Apologeten' danke ich Herrn Prof. Dr. Michael Lattke, Brisbane.

Mittelbarkeit erklärt sich auch die folgende lehrhafte Sequenz, in der sieben Gottesattribute in einer Art negativen Theologie als zutreffend behauptet werden (Autol. I 3,1b).

Theophilos eröffnet die Reihe mit δόξα, dem häufigsten Gottesattribut, und beschließt sie mit einem Hapaxlegomenon: καλοποιΐᾳ.[57] Das Kompositum visiert mittels des καλόν eine essentielle moralische und ästhetische Qualität der philosophischen Tradition und des griechischen Selbstverständnisses an. Durch seine Verwendung als pointierter Abschluss einer Reihe von Gottesbezeichnungen, die mit einem biblischen Theologumenon eröffnet ist, ordnet Theophilos zugleich das biblisch-christliche Gottesbild in die Koordinaten der philosophischen Religiosität und des griechischen „Wertesystems" ein. Jener Gott, der nach Ausweis der Schrift die δόξα vollkommen hat, charakterisiert nach griechischem Verständnis, dass er „das Gute" und „das Schöne" wirkt.[58] Die ersten sechs auf τοῦ θεοῦ in Autol. I 3,1a bezogenen Attribute (δόξῃ, μεγέθει, ὕψει, ἰσχύϊ, σοφίᾳ, ἀγαθωσύνῃ) sind durch die griechischen Bibelübersetzungen, vor allem durch die poetische und weisheitliche Literatur[59], sowie das ntl. Schrifttum hinreichend belegt.[60] Die Kombination erinnert an hymnische Texte, vor allem an Eph 1,17-19, wo

---

56 Über τὰ ἔργα αὐτοῦ handelt Autol. I 6,1-7,3. Τὰ ἔργα αὐτοῦ ist die Schöpfung und ihre Ordnung. Der Abschnitt macht drei Hauptaussagen: 1. Gott ist der Schöpfer des Kosmos und der Menschen. 2. Die Schöpfung ist weder Chaos noch autonom. Gott hat seiner Schöpfung vielmehr eine gute Ordnung gegeben, wie an der geschöpflichen Wirklichkeit erkennbar ist. 3. Gott ist das Lebensprinzip seiner Schöpfung. Er ist mit seinem Odem gegenwärtig und erweist sich als der geschichtsmächtige und gegenwärtige Gott. Diesen Aspekt hat Theophilos in Autol. I 5,2 als πρόνοια angesprochen und Gott als ὁ θεὸς κυβερνήτης τῶν ὅλων tituliert.

57 Das Lexem ist zwar in der griechischen Literatur vor Theophilos nicht und nach ihm erst wieder im 8./9. Jh. bei dem Byzantiner Theodorus Studites belegt, aber die Sache selbst ist in der biblischen und christlichen Gräzität entweder mittels Formen von καλοποιέω oder durch Substantivierung des Adjektivs (ὁ καλοποιός) artikuliert (vgl. 2 Thess 3,13).

58 Die Übersetzung von καλοποιΐα mit „herrscherliches Wirken" in BKV$^{2.1}$ 14,14 und „Rechtshandeln" in Passow, *Handwörterbuch* 3,1567b, sind theologische Interpretationen.

59 Abgesehen von den vielen biblischen Belegen für die Verwendung von δόξα und σοφία als theologische Attribute vgl. für μέγεθος Ex 15,16; 2 Makk 15,24; Ode 1,16 (LXX); für ὕψος vgl. Ps 17,17; 67,19; 101,20; 143,7; Ode 11,14; 12,9; Sir 17,32a; 43,1; 1 Chr 14,2; 2 Chr 1,1; Jes 2,11b; Mi 1,3; für ἀγαθωσύνη Neh 9,25; 9,35; Ode 12,14 (LXX).

60 Vgl. Grant, *After the New Testament*, 57-67.

δόξα, σοφία, μέγεθος, ἰσχύος aufeinander folgen, und an Offb 7,12, wo ἡ δόξα καὶ ἡ σοφία καὶ ... ἡ ἰσχύος in einen oratorischen Rahmen hinein gestellt sind. Theophilos bestätigt mit seiner theologischen Eigenschaftsreihe die Grundaussage von der Gestalthaftigkeit Gottes sowie der Gültigkeit seiner Hermeneutik, und er führt die biblisch-christliche Tradition als Quellen ein, ohne dies expressis verbis mitzuteilen. Über jedes Attribut erfolgt eine Aussage, die die hermeneutische Auskunft von Autol. I 3,1a entfaltet, wonach die Gestalt Gottes „unaussprechbar, unerklärbar und für fleischliche Augen unsichtbar" ist. Die ersten sechs Adjektive[61] sind in der biblischen und christlichen Gräzität vor Theophilos nicht belegt, für ἀνεκδιήγητος („unbeschreiblich, unaussprechlich") ist einzig 2 Kor 9,15 zu vergleichen.[62] Keines der sieben Adjektive begegnet ohne α-privativum innerhalb theologischer Rede. Es scheint, dass Theophilos in dieser Reihe biblisch-christliche und pagane Traditionen arrangiert. Entscheidend ist dabei, dass die biblisch-christliche Gottesattribution gewahrt bleibt und damit an der Möglichkeit einer zutreffenden Rede von Gott festgehalten ist. Bezüglich des δόξα-Begriffs ist zweierlei erkennbar. 1. Er wird an dieser Stelle von der biblischen Sonderbedeutung her als Übersetzung von כבוד verstanden. 2. Wie die Gestalt Gottes ist auch Gottes δόξα menschlichem Erkenntnisvermögen nicht direkt zugänglich, sondern nur mittelbar.

3. „Wenn ich ihn Herrschaft nenne, so nenne ich seine Herrlichkeit" (Autol. I 3,2i)

Der zweifache Ertrag von Autol. I 3,1b bildet die Voraussetzung für die daran angeschlossene thematisch und formal geschlossene

61 ἀχώρητος (unfassbar), ἀκατάληπτος (unerreichbar), ἀπερινόητος (unbegreiflich), ἀσύγκριτος (unvergleichbar, unermesslich), ἀσυμβίβαστος (unvergleichlich), ἀμίμητος (unnachahmlich). Die Schreibweise des Adjektivs ἀσυμβίβαστος statt ἀσυμβιβαστικός ist im antiken griechischen Schrifttum singulär; auch ohne α-privativum ist die Form nicht belegt. Die nächsten Fundstellen für ἀσυμβίβαστος finden sich bei Michael Psellus (11. Jh.), im Iliaskommentar des Eustatius (12. Jh.) und in den „Scholia in ranas" zu Aristophanes.

62 2 Kor 9,15: Χάρις τῷ θεῷ ἐπὶ τῇ ἀνεκδιηγήτῳ αὐτοῦ δωρεᾷ.

Komposition von dreizehn kurzen Konditionalsätzen.[63] Die Personalpronomina in der Protasis (αὐτόν) und der Apodosis (αὐτοῦ, αὐτόν) beziehen alle Aussagen der dreizehn Sentenzen von Autol. I 3,2 auf τὸ εἶδος τοῦ θεοῦ in Autol. I 3,1. Entsprechend ist die Konjunktion γάρ in V 2a nicht argumentativ oder konklusorisch, sondern explikativ[64] aufzufassen. Zwar hebt sich die Form der Protasis in den ersten beiden Sätzen (V 2a.b) von jener in den Teilversen 2c-m ab, aber wegen der Geschlossenheit der Aussagenreihe ist die gesamte Komposition als Erläuterung zu Autol. I 3,1 anzusehen. Der Konjunktiv εἴπω in der Protasis, der in Verbindung mit εἰ bzw. ἐάν als Eventualis zu gelten hat, macht darauf aufmerksam, dass die dreizehn Bezeichnungen nicht nur reale Möglichkeiten sind, τὸ εἶδος τοῦ θεοῦ zu benennen, sondern usuelle Titulierungen.[65] Die Liste deckt eine große Bandbreite von

---

63 Theophilos, Autol. I 3,2: Wenn ich ihn nun Licht nenne, so nenne ich ein Geschöpf von ihm; wenn ich ihn Wort nenne, so nenne ich sein Prinzip; nenne ich ihn Vernunft, so nenne ich sein Denken; nenne ich ihn Geist, so nenne ich seinen Odem; nenne ich ihn Weisheit, so nenne ich sein Erzeugnis; nenne ich ihn Kraft, so nenne ich seine Stärke; nenne ich ihn Macht, so nenne ich seine Wirksamkeit; nenne ich ihn Vorsehung, so nenne ich seine Güte; nenne ich ihn Herrschaft, so nenne ich seine Herrlichkeit; nenne ich ihn Herrn, so nenne ich ihn Schöpfer; nenne ich ihn Richter, so nenne ich sein gerechtes Wirken; nenne ich ihn Vater, so nenne ich ihn sein Allumfassendsein; nenne ich ihn Feuer, so nenne ich seinen Zorn. Εἰ γὰρ φῶς αὐτὸν εἴπω, ποίημα αὐτοῦ λέγω· εἰ λόγον εἴπω, ἀρχὴν αὐτοῦ λέγω· νοῦν ἐὰν εἴπω, φρόνησιν αὐτοῦ λέγω· πνεῦμα ἐὰν εἴπω, ἀναπνοὴν αὐτοῦ λέγω· σοφίαν ἐὰν εἴπω, γέννημα αὐτοῦ λέγω· ἰσχυν ἐὰν εἴπω, κράτος αὐτοῦ λέγω· δύναμιν ἐὰν εἴπω, ἐνέργειαν αὐτοῦ λέγω· πρόνοιαν ἐὰν εἴπω, ἀγαθωσύνην αὐτοῦ λέγω· βασιλείαν ἐὰν εἴπω, δόξαν αὐτοῦ λέγω· κύριον ἐὰν εἴπω, κριτὴν αὐτὸν λέγω· κριτὴν ἐὰν εἴπω, δίκαιον αὐτὸν λέγω· πατέρα ἐὰν εἴπω, τὰ πάντα αὐτὸν λέγω· πῦρ ἐὰν εἴπω, τὴν ὀργὴν αὐτοῦ λέγω. – A. W. Ziegler, *Die Erklärung der Gottesnamen bei Theophilos von Antiochien*, in: Einsicht und Glaube (FS G. Söhngen), Freiburg i. Br. 1962, 332-336, zeigt an der Erklärung des „Gottesnamens θεός", dass Theophilos Redefiguren und Stilformen gezielt nicht nur zu ästhetischer Wirkung einsetzt, sondern auch um den Begriff in Richtung der biblisch-christlichen Gottesvorstellung inhaltlich zu präzisieren. Zu Umfang und Herkunft der Zitate aus paganen Quellen vgl. V. Zeegers-Vander, *Les Citations de Poètes Grecs chez les Apologistes Chrétiens du IIe Siècle* (RTHP 4,47). Louvain 1972, 303-305; R. von Haehling, *Mythenkritik und Mythendeutung frühchristlicher Autoren im Rahmen der heidnisch-christlichen Auseinandersetzung*, in: Historiae diversitas (FS Vladimir Iliescu), Galaţi 2006, 129-146.

64 Vgl. Passow, *Handwörterbuch*, 1,535.

65 Auswahl, Anzahl und Abfolge der Gottesattribute in der jeweiligen Protasis erinnert an die Liste von elf Gottesattributen in Diog 9,6b: „Ernährer, Vater,

Vorstellungen ab:[66] Funktionen des menschlichen Lebens (Richter, Vater), philosophische Begriffe (Logos, Vernunft, Geist, Weisheit), Grundsymbole (Licht, Feuer), theologische Termini (Kraft, Macht, Vorsehung, Herrschaft, Herr). Mit Ausnahme der beiden Metaphern menschlicher Rollen und Aufgaben handelt es sich um Prädikate, die des Öfteren in absoluter Form Gott zugesprochen werden. Diese Exzellenz gilt auch für die Begriffe Richter und Vater, insofern sie in der biblisch-christlichen Tradition[67] grundlegende Metaphern der Gottesprädikation sind. Weil die anderen elf Begriffe in beiden Traditionsbereichen als metaphorische Gottesbezeichnungen bekannt sind,[68] ist zumindest auch deren jeweilige Bedeutungsbestimmung in der Apodosis theologisch aufschlussreich. Diese Voraussetzung scheint durch das nicht unprätentiöse λέγω im Nachsatz bestätigt.

Lehrer, Ratgeber, Arzt, Verstand, Licht, Ehre, Herrlichkeit, Kraft, Leben." Im Unterschied zu Autol. I 3,2 ist diese Liste sortiert. Sie beginnt mit „metaphorisch menschlichen Funktionen", worauf Attribute folgen, die Gott unüberbietbar zu eigen sind; vgl. Lona, *An Diognet* 276-279.

66 Vgl. H. E. Lona, *Die ‚Wahre Lehre' des Kelsos* (KfA Erg.-Bd. 1), Freiburg u.a. 2005, 278f.

67 Dass ὁ θεός als Richter auftritt, scheint in Platon, Min. 319a (Νεμεσᾷ γὰρ ὁ θεός) anzuklingen. Unsicher ist indes Ep. 7, wo Platon es als vertrauenswürdige Tradition bezeichnet, „daß die Seele unsterblich ist, gerichtet wird und die größten Strafen büßen muß, wenn einer den Köper abgegeben hat" (Ep. 7, 335a), weil Platon wohl an die „wahren Richter" (τοὺς ἀληθῶς δικαστάς) im Hades, Minos und Rhadamanthys sowie Aiakos und Triptolemos, denken wird (Ap. 41a). Die pagane Traditionslinie scheint zu schmal, um mit der für die jüdisch-christliche Überlieferung grundlegenden Vorstellung von Gott als Hüter des Rechts und als höchster Richter konkurrieren zu können. – Die Vater-Metapher klingt bei Platon, Tht. 150d an, wo Sokrates hinsichtlich des Lehrerfolgs seiner Schüler resümiert, „die Geburtshilfe indes leisten dabei der Gott und ich." Ebenso metaphorisch ist die Schlussparänese in Ep. 6, 323d, denn der „Verursacher" ist wohl als Weltseele und sein „Vater" als der Demiurg des Timaios aufzufassen. Auch in diesem Fall steht die Bedeutung der Metapher in keinem Verhältnis zur biblischen Gottesprädikation als Vater.

68 Vgl. den Apparat bei Martín, *Teóphilo*, 64f.

Die Anordnung selbst ist weder konzentrisch[69] oder paarweise noch ist eine Aszendenz oder Deszendenz[70] der Aussagen zu erweisen. Mehr, als dass die beiden Grundsymbole (Licht und Feuer) drei Blöcke von philosophischen Begriffen, sodann theologischen Termini und menschlichen Funktionen rahmen, wird nicht erkennbar. Auffällig ist aber, dass sich dem Katalog zwei Merksprüche über die rechte Gottesfurcht und deren Folgen für den Einzelnen anschließen.[71] Vier Begriffe aus der Dreizehnerreihe von V 2 kehren in den beiden Gnomen wieder: Gottes Zorn (V 2m) und Güte (V 2h) sowie seine Prädikation als Vater (V 2l) und Richter (V 2k). Gottes Zorn gegen Übeltäter (τοῖς τὰ φαῦλα πράσσουσιν) und seine Richterfunktion gegen die Gottlosen (τῶν ἀσεβῶν) umschließen die positiven Aussagen über seine Güte für Gottesfürchtige und sein Vater-

69 Dem ersten Eindruck nach scheint die Aussagenreihe konzentrisch komponiert, und die Prädikate und ihre Bedeutungen wären entsprechend dieser Struktur aufeinander bezogen und womöglich erklärten sie sich gegenseitig. Demzufolge korrespondierten φῶς (V 2a) und πῦρ (V 2m) miteinander wie auch ihre Übersetzungen, wonach Licht „Gottes Geschöpf" und Feuer „seinen Zorn" bedeuten. Der auf zweiter Position genannte Logos und dessen Bedeutung ἀρχὴν αὐτοῦ, dass der Logos Prinzip, d.h. Träger von Gottes Herrschaft ist, wäre somit auf den Vater an zwölfter Position zu beziehen, womit Gottes ‚Allumfassendsein' gemeint ist. Entsprechend würde die βασιλεία (V 2i) mit σοφία (V 2e) verbunden sein und folglich korrespondierte Gottes δόξα (V 2i) mit γέννημα αὐτοῦ (V 2e). – Gegen diese konzentrische oder auch eine paarweise Anordnung der Gottesbezeichnung spricht dreierlei: 1. Die formale Abweichung in der Protasis der beiden ersten Glieder und die singuläre Änderung im zehnten Glied, wonach der Kyrios-Titel selbst ein Gottesattribut ist, nämlich die Bezeichnung Gottes als Schöpfer (κτίστην αὐτὸν λέγω). 2. Weder die Bezeichnungen noch die Übersetzungen gewinnen aus einer wie auch immer gedachten Zuordnung zusätzliche Konturen, z.B. ist eine Verbindung von Gottes δόξα (V 2i) mit γέννημα αὐτοῦ (V 2e) inhaltlich wenig aufschlussreich. 3. Auffällig ist die gleich lautende Anrede des Diskurspartners in V 1a und V 3a mittels ἐρεῖς οὖν μοι sowie in V 3a der Anschluss mittels des Stichworts ὀργίζεται θεός an die zuletzt genannte Erklärung, dass φῶς als Gottesbezeichnung τὴν ὀργὴν αὐτοῦ meint.

70 Dagegen sprechen die Anfangs- und Endstellung von φῶς (V 2a) und πῦρ (V 2m).

71 Theophilos, Autol. I 3,3: Du wirst zu mir entgegnen: Wird also Gott zornig? Allerdings! Er zürnt denen, die Übles tun, gütig aber, gnädig und erbarmungsvoll ist er gegen die, so ihn lieben und fürchten; denn er ist Lehrer der Frommen und Vater der Gerechten, aber Richter und Rächer der Gottlosen. Ἐρεῖς οὖν μοι· „Ὀργίζεται θεός;" μάλιστα· ὀργίζεται τοῖς τὰ φαῦλα πράσσουσιν, ἀγαθὸς δὲ καὶ κρηστὸς καὶ οἰκτίρμων ἐστὶν ἐπὶ τοὺς ἀγαπῶντας καὶ φοβουμένους αὐτόν· παιδευτὴς γάρ ἐστιν τῶν θεοσεβῶν καὶ πατὴρ τῶν δικαίων, κριτὴς δὲ καὶ κολαστὴς τῶν ἀσεβῶν.

sein für die Gerechten. Wie die beiden Sentenzen in V 3, so sind auch die dreizehn Prädikationen und ihre Erklärungen von V 2 katechetische Merksprüche eines Lehrers.[72] Wer sie erlernt, weiß nicht nur die Bedeutung der dreizehn Gottesbezeichnungen, sondern übernimmt ein spezifisches Gottes-, Welt- und Menschenbild. Der Akzent scheint darauf zu liegen, jedes Prädikat und Attribut als zwar gültige, für sich allein aber ungenügende theologische Aussagen anzuzeigen. Die Liste beansprucht also keine Vollständigkeit.[73] In Anwendung der in Autol. I 3,1 dargestellten theologischen Hermeneutik signalisiert sie damit jene Insuffizienz der Sprache für eine zutreffende Rede von Gott, die durch die dreizehn Erklärungen bekannter Gottesprädikationen als das, was Gott für den Glaubenden bedeutet, auch im Detail bekundet wird.

An dieser Stelle wird klar, was der scheinbar ungeordnete Katalog von Prädikationen mit ihren Erklärungen leistet: 1. Die zutreffende Anwendbarkeit aller Prädikate und Attribute signalisiert, dass es keinen anderen Gott gibt, als den von Theophilos verkündeten.[74] 2. Die aus biblisch-christlicher Tradition stammenden Attribute sind für heidnischerseits verstehbare Gottesprädikate anschlussfähig. 3. Pagane Gottesbezeichnungen sind lediglich mögliche und auch zutreffende Titulierungen, aber keine davon ist in der Sache hinreichend.[75] 4. Wegen der Vergleichbarkeit zwischen

72 Auf dreierlei Weise bringt Theophilos seinen Anspruch als Lehrer zum Tragen. Erstens durch die Anredeformen für Autolykos (vgl. Anm. 41). Zweitens notiert er im Rahmen seiner Auslegung des Hexaemerons bei der Erklärung über Noa fast beiläufig die Deszendenz des Deukalion-Mythos von der biblischen Sintflutgeschichte (περὶ τοῦ Νῶε, ὅς κέκληται ὑπὸ ἐνίων Δευκαλίων). Die Hellenen sind also nur eine Abspaltung von der Noa-Generation. Aufgrund dieser Genealogie ist das hellenische Selbstverständnis irrig wie auch die griechisch-römische Kulturüberlieferung immer purer Trug ist, wenn die „Dichter und Philosophen“ einmal nicht aus „hl. Schriften gestohlen“ haben (Autol. I 14; II 8,7-9). Drittens verwendet Theophilos hier den Pluralis Majestatis, um seinen Anspruch und die Gültigkeit seines Urteils über die Priorität der biblischen Quellen zu unterstreichen.

73 Vgl. Grant, *After the New Testament*, 129.

74 Vgl. Theophilos, Autol. II 8,9.

75 In der poetischen Literatur ist (ἡ) δόξα nicht nur Attribut zu (ὁ) κύριος und (ὁ) θεός, bisweilen sind δόξα und κύριος austauschbare Gottesprädikationen. Das wird besonders deutlich in den als Parallelismus membrorum komponierten Versen Ps 101,17; 103,31; 112,4 (LXX). Vergleichbare Prädikatswechsel finden sich in Jes 60,2; Klgl 2,1; Ez 28,22. Ebenso auffällig ist, dass δόξα in einer Reihe

den auch pagan verstehbaren Gottesbezeichnungen und ihren aus biblisch-christlicher Tradition gespeisten Attributen sind die Titel selbst ebenfalls kommensurabel, und deshalb können Theophilos und Autolykos über ihre Gottesbilder kommunizieren. 5. Die scheinbar monotonen Merksätze versuchen das Geheimnis Gottes nicht abstrakt, sondern durch eine Fülle von Bezeichnungen zur Sprache zu bringen, die zusammen die Koordinaten für einen lebensprägenden Bezug des Gläubigen zu Gott abstecken: Gottesbild, Gottes Zuwendung zum Menschen und die existenziellen Folgen.

Eine in diesem Sinne zutreffende Bezeichnung für die von Autolykos erfragte „Gestalt Gottes“, die in Theophilos' Einführung ins Christentum gewissermaßen als Leitfrage fungiert, ist βασιλεία[76] (V 2i); sie steht an neunter Stelle des Katalogs. Theophilos zufolge ist damit „seine Herrlichkeit“ (δόξαν αὐτοῦ) gemeint.[77] Durch die Liste ist für den δόξα-Begriff festgehalten, dass mit ihm eine zutreffende Eigenschaft Gottes artikuliert wird, die durch das Gott-Sein Gottes gegeben ist. Durch den Kontext wird deutlich, dass δόξα nichts Statisches und Abstraktes bedeutet. Über das an siebter Stelle und somit in der Mitte der Dreizehnerreihe angeordnete Prädikat, die δύναμις, hält Theophilos nämlich fest, dass sie Gottes Wirksamkeit (ἐνέργειαν αὐτοῦ) bedeutet. Der Akzent liegt darauf, mit der Aussage, Gottes sei die Macht, die freilich in absolutem Sinne gemeint ist, zugleich seine Gegenwärtigkeit herauszustellen. Die geschichtliche Wirklichkeit hat also Verweischarakter.

Im Vorgriff auf die zu erwartende Frage, wo δόξα in einer Weise vorfindbar ist, dass darin der Verweis auf Gott und seine βασιλεία erkannt werden kann, hat Theophilos in Autol. I 3,1b festgehalten:

---

von Gottesattributen stehen kann, ohne dass eine Differenz kenntlich gemacht wird.

76 Als Gottesbezeichnung erinnert βασιλεία freilich an יְהוָה צְבָאוֹת, wenngleich die griechischen Bibelübersetzungen dafür neben der Transkription (vgl. 1 Sam 1,1: Αδωναι κύριε ελωαι σαβαωθ) auch κύριος παντοκράτωρ (2 Sam 7,8) und κύριος τῶν δυνάμεων (2 Kön 3,14) verwenden. Näheres zum Gottesprädikat παντοκράτωρ in Autol. I 4,2; II 3,6 vgl. F. Bergamelli, *Sulla storia del termine* Pantokrator *dagli inizi fino a Teofilo die Antiochia*, in: Sal. 46 (1984) 439-472, hier 461-472.

77 Die Verbindung von βασιλεύς und βασιλεία mit δόξα findet sich mehrfach in der Catenenliteratur (vgl. Schneider, *Doxa*, 158f.), allerdings ohne direkten Bezug auf Autol. I 3,2.

„Seine Herrlichkeit ist unfassbar." Seiner Hermeneutik[78] zufolge erschließt sich der theologische Verweischarakter der geschichtlichen Wirklichkeit in der Einsicht in die Vorsehung Gottes und in seine Werke. Für den theologischen Erkenntniswert beider Zugänge hat Theophilos einleuchtende Gleichnisse und Aufweise parat (vgl. Autol. I 5,2; 5,4-7,3). In Verbindung mit seiner darauf folgenden Kritik an den Göttermythen und ihrem Kult sowie an den defizitären Quellen der griechisch-römischen Tradition zielen diese Plausibilisierungen auf das Einvernehmen, dass nur autoritative Quellen eine zutreffende theologische Erkenntnis möglich machen. Eine verlässliche Auskunft über „die Erschaffung der Welt und über alle übrigen Dinge" (Autol. II 9,2) liegt vor, wenn Gott selbst darüber „unterrichtet" hat (Autol. II 9,1), also durch seine Offenbarung. Darauf gründet die Auslegung des Sechstagewerks im zweiten Buch, denn aus der Schrift kann das theologisch zutreffend erkannt werden, was für Menschen, ohne dass Gott es durch seine Propheten offenbart, unfassbar und unaussprechlich bliebe, z.B. die δόξα.

4. Die Herrlichkeit der Auferstandenen (Autol. II 15,2f.)

Das zweite Buch[79] an Autolykos wird dominiert von der ältesten christlichen Hexaemeronauslegung;[80] auch für sie finden sich Anknüpfungspunkte im Œuvre Philons und der jüdischen Traditionsliteratur.[81] Der Begriff δόξα begegnet in der Kommentierung zum vierten Schöpfungstag (Autol. II 15) innerhalb zweier

---

78 Vgl. S. 135f.

79 Vgl. die rhetorische und literarische Klammer in der Bucheinführung Autol. II 1, wo Theophilos an die Aufforderung des Autolykos in Autol. I 2,1 (δεῖξόν μοι τὸν θεόν σου) erinnert und damit sein zweites Buch exakt dem Thema zuordnet, mit dem der Diskurs eröffnet worden ist.

80 Nach dem Zitat aus Gen 1,1-2,4a in Autol. II 12 folgen in Autol. II 13-18 die Auslegungen des Sechstagewerks, woran Erläuterungen zur Urgeschichte bis zu den Nachkommen Kains angeschlossen werden. Speziell für die Noa-Geschichte empfiehlt Theophilos sein Buch, auf das er Autolykos bereits hingewiesen hatte (Autol. II 30,7.10; vgl. II 31,3).

81 Vgl. Grant, *After the New Testament*, 136f.; ferner den Apparat bei Martín, *Teófilo*, 126-145.

durch Bild (Sonne und Mond) und Sache (Gott und Menschen) miteinander verbundener Gleichnisse. Das erste Gleichnis macht Aussagen über Gott und sein Verhältnis zum Menschen, das zweite befasst sich mit der persönlichen Zukunft des Menschen. Im ersten Gleichnis stellt Theophilos die konstante Leuchtkraft (δύναμις καὶ δόξα)[82] der Sonne,[83] mit der Gott gemeint ist,[84] der weit geringeren Helligkeit des Mondes gegenüber, der für die Menschen steht.[85] Theophilos trifft damit drei Aussagen über Gott und sein Verhältnis zu den Menschen: 1. Sonne und Mond sind keine Gottheiten. Sie sind vielmehr zusammen ein Hinweis und Bild (δεῖγμα καὶ τύπον), und zwar nicht auf etwas, wofür jedes für sich steht, sondern sie machen zusammen auf ein „großes Mysterium" (ἐπέχει μεγάλου μυστηρίου) aufmerksam.[86] 2. Gott übertrifft den Menschen in allem. 3. Gott bleibt unveränderlich vollkommen.[87] Allmacht, volle Einsicht und Weisheit sowie Unsterblichkeit und die ganze Vorzüglichkeit[88] kennzeichnen dies.

---

82 Die Verbindung von δύναμις mit δόξα ist in der biblisch-christlichen Literatur gut bezeugt (vgl. Ps 23,10; 62,3; Ode 12,15; Ijob 40,10; Weish 7,25; Mk 13,26; Mt 24,30; Lk 21,27; Kol 1,11; 2 Thess 1,9; Offb 15,8; 19,1). Für den δόξα-Begriff trägt dies aus, dass (auch) in ihm die Gewichtigkeit, Mächtigkeit und Majestät Gottes ausgesagt ist; in der δόξα Gottes wird Gottes Macht in soteriologischer Hinsicht offenbar. Justin kennt den Ausdruck δύναμις καὶ δόξα bereits als Bezeichnung der Offenbarung Jesu Christi sowie der apostolischen Predigt; vgl. Justin, Dial. 29,1; 61,1; 128,1f.

83 Der Vergleich der δόξα mit der Sonne und ihren Strahlen macht in der Catenenliteratur Karriere; vgl. Schneider, *Doxa*, 154-159.

84 Vgl. dazu die Gottesbezeichnungen im hymnischen Ausklang des Pilgerlieds Ps 84: ὅτι ἔλεον καὶ ἀλήθειαν ἀγαπᾷ [שֶׁמֶשׁ וּמָגֵן] κύριος ὁ θεός χάριν καὶ δόξαν [חֵן וְכָבוֹד] δώσει κύριος οὐ στερήσει τὰ ἀγαθὰ τοὺς πορευομένους ἐν ἀκακίᾳ (Ps 83,12).

85 Das Gleichnis ist vielleicht durch 1 Kor 15,41 angeregt: ἄλλη δόξα ἡλίου, καὶ ἄλλη δόξα σελήνης, καὶ ἄλλη δόξα ἀστέρων· ἀστὴρ γὰρ ἀστέρος διαφέρει ἐν δόξῃ. Zur Stelle vgl. W. Schrage, *Der erste Brief an die Korinther (1 Kor 15,1-16,24)* (EKK VII/4), Düsseldorf/Neukirchen-Vluyn 2001, 290-293. – Für die theologische Deutung von δόξα im Rahmen der Sonne-Mond-Metaphorik ist auch Jes 60,19 zu vergleichen: καὶ οὐκ ἔσται σοι ὁ ἥλιος εἰς φῶς ἡμέρας οὐδὲ ἀνατολὴ σελήνης φωτιεῖ σοι τὴν νύκτα ἀλλ᾽ ἔσται σοι κύριος φῶς αἰώνιον καὶ ὁ θεός δόξα σου.

86 Damit ist freilich auf die theologische Hermeneutik angespielt, vielleicht aber auch auf Gottes πρόνοια; vgl. 1 Kor 2,7-10.

87 Vgl. Theophilos, Autol. II 15,3: πάντοτε ὁ θεὸς τέλειος διαμένει.

88 Der Ausdruck πάντων τῶν ἀγαθῶν spielt auf ‚das absolut Gute' (τὸ ἀγαθόν bzw. καλὸς κἀγαθός) in Platons Ideenlehre an und versucht, die platonische Fassung eines absoluten Wertes zu überbieten.

In Verbindung mit Autol. I 3 wird deutlich, dass Theophilos mittels des Sonnengleichnisses auszusprechen versucht, was das Unschaubare und Unsagbare Gottes im Kern ist. Der hierfür eingesetzte δόξα-Begriff scheint entsprechend dem biblischen Sprachgebrauch begriffen als eminente, exklusive und umfassende Gottesaussage, die nur mit der Heiligkeit Gottes vergleichbar ist. Da Gott nur mittelbar aus seiner Vorsehung und seiner Schöpfung erkannt werden kann (I 5,2; 5,4-7,3), offenbart Gottes Herrlichkeit zugleich Gottes Heiligkeit. In Gottes δόξα gibt sich also die Gotteswirklichkeit zu erkennen.

Aus dem ersten Gleichnis (Autol. II 15,2b.3a) ist klar, dass Sonne und Mond durch δύναμις καὶ δόξα verbunden sind und sich zugleich im graduellen Unterschied hinsichtlich δύναμις καὶ δόξα die signifikante Verschiedenartigkeit der beiden Gestirne zu erkennen gibt. Das Gleichnis über die Zukunft des Menschen schließt daran an.[89] In Autol. II 15,3b legt Theophilos hierzu Neumond und Vollmond als Sinnbilder für die persönliche Zukunft des Menschen (ἐν τύπῳ οὖσα ἀνθρώπου) aus.[90] Der Neumond symbolisiert seinen Tod, der Vollmond ist „ein Hinweis auf die kommende Auferstehung“ (δεῖγμα τῆς μελλούσης ἔσεσθαι ἀναστάσεως).[91] Im Blick auf den δόξα-Begriff ist zum einen wichtig, dass den Vollmond ein Maximum von jener δύναμις καὶ δόξα auszeichnet, welche die Sonne stets vollkommen hat.[92] Dem Neumond fehlen hingegen δύναμις καὶ

89 Das Stichwort ἡ ... σελήνη (Autol. II 15,3b), das auf das Gleichnis in V 2 zurückgreift, rät dazu, die Konjunktion δέ kopulativ aufzufassen.

90 Theophilos, Autol. II 15,3b: ἡ δὲ σελήνη κατὰ μῆνα φθίνει καὶ δυνάμει ἀποθνήσκει, ἐν τύπῳ οὖσα ἀνθρώπου, ἔπειτα ἀναγεννᾶται καὶ αὔξει εἰς δεῖγμα τῆς μελλούσης ἔσεσθαι ἀναστάσεως. Der Mond aber verschwindet allmonatlich und stirbt sozusagen – ein Gleichnis des Menschen; dann wird er wiedergeboren und wächst zum Hinweis auf die kommende Auferstehung.

91 Beachtlicherweise scheint die Lehre von Auferstehung, und zwar des Fleisches und der Seele (Autol. I 7,4d), hier nicht mehr strittig. Theophilos geht davon aus, dass seine Argumente in Autol. I 7,4c.8.13 überzeugt haben. Näheres vgl. H. E. Lona, *Über die Auferstehung des Fleisches. Studien zur frühchristlichen Eschatologie* (BZNW 66), Berlin/New York 1993, 173-187; zur jüdischen Herkunft des Auferstehungsglaubens, der Verbreitung der Vorstellungen sowie der impliziten Anthropologie vgl. K. Schubert, *Die Entwicklung der Auferstehungslehre von der nachexilischen bis zur frührabbinischen Zeit*, in: BZ 6 (1962) 177-214, hier 198. 206-214.

92 Das Gleichnis darf nicht gepresst werden. Das mit φθίνει erfasste Bild der abnehmenden Lunation ist ebenso wenig auf die menschliche Existenz als ein „irdisches Leben hin zum Tod“ ausgelegt wie auch aus dem αὔξει – womöglich

δόξα vollends. Zum anderen ist entscheidend, dass die durch den Vollmond zugleich symbolisierte δόξα der Auferweckten mit der durch ἀναγεννᾶται evozierten Vorstellung ihrer Neuschöpfung verbunden ist.[93] Die Hoffnung auf eine Neuschöpfung sowie die Vorstellung der persönlichen Teilhabe an diesem neuen Heil durch Auferstehung von den Toten gehören zum Repertoire des frühjüdischen und frühchristlichen apokalyptischen Schrifttums inklusive der Testamentsliteratur.[94] Die in Autol. II 15,2 durch die Lichtmetaphorik des Ausdrucks δύναμις καὶ δόξα anklingende Erwartung wiederum, in der eschatologischen Vollendung würden die Gottesfürchtigen wie die Gestirne aufstrahlen oder in Licht gekleidet sein, stammt aus prophetischer Tradition und ist in der frühchristlichen Literatur mehrfach belegt.[95] Mit beiden Vorstellungen wird erstens auf die Differenz zwischen irdischer und himmlischer Wirklichkeit aufmerksam gemacht, sodass es verwehrt ist, in der δόξα einen Kontinuitätsträger zwischen Schöpfung und göttlicher Sphäre, zwischen Frommen und Auferstandenen zu erkennen. Jede δόξα von Menschen ist grundverschieden von der δόξα, die Gott hat und an der nur er Anteil geben kann und geben wird. Jetzt kann sie nur zeichenhaft aus seiner Vorsehung und seinen Werken erkannt werden. Zweitens weist die Rede von der δόξα der Auferweckten auf Gott als den Urheber auch der Neuschöpfung. Die δόξα der Auferweckten ist also allein Gottes eschatologische Gabe; diese δόξα ist deszendent,[96] wohingegen – wie das Gleichnis anhand der stetigen Leuchtkraft der Sonne vor Augen stellt – Gottes eigene δόξα stabil und vollkommen ist.[97] Δόξα

in Anlehnung an die vom Pneuma bewirkte (stufenweise) Verwandlung der Gläubigen in die δόξα des Herrn nach 2 Kor 3,17f. – keine „sukzessive“ Auferstehung oder Stufung der δόξα der Auferstandenen abgeleitet werden kann. Auch der mit κατὰ μῆμα angesprochene monatliche Wechsel ist nicht ausgelegt, sondern wird mittels des kopulativen δέ (BDR § 447,1a) der Unveränderlichkeit der Sonne gegenübergestellt.

93 Das ἀναγεννᾶται bezieht sich nicht auf ἀνθρώπου, sondern ἡ σελήνη. Daher ist nicht an Joh 3 und eine baptismale Deutung zu denken.

94 Vgl. Dan 12,3; 4 Esr 7,97; syrBar 51,10; äthHen 62,15; TestXII.Ben 10,8a; passim.

95 Vgl. Jes 58,8; Barn 3,4; Näheres vgl. Prostmeier, *Barnabasbrief*, 184.

96 Vgl. Röm 3,23; 8,17f.

97 Daran schließt die christliche Theologie an, dass Christus die δόξα (des Vaters) präexistent hat (vgl. Joh 1,14; 17,5), um Christi Gottheit auszusagen.

bezeichnet folglich sowohl die Gotteswirklichkeit als auch die Heilszukunft des Menschen aus der Perspektive Gottes.

5. Offenbarung der Gotteswirklichkeit

Das große Mysterium, von dem Theophilos spricht (Autol. II 15,2), ist die Offenbarung der Gotteswirklichkeit in der Schöpfung und ihrer Ordnung sowie mit prophetischer Signatur in der Schrift. Diese Mittelbarkeit der Offenbarung garantiert, dass die Transzendenz Gottes unangetastet bleibt und zugleich die Unmittelbarkeit und Wirklichkeit seines Heils aufgedeckt wird. Sodann wird die Gotteswirklichkeit offenbar in der Auferstehung der Menschheit (τῆς ἀνθρωπότητος; vgl. Autol. II 15,2b)[98] und ihrer Begnadung mit göttlicher δόξα als Zeichen der Teilhabe an der Gotteswirklichkeit. Gottes Schöpfung und seine Vorsehung sowie die prophetische Verkündigung in der Schrift sind von Theophilos als Heilsgeschehen begriffen, in dem sich Gott selbst als jener offenbart, der sich in seiner φιλανθρωπία[99] und ἐλεημοσύνη (Autol. II 27,5) den Menschen

---

98 Auch in der exegetischen Parenthese in Autol. II 15,3b (ἐν τύπῳ οὖσα ἀνθρώπου) sowie in V 4a ist mit ἄνθρωπος die gesamte Menschheit gemeint (vgl. auch Autol. II 18,1a: τὰ δὲ περὶ τῆς τοῦ ἀνθρώπου ποιήσεως). Diese aus der Perspektive Gottes bestimmte universale Heilszukunft korrespondiert Autol. II 27 zufolge mit der den Menschen von Gott gegebenen Freiheit und Selbstbestimmung (Autol. II 27,4), durch Glaube an die ‚uns in seinem Gesetz' offenbarte Gotteswirklichkeit und durch Erfüllung der „heiligen Gebote" die „Auferstehung und Unverweslichkeit" (Autol. II 27,7) zu erlangen. Die Spannung zwischen einer Auferstehung aller (Autol. I 13) und einer Auferstehung nur der Frommen (Autol. II 27,7) wird noch dadurch gesteigert, dass Autol. II 28 zufolge nur die (frommen) Toten auferstehen, wohingegen Autol. II 27,3 die Möglichkeit sieht, dass Menschen zu ihren Lebzeiten ein Gott werden, weil sie für ihren Gottesgehorsam die Unsterblichkeit von Gott zum Lohn erhalten können. Ganz offenkundig verschmilzt Theophilos griechisch-römische Eschatologie mit seiner biblisch-christlichen, ohne deren Unvereinbarkeiten zu kommentieren. Darum ist auch hinsichtlich der paganen Tradition in Autol. II 27,3 keine Antwort möglich, ob Fromme, wenn sie zu Göttern erhoben würden, auch Gottes δόξα haben würden, wie sie die Auferstandenen nach Autol. II 15,3 auszeichnen wird. Vielleicht wird hierdurch deutlich, wie sehr Theophilos' theologischer δόξα-Begriff von einem durch die biblische Gräzität geprägten Schrifttum abhängt.

99 Vgl. F. R. Prostmeier, Φιλανθρωπία *als theologisches Attribut*, in: Ein Gott für die Menschen (FS O. Wahl), München 2002, 143-154.

zuwendet und ihnen den Weg zu ewigem Leben eröffnet (Autol. II 27,6f.). Zugleich wird evident, dass der Mensch von sich aus weder vermag, den rettenden Gott zu erkennen noch das Heil, die Teilhabe an der Gotteswirklichkeit, zu erlangen.

Beachtlicherweise findet Theophilos diese Wahrheit über den Menschen und das eschatologische Heilsgeschehen im Bericht vom vierten Schöpfungstag ausgesagt (Autol. II 15). Die Auferstehung der Menschen und ihre Auszeichnung mit göttlicher δόξα ist somit als eine grundlegende Offenbarung signiert, in der Gott sich selbst mit seinem Heilswillen kundtut und dem Menschen ein unüberbietbares Hoffnungspotential bereitstellt und zwar, weil Theophilos in seiner protreptischen Argumentation streng der Ordnung des Hexaemerons folgt, schon bevor die Menschen sind. Der Menschheitsgeschichte ist also die Heilsgeschichte vorgeordnet, und diese ist vom Anfang aller Offenbarung her als alle Geschichte transzendierend gekennzeichnet. Theophilos zufolge sind die Menschheitsgeschichte wie das Leben des Einzelnen kraft Gottes Heilswillen von der die Schöpfung auf das Eschaton öffnenden und orientierenden Heilsgeschichte umschlossen. Im theologischen δόξα-Begriff des Theophilos spiegeln sich somit Uranfang und Eschaton, Schöpfer und Gottesgemeinschaft. Die δόξα, die Gott in absoluter Weise eigen ist und ihn in seiner Unmittelbarkeit und steten Wirksamkeit charakterisiert (Autol. I 3; 2,15),[100] ist also eine biblisch-christliche Metapher für die Kontaktstelle zwischen der Gotteswirklichkeit und der Teilhabe des vollendeten Menschen an ihr.

Die Anbindung des δόξα-Begriffs an den biblischen Schöpfungsbericht garantiert, dass mittels des biblisch-christlichen δόξα-Begriffs die Wahrheit über die „Gestalt Gottes" und das Ziel der Menschen zur Sprache kommt, weil sich in der Schrift Gott selbst offenbart. Das bedeutet, dass christliche Rede von Gott, Welt, Menschen und Geschichte zutreffend und aufschlussreich ist, sofern sie auf der Grundlage der biblischen Offenbarung und in der ihrer prophetischen Signatur gemäßen Hermeneutik geschieht. Jede Lehre auf anderer Grundlage ist immer deszendent und daher defizitär. Darum ist für sie der pagane δόξα-Begriff in seiner negativen Ausprägung bezeichnend.

Im δόξα-Begriff wird somit die Frage nach der Wahrheit der zentralen Botschaft des Christentums fokussiert, dass sich Gott in

100 Vgl. Lattke, *Oden Salomos*, 2,141.

Raum und Zeit engagiert und sich als personaler Gott den Menschen zuwendet, ohne seine Transzendenz aufzugeben und in Wahrung der Geschöpflichkeit des Menschen. Der Klärungsbedarf dieser aus den christlichen Anfängen ererbten Paradoxie verschärfte sich, als gebildete Christen nicht mehr nur defensiv, sondern produktiv auf Anliegen und Denkvoraussetzungen der griechisch-römischen Kulturtradition eingingen und es evident wurde, dass die biblische Botschaft von Gott als Schöpfer, von der Geschöpflichkeit des Kosmos und des Menschen einerseits und die pagane Tradition über die Hinfälligkeit der Materie und damit des Leibes andererseits inkommensurabel sind.[101] Die Brisanz des kosmologischen und anthropologischen Diskurses kulminierte in der Eschatologie. Der von Theophilos vorausgesetzte Glaube an eine ganzmenschliche Auferstehung im Eschaton verlangte, gegenüber dem Dogma der philosophischen Tradition von der Unsterblichkeit der Seele und ihrer Trennung vom Leib eine eschatologische Zukunft auch für den Leib zu betonen und diesen Glauben mittels Argumenten nachvollziehbar zu machen.

An dieser Stelle wird ersichtlich, weshalb Theophilos die persönliche Heilszukunft des Menschen schöpfungstheologisch fundiert und dabei den δόξα-Begriff einsetzt. Er macht dadurch deutlich, dass sich das für Christen gültige Gottesbild, wie die Wirklichkeitsauffassung insgesamt, gerade nicht in den Rahmen antiker philosophischer Tradition einpassen lässt, weder in der Sache noch in der Sprache. Alles ist vielmehr auf die durch die biblische Offenbarung erschlossene Gotteswirklichkeit zu beziehen und gewinnt nur von dorther seine Autorität. Der aus biblisch-christlicher Tradition übernommene δόξα-Begriff ist hierfür die gültige und verbindende, und damit auch konfessorische Metapher in der Sprache des Glaubens.

---

101 Die Unvereinbarkeit der christlichen Gottesvorstellung mit der paganen Tradition sowie deren kulturelle Konsequenz hat zuerst Galen, De usu partium XI 4.14, aufgedeckt. Kelsos machte diese Frage explizit zum Thema und zum Einwand; vgl. Or., Cels. V 14; Näheres vgl. Lona, *Kelsos*, 288-292. Zur späteren Debatte vgl. C. Scholten, *Verändert sich Gott, wenn er die Welt erschafft? Die Auseinandersetzung der Kirchenväter mit einem philosophischen Dogma*, in: JAC 43 (2000) 25-43.

Zusammenfassung

1. Theophilos bespricht nicht, dass δόξα ein breites Spektrum von Bedeutungen umfasst. Er verwendet den Begriff vielmehr selektiv in zwei geläufigen Bedeutungen, deren eine der griechisch-römischen Kulturtradition verhaftet ist, während die andere aus der biblisch-christlichen Überlieferung stammt. Sodann stellt er die theologische Verwendung des δόξα-Begriffs dar, begründet seine Anwendung als theologisches Attribut auf eine wegen ihrer Unmittelbarkeit und ihres Alters unüberbietbar autoritativen Quelle und wendet dieses ererbte Theologumenon als reichen theologischen und soteriologisch-eschatologischen Terminus an. Die Autorität der Quelle garantiert, dass diese Verwendung des δόξα-Begriffs die Wahrheit über Gott und die persönliche Zukunft des Menschen trifft.

2. Δόξα bezeichnet bei Theophilos sowohl die Gotteswirklichkeit als auch die Heilszukunft des Menschen aus der Perspektive Gottes.

3. Christliche Rede von Gott ist nur auf der Grundlage der biblischen Überlieferung möglich, aufschlussreich und zutreffend.

4. Für Theophilos steht außer Frage, dass es keinen „christlichen Platonismus"[102] geben kann; er ist weit davon entfernt, ein Synesios des 2. Jh. zu sein.[103] Dominant in seiner Einführung ins Christentum – wie könnte es nach der Leitfrage des Autolykos auch anders sein – sind die griechische Bibel und die Schriften, die z.T. zum neutestamentlichen Kanon versammelt werden, sowie die Sprache und die theologischen Vorstellungen des hellenistischen Judentums. Theophilos ist aber auch kein „platonisierender Christ" wie Klemens v. Alexandrien, der anonyme Verfasser des Protreptikos „An Diognet" oder nach ihm Origenes und die Kappadokier. Theophilos steht in der Paideia. Nach Ausweis seiner drei Bücher kennt er die griechische Bildungsliteratur[104] und die philosophische Tradition auf einem begrenzten Niveau, das er auch für seinen Autolykos voraussetzt. Theophilos ist in beiden Traditionen gebildet

---

102 Zum Problem der Bezeichnungen „christlicher Platonismus" und „platonisches Christentum" vgl. E. v. Ivánka, *Plato Christianus. Übernahme und Umgestaltung des Platonismus durch die Väter*, Einsiedeln 1964, 19-26. 43; Prostmeier, *Christliche Paideia*, 28f.; Lona, *Kelsos*, 475-479.

103 Vgl. J. Lortz, *Das Christentum als Monotheismus in den Apologien des zweiten Jahrhunderts*, in: Beiträge zur Geschichte des christlichen Altertums und der Byzantischen Literatur (FS A. Ehrhard), Bonn/Leipzig 1922, 301-327, hier 324f.

104 Vgl. Ziegler, *Gottesnamen*, 332-336.

und versucht auf die Frage des Autolykos in einer selbstständigen, von seinem Christentum bedingten Auffassung zu antworten, indem er den philosophischen Monotheismus mit eminenten Theologumena der biblisch-christlichen Tradition bereichert und somit das Christentum nicht nur als kommensurabel, sondern als authentisch und darum vorzüglicher hinstellt. Das gnoseologische Interesse des Autolykos ist von Theophilos von Anfang an als theologisches im Sinne der biblischen Tradition aufgefasst. Vielleicht unterbleibt deshalb eine systematische Diskussion von Theologumena wie δόξα Gottes, und es wird stattdessen mit Merksätzen, Gleichnissen und der Schrift argumentiert.

5. In den drei Büchern an Autolykos wird in der Rede von der Gestalt Gottes die christologische Frage mittels des λόγος-Begriffs und des Sohngottestitels allenfalls angedeutet. Beide Prädikate waren im Diskurs mit der paganen Bildungswelt nicht anstößig.[105] Aber die Rede von der Inkarnation des Logos, vom Gezeugtsein des Gottessohnes und von der Auferstehung des Fleisches erschien Gebildeten – und zwar nicht nur Heiden, sondern, wie später der Bischof Synesios noch erkennen lässt, auch aufgeklärten Christen – als wenig überzeugend oder definitiv als grober Unfug und schlagender Beweis für den fundamentalen Irrtum christlicher Theologie, Kosmologie und Anthropologie. Theophilos schweigt über die Gestalt des historischen Jesus ebenso wie über Christi Aufstehung, Himmelfahrt und Parusie. Das Proprium des Christentums sieht Theophilos nicht in der Person Jesu Christi[106] oder einer

---

105 Zum Logos-Begriff und seiner Bedeutung für die frühchristliche Theologie und Christologie im Diskurs mit der kaiserzeitlichen Bildungswelt vgl. H. Dörrie, *Platonica minora* (STA 8), München 1976, 166-210. 297-360; ders., *Logos-Religion? Oder Noûs-Theologie? Die hauptsächlichen Aspekte des kaiserzeitlichen Platonismus*, in: Kephalaion. (FS C. J. de Vogel), Assen/Von Gorcum 1975, 115-136; ders., *Der Prolog zum Evangelium nach Johannes im Verständnis der ältesten Apologeten*, in: Kerygma und Logos. Beiträge zu den geistesgeschichtlichen Beziehungen zwischen Antike und Christentum (FS Carl Andresen), Göttingen 1979, 136-152; A. Grillmeier, *„Christus licet uobis inuitis deus.“ Ein Beitrag zur Diskussion über die Hellenisierung der christlichen Botschaft*, in: ebd., 226-257, hier 230-244. 255f.; N. Brox, *Der einfache Glaube und die Theologie*, in: Kairos 14 (1972) 161-187; ders., *Terminologisches zur frühchristlichen Rede von Gott*, 1-46.

106 Unter den frühchristlichen Apologeten gibt es dazu nur wenige Ausnahmen: Justin, 1 apol. 30-53, begründet mittels des Weissagungsbeweises die Gottheit Christi und er beschreibt das auf Jesus Christus begründete kultische Eigenleben der Christen (Taufe, eucharistische Versammlung, Agape). Aber

theologischen Rede von der Trias ‚Gott, Logos, Sophia‘,[107] sondern im Monotheismus der biblischen Tradition. Für Theophilos ist Monotheismus gleich Christentum. Theophilos’ Sonnengleichnis (Autol. II 15,2f.) schließt eine christologische „Erweiterung“ oder Applikation und damit auch eine mit der Person Jesu Christi verbundene Soteriologie aus. Entsprechend fehlt eine christologische Verwendung von δόξα.[108] Δόξα und δύναμις kennzeichnen vielmehr die Gotteswirklichkeit in exklusiver und eminenter Weise. Was an der göttlichen δόξα offenbar wird, ist die Heiligkeit des einen und einzigen Gottes, des Schöpfers und Gottes Abrahams, Isaaks und Jakobs. Entsprechend gelten Glaube und Verehrung dem einen und einzigen Gott, den die Christen aus den exklusiv von ihnen zutreffend ausgelegten autoritativen Zeugnissen erkennen.

6. Die Gleichsetzung von Monotheismus mit Christentum birgt ein massives antijüdisches Potenzial. Dies wird u.a. in der Schriftauslegung deutlich sowie daran, dass die Gestalt des historischen Jesus keine Rolle spielt. Was also die Offenbarungsquellen als Wahrheit mitteilen, ist die direkt auf die Christen hin angelegte Schöpfung, Geschichte und Zukunft, und die auf die Christen zielende und für sie zum ewigen Leben in der δόξα Gottes führende Heilsgeschichte.[109]

7. Am δόξα-Begriff bei Theophilos lässt sich die Osmose biblisch-jüdisch-christlicher Traditionen und griechisch-römischer Überlieferung im Frühchristentum beobachten. Durch sie wurde die Antike im Christentum bewahrt, vorausgesetzt sie fügt sich in das System der offenbarten Glaubenswahrheiten ein. Theophilos lässt aber auch erkennen, dass dieser Rezeptions- und Angleichungsprozess dort seine Grenze fand, wo das Gottes- und Menschenbild zur Dispo-

auch bei Justin spielt die Gestalt des historischen Jesus keine Rolle. – Die beiden „apologetischen“ Schriften Tertullians fügen sich darin insofern ein, als auch in ihnen, bedingt durch das Genre und dessen traditionelle Sujets, christologische Aussagen Funktion der dominierenden Lehre von dem einen und einzigen Gott sind. – Die anonyme Schrift ‚An Diognet‘ kann hier genannt werden, insofern in Diog 7.8 der Gottessohn als Erlöser erscheint.

107 Theophilos, Autol. II 15,4, ist in der christlichen Theologie der älteste Beleg für die Verwendung des Begriffs τριάς zur gemeinsamen Bezeichnung von Gott, Logos und Sophia, wobei die Sophia im Kontext mit Geist gleichgesetzt wird.

108 Vgl. dazu nur als Beispiel Röm 6,3; Eph 3,16; Hebr 1,3; Offb 15,8.

109 Mit diesem Exklusivitätsanspruch kommt Theophilos frühchristlichen Theologien außerhalb des apologetischen Bereichs nahe, z.B. Barn – und in dem unter Anm. 2 genannten Aspekt – auch Markion.

sition gestellt worden wäre. In seiner ganzen Brisanz zeigt sich dies in der Eschatologie. Es ist bezeichnend für das Tasten nach theologisch sicheren und zugleich für Gebildete plausiblen Aussagen, dass Theophilos gerade beim Thema Auferstehung von der δόξα handelt und sich dafür auf Schrift sowie hellenistisches Judentum stützt, und im nächsten Kontext dazu unvereinbare Vorstellungen von einer Vergöttlichung des Menschen anführt. Das Grundproblem des frühen Christentums von Öffnung für die pagane Bildungstradition und unaufgebbarem Wahrheitsanspruch der Offenbarung besitzt im δόξα-Begriff seinen Fokus. Die Klärung des in der griechischen und der biblisch-christlichen Tradition semantisch gegenläufigen δόξα-Begriffs zeigt exemplarisch, welche Grundlinie die frühchristlichen Apologeten in dieser für die abendländische Kultur- und Geistesgeschichte richtungsweisenden Vermittlung von griechisch-römischer Antike und biblisch-christlichem Offenbarungsglauben verfolgten. Das Fundament, das Antike und Christentum verbindet und eine Vermittlung eröffnet, ist die Überzeugung von der Legitimität und dem Wert der Rationalität theologischer Rede.[110] Darum schaffen die Apologeten weder eine elitäre Gruppensprache für gebildete Christen, noch tarnen sie die theologische Wahrheit der christlichen Botschaft unter einem Deckmantel[111] aus kunstfertiger Rhetorik und philosophischen Denkmustern. Als Christen, die biblisch gebildet sind und in der Paideia stehen, versuchen sie eine Vermittlung zwischen den beiden Auffassungen von Gott, Menschen, Welt und Geschichte,[112] um wechselseitiges Verstehen und Kommunikation zu ermöglichen. Theophilos bespricht diese vier philosophischen und apologetischen Sujets unter der Dominanz der Gottesfrage (Autol. I 1,2) und zwar

110 Vgl. dazu W. Jaeger, *Das frühe Christentum und die griechische Bildung*, Berlin 1963, 20-50; J. Ratzinger, *Einführung in das Christentum. Vorlesungen über das Apostolische Glaubensbekenntnis*, München 1968, 103-114; Dörrie, *Der Prolog zum Evangelium nach Johannes im Verständnis der ältesten Apologeten*, 136-152.

111 Der „hellenistische Deckmantel" war die κενὴ δόξα, in der Kritikern wie Kelsos, Porphyrius und Kaiser Julian das Christentum erschien. Näheres vgl. Prostmeier, *„Die Wolke der Gottlosigkeit"*, 33-57; ders., *Christliche Paideia*, 1-29; *Φιλανθρωπία als theologisches Attribut* 143-154.

112 Zur Entwicklung des Verhältnisses vgl. auch U. Wickert, *Christologie – Kosmologie – Eschatologie im Altertum*, in: Kerygma und Logos. Beiträge zu den geistesgeschichtlichen Beziehungen zwischen Antike und Christentum (FS Carl Andresen), Göttingen 1979, 461-481, hier 474-476.

auf der Grundlage der autoritativen Quelle, nämlich der Schrift. Entsprechend richtet sich seine Einführung ins Christentum an Gebildete, sowohl an Christen als auch an Sympathisanten und skeptische Philhellenen, an Gestalten wie Autolykos. In diesem für das Evangelium und das Christentum werbenden Vermittlungsprozess ist Theophilos zusammen mit anderen Apologeten zum Pionier wissenschaftlicher christlicher Theologie geworden.

Augustinus

Hans Armin Gärtner

1. Lateinische Wörter für ‚Herrlichkeit' bei Augustinus

Vom Kirchenvater Aurelius Augustinus ist keine besondere Abhandlung über ‚Herrlichkeit' überliefert; deshalb ist sein gesamtes erhaltenes Œuvre danach zu befragen. Das breite Spektrum dessen, was er über Herrlichkeit lehrte, wird zuverlässig aus der Verwendung des lateinischen Wortes *gloria* in seinen Schriften ersichtlich.[1] Andere Wörter wie *claritas*, *maiestas*, *dignitas*, *honos* und *laus* ordnen sich nur in einzelnen Nuancen der augustinischen *gloria* zu.

Augustinus schreibt in seinen Abhandlungen zum Johannes-Evangelium (*In Iohannis euangelium tractatus* 82,1): „Da unser Heiland seinen Jüngern die Gnade, durch die wir gerettet werden, ans Herz legte, sagte er (*Joh* 15,8): ‚Dadurch ist mein Vater verherrlicht [*clarificatus est*], dass ihr sehr viel Frucht tragt und meine Jünger werdet.' Mag nun *glorificatus* oder *clarificatus* gesagt sein, aus einem griechischen Wort sind beide übersetzt, das δοξάζειν heißt; denn was auf griechisch δόξα genannt wird, heißt lateinisch *gloria*.[2] Ich habe gemeint, das deshalb erwähnen zu müssen, weil der Apostel [Paulus, *Röm* 4,2] sagt: ‚Wenn Abraham durch seine Werke gerechtfertigt ist, hat er Ruhm [*gloria*], aber nicht bei Gott.'

---

1 Es sei hier auf meinen Artikel über *Gloria* im Augustinus-Lexikon III, Basel 2004, 167-172 verwiesen. Eine entscheidende Hilfe bei der Abfassung besagten Artikels wie der inhaltlich nahestehenden Artikel über *Dignitas*, *Honos*, *Laus* und *Maiestas* waren die mir von der Redaktion des Augustinus-Lexikon freundlicher Weise zur Verfügung gestellten Ausdrucke der das jeweilige Lemma umgebenden Textstellen aus dem Corpus Augustinianum Gissense a C. Mayer editum. Daher kann ich sehr textbezogen argumentieren.

2 Augustinus fand in den ihm vorliegenden lateinischen Bibelübersetzungen *gloria* auch als Übersetzung des griechischen καύχημα, ‚Rühmen vor den Menschen', vgl. dazu Anm. 14. Zu seiner Ablehnung des ganz eitlen Ruhmes, *inanissima gloria*, vgl. *De sermone domini in monte* 1,18.

Das ist der Ruhm bei Gott [*ad deum gloria*], durch den nicht der Mensch, sondern Gott verherrlicht [*glorificatus*] wird, wenn der Mensch nicht durch seine Werke, sondern durch seinen Glauben gerechtfertigt wird, so daß ihm von Gott her zukommt, daß er auch gute Werke tut. ... Denn wenn dadurch Gott Vater verherrlicht [*clarificatus*] ist, daß wir sehr viel Frucht tragen und Christi Jünger werden, sollen wir das nicht unserem Ruhm [*gloria*] zuweisen, als hätten wir das aus uns selbst. Ihm ist nämlich diese Gnade zu eigen und darin besteht nicht unser Ruhm [*gloria*], sondern sein Ruhm/seine Herrlichkeit [*gloria*].“ – An diesem Text wird deutlich, dass mit dem lateinischen Wort *gloria* in christlichen Texten (Bibelübersetzungen und Abhandlungen) das griechische δόξα aus Texten der Septuaginta und des NT wiedergegeben wird.[3] Das Nebeneinander von *glorificatus* und *clarificatus* zeigt, dass in *gloria* auch deutlich etwas mitschwingt, womit wir heute, wenn wir von ‚Herrlichkeit‘ sprechen, die ‚optischen‘ Bedeutungen ‚Glanz‘ und ‚Pracht‘ verbinden.[4] – Inhaltlich muss schon hier die Gottesbezogenheit der *gloria* festgehalten werden, auf die wir weiter unten (vgl. 5) ausführlicher zu sprechen kommen werden.

Auf Gottes Offenbarung vor Moses auf dem Berge Sinai (*Ex* 33,18-23, bes. 22) kommt Augustinus mehrmals zu sprechen, wobei ihm offensichtlich unterschiedliche Übersetzungen vorlagen. So bittet (*De trinitate* 2,27/8) Moses Gott: *„Ostende mihi maiestatem tuam!“*, „Zeige mir deine Würde/Herrlichkeit“, und Gott weist ihn an, wie er sich beim Vorüberziehen von Gottes Würde/Herrlichkeit an ihm (*„ut transiet maiestas mea!“*) verhalten soll. An anderer Stelle (*Quaestiones* 2, 154) lesen wir als lateinische Übersetzung derselben Bibelstelle: *„Ostende mihi gloriam tuam!“* und *„ut transiet gloria mea!“* Mit *gloria* und *maiestas* wird also das Wort δόξα der Septuaginta wiedergegeben. Im Zusammenhang der *Ex*-Stelle geht es dabei um Sichtbarkeit Gottes, seine Herrlichkeit, die mit den beiden lateinischen Wörtern angesprochen wird.

---

3 Die beiden Wörter *gloria* und *claritas* erwähnt Augustinus auch als gültige Übersetzungen von δόξα (*In Iohannis euangelium tractatus* 102,3).

4 Als Übersetzung der im Folgenden entfalteten biblisch-christlichen Bedeutungen von δόξα und *gloria* ist ‚Herrlichkeit‘ sehr gut geeignet. Denn nach W. Pfeifer, *Etymologisches Wörterbuch des Deutschen*, Berlin [2]1993, 21/2 und 535/6 leiten sich von dem deutschen Adjektiv ‚hehr‘ (‚erhaben‘, ‚Ehrfurcht gebietend‘) ‚Herr‘, ‚Herrlichkeit‘ und ‚Herrschaft‘ ab.

Die lateinischen Wörter *claritas* und *maiestas* sind somit neben *gloria* Übersetzungsvarianten von δόξα, die Augustinus in den der Vetus Latina zugerechneten Bibelübersetzungen finden konnte.

Augustinus kann als Äquivalent zu *gloria* auch *fama*, ‚Ruf', ‚Ruhm', anbieten. So interpretiert er (*De moribus ecclesiae catholicae et de moribus Manicheorum* 1,24) Paulus, *Röm* 11,36: „*ex quo omnia, per quem omnia, in quo omnia, ipsi gloria* (δόξα)": „*quid est autem ‚ipsi gloria' nisi ipsi optima et summa et late patens fama?*", „Was heißt aber ‚*ipsi gloria*' anderes als ihm sei der beste, höchste und weit verbreitete Ruhm!" Doch überwiegt in seinem Verständnis von *gloria* das augenfällig Strahlende, wie z. B. *Contra Maximinum Arrianum* 2,13,2: *gloria* ist ‚*clara cum laude notitia*', ‚strahlende mit Lob verbundene Bekanntheit'. Darum übersetze ich nach Möglichkeit ‚*gloria*' mit ‚Herrlichkeit'.[5]

2. *Gloria* im traditionell heidnischen Verständnis

Den Hintergrund und auch ständigen Kontrast zum christlichen Gebrauch von *gloria* stellt bis in die Zeit Augustins das traditionell-heidnische Verständnis dieses Wortes dar. *Gloria* hatte im ursprünglich heidnisch-römischen Denken als ‚Ruhm' einen anderen Bedeutungsbereich.[6] Nach alter römischer Auffassung bedarf die große Leistung für die staatliche Gemeinschaft (*virtus*) der Anerkennung, die vor allem in der *gloria*, aber auch in *honos* und *laus* zum Ausdruck kommt. Die Instanz, die Ruhm, Ehre und Lob verleiht, ist die römische Bürgerschaft (Cicero, *Philippica* 1,29; 5,49); *gloria* verleiht Unsterblichkeit im ehrenvollen Andenken der Bürger (Cicero, *Pro Sestio* 143), ist auch mit dem *exemplum* verbunden, denn die Nachfahren bemühen sich, den im *exemplum* verdichteten

5 Eine Tendenz, die ich auch in der Zürcher Bibelübersetzung im Vergleich zur Luther-Übersetzung bemerkt habe. – Zur Augenfälligkeit der Bedeutung von *gloria* sei u. a. auf *Contra Adimantum Manichei discipulum* 12 verwiesen, wo Augustinus des Paulus Worte (*1 Kor* 15,40-41) von dem unterschiedlichen ‚Glanz' (δόξα = *gloria*) der Himmelskörper in seinen kommentierenden Sätzen wörtlich übernimmt.

6 Vgl. U. Knoche, *Gloria*, Thesaurus Linguae Latinae VI, Leipzig 1933, 2061-2086; Ders., *Der römische Ruhmesgedanke*, in: Philologus 89 (1934) 102-124 = Ders., *Vom Selbstverständnis der Römer*, Heidelberg 1962, 13-30; J.-F. Thomas, *Gloria et laus. Étude sémantique*, Leuven 2002, passim.

Ruhm nachzuahmen und zu übertreffen. Das wird an den Inschriften des Scipionengrabes besonders deutlich. Aussagekräftig sind vor allem die ersten drei Zeilen des elogiums auf Lucius Cornelius L. f. Scipio, den Konsul des Jahres 259 v. Chr., (CIL I, 11-21): (Umschrift in klassischem Latein) *Hunc unum plurimi consentiunt Romani// bonorum optimum fuisse virum// Lucium Scipionem. ...* Das einmütige Urteil der meisten Römer macht das Lob Scipios als des besten aller guten Männer gültig. Ebenso zu verstehen die Zeilen 2-5 des elogiums auf einen Scipio, der flamen Dialis war und nicht alt wurde: (Umschrift in klassischem Latein) *mors perfecit, tua ut essent omnia brevia:// honos fama virtusque gloria atque ingenium.// Quibus si in longa licuisset tibi uti vita,// facile factis superasses gloriam maiorum. ...* „Der Tod bewirkte, dass bei dir alles nur kurz da war: Ehre, Ruf, große Leistung, Ruhm und Begabung; hätte es dir freigestanden, dich ihrer in einem langen Leben zu erfreuen, hättest du leicht mit (deinen) Taten den Ruhm der Vorfahren übertroffen.“[7]

Allerdings kam infolge der Ständekämpfe und Bürgerkriege in den beiden letzten Jahrhunderten der Republik kein einmütiges Urteil der Bürger mehr zustande, so dass diese Instanz geschwächt war.[8] Natürlich waren es weiterhin Menschen, die Menschen, auch Philosophen und Schriftstellern, *gloria* zusprachen.[9] Andererseits bewirkte der Einfluss griechischer Philosophie, dass in Ciceros philosophischen Schriften die Tugend *virtus* der *gloria* nicht mehr bedurfte, so ausdrücklich im *Somnium Scipionis* (Cicero, *De republica* 6, 20-25, bes. 25): „Mit ihren eigenen Reizen soll dich die Tugend selbst zu echter Ehre führen!“.

Für den römischen Geschichtsschreiber Sallust in den letzten Jahren der Republik war freilich im Blick auf den Beginn des römischen Staates (*Coniuratio Catilinae* 6) die *cupiditas* bzw. das *certamen gloriae*, ‚Begierde nach‘ bzw. ‚Wettstreit um Ruhm‘, die Ursache für das schnelle Wachstum und die Stärke Roms. Die Bedeutung der *vera gloria* als Ansporn zu Leistungen für den Staat betonte auch noch am Ende des 4. Jh. n. Chr. der Geschichtsschreiber Ammianus Marcellinus (*Res gestae* 14, 6,8) im Anschluss an sein Lob der *Roma aeterna*, des stetig fortbestehenden Rom. –

---

7 Vgl. M. Krüger/B. Prehn, *Gens Cornelia. Römer des 3. und 2. Jahrhunderts*, 2 Teile (Diesterwegs altsprachliche Textausgaben), Frankfurt/Main [7]1958.

8 Vgl. U. Knoche, *Ruhmesgedanke* 117/8 = *Selbstverständnis*, 25.

9 Zum allgemeinen Umgang mit *gloria* vgl. J.-F. Thomas, *Gloria et laus*, passim.

Dabei kam der militärische Ruhm in erster Linie dem Kaiser zu[10] (Tacitus, *Agricola* 39,2), denn der ruhmreiche militärische Erfolg in der Verteidigung des Imperium Romanum war ein Element der ideologisch-propagandistischen Rechtfertigung des Kaisertums bis in die Spätantike.

So war auch noch zu Augustins Zeiten *gloria* etwas aktuell Politisches.

3. Die Bedeutung von *gloria* bei den Christen

Das christliche Verständnis von *gloria* hat seine eigene Vorgeschichte. Am Anfang stand im Alten Testament das hebräische Wort ‚kabod' (‚Würde', ‚Ehre', ‚Macht', ‚Pracht', ‚Glanz'), worin sich Gott offenbart;[11] es wurde in der Septuaginta mit δόξα übersetzt; dabei vollzog sich in diesem griechischen Wort gegenüber dem profangriechischen Gebrauch eine gewichtige Bedeutungsänderung. Δόξα verlor aus seinem Wortfeld die im Profangriechischen stark vertretene Bedeutung ‚subjektive Meinung', die dort vorhandenen Bedeutungen ‚Geltung' und ‚Ehre' wurden erweitert durch ‚Macht', ‚Glanz' und ‚Pracht', Bedeutungen, die im AT zur Bezeichnung von Gottes machtvoller Wirklichkeit und Erscheinung auch am Weltende verwendet wurden.[12]

Im Neuen Testament wird dieses veränderte Wortfeld übernommen. Δόξα eignet Gott und dem auferstandenen Christus zu (*Joh* 1,14; vgl. *Apg* 7,2; *1 Petr* 1,21): „Und das Wort ward Fleisch und nahm Wohnstätte unter uns und wir schauten seine Herrlichkeit [δόξα], eine Herrlichkeit, wie sie der einzige [Sohn] von seinem Vater hat, voller Gnade und Wahrheit."[13] Die Hoffnung der Christen

---

[10] Unter Augustus feierten zum letzten Male Nichtangehörige des Kaiserhauses Triumphe in Rom.

[11] Vgl. G. Kittel/G. v. Rad, *δόξα*, ThWNT II (1935) 236-256, bes. 240-245, und G. Bodendorfer in diesem Band.

[12] Vgl. G. Kittel/G. v. Rad, *δόξα*, 240, 245-248 und A. Dihle, *Doxa*, in: Scripta Classica Israelica 15 (1996) 32-43.

[13] Die Übersetzungen der Bibeltexte stammen von mir mit teilweiser Anlehnung an die Zürcher Bibel.

wird mit diesem Wort gekennzeichnet (*Kol* 1,27; 3,4).[14] Der von Menschen stammende Ruhm wird dem von Gott verliehenen entgegengestellt (*Joh* 5,41-44) und u. a. mit καύχημα (das ‚Sich-rühmen') bezeichnet.[15] Von daher ist die veränderte Bedeutung von δόξα wie dann auch *gloria* – vor jüdischem Hintergrund – ein Sondergut christlicher Sprache.

4. Augustinus und das traditionell-heidnische Verständnis

Ein Widerspruch zwischen der traditionell-römischen Auffassung von *gloria* zur christlich-theologischen war somit gegeben. Tertullian und Cyprian hielten zur weltlich-politischen *gloria* Distanz; bei Ambrosius fand der militärische Ruhm relative Anerkennung.[16] Augustinus konnte zwar dem herkömmlichen weltlichen Sprachgebrauch folgend von dem Ruhm eines tapferen Soldaten (*Epistulae* 102,7), des siegreichen David (*Enarrationes in Psalmos* 33,1,2), der Philosophen (*De Academicis* 3,16), auch von der *gloria* Platons (*De ciuitate dei* 8,4; *Contra Iulianum* 4,76), ja sogar christlicher Theologen (*Contra duas epistulas Pelagianorum* 4,20)[17] sprechen, aber als Theologe und Seelsorger lehnte er den von Menschen vergebenen Ruhm grundsätzlich ab (*Contra Iulianum* 4,22); die *gloria*

---

14 Vgl. G. Kittel/G. v. Rad, *δόξα*, 250-255; A. J. Vermeulen, *The Semantic Development of Gloria in Early-Christian Latin*, Utrecht/Nijmegen 1956, 18-27; M. Blum und M. Gielen in diesem Band.

15 Paulus sprach *1 Kor* 9,15/6 vordergründig von seinem καύχημα, ‚Ruhm bei Menschen' („Es wäre für mich besser zu sterben, als dass jemand meinen Ruhm zunichte macht!"), weil er bei seiner Missionstätigkeit auf materielle Unterstützung verzichtete; Augustinus fand (*De opere monachorum* 11) in der ihm vorliegenden lateinischen Übersetzung der Stelle dafür *gloria*; in seiner Argumentation stellt er jedoch der Tendenz des größeren Zusammenhanges des paulinischen Textes durchaus folgend heraus, dass es Paulus eigentlich um seinen Ruhm bei Gott (*gloria apud deum*) ging, indem Paulus „in Christo mit den Schwachen mitlitt"; das wird durch die folgenden Sätze des Paulus bestätigt, wo er (*1 Kor* 19-23) schreibt, er wolle „mit teilhaftig am Evangelium werden"; Augustinus (a. O.) deutet das als ‚*merces apud deum gloriae sempiternae*' bzw. ‚*merces apud deum gloriosa*', womit die ewige Herrlichkeit der christlichen Hoffnung (vgl. unten 5.6) angesprochen ist.

16 Vgl. A. J. Vermeulen, *Gloria*: RAC XI (1981) 196-225, bes. 215-221.

17 Vgl. *Contra Iulianum* 1,8; 2,37; *Contra Iulianum opus imperfectum* 6,7.

popularis, der von der Öffentlichkeit vergebene Ruhm werde ja im NT verachtet (*De moribus ecclesiae catholicae et de moribus Manicheorum* 1,38; *Enarrationes in Psalmos* 149,10) und ist eitel (*inanis, Expositio epistulae ad Galatas* 59), etwas Unbegründetes und Kindisches (*leve atque puerile, De Academicis* 3,18); eitel ist es auch, mithilfe der Kardinaltugenden, ja sogar mit dem Zeugentod für Christus nach Ruhm bei den Menschen zu streben (*Enarrationes in Psalmos* 118,12,2; *Sermones* 90,6); *gloria* ist das Ziel der Ehrsucht und ist dem Hochmut (*superbia*) gleichzusetzen (*Confessiones* 2,13; *De natura et gratia* 30; *Sermones* 363,2).

Dementsprechend greift Augustinus entschlossen römische Werte an. Er kritisiert (*De ciuitate dei* 3,14) die Hochschätzung, die der *gloria* von Sallust (*Coniuratio Catilinae* 2,2) zuteil wurde, sie sei *libido dominandi*, ‚Gier nach Gewaltherrschaft', und gar *sceleris laus*, ‚Lob von Verbrechen'. Augustinus kann zwar traditioneller Periodisierung der römischen Geschichte folgend die Leistungen der frühen Republik anerkennen, die durch das Streben nach menschlicher *gloria* zustande kamen. Trotzdem ist dieses Streben nach menschlichem Ruhm ein Laster, wenn auch weniger schimpflich, da die Römer mit diesem einen Laster viele andere unterdrückten (*De ciuitate dei* 5,14-19). – Er tadelt den Selbstmord der vergewaltigten Lucretia, die für die Römer die *pudicitia* verkörperte: Sie habe allzu ruhmbegierig (*laudis avida nimium*) nicht das Zeugnis ihres Gewissens, sondern die Augen der Menschen als Entscheidungsinstanz darüber angenommen, ob sie dem Ehebruch zugestimmt habe. Die christlichen Frauen dagegen, denen bei der Eroberung Roms durch Alarich Gleiches zugestoßen war und die sich nicht umbrachten, haben den Ruhm der Keuschheit (*gloria castitatis*), das Zeugnis ihres Gewissens (*testimonium conscientie*), in sich (*De ciuitate dei* 1,19).[18]

---

18 R. Klesczewski, *Wandlungen des Lucretia-Bildes im lateinischen Mittelalter und in der italienischen Literatur der Renaissance*, in: Livius. Werk und Rezeption (FS E. Burck), München 1983, 313-335.

5. Augustins theologische Auffassung von *gloria* im Überblick

Die christlich-theologische Auffassung von *gloria* ist freilich eine ganz andere. Augustinus stellt in sehr engem Anschluss an das NT ihre vielen Nuancen vor.[19] Zentral ist für ihn die Gottes- bzw. Christusbezogenheit der *gloria*: *Cum tu sis prae cunctis honorandus unus et gloriosus in aeternum.*[20] Wie schon beim ‚kabod' der hebräischen Bibel und bei der δόξα der Septuaginta und des NT ist bei Augustinus Gott selbst der Eigner der *gloria*; er ist der Gott der ewigen Herrlichkeit, *gloria* (*De opere monachorum* 11). Das kannte Augustinus aus den hymnischen Gottesanrufungen im NT, wie *Röm* 11,36: αὐτῷ ἡ δόξα εἰς τοὺς αἰῶνας, „ihm sei Herrlichkeit in alle Ewigkeit!", und auch aus dem Schluss des Vaterunsers: ὅτι σοῦ ἐστιν ἡ βασιλεία ἡ δύναμις καί ἡ δόξα εἰς τοὺς αἰῶνας.[21] Gottes *gloria* bei den Menschen ist *clara cum laude notitia*, ‚strahlende mit Lob verbundene Bekanntheit' (*Contra Maximinum Arrianum* 2,13,2), ist seine Erlösungstat, die die Himmel erzählen (*Enarrationes in Psalmos* 18,2,2). Während bei der heidnischen *gloria* Menschen, eine soziale Gruppe, den Ruhm, die Ehre und somit Glanz verleihen und der Geehrte seinen Ruhm dieser menschlichen Instanz verdankt, hat Gott seit dem AT und dann im NT keine menschliche Instanz nötig, die ihm *gloria* verliehe, er ist vielmehr selbst die Instanz für Herrlichkeit, an der er Menschen teilhaben lassen kann. Die Richtung der Vergabe von *gloria* verläuft nicht wie bei den Heiden von Menschen zu Menschen; bei den Christen geht sie von Gott aus. Dessen Herrlichkeit verlangt von den Menschen Anerkennung; das heißt dann von seiten der Menschen *dare gloriam deo* in Glauben und Taten.

Das wird auch durch Äußerungen Augustins zu *honos*, ‚Ehre', deutlich. Im NT (*1 Tim* 1,17) werden τιμὴ καὶ δόξα, *honor et gloria*, ‚Ehre und Herrlichkeit' in Junktur Gott zugesprochen (vgl. *Sermones* 177,2; 376A 4); die Menschen erweisen Gott Ehre, indem sie

---

19 Vgl. A. J. Vermeulen, *Semantic development*, 184-214.

20 *Confessiones* 2,13; Gottes Herrlichkeit ist durch seine Unvergänglichkeit gekennzeichnet (*Confessiones* 7,15 und *Enarrationes in Psalmos* 105,19 nach *Röm* 1,23); ihm eigen ist die Herrlichkeit des Schöpfers (*De natura et gratia* 39); vgl. auch *Confessiones* 10,59 und *In Iohannis euangelium tractatus* 14,5.

21 Vgl. den textkritischen Apparat zu *Mt* 6,13 in Nestle/Aland, *Novum Testamentum Graece*, 27. rev. Aufl., 8. Druck, Stuttgart 2001.

seine *gloria* anerkennen. Gott schafft wie ein Töpfer Gefäße zur Ehre und zur Unehre (*Röm* 9, 21; *2 Tim* 2,20/1), in den zur Ehre geschaffenen Gefäßen sieht Augustinus Menschen, denen Gott in seiner Gnade Ehre bei sich schenkt.[22]

Die Herrlichkeit *gloria* ist allen drei Personen der Trinität eigen. Entgegen Irrlehrern bekräftigt Augustinus *De trinitate* 2,14 und 5,9, dass ntliche Formeln wie *1 Tim* 1,17: „*regi autem saeculorum immortali, inuisibili, soli deo honor et gloria in saecula saeculorum!*" sich nicht nur auf den Vater, sondern auch auf den Sohn und den Hl. Geist beziehen.[23] Dazu gehört Augustins trinitarische Formel *De gratia et libero arbitrio* 68: „*... domini et salvatoris nostri Iesu Christi, cui est honor et gloria et regnum cum patre et spiritu sancto.*"

– Christus ist als Auferstandener der Herr der Herrlichkeit[24] (*De trinitate* 1,24; vgl. *1 Kor* 2,8) und wird in Herrlichkeit wiederkommen (*Sermones* 279,7). So versteht Augustinus in typologischer Interpretation die an Moses (*Ex* 33,18,23) vorüberziehende Herrlichkeit Gottes als Christi Vorübergehen in Leiden und Auferstehen vor den Israeliten (*Quaestiones* 2,154) und die im Zelt wohnende Herrlichkeit Gottes als die Gnade Christi (*Quaestiones* 2,176). – Die Herrlichkeit Christi erstreckt sich in der Kirche weithin (*De agone christiano* 31).[25]

– Die Herrlichkeit, *gloria*, des Hl. Geistes wird besonders angesprochen *Conlatio cum Maximino Arrianorum episcopo* 19x: „*Nos enim non miserabilem spiritum sanctum dicimus, siquidem ex ipsa lectione gloria spiritus sancti ostenditur*", „Wir nennen nämlich den Hl. Geist nicht jammervoll, da ja aus dem Wortlaut[26] selbst die Herrlichkeit des Hl. Geistes erwiesen wird." – Mit Christus, der Kirche und der Herrlichkeit wird der Hl. Geist *In Iohannis euangelium tractatus* 100,3 in einem Argument vereint: „*non enim eum [scl. Christum] glorificavit spiritus sanctus uera gloria, nisi in ec-*

---

22 *De ciuitate dei* 15,1; *Contra duas epistulas Pelagianorum* 2,14; *Contra Iulianum* 4,46; *Enarrationes in Psalmos* 81,2.

23 Vgl. *Contra Maximinum Arrianum* 2,12,2 und *Sermones* 277,15; *Sermones Frangip.* 8,5.

24 Soweit nicht andere lateinische Wörter angegeben werden, steht im Folgenden in den Zitaten im lateinischen Text für deutsch ‚Herrlichkeit': *gloria*.

25 Vgl. *De fide rerum inuisibilium* 7; *Epistulae* 105,14.

26 *Röm* 8,26: „*Sed ipse Spiritus postulat pro nobis gemitibus inenarrabilibus*", „Aber der Geist selbst bittet für uns mit unaussprechlichen Seufzern."

clesia sancta catholica", „denn ihn [scl. Christus] hat der Hl. Geist nur in der heiligen katholischen Kirche verherrlicht."

Zu diesen Grundzügen müssen noch einzelne Aspekte weiter ausgeführt werden:

5.1 Wenn Augustinus von Gottes ‚hehrer'[27] Herrschaft spricht, geht das zurück auf das am Anfang der Bedeutungskette von ‚Herrlichkeit' stehende atliche ‚kabod',[28] das auch noch bei Augustinus eine zentrale Bedeutungsnuance von *gloria* darstellt. Es ist die beeindruckende Pracht bzw. der Glanz einer Herrschermacht und kommt so dem deutschen Adjektiv ‚hehr' sehr nahe, von dem ‚Herr', ‚Herrschaft' und ‚Herrlichkeit' abzuleiten sind.[29] Augustinus zitiert (*Enarrationes in Psalmos* 144,8-15) u. a. Psalm 144,5 und 12: „*et magnificentiam gloriae sanctitatis tuae loquentur*" und „*gloriam regni tui dicent et potentiam tuam loquentur, ut notam faciant filiis hominum potentiam tuam et gloriam magnitudinis decoris regni tui*", „sie [die Generationen] werden von der hehren Pracht deiner Hoheit sprechen" und „sie [alle Werke Gottes und die Frommen] werden reden von der Herrlichkeit deiner Herrschaft und sprechen von deiner Macht, dass sie den Menschenkindern deine Macht bekannt machen und die hehre Größe der Pracht deines Reiches". In seinen kommentierenden Sätzen fordert Augustinus zum Loben der Schöpfermacht Gottes auf, widmet sich besonders den Worten *gloriam magnitudinis decoris regni tui* und sagt: Gottes Reich hat von Gott seine große Pracht, an der wir uns erfreuen sollen. Erde, Meer, Luft, Himmel und Gestirne haben Pracht; die Schönheit [*pulchritudo*] selbst strahlt so hervor, „dass gleichsam nichts Schöneres gefunden werden kann. [Man achte auf die große Rolle des Ästhetischen in diesem Zusammenhang!] Und hier [auf Erden] leben in dieser Pracht, in dieser fast unaussprechlichen Schönheit mit dir zusammen Würmlein, Mäuse und alle Kriechtiere der Erde; sie leben in dieser Pracht. Von welcher Art ist [dann] die Pracht jenes Reiches, in dem nur die Engel mit dir zusammen leben? Darum wäre es zu wenig zu sagen ‚hehre Pracht' [*gloria decoris*]; man hätte *gloria decoris* auch von jedem beliebigen Au-

---

27 Dieses Adjektiv hat auch die Zürcher Bibel in der Übersetzung von *Ps* 145 (= 144), 5 und 12.

28 Vgl. oben 3 und *Jes* 6,3: „Die ganze Erde ist seiner Herrlichkeit (hebräisch: ‚kebodo') voll!"

29 Vgl. Anm. 2.

genfälligen, was in dieser Welt seinen Platz hat, sagen können, betreffs der Erde von ihrem Grünen oder betreffs des Himmels von seinem Leuchten, aber [mit den Worten] ‚der Größe der Pracht deines Reiches' empfiehlt er [der Psalmist] etwas, was wir noch nicht sehen, was wir, da wir es noch nicht gesehen haben, glauben, weil wir es glauben, herbei sehnen, ..." Augustinus erklärt so die Erweiterung mit *magnitudo* in der pleonastischen Junktur *[gloriam] magnitudinis decoris regni tui* und sieht mit ihr das zukünftige Reich Gottes bezeichnet, das die Schönheit dieser Welt noch übertrifft.

5.2 Die Herrlichkeit Gottes ist eine wirkende Kraft.[30] Dank ihrer ist Christus auferstanden (*Contra Iulianum* 6,10 und 13; *De fide spe et caritate* 53, vgl. *Röm* 6,4) und hat Gott Jesus zum Erlöser erhöht (*De peccatorum meritis et remissione et de baptismo paruulorum* 1,52).

In seiner Erklärung von Psalm 18: „Die Himmel erzählen die Herrlichkeit Gottes (*caeli enarrant gloriam dei*) und die Feste verkündet das Werk seiner Hände" (*Enarrationes in Psalmos* 18,1,2-2,5) geht Augustinus kaum auf das Schöpfungshandeln Gottes ein. Im Vordergrund steht das Soteriologische; nach ihm „legen die redlichen Evangelisten, in denen Gott wie in Himmeln wohnt, die Herrlichkeit unseres Herrn Jesu Christi dar oder die Herrlichkeit, mit der der Sohn auf Erden seinen Vater verherrlichte. ... In diesem unserem Herrn und Heiland Jesus Christus liegt die große und volle Gnade, über die der Apostel Johannes [*Joh* 1,14] schreibt: ‚Und wir schauten seine Herrlichkeit, eine Herrlichkeit, wie sie der einzige [Sohn] von seinem Vater hat, voller Gnade und Wahrheit.' Jener [Christus] hat uns nicht wegen unserer Gerechtigkeit, sondern wegen seines Erbarmens geheilt durch das Bad der Wiedergeburt. Das ist also, sagte ich, die Herrlichkeit Gottes [*gloria dei*], die die Himmel erzählen; dies ist Gottes Herrlichkeit, nicht die deinige. Du hast nämlich nichts Gutes getan und dennoch so großes Gut empfangen. Wenn du also zu der Herrlichkeit gehörst [*pertines ad gloriam*], die die Himmel erzählt haben, so sprich zu dem Herrn, deinem Gott: ‚Mein Gott, sein Erbarmen wird mir zuvorkommen!'" Augustinus kann fragen (*Enarrationes in Psalmos: „quae sunt opera manuum eius?"* „Was sind die Werke seiner [Gottes] Hände?"

30 Gott kann mit ihr Könige zerschlagen (*Enarrationes in Psalmos* 109,18).

und antworten: „*Gloria dei illa, qua salvi facti sumus!*“ „Jene Gnade Gottes, durch die wir errettet sind!“; an anderer Stelle (*In Iohannis euangelium tractatus* 82,1) werden *gloria* und *gratia* praktisch gleichgestellt.[31]

5.3 Weil Gott Mensch geworden ist, wird nun auch der menschlichen Natur große Herrlichkeit zuteil (*De fide spe et caritate* 36). Denn das zukünftige Leben mit Christus ist Herrlichkeit (*Sermones* 17,2), in diese ewige Herrlichkeit hat Gott die Christen berufen (*Quaestiones* 2,154; *Enarrationes in Psalmos* 109,1).

Deutlich kommt Ästhetisches ins Spiel, wenn Augustinus in der Heiligung der Menschen durch die Taufe eine Herrlichkeit sieht, die die Schönheit blühender Bäume übertrifft (*Enarrationes in Psalmos* 131,28). Hier las Augustinus in der lateinischen Übersetzung von *Ps* 131,18, nachdem er in den vorangehenden Psalmversen Christus erwähnt gesehen hatte: „*Super ipsum autem efflorebit sanctificatio mea*“, „Auf ihm wird aber erblühen meine Heiligung“, und er kommentierte: „Auf Christus wird sie erblühen, niemand von den Menschen soll sie [die Heiligung] sich anmaßen, weil er [Christus] selbst die Heiligung schenkt; anders wird nicht wahr sein: ‚*Super ipsum autem florebit sanctificatio mea*‘. Die Herrlichkeit der Heiligung wird erblühen (*gloria sanctificationis florebit*); die Heiligung ist also Christi [Wirken], [geschieht] eben in Christus, Gottes Kraft der Heiligung [wirkt] in Christus. Da er nämlich ‚sie wird erblühen‘ sagte, wollte er [der Psalmist] das auf die Herrlichkeit bezogen sehen. Wenn nämlich die Bäume blühen, dann sind sie schön, also [auch] die Heiligung in der Taufe, deshalb blüht sie und glänzt. Weshalb mußte die Welt vor dieser Schönheit zurücktreten? Weil sie [die Heiligung] in Christus blüht; denn gib sie in die Macht der Menschen, wie blüht sie dann, da alles Fleisch Heu ist, und aller Glanz/alle Herrlichkeit des Fleisches wie die Blüte des Heus! (*‚Florebit‘ enim quod dixit, ad gloriam vult pertinere, quando enim florent arbores, tunc pulchrae sunt, ergo sanctificatio in baptismo; inde floret et claret. Unde cessit mundus huic pulchritudini? Quia in Christo floret. nam pone illam in hominis potestate, quomodo floret, quando omnis caro fenum, et omnis claritas carnis ut flos feni!*)“

---

31 Allgemein zu Augustins Gnaden-Lehre vgl. V. H. Drecoll, *Gratia*, Augustinus-Lexikon III, Basel 2004, 182-242, bes. 193-242.

Überhaupt ist ihm die Schönheit dieser Welt ein Hinweis auf die herrliche Schönheit (*gloria decoris*) der zukünftigen.[32] Er sieht in Entfaltung von *2 Kor* 3,18[33] verschiedene Stufen der Herrlichkeit des Menschen (*De trinitate* 15,14): Als Ebenbilder Gottes haben die Menschen ja schon die Herrlichkeit ihrer Entstehung (*gloria generationis*), aus dieser werden sie verwandelt in die *gloria iustificationis*, der Rechtfertigung, weiter in die *gloria fidei*, des Glaubens, und werden schließlich in der *gloria speciei* die Herrlichkeit Gottes betrachten.[34]

5.4 Der (dritten) Stufe der eben erwähnten *gloria fidei*, der Herrlichkeit des Glaubens, kann man wohl die Äußerungen Augustins, die den gläubigen Menschen voraussetzen, zuordnen, dass nämlich die Entscheidungsinstanz darüber, ob ein Mensch recht gehandelt hat, nicht andere Menschen sind, sondern das eigene Gewissen, wenn Gott im Herzen Zeuge ist.[35] Denn die Seele, die durch Gottes Gnade über das Gesetz der Sünde gesiegt hat, empfängt himmlischen Lohn mit größerer Herrlichkeit (*De Genesi ad litteram* 9,11). Dazu passt Augustins Interpretation von Paulus, *Röm* 4,2-4 (*Expositio quarundam propositionum ex epistula apostoli ad Romanos* 20): „Denn wenn Abraham durch Werke gerechtfertigt wurde, hat er zwar Ruhm,[36] aber nicht bei Gott. Was sagt denn die Schrift [*Gen* 15,6]? ‚Abraham glaubte an Gott, und das wurde ihm zur Gerechtigkeit angerechnet'." Und Augustinus schreibt dazu (ebenda): „Gott eignet jene *gloria*, nicht ihm [Abraham], denn nicht durch sein

32 Vgl. oben 5.1.

33 *„Nos autem revelata facie gloriam domini speculantes in eandem imaginem transformamur de gloria in gloriam tamquam a domini spiritu!"*, „Wir aber spiegeln mit aufgedecktem Antlitz die Herrlichkeit des Herrn wider und werden in dasselbe Bild verwandelt von Herrlichkeit zu Herrlichkeit, wie von dem Geist des Herrn!"

34 Vgl. *Enarrationes in Psalmos* 37,28; 113,1,7; *Sermones Mai* 94,7.

35 *Expositio epistulae ad Galatas* 59: *„quid enim ista caecitate tenebrosius ad obtinendam inanissimam gloriam errorem hominis aucupari et deum testem in corde contemnere?"*, „Was ist nämlich finsterer als diese Blindheit, zum Erlangen von ganz wesenlosem Ruhm menschlichen Irrtum zu erhaschen und Gott, den Zeugen im Herzen, zu verachten?"; vgl. auch *De diuersis quaestionibus octoginta tribus liber unus* 59 und oben 4 am Ende.

36 Paulus verwendet an dieser Stelle nicht δόξα, sondern καύχημα, ‚Rühmen vor Menschen'; vgl. oben 4; Augustinus hat im Anschluss an die ihm vorliegende Bibelübersetzung *gloria* auch für diesen Ruhm, den er ablehnt, so *Enarrationes in Psalmos* 140,13.

Verdienst, gleichsam durch Werke, sondern durch Gottes Gnade [*dei gratia*] ist er durch den Glauben gerechtfertigt". Weiter bemerkt Augustinus (*Expositio quarundam propositionum ex epistula apostoli ad Romanos* 25) zu *Röm* 4,20, wo es von Abraham heißt ‚*dans gloriam deo*', das sei gegen jene hingeschrieben, „die ihren eigenen Ruhm vor den Menschen aus des Gesetzes Werken suchten!" Augustinus versteht, wie der Zusammenhang zeigt, die Junktur: ‚*dans gloriam deo*' als ‚Abraham erkannte Gottes Macht/ Herrlichkeit an'. Die Christen sollen ja, wie es Christus seinem Vater gegenüber tat, Gott, ihrem Schöpfer Ehre erweisen, d.h. seine *gloria* anerkennen, denn – weiter stützt sich Augustinus auf Paulus *Röm* 4,20, wo es von Abraham dann heißt: *dans gloriam deo et plenissime credens*, – ‚Gottes Macht/Herrlichkeit anerkennen' ist gleichbedeutend mit ‚uneingeschränkt glauben' (so auch *De correptione et gratia* 35/6 sowie *De praedestinatione sanctorum* 6 und 19). Der Glaube wird in einer festen Verbindung mit Gottes Herrlichkeit dargestellt: Wenn wir Christi Jünger werden, dürfen wir das nicht unserem menschlichen Ruhm zuschreiben, ist es doch Gottes Gnade und dient zu Gottes Herrlichkeit: „Darin wird nämlich der Vater verherrlicht [*glorificatur*], dass wir reiche Frucht bringen und Christi Jünger werden. Durch wen werden wir dazu, wenn nicht durch ihn, dessen Erbarmen [*misericordia*] uns zuvorkommt?" (*In Iohannis euangelium tractatus* 82,1).

Gottes Herrlichkeit spiegelt sich somit nun einerseits in der Schöpfung (vgl. oben 5.1) und andererseits in Taten von Menschen wider: „Die Natur (von den Menschen her) betrachtet gibt von sich aus ihrem Schöpfer Herrlichkeit" (*De ciuitate dei* 12,4). Andererseits sollen aber nach Jesu Wort (*Mt* 5,16) gute Taten geschehen, damit an ihnen Gottes Herrlichkeit deutlich werde (*De sermone domini in monte* 1,18/9).

5.5 Bei der Märtyrerverehrung könnte man noch Elemente der traditionellen Auffassung von *gloria* finden,[37] dass Christen verdienten Christen, also Menschen anderen Menschen, Ruhm verleihen. Nun erkennt Augustinus dem Kriegsdienst (*militia*) gegen den Teufel zwar großen Ruhm zu (*De libero arbitrio* 3,57); das gilt vor allem für den Märtyrertod (*De ciuitate dei* 13,4; *Epistulae* 157,36; *Sermones* 276,4; 277,1-4; 286,4); doch Petrus ist nicht für seinen

37 Vgl. oben 4.

eigenen Ruhm gestorben, sondern zur Ehre Gottes (*Sermones* 311,2); was wäre ein Märtyrer ohne die Hilfe Christi (*Sermones Denis* 13,2)? Deshalb muss die Gemeinde, um dem Ruhm des Märtyrers Genüge zu tun, „den Herrn in ihm und ihn im Herrn loben" (*Sermones Denis* 14,1).[38] Augustinus sagt für den großen Bischof und Märtyrer Cyprianus Gott Lob und Ehre (*laus et gloria*), weil er diesen, seinen Diener zu einem so großgearteten Zeugen gemacht hatte (*Sermones* 312,4-6). So kehrt Augustinus in diesem Bereich die traditionelle Richtung: ‚Menschen rühmen Menschen' um in: ‚Gottes erwiesene Macht/Herrlichkeit wird von Menschen gelobt'.

5.6 Die Hoffnung der Christen ist auf das zukünftige Leben mit Christus, auf diese *gloria* gerichtet (*Sermones* 17,2); sie werden das ewige Heil empfangen, dass sie die Herrlichkeit Gottes schauend und sein Antlitz betrachtend (*ut contemplantes gloriam dei et eius faciem intuentes, eum laudemus in aeternum*) ihn in Ewigkeit loben (*Enarrationes in Psalmos* 37,28); sie werden von der Herrlichkeit des Glaubens (*gloria fidei*)[39] in die Herrlicheit des Schauens (*gloria speciei*) hinübergehen (*Sermones Mai* 94,7).[40] Christus, der den Seinen in die Herrlichkeit des ewigen Lebens vorausgegangen ist (*Epistulae ad Romanos inchoata expositio* 5), wird die Leiber der Christen in die Herrlichkeit seines Leibes verwandeln (*De consensu euangelistarum* 2,100 und *In Iohannis euangelium tractatus* 60,2).[41] Entsprechend kann Augustinus in einer Predigt (*Sermones* 193,1) den weihnachtlichen Lobgesang der Engel (*Lk* 2,14) *„gloria in excelsis deo et in terra pax hominibus bonae voluntatis"* deuten: „Auch wir werden (zu) Ehre/Herrlichkeit (bei) Gott in der Höhe, wenn wir mit dem auferstehenden geistlichen Leib in den Wolken Christus eilends entgegengetragen werden, sofern wir nur, während wir auf Erden sind, mit gutem Willen eifrig nach dem Frieden streben." Die Christen werden also selbst Teil der Herrlichkeit. Allerdings ist die Herrlichkeit der Heiligen je nach ihren Verdiensten

---

38 Vgl. *De dono perseuerantiae* 12; *Sermones* 319,7; *Sermones Lambot* 7.

39 Vgl. dazu oben 5.3 und 4.

40 Vgl. oben 5.3

41 Ähnlich interpretiert Augustinus auch *Contra duas epistulas Pelagianorum* 1,23 des Paulus Klage (*Röm* 7,24) *„Quis me liberavit de corpore huius mortis?"*: Den Unfrommen werden ihre Leiber zur ewigen Qual zurückgegeben. „Befreit zu werden vom Leibe dieses Todes bedeutet also, nach der Heilung aller Schwäche fleischlicher Begierden den Leib wieder in Empfang zu nehmen, nicht zur Strafe, sondern für die Herrlichkeit."

unterschieden wie der Glanz (*gloria*) der Gestirne am Himmel, wie Augustinus im Anschluss an *1 Kor* 15,41 in einer Predigt (*Sermones* 132,3) sagt.[42] In diesem Zusammenhang kann er ‚Glanz' auch mit *claritas* bezeichnen und von unterschiedlicher *dignitas* ‚glanzvoller Würde' sprechen (*In Iohannis euangelium tractatus 67,2*).

5.7 Augustinus preist die Herrlichkeit der Kirche Christi,[43] sieht die Kirche aber auch sehr nüchtern (*Enarrationes in Psalmos* 25,2,12): „Die Kirche ist das Haus Gottes; bis jetzt hat sie [auch] schlechte [Mitglieder], aber die Zier des Hauses Gottes beruht auf den guten, auf den frommen. ‚Die Zier deines Hauses habe ich lieb gewonnen und den Ort, wo deine Herrlichkeit wohnt.' [*Ps* 25,8]" Augustinus hebt hervor, es hieße nicht ‚den Ort, wo du wohnst', sondern ‚den Ort, wo deine Herrlichkeit wohnt' und zielt mit seiner Erklärung von *gloria dei* auf die Mitglieder der Kirche, „unter denen also der Herr so wohnt, dass auch von den Guten her er selbst verherrlicht werde, [im Falle] dass sie nicht sich selbst zuweisen und gleichsam als ihr Eigenes beanspruchen wollen, was sie von jenem [Gott] haben, gehören sie selbst zur Zier [seines] Hauses. ... Die zur Zier seines Hauses gehören, in denen die Herrlichkeit Gottes wohnt, sie sind der Ort, wo Gottes Herrlichkeit wohnt." – Gleichwohl kann Augustinus die Kirche seiner Zeit als ‚Sitz der Herrlichkeit', *sedes gloriae*, (*Contra Faustum Manicheum* 13,13) bezeichnen[44] und spricht an dieser Stelle auch vom ‚Glanz der Kirche', *claritas ecclesiae*. Weiter heißt es: „Denn die Kirche lebt, wie es richtig ist, in der Herrlichkeit Christi, dass ihre Schönheit [*pulchritudo*] ihrem Manne Ehre bringt" (*Contra Faustum Manicheum* 22,38); von der Herrlichkeit der Kirche als der Braut Christi spricht Augustinus auch *Sermones* 262,5. Durch die Märtyrer, kann Augustinus (*Enarrationes in Psalmos* 101,2,5) sagen, sei es gekommen, dass „zu unseren Zeiten die Kirche in so großer Herrlichkeit, wie wir sie sehen, dasteht, dass auch schon die Mächte, die sie verfolgten, dem Herren dienen!" Hier könnte man die heidnische Auffassung von *gloria* als Ruhm von Menschen bei Menschen verstehen; für Augustinus dürfte aber die Herrlichkeit Gottes als wirkende Kraft im Vordergrund stehen (vgl. oben 5.2).

---

42 Vgl. *Epistulae* 205,7 und *De sancta uirginitate* 18.
43 Vgl. oben 5 am Ende.
44 Vgl. *Enarrationes in Psalmos* 34,2,8; 67,17; 68,1,1.

Die zukünftige Welt ist im Blick, wo die Kirche, weil Christus ihr Haupt ist, als sein Leib mit ihm zusammen in seinem Königreich und der ewigen Herrlichkeit sein wird (*De doctrina Christiana* 3,55); ähnlich zu verstehen ist auch *Retractationes* 1,19,9: „Sie wird mit ihm zusammen erscheinen in Herrlichkeit, wegen welcher Herrlichkeit sie auch Kirche der Herrlichkeit [*ecclesia gloriosa*] heißt!" und *Enarrationes in Psalmos* 71,10: „Die Kirche wird erhoben werden, da sie in der Herrlichkeit der Auferstehung mit ihm herrschen wird, der ihr in dieser Herrlichkeit als Erstgeborener von den Toten vorausging!"

6. Zusammenfassung des Gebrauchs von *gloria*, ‚Herrlichkeit', bei Augustinus

Man könnte die einzelnen Segmente des Wortfeldes von *gloria*, ‚Herrlichkeit', getrennt nebeneinander stellen.[45] Das wäre sozusagen ein analytisch-anatomischer Befund. Doch gilt es hier, das lebendige Zusammenspiel der einzelnen teils widerstreitenden, auch verschiedenen Segmente nachzuzeichnen.

Die vom Theologen Augustinus hervorgehobenen Bedeutungsnuancen von *gloria* zeigen das dynamische Wirkungsfeld einer Gotteskraft, die sich den Menschen zuwendet. Gewiss bestimmt der jeweilige Zusammenhang, welches Bedeutungssegment im Einzelfall im Vordergrund steht. Doch werden uns von Augustinus Hinweise auf das Zusammenspiel der verschiedenen Segmente gegeben. Diese sind im Vorangehenden schon angesprochen.

Den Ruhm, der von Menschen anderen Menschen gespendet wird, lehnt Augustinus ab (vgl. oben 2 und 4), er dient ihm aber als Kontrast zu seiner Bestimmung der *gloria apud deum* (vgl. oben 5.4 und 5.5). Dieser Ruhm, diese Herrlichkeit der Menschen bei Gott geht von Gott aus, indem er bei Menschen Glauben erweckt, Gott zieht sie in seine Herrlichkeit und die gläubig gewordenen Menschen erkennen Gottes Herrlichkeit an (*dare gloriam deo*) (vgl. oben 5.4).

Denn Herrlichkeit ist zwar ein Gott ganz eigner Wesenszug, hat ihren Ursprung allein in ihm, aber sie strahlt von ihm aus, sie wird

45 Vgl. oben 5, 5.1-5.7.

in der Schöpfung und in den Taten von Menschen widergespiegelt (vgl. oben 5.1 und 5.4).

Gottes Herrlichkeit ist ja eine wirkende Kraft, sie ließ Christus auferstehen, sie schenkt den Menschen durch Gottes Erlösungstat und Gnade Vergebung und so Zugehörigkeit zu seiner Herrlichkeit (vgl. oben 5.2).

Ein Anfang dieser Herrlichkeit wird den Menschen wegen der Menschwerdung Gottes schon zu ihren Lebzeiten in der Taufe zuteil (vgl. oben 5.3).

Die ganze von Gott geschenkte Herrlichkeit bei ihm erhoffen die Frommen am Ende der Tage, wenn sie in der Herrlichkeit Gott schauen werden (vgl. oben 5.6).

‚Herrlichkeit' ist bei Augustinus ein zentraler theologischer Begriff, der dynamisch Anthropologisches und Soteriologisches umfasst.

Die Herrlichkeit göttlicher Gegenwart manifestiert sich in Theophanien

Albertus Magnus in der Tradition des Dionysius Ps.-Areopagita

Maria Burger

Albertus Magnus: Ein Kurzporträt

Albertus Magnus, dessen Lebenszeit (1200-1280) fast das ganze 13. Jahrhundert umfasste, stand mit seinem literarischen Schaffen im Zentrum der scholastischen Gelehrsamkeit. Wohl seinerseits in schon fortgeschrittenem Alter von fast 30 Jahren schloss er sich dem damals noch jungen Predigerorden an. Diese Gemeinschaft war aus den religiösen Aufbruchbewegungen des späten 12. Jahrhunderts erwachsen; ihre Wurzeln lagen in einer intellektuell geprägten Armutsbewegung. Gegen die Macht von Besitz und Herkunft wurden Wissen und Tugend (*scientia et virtus*) als neue Werte gesetzt. Schon Dominikus brachte die von ihm gegründete Gemeinschaft mit den Schulen in Verbindung, die sich in dieser Zeit zu den ersten Universitäten entwickelten. Sein Nachfolger, Jordanus von Sachsen, ging auf diesem Wege weiter, formte den Dominikanerorden zu einer von intellektuellem Ethos getragenen Armutsbewegung, die ihren Nachwuchs vor allem im studentischen Milieu suchte. Auf die Predigttätigkeit bereitete der Orden seine Brüder durch Studium und praktische Ausbildung sorgfältig vor. Dafür wurden schon unmittelbar nach der Ordensgründung eigenständige und völlig neuartige theologische Ausbildungsstätten geschaffen, in denen ein Lektor die Brüder unterrichtete.

Dies ist das Umfeld, in dem Alberts Wirken zu verorten ist. Er stellte sich den Möglichkeiten und Herausforderungen seiner Zeit radikal. Wohl schon vor seinem Aufenthalt an der Pariser Universität seit Anfang der vierziger Jahre des 13. Jahrhunderts rezipierte er jede ihm nur irgend in lateinischer Sprache verfügbare Literatur, integrierte das Wissen der heidnischen Griechen, der muslimischen Araber und der Juden in sein christliches Denken, oder setzte sich kritisch damit auseinander. So sprengte Albert schon in seinem Frühwerk das theologische Pflichtprogramm der Kommentierung von Bibel und Kirchenvätersentenzen durch die Abfassung eines systematischen Schöpfungstraktates. Später, als Leiter des Generalstudiums der Dominikaner in Köln, entfaltete er eine umfassende Kommentierungstätigkeit. Zunächst war es das Gesamtwerk des Dionysius Ps.-Areopagita, das er seinen Vorlesungen zugrunde legte. Anschließend kommentierte er sämtliche Werke des Aristoteles, ergänzt um Schriften, die ihm in dessen Wissenschaftskonzeption zu fehlen schienen und die er somit von anderen Autoren entlehnte oder selbständig verfasste. In diesem Geiste wirkte Albert auch auf seine Ordensgemeinschaft ein, indem er maßgeblich dazu beitrug, die ursprünglich auf die theologischen Inhalte begrenzte Studienordnung um die Fächer der *artes liberales* zu ergänzen.[1]

Albertus Magnus kann hier exemplarisch als ein bedeutender Denker der Hochscholastik vorgeführt werden. Zugleich übte er durch seine Werke und seine Tätigkeit im Orden erheblichen Einfluss nicht nur auf die Dominikanerschule aus.

Dionysius Ps.-Areopagita: anonyme Wirksamkeit

In besonderem Maße ist Alberts Denken durch den neuplatonischen Autor geprägt, der sich hinter dem Pseudonym eines Apostelschülers verbirgt. Da die Autorität von dessen Schriften kirchlich verbürgt war, konnte Albert sich (zunächst) ohne das Risiko von Sanktionen, wie sie dem Aristotelismus in Paris schon bald widerfuhren, einem philosophischen Werk widmen. Schon in seinem Frühwerk, noch vor der Kommentierung des *Corpus*, ist Albert mit

---

1 Die ältere Studienanweisung findet sich in den Konstitutionen von 1228. A. H. Thomas, *De Oudste Constituties van de Dominicanen. Voorgeschiedenis Tekst, Bronnen, Ontstaan en Ontwikkeling (1215-1237)* (BRHE 42), Leuven 1965, 361: „In libris gentilium et philosophorum non studeant, etsi ad horam inspiciant. Seculares scientias non addiscant, nec etiam artes quas liberales vocant, nisi aliquando circa aliquos magister ordinis vel capitulum generale voluerit aliter dispensare; sed tantum libros theologicos tam iuvenes quam alii legant." (dist. 2 c.28). Zur neueren Studienordnung von 1259 vgl. H. Denifle/ Ae. Chatelain, *Chartularium Universitatis Parisienis* I, Paris 1889, n.335.

den Schriften des Areopagiten bestens vertraut. Welches sind die zentralen Themen, die Albert diesem Werk entnimmt?

Der dionysische Kosmos ist von einer strikten Ordnung durchwaltet. Zentraler Begriff hierfür ist die Hierarchie[2]: Sie ist (so lautet die Formulierung im 3. Kapitel von *De caelesti hierarchia*) „eine geheiligte Ordnung, Wissenschaft und Wirksamkeit, sich Gottes Art so gut wie möglich angleichend und, entsprechend den ihr von Gott her eingegebenen Erleuchtungen, nach dem jeweiligen Verhältnis sich zur nachahmenden Darstellung Gottes erhebend.“[3] Dies gilt in der himmlischen Hierarchie und setzt sich fort in der kirchlichen (irdischen) Hierarchie. Dionysius verortet diese Struktur in der kosmischen Ordnung, in Maß, Proportion und Harmonie, wie auch in der auf Analogie beruhenden Beziehung der vernunftbegabten Geschöpfe zu Gott.[4] Die hierarchische Ordnung zu akzeptieren bedeutet, das göttliche Gesetz auszuführen, im Maß des Möglichen zu leben, göttlich zu werden. Ursprung (*principium*) der Hierarchie ist Gott, und Ziel (*finis*) aller hierarchischen Tätigkeit ist die Vergöttlichung, die Einheit mit Gott. Voraussetzung hierfür ist die neuplatonische Vorstellung des Hervorgangs der Vielen aus dem Einen. Dionysius bedient sich der Lichtmetapher: „Jedes Hervortreten der vom Vater ausgehenden Lichtausstrahlung, die uns als Gabe

---

2 Am Rande sei vermerkt, dass es sich hierbei um eine dionysische Begriffsbildung handelt. Vom Träger der Hierarchie, dem Hierarchen (= Bischof), leitet er das Abstraktum ab. Zum Hierarchiebegriff bei Dionysius und der Rezeption bei Albertus Magnus vgl. M. Burger, *Hierarchische Strukturen. Die Rezeption der Dionysischen Terminologie bei Albertus Magnus*, in: J. Hamesse/ C. Steel (Hg.), L’élaboration du vocabulaire philosophique au Moyen Âge. Actes du Colloque international de Louvain-la-Neuve et Leuven, 12-14 septembre 1998, organisé par la Société Internationale pour l'Étude de la Philosophie Médiévale (Rencontres de Philosophie Médiévale 8), Turnhout 2000, 397-420.

3 Vgl. Pseudo-Dionysius Areopagita, *Corpus Dionysiacum II: De coelesti hierarchia, De ecclesiastica hierarchia, De mystica theologia, Epistulae,* G. Heil/ A. M. Ritter (Hg.) (PTS 36), Berlin 1991, Cap. 3, 17; Pseudo-Dionysius Areopagita, *Über die himmlische Hierarchie. Über die kirchliche Hierarchie,* eingeleitet, übersetzt und mit Anmerkungen versehen von G. Heil (BGrL 22), Stuttgart 1986, 36. In der lateinischen Übersetzung des Johannes Scotus Eriugena, die Albertus Magnus verwendet, lautet diese Definition: „Est quidem hierarchia secundum me ordo divinus et scientia et actio, deiforme, quantum possibile, similans et ad inditas ei divinitus illuminationes proportionaliter in dei similitudinem ascendens.“

4 Vgl. O. Semmelroth, *Der Weg zur Gottesgemeinschaft nach Ps.-Dionysius Areopagita*, in: GuL 21 (1948) 121-131.

des Guten erreicht, nimmt als einende Kraft in der Orientierung nach oben die Scheidung von uns weg und führt uns zur Einheit des Vaters zurück."[5] Ausgang (*exitus*) und Rückkehr (*reditus*) gehören inhaltlich eng zusammen. Vermittelt ist dies durch Jesus Christus, das Licht vom Vater. Die göttliche Lichtausstrahlung vermag der Mensch jedoch nicht unmittelbar zu erfassen. Seine Wahrnehmung ist getrübt durch materielle Darstellung. Der vom göttlichen Ursprung ausgehende Lichtstrahl ist durch den bunten Formenreichtum geheiligter Verhüllungen verdeckt.[6] Durch solche sinnlich fassbare Gestalten soll der menschliche Geist jedoch empor geführt werden. Die sichtbare Schönheit ist das Abbild der unsichtbaren Herrlichkeit. Diese Schönheit ist für Dionysius vor allem die Wohlgeordnetheit der Schöpfung; denn auch die göttliche Unendlichkeit kann nur in Maß und Ordnung vorgestellt werden. Leuchtet somit in der Schönheit durch Teilhabe an der göttlichen Unendlichkeit der göttliche Lichtstrahl auf, so steht doch jede Ähnlichkeit des Geschöpflichen mit dem Göttlichen unter dem Vorbehalt der je größeren Unähnlichkeit. Als negative Theologie hat sich dieser Umgang mit göttlichen Attributen theologiegeschichtlich bewährt. Sie gilt sowohl für die sinnlichen Symbole, durch die der Mensch zu Gott geführt wird, wie auch für die den Ideen entlehnten Gottesnamen. Unter ihnen spielt wiederum das Schöne als Gottesattribut eine besondere Rolle. Gott ist das Gute, er ist das Schöne, er ist die Liebe, wie es in der dionysischen Schrift *De divinis nominibus* heißt. Mit diesen Namen wird die Ursächlichkeit des ersten Prinzips umschrieben, durch sie offenbart sich Gott und unter diesen Eigenschaften ist er erkennbar. Zugleich sind sie auch das Ziel, zu dem alles zurückkehrt.[7] Wie der Hervorgang aus dem Göttlichen als Lichtstrahl beschrieben ist, so ist die Rückkehr durch Erleuchtung möglich. Erleuchtung bedeutet Erkenntnis. *Purgatio, illuminatio, perfectio* sind der dreigliedrige Aufstieg zum Göttlichen. Vorbild ist der Aufstieg Mose zum Gottesberg. Nach der Überwindung des

5 Dionysius, *De caelesti hierarchia* Cap. 1, griech. PTS 36, 7; deutsch BGrL 22, 28.

6 Vgl. ebd. Cap. 1. griech. 8; deutsch 29.

7 Vgl. hierzu: J. A. Aertsen, *„Über das Schöne" – Alberts des Großen Kölner Vorlesungen zu Dionysius Areopagita*, in: L. Honnefelder/N. Trippen/A. Wolff (Hg.), Dombau und Theologie im mittelalterlichen Köln (Studien zum Kölner Dom 6), Köln 1998, 417-427.

Nichtwissens führt der Erkenntnisfortschritt bis zur Vollendung in der Gottesschau.[8]

Albert der Große macht sich das dionysisch-neuplatonische Denken umfassend zu eigen. Philosophisch vermag er es noch zu vertiefen durch die Kommentierung des neuplatonischen *Liber de causis*, den er jedoch für eine Kompilation aus Aristoteles hält. Den Impuls, die Dynamik von Hervorgehen und Rückkehr ästhetisch zu deuten, dürfte Albert jedoch Dionysius verdanken. Was Albert darüber hinaus von Dionysius übernommen hat, ist der Gedanke der Verborgenheit, Unerkennbarkeit und Unaussprechlichkeit des göttlichen Wesens. Dies bleibt der dunkle Hintergrund, vor dem das Licht der Offenbarung um so heller zu leuchten vermag.

Gloria dei – gloria hominis

Im Prolog des zweiten Teils seiner *Summa theologica* greift Albert den dionysischen Grundgedanken auf und beschreibt, wie die Erfahrung der Gegenwart Gottes das Antlitz unseres Geistes leuchten lässt. Vorbild ist die Rückkehr Mose vom Gottesberg (Ex 34,29). „Wenn wir nun vom Berge herniedersteigen, nämlich von der Höhe der Betrachtung der Dreifaltigkeit und Einheit, die der Berg des wahren Lichtes ist, auf dem, wie es Mt 17,2 heißt, der Herr vor den Jüngern zur Form des unbeschreiblichen Lichtes verklärt wurde, dann sollte auch das Antlitz unseres Geistes im Widerschein so erglänzen, daß wir umgewandelt in die gleiche Form des Lichtes und in sein Ebenbild, die Niederungen der geschaffenen Welt, die von ihm als dem einen Prinzip ausgegangen ist, wahr, treu und klar zu erörtern vermögen."[9] Wer das Wesen Gottes erfasst hat,

---

8 Vgl. hierzu: P. Rorem, *Die Aufstiegs-Spiritualität des Pseudo-Dionysius*, in: B. McGinn u.a. (Hg.), Geschichte der christlichen Spiritualität I, Würzburg 1993, 154-173.

9 Albertus Magnus, *Summa de mirabili scientia dei II. Prologus* (Editio Parisiensis t.32 p.1): „Utinam et nobis descendentibus de monte, hoc est, de altitudine contemplationis trinitatis et unitatis, qui mons veri luminis est, in quo, sicut dicitur, Matth. XVII, 2, Dominus coram discipulis ad formam incircumscripti luminis transfiguratus est: facies mentis nostrae ita resplenduerit, quod in eamdem formam lucis et imaginem tranformati, et inferiora creata quae ab illo sicut ab uno principio processerunt, discutere valeamus, et vere, et fideliter, et luculenter."

der vermag auch die von ihm ausgehende Schöpfung zu begreifen. Die Herrlichkeit ist primär und ursprünglich bei Gott, aber sie hat ihren Widerschein in der Welt und ist Ziel der geschöpflichen Wirklichkeit. Daraus ergibt sich der Leitfaden für die folgenden Überlegungen: Jedes Offenbarwerden Gottes ist von Herrlichkeit begleitet; jede Wahrnehmung von Herrlichkeit ist daher auf Gott zurückzuführen. In der Schöpfung kann sie im Maß der Teilhabe erblickt werden; und sie ist Ziel des Menschen in der ewigen Seligkeit.

gloria dei

Gott als Herr (*dominus*) überragt alles durch die Höhe seiner Überordnung, übersteigt alles durch Reichtum an Schönem und Gutem, und durch seine Ordnungsmacht umschließt er alles.[10] In dieser Erhabenheit wird uns die göttliche Gegenwart in der Auslegung der Berufung Jesajas von Albert geschildert. Der Ort der Herrlichkeit ist der göttliche Thron. Der Aufenthaltsort der Engel (*domus angelorum*), jener noch über den Himmeln gelegene Raum, erstrahlt vom Licht der göttlichen Herrlichkeit. Von dort ausgehend durchdringt das Licht die Himmel, erstrahlt in den Sternen und gelangt schließlich in die Sphäre der Vergänglichkeit, wo es nur noch Bild und Fußspur des Schöpfers gibt.[11] In der Beschreibung der Seraphim wird diese Distanz zwischen göttlicher und irdischer Sphäre noch einmal aufgegriffen, symbolisieren deren Flügel doch die Möglichkeit bzw. Unmöglichkeit der Erkenntnis des Göttlichen. Albert deutet sie auf verschiedene Formen, sich vom Niederen zum Höheren zu erheben. Doch alle diese Erkenntnisweisen scheitern letztlich an der göttlichen Erhabenheit. So kann *via resolutionis* aus dem Zusammengesetzten das Einfache, aus dem Akzidenz die Substanz, aus der Substanz das Seiende, aus den Vielen das Eine erschlossen werden. Gott als das *primum ens* ist jedoch nicht das Seiende, das in den Subjekten Sein erhält, und er ist nicht das *unum*, das dann vervielfältigt würde. Auch durch die Rückführung

---

10 Albertus Magnus, *Super Jesaiam 6,1* (Editio Coloniensis t.19 p.86 v.55-58): „*Dominum*, hoc est eum qui altitudine superpositionis cuncta excedit, divitiis pulchrorum et bonorum cuncta supergreditor et virtute coercitiva cuncta constringit."

11 Albertus Magnus, *Super Jes. 6,1*, ebd. p.87.

alles Verursachten auf die erste Ursache gelangt man nicht vollkommen zur göttlichen Ursächlichkeit, die jenseits von Notwendigkeit und Formalbestimmtheit liegt. Die Erkenntnis des Göttlichen aus seinem Bild und seiner Fußspur bleibt schließlich im Dunkeln. Hat der Mensch das Niedere durch diese unzureichenden Erkenntnisformen hinter sich gelassen, so ist er jedoch bereitet, das Licht der Gnade und der Theophanie zu empfangen und so voranzuschreiten: von Tugend zu Tugend, von der Gnade zur Herrlichkeit, und von der Herrlichkeit zur beseligenden Schau.[12]

Es ist deutlich, dass Albert bei der Auslegung des Bibeltextes Dionysius vor Augen hat. Dieser weist den Seraphim den Ort in unmittelbarer Nähe Gottes zu. Daher brennen sie gleichsam aufgrund der Nähe zu Gott und werden in ihrem feurig sprühenden Wesen Entzünder genannt.[13] Zugleich kommt ihnen in vorzüglicher Weise die Gotteserkenntnis zu. Dies findet in der Anordnung der Flügel Ausdruck: Die Seraphim verfügen über die ersten, mittleren und höchsten Stufen der Erkenntnismöglichkeit.[14] Die Tatsache, dass sie nur mit den mittleren Flügeln fliegen, mit den oberen und unteren aber Gesicht und Füße verhüllen, bedeutet aber, dass die mittlere Erkenntnisweise die ihnen eigene ist und sie sich der anderen enthalten. Albert betont in seinem Kommentar, dass Dionysius hier nicht der von Hieronymus bekannten Auslegung folgt – danach würde das Verhüllen des Kopfes und der Füße die Unkenntnis über das bedeuten, was vor der Welt war und nach ihr kommen wird[15], – sondern entsprechend der dreigliedrigen Erkenntnis können sie sich zu den höchsten und niedrigsten Erleuchtungen aufschwingen oder neigen, wenngleich sie dem mittleren Flügelpaar entsprechend allgemein in der göttlichen Sphäre angetroffen werden.

---

12 Albertus Magnus, *Super Jes. 6,2*, ebd. p.88f.

13 Vgl. Dionysius, *De caelesti hierarchia* Cap. 7, griech. PTS 36, 27, deutsch BGrL 22, 43. *De ecclesiastica hierarchia* Cap. 4, griech. PTS 36, 101, deutsch BGrL 22, 129.

14 Dies ist analog dem dreistufigen Aufstiegsmodell bei Dionysius zu denken: von der *purgatio* über die *illuminatio* zur *perfectio*.

15 Vgl. Albertus Magnus, *Super Dionysium De ecclesiastica hierarchia* c.4 (Ed. Colon. t.36,2 p.18 v.8-26), vgl. Hieronymus, *Super Isaiam 6,2* (CChr.SL 73 p.86 v.35f.).

Bei Dionysius treten die Seraphim in der Kirchlichen Hierarchie bei der Myronweihe[16] auf, die für ihn neben Taufe und Eucharistie zu den sakramentalen *teleta/mysteria* gehört, jenen Riten, die vom Hierarchen (Bischof) vollzogen werden. In ihrer Bedeutung ist die Myronweihe der Eucharistie gleichgestellt. Die Ausstrahlung des Göttlichen wird hier mit Wohlgeruch verglichen. Als Duftausstrahlung dringt sie in denkende Wesen ein, und zwar in unterschiedlichem Maße, je nach dem geistigen Fassungsvermögen. Im sinnlichen Zeichen wird zugleich die göttliche Schönheit verhüllt. Dieses Öl der göttlichen Gegenwart ist zentral für alle wichtigen Vollzüge in der Kirche. Die Zusammensetzung des heiligen Öls ist nach Dionysius Bild Jesu: Die Seraphin stehen um ihn, er ist der Altar. Entsprechend interpretiert Albert hier: „Es ist hier nicht die Absicht des Dionysius, eine moralische Auslegung zu geben, sondern eine anagogische, und daher führt er zum Höchstmöglichen zurück, das der Herr Jesus Christus ist, dem der Balsam wegen seiner göttlichen Natur entspricht, die Ursprung der Unvergänglichkeit und jedes geistlichen Wohlgeruchs ist, und dem das Öl gemäß seiner menschlichen Natur entspricht, durch die wir gesalbt sind mit den Sakramenten, die aus der Passion Christi ihre Kraft haben."[17] Die Erkenntnisvermittlung erfolgt durch die Seraphim.

Die Herrlichkeit Gottes erstrahlt in so hellem Licht, dass es der hierarchischen Vermittlung bedarf, um sich ihr stufenweise zu nähern. Oberhalb der kirchlichen Hierarchie kommt diese Funktion wiederum in unterschiedlicher Ausprägung den Engeln zu. Daher werden sie Engel, *angelus*, nämlich Boten genannt. Aus diesem

---

16 Vgl. Dionysius, *De ecclesiastica hierarchia* Cap. 4, griech. PTS 36, 95-104, deutsch BGrL 22, 124-131.

17 Albertus Magnus, *Super Dion. De eccl. hier.* c.4 (Ed. Colon. t.36,2 p.104 v.18-25): „Dicendum ad primum quod ipse non intendit hic exponere moraliter, sed anagogice, et ideo reducit in summum, in quod reduci potest, quod est dominus Iesus Christus, cui competit balsamus propter naturam divinam, quae est principium incorruptionis et totius spiritualis odoris, et oleum secundum humanam naturam, per quam liniti sumus sacramentis ex passione Christi virtutem habentibus." Zur Interprtation des dionysischen Sakramentenbegriffs bei Albertus Magnus vgl. M. Burger, *Albertus Magnus: Kritische Anfragen an das Werk des Pseudo-Dionysius Areopagita*, in: T. Boiadjiev/G. Kapriev/A. Speer (Hg.), Die Dionysius-Rezeption im Mittelalter. Internationales Kolloquium in Sofia vom 8. bis 11. April 1999 unter der Schirmherrschaft der Société Internationale pour l'Étude de la Philosophie Médiévale (Rencontres de Philosophie Médiévale 9), Turnhout 2000, 297-316.

dionysischen Grundgedanken speist sich auch Alberts Bibelexegese, wie an der Interpretation der Engelerscheinungen in seinem Kommentar zum Lukasevangelium deutlich wird. Gleich zu Beginn des Evangeliums werden die entscheidenden göttlichen Botschaften durch Engel übermittelt. Die Herrlichkeit Gottes manifestiert sich dabei so mächtig, dass sie gleichsam den Plural erfordert. Albert geht davon aus, dass zur Verkündigung an Maria nicht allein Gabriel erschien, sondern wie später bei der Geburtsverkündigung an die Hirten eine Heerschar ihm folgte.[18] – Die Engelsschar, die den Hirten erscheint, lässt ihre Botschaft in den Lobgesang münden: „Gloria in altissimis Deo“ (Lk 2,14). Für Albert ist das Offenbarwerden der Herrlichkeit Gottes unmittelbar mit Lobpreis der Kreatur verbunden: „Gott soll also die Verherrlichung gegeben werden ... Die Verherrlichung aber ist im weiten Begriffssinne genommen eine Verkündigung oder eine durch den Mund vieler ausgesprochene Lobpreisung, wie Cicero am Ende des ersten Buches der Rhetorik sagt, oder wie Augustinus sagt, ein helles mit Lob verbundenes Bekanntsein. ... Darum ist die Verherrlichung Gott zu eigen, welche er für anderes nicht begehrt, die auch anderen nicht zusteht.“[19] Die Begegnung mit der göttlichen Herrlichkeit löst jedoch auch in dieser ‚abgemilderten‘ Form durch den Engel beim Menschen Unruhe, Verwirrung aus. Die Reaktion darauf kann recht unterschiedlich ausfallen. Albert vergleicht das Verhalten von Maria bei der Verkündigung mit dem des Zacharias bei der Ankündigung der Geburt des Johannes und mit dem Daniels angesichts seiner Vision.[20]

---

18 Albertus Magnus, *Super Luc. 1,26* (Ed. Paris. t.22 p.47a): „Nec est credendum, quod angelus unus venerit, sed cum eo principali nuntio multitudo aliorum advenit. ... ita Pater summus mittens ad desponsandam sibi naturam humanam, unum quidem praecipuae dignitatis Angelum misit, tamen cum illo multos creditur misisse secundae dignitatis Angelos.“

19 Albertus Magnus, *Super Luc. 2,14* (Ed. Paris. t.22 p.210b): „Et dicentium: Gloria in altissimis Deo. ... Detur ergo gloria Deo. Est autem gloria late patens praeconium vel ore multorum praedicta laudatio, ut dicit Tullius in fine primae Rhetoricae. Vel sicut dicit Augustinus: ‚Clara cum laude notitia.‘ ... Ideo gloria propria est Deo, quam alteri non cupit: quae etiam alii non competit.“ Tatsächlich findet sich das von Albert häufiger verwendete Zitat bei Cicero in dieser Form nicht; eine vergleichbare Formulierung steht in Cicero, *De inventione* l.2 c.55 n.166: „Gloria est frequens de aliquo fama cum laude.“ Zu Augustinus vgl. *Contra Maximinium* l.2 (PL 42, Sp.770).

20 Albertus Magnus, *Super Luc. 1,29* (Ed. Paris. t.22 p.67b): „Ista turbatio (sicut audivimus) nihil aliud est, nisi quod perstricta gloria luminis superioris et

Wie uns die neutestamentlichen Texte bezeugen, ist das Erscheinen Jesu in dieser Welt von der *gloria dei* vorbereitet und begleitet: „... et vidimus gloriam eius“ (Joh 1,14). Albert ergänzt daher seine Definition aus dem Lukaskommentar: „Verherrlichung ist die durch den Mund vieler ausgesprochene Lobpreisung, hell bekannt nämlich wurde er mit Lob, weil er sich durch das Lob der Engel und Himmel der Welt offenbarte.“[21] Und weiter heißt es zu „et gloriam quae a solo est deo non quaeritis“ (Joh 5,44): „Verherrlichung, welche das Lob Gottes in der Demut des Herzens ist, aus dem Offenbarwerden der göttlichen Wahrheit, weil Gott wahrhaft erschienen ist, dadurch daß er alles, was versprochen war, in Christus erfüllte. Diese Verherrlichung kommt nämlich allein von Gott, weil sie durch kein Verdienst der Menschen erworben wurde.“[22] Im Wirken Jesu Christi manifestiert sich die göttliche Herrlichkeit für die Menschen. „Angesichts nämlich der Wiedererweckung [des Lazarus] wird der Sohn Gottes bei den Menschen verherrlicht werden, der so großartige Werke tut.“[23] Voraussetzung ist, dass Christus im Vollbesitz der Herrlichkeit ist und keiner weiteren Gaben bedarf.[24] Das Leiden Christi schließlich öffnet das Tor zur Herrlichkeit, zum Paradies, überwindet das Blut Christi doch das Flammenschwert, das den Zugang versperrt. Die in Aussicht gestellte Herrlichkeit übersteigt das Leiden jedoch ins Unendliche.[25]

---

coelestis visionis, et auditus in se, ut humilis recidit, et mixtionem quamdam luminis rationis sensit. ... Et ideo Zacharias arguitur de incredulitate, Daniel erigitur a casu, et instruitur de ignoratis, et beata Virgo de modo impletionis expeditur.“

21 Albertus Magnus, *Super Johannem 1,14* (Ed. Paris. t.24 p.50a): „Gloria est ore multorum praedicata laudatio. Clare enim innotuit cum laude, quia laudibus angelorum et caeli se mundo manifestavit.“

22 Albertus Magnus, *Super Joh. 5,44* (Ed. Paris. t.24 p.231b): „Gloria quae est laus dei in humilitate cordis ex manifestatione divinae veritatis, quia deus verax apparuit in hoc quod omnia promissa implevit in Christo. Haec enim a solo Deo est, quia nullis hominum meritis est acquisita.“

23 Albertus Magnus, *Super Joh. 11,4* (Ed. Paris. t.24 p.439a): „Visa enim resuscitatione, erit apud homines filius dei gloriosus, qui tam magnifica facit opera.“

24 Vgl. Albertus Magnus, *Quaestio de dotibus sanctorum in patria* (Ed. Colon. t.25,2 p.108 v.15-17). Anlässlich der Frage nach den *dotes* diskutiert Albert, ob Christus als Bräutigam der Gaben bedarf.

25 Albertus Magnus, *Super Luc. 24,26* (Ed. Paris. t.23 p.758b): „Passio enim est ostium gloriae, quia sanguis Christi romphaeam amovit. ... Item, hoc modo sibi corporis gloriam promoverit.“ (p.759a): „Tandem etiam sic maximam esse

gloria hominis

Eindeutig bleibt es für den mittelalterlichen Denker, dass sich das Offenbarwerden Gottes im Schönen vollzieht. Die Transzendentalien (*unum, verum, bonum, pulchrum*) sind der Erkenntnishorizont für das göttliche Wesen. Schon bei Platon findet sich die Etymologie, nach der das Schöne von ‚Rufen' her kommt (*kallos/kalein*).[26] Albert kennt sie in Abwandlung aus dem Scholienkommentar zu Dionysius, den er Maximus Confessor zuschreibt. Das Gute wird hier mit dem Rufen in Verbindung gebracht. Gott in seinen Eigenschaften als gut und schön ruft alle Wesen aus dem Nichts in das Sein, wodurch sie an der göttlichen Gutheit und Schönheit teilhaben.[27] Zugleich wird dem Seienden durch das Gute der Bezug zum Ziel eingegeben. Gott ist Ziel, insofern alles von ihm ausgeht und auf ihn hinführt.[28] Voraussetzung für die Erkennbarkeit Gottes aus der Schöpfung ist somit die, über Dionysius und den *Liber de causis* vermittelte, neuplatonische Lehre des Hervorgehens aller Dinge aus dem ersten Prinzip. Diesen Hervorgang beschreibt Albert als „Univokation der Analogie".[29] Mit diesem Paradox ist gemeint,

futuram gloriam ostendit, quae tot et tantis passionibus non est digna, sed melior in infinitum."

26 Platon, *Cratylos* 416BC.

27 Albertus Magnus, *De bono* (Ed. Colon. t.28 p.12 v.40-44): „Boo enim et calo, idest clamo et voco, unum sensum possident; etenim qui vocat, saepissime in clamorem erumpit. Deus ergo non inconvenienter bonus dicitur et bonitas, quia omnia de nihilo in essentiam venire intelligibili clamore vocat." Albertus Magnus, *Super Dionysium De divinis nominibus* (Ed. Colon. t.37,1 p.114 v.36-39): „Primum enim inclinans ad causandum causam primam est bonitas, et ideo dicitur a boo, boas, quod est voco, vocas, quia per bonitatem ‚vocat ea quae non sunt, tamquam ea quae sunt', ut dicit Commentator." Ebd. p.186 v.22-26: „Dicit ergo, quod *supersubstantiale bonum et*, idest etiam, *dicitur pulchritudo, sicut evocans omnia ad seipsum*; pulchritudo enim rapit omnia ad desiderium sui. *Unde et* pulchrum apud Graecos *dicitur ‚kallos'*, quasi ‚vocans', ..." Albert weist an dieser Stelle darauf hin, dass es bei der Übersetzung zu einer Vermischung von *bonum* und *pulchrum* kommt.

28 Vgl. Albertus Magnus, *Super I Sententiarum* d.1 a.20 (Ed. Paris. t.25 p.46a).

29 Albertus Magnus, *Super Dion. De div. nom.* c.1 (Ed. Colon. t.37,1 p.1 v.27-30): „De attributis enim causae sciendum, quod non aequivoce, sed univoce dicuntur de causatis, sed tali univocatione qualis potest esse ibi, quae est analogiae." Ebd. p.35 v.45-55: „Dicimus, quod haec ratio est sufficiens, ut deus possit nominari ab omnibus causatis, quia est causa omnium; et bene concedimus, quod habet convenientiam cum causatis non univocationis, sed analogiae, non tamen talis analogiae, quod aliquid idem participetur a deo per prius et a causatis per posterius, quia sic esset aliquid simplicius et prius deo,

dass zwischen Gott und den Geschöpfen eine formale Ähnlichkeit aufgrund der Ursächlichkeit besteht. Diese entspricht jedoch nicht der Univokation wie sie bei kausaler Abhängigkeit innerhalb einer Gattung vorkommt, sondern was in Gott wesenhaft und exemplarisch ist, kommt dem Geschöpf nur durch Teilhabe zu. Auch für Dionysius bedeutet Analogie die einem Geschöpf im Maß seiner Möglichkeiten zugemessene Teilhabe.[30] Wie kann der Mensch unter diesen Voraussetzungen der göttlichen Herrlichkeit teilhaftig werden?

Für Dionysius, wie für die apophatische Theologie der Ostkirche, ist es wichtig, dass kein Geschöpf – Mensch wie Engel – jemals Gott unverhüllt sehen kann, wie er ist. Biblische Grundlage für diese Aussage ist Joh 1,18: „Deum nemo vidit umquam." Jede Gotteserkenntnis ist vermittelt durch Bilder. Mit *agalma* und *theophania* bezeichnet Dionysius die von Gott kommende Erleuchtung.[31] Albert greift dies vor dem Hintergrund der westlichen, augustinischen Lehre von der Gotteserkenntnis auf.[32] Er formuliert vorsichtig und dazu hat er gute Gründe. 1241 war es an der Universität Paris zur Verurteilung der östlichen, apophatischen Auffassung der Gotteser-

---

sed quia deus est secundum substantiam aliquid ut vita vel sapientia vel huiusmodi non per participationem et alia participant illud accedendo ad primum, quantum possunt."

30 Vgl. die Untersuchung des Wortfeldes bei Y. de Andia, *Henosis. L'union à Dieu chez Denys L'Areopagite* (Philosophia Antiqua. A series of studies on ancient philosophy 71), Leiden 1996, 101-108.

31 Vgl. Dionysius, *De caelesti hierarchia*, Cap. 4: „Die allwissende Gotteskunde nennt aber jenes Gesicht, welches die Analogie zu Gott in seiner bildhaften Darstellung erkennen ließ sozusagen durch Gestaltung des Gestaltlosen, wegen der Hinführung des Sehenden zu tieferer Einsicht in das Wesen Gottes mit Recht Gotteserscheinung, weil durch dieses den Schauenden göttliche Erleuchtung zufließt und sie ein Stück weit in die göttlichen Dinge eingeweiht werden." griech. PTS 36, 22, deutsch BGrL 22, 40.

32 Zur Verwendung der Begriffe *agalma* und *theophania* vgl. A. Hiedl, *Agalma bei Albert dem Großen*, in: J. Möller (Hg.): Virtus politica (FS Alfons Hufnagel), Stuttgart-Bad Cannstatt 1974, 307-322. Zur Integration des Theophaniebegriffs in Alberts theologische Erkenntnislehre vgl. M. Burger, *Albertus Magnus: Möglichkeiten theologischer Gotteserkenntnis*, in: M. C. Pacheco/ J. F. Meirinhos (Hg.), Intellect et imagination dans la Philosophie Médiévale / Intellect and Imagination in Medieval Philosophy / Intelecto e imagniação na Filosofia Medieval. Actes du XIe Congrès International de Philosophie Médiévale de la Société Internationale pour l'étude de la Philosophie Médiévale (S.I.E.P.M.), Porto, du 26 au 31 août 2002 (Rencontres de Philosophie Médiévale 11/3), Turnhout 2006, 1335-1347.

kenntnis gekommen.[33] Als getreuer Schüler des Dionysius Ps.-Areopagita sucht Albert nach einem Kompromiss; mehr noch kritisiert er sogar die Einfalt jener Theologen, die sich unreflektiert hinter die Verurteilung stellen.[34] Er legt eine differenzierte Erkenntnislehre vor, indem er den Theophanie-Begriff des Areopagiten interpretiert.[35]

Im Prolog zu seinen Dionysius-Kommentaren beschreibt Albert das Ausfließen aus dem Einen als Theophanien; es sind die Ströme der Naturen, der Gnaden und der Herrlichkeiten.[36] Dieses Ausströmen ist streng hierarchisch gefasst ebenso wie das Zurückströmen ins göttliche Eine: „Dies ist nämlich das Gesetz der Göttlichkeit, daß durch die Ersten die Mittleren, und durch die Mittleren die Letzten zurückgeführt werden."[37] Der Theophanie als dem Ausgang von Gott ist die Hierarchie als Rückführung zugeordnet. Wie lässt sich darin göttliche Herrlichkeit erfahren? Bei der Interpretation der Verklärung Christi nach dem Lukasevangelium greift Albert das

33 ChUP I n.128: „Primus [error], quod divina essentia in se nec ab homine nec ab angelo videbitur" Zu den Hintergründen cfr. H.-F. Dondaine, *L'objet et le „medium" de la vision béatifique chez les théologiens du XIIIe siècle*, in: RThAM 19 (1952) 60-130.

34 Albertus Magnus, *De IV coaequaevis* tr.4 q.32 a.1 (Ed. Paris. t.34 p.509b): „Alii plus quam oportet simplices omnes auctoritates, in quibus dicitur: Non videbimus Deum vel Dei substantiam et quid est Deus, videntur condemnare." Vgl. hierzu H. Anzulewicz, *De forma resultante in speculo. Die theologische Relevanz des Bildbegriffs und des Spiegelbildmodells in den Frühwerken des Albertus Magnus.* Teil II (BGPhMA NF 53/II), Münster 1999, 163.

35 Durchsetzen konnte sich das Modell Alberts nicht. 1277 kam es erneut zu einer Verurteilung: *„Sequuntur errores annotati in rotulo*: ... Quod de deo non potest cognosci nisi quia ipse est, sive ipsum esse." ChUP I, n.473 (215). Vgl. R. Hisette, *Enquête sur les 219 articles condamnés à Paris le 7 mars 1277*, Louvain, Paris 1977, 32-34. – Die endgültige Abkehr der lateinischen Kirche von der Tradition der alten Kirche und der Ostkirche erfolgte 1336 durch Papst Benedikt XII. mit der Konstitution „Benedictus Deus". Hier wird die unvermittelte Schau des göttlichen Wesens in der himmlischen Herrlichkeit festgeschrieben: unverhüllt, klar und offen; DH 1000: „... quod ... animae sanctorum ... viderunt et vident divinam essentiam visione intuitiva et etiam faciali, nulla mediante creatura in ratione obiecti visi se habente, sed divina essentia immediate se nude, clare et aperte eis ostendere."

36 Albertus Magnus, *Super Dionysium De caelesti hierarchia* Prologus (Ed. Colon. t.36,1 p.1 v.37-39).

37 Albertus Magnus, *Super Dion. De cael. hier.* Prologus (Ed. Colon. t.36,1 p.2 v.19sq.): „Haec enim est lex divinitatis, ut per prima media et ultima per media reducantur."

Theophanie-Motiv auf: „Theophanie aber ist ein Licht, das von Gott her in den Intellekt herabsteigt, in dessen Wirklichkeit, das heißt im Erfüllungsbestreben, das gesehen wird, was Gott offenbaren will.“[38] Gott zeigt sich dem Menschen immer nur in einem ihm zugedachten Maß. Wie das Licht beim Eintritt in das körperliche Auge das Sehvermögen erweitert, so wird auch das Vermögen der Augen des Herzens gestärkt durch das Licht, das von Gott in die reinen Seelen gesandt ist. Vermittelt durch die Theophanie kann Gott geschaut werden.[39] An verschiedenen Stellen seines Werkes entfaltet Albert das Thema.

„Wir sagen aber, daß Theophanie das Sehenlassen einer Kenntnis von Gott ist durch eine von Gott kommende Erleuchtung“ definiert Albert in seiner schöpfungstheologischen Frühschrift *De IV coaequaevis*.[40] Diese Erkenntnis kann in zwei Formen unterschieden werden: in eine symbolische Erkenntnis und eine solche von Angesicht zu Angesicht, also dem Wesen nach. Die symbolische Erkenntnis ist dem Menschen in seinem irdischen Dasein angemessen, wo es ihm eigen ist, in der Gotteserkenntnis durch Symbole und Gleichnisse voranzuschreiten, die aus dem geschöpflichen Bereich gewonnen sind. Wie aber ist es um die Schau der Seligen und der Engel bestellt? Im Kommentar zu *De caelesti hierarchia* unterscheidet Albert vier Formen von Theophanie. Die ersten beiden Formen beziehen sich eindeutig auf die Erkenntnis im irdischen Dasein: Es handelt sich erstens um körperliche Formen, die durch das Gleichnis des Ungleichartigen zu Gott führen sollen. Zweitens wird die prophetische Schau im göttlichen Licht angeführt. Die anderen beiden Formen führen darüber hinaus: In gött-

---

38 Albertus Magnus, *Super Luc. 9,28* (Ed. Paris. t.22 p.654sq.): „Theophania autem est lumen a Deo descendens in intellectum, in cuius actu, hoc est complemento agente, videntur ea quae Deus vult revelare.“

39 Albertus Magnus, *Super Matthaeum 5,8* (Ed. Colon. t.21,1 p.112 v.91-p.113 v.9): „Theophania enim secundum Dionysium est lumen a deo descendens in animam et visum animae amplians et dirigens, ut sub ipsius luminis confortatione possit videri deus, qui ante videri non potuit; et ideo theophania, hoc est dei apparitio, vocatur. Sicut enim lumen in oculum veniens ampliat potentiam visus, ut possit clare videre visibilia naturae secundum Platonem, ita est lumen in animas mundas a deo descendens, quod perceptum ampliat virtutem oculorum cordis et adunando perficit ad contuitum superni solis.“

40 Albertus Magnus, *De IV coaeq.* tr.4 q.32 a.1 (Ed. Paris. t.34 p.509a): „Dicimus, quod theophania est ostensio alicuius cognitionis de Deo per illuminationem a Deo venientem.“

lichem Licht, das nicht Gott ist, wird das Erkenntnisobjekt, nämlich Gott, gesehen; nicht *in* einem Medium (wie die Sache in ihrem Abbild), sondern unter dem stärkenden Einfluss des Lichtes (*sub lumine confortante*) sieht der Intellekt unmittelbar Gott. In der vierten Form ist Gott selbst das Licht, er ist als Licht in jedem Seligen, der auf diese Weise seiner teilhaftig wird; so ist Gott Licht und Erkenntnisgegenstand.[41] Diese Differenzierung findet ihre Entsprechung in der geschaffenen und ungeschaffenen Gnade. In beiden Fällen wird nicht *in* der Theophanie geschaut (*in quo*), sondern unter deren stärkendem Einfluss (*sub quo*).[42] Gott wird von den Engeln und den Seligen so, wie er ist (*sicuti est* oder *quia est* d.h. gemäß seinem Wesen), geschaut. Diese Schau kommt der Seele als Gabe zu. Albert hält dennoch fest, dass die Erkenntnis Gottes selbst in der Seligkeit keine komprehensive Erkenntnis ist; das *quid est* (die definierende Erkenntnis, die sich auf alle Bestimmungsbereiche einer Sache erstreckt) Gottes bleibt für Geschöpfe unerkennbar.[43] Dies bleibt der göttlichen Selbsterkenntnis vorbehalten.

---

41 Albertus Magnus, *Super Dion. De cael. hier.* c.4 (Ed. Colon. t.36,1 p.71 v.20-31): „Dicimus, quod theophania quattuor modis dicitur: primo modo visio, quae est per corporales formas similitudine dissimili ducentes in deum, in qua necessarium non est lumen divinum esse, sed tantum ductio in deum; secundo modo dicitur, quando lumine divino, quod non est deus, videtur aliquid quod non est deus, sicut Ieremias vidit ollam succensam lumine divino, intelligens per hoc destructionem Ierusalem; tertio modo, ut est in usu loquentium, quando in lumine divino, quod non est deus, videtur obiectum, quod vere est deus, non in lumine sicut in medio, sicut videtur res in sua imagine, sed sub lumine confortante intellectum videtur immediate deus; quarto modo, quando in lumine, quod est deus, videtur obiectum, quod est deus, sicut dicit Hugo de sancto Victore; sic deus ipse est in quolibet beato ut lumen quoddam, participatione sui faciens eum sui similitudinem, et in tali similitudine dei visio dicitur theophania; sic enim idem deus erit lumen et obiectum, sed obiectum, prout est in se, lumen vero, prout est participatus a beatis."

42 Albertus Magnus, *Super Dion. De cael. hier.* c.7 (Ed. Colon. t.36,1 p.94 v.56-60). Vgl. hierzu W. J. Hoye, *Gotteserkenntnis per essentiam im 13. Jahrhundert*, in: A. Zimmermann (Hg.), Die Auseinandersetzungen an der Pariser Universität im XIII. Jahrhundert (MM 10), Berlin 1976, 269-284. 274. Ch. Trottmann, *La vision béatifique des disputes scolastiques à sa définition par Benoît XII*, Paris 1995, 296.

43 Vgl. Albertus Magnus, *De resurrectione* tr.4 q.1 a.9 (Ed. Colon. t.26 p.328 n.135); *Super Dion. De div. nom.* c.1 (Ed. Colon. t.37,1 p.10 v.64-66). Diese Differenzierung dürfte Albert von Johannes Scotus Eriugena haben, vgl. R. Wielockx, *Zur „Summa Theologiae" des Albertus Magnus*, EThL 66 (1990) 78-110. 94f.

Die göttliche Herrlichkeit präsentiert sich im Licht, durch Erleuchtung, differenziert in das stärkende und erhebende Licht und das bestimmende und unterscheidende Licht.[44] Der aristotelischen Erkenntnislehre entsprechend – die Albert auch bei der Interpretation des Dionysius präsent ist – müsste es im Erkenntnisprozess zu einer Angleichung von Erkennendem und Erkanntem kommen, der menschliche Intellekt würde vergöttlicht. Wesenhaft ist dies nicht möglich, sondern habituell durch die Theophanie.[45] Sie wird von Albert als *lumen gloriae* verstanden. Dieses Licht übersteigt noch das *lumen fidei*, das die über das natürliche Vermögen des Menschen hinausgehenden Glaubensgegenstände zugänglich macht. Im Glorienlicht kann darüber hinaus das göttliche Wesen *per speciem* geschaut werden.

Aus der Tatsache, dass Gott nicht gemäß seinem *quid est* gesehen werden kann, resultiert es, dass die *visio* individuell verschieden ist. Wenn auch alle die göttliche Substanz sehen, so schaut doch der eine etwas, was der andere nicht sieht.[46] Es ist hier sogar von einer hierarchischen Vervollkommnung auszugehen, bei der die Vermittlungsfunktion der höheren Wesen (Engel) gegenüber den niederen (Menschen) eine Rolle spielt.[47] Die ‚hierarchische' Theophanie ist der beseligenden zugeordnet.[48]

---

44 Vgl. Albertus Magnus, *I Sent.* d.1 a.15 (Ed. Paris. t.25 p.37).

45 Albertus Magnus, *De resurr.* (Ed. Colon. t.26 p.327 v.41-50 n.133): „Si debeat esse visio secundum intellectum, necesse est intellectum assimilari rei intellectae; omnis enim intellectus est per assimilationem. Aut igitur intellectus assimilabitur deo secundum substantiam vel secundum habitum sive speciem aliquam formalem. Constat, quod non primo modo, quia intellectus non erit deus. Si autem secundo modo, datur quod non est visio nisi in theophaniis; forma enim, sive lumen, recepta ab intellctu non est deus, sed aliquid in quo et per quod cognoscitur deus."

46 Albertus Magnus, *Super Dion. De div. nom.* c.1 (Ed. Colon. t.37,1 p.11 v.19-25): „Nunc autem videtur attingendo ad substantiam eius sine medio, secundum quod ipse se obicit. Et cum uni se obiciat secundum unam rationem, alteri secundum aliam, unus videt, quod non videt alius, quamvis omnes videant eius substantiam, quia et scientia et bonitas et omnia quorum rationes haberi possunt, substantia eius sunt."

47 Albertus Magnus, *Quaestio de raptu* (Ed. Colon. t.25,2 p.95 v.45-54): „Sed melius videtur dici, quod in beatitudinis visione duo sunt, unum ex parte visi, et aliud ex parte videntis. Ex parte visi est repraesentatio immediata obiecti beatitudinis aequaliter superioribus et inferioribus. Ex parte autem videntis non est aequalitas, sed est differentia cum secundum gradus naturae tum etiam secundum dona gratiae. Et ex parte illa superior illuminat inferiorem, et purgat et perficit per theophaniam primo descendentem in superiores, deinde

Sind so die erkenntnistheoretischen Voraussetzungen geklärt, so bleibt zu fragen, in welcher Weise der Mensch in seiner Vollendung Anteil an der göttlichen Herrlichkeit erhält. Ursprung ist das Schöpfungshandeln Gottes, in dem er Mensch und Engel die Herrlichkeit zugedacht hat. Gott hat den Menschen nach seinem Bild geschaffen. Daher muss das liebende Streben der Geschöpfe auf die Verherrlichung Gottes ausgerichtet sein. Jedes selbstgenügsame Streben, das der Gottesliebe entgegengesetzt ist, beschwört die Eifersucht Gottes herauf.[49] Auf die Seligkeit (*beatitudo*) ist der Mensch in seinem Streben ausgerichtet, er erfasst sie als Gutes und Schönes. Urbild ist die ungeschaffene Seligkeit, unmitteilbare Natur, affektlos-ungestörtes Leben in reiner Gutheit.[50] Allen Geschöpfen, die die Seligkeit erstreben, ist es eigen, diese ungeschaffene Seligkeit nachzuahmen.[51] Albert unterscheidet zwischen geschaffener und ungeschaffener Seligkeit. Die geschaffene wird aus den Gnadengütern bewirkt, die in die Herrlichkeit überführt werden. Sie ist die formale Voraussetzung für die Vereinigung mit Gott. Die ungeschaffene Seligkeit aber ist Gott selber.[52] Durch Gnade wird der Mensch zu seiner Vollendung geführt, zur Schau der göttlichen Herrlichkeit im ewigen Leben. Da alles Leben von Gott seinen Ursprung hat, kommt das ewige Leben den Seligen gemäß der Herrlichkeit zu. Wesensidentität von *ens* und *bonum* kann es aber nur in Gott als der *prima causa* geben. Im Verursachten, Geschöpflichen ist das *bonum* wie das *pulchrum* je in seinem geschöpflichen Maß vorhanden.

---

in medios, postea in infimos." Vgl. auch Albertus Magnus, *De IV coaeq.* tr.4 q.32 a.2 sol. (Ed. Paris. t.34 p.512b), *IV Sent.* d.49 a.8 (Ed. Paris. t.30 p.680).

48 Vgl. hierzu R. Wielockx, *Zur „Summa Theologiae"* (wie Anm. 43), 96-99.

49 Albertus Magnus, *Super Dion. De div. nom.* c.4 (Ed. Colon. t.37,1 p.222 v.56-68): „Similiter et deus diligit creaturam suam propter gloriam suam, et maxime hominem et angelum, in quibus suam imaginem posuit. Unde in eis non patitur alienum amorem, qui scilicet non referatur ad gloriam suam. Si enim creatura suum amorem referat ad gloriam dei, eadem dilectione diligit qua et deus; quando vero creatura gloriam quaerit, in ea ponens sibi finem, amori divino suus amor contrariatur, et hunc zelus divinus non compatitur, et ideo soli peccato indignatur. Et secundum hoc zelus primo est in deo et per posterius in aliis, sicut et alia nomina quae de deo mystice dicuntur."

50 Albert zitiert Basilius, vgl. Albertus Magnus, *IV Sent.* d.49 a.7 (Ed. Paris. t.30 p.678).

51 Ebd.: „Omne quod est appetit beatitudinem, secundum quod est exemplatum primae beatitudinis."

52 Vgl. Albertus Magnus, *I Sent.* d.1 a.9 (Ed. Paris. t.25 p.25b).

Anteil daran erhalten die Geschöpfe im ewigen Leben. Auch hier gilt wiederum, dass nur Gott wesenhaft *vita aeterna* ist, an der die Engel und die Heiligen teilhaben.[53] Er strömt der Seele das ewige Leben ein, vergleichbar mit der den Körper belebenden Funktion der Seele. So ist Gott der Seele innerlich und doch dem Wesen nach von ihr unterschieden. „Daher ist das ewige Leben nichts anderes als die unmittelbare Teilhabe der ersten Bewegung am Prinzip, verbundenen in der Weise der Herrlichkeit, welche Gott ist."[54] Albert setzt die Definition von *vita* aus dem *Liber de Causis* voraus: „Leben [ist] ein aus dem ersten ruhenden, ewigen Seienden hervorgehender Hervorgang und erste Bewegung."[55] Für den Ewigkeitsbegriff ist Boethius seine Vorlage: „Ewigkeit aber ist der vollständige und zugleich vollkommene Besitz des unbegrenzbaren Lebens."[56] Er interpretiert die ihm vorliegenden Definitionen in der Weise, dass *processio* wie *possessio* als eine Form des *bene esse* verstanden werden. Indem Gott dem Menschen Teilhabe am ewigen Leben gewährt, geht er in der Weise der Herrlichkeit in die Seele des Menschen ein und wird so als Lebensprinzip besessen. Die *gloria* ist der *habitus*, der den Menschen zu diesem Leben befähigt.[57] Ist die Herrlichkeit also zum einen Begleiterscheinung der Theophanien, so wird sie dem Menschen auch für seine persönliche Seligkeit in Aussicht gestellt: „Die Herrlichkeit des Herrn aber, insofern sie Gegenstand der Seligkeit ist, wird nur mit großer Freude geschaut. ... Diese Herrlichkeit aber ist der Anblick der Göttlichkeit."[58] Dies

---

53 Vgl. Albertus Magnus, *IV Sent.* d.46 a.4 sol. (Ed. Paris. t.30 p.633). Albert stellt heraus, dass das ewige Leben, das Gott ist, keinen Anfang hat; wohl aber kann die Teilhabe am ewigen Leben einen Anfang haben.

54 Albertus Magnus, *De resurr.* (Ed. Colon. t.26 p.341 v.83-p.342 v.3): „Unde vita aeterna nihil aliud est quam immediata participatio primi motus a principio coniuncto per modum gloriae, quod est deus."

55 A. Fidora/A. Niederberger (Hg.), *Von Bagdad nach Toledo. Das „Buch von den Ursachen" und seine Rezeption im Mittelalter. Lateinisch-deutscher Text, Kommentar und Wirkungsgeschichte des Liber de causis*, Mainz 2001, 94/95: „quia vita est processio procedens ex ente primo quieto, sempiterno, et primus motus."

56 Anicius Manlius Severinus Boethius, *De consolatione philosophiae. Opuscula theologica* (ed. C. Moreschini), München 2000, l.5 prosa 6 (n.4), 155: „Aeternitas igitur est interminabilis vitae tota simul et perfecta possessio."

57 Albertus Magnus, *IV Sent.* d.46 a.5 (Ed. Paris. t.30 p.634sq.).

58 Albertus Magnus, *Super Jes. 35,2* (Ed. Colon. t.19 p.372 v.87-94): „Gloria enim domini, secundum quod obiectum beatitudinis est, non videtur sine magna

erfasst den ganzen Menschen in seiner Leib-Seele-Konstitution, wie Albert im Traktat *De resurrectione* ausführt: „Die Verherrlichung der Körper ist nämlich nichts anderes als Teilhabe an der Verherrlichung der Seelen entsprechend dem Vermögen der Körper. Und die Verherrlichung der Seelen wird Gott sein, der sie vollkommen mit der Fülle seiner Gutheit und Wahrheit und Unablässigkeit erfüllen wird.“[59] Gott ist gleichermaßen Gegenstand und Ursache der Verherrlichung.

Seit der Annahme der Sentenzen des Petrus Lombardus als verbindliches Lehrbuch für die Theologie hat der Eschatologietraktat seinen festen Ort und wird im Rahmen der Sentenzenkommentierung systematisch behandelt. Neu kommt seit Anfang des 13. Jahrhunderts die besondere Frage *De dotibus* hinzu.[60] Die himmlische Seligkeit wird jetzt nach ihren seelischen und leiblichen Komponenten unterschieden. Dabei werden die Eigenheiten des verklärten Leibes als Brautgaben (*dotes*) erläutert. Auch Albert greift dieses Thema in seinen theologischen Quästionen auf.[61] Er diskutiert ausführlich die Frage, nach welchem Verständnis die Brautgaben hier gewährt werden: Wie die Braut die Brautgaben nicht von sich hat, sondern von ihrem Vater, so kommen den Menschen die geistigen Gaben von ihrem geistigen Vater zu. Wie die Brautgaben anlässlich der Überführung der Braut in das Haus des Bräutigams gegeben werden, so erhält die Seele bei ihrem Eintritt in das Haus der Herrlichkeit diese Ausstattung. Wie die Brautgaben für die Ausgaben der Hochzeit und zum Schmuck der Braut gewährt werden, so dienen sie auch der Seele dazu, die Verbindung aufs Ergötzlichste und Schönste zu gestalten.[62] Sieben Gaben unterscheidet Albert, drei für die Seele und vier für den Leib: Der Seele werden vollkommene Schau (*visio*), vollkommene Liebe (*dilectio*)

---

laetitia. ... Haec autem gloria aspectus est divinitatis.“ Vgl. auch Albertus Magnus, *IV Sent.* d.48 a.2 (Ed. Paris. t.30 p.654f).

59 Albertus Magnus, *De resurr.* (Ed. Colon. t.26 p.261 v.55-59): „... gloria enim corporum nihil aliud est nisi participatio gloriae animarum secundum potestatem corporum. Et gloria animarum erit deus perfecte implens eas plenitudine suae bonitatis et veritatis et indeficientiae.“

60 Vgl. N. Wicki, *Die Lehre von der himmlischen Seligkeit in der mittelalterlichen Scholastik von Petrus Lombardus bis Thomas von Aquin*, Freiburg (Schweiz) 1954, 40-56.

61 Vgl. Albertus Magnus, *Quaestio de dotibus sanctorum in patria* (Ed. Colon. t.25,2 p.102-111).

62 Ebd. p.103 v.54-p.104 v.8.

und vollständiges Umfassen (*tentio, comprehensio*) gewährt; dem Leib aber Feinstofflichkeit (*subtilitas*), Leidenschaftslosigkeit (*impassibilitas*), Beweglichkeit (*agilitas*) und Helligkeit (*claritas, luciditas*).[63]

Albert unterscheidet sehr deutlich zwischen innerweltlicher *felicitas*, die aus tugendhafter innerweltlicher Vervollkommnung resultiert, und der *beatitudo*, die die dauerhafte Vollendung des Menschen bedeutet. Die *dotes* sind auf die *beatitudo* bezogen, ohne mit ihr identisch zu sein.[64] Im IV. Buch seines Sentenzenkommentars führt Albert dies noch breiter aus auf der Grundlage seiner Interpretation der *Nikomachischen Ethik* des Aristoteles. Auch die *felicitas contemplativa*, die die Betrachtung der getrennten Wesenheiten zum Gegenstand hat und in ihrer Vollendungsgestalt (*secundum maximum suum posse*) diese in ungehinderter Weise wahrnehmen kann, bleibt dem innerweltlichen Bereich zugeordnet. Wir können hier ergänzen: Die immer vollkommenere Schau der einfachen Wesenheiten und der ersten Substanz eröffnet doch nicht den Blick auf die göttliche Herrlichkeit. Diese ist der *beatitudo* in der ewigen Seligkeit vorbehalten und bedarf der gnadenhaften Vermittlung.[65]

So wird der Seele als Gabe die *visio* gewährt. Sie bezeichnet die Vollendung dessen, was *in via* die Schau des Glaubens ermöglichte. Albert beschreibt den fortgesetzten ‚Aufstieg' analog dem Gesichtssinn: Wie das Licht im Auge, so ist der Glaubenshabitus im Intellekt die Voraussetzung für gläubiges Erkennen, der Sehkraft entspricht die Erkenntniskraft, dem Spiegelbild entspricht die symbolische Erkenntnis Gottes aus der Schöpfung. Was über das Licht des Glaubens hinausgeht, ist eine durch Gnade oder Verherrlichung verdichtete Form des Lichtes. In der ewigen Seligkeit gereicht dieses Licht zur Verherrlichung und Gottesschau. Dieses Licht, das als Gabe gewährt wird, unterscheidet sich daher grundlegend von allen anderen Formen, da es nicht den natürlichen Kräften nachfolgt,

---

63 Ebd. p.109 v.57-p.110 v.9.

64 Ebd. p.105 v.11-40.

65 Vgl. Albertus Magnus, *IV Sent.* d.49 a.6 (Ed. Paris. t.30 p.674f). In seinen Kommentaren zur *Nikomachischen Ethik* bietet Albert eine detaillierte Darstellung der philosophischen Glückseligkeit, womit er eine klare methodische Trennung von Philosophie und Theologie eröffnet. Vgl. die ausführliche Analyse der einschlägigen Texte bei J. Müller, *Natürliche Moral und philosophische Ethik bei Albertus Magnus* (BGPhMA NF 59), Münster 2001, 120-135.

sondern eine Gabe von oben ist.[66] Ähnlich ist auch bei der Liebe zu unterscheiden: Die Liebe als Tugend liebt die höchste Gutheit um ihrer selbst willen. Wenn sie aber in einem Geist vereint und dies der Grund der Liebe ist, so ist dies Gabe, die über alles Verdienst hinaus ist.[67] Diese Einheit wird schließlich durch die Gabe des Umfassens erlangt, in der Sehen und Lieben in einem Geist zur Vollendung kommen.[68]

So erschöpft sich das Dasein der Seligen nicht in intellektueller Anschauung, sondern ihre primäre Tätigkeit ist das Genießen (*frui*), das aus der Erkenntnis folgt. Das Genießen ist eine Tätigkeit der Leidenschaft, die der Tätigkeit des Intellekts als solchem folgt. Das Wahre wird der Seele nicht dargeboten, damit es nur in der Spekulation verbleibe; die Distanz der Betrachtung zu überwinden vermag erst der Wille. Und dies ist erforderlich, um die Einheit und den Geschmack der Süße zu erfahren.[69] Die *visio* ist somit gleichsam die Materialbestimmtheit des ewigen Lebens, die Formalbestimmtheit jedoch ist die der Liebe folgende Freude.[70]

Der Mensch, geschaffen nach dem Bild Gottes, ist mit der Fähigkeit ausgestattet, seinen Schöpfer zu sehen. Das Sich-Sehen-Lassen Gottes macht dessen Herrlichkeit offenbar, die für den Menschen jedoch nicht erfassbar ist. Schon im irdischen Dasein, *in via*, offenbart Gott sich dem Menschen in verhüllenden Theophanien. Höchste Stufe ist der *raptus* als kurzzeitige Vorwegnahme der seligen Gottesschau. In der ewigen Seligkeit ist Gott im *lumen*

66 Vgl. Albertus Magnus, *De resurr.* (Ed. Colon. t.26 p.331 v.13-54).

67 Ebd. p.332 v.44-54.

68 Ebd. p.333 v.72-78.

69 Albertus Magnus *I Sent.* d.1 a.12 sol. (Ed. Paris. t.25 p.29a): „Dicendum ad primum quod frui est actus affectus sequentis actum intellectus secundum quod huiusmodi, et non actus affectus (effectus *ed.*) simpliciter. Et voco affectum voluntatem, et haec est vis altissima animae, quia in illa ut in completivo perficitur gaudium eius et quietatur totus affectus. Verum (frui *ed.*) enim non accipitur ut tantum in speculatione remaneat, quia speculatio de se non ponit inhaesionem, sed potest esse per distantiam rei a speculante, sed fructus ponit unionem et gustum dulcedinis substantialis interius (intimius *ed.*) in rei complexione et natura fundatae, et ideo licet intellectus sit in altiori parte animae, non tamen solus est ibi sed etiam voluntas, et perfectio inhaesionis in fructu est penes actum voluntatis." (Der Text ist verbessert nach der zur Zeit in Vorbereitung begriffenen kritischen Edition; die Lesarten sind in den ältesten Textzeugen belegt: Troyes BM 825 f.8va; Sigüenza BCab 6 [210] f.4rb).

70 Vgl. Albertus Magnus, *IV Sent.* d.48 a.4 (Ed. Paris. t.30 p.657b).

gloriae, das die ganze Seele erfüllt und ihr so das ewige Leben einflößt. So wird der Mensch vergöttlicht.[71] Die Angleichung an Gott kann der Mensch nicht selbst leisten, wenngleich es viele vorbereitenden Schritte *in via* gibt. Die Vollendung wird von Gott in der Theophanie gewährt.

71 Vgl. Albertus Magnus, *IV Sent.* d.49 a.5 (Ed. Paris. t.30 p.670).

Herrlichkeit und Kreuz

Luthers Verständnis von Herrlichkeit

Athina Lexutt

1. Die Crux mit der Herrlichkeit

> „In dem gekreuzigten Christus also ist wahre Theologie und Gotteserkenntnis.“[1] So behauptet Luther in der Heidelberger Disputation 1518, in der er seine Theologie des Kreuzes (theologia crucis) entwickelt und einer Theologie der Herrlichkeit (theologia gloriae) entgegen stellt. Und es gilt: „Obwohl er [die Bezeichnungen theologia crucis und gloriae] nicht etwa als Richtungsschlagworte in ständigen Gebrauch genommen hat, sondern nur selten wieder einmal aufgreift, hat er doch darin treffend sein Verständnis von Theologie zum Ausdruck gebracht.“[2]

Keine gute Voraussetzung für eine Beschäftigung mit der Frage, welche Bedeutung „Herrlichkeit“ in Luthers Theologie hat. Es sieht ganz so aus, als müsste die Herrlichkeit schlecht wegkommen bzw. einen solchen Ort von Luther zugewiesen bekommen haben, der es der Theologie in gewisser Hinsicht unmöglich macht, von ihr zu reden, ihr Wesen zu bestimmen, Genaueres über sie zu sagen. Die Bestätigung kommt wissenschaftlich daher: In den einschlägigen Lexika findet sich in den – im übrigen auch sonst ziemlich kargen – Einträgen zu Herrlichkeit keine Notiz zu Luther, in der TRE nicht einmal ein Eintrag zur Herrlichkeit; umgekehrt erfährt die Herrlichkeit in den Luther-Artikeln die aus der Heidelberger Disputation und der theologia crucis resultierenden negativen Konnotationen; und in den Darstellungen einer Theologie Luthers kommt das Stichwort der Herrlichkeit in der Regel nicht einmal im Register vor.

---

1 Heidelberger Disputation 1518 (WA 1, 362/18f.)

2 G. Ebeling, *Luther. Einführung in sein Denken*, 4. durchges. Aufl., Tübingen 1981.

Ist also „Herrlichkeit“ womöglich gar kein Thema bei Luther? Die Statistik will es anders: Rund 1000 mal verwendet Luther allein „gloria“ und „gloriari“ und deren jeweilige Derivate, die deutschen Äquivalente nicht gezählt. Nun sind 1000 Erwähnungen angesichts des umfangreichen Schaffens Luthers beinahe verschwindend gering – doch immerhin. Eine Schnelldurchsicht lässt vermuten, dass irgendwie beides stimmt: Herrlichkeit ist ein Thema – aber eins, das sich vom Kreuz her bestimmen lassen muss. Grund genug, der Herrlichkeit im Verständnis Luthers mit folgender Methode nachzuspüren: Zunächst ist zu fragen, welche Bedeutung „Kreuz“ im Denken Luthers hat. Beide Termini, crux und gloria, treffen das Zentrum von Luthers Verständnis dessen, was Theologie und was ein Theologe ist. Daher soll dem Begriff Kreuz unter der Frage nachgedacht werden, was er für das Wesen der Theologie und die Existenz des Theologen eröffnet. Ist dies geklärt, dann lässt sich schon einigermaßen sicher bestimmen, warum das, was „Kreuz“ leistet, „Herrlichkeit“ nicht leisten kann und welcher Raum sich von dort aus positiv für „Herrlichkeit“ eröffnet. In einem eigenen, kürzeren Abschnitt sollen daher zentrale Textstellen untersucht werden, in denen Luther sich zur Herrlichkeit äußert und diesem Begriff seinen rechten Ort in der Relation Gott-Mensch zuweist.

2. Kreuz und Herrlichkeit

„Nach einer Emnid-Umfrage glauben nur 27 Prozent der Deutschen an die Geburt Jesu durch eine Jungfrau, 47 Prozent an die Existenz von Geschwistern, 77 Prozent an seine Taufe durch Johannes den Täufer, aber 83 Prozent an seinen Tod am Kreuz.“[3] So sieht es eine populäre Geschichtszeitung noch im Jahr 2000. Zahlen, die beeindrucken. Und offenbar ist es nicht so sehr eine vermeintliche Historizität, die eine solche hohe Zahl provoziert, sondern auch das fascinosum et tremendum, das von diesem Ereignis ausgeht. Die Ungeheuerlichkeit des Ereignisses, das Skandalon als Garantie seiner Faktizität. Wie gut das funktioniert, zeigt der Erfolg von Mel Gibsons „Passion“: ein Blutrausch, die perfekte Inszenierung eines Horrorszenarios, das Emotionen hochschaukelt und die Gemüter erhitzt. Und das nicht zuletzt zu Diskussionen anregte, immerhin.

3 P.M. History 2/2000, 12.

83 Prozent der Deutschen also glauben an die Kreuzigung als historisches Ereignis. Besser: Sie halten sie für wahr. Denn was es heißt, daran „zu glauben", dürften die wenigsten der Befragten reflektiert haben, als man ihnen das Mikrofon unter die Nase hielt.

Eben darum aber geht es Martin Luther, der an dieser Stelle – wie auch sonst – seinen Paulus gut gelesen hat. Das Kreuz ist für ihn in bestimmter Hinsicht das Zentrum der Theologie, das Kriterium, ob wirklich Theologie getrieben wird oder irgendwelche Allotria, die sich beim leisesten Windhauch biegen und wiegen und keinen Bestand haben. Eben darin erweist sich, ob das Geschöpf die Herrlichkeit seines Schöpfers in entsprechender Weise wahrnimmt, an sie glaubt und mit ihr umgeht: wenn es recht vom Kreuz zu reden weiß. Werfen wir also zunächst einen Blick auf das Kreuz und auf seine Relevanz in Luthers Theologieverständnis.

2.1 Das Kreuz in Luthers Theologie

2.1.1 Was ist Theologie?

Ohne in die Versuchung zu verfallen, in wenigen Sätzen eine wissenschaftstheoretische Abhandlung zur Theologie und zum Theologiebegriff vorzulegen[4] – in der Kürze mehr als eine Vermessenheit! – will ich mich im folgenden von Zentralaussagen und -anliegen Luthers leiten lassen, die stets um die Frage kreisen, in welcher Weise das Kreuz dafür eine Rolle spielt. Dazu will ich eine These formulieren, die anschließend erläutert wird. Die These: Theologie ist das reflektierte Zursprachebringen des sich in Jesus Christus offenbart habenden Verheißungswortes Gottes. Das klingt simpel. Und scheint doch genau zu bestätigen, dass alle, die behaupten, Theologie zu treiben, genau dies tun. Doch ein Blick hinter die Kulissen dieser These dürfte schnell und unangenehm klar machen, dass viele irgendetwas ganz anderes tun, was auch schön ist, aber nicht Theologie.

Um zu erläutern, was gemeint ist, soll das Pferd von hinten aufgezäumt werden, wobei dieses Hinten in Wahrheit die unverrückbare Basis ist: Gott. Das scheint nun noch banaler zu sein als alles andere. Und doch – vielleicht eben deshalb, weil es so

---

4 Dazu sei verwiesen auf O. Bayer, *Theologie* (HST 1) Gütersloh 1994, sowie auf K. Stock, *Artikel „Theologie III. Enzyklopädisch"*, in: TRE 33, 323-343.

selbstverständlich scheint – wird dort, wo (in welcher Weise auch immer) Theologie getrieben wird, von nichts weniger geredet als von Gott und nichts weniger zur Sprache gebracht als Gott. In vielen Fällen geht es um eine Inszenierung: eine Inszenierung der eigenen Person, die Inszenierung eines Themas, das einem persönlich am Herzen liegt; eines Themas, das gerade „dran" ist; die Inszenierung eines religiösen Gefühls, einer religiösen Vorstellung, einer Gutgemeintheit. Dabei kommt der Gottesname pflichtschuldig häufig vor – aber selten so, wie er sollte. Nämlich als Korrektiv zur eigenen Person, zum Thema, das einem am Herzen liegt, zum Thema, das „dran" ist, zum religiösen Gefühl, zur religiösen Vorstellung, zur Gutgemeintheit. Martin Luther bringt es im „Sermon von den guten Werken" auf den Punkt:

> „Gottes Namen zu nennen und seine Ehre aufs Papier und an die Wände zu schreiben, ist leicht geschehen, aber ihn gründlich loben und segnen in seinen Wohltaten und getrost anrufen in allen Anstößen, das sind fürwahr die allerseltensten, höchsten Werke nächst dem Glauben. Wir würden vor Kummer verzagen, wenn wirs sehen sollten, wie wenig derer in der Christenheit sind."[5]

Und was 1520 galt, gilt heute umso mehr. Denn in unserer angeblich aufgeklärten Welt ist es noch einmal um etliches unbequemer geworden, ein Korrektiv zu dem zu benennen, was aus verschiedensten Gründen – und einige davon sind sogar gut – en vogue ist. Wer gegen den Zeitgeist Gott zur Sprache bringt, läuft schnell Gefahr, auf verschlossene Ohren zu treffen. Gott in einer im Wesentlichen säkularen Welt zur Sprache zu bringen, muss sich Fragen gefallen lassen, denen wir oftmals lieber ausweichen würden. Und zwar nicht deshalb, weil die Fragen nicht berechtigt wären, sondern weil wir zu einem großen Teil unfähig geworden sind, präzise und assertorisch ins Wort zu setzen, von dem wir hoffentlich in bestem Sinne überzeugt sind.

Dieser Gott – und das ist der eigentliche Kern des Problems – ist kein diffuser und kein nebulöser und verborgener, sondern ein konkreter, ein klarer, ein offenbarer. Dieser Gott hat einen Namen und sich damit anrufbar gemacht. Man kann zutiefst beunruhigt sein, wenn immer häufiger und immer selbstverständlicher von Religion geredet wird als von Theologie. Denn erstens verschwimmt darin der konkrete Gott in einem nicht mehr zu fassenden

5 WA 6, 219/17-21 (in besser verständliches Deutsch gebracht von Vf.).

Numinosen; und zweitens ist da viel religiöses Gefühl (im Sinne Schleiermachers) enthalten statt schöpferische und verheißende Anrede des Gottes (im Sinne Luthers), der sich seinem Volk Israel im Tetragramm und der ganzen Welt in Jesus Christus greifbar gemacht hat. Gott zur Sprache zu bringen und nicht zugleich sein Verheißungswort zur Sprache zu bringen, heißt in letzter Konsequenz, ihn eben nicht zur Sprache zu bringen. Gott hat sich offenbart, und als solcher Offenbarer will er erkannt werden, will er, dass man ihm vertraut, will er, dass man ihn lobt und preist und ihn in der Not anruft. Wo er verborgen bleiben will, da soll man ihn auch nicht zur Sprache bringen. Aber über einen anderen Gott reden als über den, der sich offenbart hat und in dieser Offenbarung konkret geworden ist, ist etwas anderes als Theologie. Ein heikler, aber unumgänglicher Punkt in diesem Kontext ist die Zuspitzung: Über Gott reden und nicht zugleich über Christus reden, ist ebenfalls etwas anderes als Theologie. Gott hat sich nicht irgendwie, irgendwo, irgendwann offenbar gemacht, sondern in diesem Jesus Christus, der empfangen, geboren, gefoltert wurde, gestorben ist, ins Grab gelegt wurde, hinabgestiegen ist in das Reich des Todes und am dritten Tage auferstanden. Auch das scheint so selbstverständlich wie nur was. Betrachten wir aber, wie verschämt – wenn überhaupt – von Christus geredet wird, wenn es um das christliche Bekenntnis im interreligiösen Dialog geht, dann wird schnell klar, wie aus einer falsch verstandenen Alternative von Bekenntnis und religiöser Toleranz heraus das Eigene zugunsten des Fremden seines Propriums beraubt wird. Wer das Bekenntnis zu Jesus Christus nicht als Ausschluss anderer Zugänge zum Heil begreift, der verleugnet – um es spitz zu formulieren – das Kreuz. Wer unreflektiert tönt, wir hätten doch alle den gleichen Gott, der hat nicht begriffen, was die Menschwerdung Gottes und der Erlösungstod am Kreuz bedeuten.[6] Denn gerade dieses Bekenntnis ermöglicht es allererst, anderen Zugängen gegenüber tolerant zu sein, ohne sie jedoch als eigene Zugänge zu übernehmen. Sie sind und bleiben andere, fremde Zugänge, die ich mir nicht zu eigen machen muss. Hier gibt es viel zu lernen und zu verbessern, denn

---

6 Und wer mehr oder weniger unreflektiert an theologischen Fakultäten und Fachbereichen religionswissenschaftliche, islamwissenschaftliche und andere ähnliche Lehrstühle einrichtet, was meistenfalls notwendig zu Lasten der Wiederbesetzung der klassischen theologischen Disziplinen gehen muss, ebenso.

gerade die politische und gesellschaftliche Schreckenszeit, die Zeit des Nationalsozialismus, die uns heute allzu oft in diese falsche Alternative von Bekenntnis und Toleranz hinein treibt, sollte gezeigt haben, wie fatal es ist, eine wie auch immer geartete Gleichmacherei zu betreiben. Wo Unterschiede systematisch abgeschliffen werden, bleibt nichts, was hält und trägt.

Dieser Unterschied aber liegt nun eben im Kreuz! Es geht um den offenbaren Gott, den in Jesus Christus konkreten, erfahrbaren, sichtbaren, hörbaren, mit allen Sinnen (bis in Predigt und Sakrament) fassbaren. Eben dieser offenbare Gott kann nirgends anders gefunden werden als in der Schrift, die vom Kreuz redet. Gott, den offenbaren und konkreten, zur Sprache zu bringen kann also nur gelingen, wenn dieses Zursprachebringen ständig und unaufhörlich an der Schrift, an dem Offenbarungszeugnis gemessen wird. Jedes Wort muss immer und stets an das Wort Gottes gekoppelt werden können, oder es entspricht (buchstäblich zu verstehen!) nicht dem Wort Gottes. Ich habe nichts anderes als die Schrift, wenn ich wissen will, was Inhalt der Theologie zu sein hat. Und dieses „nichts anderes" ist nicht zu wenig, sondern die Fülle. Keine menschliche Autorität, kein Konzil, kein Bischof, kein Papst, auch kein Superintendent und kein Gemeindepfarrer, auch kein Universitätsprofessor, kann die Auslegungsautorität für sich in Anspruch nehmen und behaupten, die Wahrheitsfrage recht und ein für allemal entschieden zu haben. Insofern ist Theologie immer auch vorläufig und muss immer neu getrieben werden, denn Theologie geschieht und kann nur geschehen in einem ständigen Dialog. Theologische Rede, die sich diesem Dialog entzieht, wie geschickt auch immer das geschehen mag, ist keine theologische Rede, jedenfalls keine, die um ihr Woher wüsste.

Nun wurde gesagt, dass Theologie ein Zursprachebringen ist. Bewusst wurde der Begriff nur gebraucht, um störende Redundanzen zu vermeiden. Das hat seinen Sinn. Denn unter „Zursprachebringen" ist weit mehr zu verstehen als Predigt, Vorlesung, Unterricht oder was auch immer mit Rede zu konnotieren ist. Zur Sprache bringen oder ins Wort bringen meint vielmehr eine Vergegenwärtigung des Offenbarungszeugnisses der Schrift, ein Transponieren der Botschaft in die je eigene historisch-kulturelle Gegenwart, eine Verlebendigung eines bloßen Buchstabens durch den Geist. Und das kann auch ganz anders geschehen als im gesprochenen oder geschriebenen Wort. Theologie ist also eine solche Vergegenwärtigung, eine solche Verlebendigung, ein solches Transponieren. Von daher ist der Gegenwartsbezug der Theologie etwas ihr Wesenhaftes, etwas, was zur Theologie notwendig dazu gehört. Nota bene: Es geht nicht darum, das Offenbarungszeugnis an den Zeitgeist zu prostituieren, sondern auf dem Hintergrund des Offenbarungszeugnisses diesen Zeitgeist wahrzunehmen, kritisch zu analysieren und ihm zu antworten. Etwas schematisch könnte man formulieren: Dem Zeitgeist ist mit dem Heiligen Geist zu begegnen. Eben darin wird – in unterschiedlichsten Formen – die Schrift zur Sprache gebracht. Es gilt, den Zeitgeist zu durchkreuzen mit der Wirklichkeit des Kreuzes!

Was besagt schließlich, dass das Zursprachebringen „reflektiert" geschieht (bzw. geschehen soll)? Dieses Stichwort verweist mindestens darauf, dass Theologie auch eine wissenschaftliche Disziplin ist. Dies sei einmal ganz klar und deutlich in alle Richtungen gesagt, die meinen, die Theologie habe an den Universitäten und im gesamtgesellschaftlichen Diskurs eher eine marginale Rolle zu spielen. Dass in dieser Gruppe immer mehr Theologinnen und Theologen selbst zu finden sind, die eher verschämt ihre Profession offenbaren (wenn überhaupt) und dauernd danach fragen, ob sie „anschlussfähig sind", und diese Frage nicht viel eher an andere Systeme stellen - das halte ich für ein großes Ärgernis und eine ganz gefährliche Entwicklung. Also: Theologie ist eine wissenschaftliche Disziplin, und als solche hat sie über ihre Methoden, ihr Material und ihr Movens Rechenschaft abzulegen. Genau dies ist Reflexion. Dass Theologie aber reflektiertes Zursprachebringen ist, meint noch mehr. Nämlich eine kritische Überprüfung der eigenen Sprache gemessen am Zeugnis der Schrift, am Urteil der Gesprächspartner und am eigenen Bewusstsein. Es geht in der Theologie immer auch darum, aus dem Zirkel des Selbstbezugs auszubrechen und seiner eigenen Sprache kritisch gegenüber zu stehen. Das provoziert nämlich nicht nur die angesprochene Fähigkeit zur Rechenschaftsablage; vielmehr geht es darum, verständlich zu bleiben. Hier hat die eben kritisierte Frage nach der Anschlussfähigkeit ihren rechten und legitimen Ort. Wer das Offenbarungszeugnis zur Sprache bringen will, der muss das so tun, dass andere ihm folgen können. Er muss heraus aus einer nur einem eingeweihten Zirkel verständlichen Sprache; vor allem muss er heraus aus Verklausulierungen, die immer Verunklarungen sind, und noch mehr aus Phrasen und leeren Formeln, die schön aussehen mögen, aber wie Seifenblasen zerplatzen, sobald sie einem Druck ausgesetzt sind. Jede Variante kultivierter, zur Kunst erhobener Sprachlosigkeit setzt das Kreuz und das mit ihm verbundene Geschehen dem Hohn aus, denn das Kreuz ist das Ausrufezeichen des göttlichen, erbarmenden Willens!

Wenn diese These: „Theologie ist das reflektierte Zursprachebringen des sich in Jesus Christus offenbart habenden Verheißungswortes Gottes“ zugrunde gelegt wird – was bedeutet von dort aus: theologia crucis?

2.1.2 Was ist theologia crucis?

Die theologia crucis hat sich innerhalb der protestantischen Theologie zu so etwas wie einem Schlagwort entwickelt; das Gegenüber zur theologia gloriae wird besonders gerne in Karfreitagsgottesdiensten – homiletisch ansprechend verpackt – zur Geltung gebracht, wenn die Bedeutung dieses Feiertages hervorgehoben werden soll. Die Qualität so manches heutigen Karfreitagsgeschehens allerdings lässt vermuten, wie wenig bewusst ist, was theologia crucis meint und was nicht. Gerade aber, damit das angesprochene Gegenüber nicht oberflächlich, sondern in seiner Tiefe verstanden wird, gerade, um das Kreuz nicht zu einem bloßen Symbol verkommen zu lassen, und gerade, wenn die Herrlichkeit zu ihrem Recht kommen soll, ist es unerlässlich, über den Inhalt einer Theologie des Kreuzes Rechenschaft abzulegen.[7]

---

7 Auch an dieser Stelle wäre schon der Wille zur Vollständigkeit vermessen. Luthers Kreuzestheologie ist ein so umfangreiches Thema, dass es den Rahmen dieser Untersuchung sprengen würde, alle Aspekte und vor allem alle sekundäre Beschäftigung nur annähernd berücksichtigen zu wollen. Es sei daher verwiesen auf: 1. den TRE-Artikel *„Kreuz“* aus der Hand verschiedener Autoren in: TRE 19, 712-779, auf die umfangreichen Studien zur Kreuzestheologie von W. von Loewenich, *Luthers theologia crucis,* 5. Aufl., Witten 1967, und H. Blaumeiser, *Martin Luthers Kreuzestheologie. Schlüssel zu seiner Deutung von Mensch und Wirklichkeit. Eine Untersuchung anhand der Operationes in Psalmos (1519-1521),* Paderborn 1995. Letztere ist eine überaus fleißige und zur Diskussion anregende Arbeit – kommt jedoch bei aller Gründlichkeit und Bemühung um Vollständigkeit auch nicht auf die Herrlichkeit zu sprechen! Plathow gibt eine Übersicht über die verschiedenen Interpretationstypen der Kreuzestheologie und legt selbst eine interessante Deutung vor: M. Plathow, *Wirklichkeit – erschlossen im Kreuz. Martin Luthers Kreuzestheologie im heutigen Kontext,* in: KuD 47 (2001), 180-202, 185f.

Martin Luther verwendet den Terminus „theologia crucis“ erstmals in der literarischen Auseinandersetzung mit Johannes Eck 1518[8] und entwickelt daraufhin seinen Gedanken einer Theologie des Kreuzes in einer seiner bedeutendsten Texte: in der Heidelberger Disputation vom April 1518. In der 21. These steckt die viel zitierte Pointe, die aber nur recht in ihrem Kontext zu erfassen ist. So lauten die Thesen 19 bis 24:

> „19. Der ist nicht würdig, Theologe genannt zu werden, der Gottes unsichtbares Wesen durch das Geschaffene erkennt und erblickt. / 20. Sondern der, welcher Gottes sichtbares und dem Menschen zugewandtes Wesen durch Leiden und Kreuz erblickt und erkennt. / 21. Der Theologe der Herrlichkeit nennt das Böse gut und das Gute böse; der Theologe des Kreuzes sagt, was Sache ist. / 22. Die Weisheit, die Gottes unsichtbares Wesen durch seine Werke erkennt und erblickt, bläht auf, macht blind und verstockt. / 23. Auch das Gesetz wirkt den Zorn Gottes; es tötet, es verflucht, es klagt an, es verurteilt, es verdammt [alles], was nicht in Christus ist. / 24. Wohl ist solche Weisheit nicht schlecht und man soll das Gesetz nicht fliehen; aber der Mensch treibt ohne Theologie des Kreuzes ärgsten Missbrauch mit den besten Dingen.“[9]

In der Heidelberger Disputation greift Luther die Gelegenheit beim Schopf: Seinen nach der Veröffentlichung der Ablassthesen ohnehin in Verdacht geratenen Ruf setzt er in der Thesenreihe noch einmal gehörig aufs Spiel, wenn er ein Grunddatum der scholastischen Theologie nach dem anderen angreift und ihm den exegetischen Boden unter den Füßen wegzieht. In gründlicher Konsequenz dessen, was er positiv in den Ablassthesen zum Ausdruck gebracht hat, entlarvt er den freien Willen des Menschen als nichtig im Blick auf das Heil und wendet sich scharf gegen jede Form der Werkgerechtigkeit. Die Schlussthesen – mit das Schönste, was reformatorische Theologie an Sprachgewaltigem aufzubieten hat – verdeutlichen, dass sich die Liebe Gottes nicht am liebenswerten Gegenüber entzündet; im Gegenteil macht die Liebe Gottes das Hässliche allererst liebenswert. Was Luther viel später in seinem großen Selbstzeugnis als den Kern seiner reformatorischen Entdeckung beschreibt[10], kommt hier pointiert zum Ausdruck: Der

---

8 Vgl. Luthers Asterisci adv. Obeliscos Ecckii, hier zum 6. Obeliscus WA 1, 290/39-291/2.

9 WA 1, 361/32-363/26 in eigener Übersetzung.

10 „Unterdessen war ich in diesem Jahre von neuem daran gegangen, den Psalter auszulegen. Ich vertraute darauf, geübter zu sein, nachdem ich die Briefe des

Mensch wird von Gott nicht nach seiner eigenen Gerechtigkeit beurteilt; sondern das Urteil Gottes rechnet ihm die fremde Gerechtigkeit Jesu Christi zu. Namentlich im Blick auf die ökumenischen Debatten zur Rechtfertigungslehre ist von protestantischer Seite darauf zu achten, dezidiert von der iustificatio impii zu sprechen. Damit ist jedes, wirklich jedes Mittun des Menschen an seinem Heil ausgeschlossen. Nicht einmal die vornehmsten Kräfte des Menschen gereichen dazu, sich Gott auch nur zuwenden zu wollen, geschweige denn sich ihm und seinem alleinigen Wirken anzuvertrauen.

Um zu dieser Erkenntnis und Anerkenntnis aber zu kommen, gibt es nur einen Weg: das Kreuz. Und zwar weder moralisch-

---

Paulus an die Römer, an die Galater und an die Hebräer in Vorlesungen behandelt hatte. Mit außerordentlicher Leidenschaft war ich davon besessen, Paulus im Brief an die Römer kennenzulernen. Nicht die Herzenskälte, sondern ein einziges Wort im ersten Kapitel (V. 17) war mir bisher dabei im Wege: ‚Die Gerechtigkeit Gottes wird darin (im Evangelium) offenbart.‘ Ich hasste nämlich dieses Wort ‚Gerechtigkeit Gottes‘, weil ich durch den Brauch und die Gewohnheit aller Lehrer unterwiesen war, es philosophisch von der formalen oder aktiven Gerechtigkeit (wie sie es nennen) zu verstehen, nach welcher Gott gerecht ist und die Sünder und Ungerechten straft. Ich konnte den gerechten, die Sünder strafenden Gott nicht lieben, im Gegenteil, ich hasste ihn sogar. Wenn ich auch als Mönch untadelig lebte, fühlte ich mich vor Gott doch als Sünder, und mein Gewissen quälte mich sehr. Ich wagte nicht zu hoffen, dass ich Gott durch meine Genugtuung versöhnen könnte. Und wenn ich mich auch nicht in Lästerung gegen Gott empörte, so murrte ich doch heimlich gewaltig gegen ihn: Als ob es noch nicht genug wäre, dass die elenden und durch die Erbsünde ewig verlorenen Sünder durch das Gesetz des Dekalogs mit jeder Art von Unglück beladen sind – musste denn Gott auch noch durch das Evangelium Jammer auf Jammer häufen und uns auch durch das Evangelium seine Gerechtigkeit und seinen Zorn androhen? So wütete ich wild und mit verwirrtem Gewissen, jedoch klopfte ich rücksichtslos bei Paulus an dieser Stelle an; ich dürstete glühend zu wissen, was Paulus wolle. Da erbarmte sich Gott meiner. Tag und Nacht war ich in tiefe Gedanken versunken, bis ich endlich den Zusammenhang der Worte beachtete: ‚Die Gerechtigkeit Gottes wird in ihm (im Evangelium) offenbart, wie geschrieben steht: Der Gerechte lebt aus dem Glauben.‘ Da fing ich an, die Gerechtigkeit Gottes als eine solche zu verstehen, durch welche der Gerechte als durch Gottes Gabe lebt, nämlich aus dem Glauben. Ich fing an zu begreifen, dass dies der Sinn sei: durch das Evangelium wird die Gerechtigkeit Gottes offenbart, nämlich die passive, durch welche uns der barmherzige Gott durch den Glauben rechtfertigt, wie geschrieben steht: ‚Der Gerechte lebt aus dem Glauben.‘ Da fühlte ich mich wie ganz und gar neu geboren, und durch offene Tore trat ich in das Paradies selbst ein.“ (WA 54, 185/12-186/9)

ethisch im Sinne der Nachfolge verstanden noch mystisch als Hineinversenken in das Leid. Das Kreuz zeigt, was Sache ist. Und zwar ausschließlich das Kreuz. Treffend ist formuliert worden: „[D]ie theologia crucis [durchkreuzt] die metaphysischen und moralischen Herrschaftsakte der theologia gloriae.“[11] Im Blick auf mögliche metaphysische Herrschaftsakte bedeutet dies: Gotteserkenntnis ist auf keinem anderen Wege möglich als über das Kreuz. Alle anderen Wege führen zu einem Zerrbild und machen aus dem Gott, der sich in Jesus Christus offenbart hat, einen leblosen Götzen. Die Vernunft, von der Scholastik hoch gelobt, ist nicht in der Lage, Gott in seinem Wesen zu erkennen; schlimmer noch: sie ist auch nicht willens. Der Wille ist nicht frei zu wollen, dass Gott Gott ist.[12] Unmittelbar vor der Bestimmung dessen, was rechte Theologie ausmacht, konstatiert Luther daher: „Es steht fest: Der Mensch muss völlig an sich verzweifeln, um bereit zu werden, die Gnade Christi zu erlangen.“[13] Wer erkennt, vor Gott buchstäblich mit leeren Händen dazustehen, wer das Gesetz, nach Gottes Willen leben zu sollen, aber nicht zu können, erfährt, wird im Licht des Evangeliums zu Christus hingeführt. Aber eben nicht zu dem triumphierenden, strahlenden, siegreichen. Sondern er erblickt das Kind, das in einer armseligen Futterkrippe liegt und Windeln braucht; er erblickt den jungen Mann, der zornig aufbegehrt gegen den Tempel und das, was in ihm geschieht, und die Händler von dort mit Gewalt vertreibt; er erblickt den Mann, der in Anfechtung gerät und bittet, vom Leiden verschont zu werden; und er erblickt den ausgemergelten, gefolterten Körper, der am Kreuz unsagbare Qualen leidet und den unwürdigsten und dreckigsten Tod stirbt, den man zu jener Zeit sterben konnte. Kein Posaunenschall und kein Triumphgeschrei – sondern Weinen und Klagen. Kein Jubel und keine Freude – sondern Trauer und Furcht. Kein Sieg –

---

11 K.-H. zur Mühlen, *Artikel „Kreuz V. Reformationszeit“*, in: TRE 19, 762-766, 762.

12 Nicht zu wollen, dass Gott Gott ist, hat Luther zum Wesen der Sünde erklärt, vgl. die 17. These der Disputation gegen die scholastische Theologie (WA 1, 225/1f.).: „Von Natur aus kann der Mensch nicht wollen, dass Gott Gott ist; er möchte vielmehr, dass er Gott und Gott nicht Gott sei.“ Von dort aus kommt Luther in der Heidelberger Disputation zu der namentlich gegen Gabriel Biel gerichteten These: „Das freie Willensvermögen nach dem Sündenfall ist nur noch eine Sache dem Namen nach, und wenn es tut, was in ihm ist, begeht es Todsünde.“ (WA 1, 359/33f.)

13 These 18 der Heidelberger Disputation (WA 1, 361/23f.).

sondern eine bittere Niederlage. So scheint es. Dieser Gott, den die Theologie des Kreuzes sieht, scheint ein ohnmächtiger Gott zu sein. Diese Ohnmacht, diese Niedrigkeit gilt es erst einmal wahrzunehmen und – dies vor allem – erst einmal so stehen zu lassen. Man kann sie nicht wegdiskutieren. Man kann sie nicht schönreden. Man kann – und das ist Luthers Spitzenaussage – das Kreuz nicht mit der Auferstehung gerade rücken. Das Kreuz war, ist und bleibt das Skandalon, das Ärgernis, das keine Vernunft und keine Weltweisheit begreifen oder gar akzeptieren kann.

Aber nicht nur das. Luther geht weiter. Nicht nur, dass man das Kreuz ohne den Glauben nicht begreifen kann. Man kann es auch nicht nachahmen. Luther wendet sich gegen jede scholastische Vereinnahmung und Missdeutung ebenso wie gegen jede mystische oder humanistische, die das Leben Jesu Christi einschließlich der Passion und des Kreuzes zum Vorbild stilisiert, dem es nachzufolgen und das es in moralischer Hinsicht zu erreichen gilt. Dies würde auf einen neuen, subtileren Weg führen, über das gute Werk – nunmehr das von Gott in Christus selbst vorgegebene – Gottes Gnade zu erlangen. Luther argwöhnt gegen den Theologen der Herrlichkeit:

> „[S]olange er Christus nicht kennt, erkennt er auch den in Leiden verborgenen Gott nicht. Daher zieht er die Werke den Leiden, die Herrlichkeit dem Kreuze, die Macht der Schwachheit, die Weisheit der Torheit und überhaupt das Gute dem Übel vor. [...] Und gewiss deshalb, weil sie Kreuz und Leiden hassen, die Werke und ihre Herrlichkeit [gloriam illorum] jedoch lieben, nennen sie das Gut des Kreuzes ein Übel und das Übel des Werkes ein Gut. [...] Denn es ist unmöglich, durch seine guten Werke nicht aufgeblasen zu werden, wenn man nicht zuvor durch Leiden und Übel vollkommen arm und leer geworden ist, bis man weiß, dass man selbst nichts ist und dass die Werke nicht einem selbst, sondern Gott entstammen.“[14]

Die Werkgerechtigkeit führt zu einer neuen Hybris, die – um dies zugespitzt so zu sagen – noch schlimmer ist als der Sündenfall, denn der Mensch hat im Kreuz die Chance, die ihm zugesagte Gerechtigkeit zu erfahren und auf seine Rettung zu vertrauen. Er hat die Möglichkeit, seine Geschöpflichkeit anzuerkennen und diese als wunderbares Geschenk zu begreifen: nichts, wovon er sich emanzipieren müsste und das es wie Eierschalen abzuwerfen gälte.

---

14 Erläuterung zur 21. These der Heidelberger Disputation (WA 1, 362/24-33).

Die metaphysischen und die moralischen Herrschaftsakte haben gemeinsam, nicht den deus revelatus anzuschauen, sondern den deus invisibilis. Freilich: Sie suchen Gott. Aber sie suchen einen Gott, der nicht in der Schrift zu finden ist. Sie versuchen, aus der Torheit eine Weisheit zu machen. Sie rücken das Kreuz gerade; sie verzieren es mit Blumen und Schnörkeln; sie machen aus dem leidenden Christus einen schönen, jungen Mann, dessen Gesicht von der Herrlichkeit Gottes bereits glänzt. Der Gekreuzigte der theologia gloriae trägt die Auferstehung schon in sich. Luther indes lässt das Kreuz nichts anderes sein als das, was es ist: ein Schandmal, ein Skandal, ein Marter- und Todeswerkzeug; er deckt auf, dass die Zusage Gottes, sich dem Menschen gnädig zuzuwenden, nicht im scheinbar hellen Licht eines glanzvollen guten Werkes erkannt werden kann – auch nicht im vermeintlich besten Werk der Nachfolge –, sondern im scheinbar dunklen Licht des Glaubens: „Nicht, wer viel Werke tut, ist gerecht, sondern wer ohne Werke viel an Christus glaubt.“[15]

> „Das dem Menschen zugewandte und sichtbare Wesen Gottes ist das Gegenteil des Unsichtbaren, nämlich: seine Menschheit, Schwachheit, Torheit, wie 1 Kor 1,25 von der göttlichen Schwachheit und Torheit spricht. Weil nämlich die Menschen die Erkennbarkeit Gottes aus seinen Werken missbrauchen, wollte Gott wiederum im Leiden erkannt sein und die Weisheit vom Unsichtbaren durch die vom Sichtbaren verwerfen, damit die, die den in seinen Werken offenbaren Gott (Deus manifestus ex operibus) nicht verehrten, nun den in Leiden verborgenen (Deus absconditus in passionibus) verehrten [...]. So genügt oder nützt es keinem schon, Gott in seiner Herrlichkeit (gloria) und Majestät (maiestas) zu erkennen, wenn er ihn nicht zugleich in der Niedrigkeit (humilitas) und Schande (ignominia) des Kreuzes erkennt.“[16]

Die Gegenüberstellungen pointieren Luthers radikales Verständnis der zwei Naturen Jesu Christi: Dass Gott Mensch geworden ist, zwingt geradezu zum Blick auf das Kreuz. Gott in seiner Herrlichkeit sehen zu wollen, ja ihn überhaupt ausschließlich über sie wahrnehmen und erkennen zu wollen, hieße, seine menschliche Natur, wenn nicht zu leugnen, so doch in den Schatten seiner göttlichen Natur treten zu lassen. Wer sich zu Chalzedon bekennt und eine Theologie der Herrlichkeit treibe – der ist Luthers Ansicht nach schlechterdings kein Theologe.

---

15 25. These der Heidelberger Disputation (WA 1, 364/2f.).

16 Erläuterung zur 20. These der Heidelberger Disputation (WA 1, 362/3-13).

Wer aber ist ein rechter Theologe des Kreuzes? Was unterscheidet den theologus crucis vom theologus gloriae?

2.1.3 Was ist ein theologus crucis?

Wir haben bis jetzt zwei wichtige Voraussetzungen für Luthers Verständnis von Herrlichkeit erhoben. Zunächst haben wir in Grundzügen geklärt, was Theologie im Sinne Luthers ist; dann haben wir die Bedeutung des Kreuzes für die Theologie und in ihr als zentralen Punkt aller theologischen Erkenntnis und aller theologischen Rede herausgeschält. Jetzt stellt sich die Frage, was dies für die Existenz des Theologen besagt, der auf dieser Basis verantwortlich von Herrlichkeit reden will. Offenbar richtet sich eben darauf Luthers eminentes Interesse, wenn er – was vielfach zu wenig beachtet wird – an erster Stelle vom theologus und nicht von der theologia crucis spricht.[17]

Theologie hatten wir definiert als das reflektierte Zursprachebringen des sich in Jesus Christus offenbart habenden Verheißungswortes Gottes. Dazu gehört, wie wir gezeigt haben, das Kreuz nicht marginal dazu, sondern macht den Kern aus. Das Kreuz ist nichts, über das man reden könnte oder auch nicht. Wer nicht vom Kreuz her seine Theologie treibt, der ist kein rechter Theologe. Was aber heißt es genau: „vom Kreuz her seine Theologie treiben"? Ist dies nicht wiederum ein metaphysischer oder moralischer Herrschaftsakt, nur ausgesprochen subtil versteckt unter einer Christologie, welche die Ohnmacht Gottes im gleichen Moment schon wieder als höchsten Akt der Herrlichkeit zurechtrückt?

Luther gibt auf die Frage, was einen Theologen zum Theologen macht, mehrere Antworten, die bei rechtem Hinsehen einander korrespondieren. Die erste: „Oratio, meditatio, tentatio [faciunt theologum]".[18] Die zweite: „Wer daher das Evangelium vom Gesetz

---

17 Darauf hat Vercruysse insistiert: J. E. Vercruysse, *Luthers Kreuzestheologie und ihre ekklesiologischen und ökumenischen Implikationen*, in: J. Brosseder (Hg.), Verborgener Gott – verborgene Kirche?, Stuttgart 2001, 34-52, 35-37.

18 WA 50, 658/29-659/4; in dieser Form eine Collage aus der genannten Stelle und einem entsprechenden Bucheintrag, vgl. O. Bayer, *Theologie*, 61, Anm. 126; vgl. auch die Tischrede (WA.TR 3, Nr. 3425, 312/11-13) auf die Frage, was einen Theologen macht: „Erstens die Gnade des heiligen Geistes, zweitens die Versuchung, drittens die Erfahrung, viertens die Gunst der Umstände, fünftens fleißiges Lesen (in der Bibel), sechstens die Kenntnis der edlen Künste."

gut zu unterscheiden weiß, der sage Gott Dank und wisse, dass er ein Theologe ist".[19] Und die dritte: „Denn was aus der Taufe gekrochen ist, das kann sich rühmen, dass er schon zum Priester, Bischof und Papst geweihet sei, obwohl es nicht einem jeglichen ziemt, solch Amt auszuüben."[20] Theologe sein, das geht gerade aus dem letzten Zitat geradezu programmatisch hervor, ist keine Frage des Berufs, des Amtes, sondern ein Stand, der von etwas anderem abhängig ist als von einer gescheiten Ausbildung, von Sprachkenntnissen und der Fähigkeit, schwungvolle Predigten halten zu können. Theologe zu sein hat mit der Erfahrung zu tun, von Gott Angeredeter zu sein, sein Werden, Leben und Sterben als aus Gottes Hand geschenkt zu verstehen und sich in steter Relation zu ihm zu wissen. Derjenige, der dann schließlich ein Pfarramt bekleidet, unterscheidet sich von anderen Christen lediglich dadurch, dass er in dieses Amt berufen ist; er unterscheidet sich indes nicht hinsichtlich seines Standes. Die Taufe macht den Theologen – nicht das Amt. Dazu gehört das, was im ersten Zitat deutlich wird, untrennbar hinzu. Denn die Taufe – als äußeres Zeichen der Anrede durch Gott – bewirkt Gebet, Besinnung und Anfechtung. Dabei ist das Gebet die Umschreibung dafür, dass jetzt einer weiß, an wen er sich wenden soll in Lob und Dank und Klage und Zweifel; Besinnung heißt eine Ausrichtung der Sinne, der Affekte auf ein einziges Ziel; und Anfechtung bedeutet, sich in seinem Sündersein und Gerettetsein, in der Spannung zwischen Selbstbezug und Gottesbezug wahrzunehmen. Somit wird Theologe derjenige, der sich in seiner gesamten Existenz als Leib und Seele in Relation zu Gott erfährt. Die Erfahrung also macht den Theologen zum Theologen, so könnte man präzise und pointiert zusammenfassen. Freilich nicht irgendeine Erfahrung, sondern eine ganz bestimmte, von der im zweiten Zitat die Rede ist. Es geht – und vielleicht ist dies das Wichtigste im Blick auf den Alltag – um die Fähigkeit der Unterscheidung von Gesetz und Evangelium, die aus dem Christen einen Theologen macht. Es gehört zur großen Kunst, die Pointe dieser Unterscheidung recht zu treffen. Es geht nämlich mitnichten etwa um eine Trennung von Altem und Neuem Testament. Vielmehr geht es um eine Unterscheidung der Zeiten: des tempus legis

19 WA 40/I, 207/17f.

20 An den christlichen Adel: WA 6, 408/11-13 (in besser verständliches Deutsch gebracht von Vf.).

und des tempus gratiae.[21] Diese Beobachtung hat nun zwei gewichtige Konsequenzen. Die erste: Wenn nur der ein rechter Theologe ist, der Gesetz und Evangelium zu unterscheiden weiß, und die Unterscheidung von Gesetz und Evangelium eine Unterscheidung der Zeiten ist – dann folgt nach den Gesetzen der Logik, dass nur derjenige ein rechter Theologe ist, der in der Lage ist, die Zeit des Gesetzes von derjenigen der Gnade zu unterscheiden. Nun korrespondiert dies einer weiteren Unterscheidung Luthers, nämlich derjenigen des simul iustus et peccator, entfaltet in dem peccator in re et iustus in spe. Die hermeneutische Grundregel des als Gesetz und Evangelium begegnenden Gotteswortes hat seine anthropologische Entsprechung in der dialektischen Spannung des totus peccator, totus iustus. Demnach ist für den iustus in re die Unterscheidung von Gesetz und Evangelium keineswegs aufgehoben; keineswegs erfährt er nur eine Zeit der Gnade – ebensowenig aber auch nur eine Zeit des Gesetzes. Gottes Wort, das ein und dasselbe ist und nicht mal so, mal so begegnet, erfährt er einmal als gesetzliches, dann wieder als evangelisches. Bezogen auf das Zeitliche wird der Mensch also immer beides an ihm erfahren: das Gesetzliche wie das Evangelische, und diese Erfahrung hat ein Theologe zur Sprache zu bringen.

Fassen wir zusammen: Theologie hatten wir bestimmt als das reflektierte Zursprachebringen des sich in Jesus Christus offenbart habenden Verheißungswortes Gottes. Und ein Theologe ist einer, der, aus der Taufe gekrochen, erfahren hat, was Gebet, Besinnung und Anfechtung meinen und in seinem Alltag bedeuten, sowie zwischen Gesetz und Evangelium zu unterscheiden weiß. Diese beiden Stränge zusammen gesehen bedeuten nun, dass Theologe sein heißt, seine Existenz als eine von Gott geschaffene, getragene und begnadete zu erfahren und diese Erfahrung reflektiert zur Sprache zu bringen. Theologe zu sein heißt Theologie zu treiben. Und Theologie zu treiben heißt, sich und anderen seine theologische Existenz bewusst zu machen.

In rechter Weise geschehen und gelingen indes kann dies wiederum nur vom Kreuz her. Die Kunst des Unterscheidens, etwa des Unterscheidens von Gesetz und Evangelium, als Gütesiegel der theologischen Existenz verdeutlicht dies: Wie soll der überhaupt

[21] Vgl. WA 40/I, 526/21f: „Christianus est divisus in tempora: quatenus caro, est sub lege; quatenus spiritus, est sub Euangelio".

irgendetwas unterscheiden, dem es schon nicht gelingt, das Kreuz von der Auferstehung, das Leiden vom Triumph, die Niedrigkeit von der Herrlichkeit zu unterscheiden? Wer die Herrlichkeit Gottes auf spekulativem Wege und nicht über das Kreuz zu erfassen sucht, ist ebenso wenig ein Theologe wie derjenige, der das Kreuz buchstäblich als Vorbild nimmt und das Leiden sucht. Ist im ersten Fall das Kreuz nur ein ärgerliches Durchgangsmoment, so im zweiten Fall ein Werk. In beiden Fällen ist es nicht das, was es nach dem Offenbarungszeugnis der Schrift ist: die Pointe des göttlichen Willens, der Mensch geworden ist und als wahrer Gott und wahrer Mensch zugleich den Tod des Sünders gestorben ist, damit der Sünder gerettet werden kann.[22] Der Theologe des Kreuzes allein ist in der Lage, dies als tröstende Gewissheit zu erfahren, zu predigen und zu lehren, reflektiert zur Sprache zu bringen. Auch die Metaphysik und die Moral können von Gott reden – doch reden sie einem anderen Gott das Wort als dem, der sich dem sündigen Menschen mitten in seiner Sündhaftigkeit ohne Wenn und Aber zugewandt hat; sie reden von einem Gott, der nicht schon ganz und gar gnädig ist, sondern der noch gnädig gestimmt werden muss; sie reden von einem Gott, der noch nicht gerettet hat, sondern erst noch unter bestimmten Bedingungen retten wird. Metaphysik und Moral reden nicht von Christus. Sie reden entweder nur von einem Gott oder nur von einem Menschen – nie aber von dem Gott, der Gott und Mensch zugleich ist und von dort aus den Menschen zu einem simul iustus et peccator macht. Von Gott, dem inkarnierten, reden kann nur derjenige, der das Kreuz ernst nimmt und sich etwas angehen[23] lässt. Wovon immer der theologus crucis reden wird, er wird dies als in das Kreuzesgeschehen Hineingenommener tun, als jemand, der diesem Geschehen und der mit ihm verknüpften Verheißung vertraut und sein Leben und Hoffen darauf ausrichtet. Er wird dem Gesetz seinen rechten Ort zuweisen, als Heilsweg hinter sich lassen und erfüllt vom Evangelium von den

22 Nur am Rande sei darauf hingewiesen, dass Luthers Verständnis der satisfactio zwar der Anselms von Canterbury ähnelt, aber sich an einer zentralen Stelle auch fundamental unterscheidet: Bei Luther ist die satisfactio unbedingt in den Glauben eingebunden.

23 Welche Rolle in diesem Kontext die Affekte spielen, kann hier nicht einmal angedeutet werden und müsste eigens dargestellt werden. In dieser Behauptung vorausgesetzt ist die reformatorisch-lutherische Affektenlehre, vgl. K.-H. zur Mühlen, *Artikel „Affekt II. Theologiegeschichtliche Aspekte“*, in: TRE 1, 599-612, bes. 605-609.

Verheißungen Gottes reden, ohne die Welt aus dem Blick zu verlieren, ohne die Notwendigkeit des Gesetzes zu bestreiten, ohne das Böse und Traurige so sehr vom Guten überstrahlt zu sehen, dass es nichtig wird.[24] Er wird vom deus crucifixus und vom deus absconditus sprechen.[25] Von dort aus wird er nicht geknickt und missmutig Trauer im Gesicht tragen, sozusagen als personifizierter Karfreitag zu erkennen sein. Im Gegenteil, so stellt Luther heraus:

> „Denn diese großartigen Dinge kommen nur durch das Kreuz ... Alles Gute ist im Kreuz und unter dem Kreuz verborgen, deshalb ist es auch nirgendwo anders zu suchen oder zu verstehen als unter dem Kreuz. So finde jedenfalls ich mit meiner geringen Einsicht nichts in der Schrift als Jesus Christus, und zwar als den Gekreuzigten" (1 Kor 2, 2).

Jesus Christus ist gewiss all das Gute, das den Gerechten in der Schrift zuteil wird, wie Freude, Hoffnung, Ehre, Tugend und Weisheit. Aber er ist der Gekreuzigte, darum „freuen sich" in ihm nur diejenigen, „die hoffen" und ihn „lieben und an sich verzweifeln und ihren Namen hassen."[26]

Damit sind wir nun einen entscheidenden Schritt weiter. Dass im Gefolge Luthers die protestantische Theologie – bis hin zu den oben erwähnten äußerlichen Merkmalen – oftmals meinte, die Herrlichkeit vernachlässigen zu können, ja zu müssen, um der theologia

---

24 Darauf weist auch Ulrich Asendorf hin, der Luthers Theologie anhand seiner Predigten aufschlüsselt und anhand einer Predigt zu Mt 27,45ff. konstatiert: „Haben die Menschen, bevor Christus kommt, steinerne Herzen, die zum Evangelium unwillig sind, so werden diese durch die Gewalt des Evangeliums gespalten. Das Kreuz führt den Glaubenden auf diese Weise vom Gesetz zum Evangelium. Wieder zeigt sich, dass die Unterscheidung von Gesetz und Evangelium durchgehendes Merkmal in Luthers Predigten ist. Sie ist keine dogmatische Theorie im herkömmlichen Sinne, sondern sie ist unverzichtbares Element für die Verkündigung des Evangeliums." (U. Asendorf, *Die Theologie Martin Luthers nach seinen Predigten*, Göttingen 1988, 100).

25 Vgl. Luthers Resolutionen zur 58. Ablassthese, in der er gegenüber Reliquienkult und einer Lehre vom Gnadenschatz behauptet: „Theologus crucis (id est de deo crucifixo et abscondito loquens) poenas, cruces, mortem docet esse thezaurum omnium preciosissimum et reliquias sacratissimas, quas ipsimet dominus huius theologiae consecravit benedixitque non solum tactu suae sanctissimae carnis, sed et amplexu suae supersanctae et divinae voluntatis, easque hic reliquit vere osculandas, quaerendas, amplexandas." (WA 1, 613/23-28) Dort stellt er ebenso pointiert wie in der Heidelberger Disputation den theologus crucis dem theologus gloriae gegenüber, vgl. WA 1, 614/17-27.

26 Corrolarium zu Psalm 5,12; 1516/17 - AWA 1/I, 551/28-552/4.

crucis zu entsprechen, zeugt von einem groben Missverständnis.[27] Gerade der theologus crucis muss von der Herrlichkeit reden – nun aber in rechter Weise. Wie aber sieht diese rechte Weise nach Luther aus?

2.2 Die Herrlichkeit in Luthers Theologie

Wenn – wie wir gesehen haben – das Kreuz eine so zentrale Bedeutung in Luthers Theologie hat – wo bleibt da Raum für die Herrlichkeit? Den wenigsten Darstellungen gelingt es, Kreuz und Herrlichkeit in eine Korrespondenz zu bringen. Das Kreuz wird vielmehr so mächtig, dass man – gemäß zu dem vorher Gesagten – nun beinahe von einem Herrschaftsakt des Kreuzes sprechen könnte.[28] Dabei wurde kaum beachtet, dass das Kreuz nicht die Herrlichkeit durchbricht, sondern die Theologie der Herrlichkeit. Eben von dort aus kommt Luther – nicht in einem theoretischen Sinne, aber in einem seelsorglichen und en passant – zu einer positiven Würdigung der Herrlichkeit.

---

27 Nota bene: Hier ist nicht einer Skepsis entsprochen, die aus der Tatsache, dass Luther nach 1518 kaum noch von der theologia crucis redet, den Verdacht schöpft, sie könnte nicht zentral für Luthers Theologie sein. Karl Heinz zur Mühlen bemerkt zu Recht: „Nach 1518 macht er von dieser Terminologie nur noch sparsamen Gebrauch [...], obwohl die mit ihr gemeinte Sache [...] weiterhin die gesamte Theologie Luthers bestimmt. Das hat seinen Grund darin, dass Luther sich in seiner Frühzeit mit der scholastischen Theologie terminologisch auseinandersetzt und sich zugleich auch von der mystischen Theologie absetzt [...]. Luther betont demgegenüber immer klarer die Heilsbedeutung des Kreuzes Christi extra nos, das sich nur im Glauben an das Wort vom Kreuz, nicht aber in der Existenzdialektik mystischer Innerlichkeit einholen lässt. Das Kreuz Christi umschließt heilsam das Kreuz unserer Erfahrung und nicht umgekehrt [...].“ (Artikel „Kreuz“, 763)

28 So etwa muss man diesen Eindruck haben bei Althaus‘ Bemerkungen zur Kreuzestheologie, vgl. P. Althaus, *Die Theologie Martin Luthers*, 2. durchges. Aufl., Gütersloh 1963, 34-42.

2.2.1 *gloria als Gottesprädikat*

Wenn Luther von „gloria“ im Sinne von Herrlichkeit redet, dann in den überwiegenden Fällen von der gloria Dei.[29] Die Herrlichkeit Gottes ist für ihn eine Eigenschaft, die wie Güte oder Gerechtigkeit in ihrer Fülle allein und ausschließlich Gott eignet. Von dort aus kommt stets das falsche Rühmen des Menschen in den Blick. Dieses korrespondiert einem in die Irre führenden Vertrauen in die eigenen Kräfte und Fähigkeiten. Wer so auf sich setzt und seine Sündhaftigkeit verkennt, der desavouiert das Gottesattribut. Das Gegenüber von rechter, göttlicher Herrlichkeit und falschem, menschlichem Rühmen bestimmt Luthers Schriften durchgängig. Namentlich in den verschiedenen Phasen der Psalmenauslegung, in denen Luther immer wieder auf das hebräische „kabod“ trifft, kommt die Unterscheidung von gloria divina und gloria humana zum Tragen.

Die Herrlichkeit des Schöpfers ist in seiner Schöpfung erfahrbar. Der Mensch allerdings, durch die Sünde verblendet und verstockt, kann seine Geschöpflichkeit nicht erkennen und annehmen, kann Gott nicht Gott sein lassen und maßt sich deshalb wie auch andere göttlichen Attribute ebenso die Herrlichkeit an. Dann kommt es dahin, dass just in dem Moment, in dem er eigentlich von Gottes Herrlichkeit reden will, er von seiner eigenen Herrlichkeit spricht. Hierin zeigt sich die Verkehrtheit menschlicher Wahrnehmung göttlicher Wirklichkeit:

> „Sic et hodie et semper Impii pro gloria dei contra gloriam dei horrendo periculo operantur [...], [...] illi, qui pro gloria dei agere iudicantur, vere in blasphemiam eius agant, et qui blasphemiae criminantur, ii vere pro gloria dei certent. In absconditis, in fide, in sancto via eius, atrium non mensuratur, quia datum est gentibus, ait Apo. xxi. [Apk 11,2].“[30]

Der für Luther fundamentale Aspekt der göttlichen absconditas, der Verborgenheit bricht sich auch an dieser Stelle Bahn: Die Herrlichkeit Gottes ist verborgen, so dass der Mensch ohne Glauben sie nicht wahrnehmen, geschweige denn ihr vertrauen und auf sie seine Hoffnung setzen kann. Sie ist allerdings verborgen sub contrario, d.h. der Glauben eröffnet den Blick auf die Herrlichkeit und andere

---

[29] Die Stellen, an denen „gloria“ menschliches Ansehen meint, werden hier vernachlässigt, da sie zur Sache wenig austragen.

[30] Operationes in Psalmos 1519-21, zu Ps 2 (WA 5, 49/38-50/4).

Güter Gottes, wenn man sie dort sucht, wo man sie nach menschlichen Maßstäben niemals zu finden erwartete: in einer Krippe, an einem Kreuz. Ohne den Glauben bliebe die Krippe ein Futterplatz für Tiere und das Kreuz ein nackter Holzbalken. Mit dem Glauben scheint am Kreuz die Herrlichkeit Gottes nicht durch – das hieße das Kreuz nicht ernst nehmen –, sondern auf, wie 2 Kor 4,6 belegt! So wird unmissverständlich klar, dass extra Christum nulla salus gefunden werden kann. Denn Christus selbst wird mehrfach in Anlehnung an 1 Kor 2,8 als gloria Dei bezeichnet: „Et sic per Christum i.e. gloriam Dei suam quaerunt gloriam [...]“.[31] Eben darum ist der Sünder auf Christus verwiesen, der allein ihn aus dieser Misere befreien kann.[32]

So wird dem, der glaubt, alles zum Gegenteil, wie Luther in wunderbarer Auslegung vom Ps 9 schreibt:

> „Quare vero similius est ‚Almoth‘ utroque significatu in unum coacto significare novam creaturam Euangelii, prolem gratiae, Iuventutem baptismi, populum novi testamenti ac vere absconditas filii, idest fideles et obedientes Christi, quorum vita sub morte, salus sub cruce, gloria sub ignominia latet.“[33]

Aus diesem Glauben lebt er, diese Verheißung ist ihm geschenkt. Ja, darauf zielt die Verheißung ab:

> „Hic altera scripturae pars adest, Promissa dei, qui annunciant gloriam Dei et dicunt ‚Si vis legem implere, non concupiscere, sicut lex exigit, En tibi, Crede in Christum, in quo promittuntur tibi gratia, iustitia, pax, libertas et omnia, si credis, habebis, si non credis, carebis‘.“[34]

Die Herrlichkeit Gottes ist also sein ihm ureigenes Prädikat, vom Anbeginn der Welt an bis zu deren Vollendung. Das eschatologische Moment kann nur recht gefasst werden, wenn es zugleich als in der Schöpfung begründet und in der Gegenwart durch das Wirken des Heiligen Geistes erfahrbar verstanden wird.

---

31 In die dedicationis templi sermo wahrscheinlich von 1516 (WA 4, 670/24f.).

32 Vgl. etwa im Traktat über die christliche Freiheit, WA 7, 51/27-34.

33 Operationes in Psalmos 1519-21, Auslegung zu Ps 9 (WA 5, 285/32-36).

34 Tractatus de libertate Christiana 1520 (WA 7, 53/3-7). Im deutschen Text fehlt interessanterweise just der Hinweis auf die Herrlichkeit, vgl. WA 7, 24/10-14.

2.2.4 *Das lumen gloriae*

Darauf weist auch die prominenteste und vielleicht wichtigste Stelle hin, an der Luther positiv auf die Herrlichkeit Gottes zu sprechen kommt. In der Auseinandersetzung mit Erasmus von Rotterdam um die Frage, welche Rolle dem menschlichen Willensvermögen im Blick auf das Heil zukommt, widmet er sich zum Ende der Frage, wie der Mensch damit umgehen soll, dass ihm so vieles in der Welt ungerecht erscheint: Ist es nicht verständlich, ja um der Verantwortung willen nötig, dem Menschen ein freies Willensvermögen zuzugestehen? Darauf antwortet Luther:

> „[Und doch] wird diese Ungerechtigkeit Gottes – außerordentlich wahrscheinlich und mit solchen Argumenten vorgeführt, denen keine Vernunft oder das Licht der Natur widerstehen kann – ganz leicht aufgehoben durch das Licht des Evangeliums und die Erkenntnis der Gnade. Durch sie werden wir gelehrt, dass die Gottlosen zwar körperlich blühen, an der Seele aber zugrunde gehen. Und die kurze Lösung dieser unlösbaren Frage besteht in einem einzigen kleinen Wort, nämlich: Es gibt ein Leben nach diesem Leben, in dem alles, was hier nicht bestraft und belohnt wird, dort bestraft und belohnt werden wird. Denn dieses Leben ist nichts als ein Vorlauf oder vielmehr: ein Anfang des zukünftigen Lebens. Wenn also das Licht des Evangeliums, das allein durch das Wort und den Glauben etwas vermag, so Großes bewirkt, dass diese Frage, die jahrhundertelang traktiert und niemals gelöst worden ist, so leicht beigelegt und verglichen wird – was glaubst du, wird geschehen, wenn das Licht des Wortes und des Glaubens weichen und die Sache selbst und die göttliche Majestät durch sich selbst offenbar wird? Oder glaubst du nicht, dass dann das Licht der Herrlichkeit die Frage so leicht wie nur möglich lösen kann, die im Licht des Wortes oder der Gnade unlösbar ist, wo schon das Licht der Gnade so leicht eine im Licht der Vernunft unlösbare Frage löst? Nimm mir drei Lichter an: das Licht der Natur, das Licht der Gnade, das Licht der Herrlichkeit, wie es eine allgemeine und gute Unterscheidung tut. Im Licht der Natur ist es unlösbar, dies sei gerecht, dass der Gute heimgesucht wird und der Böse es gut hat. Aber dies löst das Licht der Gnade. Im Licht der Gnade ist es unlösbar, wie Gott den verdammt, der aus seinen eigenen Kräften nichts anderes tun kann als zu sündigen und schuldig zu sein. Hier behaupten das Licht der Natur ebenso wie das Licht der Gnade, das sei die Schuld nicht des elenden Menschen, sondern des ungerechten Gottes, und sie können nicht anders von Gott urteilen, der einen gottlosen Menschen umsonst ohne Verdienste krönt und einen anderen nicht krönt, vielmehr verdammt, der vielleicht weniger oder doch nicht mehr gottlos ist. Aber das Licht der Herrlichkeit behauptet etwas anderes und wird zeigen, dass Gott, dessen Urteil eben noch von einer unbegreiflichen Gerechtigkeit ist, dann von einer ganz und gar gerechten und ganz offenkundigen Gerechtigkeit ist.

> Dass wir das nur einstweilen glauben, ermahnt und gefestigt durch das Beispiel des Lichtes der Gnade, das ein ähnliches Wunder beim natürlichen Licht vollbringt!“[35]

Luther ist an dieser Stelle nicht darum zu tun, die Theodizee zu beantworten. Im Gegenteil: Zuvor entlarvt er eben diese Frage als gottlos, will doch der, der sie stellt und beantwortet haben möchte, seinen Maßstab von Gerechtigkeit an Gott anlegen.[36] Was Luther vielmehr im Blick hat, ist, im Augenblick der Anfechtung – eine Situation, die ihm als Seelsorger und auch als sich seiner eigenen Kämpfe Erinnernder wohl bewusst ist und ja fundamentales Element der Theologie ist, wie gesehen – einen Faden zu haben, an dem man sich festhalten kann und der nicht reißt. Dieser Faden ist das lumen gloriae. Die Lehre von den drei Lichtern hat ein Vorbild in der Tradition mit der Unterscheidung von Licht der Natur (lumen naturae) und Licht der Gnade (lumen gratiae); sie ist bekannt und bewährt. Gegenüber Thomas von Aquin aber ist die Zäsur zwischen dem Licht der Natur und dem Licht der Herrlichkeit (lumen gloriae) bei Luther ungleich schärfer. Thomas kann Licht der Gnade und Licht der Herrlichkeit als alternative Begriffe setzen[37] und damit Letztes im Vorletzten bei Einsatz der Vernunft erkennen. Luther – ganz im Sinne dessen, was er gut zehn Jahre später in der „Disputation über den Menschen“ pointieren wird – kann der Vernunft diese hervorragende Rolle im Blick auf das Heil nicht zusprechen. Denn die Gnade befreit die Vernunft nicht, so dass sie sich Gott zuwenden wollen könnte, sondern sie lässt sie ihre Grenzen erkennen. Die Vernunft hat ihre Aufgabe darin, mit dem, was sie vorfindet, kreativ und phantasievoll und zum Wohl der Menschen umzugehen und die Dinge der Welt klug und nach weltlicher Gerechtigkeit zu lenken. An der Frage nach Gottes Gerechtigkeit aber muss sie notwendig scheitern, denn das Skandalon des Kreuzes durchbricht alle Weltvernunft. Dabei bleibt Luther nun nicht stehen. Selbst das Licht der Gnade kann diese Frage nicht lösen, wenn es, über den Blick auf irdische Güter hinaus, klären sollte, wen und warum ewiges Heil und wen und warum ewige Verdammnis erwartet. Das Licht der Herrlichkeit erst,

---

35 WA 18, 785/12-38. Die hier gebrauchte Übersetzung aus der Feder der Vf. wird im Februar 2006 in der dt.-lat. Studienausgabe der Evangelischen Verlagsanstalt (Bd. 1: der Mensch vor Gott, hg. von Wilfried Härle) erscheinen.

36 Vgl. WA 18, 729/7-731/13.

37 Vgl. etwa Th. v. Aquin, Sth I qu 12 a2.

wenn wir nicht mehr „durch einen Spiegel ein dunkles Bild“ sehen, sondern „von Angesicht zu Angesicht“ (1 Kor 13,12) schauen, wird diese in diesem Leben unlösbaren Fragen beantworten.

Dass dies nicht eine billige Vertröstung, vielmehr ein ganz teurer und gewisser Trost ist – das mag nicht sofort einleuchten. Für Luther jedoch ist das ganz klar. Aber er versteht auch die Anfechtung, die aus dem Widerständigen dieser Lösung erwachsen kann. Und so ist sein Schlusssatz beinahe eine Bitte, ein Gebet, eine Mahnung, der Zusage Gottes zu vertrauen, ihr zu glauben und aus diesem Glauben Kraft zu schöpfen, alle Fragen und Anfechtungen auszuhalten. Wie soll das, was schon im irdischen Leben gilt und tröstet, nicht auch im ewigen Leben gelten und trösten? Die Theodizee, die Frage nach Gottes Gerechtigkeit in der Welt, ist nicht die letzte Frage – hinter ihr lauert die noch viel schärfere nach Gottes Gerechtigkeit im Gericht, die mit einer noch unerbittlicheren Aporie aufwartet. Wer sie mit den begrenzten Mitteln der Vernunft und nun auch notwendig begrenzten Mitteln des Glaubens zu beantworten suchte, muss an ihr irrewerden. Da liegt Luthers eigentliche Pointe. Im Licht der Herrlichkeit wird der letzte Schleier fallen, wird die absconditas gänzlich aufgehoben und ist der Weg frei zum Schauen der Herrlichkeit. Der Mensch kann Gott aufrecht anschauen, ohne von dessen Anblick getötet zu werden. Gleichwohl: Der Dreischritt ist gut zu beachten: Das lumen naturae hilft zur Erkenntnis, das lumen gratiae ermöglicht Glaube, das lumen gloriae bringt ins Schauen. Dies ist jedoch mitnichten als streng aufeinander folgende Stufung zu verstehen. Vielmehr durchdringen sich, wie Luther betont, die lumina, so dass die Herrlichkeit Gottes bereits im Hier und Jetzt erfahrbar wird im Wort der promissio. Von dort aus ist es möglich, dass der Glaubende sich Gottes Gegenwart rühmt, zu Lob und Preis Gottes als seines Schöpfers und Erlösers fähig wird und ihm im Gebet, im Hören und Reden vergegenwärtigt. Schon früh formuliert Luther:

> „Occulti vel absconditi, de quibus hic psalmus loquitur, intelligo fideles Christi, qui ideo sic vocantur, quod eorum omnis gloria est spiritualis et interior decor.“[38]

---

[38] Adnotationes Quincuplici Psalterio adscriptae 1513ff., zu Psalm 9 (WA 4, 477/ 3-5).

Der Glaubende versteht seine Existenz ganz von Gott her, und dessen Herrlichkeit wird auch seine Existenz zu einer getrosten und frohen machen. Ihre Freude ist die der Seligen. Ihre Freude speist sich daraus, dass die Auferstehung, die ihnen verheißen ist, in Jesus Christus bereits Wirklichkeit ist und im Altarsakrament immer neu gegenwärtig wird. Das Licht von Ostern, das lumen gloriae, bricht hindurch auf unseren Karfreitag. Dadurch bleiben Leiden und Passion und Tod und Trauer das, was sie sind; aber sie werden in ein neues Licht gestellt, das durch Leiden, Passion, Tod und Trauer hindurchträgt. Eine welch große Kraft für die Seelsorge darin liegt, mag zu erahnen sein.

3. Die Herrlichkeit in der crux

Luthers Kreuzestheologie – eines der prominentesten Stücke. Sie steht im Mittelpunkt mancher Darstellung Lutherischer Theologie, und selbst, wo sie das nicht tut, wird sie meistenteils stillschweigend vorausgesetzt. Nicht selten jedoch wird Luther auf gefährliche Weise verkürzt, überspitzt, wo er selbst Raum ließ. So – wir haben es gesehen – wird die Herrlichkeit weitgehend ausgeklammert, wenn es darum geht, den Reformator in seiner Unverwechselbarkeit zur Sprache zu bringen. Wir konnten sehen, dass dies mindestens ein Missverständnis ist – wie es uns oft begegnet: Die Lutherforschung bewegt sich nur selten nicht auf dem schmalen Grat, das Besondere der Theologie Luthers entweder so deutlich zu zeichnen, dass keinerlei Nähe zu anderen theologischen Denkwegen möglich ist, oder so zu verharmlosen, dass das Charakteristische von Luthers Denkweg verschwindet.

Es gilt also resümierend festzuhalten, dass Luther sehr wohl von Herrlichkeit redet. Begriff und Sache sind mithin für die protestantische Theologie keineswegs ad acta zu legen und es wäre – im Blick auf vielerlei, u.a. auch auf neue Akzente in einer verantwortlichen, gottesdienstlichen Spiritualität – viel gewonnen, wenn sich der Protestantismus dieses Erbes erinnerte. Doch ist zu beachten, in welchem Rahmen solche Rede von der Herrlichkeit geschehen kann. Und den gibt Luther klar vor mit der theologia crucis. Der Theologe, der reflektiert das in Jesus Christus offenbar gewordene Heilsgeschehen zur Sprache bringen will, kann dies nicht anders tun als in immerwährender Relation zum Christus crucifixus. Protestantische Theologie muss sich über dreierlei im Klaren bleiben (und sicher ab und an überhaupt erst werden):

1. Ihre Aufgabe ist die Theologie im oben beschriebenen Sinne – und sonst nichts!

2. Diese Theologie ist immer und immer wieder auf das Kreuz gewiesen und nur als theologia crucis schriftgemäß und also verantwortlich.

3. Versteht sie sich in dieser Weise als theologia crucis und der Glaubende als theologus crucis, wird sie im Blick auf alles Notwendige sagen, was Sache ist. Auch und gerade im Blick auf die Herrlichkeit. Wer Karfreitag begreift und das Kreuz nicht zu einer Durchgangsstation und damit zu einem Nichts macht, der darf und soll in das Hallelujah der Osternacht umso jubelnder einstimmen und die verheißene Herrlichkeit im lumen gloriae erfahren und bekennen.

In diesem Sinne könnte protestantische Theologie mit Luther ein scharfes und tiefes Profil (zurück)gewinnen, wenn sie mit ihm sagt: „CRUX sola est nostra theologia.“[39]

39 Operationes in Psalmos 1519-21 (WA 5, 176/32f.).

Dei Gloria

Der Begriff „Herrlichkeit" in Johannes Calvins Theologie

Eberhard Busch

Wenn man den Gebrauch eines Begriffs in einem literarischen Werk näher anschaut, so bedeutet das, dass man dabei gleichsam das Gefüge eines ganzen Hauses unter einem bestimmten Blickwinkel ins Auge fasst; und dabei sieht man das Gefüge möglicherweise im Ganzen neu ... –

Der Genfer Theologe Johannes Calvin (1509-1564) sprach in seinen Schriften ein kultiviertes, ciceronisches Latein, und er drückte sich sonst in einem Französisch aus, wie es in der ersten Hälfte des 16. Jahrhunderts in seinem Heimatland Frankreich und auch in Genf, wo er als Fremder wohnte, üblich war. Den hier erfragten Begriff der „Herrlichkeit" kannte er also nur in jenen beiden anderen Sprachen. Wenn in seinem dogmatischen Hauptwerk „Institutio Christianae Religionis" in der gegenwärtig verbreiteten deutschen Übersetzung dieser Begriff gebraucht wird, so folgt sie jedenfalls an diesem Punkt der ersten deutschen Übersetzung dieses Werks, die 1572 in Heidelberg veröffentlicht wurde.[1] Im Lateinischen liegt dem in der Regel der Begriff „gloria" zu Grunde und im Französischen heißt es entsprechend „gloire", so in der Publikation der Institutio 1560 in dieser Sprache.[2] Ist die deutsche Übersetzung des Begriffs wohl gebräuchlich, so wird man im Deutschen immerhin den eigenen Klang von „gloria" in der Sprache Calvins, die namentlich von Cicero geprägt war, im Ohr haben

---

1 *Institvtio Christianae Religionis, Das ist Underweisung inn Christlicher Religion/inn Vier Bücher verfasset. Durch Herrn Johannem Caluinum. Aus Lateinischer vnd Frantzösischer Sprach trewlich verteutscht*, Heydelberg 1572.

2 *Institution de la religion Chrétienne par Jean Calvin*. Nouvelle édition, par F. Baumgartner, Genève/Paris 1888.

müssen: Zierde, Schmuck. Zudem sind die Begriffe beachtenswert, die von Calvin parallel zu „gloria" benutzt wurden: splendor, Glanz, claritas, Helligkeit oder Ruhm, gaudium, Vergnügen, maiestas, Erhabenheit, foelicitas, Glückseligkeit, quies, Ruhe oder Friede, praeclarus, schön oder eben herrlich. Es lassen sich in Calvins Reden von gloria oder Herrlichkeit drei Dimensionen feststellen, die hier der Reihe nach beleuchtet werden.

1. Die himmlische Herrlichkeit Gottes

Davon spricht Calvin wörtlich – von der „caelestis Dei gloria".[3] Das bezeichnet offenbar den Ausgangspunkt, von dem her er darüber nachdenkt und der alles Weitere prägt. Zu der Anrede Gottes im Unser-Vater-Gebet bemerkt er, dass die „Himmel", in denen Gott wohnt, genauer so zu verstehen sind: „dass er nicht von einem bestimmten Ort begrenzt ist, sondern alles durchdringt. Aber unser Sinn vermag in seiner Grobheit sonst seine unaussprechliche Herrlichkeit (inenarrabilem gloriam) nicht zu fassen, und deshalb wird sie uns in dem Bilde des Himmels angedeutet."[4] Die Herrlichkeit gehört demnach wesentlich zu Gott. Er kann nicht sein ohne sie. Gott *ist* herrlich. Aber dass seine Herrlichkeit „himmlisch" ist, bedeutet nicht, dass Gott in seiner Herrlichkeit an einen – örtlich aufgefassten – Himmel gebunden ist. Vielmehr hängt das, was Himmel heißt und himmlisch ist, ganz und gar von der Anwesenheit und Gegenwart des herrlichen Gottes ab. Ist er abwesend, so ist der „Himmel ferne". Leuchtet seine Herrlichkeit, so geht es himmlisch zu.

Die Unterscheidung zwischen caelum und gloria ist darum wichtig, weil dadurch klar ist, dass die Herrlichkeit Gottes oder Gott in seiner Herrlichkeit wirklich nicht in einem Jenseits von der sichtbaren Welt fixiert werden muss und fixiert werden darf. In der Tat gibt sich Calvin alle Mühe zu betonen, dass wir um und um von einer Fülle von sichtbaren, bildhaften Hinweisen auf Gottes Herrlichkeit umgeben sind. „Wohin man die Augen blicken lässt, es ist ringsum kein Teilchen der Welt (mundi particula), in dem nicht zumindest irgendwelche Fünklein seiner Herrlichkeit (scintillae

3 *Institutio* IV 5,17.
4 *Institutio* III 20,40.

aliquae gloriae ipsius) zu sehen wären."[5] Es treten „in allen Teilen der Welt gewisse Anzeichen der Herrlichkeit Gottes hervor". Ja, aber vor allem gilt das im Blick auf die Gottebenbildlichkeit des Menschen; und wenn die gloria Dei auch in äußeren Anzeichen und Merkmalen hervorschimmert, so ist sie doch *geistlich* zu verstehen.[6] Namentlich in den Engeln thront Gottes Herrlichkeit.[7] Aber eben auch im Menschen, sofern er Ebenbild Gottes ist, will Gott der Schöpfer seine Herrlichkeit „wie in einem Spiegel" zeigen.[8]

Das Bild des Spiegels wird von Calvin oftmals benutzt. Es ist wohl so, dass wir die Herrlichkeit Gottes des Vaters nicht direkt sehen können, sondern nur indirekt, jedenfalls solange wir in unserem irdischen Lauf begriffen sind. Aber indirekt, in solchen „Spiegeln", können wir seine Herrlichkeit sehen. Aber um es genauer zu sagen: Wir *könnten* es, aber wir *tun* es faktisch nicht. Das liegt nicht an einer Undeutlichkeit der göttlichen Kundgabe in den dazu eingesetzten Spiegeln, sondern das liegt an der menschlichen Sünde. „Was wertvoll, erhaben und herrlich ist, das muss dem Herrn unterworfen werden."[9] Wenn das nicht geschieht, gemeint ist: wenn wir bei dem Glanz der irdischen Dinge stehen bleiben und wenn sie uns nicht als solch ein Spiegel dienen, dann entfernen wir uns von Gott in seiner Herrlichkeit und sind davon entfremdet. Dabei handelt es sich nicht um einen kleinen, zufälligen Fehler, den wir ohne weiteres korrigieren könnten. Calvin kann von dem hier vorliegenden Grundfehler in konkreter Zuspitzung reden: Wir stoßen da auf eine bestimmte von der klassischen Antike her bis in die Gegenwart reichende Tradition, in der die Natur nicht als von Gott gesetzte und regierte Ordnung seiner Kreatur angesehen, sondern an die Stelle Gottes gesetzt wird. In Folge dessen soll „die Welt, die doch als Spiegel Gottes erschaffen ist, ihr eigener Schöpfer sein", und vielleicht wird sogar frommen Sinnes gesagt, und das lange bevor an Spinoza zu denken war: naturam esse Deus.[10] Derart beweist sich, dass unser Unglaube und Aberglaube die Herrlichkeit von Gottes Gottheit (divinitatis suae gloriae) verdunkelt.[11] Nun ist es

5 *Institutio* I 5, 1.
6 *Institutio* I 15,3.
7 *Institutio* I 14,5.
8 *Institutio* II 12,6.
9 *Institutio* IV 5,17.
10 *Institutio* I 5,5.
11 *Institutio* II 8,16.

tatsächlich so, soweit man nur sehen kann: „Solange der Anblick der Welt unseren Augen groß erscheint, stumpft er unsere Augen ab, so dass die Herrlichkeit Gottes sich gleichsam in Dunkelheiten verbirgt.“[12]

2. Die ins Irdische eingetretene Herrlichkeit des Mittlers

In seiner Auseinandersetzung mit Michael Servet legt Calvin Wert auf die Klarstellung, dass im Alten Testament keineswegs „Engel“ an Stelle Gottes verehrt wurden, sondern dass in der Funktion der Engel das Amt des „Mittlers“ präludiert wurde. Der Mittler aber sei kein Mischling von Gott und Mensch, kein halbgöttliches und so faktisch doch kreatürliches Zwischenwesen zwischen Gott und Mensch, sondern „Gott von unaussprechlicher Herrlichkeit“.[13] „Herrlichkeit“ ist ihm nur dann eigentümlich, wenn es klar ist, dass ihm das zukommt, weil er nicht weniger als Gott selbst ist, zwar nicht Gott der Vater, sondern dessen einer Sohn, aber „ipsum esse Jehova“, der, in dem „die ganze Fülle der Gottheit leibhaftig wohnt“.[14] Allerdings die Herrlichkeit zeichnet in dem, der wahrer Gott und wahrer Mensch ist, speziell seine *Gottheit* aus, die Gottheit des Gottessohnes, der als der „Mittler“ zwischen Gott und Mensch unter den Menschen erscheint. Und das heißt zunächst, dass sich die Herrlichkeit Gottes in ihm nicht etwa in verminderter Form befindet. Im Gegenteil, in ihm wird sie dem Menschen, der sie in seiner Sünde sonst nicht mehr sieht, vielmehr *sichtbar*. „Denn indem Gott in diesem seinem Ebenbild erschien, wurde er gewissermaßen sichtbar, während sein Bild [für uns] zuvor dunkel und schattenhaft war.“ Nach 2 Kor 4,6 hat nämlich Gott „einen hellen Schein in unsere Herzen gegeben“, um uns „die Erkenntnis der Herrlichkeit Gottes im Angesicht Jesu Christi“ sichtbar zu machen. Die Gloria Christi strahlt uns ohne jeden verdeckenden

---

12 Zu Tit 2,13, CO 52, 424; deutsch: K. Müller (Hg.), *Johannes Calvins Auslegung der Heiligen Schrift in deutscher Übersetzung*, Bd. 13, Neukirchen-Vluyn 1974, 572f.

13 *Institutio* I 13,10.

14 *Institutio* I 13,13.

Vorhang im Evangelium entgegen.[15] In ihm ist ja die Majestät Gottes zu uns gekommen, weil wir nicht von uns aus zu ihm kommen können.[16] Und so kann Calvin in Auslegung von Hebr 1,3 die Aussage von Christus als dem Glanz der göttlichen Herrlichkeit geradezu so verstehen:

> „Wenn du also hörst, der Sohn Gottes sei der Glanz der Herrlichkeit seines Vaters, so denke bei dir: die Herrlichkeit des Vaters ist für dich unsichtbar, bis sie in Christus hervorglänzt. Außer Christus ist kein Licht, sondern lauter Finsternis. Denn obwohl Gott das alleinige Licht ist, das uns alle erleuchten muss, kann es sozusagen nur in dieser Ausstrahlung in uns eingehen."[17]

Es wäre in ihm nicht *Gott* zu uns gekommen, wenn er nicht der herrliche Gott wäre. Aber ist Gott zu uns *gekommen*, dann heißt das, dass jenes uns sonst verborgene Licht uns in ihm wirklich leuchtet.

Aber nun scheint Calvin diese seine starken Aussagen wieder zurückzunehmen. Macht ihm eben doch Eindruck, dass so viele die in die Menschheit eingetretene Herrlichkeit Gottes nicht wahrnehmen? Oder macht er jetzt gar einen Schritt rückwärts und sagt so, wie er es von den Kundgaben Gottes in der Schöpfung sagte: dass auch Christus nur eine und, sei es eine besonders wertvolle, der indirekten Bezeugungen Gottes ist? Das würde heißen, dass dann der Sünder, so wie er an der „Natur" hängen bleibt, statt zu ihrem Schöpfer zu blicken, auch nur bei Christus stehen bleibt, statt von ihm zu Gott aufzusteigen. Dann würde er ja Christus auch nur als eines der göttlichen Schöpfungswerke ansehen und nicht als den, als den ihn Calvin jedenfalls anerkennt: der eine, der der Sohn Gottes „von Natur" ist, im Unterschied zu denen, die durch ihn aus reiner Gnade Kinder Gottes werden.[18] Nun, es ist wohl so, dass Christus als der Mittler zwischen Gott und Mensch sich derart erniedrigt hat, dass „der Anblick seiner Majestät" verborgen war, ja, dass er von ihm abgelegt wurde. Aber Calvin versteht Phil 2,10 so,

---

15 *Institutio* II 9,1.

16 *Institutio* II 12,1.

17 Zu Hebr 1,3, CO 55, 12; deutsch: K. Müller (Hg.), *Johannes Calvins Auslegung der Heiligen Schrift in deutscher Übersetzung*, Bd. 14, Neukirchen-Vluyn o. J., 8.

18 *Institutio* II 12,2. Vgl. zu Joh 1,14, CR 47, 15: Unigenitum vocat, quia unicus est natura filius.

dass Gott der Vater ihn eben deshalb „in Herrlichkeit“ gekrönt hat[19] – nochmals: als eine Auszeichnung, die ihm wesentlich, „von Natur“ eigen ist. Jedoch ist das jetzt die Frage, ob und inwiefern diese seine darin und dadurch *sichtbar* gewordene Herrlichkeit tatsächlich *gesehen* wird. Calvin gibt eine charakteristische Antwort auf diese Frage – in Auslegung von Joh 1,14: „Wir sahen seine Herrlichkeit (gloriam)“. Das bedeutet: „die Erhabenheit (maiestas) Gottes war nicht aus ihm ausgeleert (exinanitam), obwohl sie mit Fleisch umgeben war. Sie war zwar unter der Niedrigkeit des Fleisches verborgen, aber doch so, dass ihr Glanz aus ihm hervorleuchtete.“ Man hat also „an Christus die Herrlichkeit wahrnehmen können, die mit der des Sohnes Gottes übereinstimmte und das sichere Zeugnis seiner Gottheit war.“ Jedoch „obwohl die Herrlichkeit Christi allen hätte sichtbar sein können, blieb sie den meisten wegen ihrer Blindheit unbekannt. Nur die wenigen, denen der Heilige Geist die Augen öffnete, erblickten die Manifestation seiner Herrlichkeit.“[20] Das sagt vor allem, dass die Offenbarung Gottes in Christus nicht zu einer Offenbartheit wird, an der sich jeder nach Belieben bedienen kann, sofern er dazu Lust und Interesse hat. Sondern wie wir ganz und gar darauf angewiesen sind, dass sich *Gott* den Menschen zuwendet, ohne dass wir das von uns aus vermöchten, so bleiben wir vollständig darauf angewiesen, dass uns von Gott selbst, eben im Heiligen Geist, Augen und Ohren und Herz dafür aufgeschlossen werden.

Das öffnet nun die Türe für eine weitere Erkenntnis. Denn es hat zwar seinen guten Grund, dass sich die Herrlichkeit Gottes in *Jesus Christus* schon erschlossen *hat*. Aber die Erschließung dessen in ihm ist als solche zugleich die *Verheißung* ihrer künftigen vollen Offenbarung. Der Erfüllung dieser Verheißung gehen die an Christus Glaubenden erst entgegen; deshalb ist ja für Calvin der Glaube notwendig mit der Hoffnung verbunden.

> „Wo dieser Glaube lebendig ist, da hat er notwendig die Hoffnung auf das ewige Heil zum unzertrennlichen Begleiter ... Die Hoffnung ist nichts anders als die Erwartung der Dinge, die nach der Überzeugung des Glaubens von Gott wahrhaftig verheißen sind.“[21]

---

19 *Institutio* II 14,3.

20 Zu Joh 1,14, CO 47, 15; deutsch: O. Weber (Hg.), *Johannes Calvins Auslegung der Heiligen Schrift*, N.R., Bd. 14, Neukirchen-Vluyn 1964, 22.

21 *Institutio* III 2, 42.

Glauben wir schon an ihn, so haben wir doch eben damit zugleich auf die Erscheinung der „Herrlichkeit ... des großen Gottes und unseres Heilandes Jesu Christi zu warten."[22] Eben darauf ist nun mit Nachdruck hinzuweisen: auf das Wichtige, „dass die Offenbarung der Herrlichkeit Gottes ... in der *Person Christi* erfolgt (in huius persona fore illam gloriae revelationem)."[23] Mit seiner Erscheinung wird die Größe der Herrlichkeit Gottes offenbar. Inwiefern ist es so wichtig zu verstehen, dass der uns schon gegebene, von uns schon geglaubte „*Christus* die Hoffnung der Herrlichkeit" ist?[24] Calvin argumentiert hier ähnlich wie in seiner Prädestinationslehre, laut der wir die Gewissheit unserer Erwählung nicht bekommen, wenn wir auf uns selbst oder auf Gott abgesehen von seinem Sohn blicken, sondern allein wenn wir auf Christus blicken. Das gilt auch hier. Denn es ist so, dass die Herrlichkeit eines bloßen Gottes für uns nur zutiefst erschreckend ist, „bis Christus ins Mittel tritt und den Thron der furchtbaren Herrlichkeit (formidabilis gloriae) in den Thron der Gnade umwandelt."[25] Und so kann nun Calvin Röm 5,2 in der Weise auslegen: „Durch das *Evangelium* strahlt uns der Glanz der zukünftigen Herrlichkeit entgegen, die Gott geben will."[26] Das heißt offenbar ein Dreifaches: Das Evangelium Jesu Christi lässt uns hoffen auf die künftige Herrlichkeit, und: es bricht diese Herrlichkeit im Evangelium selbst schon an; und vor allem: die künftige Herrlichkeit ist nicht niederschmetternd, sondern erquickend und aufrichtend, weil sie voller Offenbarung der in Christus gewährten Gnade Gottes ist.

3. Die kommende Herrlichkeit der Kinder Gottes

Indem die Herrlichkeit Gottes uns vermittelt wird durch den Mittler Jesus Christus, zielt sie darauf, dass *wir* davon einen überaus großen, ja, ewigen Gewinn haben. Der Gewinn ist unsere Beteiligung an der göttlichen Herrlichkeit. In Gottes Herrlichkeit wird „nicht bloß Gott selbst herrlich sein", sondern wird er sie „dann

---

22 Zu Tit 2,13, CO 52, 424; deutsch: 573.

23 Ebd.

24 Zu Kol 1,27, CO 52, 97; deutsch: 292.

25 *Institutio* III 20,17.

26 CO 49, 89f., deutsch: J. Calvin, *Auslegung der Heiligen Schrift*, N.F. Bd. 16, Neukirchen-Vluyn 1960, 107.

nach allen Seiten ausstrahlen, so dass er alle seine Erwählten an ihr teilhaben lässt."[27] Die Beteiligung daran wird uns nicht durch Verdienst unserer Werke zuteil, sondern wird uns rein aus Gnade, durch Gottes Erwählung dazu geschenkt.[28] Sie wird uns nicht bloß durch eine göttliche Gesinnung, sondern durch eine radikale Aktion Gottes geschenkt, nämlich dadurch, dass „Gottes Majestät selber (maiestas ipsa Dei) zu uns hernieder gekommen" ist.[29] Und bedeutet das negativ, dass wir von uns aus nicht zu Gott kommen können, so bedeutet das jedoch zugleich positiv, dass wir durch ihn und in ihm unsererseits zu Gott kommen, zu ihm erhoben und mit ihm verbunden werden. Er, der „von Natur" Gottes einer, einziger Sohn ist, kam zu uns, damit wir „aus Gnaden" Gottes Kinder werden.[30] Aber aus Gnade *ist* uns das verheißen. Nachdem wir an Christus Anteil erlangt haben, dürfen wir wissen, dass uns nichts an der vollen Seligkeit fehlt. „Das ist ein bewundernswertes Werk Gottes, dass in irdenen und zerbrechlichen Gefäßen die Hoffnung der himmlischen Herrlichkeit wohnt (quod in vasculis testaceis et fragilis resideat spes coelestis gloriae)."[31] Die Wahrheit und Wirklichkeit dessen ist vorderhand nur in Jesus Christus gegeben. „Obgleich unser Heil bislang in der Hoffnung verborgen ist, soweit man auf uns selbst blickt, so besitzen wir trotzdem in Christus schon selige Unsterblichkeit und Herrlichkeit (beatam immortalitatem et gloriam)." Wenn wir allein auf ihn blicken, so dürfen wir dessen gewiss sein. Denn er ist das Haupt und wir sind sein Leib. Also, wegen der innigen Verbindung, die zwischen dem Haupt und den Gliedern besteht, „gehören jene Unsterblichkeit und Herrlichkeit auch uns. Hierin liegt ein reicher Trost, dass wir in der Person Christi ein gewisses Pfand ... von all dem besitzen, was uns noch fehlt."[32] Noch und noch einmal: allein auf Grund der reinen Gnade Gottes ist das gültig. Dabei ist diese göttliche Gnade nicht bloß ein Mittel, um ein von ihr Verschiedenes erreichen zu können. Gottes Gnade und Gottes Herrlichkeit, sind nicht sachlich etwas Verschiedenes, sondern sie gehören so zusammen, dass zu sagen ist:

---

27 Zu Tit 2,13, CO 52, 424; deutsch: *Auslegung*, Bd.13, 572.

28 *Institutio* III 21,7.

29 *Institutio* II 12,1, vgl. zu Anm. 16.

30 *Institutio* II 12,2, vgl. zu Anm. 18.

31 Zu Kol 1,27, CO 52, 97; deutsch: *Auslegung*, Bd. 13, 292.

32 Zu Eph 2,6, CO 51, 164; deutsch: *Auslegung*, Bd. 13, 126.

> „Der Begriff der Herrlichkeit im eigentlichen und speziellen Sinn bezeichnet das, was in Gottes Güte hervorleuchtet. Denn nichts ist ihm mehr eigentümlich, worin er sich verherrlichen will, als seine Güte (Nomen gloriae kat'exochen, pecularriter eam significat, quae elucet in Dei bonitate. Nihil enim magis est illi proprium, in quo glorificari velit, quam bonitas)."[33]

Gott handelt in seiner Gnade nach seiner „herrlichen Macht". Und das heißt: Er „erweist am herrlichsten (magnifice) seine Kraft, wenn er unserer Schwachheit zu Hilfe kommt."[34]

Aber was in Jesus Christus für uns schon wahr und wirklich ist, das will und wird auch *in uns* wahr und wirklich werden. Was in Jesus Christus schon gültig ist, das ist nämlich die Verheißung dessen, dass es dazu tatsächlich kommen wird. Und der Glaube an das schon in Jesus Christus Gültige ist der Antrieb zur Hoffnung auf die Erfüllung dieser Verheißung. Es ist dabei beides richtig. Einerseits: „Durch das Evangelium strahlt uns der Glanz der zukünftigen Herrlichkeit entgegen, die Gott geben will. Es bezeugt uns, dass wir der göttlichen Natur teilhaftig werden. Denn wir werden Gott von Angesicht zu Angesicht sehen und ihm gleich werden (2 Petr 1,4; 1 Joh 3,2)."[35] „Nachdem wir das Zeugnis des Evangeliums von Gottes freignädiger Liebe angenommen haben, warten wir, bis Gott offenkundig zeigt, was jetzt noch unter der Hoffnung verborgen ist."[36] Aber dasselbe ist andererseits auch so zu sagen[37]: „Obwohl wir in Wahrheit hören, das Reich Gottes werde voll Glanz und Vergnügen, voll Glückseligkeit und Herrlichkeit (claritate, audio, foelicitate, gloria) sein, so bleibt doch alles, was man so nennen mag, unserem Empfinden ganz fern und gleichsam in Rätsel eingehüllt, bis jener Tag gekommen ist, an dem er uns selber seine Herrlichkeit enthüllen und sie uns von Angesicht zu Angesicht schauen lassen wird."[38] Es geht sicher um kein untätiges, unnützliches, schläfriges Warten auf „jenen Tag"; sondern wach und tätig gehen wir ihm entgegen – in der „Sehnsucht nach Gottes

---

33 Zu Eph 1,11, CO 51, 152; deutsch: *Auslegung*, Bd. 13, 114.

34 Zu Kol 1,11, CO 52, 82; deutsch: *Auslegung*, Bd. 13, 278.

35 Zu Röm 5,2, CO 49, 89f., deutsch: O. Weber (Hg.), *Johannes Calvins Auslegung der Heiligen Schrift*, N.R., Bd. 16, Römerbrief und Korintherbriefe, Neukirchen-Vluyn 1960, 107.

36 *Institutio* III 2,43.

37 Vgl. auch das in Anm. 12 Nachgewiesene.

38 *Institutio* III 25,10.

Herrlichkeit", wie sie Christus[39] bzw. wie sie der Ausblick auf die ewige Herrlichkeit[40] in uns entzündet. Aber noch sind wir nicht dort. Noch sind wir bedrängt durch Unruhe, durch notwendige Kämpfe, durch Leiden, durch ein Angefochtensein unter dem Zeichen des Kreuzes. „Mit großer Ängstlichkeit und ebenso großer Sehnsucht warten die Kreaturen dem Tag entgegen, der die Herrlichkeit der Kinder Gottes öffentlich enthüllen wird."[41] Noch nicht jetzt, erst dort am Ziel „nimmt der Herr die Seinen aus ihrer Mühsal in den Frieden (quietem), aus ihrer Anfechtung in einen glücklichen und ersehnten Stand, aus ihrer Trauer in die Freude, aus ihrer Armut in einen überströmenden Reichtum, aus ihrer Schmach (ignominia) in die Herrlichkeit (gloriam) auf."[42] Wir sollen uns nur ja nicht darin irre mache lassen, alles zurückzustellen hinter die Ausrichtung auf Gott und seinen gerechten Willen. Er wird uns, „wenn wir uns seiner Gerechtigkeit unterwerfen, auch seiner Gerechtigkeit teilhaftig" machen.[43]

Was haben wir in der letzten Zukunft zu erwarten, am Ziel aller Wege Gottes unseres Wanderns und Hoffens dem entgegen? Calvin kann mit Nachdruck betonen, dass das Ziel die endgültige Durchsetzung Gottes gegen alle ihm und seinem entschiedenen und guten Willen zuwiderlaufenden Mächte und Gewalten ist. „Doch Christus wird in seiner Erscheinung den Rauch der Welt vertreiben, so dass nichts mehr den Glanz seiner Herrlichkeit verdunkelt, nichts deren Fülle verkleinern wird." Wenn an diesem Ziel aller Wege „Christus erscheinen wird, wird uns die Größe der göttlichen Herrlichkeit offenbart werden."[44] Das Ziel ist dann das *Lob*, das von uns ihm dargebrachte Lob *Gottes*. Das Lob Gottes ist aber zutiefst das „Lob seiner herrlichen Gnade (gloriosam laudem eius gratiae)".[45] „Das eigentliche Endziel" des uns erwählenden Tuns Gottes ist – nicht unser Eigenlob, sondern „die Verherrlichung *Gottes* (gloria Dei summus est finis)."[46] „Gottes Heiligkeit wird dann am höchsten unter uns veranschaulicht (illustratur in nobis Dei gloria), wenn wir

39 Zu Mt 6,13, CO 45, 203; deutsch: K. Müller (Hg.), *Johannes Calvins Auslegung der Heiligen Schrift in deutscher Übersetzung*, Bd. 8, Neukirchen-Vluyn, 207.

40 Zu Röm 8,19, CO 49, 152; deutsch: O. Weber (Hg.), *Auslegung*, Bd. 16, 165.

41 Ebd.

42 *Institutio* III 18,4.

43 *Institutio* III 20,42.

44 Zu Tit 2,13, CO 52, 414; deutsch: K. Müller (Hg.), *Auslegung*, Bd. 13, 573.

45 Zu Eph 1,5, CO 51, 149; deutsch: K. Müller (Hg.), *Auslegung*, Bd. 13, 111.

46 Zu Eph 1,4, CO 51, 147; deutsch: a.a.O., 109.

nichts mehr als Gefäße seiner Barmherzigkeit sind.“[47] Damit wird deutlich, dass wohl *Gott*, Gott *allein* an jenem Ziel im Zentrum und als die Mitte aller Geschöpfe sichtbar werden wird, aber Gott nicht ohne sie, nicht ohne uns: Gott als der, der nicht über seine Geschöpfe, über seine Kinder hinweggeht, sondern sie aufnimmt und in sich hineinnimmt, sie birgt, sie hält und trägt.

> „Wenn der Herr seine Herrlichkeit, Kraft und Gerechtigkeit mit den Auserwählten teilen, ja, wenn er sich ihnen selber zum Genuss geben wird, dann sollen wir daran denken, dass in dieser Wohltat jederlei Seligkeit beschlossen liegt.“[48]

Dann werden wir dabei tatsächlich nicht zu kurz kommen; sondern – wie ein für Calvin charakteristischer Gedanke lautet – wir werden dann zur Ruhe oder zum Frieden (quies) kommen. Denn die himmlische gloria Dei ist untrennbar mit solcher quies verbunden.

> „Wenn dichte Wolken den Himmel bedecken und heftiger Sturm ausbricht, so sehen unsere Augen nur traurige Finsternis, unsere Ohren betäubt der Donner, und alle unsere Sinne erstarren vor Schrecken; deshalb scheint uns alles zusammenzubrechen und durcheinander zu geraten – aber unterdessen bleibt im Himmel stets die gleiche Ruhe und Heiterkeit (quies et serenitas).“

Denn wenn wir nur die klaren Augen dazu hätten, so würden wir schon in diesem wilden Geschehen die Herrlichkeit Gottes hervorleuchten sehen.[49] Aber eben sie werden das eines guten Tages schon auch noch zu sehen bekommen.

> „Wenn die Seelen der Frommen die Mühsal der Kriegsdienste hinter sich gebracht haben, dann gelangen sie zu seliger Ruhe (in beatam quietem), wo sie mit glückseliger Freude (foelici laetitia) den Genuss der verheißenen Herrlichkeit (promissae gloriae) erwarten.“[50]

Mit dem allem wird das eigentümliche Verständnis von „Herrlichkeit“, gloria bei Calvin deutlich: Sie ist die Herrlichkeit *Gottes*, die zu seinem Wesen gehört, aber sie ist die Herrlichkeit *des* Gottes, der sich in *Christus* seiner Geschöpfe heilsam und gnädig annimmt, der gerade darin seine Herrlichkeit für uns sichtbar macht und durch

---

47 Zu Eph 1,11, CO 51, 152; deutsch: a.a.O., 114.
48 *Institutio* III 25,10.
49 *Institutio* I 17,1.
50 *Institutio* III 25,6.

den Heiligen Geist offenbart, mit dem Ziel, die von ihm dazu Erwählten in seine Herrlichkeit mit hinein zu nehmen.[51]

[51] Heinrich Quistorp, *Die letzten Dinge im Zeugnis Calvins. Calvins Eschatologie*, Gütersloh 1941, bezieht den Begriff der Herrlichkeit auf „die letzten Dinge" und sieht dabei diesen Begriff dem der „Seligkeit der Gläubigen in Christus" untergeordnet. Während die Seligkeit das „volle Heil in Christus" bezeichne, gehe es für Calvin bei der Herrlichkeit nur um verschiedene Grade des himmlischen Lohnes für diese Gläubigen, vgl. 179. Wilhelm Niesel, *Die Theologie Calvins*, 2. Aufl., München 1959, 151-153 scheint im Ganzen Quistorp zu folgen. Für beide steht jedenfalls der Begriff „Herrlichkeit" nicht im Zentrum ihrer Untersuchungen. Im Ganzen hat der obige Aufsatz den Begriff umfassender und auch anders herauszuarbeiten versucht.

ΔΟΞΑ und ΜΕΓΑΛΕΙΟΝ:

Christlich-orthodoxe Sichtweisen auf die Herrlichkeit Gottes in kulturgeschichtlicher Sicht

Vasilios N. Makrides

1. Hinführung

Zu den bei der Weihe einer neuen orthodoxen Kirche zu vollziehenden Ritualakten gehört auch eine Prozession mit Reliquien um diese Kirche, die von einem Bischof geleitet wird. Vor dem Einzug in die Kirche, deren Türen noch geschlossen sind, wird aus einem Psalm (23 [24], 7-10) zitiert, der den Einzug Gottes, des Königs der Herrlichkeit, in sein Heiligtum preist:

> Ihr Tore, hebt euch nach oben, / hebt euch, ihr uralten Pforten;
> denn es kommt der König der Herrlichkeit.
> Wer ist der König der Herrlichkeit?
> Der Herr, stark und gewaltig, der Herr, mächtig im Kampf.
> Ihr Tore, hebt euch nach oben, / hebt euch, ihr uralten Pforten;
> denn es kommt der König der Herrlichkeit.
> Wer ist der König der Herrlichkeit?
> Der Herr der Heerscharen, er ist der König der Herrlichkeit.

Noch ein Beispiel: Während des orthodoxen Gottesdienstes wird vor der Wandlung der eucharistischen Gaben durch den Heiligen Geist – mit Worten aus Jesaja 6,3 – zusammen mit den himmlischen Mächten und Gewalten – die Herrlichkeit Gottes folgendermaßen gepriesen (Seraphimlied):[1]

> Heilig, heilig, heilig, Herr Sabaoth. Erfüllt sind Himmel
> und Erde von Deiner Herrlichkeit. Hosanna in der Höhe!

---

1 A. Lorgus/M. Dudko, *Orthodoxes Glaubensbuch. Eine Einführung in das Glaubens- und Gebetsleben der Russischen Orthodoxen Kirche*, Würzburg 2001, 88.

Hochgelobt sei, der da kommt im Namen des Herrn.
Hosanna in der Höhe!

Diesen wenigen, leicht noch ergänzbaren Beispielen aus dem Ritualleben des Orthodoxen Christentums lässt sich unschwer entnehmen, dass die Kategorie der Herrlichkeit Gottes hier keineswegs zufällig oder randständig, sondern von grundlegender Bedeutung ist. In der orthodoxen dogmatischen Lehre wird die Herrlichkeit Gottes zudem als die Summe aller göttlichen Eigenschaften und seiner göttlichen Vollkommenheit verstanden, die gerade die himmlischen Mächte dazu veranlasst, Gott unaufhörlich und ununterbrochen zu lobpreisen. Dabei handelt es sich freilich nicht um ein ausschließlich orthodoxes Spezifikum, denn der Vorstellung von der Herrlichkeit Gottes wird in den großen christlichen Kirchen ein überragender Wert zugeschrieben. Bekannt ist etwa der wichtige Beitrag des katholischen Theologen Hans Urs von Balthasar (1905-1988) zur theologischen Kategorie der Herrlichkeit, der zusätzlich zu den ethischen auch auf ihre ästhetischen Dimensionen (die Freude am Schönen und am Vergnügen mit Bezug auf Gott) Wert legte.[2] Weitere damit verwandte Begriffe wie „Majestät", „Machtglanz", „Ehre" oder „Erhabenheit Gottes" werden zusätzlich benutzt, um denselben Sachverhalt zu thematisieren. Gerade aus diesem Grund gibt es eine alte und umfangreiche theologische Literatur zum gesamten Themenkomplex.[3] Nicht zu vergessen ist schließlich, dass in den anderen monotheistischen Religionen, Judentum und Islam, dem Thema der Herrlichkeit Gottes ebenfalls große Bedeutung beigemessen wird. Dies hat in erster Linie mit der Tatsache zu tun, dass bereits im Alten Testament mit dem Wort *kābōd* (= Schwere, Gewicht) die Herrlichkeit Gottes (als seine „Gewichtigkeit", Unsichtbarkeit usw.) ausdrücklich thematisiert wird, was auf das Christentum sowie später auf den Islam nachhaltige Einflüsse ausgeübt hat. Im Neuen Testament drückt sich andererseits die Herrlichkeit Gottes hauptsächlich im irdischen Leben und Wirken Jesu Christi aus – bis hinein in sein Martyrium.

---

2 Dazu W. Spangenberg, *Herrlichkeit des Neuen Bundes. Die Bestimmung des biblischen Begriffs der „Herrlichkeit" bei Hans Urs von Balthasar*, Tübingen 1993.

3 Andeutungsweise für viele s. J. M. Lochman, *The Theology of Praise*, Atlanta 1982; R. Hoeps, *Das Gefühl des Erhabenen und die Herrlichkeit Gottes. Studien zur Beziehung von philosophischer und theologischer Ästhetik*, Würzburg 1989.

Trotz des gemeinsamen monotheistischen Hintergrunds der Vorstellung von der Herrlichkeit Gottes wird sie in den einzelnen Religionen keineswegs identisch entfaltet und interpretiert. Aber auch innerhalb des Christentums lassen sich ab einem bestimmten Zeitpunkt aufgrund interner Differenzierungen in Ost und West Unterschiede feststellen. Diese Unterschiede machen sich, trotz der inzwischen erfolgten Annäherung im Laufe des 20. Jahrhunderts, bis heute bemerkbar. Es erübrigt sich, zu betonen, dass diese Differenzen auch von kultureller Bedeutung waren, welche vermittels einer vergleichenden kulturgeschichtlichen Betrachtung des Christentums in Ost und West eruiert werden könnte. Die Analyse dieser Unterschiede soll die Aufgabe des vorliegenden Beitrages sein, dessen Hauptfragen lauten: Welcher Art sind die Differenzen im Verständnis der Herrlichkeit Gottes zwischen dem Orthodoxen und dem Lateinischen Christentum? Gibt es Besonderheiten im orthodoxen Osten bezüglich dieses Themas und wie lassen sich diese ausdrücken?

Der Vollständigkeit halber sollte nicht unerwähnt bleiben, dass in der heutigen orthodoxen Theologie diese Thematik im Spannungsfeld der Beziehungen zwischen Ost und West in unterschiedlichen Ausprägungen diskutiert wird. Deswegen liegt es nahe, dass diese Diskussion sehr oft mit einer Kritik an der westlichen theologischen Entwicklung verbunden wird. Beispielhaft sei hier die Theologie von John Romanides (1927-2001) erwähnt, der die *empirische* Theologie des orthodoxen Ostens von der *spekulativen* Theologie des lateinischen Westens grundsätzlich unterscheidet. Romanides befürwortet eine theozentrische Anthropologie, die das Leben der Propheten, Apostel und Heiligen in den Zeiten des Alten und des Neuen Bundes fokussiert. Diese hätten die Herrlichkeit Gottes bereits zu Lebzeiten gesehen und erlebt – und zwar mittels dreier aufeinander folgender Stufen der Gotteserkenntnis: spirituelle Reinigung, Erleuchtung und Verherrlichung/Vergöttlichung. Eine solche Teilhabe an Gott werde nicht allein durch menschliche Bemühungen erreicht, sondern sei auf die ungeschaffenen Energien Gottes zurückzuführen. Das Erreichen der Schau der Herrlichkeit Gottes (θεωρία) ermögliche diesen Auserwählten, außerordentliche Dinge klarer zu sehen und die Offenbarung Gottes niederzuschreiben, wie dies im Falle der Bibel (als Rede über die Offenbarung Gottes) der Fall gewesen sei. Ohne solche empirischen Erlebnisse sei die Theologie pure rationalistische und spekulative Tätigkeit, die allerdings auf diese Weise im Westen seit der Zeit Augustinus' betrieben werde. Letzterer sei nicht in der Lage gewesen, zwischen Gottes unzugänglichem Wesen und zugänglichen, gleichwohl ungeschaffenen Energien zu unterscheiden. Deshalb habe er ein rationalistisches, kontemplatives Gottesverständnis befürwortet, das jedoch mit der Tradition der Vergöttlichung im orthodoxen Osten wenig zu tun habe. Augustinus sei außerdem maßgeblich an der Entwicklung der westlichen Theologie beteiligt, was letztendlich zu der kirchlich-theologischen Entzweiung von Ost und West geführt habe. Romanides forderte insofern eine Rückbesinnung auf die inzwischen weitgehend in Vergessenheit geratene patristische Richtschnur der Theologie unter gleichzeitiger Entfernung von den – seiner Ansicht nach – irreführenden, aber leider prägenden westlichen theologischen Einflüssen.[4]

Es handelt sich hierbei um eine provokative These, die westliche Theologen zur vielfältigen Gegenkritik veranlassen könnte. Trotzdem lassen sich bei einem Vergleich zwischen der östlichen und der westlichen Patristik in der Zeit Augustinus' in der Tat etliche Divergenzen beobachten, die von einer Ost-West-Differenzierung zeugen. Für G. Podskalsky zum Beispiel, der eine völlig andere Richtung als Romanides vertritt, beginnen der theologische Rationalismus und die theologische Selbstreflexion im Westen bereits zu Zeiten Augustinus', was allerdings in der östlichen Theologie durchaus fehle.[5] Diese und andere Differenzen zwischen Ost und West sind also nicht zu leugnen, doch stellt sich die Frage nach ihrer Deutung. Bei der Untersuchung dieses breiten Themenkomplexes der Ost-West-Beziehungen ist meine Perspektive eine vergleichend-kulturgeschichtliche mit der Absicht, die bereits ausgeformte kulturelle Eigenart des östlichen und des westlichen Christentums und die daraus resultierenden Konsequenzen besser beschreiben zu können. Es geht also nicht um einen wertenden Vergleich samt entsprechenden theologischen Urteilen. Die Wahl dieser besonderen Methodik bei der Untersuchung der theologischen Kategorie der Herrlichkeit Gottes zielt lediglich darauf ab, die besonderen christ-

---

4 Dazu J. S. Romanides, *Franks, Romans, Feudalism and Doctrine: An Interplay Between Theology and Society*, Brookline, MA 1982, 37-59. S. auch A. J. Sopko, *Prophet of Roman Orthodoxy: The Theology of John Romanides*, Dewdney, B.C. 1998, 46-94.

5 Dazu G. Podskalsky, *Zur Hermeneutik des theologischen Ost-West-Gesprächs in historischer Perspektive*, Erfurt 2002, 12.

lich-orthodoxen Sichtweisen auf dieses Thema besser wahrzunehmen und sinnvoller zu deuten. Sicherlich wäre es durchaus möglich, eine ganze Reihe von solchen Besonderheiten herauszuarbeiten, jedoch gehe ich in diesem Beitrag auf – meines Erachtens – drei wichtige Aspekte ein, die einiges über die kulturelle Eigenart des Orthodoxen Christentums offenbaren können. Sie kristallisieren sich an der ungleich stärker ausgeprägten Jenseitsbezogenheit und deren prägender Bedeutung für das Orthodoxe Christentum heraus.

2. Theologie als Gottesverherrlichung/Doxologie

Einen ersten Einblick in diese Besonderheiten gewinnt man bei näherer Betrachtung des Verständnisses von Theologie im Orthodoxen Christentum, das in enger Beziehung zu der Bedeutung des Wortes „Orthodoxie" steht. Dieses aus dem Griechischen stammende Wort bedeutet in erster Linie – wörtlich übersetzt – Rechtgläubigkeit, nämlich das richtige Bekenntnis des Glaubens. Diese Wortwahrnehmung ist zwar korrekt und durchaus akzeptabel, doch gibt es nicht genau die weiteren Nuancierungen dieses Begriffes wieder. Dies ist so, weil Orthodoxie nicht nur rechter Glaube bedeutet, sondern auch rechte Lobpreisung und Anbetung Gottes. Anders ausgedrückt: Es geht um die rechte Gottesverehrung und -verherrlichung im Sinne der Heiligen Dreieinheit. Die Kenntnis von der Lehre und den Dogmen ist sehr wichtig und hat im Orthodoxen Christentum historisch eine herausragende Stellung eingenommen. Die Grenzziehung zwischen Rechtgläubigkeit und Häresie/Heterodoxie war über Jahrhunderte hinweg bestimmend und ist es auch noch bis heute insbesondere im Kontext der Auseinandersetzungen mit den Kirchen des Westens. Das Orthodoxe Christentum beansprucht zudem, als einzige christliche Richtung die rechte Lehre von Gott in dauerhafter Kontinuität mit dem Glauben der Alten Kirche bewahrt zu haben.

Jedoch gibt es hier einen einschneidenden Unterschied, der im Ost-West-Vergleich von größerer Bedeutung als die Lehre- und die Dogmenkenntnis ist. Die Rechtgläubigkeit, die natürlich *mutatis mutandis* ebenfalls im Westen eine Rolle spielt, wird nicht rein intellektuell und denkerisch verstanden. Sie wird im gesamten Leben der Kirche vollzogen und von den Gläubigen entsprechend erlebt und verinnerlicht. Ihre Bewahrung erschöpft sich somit nicht in einer Überzeugung oder einem Festhalten an abstrakten Lehrsätzen. Die christliche Wahrheit wird hier in der rechten Gottesverehrung und -verherrlichung im Rahmen des gesamtkirchlichen Lebens erfahrbar gemacht. Ihre Anziehungskraft ist nicht ideologischer Natur, sondern beruht auf inneren Erlebnissen, die die Kirche ihren Mitgliedern bieten kann. Darüber hinaus setzt die Theologie im orthodoxen Kontext eine personale Beziehung zu Gott voraus und das theologische Denken wird stets in einer Rückbindung an diese Erfahrungen verstanden, woraus nicht zuletzt auch ethische Impulse resultieren können. Daraus wird ersichtlich, dass das Verständnis der Herrlichkeit Gottes bei den Orthodoxen nicht als individuelle rationale Errungenschaft zu verstehen ist, sondern als Geschenk der Gnade Gottes im Rahmen des Mysteriums des Glaubens.

Nicht zufällig ist allerdings, dass das liturgische Leben, während dessen unter verschiedenen Zeichen die ersehnte himmlische Wirklichkeit sichtbar wird und die Begegnung zwischen Gott und Mensch ermöglicht wird, bei den Orthodoxen eine große Bedeutung hat. Es ist bezeichnend, dass die Lehre der Kirche nicht nur in Lehrtexten oder entsprechenden Dokumenten festgehalten ist, sondern dass man sie beispielsweise im liturgischen Leben findet (Doxologie als liturgische Anbetung). Die Hymnen und die Gebete beinhalten in poetischer oder figürlicher Sprache die Kerndogmen des orthodoxen Glaubens und diese werden in jedem Gottesdienst von den Gläubigen gehört oder auch zusammen gesungen. Insofern fließen theologische Reflexionen in die Doxologie ein, die dementsprechend als Verherrlichung und Lobpreisung der göttlichen Dreieinheit zum wichtigsten Aspekt theologischen Schaffens wird.[6] Historisch gesehen waren die altkirchlichen doxologischen Formen sehr wichtig für die spätere Artikulierung des christlichen Dogmas, was allerdings den engen Bezug zwischen Liturgie und Dogma unter Beweis stellt (vgl. die Parallele zwischen *lex orandi* und *lex credenti*).

Dieses doxologische Verständnis von der Theologie bedeutet nicht unbedingt das völlige Ausschalten einer wie auch immer gearteten „wissenschaftlichen Beschäftigung“ mit dem *depositum*

6 Dazu A. Kallis, *„Theologie als Doxologie“*, in: K. Richter (Hg.), Liturgie – ein vergessenes Thema der Theologie?, Freiburg im Breisgau 1986, 42-53.

fidei.[7] Die orthodoxe Theologie richtet sich grundsätzlich gegen ein vorwiegend philosophisch-spekulatives Glaubensverständnis und eine entsprechende Gottesannäherung und befürwortet die ganzheitliche Begegnung mit dem dreieinigen Gott im Rahmen der Kirche mittels der Sakramente. Hier lässt sich eine markante Differenz zur westlichen Theologie beobachten, in der das individuelle rationale Streben nach Gotteserkenntnis einen überragenden Wert besitzt, wenn man beispielsweise die Entwicklung der Scholastik im Hochmittelalter und ihren nachhaltigen Einfluss bedenkt. Im Gegensatz dazu haben die Orthodoxen immer eine größere Vorliebe für das Mysterium Gottes gezeigt, das es nicht zu begreifen, sondern im Rahmen der Kirche zu erleben gilt. Nicht nur das Denken, sondern auch Leib, Herz und Seele können daran Anteil haben. Im Lichte des Christusmysteriums lässt sich auch das Antlitz Gottes, seine Herrlichkeit, anschauen, die demgemäß lobpreist wird. Aus diesem Grund bekommt die Doxologie in verschiedenen Formen einen überragenden Wert im orthodoxen Gottesdienst. Einen solchen Lobpreis Gottes gibt es häufig am Ende von Gebeten. Es gibt zudem die Hymnen der „großen“ wie auch der „kleinen Doxologie“.[8] Letztere wird beispielsweise während des Abendgebets oder im Morgengottesdienst gelesen, in der das Thema der Herrlichkeit durchaus das Wichtigste bleibt. Sie beginnt wie folgt:

Herrlichkeit Gott in den Höhen und auf Erden Friede,
den Menschen Sein Wohlgefallen.
Dich loben wir; Dich segnen wir; Dich beten wir an;
Dich verherrlichen wir;
Dir danken wir ob Deiner großen Herrlichkeit.

Das Ende dieses Hymnus ist wiederum bezeichnend für dieses Kernelement orthodoxer Frömmigkeit:

Dir gebühret Preis,
Dir gebühret Lobgesang,
Herrlichkeit gebühret Dir,
dem Vater und dem Sohne und dem Heiligen Geiste,
jetzt und immerdar und in die Äonen der Äonen. Amen.

---

7 Zu den Beziehungen zwischen den beiden s. N. A. Nissiotis, *La Théologie en tant que science et en tant que doxologie*, Irénikon 23 (1960) 291-310.

8 Dazu K. Onasch, *Liturgie und Kunst der Ostkirche in Stichworten unter Berücksichtigung der Alten Kirche*, Leipzig 1981, 86-87.

Darüber hinaus weist dieses Verständnis von Gottesverherrlichung/ Doxologie klare eschatologische Züge auf. Durch die Vereinigung mit Christus erhofft man eine wirkliche künftige Teilhabe an Gottes Herrlichkeit. Hier geht es um den Begriff der θέωσις (= Vergöttlichung), der im Orthodoxen Christentum als Ziel menschlicher Bestimmung eine fundamentale Rolle spielt. Es geht darum, durch kontinuierliches spirituelles Heranwachsen am Ende an Gottes Güte, Schönheit, Weisheit und Macht (d. h. an seiner Herrlichkeit), Anteil zu erhalten, nicht aber am Wesen oder der Natur Gottes. Die Herrlichkeit Gottes zu schauen, bleibt den Menschen auf Erden zwar verborgen, doch lässt sich dies im Lichte Jesu Christi schon in diesem Leben einigermaßen realisieren. *„Herr ist Jesus Christus in der Herrlichkeit Gottes, des Vaters“* (Phil 2,11). Eine vollkommenere Schau von Gottes Herrlichkeit ist nur eschatologisch zu verstehen und darin besteht die entsprechende Hoffnung im Leben der Kirche. Die Gottesbestimmtheit des Menschen ist also eindeutig auf die Herrlichkeit Gottes bezogen. Aus dem oben Gesagten erkennt man ein Kerncharakteristikum des Orthodoxen Christentums, nämlich sein erlebnisbedingtes, nicht-rationalistisches und kirchlich-eucharistisches Theologieverständnis, das seine gesamte kulturgeschichtliche Entwicklung bis heute geprägt hat.

3. Apophatik angesichts der Herrlichkeit Gottes

Eine weitere damit zusammenhängende Besonderheit der vorliegenden Thematik in der orthodoxen Welt offenbart sich in der Art und Weise, in der man von Gott reden kann, nämlich in der Interferenz zwischen apophatischer und kataphatischer Theologie. Es handelt sich um ein sehr beliebtes Thema in der heutigen orthodoxen Theologie,[9] das sich auf die Kappadozischen Kirchenväter, die Schriften des Pseudo-Dionysios Areopagita und andere Kirchenväter zurückführen lässt. Darüber hinaus erlebte diese Thematik einen erheblichen Aufschwung in der postmodernen Dekonstruktion (J. Derrida), jedoch in einem anderen Kontext und mit anderer Zielsetzung. Trotzdem darf die apophatische und die kataphatische Theologie der Orthodoxie, trotz der Gemeinsam-

9 Dazu G. Martzelos, *Kataphatische und apophatische Theologie in der griechischen Patristik*, Orthodoxes Forum 18 (2004) 41-55.

keiten mit der *theologia negativa* und *positiva* des Westens, nicht mit dieser identifiziert werden.[10] Abgesehen von solchen Markierungen oder feinen Unterschieden, sollte betont werden, dass bei den Orthodoxen eine gewisse „Vorliebe" für die Apophatik herrscht, ohne dass sie in eine bloße Verneinung mündet. Es geht vielmehr um die Anerkennung der unüberwindbaren Grenzen menschlichen Denk- und Sprachvermögens angesichts der übersinnlichen Welt und insbesondere des unbeschreibbaren Gottes. Der Mensch kann also aufgrund seiner natürlichen Erkenntnisgaben Gott in seiner Eigentlichkeit nicht begreifen. So betonte Johannes von Damaskos: *„Das Göttliche ist unendlich und unfassbar, und das Einzige, was an ihm fassbar ist, ist seine Unendlichkeit und Unfassbarkeit"*.[11] Die orthodoxe Theologie macht ebenfalls hier – in Anlehnung an die hesychastische Tradition von Gregor Palamas (1296-1359) – einen Unterschied zwischen dem unfassbaren Wesen und den erfahrbaren Energien Gottes, wobei allein die letzteren den Menschen zugänglich sein können. Das Wesen Gottes bleibt einem noetischen Zugang stets verschlossen. Dies bedeutet eine klare Absage an eine rationalistische Erkenntnismethode, die Gott mittels der menschlichen natürlichen Vernunft zu begreifen und einzuordnen trachtet.

Angesichts dieser Tatsache kommt in diesem Kontext der Herrlichkeit Gottes in der orthodoxen Apophatik eine ganz besondere Rolle zu, denn diese Eigenschaft ist diejenige, die die grundlegende Andersartigkeit Gottes konstituiert. Das Reden von Gott mit Blick auf seine überragende, übersinnliche und letztendlich unfassbare Wirklichkeit muss notwendigerweise anders konstruiert sein als jedwede erdgebundene und gewöhnliche menschliche Rede. Dies bedeutet keine völlige Ausschaltung der kataphatischen Theologie und der bejahenden Aussagen über Gott, die ihre Gültigkeit aufgrund der Heilsereignisse und der Offenbarung Gottes in der Person Jesu Christi besitzen. Trotzdem besteht eine gewisse „Vorliebe" für die apophatische theologische Redeweise, die mehr zu der zu beschreibenden jenseitigen Welt passt. Nach Pseudo-Dionysios Areopagita sei die Apophatik der angemessenere Weg beim Umgang mit dem Göttlichen, wogegen die Bejahungen zu diesem Zweck ungeeignet seien. Die enigmatische Natur des Unfassbaren passe

10 Dazu M. P. Begzos, *Der Apophatismus in der ostkirchlichen Theologie. Die kritische Funktion einer traditionellen Theorie heute*, Athen 1986, 8-9; Martzelos, *„Kataphatische und apophatische Theologie"*, 52-53.

11 Johannes von Damaskos, *De fide orthodoxa*, I, 4 PG 94, 800B.

vielmehr zur Wirklichkeit der unsichtbaren Welt, wobei Hypothesen und Verbindungen zwischen Diesseits und Jenseits irreführend sein könnten, da sie auf der Basis unähnlicher Objekte entstanden seien.[12] Diese Gedanken können leicht mit der Herrlichkeit Gottes in Verbindung gebracht werden, die die begrenzten Möglichkeiten der menschlichen Beschreibungssprache klar übersteigt. Verstünde man Gott als unendlich, unfassbar, unvergänglich und so weiter, dann würde man deutlich die völlige Andersartigkeit seiner Herrlichkeit unterstreichen, der man sich eben besser apophatisch nähern kann. Dies weist auf den demütigen Verzicht des Menschen hin, das Mysterium Gottes rational zu begreifen, was im Orthodoxen Christentum stets betont worden ist.

Die Notwendigkeit eines andersartigen Verständnisses der Herrlichkeit Gottes lässt sich außerdem dem griechischen Wort „δόξα“ (slawisch: *slava*) entnehmen, das man zunächst mit Ehre oder Ruhm übersetzen könnte. Diese Übersetzung ist nicht falsch, jedoch gibt sie den *qualitativen* Unterschied nicht wieder, den dieser Begriff im biblisch-christlichen Kontext innehat. Es geht – in Anlehnung an den alttestamentlichen *kābōd* Gottes – um die göttliche Lichtaureole, die an Lichthaftigkeit alles überstrahlt und die für die gefallene Schöpfung unerträglich wirkt. Die Übersetzungen des Wortes mit Lichtglanz oder einfach Herrlichkeit erscheinen deshalb geeigneter, um diese qualitativ andere, übersinnliche Eigenschaft Gottes zu beschreiben. Bekannt ist in diesem Zusammenhang die alttestamentliche Geschichte über Moses, der zwar die Herrlichkeit Gottes erblicken mochte, dies jedoch nur als etwas, was die menschliche Wahrnehmungsfähigkeit übersteigt. So sprach Gott zu Moses (Ex 33,19-23):

> Ich will meine ganze Schönheit vor dir vorüberziehen lassen [...]
> Du kannst mein Angesicht nicht sehen; denn kein Mensch kann mich
> sehen und am Leben bleiben [...] Hier, diese Stelle da! Stell dich
> an diesen Felsen! Wenn meine Herrlichkeit vorüberzieht,
> stelle ich dich in den Felsspalt und halte meine Hand über dich,
> bis ich vorüber bin. Dann ziehe ich meine Hand zurück,
> und du wirst meinen Rücken sehen.
> Mein Angesicht aber wird dir nicht gezeigt.

Im Endeffekt richtet sich die orthodoxe Apophatik gegen die Rationalisierung in der Theologie, was einen wichtigen Unterschied in

---

12 Pseudo-Dionysios Areopagita, *De coelesti hierarchia*, II, 4 PG 3, 141C.

der östlichen und westlichen theologischen Entwicklung darstellt. Die Orthodoxen bevorzugten es eher, in geheimnisvoller Sprache, in Bildern und in Gleichnissen von Gott zu reden, wobei die Stellung der *ratio theologica* hier – im Gegensatz zum Westen – immer umstritten blieb.[13] Im Osten blieb man sich stets der noetischen Beschränkungen, Gott erkennen zu können, bewusst und bemühte sich, diese Grenzen nicht zu überschreiten. Diese Vergewisserung führte nicht zu einem theologischen Agnostizismus, sondern zur bloßen Akzeptanz der überragenden Herrlichkeit Gottes, die es sich auf eine andere Weise anzueignen galt.

4. Ikonische Repräsentation der Herrlichkeit Gottes

Angenommen, dass die Herrlichkeit Gottes auf eine solche Weise die menschlichen Fassungsmöglichkeiten übersteigt, dann stellt sich notwendigerweise folgende Frage: Wie lässt sich nun diese Herrlichkeit Gottes darstellen und ästhetisch greifbar machen? Was ist der geeignete Weg dafür? Im Orthodoxen Christentum wird diese Frage auch und gerade über die Ikonentheologie auf eine bestimmte Weise gelöst, die allerdings nicht immer unumstritten war, denkt man an den langen Bilderstreit (726-843).

Grundlegend im Orthodoxen Christentum für die Möglichkeit einer bildlichen Darstellung Gottes in der Person Jesu Christi war zunächst die Überzeugung von der Wirklichkeit der Menschwerdung Christi, der zweiten Person der Trinität. Auf diese Weise wurde das Problem mit dem Verbot einer Abbildung Gottes gelöst. Für dieses Verbot hatten sich die Ikonengegner eingesetzt, die eine Abbildung Gottes als Kapitallästerung erachteten. Ausgehend von der Tatsache, dass Gott jegliche Vorstellungskraft übersteige, sei seine bildliche Repräsentation völlig unmöglich. Die ikonophile Partei löste dieses Problem mit der Betonung der Inkarnation Jesu Christi, denn er, obwohl selber Gott, hatte menschliche Gestalt angenommen. Man habe also Gott in der Person Jesu Christi gesehen und erlebt. Deshalb sei man durchaus berechtigt, Christus bildlich darzustellen. Im Gegensatz dazu verzichtete man in der

---

13 Vgl. G. Podskalsky, *Orthodoxe und westliche Theologie*, in: XVI. Internationaler Byzantinistenkongreß, Wien, 4.-9. Oktober 1981. Akten I/2 (= Jahrbuch der Österreichischen Byzantinistik 31/2), Wien 1981, 513-527, hier 524-527.

orthodoxen Ikonenmalerei generell darauf, Gottvater abzubilden – abgesehen von einigen besonderen Fällen (z. B. in Bezug auf den „Alten der Tage“[14] oder in besonderen Dreifaltigkeitsmotiven[15]). Man glaubte durch Gottsohn auch Gottvater erkennen zu können (vgl. Joh 14,6 und 9). Es handelte sich um ein und dieselbe Herrlichkeit: *„Und wir haben seine Herrlichkeit gesehen, die Herrlichkeit des einzigen Sohnes vom Vater, voll Gnade und Wahrheit“* (Joh 1,14). Die Orthodoxen beten also vor den Ikonen Christi, Marias und der Heiligen, weil sie auf diese Weise mit der anbetungswürdigen Herrlichkeit Gottes und der jenseitigen Welt vertraut werden. Diesem Zweck dient auch die Weihung der Ikonen durch einen Priester, die als Abbild göttlicher Herrlichkeit zu verstehen sind. Sie zeigen am Beispiel der Heiligen, wie man zur Vergöttlichung gelangen kann.

Das Problem, das sich dabei stellte, war die angemessene Darstellung Jesu Christi, der gemäß dem christologischen Konzilbeschluss von Chalkedon (451) zwei vollkommene Naturen hatte, eine göttliche und eine menschliche. Die Beziehungen zwischen diesen beiden waren nicht nur theologisch, sondern auch bildlich schwer zu bestimmen. Es ging um die Darstellung der Herrlichkeit Gottes in der Person Jesu Christi und die Betonung seiner göttlichen Andersartigkeit, die jedoch gleichzeitig in menschlichem Gewand zu erscheinen vermochte. In der Ikonenmalerei wurden verschiedene Techniken zur Lösung dieses Problems verwendet, wie zum Beispiel der fehlende Bezug zur wirklichen Welt und das Vermeiden des bloßen Naturalismus, der die westlichen sakralen Bilder nach der Renaissance zu dominieren begann. Es handelt sich um Prinzipien, die die Ikonenmalerei weitestgehend bis heute prägen. Das gilt nicht nur für Christus, sondern auch für Maria, die Heiligen und alle in den Ikonen abgebildeten Personen. Die Charakteristika dieser Personen entsprechen nicht den natürlichen menschlichen Kennzeichen, sondern versuchen, die innere Transformation dieser Personen durch ihren Anteil an der Vergöttlichung deutlich zu machen. Hierbei handelt es sich um eine „Vergeistigung“ dieser Personen im Prozess der Vergöttlichung, denn man glaubt fest daran, Gott gewähre bestimmten Menschen Anteil an seiner Herrlichkeit. Daraus wird erkennbar, dass die erwartete himmlische Welt eine

---

14 K. Onasch/A. Schnieper, *Ikonen. Faszination und Wirklichkeit*, Freiburg/Basel/Wien 1995, 135.

15 Ebd., 144-145.

qualitativ andere ist als die irdische und dass die Ikonen, als Fenster zum Jenseits, einen Vorgeschmack dieses hoffnungsreichen paradiesischen Zustandes liefern. Die Ikonen vereinigen deshalb Himmel und Erde. Die soteriologische Dimension dieses Sachverhaltes sollte zusätzlich nicht außer Acht gelassen werden, denn die Ikonen erfüllen keine bloße belehrende Funktion. Durch den Übergang vom Abbild zum Urbild wird für die Gläubigen die Gegenwart der himmlischen Realität deutlich, deren Erreichung die Bestimmung des Menschen ist. Dasselbe betrifft die Betrachtung der Herrlichkeit Gottes in der Person Jesu Christi. Wie Johannes von Damaskos einmal charakteristisch schrieb, *„ich habe das menschliche Bild Gottes gesehen, und meine Seele wurde gerettet“*.[16]

Die Herrlichkeit Gottes lässt sich in der orthodoxen Ikonographie anhand vieler Motive darstellen, wie durch die der Taufe, der Auferstehung und der Himmelfahrt Jesu Christi, die als Zeugnisse seiner Herrlichkeit zu verstehen sind. Nachdem er seine Mission erfüllt und Himmel und Erde wiedervereinigt hatte, ist er ferner in Herrlichkeit in den Himmel aufgefahren. Sein Sitz zur Rechten des Vaters verweist auf seine Teilhabe an der göttlichen Königsherrschaft, Macht und Herrlichkeit, wobei die göttlichen Mächte den Thron der Herrlichkeit Gottes anbetend umgeben. Solche und andere Momente sind regelmäßig in den verschiedenen ikonographischen Darstellungen zu finden.[17]

Paradigmatischerweise könnte man das Thema der Herrlichkeit Gottes anhand der Geschichte der Evangelien über die Verklärung Christi auf dem Berg Tabor (Mt 17,1-9; Mk 9,2-10; Lk 9,28-38) und ihrer ikonischen Darstellung in der orthodoxen Welt näher betrachten, die insbesondere nach den hesychastischen Streitigkeiten im Byzanz des 14. Jahrhunderts eine entscheidende Wende erfuhr. Bei diesem Streit ging es auch um die Feststellung der Natur des Lichtes („Taborlicht“), das die anwesenden drei Apostel gesehen hatten. Nach dem führenden Hesychasten Gregor Palamas handelte es sich dabei nicht um irgendeine übernatürliche Erscheinung, sondern um das ungeschaffene Licht Gottes selbst, das den Menschen zugänglich werden kann und das als Weg zur Gotteserkenntnis gilt.

---

16 Johannes von Damaskos, *De imaginibus*, I, 22 PG 94, 1256A.

17 S. zum Beispiel B.-M. Wolter, *Zwischen Himmel und Erde. Moskauer Ikonen und Buchmalerei des 14. bis 15. Jahrhunderts*, Ostfildern-Ruit 1997, 108-109, 118-119, 164-165.

Es handelte sich lediglich um eine Theophanie, bei der die Herrlichkeit Gottes und das göttliche Wesen Christi am stärksten hervortraten, denn sie wurden den anwesenden drei Aposteln Petrus, Jakobus und Johannes schier unerträglich. Jesus erstrahlte in göttlicher Herrlichkeit wie die Sonne und war in Anwesenheit von seinen Gesprächspartnern Moses und Elija. Der Grund ihrer Präsenz erklärt sich aus der Tatsache, dass diese beiden dieselbe Herrlichkeit Gottes früher, d. h. in den Zeiten des Alten Bundes, erlebt hatten. Sie bezeugten also auf diese Weise, dass es sich um den einen und selben Gott den Herrn handelte.

Die Erfahrung Gottes als eines ungewöhnlichen Lichtes, gefolgt von besonderen Erfahrungen wie einer Gestaltverwandlung oder einer besonderen Freude, ist übrigens eine, die in etlichen Berichten älterer sowie zeitgenössischer orthodoxer Asketen zu finden ist. Eine solche Möglichkeit einer mystischen Gottesschau durch eine ständig wiederholbare Anrufung des Jesus-Namens und andere damit verbundene Techniken war der Anlass für die hesychastischen Streitigkeiten in Byzanz. Sehr bekannt ist außerdem das Gespräch des Bezirksrichters N. A. Motovilov mit dem russischen Starez Seraphim von Sarov (1759-1833) über das Ziel des christlichen Lebens und die Gnadengaben des Heiligen Geistes, währenddessen beide, Seraphim und Motovilov, eine Erfahrung mit einer ähnlichen Gestaltverwandlung hatten.[18] Von einer solchen Erfahrung mit dem Licht Gottes berichtete schließlich ein zeitgenössischer russischer Starez, Archimandrit Sofronij (Sacharov) (1896-1993), in einem Buch, in dem er seine eigenen Gotteserfahrungen beschrieb.[19] In all diesen Berichten geht es um ein unaussprechliches und einmaliges Erlebnis, das die alltägliche Ordnung der Dinge unterbricht und von der qualitativ anderen Präsenz Gottes und seiner Herrlichkeit zeugt. Der christlich-orthodoxen Tradition gemäß bleibt diese Möglichkeit der Gotteserkenntnis jedoch allen Menschen grundsätzlich offen, die auf dem Wege ihrer Vergöttlichung solche Erfahrungen haben können. Dieser Sachverhalt wird im Troparion des Festes der Verklärung des Herrn folgendermaßen wiedergegeben:

---

[18] A. N. Strizev (Hg.), *Serafimovo poslušanie. Žizn' i trudy N. A. Motovilova*, Moskva 1996.

[19] Archimandrite Sophrony, *Voir Dieu tel qu'il est*, Genève 1984, 124-138.

Du wurdest verklärt auf dem Berge, Christus, Gott,
und zeigtest Deinen Jüngern Deine Herrlichkeit,
soweit sie es vermochten. Lass auch uns Sündern
Dein ewiges Licht erstrahlen, durch die Fürbitten
der Gottesgebärerin, Lichtspender, Ehre sei Dir![20]

Sehr interessant ist nun, die ikonische Repräsentation dieses Ereignisses näher zu betrachten. Eines der Meisterwerke der ikonischen Darstellung der Verklärung Christi wurde von dem bekannten Ikonenmaler Feofan Grek gegen Ende des 14. Jahrhunderts angefertigt, das sich heute in der Staatlichen Tretjakov-Galerie in Moskau befindet.[21] Feofan hat bei der Abbildung dieser Szene den von Licht strahlenden Jesus ins Zentrum gestellt, mitten in die besondere „geometrische Konstruktion" eines sechszackigen Lichtes. Die Strahlen bilden einen Stern, der in einen Kreis gebettet ist. Die Strahlen fallen von der Aureole Christi auf die drei Apostel, die sie nicht ertragen können. Jedoch handelt es sich nicht um ein äußeres, natürliches Licht, sondern um ein von Christus selbst ausgehendes Licht, das von ganz anderer Natur ist, denn in der Ikone gibt es weder eine Sonne noch eine andere Lichtquelle. Es ist nämlich die Herrlichkeit Jesu selbst und nach dem orthodoxen Verständnis ein Licht, das aus Gott hervorgeht und ungeschaffene Energie Gottes genannt wird. In der spätbyzantinischen Epoche sind also die ikonographischen Formen der Verklärung Christi eng mit der hesychastischen Tradition verbunden und zwar mit besonderer Betonung der Wirkung des Taborlichtes mittels der Aureole.

Ein Vergleich zwischen orthodoxen Ikonen und westlichen sakralen Bildern in Bezug auf die Darstellung der Herrlichkeit Gottes im Kontext der Verklärung Christi ist sehr aufschlussreich. Im Osten gehörte übrigens dieses Fest zu den ältesten und höchsten, wobei es im Westen erst im Jahre 1457 eingeführt wurde.[22] Insgesamt drückt die orthodoxe Ikone der Verklärung Christi in mannigfaltiger Weise (durch das spannungsreiche Verhältnis zwischen Licht und Finsternis) die Dialektik zwischen dem Erkennen und dem Nicht-Erkennen Gottes aus.[23] Dies unterstreicht

20 A. Lorgus/M. Dudko, *Orthodoxes Glaubensbuch*, 163.
21 Dazu M. Alpatov, *Feofan Grek*, Moskva 1990, 134-138.
22 K. Onasch, *Liturgie und Kunst*, 367.
23 K. Chr. Felmy, *Die orthodoxe Theologie der Gegenwart. Eine Einführung*, Darmstadt 1990, 27.

noch einmal die bereits erwähnte „Vorliebe“ für die theologische Apophatik, die von der Unbegreiflichkeit des Wesens Gottes ausgeht und einen entsprechenden Umgang damit verlangt. Darüber hinaus weisen die von Christus auf die Apostel fallenden Lichtstrahlen auf die Effekte der Verklärung im Sinne ihrer grundlegenden Transformation und ihrer Vergöttlichung hin. Der Ikonenmaler möchte damit zeigen, dass es nicht einfach um eine übernatürliche Erscheinung, sondern um eine Offenbarung Gottes und seiner Herrlichkeit geht, die für die Menschen von immenser Bedeutung ist. Dies steht in voller Kongruenz mit den soteriologischen Zwecken der Ikonen selbst und macht die Dialektik zwischen dem unzugänglichem Wesen Gottes und seinen zugänglichen Energien deutlich.

Wirft man jedoch einen Blick auf den Bildzyklus der Verklärung Christi im Westen zu jener Zeit, erkennt man ein anderes Motiv. Mit Giotto (1267-1337) vollzieht sich dort eine Wendung in der bildlichen Darstellung der Verklärung, indem Christus in der Luft mit ausgebreiteten Händen schwebt. Diese Art von Levitation beherrscht die Darstellung des Themas bis ins Barock.[24] Ziel dieses besonderen neuen Motivs ist es, die Übernatürlichkeit dieses imposanten Ereignisses zu veranschaulichen. In der östlichen Ikonentradition wird jedoch die Außerordentlichkeit der Verklärung vielmehr mittels der Transformation des vom Licht strahlenden Christus und der daraus resultierenden Effekte für die Apostel betont. Die Verklärung des Herrn wird hier nicht nur als ein beeindruckendes und majestätisches Ereignis dargestellt, sondern verdeutlicht vielmehr die Thematiken der Offenbarung Gottes und der Gotteserkenntnis/Gottesschau und weist zugleich auf die Möglichkeit der Vergöttlichung des Menschen hin. Insofern ist das Ziel der Darstellung kein bloßer ästhetischer Genuss oder Bewunderung, sondern die Vergewisserung der wahren Bestimmung des Menschen und der Rettung der Seele des gläubigen Ikonenbetrachters. In beiden Bildtypen in Ost und West wird zweifelsohne die Herrlichkeit Gottes anhand der Verklärung Christi repräsentiert. Die Art und Weise ihrer bildlichen Darstellung ist jedoch – nicht nur anhand des oben genannten Beispiels – unterschiedlich, was auf die verschiedenen Repräsentationsmodi in Ost und West jener

24 Dazu J. Myslivec, „*Verklärung Christi*“, Lexikon der christlichen Ikonographie 4 (1972/1990) 416-421, insbes. 419-420.

Zeit hinweist und deshalb kulturgeschichtlich sehr relevant ist. Es lassen sich weitere Beispiele anführen, in denen diese Differenzen verdeutlicht werden können, wie in der Darstellung des Erlösers inmitten der himmlischen Mächte. Diese ist in Ost und West (als *Majestas Domini*) gleichermaßen zu finden, jedoch unterscheidet sich die russische Tradition dieses ikonographischen Motivs im 14./15. Jahrhundert von der westlichen durch den komplizierten Aufbau der Glorie.[25]

5. Ausblick

Zweifelsohne gibt es zusätzlich eine ganze Reihe von Aspekten, die eng mit dem Thema der Herrlichkeit Gottes verbunden sind. Beispielsweise sei hier auf das Konzept der Herrlichkeit der Schöpfung verwiesen, das auf die Herrlichkeit ihres Schöpfers, Gottes, hinweist.[26] So steht im Buch *Genesis* (1,31), dass Gott mit seinen Werken zufrieden war und dass alles sehr gut war. Aus diesem Beispiel soll deutlich werden, dass die Herrlichkeit Gottes sich anhand von Offenbarungen den Menschen kundtut und von ihnen als solche erkannt werden kann: *„Der Herr, unser Gott, hat uns sehen lassen seine Herrlichkeit und seine Majestät“* (Dtn 5,24). Theologisch gesprochen dokumentieren alle Werke Gottes seine Herrlichkeit und dies nicht zufällig: *„Die Himmel erzählen die Herrlichkeit Gottes, und das Himmelsgewölbe verkündigt seiner Hände Werk“* (Ps 18[19],1). Insofern ist die Herrlichkeit als eine klare Bezeugung des gesamten Heilshandelns Gottes zu verstehen.

Die noch bestehende Schwierigkeit betrifft die angemessene Art und Weise der Apperzeption der göttlichen Herrlichkeit seitens der Menschen. Hier lassen sich etliche, wenngleich zum Teil feine Unterschiede zwischen Ost und West feststellen, die auf ihre jeweilige, im Laufe der Jahrhunderte ausgestaltete kulturelle Eigenart hinweisen. Die bereits angeführten Fallbeispiele mögen diese Unterschiede mit Blick auf das Orthodoxe Christentum deutlicher

---

25 B.-M. Wolter (Hg.), *Zwischen Himmel und Erde*, 118. S. ferner M. Fromaget, *Majestas Domini. Les quatre vivants de l'Apocalypse dans l'art*, Turnhout 2003.

26 Dazu Th. Nikolaou, *Herrlichkeit der Schöpfung. Ein orthodoxer Beitrag*, Ostkirchliche Studien 34 (1985) 151-162.

machen. Hier werden die menschliche Zurückhaltung und Erniedrigung angesichts der Herrlichkeit Gottes und die kategorische Ablehnung einer anthropozentrischen Theologie besonders hervorgehoben. Der Abstand zwischen Gott und den Menschen im Rahmen der ganzen Schöpfung wird beibehalten. Dies bedeutet, dass alle menschlichen Bemühungen, Gott zu begreifen oder anzunähern, relativ, begrenzt und unvollkommen sind. Gott hat eine besondere „Gewichtigkeit" aufzuweisen und seine Herrlichkeit ist also eine qualitativ andere als alle anderen Formen von Herrlichkeit, deshalb sollte sie als solche begriffen und repräsentiert werden. Dem Mysterium Gottes und der himmlischen Welt kommt an dieser Stelle besondere Bedeutung zu. Dieselbe Überzeugung mag gewiss auch in den anderen christlichen Kirchen anzutreffen sein. Die dialektische Theologie (z.B. von K. Barth) betonte ebenfalls die Differenz zwischen Gott und Mensch und begriff die Herrlichkeit Gottes mit Bezug auf seine über jede menschliche Kategorie hinaus vollkommene Existenz. Jedoch sind gewisse Differenzen bzw. Schwerpunktsetzungen unter den verschiedenen christlichen Kirchen in Bezug auf dieses Thema nicht zu leugnen. Durch das besondere Verständnis der Orthodoxie als Doxologie, die apophatische Theologie und die reiche Ikonentradition unterstreicht das Orthodoxe Christentum seinerseits diese Tatsache und mahnt die Menschen zu Vorsicht, keine allzu hohe Meinung von ihren Kräften und Fähigkeiten zu haben, sondern sich dem Mysterium des Glaubens und der Herrlichkeit Gottes demütig anzunähern.

Was bedeutet „Herrlichkeit“ in einer Theologie des Hörens?

Karl Rahners Annäherung an das Phänomen der Evidenz

Erwin Dirscherl

Hören oder Sehen?

Karl Rahner hat eine Theologie entworfen, in der dem Hören eine zentrale Bedeutung zukommt. Kann man bei ihm überhaupt etwas zum Begriff „Herrlichkeit“ finden, der doch eher in einer Theologie beheimatet ist, die dem Sehen einen herausragenden Stellenwert beimisst? Nicht von ungefähr trägt ein Hauptwerk Rahners den Titel „Hörer des Wortes“, während H. U. v. Balthasar von der „Schau der Gestalt“ ausgeht, um sich dem Phänomen der Offenbarung anzunähern. Zwei unterschiedliche Zugänge, die zwei unterschiedliche Ansätze aus sich entlassen. Das Sehen traut sich mehr zu als das Hören, es wagt sogar, die innerste Tiefe der Trinität spekulativ zu ergründen, ein dramatisches Geschehen von Ewigkeit her zu entfalten, in dem sogar der Schmerz Gottes epiphan und nachfühlbar wird. Das Hören scheint zurückhaltender nach der Bedeutung eines Wortes Gottes zu fragen, das uns anspricht und beruft, aber es nicht so einfach gestattet, in das Geheimnis Gottes zu blicken, weshalb Rahner auch keine ausgebauten Spekulationen über die immanente Trinität vorgelegt hat. Vielleicht hat Emmanuel Lévinas Recht, wenn er dem Sehen in der Philosophie einen herrscherlichen Gestus unterstellt, weil es geneigt ist, das Gesehene sich anzueignen und seiner Weltsicht zu unterwerfen. Das Hören hingegen lebt von einer Passivität des Empfangens, welche das Subjekt aus seiner Herrschaftsposition in eine Position des Wartens versetzt. Wenn Lévinas von einem Sehen des Antlitzes des Anderen spricht, dann ist auch dieses Sehen von einem Hören durchzogen. Wenn ich den Anderen sehe, höre ich das Wort: Du sollst nicht töten. Das Phänomen der Unverfügbarkeit lässt sich hören, aber lässt es sich auch sehen? Bei Rahner ist es analog: Das Wort Gottes gibt uns zu denken und es spricht uns unmittelbar an, der Glaube kommt vom Hören, nicht vom Sehen, und er konfrontiert uns mit dem Nächsten.

Herrlichkeit und Unverfügbarkeit

Rahner betont, dass nur das geistliche Hören die innere Bedeutung der Offenbarung zu erfassen vermag.[1] Er hält daran fest, dass sich Gott in die unmittelbare Nähe des Menschen begeben hat. Diese Nähe bedeutet keine Identität, sondern eine Beziehung zwischen Unterschiedenen, denn „Unmittelbarkeit ist ja wesentlich Unmittelbarkeit *zu* einem."[2] Die Unmittelbarkeit lässt Raum für die Unverfügbarkeit dessen, der sich in der Nähe befindet und sich nicht einem Begreifen ausliefert, das über ihn verfügen könnte. Es ist die Rede von einer Beziehung, in der nicht alles entborgen wird, sondern in der Raum für das Verborgene bleibt, das sich hören, aber, im Sinne des biblischen Bilderverbots, nicht einfach sehen lässt. Für Rahner hängen die Geheimnishaftigkeit und die Unverfügbarkeit Gottes unmittelbar zusammen.

Darauf zielt er auch ab, wenn er von der Herrlichkeit spricht. Die Souveränität und Anderheit Gottes werden auch durch die Offenbarung nicht aufgehoben. Die Betonung der bleibenden Geheimnishaftigkeit Gottes wird sogar für das Eschaton festgehalten, denn selbst in der visio dei werde Gott als Unbegreiflicher geschaut.[3] Der Mensch kann sich Gottes auch in der ewigen Schau nicht bemäch-

---

1 K. Rahner, *Geistliche Sinne nach Origenes*, in: Ders., Schriften XII, Zürich 1975, 111-136, 131.

2 K. Rahner, *Dogmatische Fragen zur Osterfrömmigkeit*, in: Ders., *Schriften IV*, Zürich 1967, 157-172, 170. Daher kritisiere ich die Rahnerdeutung von K. Müller, *Über den monistischen Tiefenstrom der christlichen Gottrede*, in: Ders./ M. Striet, Hg., *Dogma und Denkform. Strittiges in der Grundlegung von Offenbarungsbegriff und Gottesgedanke*, Regensburg 2005, 47-84, 80-83, der zwar Rahner nicht „zu einem mehr oder weniger anonymen Monisten" stilisieren will (83), ihn aber doch zu monistisch deutet. Unmittelbarkeit kann Rahner nur als Beziehung zu einem ganz Anderen denken.

3 K. Rahner, *Über die Verborgenheit Gottes*, in: Ders., Schriften XII, Zürich 1975, 285-305, 288f.

tigen. Weder in der Zeit, noch in der Ewigkeit unterliegt Gott einer herrscherlichen Verfügung des Sehens. Vielmehr hat der Mensch als Hörer auf ein Wort zu warten, das nur vom Anderen her kommen kann. Dem Sehen scheint sich alles in einem Augenblick zu zeigen, das Hören ist von einer stärkeren zeitlichen Anspannung gekennzeichnet. Das Warten auf ein mögliches Wort greift in eine unbekannte Zukunft aus, das Erinnern des Gehörten bindet an die Vergangenheit.

Rahner spricht von der innersten Wirklichkeit Gottes als „unbegreiflicher Herrlichkeit".[4] Wenn Gott sich uns so schenken will, wie er ist, dann schenkt er sich uns ganz, als Geheimnis. Daher besteht die Aussage radikaler Hoffnung darin, dass Gott selbst die Seligkeit des Menschen sein will.[5] Die göttliche Offenbarung bedeutet die „Radikalisierung der wachsenden Nähe des ‚deus absconditus' als des bleibenden Geheimnisses."[6] Auch wenn es sich als vergebend, rettend und ewige Heimat schenkend darstellt, geht selbst für die theologia gloriae kein Weg an der Herrlichkeit des unbegreiflichen Gottes vorbei.[7] Rahner mahnt: „In allen Theologien liegt die Gefahr zu meinen, das ‚lumen gloriae' lichte alles und auch Gott in seinem Geheimnis so auf, dass mindestens in dieser ‚gloria' auch Gott noch durchschaut wird."

Vorwegnahme eschatologischer Herrlichkeit

Das hindert Rahner zu Anfang nicht daran, die visio dei als seinshaften Bezug zu Gott zu deuten. Denn die Suche nach den ontologischen Bedingungen der Möglichkeit der Gottesschau führt in die Gnadenlehre hinein. Insofern der Mensch als Begnadeter schon jetzt den Hl. Geist, die ungeschaffene Gnade, empfangen hat, ist er bereits in die Beziehung zum künftigen Leben in Herrlichkeit gesetzt.[8] Der Hl. Geist ist Unterpfand der ewigen Herrlichkeit, die eschatologisch in der Spannung von schon jetzt und noch nicht verstanden wird. Der Bezug zu ihr ist in der Zeit aufgrund der Gabe

---

4 K. Rahner, *Verborgenheit*, 291.
5 Vgl. K. Rahner, *Verborgenheit*, 295.
6 K. Rahner, *Verborgenheit*, 298f.
7 Vgl. K. Rahner, *Verborgenheit*, 305.
8 Vgl. K. Rahner, *Zur scholastischen Begrifflichkeit der ungeschaffenen Gnade*, in: Ders., Schriften I, Zürich 1954, 347-375, 354f.

des Hl. Geistes gegeben, aber die Vollendung steht als zukünftige noch aus. „Das Gnadenleben nämlich und das Leben der künftigen Herrlichkeit stehen nicht bloß in der Weise zueinander in einer rein moralisch-juridischen Beziehung, daß dieses der Lohn jenes als eines Verdienstes ist, sondern das Leben der Glorie ist die endgültige Entfaltung (das ‚Sichtbarwerden', das ‚Enthülltwerden') des jetzt schon besessenen und nur erst noch ‚verborgenen' Lebens der Kindschaft Gottes, und darum ist die Gnade als ontologischer Grund dieses übernatürlichen Lebens auch inneres seinshaftes Prinzip ... der Schau Gottes."[9]

Es korrelieren die Begriffe Herrlichkeit und visio dei, die eine eschatologische Bedeutung haben, aber schon die Gegenwart des Menschen in der Zeit prägen. Denn sie stehen für das Woraufhin menschlicher Existenz im Sinne finaler Kausalität, oder genauer: quasiformaler Kausalität, „in der die drei göttl(ichen) Personen streng als solche ‚handeln', sich mitteilen können".[10]

Die Selbstmitteilung Gottes umfasst „die ontologische Einheit u(nd) Differenz im gnadenhaften Verhältnis Gottes zur Welt, insofern dieses ‚entitative' Gnade, seinshafte Partizipation (Mitteilung im ontischen Sinn) und Gabe Gottes als Wahrheit, als Glaubenslicht, als Geoffenbarten u(nd) unmittelbar (Mitteilung im gnoseologischen Sinn) Geschauten in einem impliziert."[11]

Was ist mit diesen Begriffen gesagt? Die Rede von der Selbstmitteilung Gottes als dessen absolut freier Tat soll anzeigen, dass Gott, der sich selbst in seiner absoluten Intimität und unendlichen Herrlichkeit an das Endliche verschenkt, die Liebe ist.[12] Hier steht der Begriff Herrlichkeit erneut für die bleibende Hoheit und unendliche Anderheit Gottes.

Wie kann man vom unsagbaren Gott sprechen? Rahner versucht mehr und mehr, die Offenbarung als Selbstmitteilungsgeschehen im Sinne der absoluten Nähe Gottes zu deuten und somit die klassischen ontologischen Kausalitätskategorien hinter sich zu lassen. „Nähe" bedeutet eine Einheit in Unterschiedenheit, eine Beziehung zwischen je Anderen. Damit wird eine andere Weise der Gottrede versucht, die sich nicht mehr nur einem ontologischen Diskurs verdankt, der Selbstmitteilung als Seinsteilhabe denkt. Rahner stellt sich selbst

9 K. Rahner, *Begrifflichkeit*, 354.
10 K. Rahner, *Art. Selbstmitteilung Gottes*, LThK² 9 (1968), 627.
11 K. Rahner, *Art. Selbstmitteilung Gottes*, LThK² 9 (1968), 627.
12 Vgl. K. Rahner, *Art. Selbstmitteilung Gottes*, KThW ¹²1980, 382-383.

schon die Frage, ob das personale Liebesgeschehen zwischen Gott und Mensch in ontologischen Kategorien adäquat ausgesagt werden kann, die mehr an der Ur-sächlichkeit statt an der Personalität des Subjekts ausgerichtet zu sein scheinen.

Die theologische Aussage als Aussage in das Mysterium hinein stellt auch ein eschatologisches Phänomen dar, weil sie auf das Ende ausgerichtet bleibt, das in Jesus Christus schon angebrochen ist. „Sie ist in dieser Hinsicht zugleich auch Vorwegnahme des Eschaton und trägt deswegen auch einen prophetischen Zug. Das bedeutet aber zugleich schon, daß die dogmatische Aussage ständig von etwas redet, was erst in einer uns konkret nicht vorstellbaren Zukunft in seiner ganzen Herrlichkeit und in seinem Glanz erscheinen wird.“[13]

Das Endgültige kann jetzt nur vorläufig aufgewiesen werden. Die prophetische Dimension und die Vorläufigkeit theologischer Aussagen müssen beide festgehalten werden und kritisch bewusst bleiben.[14]

---

13 K. Rahner/K. Lehmann, *Kerygma und Dogma*, in: M. Löhrer (Hg.), Mysterium salutis, Bd. 1, Einsiedeln 1965, 622-703, 697f.

14 Hinzu tritt noch der Aspekt der Bedingtheit dogmatischer Aussagen durch die Sprache des Menschen und sein jeweiliges, geschichtlich bedingtes Weltverständnis, das auch ein Seinsverständnis impliziert. Das Seinsverständnis ist von der Dogmengeschichte zu berücksichtigen, die das Geoffenbarte in seinem geschichtlichen Standort und der jeweiligen Sprache zum Verständnis bringen muss. (Vgl. K. Rahner/K. Lehmann, *Geschichtlichkeit der Vermittlung*, in: M. Löhrer (Hg.), Mysterium salutis, Bd. 1, Einsiedeln 1965, 776-787, 780) „Weil das Glaubensverständnis im Medium des Denkens geschieht, jedes Denken aber auf dem Boden des Seinsverständnisses sich vollzieht, hat die Dogmengeschichte auch die in diesem Seinsverständnis implizierten Eigentümlichkeiten menschlichen Verstehens zu berücksichtigen.“ (ebd.) Dazu gehört auch die Geschichtlichkeit menschlichen Seins. Es gibt epochale Umlagerungen des Glaubensverständnisses, die in der Geschichtlichkeit des Seinsverständnisses begründet sind. Der Glaube muss immer wieder übersetzt werden, wenn ein neues Seinsverständnis in der Geschichte das erfordert. Rahner/Lehmann reflektieren hier auf die wechselnden ontologischen Wirklichkeitssichten, die das Denken des Glaubens nicht unberührt lassen können. Eine der Geschichte und Gegenwart verpflichtete Dogmatik hat die Aufgabe, „die geschichtlich verschiedenen Theologien auf ihr Selbes hin zu durchblicken, sie als Verständnis des **einen** verpflichtenden Ursprungs zu sehen und von daher neue Anweisungen entgegenzunehmen für eine vertiefte Sicht derselben Wahrheit.“ (781) Das immer neu gesehene eine Ursprüngliche ist die Aufgabe aller Theologie und Dogmenentwicklung. Auch von daher kommt einer reduktiven Methode die entscheidende Bedeutung zu, die jenen Ursprung immer neu sucht und zu ihm zurückführt, indem sie ihn neu aussagt. Für Rahner ist dieser eine Ursprung der trinitarisch sich selbst mitteilende Gott als Geheimnis der Wirklichkeit.

Damit sind die Möglichkeiten und Grenzen theologisch-dogmatischer Aussagen angesichts der Herrlichkeit Gottes umrissen, die von der Spannung des „schon und noch nicht“ geprägt werden.

Karl Rahner hat nie ein Hehl daraus gemacht, dass der Rede von der Selbstmitteilung Gottes ein zentraler Stellenwert in seiner Theologie zukommt. Rückblickend konnte er sagen: „Die eigentliche und einzige Mitte des Christentums und seiner Botschaft ist darum für mich die wirkliche Selbstmitteilung Gottes in seiner eigensten Wirklichkeit und Herrlichkeit an die Kreatur, ist das Bekenntnis zu der unwahrscheinlichsten Wahrheit, daß Gott selbst mit seiner unendlichen Wirklichkeit und Herrlichkeit, Heiligkeit, Freiheit und Liebe wirklich ohne Abstrich bei uns selbst in der Kreatürlichkeit unserer Existenz ankommen kann und alles andere, was das Christentum anbietet oder von uns fordert, demgegenüber nur Vorläufigkeit oder sekundäre Konsequenz ist.“[15]

Dieser zentrale Stellenwert ist auch von der Sekundärliteratur weitgehend bestätigt worden.[16]

Der Mensch als imago dei: Bild Seiner Herrlichkeit

Wenn Gott als der herrliche zur Sprache kommt, dann hat dies auch anthropologische Konsequenzen. „Du liebst den Menschen, der an

---

15 K. Rahner, *Erfahrungen eines katholische Theologen*, in: K. Lehmann (Hg.), Vor dem Geheimnis Gottes den Menschen verstehen: Karl Rahner zum 80. Geburtstag, München 1984, 105-119, 109f.

16 Vgl. dazu etwa B. v. d. Heijden, *Karl Rahner. Darstellung und Kritik seiner Grundpositionen*, Einsiedeln 1973, 3f., der darauf verweist, dass man den Begriff „Selbstmitteilung Gottes“ bei Rahner auf fast jeder Seite finde; U. Möbs, *Das kirchliche Amt bei Karl Rahner. Eine Untersuchung der Amtsstufen und ihrer Ausgestaltung* (= Münchener Universitätsschriften. Beiträge zur ökumenischen Theologie, Bd. 24), Paderborn 1992, 33f.; L. Gruber, *Transzendentalphilosophie und Theologie bei Johann Gottlieb Fichte und Karl Rahner* (= Disputationes Theologicae, Bd. 6), Bern 1978, 296; T. Mannermaa, *Lumen fidei et obiectum fidei adventicium. Die Spontaneität und Rezeptivität der Glaubenserkenntnis im frühen Denken Karl Rahners* (dt. Zusammenfassung), (= Schriften der finnischen Gesellschaft für Missiologie und Ökumenik 19), Helsinki 1970, 50f.; P. Eicher, *Von der Gnadenlehre zur Theologie der Befreiung*, in: Ders. (Hg.), Neue Summe Theologie, Bd. 2, Freiburg 1989, 237-271, 256, der ausführt, dass Rahner schon durch die Wahl des seine Theologie bestimmenden Begriffes „Selbstmitteilung Gottes“ anzeige, dass die ganze Theologie entweder soteriologisch oder gar nicht verstanden werde.

seinem Werk sein eigenes Wesen verwirklicht, findet und aussagt, das Wesen, das ein Bild und Gleichnis Deiner eigenen Herrlichkeit ist.“[17] Die Analogie zielt auf das schöpferische, künstlerische Tun des Menschen, der sich in seinem Werk selber ausdrückt. Sie hat aber auch eine christologische Sinnspitze, denn: „Dein ewiges Wort, der Glanz Deines Wesens und das Abbild Deiner Herrlichkeit, ist selber in unser Fleisch gekommen, hat alles Menschliche als *seine* Wirklichkeit angenommen, hat – urmächtiger und verliebter als jeder andere Schöpferische in das Werk seiner Hände – sein eigenes Herz selbst in die Mitte des Gebildes seiner Hand gesetzt, damit der Mensch selbst die Aussage und das Bild Deiner Herrlichkeit sei.“[18] Die Gottebenbildlichkeit des Menschen wird schöpfungstheologisch und christologisch begründet und erhält ihre Anspannung auf die Ewigkeit vom Kreuzestod Jesu her. Der Blick Jesu am Kreuz entbirgt die Wahrheit „daß eben dieser Untergang die Weise des Eingangs in die eigene selige Bestimmung, der Aufgang der eigenen Herrlichkeit ist.“[19] Hier steht der Begriff Herrlichkeit auch für die Bestimmung und Vollendung der Existenz jenseits der Zeit, in der Ewigkeit Gottes.

Dieser christologisch-anthropologischen Explikation möchte ich nun genauer nachspüren und dabei die ethische Bedeutung des Hörens im Kontext der Frage nach der Evidenz des Glaubens herausstellen. Der Begriff „Evidenz“ meint ein „Aufscheinen“, ein „Einleuchten“, und verdankt sich somit einer Metaphorik des Sehens, aber Rahner gibt ihm eine ethische Wendung, die vom Hören her dessen Sinn erschließt.

Die Evidenz der Einmaligkeit des Individuums und seiner einzigartigen Berufung

Zu Recht wird immer wieder auf den ignatianischen Hintergrund des Denkens K. Rahners hingewiesen.[20] Die Entwicklung einer

---

17 K. Rahner, *Gebet für geistig Schaffende*, in: Ders., *Schriften VII*, Zürich 1966, 401-403, 401.

18 K. Rahner, *Gebet*, 402.

19 K. Rahner, *Begegnungen mit dem Auferstandenen*, in: Ders., *Schriften VII*, Zürich 1966, 166-173, 168.

20 Vgl. K. P. Fischer, *Gott als das Geheimnis des Menschen*, in: ZKTh 113 (1991) 1-23; Ders., *Gotteserfahrung*, Mainz 1986, 41-56. N. Schwerdtfeger, *Gnade*

Logik der existentiellen Erkenntnis bei Ignatius unter Zuhilfenahme des Liebes-Ekstasebegriffes Bonaventuras prägt Rahners Rede von der Erfahrung der Selbstmitteilung Gottes in der transzendentalen Erfahrung zutiefst. Der Rekurs auf die mystische Gotteserfahrung geschieht vor allem, um der Unmittelbarkeit der Nähe Gottes Geltung zu verschaffen. Denn darin sieht Rahner das Grundproblem der Mystik: Wie verhält sich der Mystiker zu dem, was er als in absoluter Nähe gegeben erfährt?[21] Identität und Unterschied werden zum Problem, denn die mystische Erfahrung kann den Erfahrenden und das Erfahrene als schlechthin eins bieten oder aber jenen radikalen Unterschied verdeutlichen, der auch noch in der höchsten Begnadigung zwischen Gott und dem Geschöpf waltet.[22] An diesem Unterschied lässt Rahner keinen Zweifel. Es geht um eine unmittelbare Beziehung zwischen Unterschiedenen. Daher kann der Mystiker nicht mehr und nicht weniger erfahren als jeder Glaubende auch: die unmittelbare Nähe Gottes.[23] Das Paradigma für die Gnadenerfahrung bildet für Rahner, nach eigener Aussage, die ignatianische Spiritualität und die vergebende Begegnung mit Gott im Bußgeschehen.[24] In beiden Fällen bedeutet die Unmittelbarkeit der Gnadenerfahrung ein Ernstnehmen der sinnlich-leiblichen Verfasstheit des Menschen und eine Krisis für das

---

und Welt, Freiburg 1982, 297-341; R. Miggelbrink, *Ekstatische Gottesliebe im tätigen Weltbezug*, Altenberge 1989, 26-35; M. Schneider, *Unterscheidung der Geister*, Innsbruck-Wien 1983, 79-133; A. R. Batlogg u. a., *Der Denkweg K. Rahners*, Mainz 2003; R. A. Siebenrock, Hg., *Karl Rahner in der Diskussion*, Innsbruck-Wien 2001, bes. die Beiträge von Ph. Endean und A. Zahlauer.

21 Vgl. K. Rahner, *Mystische Erfahrung und mystische Theologie*, in: Ders., Schriften XII, Zürich, 1975, 428-438.

22 Vgl. K. Rahner, *Mystische Erfahrung*, 430f.

23 Vgl. K. Rahner, *Mystische Erfahrung*, 432: „Mystische Erfahrung kann den Bereich des ‚Glaubens' und der dort gegebenen Erfahrung des Geistes Gottes nicht hinter sich lassen mittels einer neuen Erfahrung, die nicht mehr Glaube wäre."

24 Vgl. K. Rahner, *Mystische Erfahrung*, 436 Anm. 8; G. Wassilowsky, *Gott berührt im Sakrament*: „Vom Sinn der häufigen Andachtsbeichte", in: A. R. Batlogg u.a., *Der Denkweg*, 36-45, 42, weist darauf hin, dass die Rede von der Unmittelbarkeit der inneren Gotteserfahrung keineswegs die Bedeutung von Geschichte oder Sakramenten entwertet, denn bei diesen geht es um die Frage der Sichtbarkeit der Gnade im Unterschied zur unsichtbaren Berührung durch Gott im Menschen. Das Geschehen der Inkarnation bedeutet für Rahner, dass die Gnade erst geschichtlich ihr Ziel erreicht. Rahner kann daher auch das Bedingungsverhältnis zwischen dem Transzendentalen und Kategorialen wechselseitig verstehen.

gewohnte kausale Denken. Diese Krisis lässt das Fragen des Menschen gerade nicht zur Ruhe kommen, weil sowohl die ignatianische Trosterfahrung als auch die Vergebung im Bußsakrament von Gott her grund-los, rein aus Gnade geschehen. Welche Sprache wird diesem grundlosen Geschehen gerecht? Rahner sucht eine ethische Wendung seines Denkens, wenn er sagt, dass in den beiden genannten Vollzügen den Menschen eine Berufung erreicht, ein Imperativ, der ihn zum Handeln herausfordert. Wie soll man sich diesen Imperativ vorstellen?

Die Exerzitien stellen eine Anleitung dar, den individuellen Willen Gottes erkennen und finden zu können, eine Anleitung für das, was getan werden soll, eine Anleitung, den individuell erfahrenen Auftrag einer „Unterscheidung der Geister“ zu unterziehen, um eine Sicherheit der Entscheidung zu erreichen.[25] Wenn nach Ignatius Gott seinen Willen in einer individuellen Inspiration kundtut, dann setzt das eine positive Einschätzung des Einzelnen in seiner Einmaligkeit voraus.[26] Es gibt für Ignatius das unaussprechlich Individuelle, so dass das Allgemeine den Menschen nicht alleine bestimmt. Es gibt eine Individualität, die nicht nur Fall eines Gesetzes ist. Das zeigt sich vor allem im freien Handeln des Menschen, das mehr ist als die Anwendung eines allgemeinen Gesetzes im Kasus von Raum und Zeit.[27] Dieses Handeln hat eine Einmaligkeit, die nicht mehr adäquat in Sätzen ausgesprochen werden kann, die sich allgemeiner Begriffe bedienen, so Rahner. Das zu beachten ist nicht nur ein Desiderat der Exerzitien, sondern stellt auch eine Herausforderung für das adäquate theologische Sprechen dar.[28] Die Einmaligkeit des Individuums und sein irreduktibles und einzigartiges Angerufensein beruhen für Rahner auf dem Wirken des Hl. Geistes. Der Hl. Geist beruft und verpflichtet zu einem bestimmten Auftrag und Tun, zu einem bestimmten Imperativ, der nicht aus allgemeinen ethischen Prinzipien herzuleiten, nicht deduktiv nachweisbar ist. Wer alles Tun deduzieren wollte, der würde alles

---

25 Vgl. K. Rahner, *Das Dynamische in der Kirche* (QD 5), Freiburg 1958, 79.

26 Vgl. K. Rahner, *Das Dynamische*, 92, 97.

27 Vgl. K. Rahner, *Das Dynamische*, 98f.

28 Vgl. K. Rahner, *Das Dynamische*, 99f. Dies hat natürlich auch ekklesiologische Konsequenzen.

Pneumatische „abwürgen".[29] Wie kann man aber Gottes Willen finden, der sich in dem konkreten Imperativ ausdrückt?

Bei der Methode des Findens des Individualwillens Gottes muss der Wahlgegenstand, das Gewollte, auf Gott hin transparent werden und verschwinden, damit die reine Bewegung des Menschen auf Gott hin immer mehr das Eigentliche wird. Daran erfährt das Individuum, ob ein Wahlgegenstand auch von Gott gewollt ist. Wird er zum Hindernis auf dem Weg zu Gott, stellt er sich in den Weg, oder wird er transparent auf Gott hin, d. h. eröffnet er den Weg zu Gott? Die gemeinte Objektlosigkeit bedeutet eine reine Offenheit für Gott, eine namen- und gegenstandslose Erfahrung der Liebe des transzendenten Gottes, die nicht verstellt wird.[30] Wenn diese transzendentale Erfahrung nicht nur als erkenntnismäßige, sondern auch als reine Dynamik des bejahenden, sich öffnenden Willens, also der Liebe gegeben ist, dann ist die unterste Stufe der Tröstererfahrung ohne vorhergehende Ursache erreicht. Diese Erfahrung bedeutet das Erfasstsein durch Gottes Liebe und hat ihre Evidenz in sich selber.[31] Evidenz bedeutet, dass mir etwas plötzlich unmittelbar einleuchtet, als richtig oder wahr erscheint, ohne dass ich eine bruchlose oder gar nur rational gefasste Begründung dafür geben könnte. Die reine Transzendenz kann nicht trügen, denn die reine Offenheit ist immer wahr, weil sie nichts verfehlen kann und den wahren Gott meint, weil sie keinen Satz sagt, der Gott eingrenzen könnte, weil sie Gott kein Gesetz zuspricht, das ihn vergewaltigen könnte.[32] Die Offenheit lässt Raum für Gott.

Wo die Existenz jene reine Offenheit und Dynamik auf Gott hin erfährt, da stellt sich der Trost ein, der nicht trügen kann, weil er die Evidenz in sich selber hat. Diese Erfahrung kann nicht in Erkenntnis verwandelt werden, die man über sich aussagen könnte, denn sie ist Erfahrung der angebotenen Gnade und bedeutet keine Sicherheit der Annahme.[33] Die Gewissheit des Berufenen, aufgrund dieser sich einstellenden Erfahrung, das Richtige zu tun, lässt sich nicht mehr

---

29 Vgl. K. Rahner, *Der Anspruch Gottes und der Einzelne*, in: Ders., Schriften VI, 521-536, 531, 533.

30 Vgl. K. Rahner, *Das Dynamische*, 117. In Anm. 42 ebd. erfolgt der Verweis auf Bonaventura, der eine Liebeserfahrung kenne, die ohne Beteiligung des Intellekts geschehe.

31 Vgl. K. Rahner, *Das Dynamische*, 126f., 129.

32 Vgl. K. Rahner, *Das Dynamische*, 129.

33 Vgl. K. Rahner, *Das Dynamische*, 131, Anm.49.

aus rational analysierbaren Gründen zusammensetzen.[34] In der Zeit nach dieser gegenstandslosen Trosterfahrung erfolgt die Wahl so, dass der Exerzitant den Wahlgegenstand versuchsweise annimmt und ihn mit der Urtröstung konfrontiert. Dabei muss er darauf achten, ob sich eine Synthese zwischen beidem in Friede, Ruhe und Stille ergibt, die wahre Fröhlichkeit und Freude freisetzt, die als Freude der unverstellten Transzendenz bewahrt bleibt, oder ob genau dies nicht passiert und Lärm und Geräusch entstehen.[35] In der experimentellen Erkenntnis des Willens Gottes muss eine Kongruenz zwischen der Tröstung und dem Gegenstand geschenkt und in gnadenhafter Erfahrung angezeigt werden. Es geht nicht ohne die Erfahrung in der Zeit, in der sich diese Evidenz bewähren muss.

Die Grundlosigkeit der Gnadenerfahrung und ihre Evidenz jenseits kausaler Rede

Die Interpreten der Trosterfahrung deuten das „sine causa precedente“ meist als Gegenstandslosigkeit der Erfahrung. Daran ist richtig, dass Rahner damit eine unmittelbare Erfahrungsgewissheit meint, eine Evidenz, die in sich selbst gegeben ist, die durch nichts verstellt oder vermittelt wird, was von Gott wegführt. Auch der Bezug zu Bonaventuras ekstatischer Liebeserfahrung insistiert auf einer unmittelbaren Erfahrung Gottes.[36] Diese Unmittelbarkeit lässt nur eine „Vermittlung“ durch Jesus Christus und den Hl. Geist, also eine trinitarische zu, welche in der Betrachtung des Lebens Jesu von zentraler Bedeutung ist.[37] Die Ekstase bedeutet eine Einigung unmittelbarer Liebe, eine Erfahrung des Willens mit Gott, eine Erfahrung ohne jedes Erkenntnismittel.[38] Die Sinnspitze der Trosterfahrung ohne vorausgehende Ursache in der Interpretation Rahners liegt sicherlich auf dem Ausschluss eines schlussfolgernden

---

34 Vgl. K. Rahner, *Das Dynamische*, 145.

35 Vgl. N. Schwerdtfeger, *Gnade und Welt*, Freiburg 1982, 309f.

36 Vgl. N. Schwerdtfeger, *Gnade und Welt*, 315.

37 Vgl. N. Schwerdtfeger, *Gnade und Welt*, 336-341.

38 Vgl. K. Rahner, *Die Lehre von den „geistlichen Sinnen“ im Mittelalter*, in: Ders., Schriften XII, Zürich 1975, 137-172, 152, 154.

Denkens, das sich der Trosterfahrung bemächtigen könnte.[39] Aber man kann noch weiter gehen.

Denn das „ohne Ursache“ bedeutet das Gleiche wie das „quasi“, das in der „quasiformalen Kausalität“ bei Rahner zur Anwendung kommt. Was hier erfahren wird, sprengt alle Kausalitätskategorien und rationalen Vermittlungsmöglichkeiten, die versuchen würden, die Erfahrung des Trostes bruchlos auf ihren Grund in Gott hin zu re-duzieren, d.h. zurückzuführen. Für Rahner, der auch zutiefst phänomenologisch denkt und die Phänomene der Erfahrung auf ihre Bedeutung und darin letztlich in das unergründliche Geheimnis Gottes zurückführt (reductio in mysterium), kann eine solche reductio nicht bruchlos erfolgen. Die Transzendenz Gottes jenseits aller Kategorialität, die Inspiration durch den Willen Gottes als Imperativ an den Menschen, geschehen grund-los, rein aus Gnade, nicht notwendig begründbar, nicht rational deduzierbar. Zwischen denen, die sich in der Offenbarung begegnen, liegt keine Metaebene, keine dritte Dimension. Hier verfängt man sich nicht im „Gestrüpp der Dialektik“, die unmittelbare Nähe Gottes ist auszuhalten.[40] Der einzige Gott begegnet dem einzigartigen Menschen. Auch was der Einzelne ist und soll, kann nicht rational deduziert werden, weil es nicht Fall eines allgemeinen Prinzips ist.[41] Es geht hier, mit E. Lévinas gesprochen, um das Phänomen der unvergleichlichen Einzigkeit Gottes und – analog – jedes Menschen und um die Frage, welche Sprachform diesem Phänomen gerecht wird.[42]

Der Trost ohne vorhergehende Ursache meint eine unmittelbare Nähe Gottes, die mich unmittelbar angeht, beansprucht und vom Menschen nicht vermittelt werden kann. Sie bedeutet und geschieht als reine Gnade. Der Mensch ist der jenseits aller Kausalität von Gott in Liebe Verfügte und hat sich dieser Konstitution in Freiheit zu stellen. Wer das erfährt, kann alles an sich herankommen lassen, gelassen überlegen, prüfen und auswählen, was zur größeren Ehre Gottes ist.[43] Aber in diesem Tun des Menschen bleibt ein Wagnis,

---

39 Vgl. N. Schwerdtfeger, *Gnade und Welt*, 317f.

40 Vgl. K. Rahner, *Frömmigkeit früher und heute*, in: Ders., Schriften VII, Zürich 1966, 11-31, 23; vgl. E. Dirscherl, *Die Bedeutung der Nähe Gottes*, Würzburg 1996, 290.

41 Vgl. K. Rahner, *Vom Offensein für den je größeren Gott*, in: Ders., Schriften VII, Zürich 1966, 32-53, 49.

42 Vgl. zu den Gemeinsamkeiten und Differenzen im Denken von Lévinas und Rahner: E. Dirscherl, *Die Bedeutung der Nähe Gottes*.

43 Vgl. K. Rahner, *Vom Offensein*, 43, 48.

das nicht rational zu überbrücken ist, das den grundlosen Absprung des Subjekts erfordert, den Absprung auf Gott hin, der sich in der Nähe befindet. Darin besteht die Verantwortung des Menschen, die er nicht fliehen kann. Erst in der Zukunft, im Nachhinein, wird sich zeigen, ob die Entscheidung, die auf einen Ruf antwortet, trägt und sich bewährt. Es geht um die gewagte Hoffnung, schon jetzt auf das Gelingen der Entscheidung zu vertrauen.

Die Ursachlosigkeit bedeutet nicht nur die Unmittelbarkeit, sondern auch die Un-bedingtheit der Forderungen Gottes. Denn je mehr wir Gott lieben, desto mehr werden wir seine immer größere Ferne erfahren und erschrecken über die heilige Unbedingtheit seiner Forderungen, zu denen der Mensch „ja" sagen kann als zu dem, was ist und nicht erst von uns gemacht wird, nämlich zu Gott und seiner unabsehbaren Liebe.[44] Die Liebe Gottes ist grundlos geschenkt, um so mehr angesichts des sündigen Menschen, der dennoch auf die vergebende Selbstmitteilung Gottes hoffen darf. Das ermöglicht letztlich die Haltung der Indifferenz, die gerade keine Gleichgültigkeit besagt und verhindert, dass der Mensch unmenschlich überfordert wird.[45]

Wenn der Mensch das Wort Gottes, das an ihn ergeht, unverstellt annimmt, dann ist für Rahner das gegeben, was Ignatius Indifferenz nennt, gegründet in dem Trost ohne vorhergehende Ursache.[46] Der Imperativ Gottes an den Einzelnen nützt aber nur dann etwas, wenn er der Gnade von innen her begegnet.[47] Das ist für Rahner der Sinn der Erfahrung von Manresa. In der Trosterfahrung sagt sich Gott selber dem Menschen zu, dieser wird von Gott geliebt und ist ewig gültig. Aus der Erfahrung der Weltüberlegenheit heraus tritt der Mensch in seine Welt und in seine Aufgabe ein, die darin besteht, dem Imperativ Gottes zu folgen. Wenn Rahner sagt, der Fromme von morgen müsse Mystiker sein[48], dann geht es auch um die Fähigkeit, auf diesen Ruf Gottes hören und ihm antworten zu können.

---

44 Vgl. K. Rahner, *Betrachtungen zum ignatianischen Exerzitienbuch*, München 1965, 30.

45 Vgl. K. Rahner, *Betrachtungen* 30.

46 Vgl. K. Rahner, *Die Forderung nach einer „Kurzformel" des christlichen Glaubens*, in: Ders., Schriften XIII, Zürich 1967, 153-164, 156f.

47 Vgl. K. Rahner, *Rede des Ignatius von Loyola an einen Jesuiten von heute*, in: Ders., Schriften XV, Zürich 1983, 373-408, 379.

48 Vgl. K. Rahner, *Frömmigkeit*, 23.

Die Ursachlosigkeit der Trosterfahrung bedeutet von daher die Möglichkeit, Gott in allen Dingen zu finden, weil er immer unmittelbar nahe ist. Hier ist allerdings jedes pantheistische Missverständnis ausgeschlossen, weil in Beziehungen gedacht wird. Die Differenz der Schöpfung gegenüber ihrem Schöpfer wird nicht aufgehoben. Die Transparenz der Dinge auf Gott hin erfährt nur, wer Gott dort begegnet ist, wo er in das Dichteste, das am meisten von Gott Abgesperrte hinuntergestiegen ist, ans Kreuz. Durch das Kreuz vermag der Mensch in der Haltung der Indifferenz möglicherweise auch in jenen Dingen Gott zu finden, die als Kreuz treffen.[49] Dieses Kreuz mit Christus zu tragen geschieht in einer Tat des Herzens, die von der Auferstehung her verlangt wird, nämlich von uns selbst abzuspringen in dem Bewusstsein, dass die Welt schon vom Sieg Jesu Christi erfüllt ist.[50] Das ist der eigentlich grundlose Grund des Glaubens, der Hoffnung und der Liebe, die zu wagen sind. Insofern ist Jesus Christus der Mittler, fern jeder kausalen Vermittlungsstruktur, zur göttlichen Unmittelbarkeit. Denn der Blick in sein Antlitz wandelt sich in die Schau Gottes von Angesicht zu Angesicht.[51] Die Sehnsucht des Menschen (desiderium), die nach der absoluten Nähe Gottes, die unbegreiflich ist und erst alles erträglich macht, Ausschau hält, kann keinen Ort finden außer Jesus Christus.[52] Diese suchende Sehnsucht verdankt sich dem Wirken des Hl. Geistes. In Jesus Christus erfolgt jener Ruf Gottes des Vaters geschichtlich, der im Innern des Gewissens jeden Menschen durch den Hl. Geist erreicht. So wird die beanspruchende Nähe Gottes trinitarisch entfaltet.

---

49 Vgl. K. Rahner, *Betrachtungen*, 271f.

50 Vgl. K. Rahner, *Betrachtungen*, 250.

51 Vgl. K. Rahner, *Betrachtungen*, 117.

52 Vgl. K. Rahner, *Betrachtungen*, 116. Der Mensch hat die Pflicht, die Botschaft Jesu Christi zu hören, welche in der Geschichte auf ihn zukommt, er muss zu ihr Stellung beziehen, sich mit ihr ins Einverständnis setzen oder sie ausdrücklich und verantwortet leugnen. (Vgl. K. Rahner, *Grundkurs des Glaubens*, Freiburg 1976, 123) Keiner kann sich einer Stellungnahme entziehen, die sich freilich auch anonym vollziehen kann. R. Siebenrock verweist zu Recht auf die Aussage Rahners, dass das letzte Wort der theologischen Anthropologie der Imperativ ist, auf Gottes Wort zu horchen. Vgl. R. Siebenrock, Glauben gibt zu denken: „Geist in Welt“ und „Hörer des Wortes“, in: A. R. Batlogg u. a., *Der Denkweg*, 55-105.

Der Imperativ Gottes und die Praxis der Nächstenliebe

K. Rahner hat an der, Juden wie Christen heiligen, Einheit des Doppelgebotes von Gottes- und Nächstenliebe festgehalten. Es geht um eine Einheit in Unterschiedenheit. Natürlich unterscheiden sich die Liebe zu Gott und die zum anderen Menschen, aber im Vollzug hat das eine mit dem anderen unmittelbar zu tun. Ausgehend von Mt 25,31ff. betont Rahner, dass in jener Menschensohnrede das Verhalten Gott gegenüber an das Verhalten dem Nächsten gegenüber gebunden wird: Was ihr dem geringsten meiner Brüder getan habt, habt ihr mir getan. Im Akt der Nächstenliebe gehorcht das Subjekt einem Imperativ Gottes, der den ganzen Menschen beansprucht und in die Stunde seiner Berufung stellt.[53] In diesem Akt allein erreicht der Mensch die ganze Wirklichkeit und erfährt er Gott unmittelbar. Die ethische Bedeutung der Nähe Gottes zeigt sich auch in der Beschreibung der transzendentalen Erfahrung der Selbstmitteilung Gottes. Denn die Erfahrung der Gnade kann man nur suchen, indem man sich vergisst, man kann sie nur finden, wenn man Gott sucht und sich ihm selbstvergessen in Liebe hingibt, ohne zu sich zurückzukehren.[54] Wenn Rahner Beispiele für diese Erfahrung der Gnade beschreibt, dann gehen alle in diese Richtung, dann zeigen alle das Moment der Verfügtheit durch Gott, der ethischen Beanspruchung, der in Glaube, Liebe und Hoffnung entsprochen werden kann und die eine individuelle Berufung aufgrund der Erfahrung des Hl. Geistes bedeutet.[55]

In der Innerlichkeit des Gewissens trifft jeden Menschen, der im Raum der durch die Inkarnation affizierten Geschichte steht, anonym oder explizit der Ruf Jesu Christi an unsere Freiheit als Ruf zur Nachfolge.[56] Erst im Blick auf Jesus Christus und im Hören seines Wortes wird uns klar, was wir immer schon sind: diejenigen, deren Sinn und Grund das Leben des menschgewordenen Logos ist. Diese Nachfolge vollzieht sich im Hl. Geist als Geist Jesu Christi.[57]

---

53 Vgl. K. Rahner, *Theologie der Freiheit*, in: Ders., Schriften VI, Zürich 1965, 215-237, 229.

54 Vgl. K. Rahner, *Über die Erfahrung der Gnade*, in: Ders., Schriften III, Zürich 1959, 105-109, 109.

55 Vgl. K. Rahner, *Erfahrung des Geistes*, Freiburg 1977, 42-45.

56 Vgl. K. Rahner, *Betrachtungen*, 119.

57 Vgl. K. Rahner, *Betrachtungen*, 122.

Der Ruf Christi ruft in eine unvertretbare Entscheidung, in der jeder seine ganz eigene Weise der Nachfolge finden muss. Das aber bedeutet: „Hören des individuellen Imperativs Gottes, der mich gerade in meine Situation gestellt hat, damit ich ihr gemäß das Leben Christi fortführe; die sich unterordnende Liebe, die auch den persönlichsten Aufbruch des Eigenen nicht selbstherrlich von sich aus entwerfen, sondern auch den noch aus der Hand Gottes entgegennehmen will; näherhin Gefolgschaft gegen Christus, der mir im konkreten Gegenüber des Du in inappelabler Freiheit den Platz in seiner Nachfolge anweist.“[58]

Das Wagnis, sich dem Imperativ Gottes zu stellen, ist von jener Herrlichkeit gekennzeichnet, die für die Unverfügbarkeit und Unbegreiflichkeit Gottes und des Menschen steht. Jetzt schon hören wir Gottes Wort, aber wir schauen in Rätselbildern. Wir müssen entscheiden, ohne die Schau des Wissens zu besitzen. Erst im Eschaton werden wir die Herrlichkeit Gottes schauen. Aber schon jetzt müssen wir handeln auf Hoffnung hin. Der Vollzug der Hoffnung lebt von der Nähe der Herrlichkeit des zu uns sprechenden Gottes in der Zeit, die in der Spannung von „schon jetzt“ und „noch nicht“ gegeben ist. Das hebräische Wort „kawod“, das wir mit „Herrlichkeit“ übersetzen, bedeutet Last oder Schwere. Lévinas spricht von der Last der Verantwortung für den Anderen, die wir tragen. Rahners' Sprechen von der Herrlichkeit scheint mir nahe an diesem Verständnis zu liegen. Nicht die Verbindung zum Sehen oder zur Schönheit, sondern die Bindung an den Nächsten und an das Wort Gottes, das mich auf einzigartige Weise beruft, spiegelt die Herrlichkeit Gottes in der Zeit wider. Das Sehen bleibt dem Eschaton und der Ewigkeit vorbehalten. Die unbegreifliche und unverfügbare Herrlichkeit Gottes steht dafür, dass wir nicht über Gott verfügen können und das Wagnis des Glaubens, der Hoffnung und der Liebe in unvertretbarer und unverfügbarer Einzigkeit gefragt ist. Wer in der Zeit das Antlitz Jesu Christi, der das ewige Abbild der Herrlichkeit des Vaters ist, erblickt, der wird in die Nachfolge gestellt. Was Joseph Ratzinger formuliert, kann analog für Karl Rahner gelten: „Sehen ist Gehen, ist Unterwegssein unserer ganzen Existenz auf den lebendigen Gott zu ...“[59]

---

[58] K. Rahner, *Betrachtungen*, 123.

[59] J. Ratzinger, *Unterwegs zu Jesus Christus*, Augsburg 2003, 25.

Der herrliche Gott

Hans Urs von Balthasars „theologische Ästhetik“

Werner Löser SJ

Kein halbes Jahrhundert ist vergangen, seitdem im Raum der katholischen Theologie ein Werk zu erscheinen begann, das gewohnte Maße in vielfacher Weise sprengt: bezüglich des äußeren Umfangs ebenso wie bezüglich seines inneren Gefüges. Es passt in kein überliefertes Schema, sondern entfaltet sich aus ursprünglichen Einsichten. Gemeint ist die theologische Trilogie „Theoästhetik“ – „Theodramatik“ – „Theologik“, deren Grundgedanken von Balthasar 1987 in einem „Epilog“ noch einmal zusammenfasste. Mit dem ersten von insgesamt 13 Bänden überraschte Hans Urs von Balthasar seine Adressaten im Jahre 1960. Ein knappes Vierteljahrhundert später legte er den letzten der Bände vor. Die fünf Bände, die den ersten Teil der Trilogie ausmachen, tragen den auffallenden Titel „Herrlichkeit“. Der Untertitel lautet „Eine theologische Ästhetik“. Es handelt sich um einen Beitrag zum philosophischen und theologischen Gespräch, der sich in Ansatz und Durchführung auf ungewohnten Wegen bewegt. Sein Thema, in der denkbar knappsten Zusammenfassung, lautet: Gott in seiner Herrlichkeit. Es ist der Gott der Bibel, dessen Herrlichkeit – kabod, δόξα, gloria – erschienen ist. Gottes Herrlichkeit offenbart sich in seiner Geschichte mit seiner Welt. Von Balthasar lässt uns an seinem Blick auf diese Geschichte teilhaben. Es war ein Blick, der eine innere Formung aus seiner Aufmerksamkeit für diese Geschichte erhalten hat; und doch blieb er zugleich sein ganz persönlicher Blick, der seine Eigenart aus seinen Begabungen, seinen Begegnungen und seinen Überlegungen bezogen hatte.

I. Frühe Impulse

Einige Motive, die von Balthasars Wahrnehmung und dann Darstellung der Herrlichkeit Gottes prägen, eigneten sich ihm zu, lange bevor er seine „theologische Ästhetik“ abfasste. Nur drei, die in sie eingehen werden, seien erwähnt.

a) Freude am Schönen

Der Sinn für das Schöne erwachte in von Balthasar schon in frühen Jahren und entfaltete sich im Laufe seines Lebens zunehmend. Das Schöne zeigte sich ihm vor allem in den Werken der Musik und der Dichtung. Man weiß, dass er mit Begeisterung Klavier spielte und Bücher der Dichter las. Was er dabei empfand und entdeckte, hat er bisweilen in eigenen Texten mitgeteilt. Das erste kleine Buch, das er – 20-jährig – veröffentlichte, trägt den Titel „Die Entwicklung der musikalischen Idee. Versuch einer Synthese der Musik“[1]. 1927 folgten zwei Aufsätze zum Thema Kunst: „Kunst und Religion“[2] sowie „Katholische Religion und Kunst“[3]. Nicht lange danach äußerte er sich zu einer Aufführung von Bachs „Die Kunst der Fuge“[4]. 1932 schrieb er über „Rilke und die religiöse Dichtung“[5]. 1939 erscheinen die kongenialen Übersetzungen der „Fünf großen Oden“[6] Paul Claudels und seines Weltspiels „Der seidene Schuh“[7]. Die Reihe der Veröffentlichungen von Balthasars zu Themen der Musik und der Dichtung könnte leicht fortgesetzt werden. Die vielen Begegnungen mit dem Schönen, wie es sie in Ton und Text, aber nicht nur dort, zu erleben gibt, haben ihn für die Einsicht in die Wahrheit des metaphysischen Satzes, das Seiende, sofern es ist, sei schön – *ens qua ens est pulchrum* – vorbereitet. Dabei war es ihm wohl bewusst, dass eine solche Aussage angesichts des Übermaßes an Hässlichem und Üblem in unserer Welt alles andere als selbstverständlich ist und folglich einer eigenen Erörterung bedarf.

---

1 Braunschweig 1925; Neuausgabe zus. mit „Bekenntnis zu Mozart“ = Studienausgabe der frühen Schriften, Bd. 1, Einsiedeln 1998.

2 in: Volkswohl (Wien) 18, 1927, 354-365.

3 in: Schweizerische Rundschau 27, 1927, 44-54.

4 in: Schweizerische Rundschau 28, 1928, 84-87.

5 in: Stimmen der Zeit 124, 1932, 183-192.

6 Freiburg 1939.

7 Salzburg 1939, danach mehrere weitere Auflagen in anderen Verlagen.

b) Ja zur Welt

Während seiner Germanistik-Studien ließ sich der junge von Balthasar vor allem durch Romano Guardini sowohl auf Sören Kierkegaard als auch auf Friedrich Nietzsche hinweisen. Dabei wuchs ihm eine Einsicht zu, die fortan sein Denken aufs tiefste prägen sollte: Nur eine solche Beziehung des Menschen zu Gott ist im Recht, die ein aufrichtiges Ja zur endlichen Welt nicht nur nicht behindert, sondern sogar erst eröffnet und dann trägt. Als von Balthasar 1931 bis 1933 in Pullach bei München die im Rahmen der jesuitischen Ordensausbildung angebotenen Kurse in neuscholastischer Philosophie absolvierte, stieß er auf ein Denken, das in der Tradition des suarezianischen Denkens diesem Maßstab nur ungenügend entsprach. In dieser Situation erlebte er die Gespräche mit Erich Przywara als befreiend. Dieser führte ihn in ein Konzept von Philosophie ein, das sowohl die Transzendenz Gottes als auch die Positivität der Welt zu denken erlaubte. Im Zentrum dieser Philosophie stand eine Metaphysik, die als Lehre von der „analogia entis“ bekannt geworden und geblieben ist. Diese Philosophie der „analogia entis“, so lernte von Balthasar bei Przywara, ist als Metaphysik des Endlichen, das auf das transzendente Göttliche verweist, so grundlegend, dass sie von einer Theologie der Offenbarung nicht nur nicht außer Kraft gesetzt, sondern vorausgesetzt und bestätigt wird. Zur metaphysischen Erschließung des Endlichen gehört in dieser Philosophie die Annahme einer realen Unterscheidung zwischen dem Sein und dem Wesen, dem Dasein und dem Sosein, und noch einmal anders gesagt: zwischen dem Actus essendi und der Essentia, wie sie schon von Thomas von Aquin vertreten worden war. 1933, gleich nach dem Ende seiner Pullacher Studien, fasste von Balthasar im Aufsatz „Die Metaphysik Erich Przywaras“[8] zusammen, was er in seinen Gesprächen mit dem älteren Mitbruder gelernt hatte. Da finden sich Sätze wie *„Jedes Endliche ist in seinem Sein ‚gespannt‘: sein Wesen hat eine Notwendigkeit, die sein Dasein nicht hat, Wesen und Existenz sind in ihm nur ‚faktisch‘, nicht ‚wesenhaft‘ eins;“*[9] *„Sosein – in – über – Dasein. Das ist ... die Formel eines wesentlich dynamischen, zuinnerst werdenden, auf-sich-zu und über-sich-hinaus gehenden*

---

8 in: Schweizer Rundschau 33, 1933, 489-499.

9 ebd. 496.

Seins.“[10] Was sich solcherart an metaphysischen Einsichten ergab, hat von Balthasar zeit seines Lebens begleitet und beschäftigt. Es gehörte fortan zu den Grundlagen seines Denkens. Es prägte auch die Ansatz- und Richtungsentscheidungen bei der Konzeption der späteren Entwürfe. Die Grundideen der theologischen Trilogie sind ohne ihre Bezüge zur Analogia-entis-Metaphysik und ihrer Entfaltung in eine entsprechende Lehre von den transzendentalen Bestimmungen des Seins undenkbar.

c) Gott und Herrlichkeit

Schon in den 30er Jahren erwachte Hans Urs von Balthasars Interesse an Karl Barth und seiner Theologie. In den 40er Jahren, in denen er als Studentenpfarrer in Basel tätig war, gab es zahlreiche Kontakte zwischen beiden. Und sie reichten auch in die späteren Jahre hinein. Auf welche Art sie sich abspielten, wurde in jüngster Zeit mehrfach dargestellt.[11] Es waren vielfältige Themen, die die beiden Basler Theologen schiedlich-friedlich miteinander erörtert haben. Im Zentrum stand das Ringen um das Verständnis der Aussage, Gott und Welt seien im Sinn der Analogielehre aufeinander bezogen. Dabei beharrten beide nicht auf ihren Ausgangspositionen, sondern bewegten sich aufeinander zu. Von Balthasar präzisierte seine analogia-entis-Lehre zu einer analogia-libertatis-Lehre. Barth griff den analogia-Begriff auf und qualifizierte ihn als analogia-fidei.[12] Auf dem Hintergrund dieser Grundlagendiskussio-

---

10 ebd. 496.

11 H.-A. Drewes/K. Barth und H. U. v. Balthasar, *ein Basler Zwiegespräch*, in: M. Striet/J. H. Tück (Hg.), Die Kunst Gottes verstehen. Hans Urs von Balthasars theologische Provokationen, Freiburg 2005, 367-383; M. Bieler, *Die kleine Drehung. Hans Urs von Balthasar und Karl Barth im Gespräch*, in: W. Kard. Kasper (Hg.), Logik der Liebe und Herrlichkeit Gottes. Hans Urs von Balthasar im Gespräch, Ostfildern 2006, 318-338; B. Rordorf, *Hans Urs von Balthasar en dialogue avec Karl Barth*, in: Chrétiens dans la société actuelle. L' apport de Hans Urs von Balthasar = Actes du colloque international du Centenaire, Lyon 17./18. novembre 2005, Paris 2006, 305- 316; W. W. Müller (Hg.), *Karl Barth – Hans Urs von Balthasar. Eine theologische Zwiesprache*, Zürich 2006 (mit Beiträgen von Wolfgang W. Müller, Thomas Krenski, Werner Löser, Martin Bieler, Dorothea Sattler, Gottfried Wilhelm Locher, Béatrice Acklin Zimmermann).

12 Vgl. W. Löser, *Von Balthasars Karl-Barth-Buch – eine theologische Würdigung*, in: W. W. Müller, 71-96.

nen zeichnete sich ein Thema besonders ab: Gottes Herrlichkeit. Barth legte dazu 1940 in „Kirchliche Dogmatik“ II/1 einen bedeutenden Text vor, den von Balthasar mit lebhaftem Interesse zur Kenntnis nahm, den § 31. Das ist wohl der tiefere Sinn einer Notiz, die sich in Karl Barths Brief an seinen Sohn Christoph vom 31. Mai 1941 findet. Der Vater berichtete dem Sohn von dem Seminar, das er im Sommersemester 1941 über die Sakramentenlehre des Konzils von Trient hielt. Von Balthasar nehme daran teil, erstaunlicherweise ohne einen bedeutenden Einspruch gegen seine Ausführungen zu erheben. Dies erkläre er sich so: *„Vielleicht hat er dazu etwas zu viel in meiner Dogmatik gelesen (er schleppt insbesondere II/1 in seiner Mappe herum wie eine Katze ihr Junges.“* Karl Barth hatte in diesem Band „die Lehre von Gott“ vorgelegt. Der ausführliche Schlussabschnitt enthält eine groß angelegte Darlegung über Gottes Ewigkeit und Herrlichkeit.[13] Man wird kaum fehlgehen, wenn man annimmt, dass sich von Balthasar gerade durch diesen Abschnitt besonders angesprochen und angeregt gefühlt hat. Es fällt auf, dass er ihn später in seiner eigenen theologischen Ästhetik mehrfach nachdrücklich gewürdigt hat.[14]

In dem besagten § 31 der „Kirchlichen Dogmatik“ ging es um eine lange Erörterung der Eigenschaft Gottes, die man seine „Ewigkeit“ nennt. Barth bestimmt Gottes Ewigkeit nicht durch die Negation der Zeit, sofern sie eine Dimension der endlichen Welt in der Mannigfaltigkeit ihrer Erscheinungen ist, sondern von Gottes Zeithaben für seine Welt her. Diese Ewigkeit Gottes legt sich, so wird in der Folge dargestellt, als seine Herrlichkeit aus. *„Gott hat und ist Herrlichkeit. ... Gott dauert in Herrlichkeit. Ewig ist nicht sein Sein als solches, sein bloßes abstraktes Sein – ein solches hat er überhaupt nicht, sondern ewig ist sein Sein in Herrlichkeit.“*[15] Der biblische Begriff, in dem dieses Sein in Herrlichkeit zur Sprache gebracht wird, ist δόξα. Dass Gott herrlich ist und in seiner Schönheit erscheint, hängt zutiefst mit einigen Zügen christlicher Gotteserkenntnis zusammen: Gott tritt hervor in seinem in sich einigen Wesen; Gott offenbart sich als der dreieine; Gott tritt in unsere Geschichte in der Inkarnation des Wortes Gottes. Karl Barth scheut sich nicht, den herrlichen Gott auch als einen Gott zu bezeichnen,

---

13 KD II/1, 685-764.

14 Bes. in *„Herrlichkeit I“*, Einsiedeln 1960, 49-53; *„Herrlichkeit III/2“*, 1969, 18-21.

15 KD II/1, 722.

dessen Wesen schön ist. *„Gottes Wesen spricht in seiner Offenbarung selbst für seine Schönheit.“*[16] Es kennzeichnet die Gloria Dei, dass sie die Menschen ermächtigt und bewegt, Akte der Glorificatio Dei zu setzen. Der Gott des Evangeliums sei schön – diese dem Glauben geschenkte Einsicht hat von Balthasar zeit seines Lebens nie mehr losgelassen. Über die Frage, unter welchen philosophischen und theologischen Bedingungen sie vertreten werden könne, sollte er immer wieder nachdenken, wobei sich dann auch Akzente ergaben, die über das von Karl Barth Übernommene wesentlich hinausgingen.

II. Philosophie und Theologie

Von Balthasars ganzes Bemühen richtete sich in den Jahrzehnten, die auf die Phase der Weichenstellungen und Grundausrichtungen folgten, darauf, ein Konzept von Philosophie und Theologie zu entdecken und zu entfalten, in dem die genannten Impulse als in eine innere Einheit gefügt erscheinen würden. Das Werk, das als die Frucht solchen Sinnens und Trachtens zu verstehen ist, ist seine Trilogie. Was in von Balthasars Denken „Herrlichkeit“ bedeutet, lässt sich am besten nachvollziehen, wenn man ihren Begriff von den philosophischen und theologischen Grundentscheidungen her zu erschließen versucht, die diese Trilogie ausmachen.

a) Theologie nicht ohne Philosophie

Barth hatte von Gottes Herrlichkeit nur im Rahmen seiner Offenbarungstheologie zu sprechen gewagt. Von Balthasar schloss sich ihm an – freilich unter der alles modifizierenden Bedingung, dass diese Offenbarungstheologie in einer sorgfältig zu begründenden Weise mit der Philosophie oder der Metaphysik als der Wissenschaft vom Sein und vom Seienden verbunden würde.[17] *„Die exakt-theologische Aufgabe, von der Herrlichkeit der christlichen Offenbarung zu handeln, ist ... nicht lösbar ohne ständiges Mitbe-*

---

16 KD II/1, 741.

17 H I, 31 f; 49-53; H III 2/2, 18-21.

denken von Metaphysik“[18]; denn ernsthaft Theologe kann nur sein, wer auch, ja zuvor Philosoph ist.[19] In solchen programmatischen Aussagen zeigte von Balthasar an, dass er die Einsichten zur Philosophie, die ihm in seinen Gesprächen vornehmlich mit Przywara und in der Aufmerksamkeit auf das Denken Thomas´ von Aquin geschenkt worden waren, in sein theologisches Denken zu übernehmen willens war. Ein erster Hinweis auf die Ernsthaftigkeit dieses Anliegens kann darin gesehen werden, dass zu den drei Teilen der Trilogie ein der Philosophie geltender Band gehört, mit dem die den theologischen Erörterungen geltenden Bände systematisch verzahnt sind. Der mehrere Teilbände umfassende III. Teil der „theologischen Ästhetik“ setzt mit einer ausgiebigen Erinnerung an die den „Raum der Metaphysik“ besiedelnden Dichter und Denker und ihre Werke ein.[20] Die „theologische Dramatik“ beginnt mit „Prolegomena“, in denen unter anderem die Welt und die Geschichte des Theaters, auf dessen Bühne sich der Mensch in den Vollzügen seiner Existenz darstellt, vorgeführt werden.[21] Und der Auftaktband der „theologischen Logik“ weist sich aus mit dem Titel „Wahrheit der Welt“.[22] Die der Philosophie geltenden Bände sind im Aufbau der Trilogie mehr als nur beiläufige Ergänzungen zu den die Theologie darbietenden Bänden. Dass es sie gibt, entspricht vielmehr selbst dem Welt-, Menschen-, Gottesbild, um dessen Erörterung es im Ganzen der Trilogie geht. Dazu kommt, dass von Balthasar die Geschichte Gottes mit seiner Schöpfung nur so darzustellen vermag, dass er auch die eigenen Anteile des geschöpflichen Partners Gottes, also des Menschen in Gottes Schöpfung, beleuchtet.

Zur Theologie von Balthasars gehört also ihr wesentlicher Bezug zur Philosophie. Dem hier fälligen Einspruch Barths Rechnung tragend, ist er jedoch darauf bedacht, die Theologie nicht einfach im Sinne einer Überhöhung oder Vertiefung oder Ergänzung der Philosophie zu konzipieren. Die Philosophie, wie von Balthasar sie darlegt, ist und bleibt aus sich unvollendbar, verweist aber gerade darin auf eine Vollendung, die sich dann als Theologie darstellt, deren

18 H III/ 1, 14.

19 TL I, VIII.

20 H III/ 1: Herrlichkeit, Dritter Band/Erster Teil: Im Raum der Metaphysik.

21 TD I: Theodramatik. Prolegomena.

22 TL I.

Möglichkeit und deren Inhaltlichkeit sich jedoch aus Gottes freier Offenbarung und Selbstmitteilung ergeben.

Dieser Gott lässt vor seiner Welt seine δόξα, seine Herrlichkeit, aufgehen und erweist sich darin als der „herrliche Gott". Dieser theologische Begriff hat in der Metaphysik seine Entsprechung im Begriff der „Schönheit". Will man die Gehalte dieser aufeinander bezogenen Begriffe ausloten, so hat man – im Sinne von Balthasars – eine Metaphysik zu entwickeln und eine Theologie zu entfalten, in denen das „Schöne" und das „Herrliche" ihre jeweils eigenständige und unabdingbare Bedeutung haben.

b) Metaphysik als „Wissenschaft vom Sein des Seienden"

Die Theologie setzt, damit sie sie selbst sein und dann auch den Sinn von „Herrlichkeit" erfassen kann, eine Philosophie voraus, die sich als Philosophie auf die der natürlichen Vernunft zugänglichen Bereiche der Wirklichkeit beschränkt. Die Philosophie, wie von Balthasar sie in seinem Werk entfaltet, ist gleichwohl in der Wahl ihrer Themen und in der Art ihrer Durchführung dadurch mitgeprägt, dass sich die von ihr durchdachten Wirklichkeiten in ihrem wahren Sinn de facto erst dem christlich Glaubenden zeigen, was aber der Eigenständigkeit der Philosophie keinen Abbruch tut. Immer wieder bezieht sich von Balthasar auf Romano Guardini, wenn er dieses Verständnis von Philosophie erläutert. So zitiert er einmal Guardini mit dem Satz: *„Es gibt Wirklichkeiten, die an sich zur ‚Welt', zum Ganzen des unmittelbaren Daseins gehören und also durch geklärte und vertiefte Erfahrung sollten erfasst werden können, faktisch aber erst dann erfasst werden, wenn sie von den entsprechenden Wirklichkeiten der Offenbarung übergriffen sind."*[23] Sie trägt durchgehend die Bezeichnung „Metaphysik", wobei diese als die „Wissenschaft vom Sein des Seienden" bestimmt wird.[24] Einige Motive sind für sie kennzeichnend:

Motiv 1: Ein erstes, grundlegendes Motiv dieser Metaphysik ist die Lehre von der Realdifferenz von Sein und Wesen, von Dasein und Sosein. Das Sein meint die Dimension des Wirklichseins im

---

23 in ThL II, 89. Der Guardini-Text steht ursprünglich in „Welt und Person", Würzburg 1952, 67; vgl. auch H I, 152, Fußnote 152; Epilog 37.

24 H III/1, 21.

Unterschied zum Möglichsein. Das Sein als Wirklichsein tritt im konkret Seienden, dessen Konturen sein Wesen, seine Essentia, sind, hervor. Das Wesen „erlaubt" es dem Sein, konkret hervorzutreten. Umgekehrt „gibt" das Sein dem Wesen sein Eintreten in den Raum des Wirklichen. Das Sein und das Wesen sind auf je ihre Weise aufeinander angewiesen. Das Sein „bedarf" seiner Auslegung im Seienden, das Wesen „bedarf" seiner Verwirklichung durch das Sein.

Motiv 2: Ein zweites Motiv dieser Metaphysik liegt im Hinweis auf den analogen Charakter des Endlichen. Dass es dazu kommt, dass einem Wesen die Verwirklichung im Sein zuteil wird und dass das Sein konkret hervortreten kann, ist bedingt und lässt auf einen „Grund" schließen, der in der Philosophie gewöhnlich als „principium et finis mundi" bezeichnet wird. Er ist der Gott der Philosophie. In einer stark formalisierten Wendung hatte Przywara die Lehre vom analogen Charakter alles Endlichen und von dem von ihm her erschlossenen Anderssein Gottes einmal so zusammengefasst: *„Sosein in-über Dasein. In* dieser *Form ist das Geschöpfliche die ‚Analogie' Gottes. Es ist Gott ähnlich durch das Gemeinsame einer Einheit von Sosein und Dasein, aber es ist in eben dieser Ähnlichkeit Gott wesentlich unähnlich, weil Gottes Einheitsform von Sosein und Dasein* ‚Wesensidentität' *ist, des Geschöpfes Einheitsform aber* ‚Spannungseinheit'."[25] Wie es Przywara in seiner Weise immer wieder getan hat – wovon vor allem seine religionsphilosophischen Schriften einen Eindruck vermitteln –, so hat auch von Balthasar immer wieder auf Phänomene hingewiesen, in denen sich im Bereich des Geschöpflichen die Unterschiedenheit von Sein und Wesen, von Dasein und Sosein anzeigt. Besonders nachdrücklich hat er es im abschließenden Teil von Herrlichkeit III/1[26] und im II. Teil des „Epilogs" getan.[27] Man könnte von daher sagen: Es lag von Balthasar daran, die Lehre von der Analogie des Seins anschaulich werden zu lassen. Ein mehrfach entfaltetes Beispiel ist der

25 E. Przywara, *Religionsphilosophie katholischer Theologie (1926)*, in: Religionsphilosophische Schriften (= Schriften II), Einsiedeln 1962, 371-511,hier 403.

26 H III/1, 943-957.

27 Einsiedeln 1987, 35-45.

Hinweis auf das, was sich ereignet, wenn ein Kind zum geistigen Bewusstsein erweckt wird.[28]

Motiv 3: Ein drittes Motiv lenkt den Blick auf eine erste „transzendentale Bestimmung" des Seins: die Einheit, verstanden im Sinne des alten Axioms „ens et unum convertuntur". Wenn von Balthasar darüber handelt, betont er eine „innere Polarität" in allem, was ist.[29] Polar aufeinander bezogen sind die Extravertiertheit und die Introvertiertheit alles Wirklichen. Alles, was ist, ist bei sich und in sich und gleichzeitig außer sich. Dies ist eine Folge des Eingelassenseins alles Seienden ins gemeinsame Wirklichsein. Alles, was wirklich ist, ist dadurch, dass sich in einem Sosein, einer Essentia, das Dasein, das Esse, konkret vorstellt und dass, umgekehrt, ein Wesen dem Sein ein bestimmtes Hervortreten erlaubt. Alles, was ist, ist zusammen mit anderem. Es gehört zusammen, verweist aufeinander. So ist, was ist, immer auch außer sich beim anderen. Doch verliert sich das, was so beim anderen ist, nicht, indem es sich etwa nach außen ergösse und so schließlich entleert wäre. Das Sich-Äußern geht vielmehr wesentlich damit einher, dass es ein Sich-Gewinnen, ein Sich-Innern, gibt. Es ist das Innere, das sich äußert, und im sich Äußernden erscheint das Innen. Das Sein, dessen Innen nach außen tritt, äußert sich nicht als solches, sondern bedarf der Form, in der es geschieht. Das Wesen trägt diese Form bei. Das Sich-Äußern eines Innen ereignet sich auf allen Stufen der Wirklichkeit, auf der Stufe der nur materiellen Dinge, auf der Stufe der belebten Natur, der Tierwelt, schließlich auf der Stufe des menschlichen Lebens. Auf eigene, nämlich göttliche Weise ist es auch für Gott, den Ursprung und das Ziel der Welt, anzunehmen. Das Miteinander von Sich-Innern und Sich-Äußern ist eine durchgehende Struktur alles Wirklichen und eine Folge davon, dass alles, was ist, auf die Weise seines So da ist. Dies ist gemeint, wenn in der Metaphysik von der Einheit als der ersten transzendentalen Bestimmung des Seins gesprochen wird.

Motiv 4: Das vierte Motiv der Metaphysik ist die Thematisierung der drei anderen transzendentalen Bestimmungen des Seins: pulchrum, bonum, verum.

---

[28] z.B. in H III/1, 945 f.; auch *„Bewegung zu Gott"*, in: Spiritus Creator (= Skizzen zur Theologie III), Einsiedeln 1967, 13-50, hier: 13f.

[29] Epilog 43 f.

Die Einheit alles Wirklichen stellt sich, so von Balthasar und wie schon gezeigt wurde, in der „Mitteilsamkeit“ des Geheimnisses, das allem innewohnt, dar. Dies entfaltet sich in die transzendentalen Bestimmungen der Schönheit, der Gutheit und der Wahrheit. Das Sein, das sich zeigt, ist das Schöne. Das Sein, das sich gibt, ist das Gute. Das Sein, das sich sagt, ist das Wahre. So benennt von Balthasar den jeweiligen Gehalt der drei transzendentalen Bestimmungen des Seins im „Epilog“ zur Trilogie.[30]

Was immer wirklich ist, zeigt sich und erscheint und ist schön und so ruft es das Staunen hervor. Das gilt zunächst im weltlichen Bereich, aber es lässt eine erste Ahnung von der Schönheit Gottes, von seiner „Herrlichkeit“ aufkommen.[31] Was auch immer wirklich ist, teilt sich auch mit, indem es sich gibt. Es ist damit als das Gute anstrebbar. Es ruft aber auch das Gegenüber auf, sich ihm zu öffnen und von ihm beschenken und verwandeln zu lassen. Dies alles ereignet sich auf den verschiedenen Stufen des weltlich-Wirklichen. Darin liegt aber auch schon eine Vorschattung dessen, was schließlich das Sich-Geben Gottes sein wird.[32] Was das Sich-Sagen meint, tritt am deutlichsten dort hervor, wo das Wirkliche sich im gesprochenen Wort äußern kann. So teilt sich in Freiheit ein Innen mit.[33]

Motiv 5: Ein fünftes Motiv betrifft die Unvollendbarkeit der Metaphysik und die darin liegende Spur, die auf einen freien und aus Liebe handelnden Gott der Schöpfung und der Vollendung weist. Der Ansatz zu den Erörterungen über diese Fragen liegt in der metaphysischen Urfrage nach dem Warum und Wozu des Wirklichen: „*Warum ist überhaupt etwas und nicht lieber Nichts? Diese Frage wird von keiner ‚Wissenschaft‘ ernstlich gestellt, weil Wissenschaft ihren Gegenstand immer schon als ihr gegenstehend und zustehend voraussetzt. Sie wird aber auch nur selten thematisch von der Philosophie gesichtet, oder wird, wenn gesichtet, nicht durchgehalten, sofern Philosophie entweder nicht beim Verwundern ansetzt, sondern also gleich beim Beschreiben, oder, wenn beim Verwundern, dann sofort mit dem Drang, auf die*

30 z. B. Epilog, 45-66.
31 Epilog, 45-52.
32 Epilog, 52-58.
33 Epilog, 59-64.

verwunderliche Frage des Überhauptseins des Seins eine Antwort aus dem Bereich seines Soseins zu finden.“[34]

Die Frage nach dem Warum und Wozu alles endlich Wirklichen weist auf einen aus Freiheit handelnden Gott. Doch wie er ihn sich vorstellen könne, bleibt dem Menschen eine unbeantwortbare Frage. Dies ergibt sich nicht zuletzt daraus, dass wir Menschen das Sein und das Wesen je nur endlich kennen und aus dieser Kenntnis eine nicht-endliche Verwirklichung nicht ableiten können. *„Das Zusammendenken zweier Endlichkeiten ... ergibt nicht das Absolute, allerhöchstens weist es auf etwas über beidem Hinausliegendes hin, ohne davon eine Vorstellung vermitteln zu können.*“[35] Nur in einem dem Menschen nicht unvertrauten Phänomen: dem der aus der Freiheit stammenden dialogischen Miteinander, das sich schließlich als Liebe verwirklicht, kann sich eine hoffende Ahnung bilden, der letzte Grund dafür, dass es Etwas gibt und nicht Nichts, sei die unendliche Freiheit und Liebe. Von Balthasar formuliert: *„...soviel kann gesagt werden, daß in der zwischenmenschlichen Liebe ein im Ursprung waltendes Geheimnis sich vorschattet, da die Liebenden, in denen das umfassende Wirklichsein waltet, sich nie zueinander schließen, sondern in ihrer ... Fruchtbarkeit zum Urgeheimnis des Seins sich öffnen.*“[36] Doch ist durch diesen Hinweis auf einen solchen Grund das Wunder des sich mannigfaltig und tatsächlich in dieser Welt darstellenden Seins philosophisch noch nicht „aufgeklärt“. Hier weist die Philosophie in die Theologie hinüber; denn nur diese vermag darüber zu sprechen, dass das *principium et finis mundi* in Wahrheit ein lebendiger Gott ist, der durch göttliche Freiheit bestimmt ist und in ewiger Liebe lebt. Und diese göttliche Freiheit und Liebe erweist sich auch als der zureichende Grund für das Wirklichsein alles weltlich Seienden. Von Balthasar selbst hat diese Einsichten so zusammengefasst: *„Alle Denkbemühungen um die Erklärung der Existenz einer (kontingenten) Welt ‚neben‘ dem sich (definitionsgemäß) selbstbegnügenden Absoluten scheitern, wenn der Kosmos nicht das Produkt einer neidlos sich verströmenden Ur-Güte ist (Platon, Plotin), doch kann er durch keine Determinierung Gottes zur Wahl des bestmöglichen Weltmodells (Leibniz), sondern nur aus der grundlosen Freiheit seiner Liebe bedingt sein; wie aber dieser Gott die freie Liebe sein*

[34] H III/1/ 943.
[35] Epilog, 40.
[36] Epilog, 45.

kann, ohne des weltlichen Partners (Israels) zu bedürfen, wird alttestamentlich nie wirklich klar – daher die immer neuen Rebellionen des Menschen gegen diesen anscheinenden Widerspruch in seinem Gottesbild –; die letzte Trübung schwindet erst, wenn Gott in Jesus Christus sein innerstes Herz, seine dreieinige Liebe enthüllt, die ihn über alle Verklammerung mit der Welt erhebt, aber auch deren Existenz durch Aufnahme in den ewig strömenden Dialog der Liebe rechtfertigt. Wie es eine apriorische Einsicht ist, daß es außerhalb des Seins nur das Nichts geben kann, so ist es eine apriorische ‚Einsicht', daß über diese Rechtfertigung des Seins hinaus keine tiefere denkbar ist, die einerseits das Wesen Gottes und das der Welt (die analogia entis) nicht antastet, anderseits nichts zu deduzieren vermag, sondern alles in die grundlose Freiheit der Liebe hin offenhält. So geartet sind Argumente neutestamentlicher Theologie: sie verweisen auf eine unüberbietbare Stimmigkeit, *ohne die Artikulationen der Offenbarungsgestalt nach der Art menschlicher Logik durch ‚Notwendigkeiten' zu begründen.*"[37].

Von Balthasar betont immer wieder, dass in allem, was wirklich ist, alles ineinander gefügt ist: das Aufeinandergewiesensein von Sein und Wesen, Dasein und Sosein, die polare Einheit von Innen und Außen, von Geheimnis und Mitteilung, der im analogen Charakter alles Endlichen liegende Hinweis auf ein göttliches *principium et finis mundi*, also die *analogia entis*, und dann vor allem die aus der Analyse des endlich Wirklichen sich ergebende Ahnung, dass der absolute Grund von allem durch göttliche Freiheit und Liebe bestimmt sein müsse, schließlich die Entfaltung des Seins in seine transzendentalen Eigenschaften der Einheit, der Schönheit, der Gutheit, der Wahrheit. „*Aufgehoben muß im absolut Einen, Wahren, Guten und Schönen die alles Endliche durchwaltende Polarität sein: sowohl des Seins wie seiner Transzendentalien; ja die letzteren müssen auch untereinander so zusammenfallen, daß man sie zwar einzeln betrachtend hervorheben kann, doch so, dass man in jedem beide andern unvermindert mitfindet. Gottes Herrlichkeit ist seine Selbsthingabe, und diese wiederum ist seine Wahrheit. Dennoch hat diese Identität zur Voraussetzung, daß Gott – jenseits der höchsten Seinsform der Welt, des Geistseins – absoluter Geist und damit absolute sich selbst besitzende Freiheit*

37 H III/ 2/2, 14 f.

ist. Eine Freiheit, die sein ganzes Sein so durchwaltet, daß kein Rest von Sein dieser Freiheit vorausläge oder sich ihr entzöge. Nun aber gehört das Sich-zeigen-, Sich-schenken-, Sich-sagen-Können der endlichen Dinge nicht zu ihrer Not, sondern zu ihrer wesentlichen Seinsvollkommenheit; es muß deshalb im göttlichen Sein sein Urbild haben; welcher Art dieses ist, wird erst die Selbstoffenbarung Gottes und ihr Bedenken (als Theologie) auszusagen vermögen.“[38]

c) Die bewahrende Einbergung der Metaphysik in die Theologie

Die Metaphysik als Wissenschaft vom Sein des Seienden, wie von Balthasar sie, Anregungen des Thomas von Aquin ebenso wie Erich Przywaras (und anderer) aufgreifend, entwickelt hat, ist durch das bisher Dargelegte in ihren Grundzügen erkennbar geworden. Nicht in ihrer Verlängerung, wohl aber als ihre Entsprechung, die aus der freien Selbstmitteilung und Offenbarung des dreifaltigen Gottes stammt, hat von Balthasar in der Trilogie seine Theologie entfaltet und vorgelegt. Wenn „Gestalt“ ein zentraler Begriff einer Metaphysik des Schönen ist, so wird er seine Entsprechung in der christlichen Theologie der Offenbarung und Selbstmitteilung Gottes haben. Vergleichbares gilt für die anderen Transzendentalien. Der Begriff des „Spiels“, zentral in einer Metaphysik des Guten, hat seine Entsprechung in der christlichen Theologie: Die Geschichte Gottes mit seiner Schöpfung und dem Menschen als ihrer Zusammenfassung ist ein Drama, das aus der Begegnung der endlichen mit der unendlichen Freiheit entsteht und durch den Selbsteinsatz Gottes in Jesus Christus auf ein Gottes Schöpfungsintention zur Geltung bringendes Ende zuläuft. Der Begriff der „Sprache“ gehört ins Zentrum einer Metaphysik des Wahren. Die christliche Theologie denkt über Gottes Sein und Wirken nach und stößt darauf, dass diese eine Logik haben, „sprachlich“ verfasst sind und darum auch im Menschenwort, das Gottes Wort ist, sagbar ist.

Die erste und letzte Frage der Metaphysik, warum überhaupt etwas ist und nicht lieber nichts, ließe sich innerhalb der ihr gesetzten Grenzen nur um den Preis beantworten, dass man das

---

[38] Epilog, 65 f.

Staunen, mit dem alles Fragen anfängt, hinter sich ließe. Das Staunen aber und die Verwunderung entsprechen dem Wunder, das das Dasein der Menschen und der Dinge hervorruft. Es verweist auf eine Freiheit, die – letztlich aus Liebe – das, was ist, ins Sein gerufen hat. Welcher Art diese Freiheit ist, lässt sich nur sagen, wenn sie sich geoffenbart hat. Darüber nachzusinnen, ist Sache der Theologie. Diese Theologie hält die Fragen der Metaphysik offen, weil erst sie selbst sie im Licht der Offenbarung behandelt. *„Der Christ ist jener Mensch, der von Glaubens wegen philosophieren muß. Weil er an die absolute Liebe Gottes zur Welt glaubt, ist er gehalten, das Sein in seiner ontologischen Differenz als Verweis auf die Liebe zu lesen, und entsprechend dieser Weisung zu leben. Wie schon angedeutet, wird das Geheimnis des Überhauptseins des Seins für ihn nur noch tiefer, im umfassendsten Sinne fragwürdiger als für jeden sonst Philosophierenden. Denn jeder wird das Sein auf einen – wenn auch unbegriffenen – so doch in ihm vorausgesetzten Grund hin betrachten. Die Warum-Frage wird damit für ihn eine Was-Frage werden ... und damit offen (...) oder verborgen (...) doch zu einer Essentialisierung des Seins führen. Der Christ muß dem Sein eine letzte Nezessität absprechen und es damit in einer unerhörten Schwebe des Nichtseinmüssens belassen.... Der Christ bleibt Hüter jener metaphysischen Verwunderung, mit der die Philosophie beginnt und in deren Fortdauer sie west.“*[39]

Die Trilogie – Theoästhetik, Theodramatik, Theologik – ist von Balthasars Darstellung des Sich-Zeigens, Sich-Gebens, Sich-Sagens des christlichen Gottes. Es ist in allen Variationen die eine und selbe Offenbarung und Selbstmitteilung des freien und liebenden Gottes. Dass von Balthasar sein Werk im Rhythmus gerade dieser Aspekte entfaltet hat, hat seinen Grund in der metaphysischen Seins- und der ihr zugehörenden Transzendentalienlehre. Weil diese eine sie letztlich auch begründende Entsprechung in der Theologie hat, konnte er seinen theologischen Entwurf von ihr her strukturieren. Charakteristisch für von Balthasars Entwurf ist, dass seine Aussagen zur Theologie in ihrem unabdingbaren Bezug zur Metaphysik entfaltet werden. Das kommt nicht nur insofern zum Tragen, als jeder Teil der Trilogie einen eigenen der Metaphysik geltenden Band hat – „Herrlichkeit“ III/1, „Theodramatik“ I, „Theologik“ I –,

39 H III/ 1, 974.

sondern auch und vor allem dadurch, dass in jedem der Teile auch die Beiträge der Schöpfung und darin des Menschen zur Heilsgeschichte in ihrer eigenen, wenn auch endlichen Bedeutung zur Geltung kommen: in „Herrlichkeit“ ist es der Mensch, der die von Gott gesetzte Gestalt im Glauben sieht; in „Theodramatik“ ist es der Mensch, der mit seiner endlichen Freiheit in das von der unendlichen Freiheit angestoßene Schöpfungsspiel einbezogen ist; in „Theologik“ schließlich ist es der Mensch, der die inneren Linien der Geschichte Gottes mit seiner Schöpfung erfasst und in seiner Sprache nachgestaltet.

III. Transzendentale und theologische Ästhetik

Die transzendentale Bestimmung des „pulchrum“, so hat sich bisher gezeigt, duldet keine Abgrenzung gegen die anderen Bestimmungen des „bonum“ und des „verum“, sondern leuchtet nur zusammen mit diesen in ihrer Weite und Tiefe auf. Im Folgenden richtet sich der Blick ausschließlicher auf das Transzendentale „pulchrum“. Es geht um eine Nachzeichnung der Überlegungen von Balthasars zur transzendentalen und theologischen Ästhetik.

a) Das Schöne und das Herrliche – philosophisch und theologisch

Der Kernbegriff der philosophischen oder auch transzendentalen und der theologischen Ästhetik von Balthasars lautet „Herrlichkeit“. Er stammt aus dem alltäglichen Sprachgebrauch, ist aber auch in der Bibel und von da abgeleitet dann auch in der Sprache des Glaubens und des Gebets keineswegs unüblich. Er entspricht dem Begriff „Schönheit“, der im Rahmen der Reflexion über die transzendentalen Bestimmungen des Seins gebräuchlich ist. Von daher ist es verständlich, dass von Balthasar die um den Begriff des Schönen kreisende transzendentale Ästhetik mit der theologischen Ästhetik verbinden kann, die eher mit dem Begriff des Herrlichen umgeht.

In der Philosophie, so wurde schon dargelegt, wird erörtert, dass das Sein, das im Seienden vorkommt, schön ist, sofern es sich in dem, was es in sich ist, vor anderem zeigt. So ist es wahrnehmbar und so berührt und bewegt es die Menschen. Wenn in der Theologie von Gottes und seiner Werke Herrlichkeit zu sprechen ist, so ist das, was damit angezielt ist, nicht die bruchlose Ergänzung und Verlängerung der irdisch herrlichen und schönen Dinge und Ereignisse. Sosehr das irdisch Seiende und somit Schöne und Herrliche „nur" analog schön und herrlich ist und somit auf einen Grund verweist, von dem es herkommt und auf dessen Schönheit und Herrlichkeit es hinweist, bleibt gleichwohl wahr und wichtig, dass Gott seine Herrlichkeit in einer unableitbar neuen, göttlichen Weise offenbart.

Daraus ergibt sich die Art und Weise, wie die transzendentale und die theologische Ästhetik aufeinander zu beziehen sind. Von Balthasar stellt es so dar: *„Die Bibel ist voller Aussagen über Gottes Herrlichkeit, und der Stellen und Durchblicke sind weit mehr als den meisten Glaubenden bewußt ist: Herrlichkeit ist eine alldurchwirkende Grundaussage der Schrift: Gott selbst ist herrlich, er ist es in seinem Erscheinen, in seinem Wort und Gesetz, seiner Gnadenbotschaft und seinem Heilshandeln, darum auch in seiner Gründung, dem begnadeten Menschen, der wesenhaft ‚zum Lob der Herrlichkeit', εἰς ἔπαινον δόξης (Eph 1,6) ist, in seiner Kirche, im ganzen von seiner Glorie durchstrahlten Kosmos. Aber gerade diese Universalität der biblischen Glorie begegnet notwendig jener andern, von der Schöpfung her in der Welt vorfindlichen Universalität des menschlichen Geistes, der von sich aus auf das Sein alles Seienden verstehend offen ist, dieses auf seine übersteigenden (‚transzendentalen') Befindlichkeiten hin betrachtet, und – vielleicht – diesem Sein, auf seine letzte Abgründigkeit hin angesehen, das Prädikat des Majestätischen (Hans André), des Hehren, Hehrlichen (Heinrich Schlier) nicht absprechen kann. ... Die exakttheologische Aufgabe, von der Herrlichkeit der christlichen Offenbarung zu handeln, ist somit nicht lösbar ohne ständiges Mitbedenken von Metaphysik."*[40]

b) Gestalt – philosophisch und theologisch

In jeder Ästhetik kommt dem Begriff der „Gestalt" eine grundlegende Bedeutung zu. Weder das Schöne noch das Herrliche gehen in der Oberflächlichkeit des Scheins auf. Vielmehr ist es das in sich

---

40 H III/1, 13 f.

Wirkliche, das sich in seiner Gestalt, die sich aus der Essentia ergibt, zeigt. So gehören wesentlich zusammen der „Glanz von innen“ (splendor) und die Gestalt (species, forma). Gerade so vermag das Schöne/Herrliche wahrgenommen zu werden und gleichzeitig zu entrücken und zu entzücken. Dies gilt per analogiam für alles endlich und irdisch Wirkliche und für Gott und sein Werk.

Gestalt besagt eine begrenzte und gegliederte Ganzheit, der eine innere Stimmigkeit eigen ist. Das Licht alles Wirklichen tritt in seiner Gestalt in Erscheinung. Nur so kann es auch wahr- und ernstgenommen werden. Diese Kerngegebenheit der Ästhetik ist eine unmittelbare Folge der metaphysischen Konstitution alles Endlichen: dass das Sein in einem Wesen zu einem Seienden wird. In der Gestalt teilt sich ein Licht, ein Glanz mit. Es gehören zusammen die species und das lumen, die Gestalt und der Glanz. *„Erscheinende Gestalt ist nur schön, weil das Wohlgefallen, das sie erregt, im Sich-zeigen und Sich-schenken der Tiefenwahrheit und Tiefengutheit der Wirklichkeit selbst gründet, ...“*[41]

Was Gestalt meint, kommt auf allen Stufen des Wirklichen zum Tragen: schon die nur materiellen Dinge haben eine Gestalt. Steigend prägt es sich aus auf den Ebenen der pflanzlichen und der tierischen Welt und kommt im Raum der endlichen Welt zu seiner höchsten Verwirklichung im Menschen, der selbst Gestalt nicht nur ist, sondern in seiner Freiheit auch setzt. Von Balthasar hat seine Einsicht in die Begründung und Bedeutung der Kategorie „Gestalt“ schon in jungen Jahren gewonnen und immer wieder mit dem Einfluss Goethes auf sein Denken in Verbindung gebracht. So ist es auch kein Zufall, dass er gerade dort, wo er über die Kategorie der Gestalt handelt, immer wieder auch an Goethe erinnert, so vor allem da, wo er seine Überlegungen zu „Transzendentalität und Gestalt“ vorlegt – im Hinführungstext zu „Herrlichkeit – im Raum der Metaphysik“.[42] So kann er, beispielsweise, Goethe mit diesem Satz zitieren: *„Jedes existierende Ding hat ... sein Dasein in sich, und so auch die Übereinstimmung, nach der es existiert.“*[43] Motive aus verschiedenen Wissenschaften (Biologie, Zoologie, Psychologie, vor allem Philosophie) treten ergänzend und bestätigend zu den von Balthasarschen Einsichten hinzu.

---

41 H I ,111.

42 H III/ 1, 30-33.

43 Ebd. 31.

Die philosophischen Erörterungen zum Gestaltbegriff rühren nach von Balthasar schließlich an die Dimension des Religiösen, ja sie bleiben gültig auch im Raum der Theologie, wenn nur beim Überschritt in deren Bereich beachtet wird, dass das Unähnliche der Offenbarungsgestalt aller weltlichen Gestalt gegenüber größer ist als alles Ähnliche. Von Balthasar sagt es so: *„Je höher und reiner eine Gestalt, desto mehr bricht das Licht aus ihrer Tiefe hervor und desto mehr verweist sie auf das Lichtgeheimnis des Seins im ganzen. Religiös gesprochen: je geistiger und selbständiger ein Wesen ist, um so mehr weiß es in sich um Gott und um so klarer verweist es auf Gott. Es ist unmöglich, daß die biblische Offenbarung sich solchem Grundgesetz der Metaphysik entzieht, denn Gott handelt in menschlicher Geschichte, nimmt Menschengestalt an und gliedert sich durch seine Menschgestalt in der Kirche die Menschheit an. Somit bedient sich das absolute Sein, um sich in seiner unergründlichen personalen Tiefe kundzutun, der Weltgestalt in ihrer Doppelsprache: unaufhebbarer Endlichkeit der Einzelgestalt* und *unbedingtem, transzendierendem Verweis dieser Einzelgestalt auf das Sein im ganzen.*“[44] In einer eigenen Studie zum christlichen Gestaltverständnis[45] zeigt von Balthasar, dass das, was Gestalt im „Vorverständnis“ bedeutet, in den menschlichen „Gestalten“ am stärksten verwirklicht ist, die eine Aufgabe zugunsten anderer Menschen oder gar der menschlichen Gemeinschaft übernommen haben und erfüllen, wobei sie oft an ihre Grenzen stoßen oder gar tragisch scheitern, – was dann nicht bedeutet, ihr Wirken habe nicht eine wahre Fruchtbarkeit entfaltet.[46] Dramen griechischer Autoren oder auch Shakespeares und anderer Autoren stellen solche Gestalten auf die Bühne. Es zeigt sich, dass zwischen ihnen und der geglaubten Christusgestalt Analogien walten.

So hat von Balthasar, getragen durch den Glauben an Gottes Offenbarung und Selbstmitteilung, den Überstieg von einer philosophischen Ästhetik in eine theologische gewagt. Er hat ihn konkret durch die Übertragung des im Rahmen einer transzendentalen Ästhetik entwickelten Begriffs der „Gestalt“ in den Raum einer theologischen Ästhetik vollzogen.

---

44 H III/ 1, 32.

45 *Die christliche Gestalt*, in: Pneuma und Institution (= Skizzen zur Theologie IV), Einsiedeln 1974, 38-60.

46 ebd. 41-47.

c) Gestalt in der Zeit

Alles Endliche erstreckt sich aufgrund seiner Materialität in Raum und Zeit. Daraus ergibt sich, dass es, sofern es nur gestaltet sein kann, sowohl in einer Zeitgestalt als auch in einer Raumgestalt erscheint. Das aus der menschlichen Kreativität hervorgehende Kunstschöne stellt sich so dar, dass entweder die räumliche, dem Sehsinn zugeordnete, oder die zeitliche, dem Hörsinn entsprechende Gestaltetheit dominiert, ersteres in Bild und Bau, letzteres in Ton und Text. Da die Offenbarung und Selbstmitteilung Gottes in und als Geschichte ergehen, erscheint Gottes Herrlichkeit in einer Zeitgestalt: in dem einmaligen, analogielosen Mit- und Zueinander der Geschichte des Alten und des Neuen Bundes und – in dieses eingebettet – die Geschichte Jesu Christi, die miteinander Gottes Schöpfung zu einer Geschichte formen, die protologisch in ihre Ursprünge zurückweist und eschatologisch auf ihre Vollendung hofft. Von hierher ist es verständlich, dass von Balthasar im Drama als dem Kunstwerk, das sich in einer begrenzten Zeitgestalt entfaltet und das Miteinander von spielenden und ringenden Trägern von Rollen vorführt, das geeignetste Bild des Gottes Herrlichkeit offenbarenden Schöpfungs- und Vollendungsspiels sieht. Wo es um die gestaltete Zeit geht, haben auch die Kategorien des Ereignisses und des Kairos ihren Platz. Irenäus wurde von Balthasar in besonderer Weise ein Gewährsmann für die Erschließung des göttlichen Lebens und Wirkens als einer „zeithaften Kunst", – wie von Balthasar in seiner dem großen Theologen der frühen Kirche gewidmeten Studie darlegt – in „Herrlichkeit" II[47]. Von Balthasar fasst zusammen, nichts hindere, *„die einmalig von Gott in die Geschichte eingeschriebene Offenbarung – in der Weise wie Irenäus es tut – als ein gestalthaftes Kunstwerk zu betrachten, das gerade in seiner Hauptartikulation, im Übergang vom Alten zum Neuen Bund, von Verheißung zu Erfüllung, von Gesetz zu Evangelium, einmalig und allmalig unüberholbar Geschichte und Ereignis ist. Das Bewegte und zugleich endgültig Festgelegte einer begrenzten Gestalt, die auf das Absolute nicht nur verweist, sondern es zentral und vollgültig aussagt, stempelt die biblische Offenbarung zu einem menschlich unerreichbaren Kunstwerk Gottes.*"[48]

---

47 H II, 33-94, hier: 70-90.

48 H III/1, 34.

d) Gottes Herrlichkeit und das Kreuz

Widerlegt nicht das Übermaß an Leid, Schuld und Tod, die den Lauf der Welt und den Weg jedes Menschen durchkreuzen, jede Rede von der Schönheit alles Wirklichen und zumal von einem herrlichen Gott? Ist es überhaupt möglich, dem unbegreiflichen Dunklen innerhalb der als schön wahrgenommenen und bezeichneten Wirklichkeit einen Ort und ein Zeit zu lassen? Wäre es nicht möglich, so bräche eine Schönheitsmetaphysik und Herrlichkeitstheologie sogleich zusammen. Mag auch die ästhetische Theodizee früherer Autoren, die das Dunkel und das Licht in einem weiten Bild zusammenzusehen vermochten, eine Zeitlang befriedigen; letztlich tut sie es nicht. Erst die die Sünde und den Tod tragende Entäußerung des menschgewordenen Wortes Gottes in Kreuz und Hölle hinein enthält eine Antwort, sie konnte von uns Menschen nicht ersonnen werden. Gott selbst bietet sie uns an, indem er sie uns im Evangelium zuspricht. Die Dichter hatten bisweilen eine erste Ahnung von dem, was Gott in Offenbarung und Selbstmitteilung zu bieten vermochte. Von Balthasar spricht von einem „vollkommenen Gemälde", das auch die düsteren Seiten des Wirklichen umschließt: *„um der Gesamtschönheit willen ist Gott auch als Schöpfer einer solchen Welt gerechtfertigt. Als Sprache einer bloß zuschauend-genießenden Kontemplation, etwa vor dem Leiden der Welt, ist der Gedanke geschmacklos. Von christlichen Denkern zur Rechtfertigung einer ewigen Verdammnis verwendet, ist er vollends unerträglich. Aber als Sprache eines Liebenden, der gewillt ist, in allen Gestalten des Seins, auch in den ärmsten, widerlichsten, den Abglanz des ersten Wunders (das Sein sei schön, W.L.) wahr zu nehmen, oder vielleicht nur zu glauben, ist er erschütternd groß. Die Griechen, die die Tragödie in ihr Weltbild einschlossen, dachten so, und auch Vergil im ‚Landbau'. Aber vor allem sind die Christen angehalten zu dieser Schau. Sie sind es durch das besondere Wort Gottes in Jesus Christus, das gerade jene Dunkelheiten, die aus jeder ästhetischen Betrachtung herauszufallen scheinen, als bevorzugten Ort für das Erscheinen der Liebe Gottes, somit als seine ausbrechende Herrlichkeit zu verstehen vorschreibt."*[49] Nur wenn der dreifaltige Gott dem Leiden und dem Tod in sich, sie tragend und verwandelnd, einen Raum offenzuhalten vermag, bleibt er als der Herrliche glaubbar. Der herrliche Gott ist der dreifaltige

49 H III/ 1, 975 f.

Gott der Liebe: „*das Andere des Welt- und Menschseins (gegenüber Gott) ist als solches eingeborgen im Andern innerhalb Gottes, so dass Jesu Kreuz als wirksame Einbergung des Menschen in Gottes Leben der Liebe deutbar wird, ohne des Menschen geschaffenes Wesen in Gott hinein aufgehen zu lassen.*“[50] Es ist ohne Zweifel für von Balthasars theologischen Begriff von Schönheit und Herrlichkeit kennzeichnend, dass er ihn auf einen Einsatz Gottes bezieht, der der Einholung und Wandlung alles Verlorenen gilt und sich in Jesu Tod am Kreuz geschichtlich ereignet hat. Darin zeigt sich, dass die theologische Ästhetik unbedingt in die theologische Dramatik hinüberweist.

e) Die Schau der Gestalt: der Gottes Herrlichkeit wahrnehmende Mensch

„Schau der Gestalt“– so lautet die Überschrift zu dem Eröffnungsband von „Herrlichkeit“. Wenn das, was immer wirklich ist, sein inneres Licht in bestimmter Form erscheinen lässt – als Gestalt –, so kann es von einem sich ihm zuwendenden und öffnenden Menschen wahrgenommen werden. Dieses Wahrnehmen ist durch zwei innere Dimensionen bestimmt: Zum einen ist es „Erblicken“, zum anderen ist es „Entrücktwerden“. Die Philosophie kümmert sich darum zu erfassen, was geschieht, wenn ein Mensch eine Gestalt schaut. Dabei wird sie darauf stoßen, dass ein Erblicken stets in ein durch das Erschaute In-Anspruch-genommen-Werden übergeht. Dieses kann ein Begeistert- oder ein Erschrocken-Sein sein. Es kann auch ein Gerufen- und auf einen Weg-gewiesen-Werden sein. Wenn es jedoch um die Gestalt geht, die Gott in seiner Herrlichkeit und in seinem Einsatz für seine Schöpfung ist, dann nimmt das Erblicken und das Entrückt-Werden neue Züge an. Es ist Sache der Theologie, darüber nachzusinnen. Das Erblicken der herrlichen Gestalt Gottes und seines Wirkens kommt zustande zum einen, wenn das schauende Subjekt dafür gnadenhaft ausgerüstet ist, zum anderen, wenn das Erblickte sich in einer Gestalt zeigt, die seiner Göttlichkeit entspringt und entspricht. Über dieses Schauen, Erblicken handelt der erste Band der Theologischen Ästhetik, „Herrlichkeit“. Das Entrückt-Werden, das sich mit dem Erblicken

50 Epilog 30.

sogleich verbindet, bedeutet ein Beanspruchtwerden durch, ja Einbezogenwerden in das Theo-Drama, in das erblickte, herrliche „Objekt". Die beiden Bände „Herrlichkeit" – „Alter Bund" und „Neuer Bund"[51] – haben beides zum Thema, zum einen die Erblickung, zum anderen die Entrückung, das heißt: Es geht in ihnen um die Darlegung der Geschichte, in der Gott seine Herrlichkeit vor der Welt offenbart und seine Gnade mitteilt und in die er uns Menschen hineinruft, damit wir in ihr uns zu solchen verwandeln lassen, die in dieser Gott-Welt-Geschichte ihre persönliche Sendung zu leben haben.

IV. Die Erscheinung der Herrlichkeit Gottes: Alter Bund und Neuer Bund

Die Herrlichkeit Gottes ist erschienen in der Gestalt Jesu Christi, dessen Leben als Gottes Sohn und Gottes Knecht sich in seinem Gang ans Kreuz (Karfreitag), zu den Toten (Karsamstag) und in seinem Gang zum Vater (Ostern) erfüllte. Auf ihn war der Alte Bund ausgerichtet gewesen, und erst von seiner Erfüllung in Jesus Christus her zeigt sich abschließend, dass er in sich unvollendbar gewesen war. Er hatte sich in einer Vielzahl von Einzelgestalten dargestellt, die sich in seinem Rahmen nicht miteinander vereinbaren ließen. So wies der Alte Bund als solcher nun doch über sich hinaus, ohne aber die Art seiner Vollendbarkeit erkennbar werden zu lassen. Alter und Neuer Bund gehören in von Balthasars Theologie zusammen wie Verheißung und Erfüllung. Es ist Gottes Herrlichkeit – Kabod, δόξα, gloria –, die in der Geschichte Jesu Christi vor der Welt aufgeht. Es ist die Geschichte, die die Geschichte Israels in sich erfüllt und die sich in die Geschichte der Kirche und der in ihr Glaubenden hinein fortsetzt. Es ist die Geschichte der Herrlichkeitsoffenbarung, in die sich der Mensch, der sie im Glauben erblickt hat, einbeziehen lässt. Er wird in sie hinein „entrückt". Die, die Gottes Herrlichkeit auf dem Antlitz Jesu Christi erblicken, erkennen sich als Gemeinte und Betroffene und als mit einer Sendung Berufene und Begabte. So rücken sie als „Mitspieler" in das große Spiel ein, bei dem es letztlich um das gute Ende von Gottes Welt und aller, die sie bevölkern, geht. Was immer sie in

[51] H III/ 2/ 1 und H III/2/ 2.

ihren „Rollen" leben, es erhielte seinen gültigsten Sinn, wenn es im Kern ein Antworten auf die Offenbarung von Gottes Herrlichkeit wäre, folglich ein „δοξάζειν, ein „Verherrlichen" Gottes.

Nachdem von Balthasar im ersten Band von „Herrlichkeit" – Schau der Gestalt – von der „Erblickung" gehandelt hatte, legte er in zwei Teilbänden innerhalb des dritten Bandes vor, wie sich altbundlich und neubundlich Gottes Herrlichkeit geoffenbart hat – „Herrlichkeit" III/2/1: Theologie – Alter Bund; „Herrlichkeit" III/2/2: Theologie – Neuer Bund. Es handelt sich bei dem, was in diesen Bänden vorgelegt ist, um theologische Auslegungen alttestamentlicher und neutestamentlicher Texte und Topoi, die mit Gottes Herrlichkeitsoffenbarung zu tun haben. Von Balthasar hat in ihnen die Erkenntnisse der modernen Bibelexegese ausgiebig verarbeitet, sie freilich immer auch in die Perspektiven gerückt, die sich aus seinen philosophisch-theologischen Optionen ergaben. [52] Die Unterscheidung und Verbindung zwischen dem Alten und dem Neuen Bund, wie von Balthasar sie immer wieder darstellt, machen die christliche Gestalt in ihrer unableitbaren Einmaligkeit und Bedeutsamkeit als Offenbarungsereignis aus. Dort, wo er den Übergang zwischen den beiden Bänden, die dem Alten bzw. dem Neuen Bund gelten, gestaltet, hat er das „argumentum ex prophetia" so gefasst: *„1. Die Einzelgestalten, die Israel im Laufe seiner Geschichte herausgestellt hat, umlagern miteinander einen offen bleibenden Punkt, der aus den Umlagernden und aus ihrer gegenseitigen Beziehung nicht errechnet werden kann, gerade dann nicht, wenn sie sich als Gegensätze gegenüberstehen. 2. Der Punkt der Mitte wird in der Fülle der Zeit von Einem besetzt, der ihn lebt, ohne dass sein primäres Interesse darin läge, seine Existenz als Erfüllung der verschiedenen (bisher unvereinbaren) Einzelgestalten Israels einzurichten und vorzustellen. 3. Bei der nachträglichen Auslegung dieser Mitte erweist sich sekundär, dass die Mitte sich durch die Kristallisation der Peripherie um sie her*

52 Wie sich dies im Einzelnen darstellt, hat Volker Spangenberg dargestellt: *Herrlichkeit des Neuen Bundes. Die Bestimmung des biblischen Begriffs der ‚Herrlichkeit' bei Hans Urs von Balthasar* (WUNT, 2. Reihe, Bd. 55), Tübingen 1993. Bei seinen Analysen kommt ein doppeltes Bedenken zum Ausdruck, zum einen sei das Verhältnis zwischen historisch-kritischer und dogmatischer Exegese bei von Balthasar nicht genügend geklärt, zum anderen sei die Theologie von Balthasars von der Gefahr nicht frei, dass in ihr die Kirche zu sehr mit Jesus Christus identifiziert werde.

als Mitte bewährt, und dass die Peripherie durch dieser Kristallisation erst ihren gestaltbildenden Bezugspunkt erhält."[53] Der „Punkt der Mitte" wird durch Jesus Christus in dem Moment abschließend besetzt, da er, der Gottesknecht, am Kreuz zur Ungestalt und zum verstummenden Träger des Wortes wird. *„Das Einsinken des göttlichen Wortes ins Fleisch ... wird alle ‚Gestalt und Schönheit' hinter sich lassen und in unvorstellbare, deshalb auch unsichtbare und unleserliche, verborgene Ungestalt hinabdrängen, um die Herrschaft und Herrlichkeit Gottes auch dort auszubreiten, wo bislang vorbehaltenes Gebiet war. Um diesen im Totenreich unsichtbar werdenden Weg anzudeuten, bilden die Gestalten des Alten Bundes zusammen wie einen richtungsweisenden Pfeil; seine scharfe, unzweideutige Spitze ist der Gottesknecht. Auf diese Spitze hin hätte Israel sein Selbstverständnis hin konzentrieren müssen, aber es hat im Gegenteil diese Spitze abgestumpft in den Evasionen der nachexilischen Glorientheologie. Erst der Finger des Täufers, der auf das hinwegtragende Lamm Gottes hinpfeilt, faßt die Rolle Israels nochmals zusammen; mit dieser Gebärde beginnt die theologische Geschichtszeit von neuem zu rücken; er ist ‚der Größte' aller Hinweisenden und ragt doch nur als ‚der Kleinste' in die Erfüllungszeit hinein (Mt 11,11).*"[54] Die Gestalt Jesu Christi zusammen zunächst mit dem Verweis Israels auf ihn, sodann mit den außerbiblischen Gestalt-Hinweisen, ist das Ereignis des Aufgangs der Herrlichkeit Gottes vor seiner Welt und der Formung aller religiösen Akte der Menschen zu solchen der Verherrlichung des Gottes, der sich geoffenbart und mitgeteilt hat, ignatianisch: omnia ad maiorem Dei gloriam.

53 H III/2/1, 372.

54 H III/2/1, 379 f.; in diesem Text spiegelt sich übrigens der Grund dafür, dass von Balthasar in seinem Arbeitszimmer eine Kopie des Matthias Grünewald-Bildes, das den Täufer zeigt, der auf den am Kreuz hängenden Christus hindeutet, aufbewahrte.

Orte

Die Musik und die Herrlichkeit

Ein ästhetisch-analytischer Versuch

Frank Michael Beyer gewidmet

Roland Willmann

Die Herrlichkeit ist ein Attribut Gottes. Sich an ihr Geheimnis anzunähern, bildet das Vorhaben einer theologischen Ästhetik. Fraglich daher, ob und wie Musik – als ein Ausdrucksmedium von Menschen – zu einer solchen, strikt theologischen Herrlichkeitsvorstellung überhaupt in Beziehung gesetzt werden kann. Ein erster Zugang eröffnet sich, indem es dem Menschen ermöglicht ist, auf das Widerfahrnis der Herrlichkeit zu antworten: im Akt der Verherrlichung, im Lobpreis, dessen zentralen Ort die Liturgie darstellt. Solcher Lobpreis gründet im Wort; doch wohnt dem Geschehen der *glorificatio* eine Dynamik inne, welche die Wortsprache nicht nur ins Klingende erhebt, sondern über sie hinaustreibt. Dieser Prozess wird zugleich geschichtswirksam: „Bezeichnenderweise hatte die früheste geistliche Musik doxologischen Charakter. Musik wuchs den Inhalten zu, die sich als spontan ausbrechender Lobpreis am meisten sprachlicher Fixierung entzogen. [...] So schuf das Gloria der Musik ein eigenes Reich.“[1] Im Rahmen ihrer liturgischen Funktionsbestimmung bleibt Musik freilich einem Spannungsfeld ausgesetzt. Einerseits wird von ihr Zurückhaltung erwartet: ein gegenüber dem Wort dienender Charakter, ebenso eine Gestalt, die der Gemeinde umfassende Teilhabe erlaubt; andererseits ist es gerade der Gottesbezug, der einen unverrückbaren Anspruch an die Qualität des musikalischen Ansich – im Sinne eines in sich stimmigen, dichten und beziehungsreichen, in seiner jeweiligen Gegenwart verorteten Komponierens – impliziert.

---

1 D. Schnebel, *Geistliche Musik heute,* in: Ders., Denkbare Musik, Köln 1972, 420-430, 422f.

Christlicher Glaube erfährt Herrlichkeit als einen Glanz, der sich über die ganze Schöpfung legt. Um von innen her als *glorificatio* wirken zu können, müsste Musik solchen Glanz in sich einlassen. Sie wäre dann – in ihrem spezifischen Schönsein – vielleicht mehr als bloßer Verweis. Affiziert aber die Herrlichkeit Musik an sich, dann eröffnet sich auch ein Horizont jenseits liturgischer Zusammenhänge. Dem möchte mein Versuch nachspüren. Analytische Skizzen, die Gregorianischem Gesang, Werken Bachs sowie modernem Komponieren gelten, folgen dem Bestreben, die leitende Frage – ob Musik gleichsam zum Resonanzraum der Herrlichkeit werden kann – immer wieder rückzubinden an die konkrete, klingende Erscheinung.

I Frühe Einstimmigkeit

In den *Confessiones* spricht Augustinus die Musik im Themenfeld der *concupiscentiae* an, der „Begehrlichkeiten" sinnlicher Genüsse.[2] Als klingendes Phänomen ist sie ihm – der Tradition des Platonismus gemäß – wesentlich ein bloßer Sinnesreiz, ein „Trugspiel" (*fallacia*);[3] wer sich diesem überlässt, sündigt. Kirchengesang wird demzufolge zum Problem, denn er zerspaltet sich gleichsam in eine tönende Außenseite und in das, worauf es nach Augustinus allein ankommt: den theologischen, rein wortsprachlich vermittelten Wahrheitsgehalt. Entscheidend ist insofern, ob *ratio* oder *sensus* die Rezeption bestimmen. Stets lauert die Gefahr unterschwelliger Verfehlung: Der Sündenakt, der sich unmerklich schon im Hören selbst vollzieht, und seine Bewusstwerdung klaffen zeitlich auseinander.[4] Gleichzeitig attestiert Augustinus der Musik, dass sie günstige Wirkungen ausüben kann. Als Kirchengesang vermag sie die Andacht des Einzelnen zu steigern, die Identität und Widerstandskraft der Gemeinde – gegenüber Bedrohungen von außen – zu stärken.[5] Augustins Haltung gewinnt daher irritierende Ambivalenz, Musik trägt beides in sich: „die Gefahr der Sinneslust"

---

2 A. Augustinus, *Bekenntnisse* (lateinisch-deutsch), hg. v. J. Bernhart, Frankfurt/Main 1987, X, 33, 49.

3 Ebd., X, 33, 50.

4 Ebd., X, 33, 49.

5 Ebd., IX, 7, 15.

(*periculum voluptatis*) und „das Erlebnis heilsamer Wirkung“ (*experimentum salubritatis*). Nicht aber darf der Gesang den Hörer mehr bewegen als „das, was gesungen wird“ (*res, quae canitur*); die stets mögliche Beeinflussung der Affekte durch die Musik gibt den Grund an, warum dieser Hörer, Augustinus selbst, auf das Erbarmen des Herrn verwiesen bleibt.[6]

Die Haltung Augustins wirkt fort, wenn der Gregorianische Choral, frühestes schriftlich überliefertes Repertoire europäischer Musik, in dichten Wortbezügen sich entfaltet. Ins Klingende übersetzt, erscheint das Wort der Liturgie festlich gesteigert und expressiv verdichtet. Zugleich jedoch bildet sich in diesem Prozess, wie absichtslos, eine spezifisch musikalische Gestalt, die fließende Erscheinung und Prägnanz in sich vereint.

Das möge der Offertorialgesang *Ascendit Deus* verdeutlichen, der dem Fest Christi Himmelfahrt zugehört (Notenbeispiel 1).[7] An dem zugrundeliegenden Text – Psalm 47 (resp. 46), Vers 6 – fällt die als präsentisch zu begreifende Sprachform auf; darin zeigt sich eine dem Augenblick gegenüber offene Erwartung endzeitlicher Königsherrschaft an. Eschatologisch geprägt, erlaubt dieser Psalmvers eine Interpretation aus der Sicht des Neuen Bundes: dass es Christus ist, der als Erhöhter mit dem Königtum Gottes über die Welt betraut wird.[8] Wie aber vermittelt sich der Charakter des Hymnischen musikalisch? Der implizite kompositorische Anspruch Gregorianischen Gesangs ist es, einen solchen Vers möglichst subtil in seine klingende Erscheinung zu überführen, was von der leitenden Vorstellung herrührt, dass jedes Wort der Schrift bis in seine kleinsten Bestandteile hinein kostbar und heilsbedeutsam ist.[9] Ein sich Anschmiegen an die Sprachgestalt verwirklicht sich in fließend-ungemessener Rhythmik; einstimmig-unbegleiteter Gesang eröffnet diese Möglichkeit lebendigen, nuancenreich-eindringlichen Vortrags.[10]

---

6 Ebd., X, 33, 50.

7 Für die Herstellung der restituierten Fassung dieses Gesangs (GT 237) danke ich Christian Dostal sehr herzlich; zur Restitution vgl. BzG 33 (2002), 11f. – Ebenso herzlich danke ich Heinrich Rumphorst für wertvolle Hinweise zum Gregorianischen Choral und speziell zum Offertorium *Ascendit Deus*.

8 A. Deissler, *Die Psalmen*, Düsseldorf [3]1982, 192-194.

9 Vgl. G. Joppich, *Einige Gedanken zur Gregorianik*, in: Berliner Choralschola 40 Jahre. Kleine Festschrift, Berlin 1990, 15-17, 17.

10 Vgl. E. Kohlhaas, *Musik und Sprache im Gregorianischen Gesang*, Stuttgart 2001, 68-71 u. 76-78.

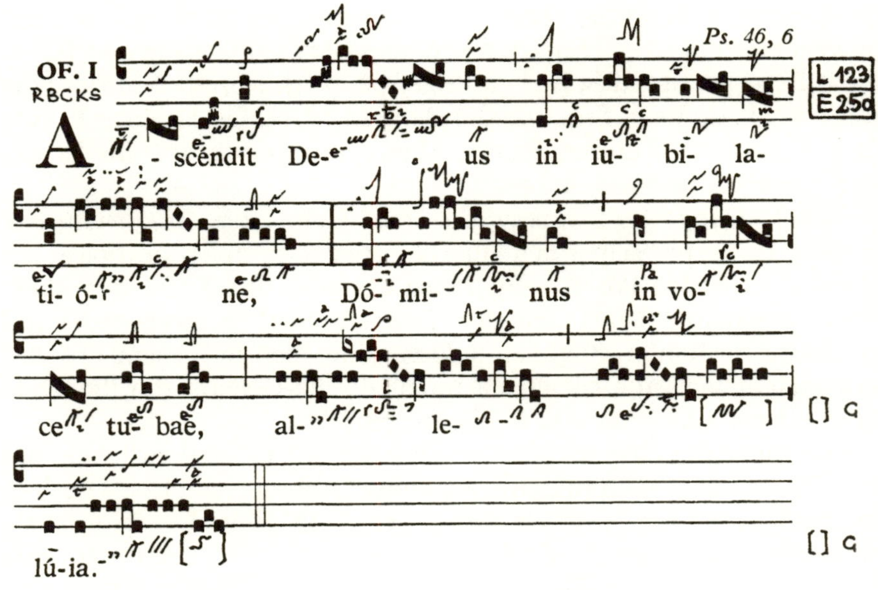

Notenbeispiel 1

Liturgisch gebunden, ist dieser Offertorialgesang zugleich faszinierende Ausdruckskunst, was seine bildhaften und affektuosen Züge erhellen. Mitreißend schon der Beginn, eine musikalische Vision, die die Kernaussage *Ascendit Deus* in dynamisch aufwärtsstrebende Bewegung überführt. Der einleitende Porrectus *re-do-re* gibt diesem Geschehen ein stabiles Fundament und wirkt – spannungsreich gedehnt – gleichzeitig als ein Impuls, so dass der Melodiezug auf der Akzentsilbe von *Deus*, in den leuchtenden Spitzentönen *re* und *do* kulminieren kann, um dann zur Quinte *la*, der Hauptstrukturstufe des zugrundeliegenden I. Modus, auszuschwingen. So geschmeidig der Übergang zwischen den ersten beiden Wörtern sich vollzieht,[11] so dicht ist die Bewegung, welche sie umgreift, zur Einheit gestaltet. Die breiter gesungene Clivis *si-la* (über *Deus*), in der sich der einleitende Bewegungszug gleichsam sammelt, ist insofern doppelt bestimmt; sie markiert einerseits eine Binnenzäsur, welche die Kernaussage mottoartig hervorhebt, sie bleibt

11 Mit der Akzentsilbe von *Deus* wird die Hauptstrukturstufe *la* erreicht; der Pes *sol-la* antizipiert diesen Ton, auch ist der Sänger aufgefordert, den konsonantischen Silbenübergang zwischen *Ascendit* und *Deus* sorgfältig zu artikulieren (vgl. die Liqueszenz in der Hs. L 123).

andererseits auf das Folgende hin ausgespannt: auf die Bestimmung *in iubilatione*, die mit der ausgeschmückten Quintwendung *re-la-si-la* anhebt. Diese Figur, wohl schon innerhalb des einleitenden Aufschwungs als ein verborgenes Orientierungsmodell wirksam, tritt nun offen hervor, den weiträumigen Melodiezug des Beginns zur Formel zusammendrängend. Dass dieses typologische Initium ins Innere des Gesangs versetzt erscheint, mag – im Zeichen übergreifender Balance – dem ereignishaften, individuell geprägten Anfang geschuldet sein. Strukturbildende Kraft wächst der Quintwendung zu, indem sie ein zweites Mal erklingt; so verknüpfen sich die melodischen Bögen, die den Halbversen entsprechen, quasi chiastisch. Das bleibt schwebend, weil der musikalische Verweis gerade nicht analog zum textlichen erfolgt.[12] Befreiter Ausdruck bestimmt die Gestaltung des *in iubilatione*. Dominieren zunächst flüssig auszuführende Tongruppen, so etabliert sich die breiter zu singende Quarte *sol* neben der Quinte als zweite wichtige Strukturstufe; das hohe, in Schwingung versetzte *do*, das die Akzentsilbe melodisch hervorhebt, gewinnt dadurch an Strahlkraft.

Übergreifende Kontur erhält der Gesang als ein großes, wellenförmiges Decrescendo: der Beginn jäh sich auftürmend (zum absoluten Spitzenton *re* hin), über *iubilatione* jene prächtige Entfaltung, die über *Dominus* frei sich verdichtet; immer punktueller erklingt das hohe *do*, die Bewegung schwingt zur Tiefe hin aus, sacht einmündend in eine pendelnde Dreitonfigur über *tubae*. Das setzt sich im abschließenden *alleluia*-Ruf fort. Strukturprägend wird das Terzpendel *fa-re*, immer klarer schält es sich heraus, mehr und mehr neigt sich der Melodiezug zur Finalis hin. Die Emotion des Singenden – seine innere Gelöstheit – wird darin offenbar, wie der modal bedeutsame Ton *fa* in Schwingung gerät, innere Lebendigkeit erhält durch variabel gestaltete Repercussion.

Dem Textgehalt zugewandt erscheint somit auch die Formgebung insgesamt. Der übergreifende Melodieverlauf vermittelt den Eindruck eines Zur-Ruhe-Kommens in der Erfahrung göttlicher Heilstat. Darüber hinaus aber scheint jenes Bildhafte, das im leuch-

12 Textlich entsprechen sich *Deus* und *Dominus* sowie die Bestimmungen *in iubilatione* und *in voce tubae*; die Quintformel aber erklingt über *in* (*iubilatione*) und *Do*(*minus*). Auch ist der melodische Verweis völlig frei vom Charakter des Mechanischen. Denn die inhaltliche Gewichtung legt es nahe, die musikalische Formel bei ihrer Wiederkehr über *Do*(*minus*) behutsam zu dehnen (vgl. die Hs. E 250).

tenden Aufstieg des Beginns sinnfällig wird, den gesamten Gesang zu erfassen: indem das große, kompositorisch realisierte Decrescendo ein Entschwinden in die Ferne vorstellt. Eine solche Deutung mag gerade dann nicht abwegig sein, wenn die melodische Gestalt, wie im Gregorianischen Choral, aus einer unablässigen Meditation des Schriftworts erwächst.[13] – Quasi unterschwellig bildet sich im sprachlich-musikalischen Prozess eine spezifisch ästhetische Qualität. Trotz formelhafter Elemente wirken die musikalischen Strukturen stets fließend in sich. Zahlhafte Konstruktionsprinzipien sind solchem Gesang fremd, weshalb er dem Versuch analytischer Durchdringung widerstrebt – so sehr er ihn, indem er Plastizität gewinnt, zugleich provozieren mag. Das unverlierbare und später so nicht mehr einholbare Freiheitsmoment Gregorianischen Gesangs ist spürbar noch im *alleluia*-Ruf, der das Offertorium *Ascendit Deus* beschließt. Immer wieder anders, stets geschmeidig und im Einzelnen nicht vorhersehbar vollzieht sich die Entfaltung jenes Terzpendels, so dass sich kein Prinzip der Variantenbildung verfestigt, das logisch deduzierbar wäre. Dass sich dieses Geschehen gleichzeitig ins übergreifende Decrescendo integriert, entspricht dem Doppelcharakter Gregorianischen Gesangs, frei sich verströmend und doch plastisch zu sein. In der spezifischen Schönheit seiner melodischen Gestalt erscheint solcher Gesang nicht nur als ein gesteigertes Sagen, sondern vielleicht mehr noch als ein gesteigertes, verwandeltes, in Musik überführtes Schauen. Gelingt es aber einer Musik, etwas von der Herrlichkeit erfahrbar werden zu lassen – eine Tiefendimension dessen zu eröffnen, was das Wort nur anzudeuten vermag –, dann wäre ein solcher Gesang gerade in seinem Sinnlichen mehr als bloß ein Klangreiz, welcher Genuss verschafft.

Das freilich hat schon Augustinus gewusst. Sprechen seine *Confessiones* die anthropologischen Wirkungen der Musik an und spiegeln speziell einen inneren „Widerstreit zwischen ästhetischem Genuß und Skrupel eben dieses Genusses",[14] so öffnet sich in den *Enarrationes in Psalmos* ein ganz anderer Horizont. Überhaupt nur Musik – als ein melismatisches, sich von Textbezügen lösendes Singen – kann Herrlichkeitserfahrung angemessen artikulieren. Mit

---

13 Zur Bedeutung der *meditatio* in der frühmittelalterlichen monastischen Kultur vgl. E. Kohlhaas, *Musik und Sprache*, 71-74.

14 B. A. Föllmi, *Das Weiterwirken der Musikanschauung Augustins im 16. Jahrhundert*, Bern 1994, 48.

der Begründung, dass Gott „unaussprechlich" (*ineffabilis*) sei, wird die Begrenztheit sprachlichen Vermögens konstatiert. Trotzdem dürfe der Mensch nicht in bloßes Stummsein verfallen: Was sein Herz erfüllt – die „unermessliche Weite der Freuden" (*immensa latitudo gaudiorum*), die keine Worte mehr kennt –, bewegt ihn dazu, sich wortlos, d. h. frei-melismatisch singend zu äußern.[15] Im Gregorianischen Choral bleibt zwar ein latenter Sprachbezug gewahrt, indem sogar noch ein solcher *iubilus* vom Impuls des Schriftworts lebt und Gliederungsmomente zeigt, die sich in Analogie zur sprachlichen Syntax deuten lassen.[16] Als ein ausbrechender Lobpreis weist Musik gleichwohl über die Wortsprache hinaus: Die *immensa latitudo gaudiorum* wird so zum imaginären Raum, zu einem Freiheitsraum, in dem die Musik nun auch ihre eigene Dynamik entfesseln kann.

II Bach

Auf der Basis einer „systematische[n] Adaption der Künste des Komponierens",[17] wie sie sich im europäischen Barock entfaltet haben, erreicht die Musik Johann Sebastian Bachs ungeahnte Dichte und Sinnfülle. Prägend bleibt für Bach indes der Bezug zur protestantischen Kirchenmusiktradition Mittel- und Norddeutschlands. Das Aufblühen dieser Kantorenkunst ist dadurch begünstigt, dass Luther der Musik hohen Wert zuerkannt hat.[18] Dem Reformator erscheint Musik als ein *donum divinum et excellentissimum*, ja sie wird ihm zur lebendigen *creatura*,[19] so dass sie in ein unmittelbares Gottesverhältnis rückt. An mittelalterliche Vorstellungen anknüpfend, setzt Luther zugleich einen neuen, bedeutsamen Akzent, denn es gilt, „in diesem Geschöpf den Schöpfer zu erkennen

---

15 A. Augustinus, *Enarrationes in Psalmos* XXXII, 2, 1, 8 (CCL 38, 254). Vgl. B. A. Föllmi, *Musikanschauung Augustins*, 49-51.

16 Vgl. L. Agustoni/J. B. Göschl, *Einführung in die Interpretation des Gregorianischen Chorals. Grundlagen* (Bd. 1), Regensburg 1987, 26.

17 H. H. Eggebrecht, *Musik im Abendland. Prozesse und Stationen vom Mittelalter bis zur Gegenwart*, München ²1998, 438.

18 Vgl. O. Söhngen, *Theologie der Musik*, Kassel 1967, 80-99.

19 M. Luther, *Vorrede zu den Symphoniae iucundae* (Wittenberg 1538). Zit. nach H. H. Eggebrecht, *Musik im Abendland*, 371.

und zu loben“ (*in hac creatura Creatorem agnoscere et laudare*):[20] Theoretische Spekulation über das zahlhafte Wesen der Musik und kompositorische Praxis treten nicht länger auseinander, vielmehr werden Erkenntnisprozesse gerade in der Hinwendung zur lebendigen *creatura* – also zur klingenden Musik, zu dem, was im Hören auf uns zukommt – angestoßen. Klingende Vergegenwärtigung des zahlhaft Konstruktiven aber ist der kontrapunktische Satz. Im deutschen Barock bleibt er die Grundlage für das umwälzend Neue, das um 1600 von Italien ausgeht und insbesondere sinnfällig wird in jener freien Monodie, die sich über einem farbigen harmonischen Fundament erheben kann und so auf die Darstellung und Auslösung extremer, hin und her fluktuierender Affekte zielt. Dass die *nuove musiche* im protestantischen Raum eine Umwandlung in Richtung eines rational bestimmten, systematischen Musikdenkens erfährt, zeigt exemplarisch das Lehrgebäude der musikalisch-rhetorischen Figuren; diese können abbildhaft, affektuos oder deutend die barocke Klangrede intensivieren, als expressive Abweichung bleiben sie stets auf den regulären Kontrapunkt bezogen. Das freilich hebt den neuartigen Wirkungsgestus barocker Musik nicht auf, bändigt ihn nur.[21] Bach ist in diese Tradition hineingestellt und sprengt doch zugleich jede Kontinuität. Singulär mutet das „abstrakte kompositorische Vermögen“[22] an, das sein Schaffen prägt. Bachs Musik wächst insofern die Kraft zu, jenen Glanz mitzuteilen: in Verdichtung dessen, was – nach Luther – die Musik schon ontologisch, nicht erst als Artefakt, ausstrahlt.

Solches kompositorische Vermögen ist hintergründig präsent, wenn Bach sich konkret dem Thema der Herrlichkeit zuwendet, wie im groß angelegten, klangprächtigen *Gloria* der *h-Moll-Messe*. Im Alternieren von chorischen und solistischen Sätzen, im kunstreichen Zusammenwirken von kontrapunktischen und modernen, der Arienform zugehörigen Satztechniken werden die Gloria-Verse sowohl kontrastreich geformt als dicht miteinander verknüpft. Komplexer noch stellt sich dies Thema im *Exordium* der *Johannespassion* dar. Herrlichkeit und Kreuz werden als unauflösliche Einheit angesprochen: „Herr, unser Herrscher, dessen Ruhm / In allen Landen herrlich ist! / Zeig uns durch deine Passion, / Daß du,

---

20 Ebd.

21 Vgl. H. H. Eggebrecht, *Musik im Abendland*, 338-349 u. 366-388.

22 Ders., *Matthäus-Passion*, in: Ders., Texte über Musik. Bach, Beethoven, Schubert, Mahler, Essen 1997, 18-41, 18.

der wahre Gottessohn, / Zu aller Zeit, / Auch in der größten Niedrigkeit, / Verherrlicht worden bist!"[23] Damit ist gewissermaßen eine Summe johanneischer Theologie gezogen. Lehrhafte Züge, wie sie im Anruf „Zeig uns" hervortreten, weisen auf eine primär liturgisch ausgerichtete Konzeption hin. Zugleich aber lässt schon die Sprachgestalt aufhorchen: Indem der Wortstamm „Herr", quasi als ein Leitmotiv, variativ entfaltet wird, nimmt sie selber musikalische Züge an. Dem korrespondiert die Analogie zwischen den Wortpaaren „allen Landen"/„aller Zeit", die auf die raumzeitliche Universalität der Herrlichkeit Christi hindeutet.

Die Qualität des musikalischen Ansich konkretisiert sich in Bachs *Exordium* allein schon darin, dass die Dacapo-Form nur die Hülle für ein Geschehen bildet, das aufgrund seiner Beziehungsfülle – subtiler Verstrebungen zwischen den Gliedern der Komposition – staunen lässt;[24] von innen her erscheint so die Plastizität verleihende Kontrastform in eine Schwebe versetzt.

Struktur, Semantik, Wirkungsgestus dieser Musik zeigen sich im instrumentalen Ritornell, welches den Eröffnungschor einleitet. Ein imaginär Raumhaftes evoziert die musikalische Struktur, indem das Komponieren in Stimmen sich weitet zu einem Komponieren von Schichten. Drei Schichten heben sich voneinander ab (Notenbeispiel 2): ein in Achteln pulsierender, die Vorstellung von Weite erweckender Orgelpunkt, die unaufhörlich fortströmenden Sechzehntel der Streicher und darüber ein synkopisch gedehntes, dissonant geschärftes Bicinium der Holzbläser. Semantisch aufgeladen erscheinen speziell die Streicher- und Bläserschicht: Während die dahinströmenden Sechzehntelfiguren in den Vorstellungsraum der Herrlichkeit weisen – was der Chor gleichsam bestätigt, wenn er diese Bewegung aufnimmt, um Ausdrücke wie „Herrscher", „herrlich" oder „verherrlicht" zu charakterisieren –, bildet das Kontinuum ineinander verschlungener Vorhalte einen Topos für den Affekt

---

[23] Zit. nach A. Dürr, *Johann Sebastian Bach. Die Johannespassion. Entstehung, Überlieferung, Werkeinführung*, Kassel [4]2002, 153. Wer der Autor der freien Dichtungen der *Johannespassion* ist, konnte bisher nicht geklärt werden. Vgl. ebd., 56f. u. 70f.

[24] Vgl. ebd., 90-93. – Eng verknüpft sich z. B. der Anfang des Mittelteils (T. 58) mit dem Vorausgehenden. Einerseits ist das ausdrucksvolle *soggetto* („Zeig uns") schon im Rahmenteil antizipiert worden, andererseits erklingt der Ton *es* in genauer metrischer Analogie zu T. 1; während er aber zu Beginn als schmerzliche Dissonanz sich einblendet, erscheint er nun gleichsam verselbständigt, um so eine große harmonische Entfaltung anzustoßen.

des Schmerzes und deutet musikalisch-zeichenhaft auf das Kreuz hin. Spricht der Gloria-Hymnus Herrlichkeit und Kreuz sukzessiv an (das *qui tollis peccata mundi* ermöglicht insofern formbildenden Kontrast), so enthüllt sich im Eingangschor der *Johannespassion* das spezifisch musikalische Vermögen, die beiden zentralen Vorstellungen zur Simultaneität verdichten zu können. – In besonderer Weise verwirklicht sich in Bachs Komponieren das spannungsreiche Zueinander von Distanzerzeugung und einer vergegenwärtigenden, auf Identifikation zielenden Kraft, die den Hörer soghaft hineinzieht ins musikalische Geschehen.[25] Suggestive Vergegenwärtigung erfolgt im *Exordium* nicht nur in einem gestischen Sinne (etwa durch die Basspulsation oder das Unaufhörliche der Sechzehntel), sondern gelingt zugleich strukturell, indem der Charakter des frei Strömenden aus irregulärer syntaktischer Schwebe hervorgeht; so ist die Musik augenblicklich präsent – quasi als Ausschnitt immerfort flutender Bewegung –, ebenso aber prozesshaft: ein syntaktisches Regelmaß erst allmählich ausbildend.[26]

Die Vorstellung, den Herrn in seiner Niedrigkeit zu preisen, scheint die musikalische Struktur des *Exordiums* übergreifend zu bestimmen. Dynamisch wirken – im Umfeld lang gedehnter, gleichsam lastender Orgelpunkte – speziell die Quintschrittsequenzen. So kann sich innerhalb der chorischen Entfaltung das harmonische Tempo sprunghaft beschleunigen, zu halbtaktigen Wechseln (T. 37-39),[27] während der Schlussabschnitt dadurch zu erhöhter Intensität

---

25 Vgl. H. H. Eggebrecht, *Matthäus-Passion*, 20 u. 40f.

26 Das Ritornell umfasst insgesamt 18 Takte (plus Phrasenverschränkung). Es lässt sich in 9+6+3 Takte aufteilen. Die Binnenartikulation kennt sowohl drei- als auch zweitaktige Einheiten; so gruppiert sich der neuntaktige Vordersatz in 3+2+2+2 Takte, die sequenzierende Fortspinnung in 2+2+2 Takte, während der dreitaktige Epilog auf den Beginn zurückweist. Irregularität kennzeichnet die ersten drei Takte schon in sich, indem sie in ½+2½ Takte gegliedert werden können: Die ersten beiden Viertel bilden gewissermaßen einen metrisch verschobenen Auftakt.

27 Die Ritornellstruktur gliedert den Rahmenteil (T. 1-58) untergründig in drei Abschnitte (18+21+18 T.; je plus Phrasenverschränkung). Anfang und Schluss entsprechen sich bogenförmig (T. 1-18 = T. 40-57). Offener ist die Entfaltung im Zentrum gestaltet (T. 19-39); hierbei werden Dehnungen, die die ersten zwölf Ritornell-Takte betreffen, durch eine Stauchung der letzten sechs Ritornell-Takte partiell wieder ausgeglichen, so dass sich Proportionalität bewahrt: 3 → 5 T. (T. 1-3 = T. 19-23), 6 → 7 T. (T. 4-9 = T. 24-30), 3 → 6 T. (T. 10-12 = T. 31-36), dann jedoch: 6 → 3 T. (T. 13-18 = T. 37-39). Die

Notenbeispiel 2

Beschleunigung, die sich innerhalb der Quintschrittsequenz T. 37-39 vollzieht, wirkt insofern gleichsam überschießend – nicht bloß als ein Verdoppeln des harmonischen Tempos –, eben weil sie im Kontext der Dehnungen wahrgenommen wird.

gelangt, dass sich der Chor im Rahmen der Ritornellsequenz zu kreisend-kanonischer Bewegung auffächert (T. 49-55). Das mündet in jauchzende Rufe, die, das Wort „herrlich" artikulierend, innerhalb der chromatisch schattierten *g*-Moll-Sphäre einmal auch einen *G*-Dur-Klang aufblitzen lassen (T. 56): Wiederkehr, prozessual verwandelt und gesteigert, wird zum Ereignis.

Bachs *Orgelfantasie in G* (BWV 572) überlässt sich dagegen dem Gloria-Gestus ganz. Jenes *G*-Dur, das im Eingangschor der *Johannespassion* nur punktuell und dafür um so überwältigender erklingt, bildet im *Grave*, dem zentralen Satz der *Fantasie*, selber einen harmonischen Raum, der ins Unendliche geweitet erscheint. Vom Typus *durezze e ligature* her geprägt, gewinnt der fünfstimmige Satz Klangfülle und leuchtende Intensität (Notenbeispiel 3). Wie aber gelingt es der Musik, den Eindruck zu erwecken, dass sie ins Offene fortströme? Machtvoll drängend, im Sinne stetig sich erneuernder Bewegungsimpulse, wirken schon die synkopischen Schichtungen. Die je angestrebten Kadenzziele artikulieren das musikalische Geschehen insofern bloß untergründig; es bilden sich Entfaltungsphasen, die, harmonisch schweifend im *G*-Dur-Raum, von ihrer Ausdehnung her irregulär schwanken.[28] Was diese Musik ausstrahlt – ein improvisatorisch Ungebundenes –, kann analytisch nur ex negativo umkreist werden. Es gibt keine Kontrastflächen oder Zwischenspiele, die sich dem einen großen Bewegungszug widersetzen könnten. Dem korrespondiert die Abwesenheit eines plastischen Themas. Stattdessen entfaltet sich das Geschehen von einer melodischen Zelle her, welche sich – als synkopisch gestauter Tetrachord abwärts (Oberstimme, T. 1-3) – unmittelbar aus dem zugrundeliegenden Typus ableitet. Bezeichnend ist ihr elementar Unscheinbares; sie braucht als solche gar nicht ins Bewusstsein zu treten, vielmehr fügt sie sich ganz in den skalisch-bewegten Verlauf: Das Fließende selbst ist die kompositorische Idee, nicht ein bestimmtes, individuell hervorstechendes *soggetto*.

[28] 20 T. (*G* → *D*) + 10 T. (*D* → *h*) + 9 T. (*h* → *G*) + 8 T. (*G* → *a*) + 11 T. (*a* → *e*) + 8 T. (*e* → *e*) + 4 T. (*e* → *G* als sequenzierende Rückleitung) etc.

Notenbeispiel 3

Das verdeutlicht die weit ausgreifende Eingangsphase, die sich zur Dominante *D*-Dur hin öffnet (T. 1-21). Eine interne Gliederung, die zugleich dem fortdrängenden Charakter dieser Musik entspricht, erfolgt durch zwei trugschlüssige Kadenzen (T. 7/T. 13). In der Entfaltung der melodischen Zelle changiert das polyphone Geschehen zwischen Verdichtung und Auflösung (so schwingt es speziell zu den Kadenzen hin freier aus). Ein kontrapunktisches Elementarmodell – im Sinne übergeordneter Zweistimmigkeit – zeigt sich in der stufenweisen Gegenbewegung zwischen den Außenstimmen; das Modell ist in sich differenziert, indem die Oberstimme, rhythmisch flexibel, eine Oktave abwärts durchmisst, während der Bass, in regelmäßigen Ganzen, gleichzeitig eine große Sexte emporsteigt (T. 1-7). Im Satzprozess wird die gleichmäßig aufwärtsstrebende Gegenstimme zu einem wichtigen strukturbildenden

Moment;[29] hierbei wahrt ihr Ambitus stets fließende Varianz, um sich zum Satzende hin – in einer großen, alles überbietenden Steigerungsphase – zwei Oktaven weit zu dehnen: Die barocke Anabasis-Figur, die an sich der Intention einer maßvoll-beherrschten Klangrede gehorcht, erscheint selbst gleichsam gesprengt und transzendiert.

Generell vollziehen sich die Entfaltungsprozesse stets nur so weit, dass die Gesamtintensität sich erhält; das gehorcht der Idee, Zeit aufzuheben. Eine elementare Dreiteiligkeit – Hinweis darauf, dass selbst in diesem frei dahinströmenden Geschehen ein übergreifendes Formbewusstsein sich bewahrt – schimmert nur mehr spurenhaft durch. Konkretisieren sich zum Beispiel reprisenhafte Züge (T. 139-144), dann erscheinen sie von jener weiträumig aufwärtsstrebenden Bassbewegung überwölbt. Imaginäres Aufheben von Zeit, das in Bachs *Orgelfantasie* als ein Vorschein eschatologischer Herrlichkeit wahrgenommen werden kann, verlangt geradezu danach, dass dieses *Grave* nicht schließt, sondern unvermittelt – die Tonikaerwartung jäh enttäuschend – abreißt: Virtuell möchte die Musik ins Unendliche fortklingen.[30]

---

29 Unterschwelliger – im Sinne des wie absichtslosen, frei-assoziativen Gestus – gibt der Quintfall dem Satzgeschehen Kontur. Als ein im skalischen Verlauf zunächst hervorleuchtendes Moment erklingt er in Engführung zwischen Ober- und Unterstimme (vgl. Notenbeispiel 3, T. 14-16), um dann verborgener im Stimmgeflecht fortzuwirken (z. B. T. 73/74: Tenor u. Bass; T. 80-85: Tenor, Alt u. Tenor).

30 Vgl. D. de la Motte, *Musik Formen. Phantasie, Einfall, Originalität; ins Ohr springend, für Aufmerksame, hineinversteckt*, Augsburg 1999, 225-227. – Im chromatisch geschärften Epilog der *Fantasie* erscheint der kompakte Satz quasi aufgebrochen und in rasende, dichte Bewegung überführt; darin klingt schon etwas von der illusionären Komplexität der Musik Ligetis an.

III Exkurs

Dass sich Herrlichkeitserfahrungen in der Musik ganz frei von liturgischen Bezügen mitteilen können, erhellen Karl Barths Mozart-Reflexionen. Barth spricht Mozart eine Art von Wissen um das Gelungensein der Schöpfung zu.[31] Der geschichtlichen Bedingtheit individuellen Komponierens gleichsam nicht unterworfen, wird Mozart wesentlich zu einem Hörenden; was er wahrgenommen habe, sei ein universales Geschehen: den „Einklang der Schöpfung."[32] Den einen, aber in sich schattierten, das Leidensmoment in sich bewahrenden Ton habe Mozart in spezifischer Weise gehört, nämlich nicht im Sinne eines neutralen Tons, sondern den positiven quasi hervortretend, den negativen nur in Relation zu diesem.[33] Die Geschöpfwelt findet in ihm ihr Medium; denn „[er] brachte eigentlich nicht seine, sondern ihre eigene Musik hervor, ihr doppeltes, aber doch übereinstimmendes Gotteslob."[34] Insofern wird Mozarts Musik zum „leuchtenden, [...] zwingenden Beweis dafür [...], daß es eine Verleumdung der Schöpfung ist, ihr darum, weil sie ein Ja und ein Nein in sich schließt, weil sie eine Gott, aber auch eine dem Nichtigen zugewendete Seite hat, das zuzuschreiben, daß sie selber am Chaos Anteil habe. Mozart macht hörbar, daß die Schöpfung auch nach dieser Seite und also in ihrer Totalität ihren Meister lobt und also vollkommen ist."[35] Entscheidend ist für Barth die Qualität des musikalischen Ansich, die im spezifischen, der Schöpfung sozusagen abgelauschten Mozart-Ton sinnfällig wird. Dieser Ton verströmt sich im Mozartischen œuvre insgesamt. Was manchen Autoren speziell des 19. Jahrhunderts zum Ärgernis wurde – dass Mozarts geistliche und weltliche Werke analoge Sprech- und Gestaltungsweisen zeigen –, ist aus Barths Sicht völlig plausibel. Ein gesteigertes Hören ist Mozart zu eigen; diese Fähigkeit auszubilden, wird seinem Interpreten zur Herausforderung. Denn solches Hören vermag zum Auslöser begrifflicher Reflexion zu werden. Und erst im Zusammenwirken beider Momente erscheint es möglich, jene theo-

31 K. Barth, *Die Lehre von der Schöpfung*, in: Ders., Die kirchliche Dogmatik, Bd. III/3, Zürich 1950, 337.
32 Ebd., 338.
33 Ebd., 338.
34 Ebd., 338.
35 Ebd., 338f.

logische Dimension zu erfassen, die dem kompositorischen Subjekt ein gleichsam unbewusstes Wissen bleiben kann.

Wenn Barth im Rahmen seiner Schöpfungstheologie eine Musik auszeichnet, die von sich aus einen solchen Bezug nicht explizit herstellt, dann könnte man seine Deutung als Ausdruck einer bloß subjektiven Disposition verstehen. Das verweist auf die These Hans Heinrich Eggebrechts, dass es das Geistliche, Gottbezogene in der Musik nicht gibt. Musik ist nach Eggebrecht „ein Spiel mit Tönen, Klängen und Geräuschen in einem geschichtsbedingten System von Spielregeln, die von rationalen Ordnungswerten und musikablen Ausdrucksarten bestimmt sind.“[36] Das Geistliche kommt in dieser Definition nicht vor. Es bildet demnach keine Eigenschaft, sondern eine Auffassung von Musik,[37] weshalb stets ein „Akt der Bezugsetzung“[38] erforderlich ist: sei's, konkreter, schon von der kompositorischen Seite her (zum Beispiel durch entsprechende Textwahl, Titelgebung oder die Verortung eines Werks im liturgischen Raum), sei's allein durch die Rezeption. Als Beleg dafür, dass Musik generell offen ist für vielfältige Bezüge, nennt Eggebrecht Bachs Parodieverfahren; bruchlos verknüpft sich ein und dieselbe Musik sowohl mit einem weltlichen als auch mit einem geistlichen Text.[39]

Spürbar wird Eggebrechts Intention, Musik möglichst nüchtern und doch umfassend zu bestimmen – eben als ein freies, zugleich wechselnden Regeln gehorchendes Spiel. Doch ist es der Musik gegenüber adäquat, sie ganz aus ihren Assoziationsräumen lösen zu wollen? Und manifestiert sich nicht auch im Spielbegriff ein – wenn auch partiell zutreffendes, gegen das Pathos bestimmter Zuschreibungen gerichtetes – Auffassungsmuster? Mehr als nur Spiel scheinen schon die frühesten Formen europäischer, zugleich christlich geprägter Musik zu sein, wie zum Beispiel Gregorianischer Gesang oder die gewaltigen, Klang und Raum erregend neu vergegenwärtigenden Organa Perotins. Was so sich mitteilt, als Herrlichkeitserfahrung, scheint in bloß subjektiver Assoziation nicht aufzugehen, weist vielmehr zurück auf die klingende Gestalt selbst.

---

36 H. H. Eggebrecht, *Geistliche Musik – was ist das?*, in: Ders., Die Musik und das Schöne, München 1997, 130-143, 131f.

37 Vgl. ebd., 134 u. 141.

38 Ebd., 132.

39 Vgl. ebd., 134-136.

Dasjenige, was in solcher Gestalt aufzuleuchten vermag, spricht Adornos *Ästhetische Theorie* behutsam an. Die Erfahrung wird mitgeteilt, dass das Kunstwerk gleichwie zu einer *apparition* sich verdichten kann. Vielleicht lässt sich dieser Abschnitt als ein verborgener Diskurs über die Herrlichkeit lesen;[40] sie wäre dann die gleichsam verschwiegene Gegeninstanz zu jenem Herrschaftsbegriff, der die Zurichtung des Menschen und der gesamten Schöpfung durch den Menschen meint.

Im Hinausweisen über das Herrschaftsprinzip berühren sich nach Adorno das Kunst- und das Naturschöne. Obwohl Kunstwerke, im Zeichen produktiver Verfügung entstehend, den menschlichen Herrschaftsraum gewissermaßen ins Äußerste weiten, negieren sie jedoch gleichzeitig reale Herrschaft – eben durch die „Setzung einer Sphäre für sich."[41] Ein solcher Immanenzcharakter erfordert es zugleich, der Abbildung von Natur zu entsagen. Zum „Widerschein des Ansichseins der Natur"[42] werden Kunstwerke gerade umgekehrt durch das Prinzip subjektiver Durchbildung; was so, wenn auch verstellt, zum Widerschein gelangen kann, ist „etwas wie Sprache der Schöpfung."[43] Weil aber gelungene Kunstwerke sich nicht nachahmend verhalten, tragen sie stets einen antizipierenden Charakter: als „Vorwegnahme eines Ansichseins, das noch gar nicht ist."[44]

Von der Idee geleitet, das Mehr des Naturschönen – dass Natur „mehr zu sagen scheint, als sie ist"[45] – „seiner Kontingenz zu entreißen",[46] suchen Kunstwerke dieses Mehr herzustellen, gelangen aber genau damit in den Grenzbereich von Verfügenwollen und Unverfügbarkeit. Denn vermittelt sich ein solches Mehr auch allein durch den internen Werkzusammenhang, so ist es diesem gegenüber gleichwohl ein Anderes, das jäh zur Erscheinung kommt: Im „Gefühl des Überfallen-Werdens"[47] gemahnt es an vorzeitliche Schauer. Diesen Augenblick verdichteter Präsenz kann Sprache nur approximativ umkreisen: „Am nächsten kommt dem Kunstwerk als Erscheinung die apparition, die Himmelserscheinung. Mit ihr

---

40 Th. W. Adorno, *Ästhetische Theorie*, Frankfurt/Main [13]1993, 120-134.
41 Ebd., 120.
42 Ebd., 120.
43 Ebd., 121.
44 Ebd., 121.
45 Ebd., 122.
46 Ebd., 122.
47 Ebd., 123.

halten die Kunstwerke Einverständnis, wie sie aufgeht über den Menschen, ihrer Intention entrückt und der Dingwelt."[48] Solche apparition, unwillentlich und dem Kontinuum gewöhnlicher Erfahrung enthoben, verdankt sich einem Umschlag. Innerhalb der Kunstwerke wird subjektiv Gesetztes gleichsam verschlungen von einem immanenten Prozess, der „nach außen [tritt] als ihr eigenes Tun, nicht als das, was Menschen an ihnen getan haben und nicht bloß für die Menschen."[49] Hieraus resultiert zugleich ein Anspruch an die Gestaltung von Kunstwerken. So soll zum Beispiel musikalische Form entstehen, indem das kompositorische Subjekt wiederum zu einer Art von Medium wird, das sich ganz in die Eigendynamik von musikalischen Prozessen versenkt: ihren inneren Impulsen quasi nur mehr nachlauschend.[50]

Was so im Kunstschönen hervortritt, bleibt zwar chiffriert, ist aber – anders als das Naturschöne – in der eigenen Gestalt äußerst bestimmt.[51] Dieser Doppelcharakter prägt vor allem die Musik. Sie zeigt eben darin, so Adorno im *Fragment über Musik und Sprache*, einen theologischen Aspekt: „Was sie sagt, ist als Erscheinendes bestimmt zugleich und verborgen. Ihre Idee ist die Gestalt des göttlichen Namens [...]; der wie immer auch vergebliche menschliche Versuch, den Namen selbst zu nennen, nicht Bedeutungen mitzuteilen. [...] Sie verweist auf die wahre Sprache als auf eine, in der der Gehalt selbst offenbar wird, aber um den Preis der Eindeutigkeit."[52] Als ein Ineinander von Offenbarsein und Verhüllung kann auch die Herrlichkeit nur aufgefasst werden; es mag dies analoge Moment sein, welches es der Musik in vielleicht besonderer Weise erlaubt, als ihr Medium zu wirken. – Das Absolute, empirisch Nichtseiende, dem Kunst zugewandt erscheint, verbirgt sich jedoch, so Adorno, nicht nur; ungewiss bleibt vielmehr, ob es überhaupt ist oder je werden wird. Gerade das bezeichnet ja das Irritierende der Kunst, die Frageimpulse, die von ihr ausgehen. Dennoch: sie „meldet objektiv und wie immer auch gebrochen den Anspruch an,

---

48 Ebd., 125.

49 Ebd., 125.

50 Vgl. ders., *Form in der neuen Musik*, in: Ders., Musikalische Schriften I-III (= GS Bd. 16), Frankfurt/Main 1978, 607-627, 626.

51 Ders., *Ästhetische Theorie*, 127f.

52 Ders., *Fragment über Musik und Sprache*, in: Ders., Musikalische Schriften I-III, 251-256, 252f.

daß es, weil es erscheint, auch möglich sein muß."[53] Genau daran, dass Adorno einen – wenn auch schwebend-fragenden – Bezug auf ein Absolutes wahrt, entzündet sich gegenwärtige Kritik. Ihr zufolge ist das Kunstschöne nicht von einer letzten Versöhnung her zu begreifen; das in der apparition Aufleuchtende wird vielmehr als autonom wahrgenommen, als der „Schein einer Präsenz, den das Kunstwerk um sich selbst verbreitet."[54] Was solcher apparition korrespondiert, „ekstatische Selbstvergessenheit"[55], kann nur intermittierend sein, indem es selber nach einer reflexiven Anstrengung ruft, die immer auch zerstörend wirkt: Der Schein, auch der absoluter Präsenz, muss sich stets wieder auflösen. Dass ein Absolutes je scheinlos präsent sein könne, mutet von daher ganz unbegreiflich an:[56] als eine philosophische Konstruktion, die ästhetischer Erfahrung bloß eingelegt ist. Demgegenüber hat Adorno darauf beharrt, dass es gerade die lebendige Erfahrung großer Kunst sei, die einen metaphysischen Bezug überhaupt nur offen hält. Eine Reflexion über die unabweisliche Möglichkeit eines Nichtseienden[57] erzwingt speziell die radikal gewordene Musik, das Spätwerk Beethovens innerhalb der Tradition, in der Moderne die frei-atonalen Kompositionen Schönbergs, Bergs und Weberns. Bezogen auf jenes verhüllte Andere, mit der empirischen Welt nicht Identische, noch nicht Seiende, kann große Kunst mit Adorno vielleicht doch als Verheißung erfahren werden: als ein Bild dessen, „was es selber wäre."[58]

---

53 Ders., *Ästhetische Theorie*, 128.

54 A. Wellmer, *Das Versprechen des Glücks und warum es gebrochen werden muß*, in: S. Sanio/Chr. Metzger (Hg.), Musik im Dialog (= Jb. BGNM 1997), Saarbrücken 1998, 33-46, 38.

55 Ebd., 38.

56 Vgl. ebd., 35: „Ist nicht das Versprechen eines ‚scheinlos gegenwärtigen Glücks', einer scheinlosen *Präsenz* des Absoluten, ein strictu sensu undenkbares, ein unmögliches, ein unbegreifliches Versprechen, letztlich ununterscheidbar vom Versprechen des Nirwana (wie schon Nietzsche meinte)? In das Glück, das allein wir kennen – auch das Glück der ästhetischen Erfahrung –, sind ja die Züge der Endlichkeit, des Vergehens, der Nicht-Präsenz, mit Derrida möchte man sagen: die Züge der ‚differance' so tief eingegraben, daß wir buchstäblich nicht mehr wissen, wovon wir reden, wenn wir diese Züge der Endlichkeit aus ihm wegzudenken versuchen."

57 Vgl. Th. W. Adorno, *Ästhetische Theorie*, 129: „Die Kunstwerke haben ihre Autorität daran, dass sie zur Reflexion nötigen, woher sie, Figuren des Seienden und unfähig, Nichtseiendes ins Dasein zu zitieren, dessen überwältigendes Bild werden könnten, wäre nicht doch das Nichtseiende an sich selber."

58 Ebd., 128.

IV Neue Musik

Der Begriff Herrlichkeit bildet den Versuch, eine Universalität anzusprechen. Ihr gegenüber kann Musik stets nur ausschnitthaft sein. Geprägt durch die Dynamik ihrer Prozesse, eröffnet sich europäischer Musik freilich die Chance, Herrlichkeitserfahrung immer wieder anders, in je neuen Facetten zu artikulieren. Dem entspricht die neue Musik, die etwa ab 1910 entsteht, in der Intensität ihres Schönseins: in ihrem Bestürzenden wie ihrem Schwebenden, in ungeahnten Freiheitsräumen, die sie entdeckt, ebenso wie in gesteigerter Konstruktivität. Ein emanzipatorisches Streben realisiert sich in der Preisgabe der Tonalität – oder genereller: in der Abkehr von Bezugssystemen, die als kollektiv verbindliche dem individuellen Komponieren vorausliegen und es in gewisser Weise präformieren. Der kompositorische Akt wird ganz in die Verantwortung des Subjekts gestellt. Die dadurch errungene Möglichkeit, das Expressive und das Konstruktive der Musik zu verdichten, bezeichnet gleichzeitig einen Anspruch an neue Musik. Stimmigkeit wird angestrebt, indem sich im musikalischen Prozess dessen innere Impulse rein entfalten sollen; Ton und Klang wirken jenseits ihrer tonalen Verortung unmittelbarer sprechend; musikalische *numerositas*, innerhalb der Tradition als Abbild der göttlichen Schöpfungsordnung aufgefasst, kann nun ganz ins Zentrum kompositorischer Erfindung rücken: Radikal geworden, zugleich auch spannungsreich aufeinander bezogen, stützen und steigern sich Ausdruck und Konstruktion in neuer Musik wechselseitig.[59] Im Prozess konstruktiver Verdichtung aber erscheint es möglich, den Gloria-Gestus ins Hintergründige zu versetzen, so dass die Musik gleichsam von innen her aufzuleuchten vermag.

Die Loslösung aus tonaler Systemgebundenheit gestattet es modernem Komponieren ebenso, sich gegenüber frühen und fremden Musikkulturen zu öffnen. An ihnen faszinieren sowohl das Elementare, das eine bestimmte Aura vermitteln kann, als auch ihre je eigenen Möglichkeiten, Komplexität zu erzeugen. Im Aufspüren von Analogien und in der Erfahrung des Widerständigen: des bleibend Fremden, bilden sich Spannungsfelder, die impulsgebend wirken, so dass sich kompositorische Gestaltungsräume weiten und verwandeln können. Anknüpfung erlauben speziell jene Zeitvorstellungen, die in archaischen und fremden Kulturen zum Vorschein

59 Vgl. Cl. Kühn, *Formenlehre der Musik*, Kassel 1987, 91-97.

gelangen; solche Formen nicht linear gerichteter, sondern eher statisch oder zirkulär anmutender musikalischer Zeit korrespondieren dem Bestreben neuer Musik, eine räumlich-vielschichtige Zeit, ja das Zeitenthobene zu imaginieren.

Ohne Gewaltsamkeit scheint es Olivier Messiaen zu gelingen, heterogen Anmutendes wie Gregorianischen Gesang, Vogelstimmen oder indische Rhythmik in sein musikalisches Idiom einzuverwandeln. Kompositorische Kraft, die auf ein Universales gerichtet ist, wird gerade darin spürbar. Sein gesamtes Werk versteht Messiaen als einen einzigen großen Lobpreis der Herrlichkeit. Solcher Lobpreis kann nach außen drängen, klangmächtig und strukturell hochkomplex, wie etwa im chorisch-orchestralen Zyklus *La Transfiguration de Notre-Seigneur Jésus-Christ* (1969),[60] er kann ebenso ganz nach innen gewendet sein, wie in *Le Mystère de la Sainte Trinité*, ein zart-verhaltenes, wie aus der Ferne tönendes Stück, das Messiaens frühen Orgelzyklus *Les Corps Glorieux* (1939) beschließt. Dieses Stück, Meditation und Huldigung in eins, ist ganz durch die Zahl 3 geprägt: Dreiteiligkeit kennzeichnet die Form, Dreistimmigkeit den Satz; hierbei symbolisiert die Unterstimme den Vater, die Mittelstimme den Sohn und die Oberstimme den Heiligen Geist (Notenbeispiel 4a). Schon die Klanghülle betont den Geheimnischarakter dieser Musik: Indem Unter- und Oberstimme eine gleichsam immaterielle Klanggebung aufweisen, erscheint die melodietragende Mittelstimme hervorgeblendet, denn, so Messiaen, „der Sohn allein ist uns durch seine Inkarnation sichtbar nahe gekommen.“[61] Nähe und Zugewandtheit sind nicht nur durch die natürliche Mittellage zum Ausdruck gebracht, sondern ebenso durch die melodische Gestalt selbst: in ihrer modal bestimmten, dreiklangsgefärbten und periodisch fasslichen Erscheinung.

60 Vgl. A. Michaely, *Die Musik Olivier Messiaens. Untersuchungen zum Gesamtschaffen*, Hamburg 1987, 725-748.

61 O. Messiaen, Einführungstext zu *Le Mystère de la Sainte Trinité*, zit. nach: A. Michaely, *Musik Messiaens*, 417.

VII _ LE MYSTÈRE DE LA SAINTE TRINITÉ

"Ô Père tout puissant, qui, avec votre Fils unique et le Saint Esprit, êtes un seul Dieu! Non dans l'unité d'une seule personne, mais dans la Trinité d'une seule substance." (Missel, Préface de la Ste Trinité)

Notenbeispiel 4a

(Cum iubilo)

Notenbeispiel 4b

Formaler Bau und melodischer Umriss dieser Mittelstimme orientieren sich am Modell des Gregorianischen Kyrie IX, *Cum iubilo*. Als Folge von 3x3 Anrufungen ist dieses Modell durch Symmetrie und Identität gekennzeichnet. Je das erste und dritte *Kyrie* entsprechen sich bogenförmig, der *eleison*-Refrain kennt überhaupt nur zwei Ausprägungen, welche die Gruppen verklammern: Es entsteht eine schlicht-suggestive Struktur, die zur Versenkung in das Glaubensgeheimnis einlädt (Notenbeispiel 4b). Den Eindruck formelhafter Dichte kehrt Messiaens Melodiegestalt noch hervor, indem ihr Rhythmus, im Choral fließend-unbestimmt, als ein zweitaktiges Ostinato gestaltet ist, das Züge des in sich Rückläufigen, Kreisenden erhält.[62] Im Verweis auf das Kyrie-Modell aber wird die Mittel-

[62] Im Notenbeispiel 4a ist die erste *Kyrie*-Gruppe vollständig wiedergegeben (Mittelstimme, T. 2-7). T. 2 und T. 6 zeigen den ersten und dritten – bogenförmig sich entsprechenden – *Kyrie*-Ruf, T. 4 enthält den zweiten, behutsam geweiteten. Die *eleison*-Bitte kehrt innerhalb dieser ersten Gruppe stets notengetreu wieder (T. 3/5/7), in der zweiten und dritten tritt noch die Quint-Transposition hinzu. Das rhythmische Ostinato, in T. 2/3 exponiert, prägt nicht nur das krebsförmige Moment aus (♫ ♫ ♬ → ♬♫♫), keimhaft bewahrt sich zugleich – wiederum gemäß der Proportion 1:3 – die Idee der Entfaltung (♩ → ♩. ♪♩). Vgl. A. Michaely, *Musik Messiaens*, 419.

stimme symbolisch komplex: Ist die Melodie innerhalb der Stimmschichtung allein dem Sohn zugehörig, so deutet sie in ihrer zeitlichen Entfaltung auf die drei Personen in ihrer Einheit hin. – In sich noch dichter ist die Unterstimme, Sinnbild des Vaters, gefügt (Notenbeispiel 4a). Sie bildet ein weit gefasstes Ostinato, das in seiner Wiederkehr strenge rhythmische Identität wahrt, nur melodisch unmerklich variiert wird. Drei Hindu-Rhythmen prägen dies Ostinato; hintergründig wirken sie als eine zahlhaft-komplexe Ordnung, sinnfällig werden sie als ein in sich differenzierter, freischwebender, sich beschleunigender und wieder verbreiternder Puls.[63] Als musikalische Elemente einer fernen Kultur mögen sie zugleich Hinweis sein auf die Universalität des einen Gottes. Der Vorstellung von Universalität entspricht ebenso der chromatisch geprägte, einen weiten Raum zwischen den Polen *g* und *D* durchmessende Linienzug. Variable Momente – wie der unmerklich hervortretende Quart-Tritonus-Wechsel oder die ausschnitthafte Modalität im Zentrum der sich neigenden Bewegung – stellen subtile Bezüge zur Hauptmelodie her. Die Oberstimme, wie hineingeweht ins dichte Gefüge, symbolisiert den Heiligen Geist. Sie ist frei-bewegtes motivisches Spiel. Zugleich kennt auch sie ein ordnungsstiftendes, ihr Spiel wie von innen her verstrebendes Moment: eine rhythmisch gedehnte, zart-expressive Dreitonfolge, die – in melodischer Steigerung – dreimal erklingt.[64] Dass das konstruktive Moment in den drei Stimmschichten unterschiedlich ausgeprägt ist, erscheint wiederum als Ausdruck einer theologischen Symbolik.

Allein schon darin, wie behutsam die Musik ein Gregorianisches Kyrie beschwört, offenbart sich eine spezifische Haltung. Nicht unmittelbare Darstellung, sondern sinnbildhafte Vergegenwärtigung

---

63 Das Bass-Ostinato besteht aus den drei rhythmischen Formeln *râgavardhana* („Rhythmus, der der Melodie das Leben gibt"), *candrakalâ* („Schönheit") und *lakskmîça* („Frieden"). Dieser Gruppierung entspricht die Dauernfolge 19 (4+4+4+2+3+2) + 16 (2+2+2+3+3+3+1) + 17 (2+3+4+8) Sechzehntel; der lange Wert des Schlusstons *D* stellt eine Hinzufügung dar, in der sich die retardierende Tendenz der dritten Formel fortsetzt (vgl. die Pedalstimme, T. 1-5). Indem diese dreiteilige rhythmische Struktur der Trinität zugeordnet erscheint, erhält auch die Unterstimme symbolische Komplexität. Vgl. A. Michaely, *Musik Messiaens*, 46, 421f. u. 741-743.

64 Im Notenbeispiel 4a zeigt sich die erste dieser Dreitonfolgen (Oberstimme, T. 4/5): b^2-a^2-fis^2 (= 12 + 4 + 3 Sechzehntel; die erste Dauer bildet das Produkt der zweiten und dritten).

erscheint als kompositorisches Ziel; so bildet dies Stück den tastenden Versuch, sich in Anrufung und Bitte dem Geheimnis der Trinität zu nähern. Evoziert wird ein imaginärer Raum, der Stille, Weite, inneres Gesammeltsein atmet. Zur *glorificatio* wird die Musik gerade in ihrer Verhaltenheit, ebenso in der Dichte des Konstruktiven. Herrlichkeit verhüllt sich gleichsam, ihr Gestisches ist ins hintergründig Strukturelle überführt. Gestiftet wird eine Zeitgestalt, die, indem sie spezifische Möglichkeiten neuer Musik entfaltet, in sich ruhend wirkt; darin darf sie als Vorschein und Ahnung jener anderen, erfüllten Zeit wahrgenommen werden, welcher die eschatologische Erwartung gilt.

Und jenseits des Liturgischen? – Strahlkraft erhält, so Adorno, in der neuen Musik gerade dasjenige, was sich der Erfahrung der Negativität stellt: „Selbst Kunstwerke, welche Feier und Trost unbestechlich sich verbieten, wischen den Glanz nicht weg, gewinnen ihn desto mehr, je gelungener sie sind.“[65] Zum entscheidenden Kriterium wird wieder das Gelungensein als solches, entdeckt insbesondere in den frühen, frei atonalen Werken Weberns; wohl mit Blick auf diese heißt es in der *Ästhetischen Theorie*: „Daß die bedeutungsferne Sprache keine sagende ist, stiftet ihre Affinität zum Verstummen. Vielleicht ist aller Ausdruck, nächstverwandt dem Transzendierenden, so dicht am Verstummen, wie in großer neuer Musik nichts so viel Ausdruck hat wie das Verlöschende, der aus der dichten Gestalt nackt heraustretende Ton, in dem Kunst vermöge ihrer eigenen Bewegung in ihr Naturmoment mündet.“[66] Weberns *Fünf Sätze für Streichquartett* op. 5, 1909 komponiert, sind hierfür exemplarisch. Ihr II. Satz: ein ungemein zarter, durchbrochener, akkordisch behutsam gestützter Gesang. Zum Höhepunkt gerät äußerste Zurücknahme, ein nur punktuell ergänztes Bicinium der Geigen (T. 7-9): Melodiefragmente – wie aus der Erinnerung zitiert – ertönen über einem zeitvergessenen Sekundpendel: eine wie verwehte Musik, die in sich dennoch aufzuleuchten vermag. Hierauf ein Epilog, worin das Subjektive schon transzendiert erscheint; pentatonisch gefärbt, wie frühestes Singen, verliert sich die Musik in eine imaginäre Ferne, wandelt sich gleichsam zum Naturlaut (T. 12/13). Das erreicht eine neue Qualität, weil die Musik noch in ihrem Aufleuchten sich jeder

---

65 Th. W. Adorno, *Ästhetische Theorie*, 127.
66 Ebd., 123.

auftrumpfenden Gebärde enthält. Eine Herrlichkeit lässt sich ahnen, welche die Attitüde von Herrschaft abgestreift hat.

*

Nicht auszuloten ist, wie vielgestaltig Musik Herrlichkeitsvorstellungen vermitteln kann: (1) ontologisch, d. h. schon von ihrer abstrakten zahlhaften Seinsweise her, oder – eindringlicher – als konkretes, klingendes Gefüge; (2) thematisch, indem eine Komposition selber, etwa in Form eines Gloria-Hymnus, Herrlichkeit anspricht, oder jenseits aller liturgischen Bezüge; (3) übergreifend: als Ton, der sich über ein ganzes œuvre hin verströmen kann, oder punktuell: als überwältigend schöne Stelle, die ihre Leuchtkraft freilich vom Ganzen her empfängt; (4) nach außen, durch instrumentale Prachtentfaltung und Gloria-Gestus, oder – gleichsam paradoxal – nach innen hin gewendet; (5) als ein behutsamer Verweis oder aber zu jener plötzlich aufblitzenden apparition sich verdichtend.

Musikalische und liturgische Zeit begegnen sich, wenn man der Vorstellung Raum lässt, dass Musik sich nicht in der Zeit bewegt (die ihr dadurch quasi vorgegeben wäre), sondern selber Zeit stiftet: eine Eigenzeit, die gegenüber der empirischen qualitativ anders ist.[67] Speziell die neue Musik erkundet Möglichkeiten, das zeitliche Geschehen im Jetzt zu verdichten: ein Grund, sie in den liturgischen Kontext zu integrieren. Solche Musik könnte sich der bleibenden Herausforderung stellen, Herrlichkeit und Kreuz gleichzeitig, als einen unauflöslichen Zusammenhang zu vergegenwärtigen. Geistlich bestimmt in diesem Sinne wäre Musik, die „das Wesen des Messias Jesus anzunehmen trachtet“:[68] die, indem sie sich dem Leiden gegenüber öffnet, von innen her zu leuchten beginnt. Überhaupt wäre Offenheit ihr Signum, wie sie selbst nach Offenheit, der Bereitschaft zu hören, verlangt.

---

67 Vgl. H. H. Eggebrecht, *Musik als Zeit*, Wilhelmshaven 2001, 21-25.

68 D. Schnebel, *Geistliche Musik heute*, 428.

„Nichts stockt“

Herrlichkeit und das Fast-Nichts der Poesie

Erich Garhammer

Literatur hat immer mit zwei Vorurteilen zu kämpfen. Zum einen wird ihr vorgeworfen, das Positive, Gelungene, Geglückte auszuklammern und nur das Negative zu beschreiben. „Wo bleibt das Positive?“ ist das Summarium dieser Kritik. Von „Latrinenliteratur“ (E. Staiger) ist dann die Rede oder von der Verliebtheit ins Negative.

Der entgegengesetzte Vorwurf lautet: Literatur betreibe Affirmation. So etwa hat Th. W. Adorno die Lyrik nach Auschwitz insgesamt unter ein Verdikt gestellt, weil sie das Unaussprechliche noch in eine literarische Form zu bringen versuche. Aber noch der Laut der Verzweiflung entrichte seinen Zoll an die verruchte Affirmation.[1]

Auch der Begriff „Herrlichkeit“ ist solchen Vorbehalten ausgesetzt. Man vermutet die Apotheose des Bestehenden oder die Vertröstung auf noch Ausstehendes. Ein Blick in die Begriffsgeschichte freilich zeigt ganz anderes. Die hebräische Wortwurzel „Kbd“ umfasst im gesamten semitischen Sprachraum das Bedeutungsfeld „gewichtig, schwer, bedeutsam“. Die Septuaginta übernimmt mit doxa die hebräisch-semitische Vorstellung von „Schwere, Bedeutung“ und drängt die griechische Konnotation „Meinung, Ansicht, Schein“ erfolgreich zurück.

Das hebräische „Kbd“ markiert ein kommunikatives Beziehungsverhältnis im zwischenmenschlichen Bereich: es geht um das „Gewicht“, um die „Bedeutsamkeit“, die jedem Menschen zusteht. Diese Qualität kommt auch dem Verhältnis Jahwe-Israel zu. Israel gibt Jahwe das „Gewicht“, das ihm gebührt, es ehrt ihn, verherrlicht ihn, so wie auch Jahwe sein ganzes „Gewicht“ für Israel im Angesicht der

---

1 Vgl. dazu P. Kiedaisch (Hg.), *Lyrik nach Auschwitz? Adorno und die Dichter*, Stuttgart 1995.

Völker in die Waagschale wirft. Nachexilisch wird „Kbd“ mit der Erscheinungstheologie verbunden. Die neutestamtliche Herrlichkeitssprache bekommt dann eine inkarnatorische Pointe: Jahwes Lichtglanz erscheint nun nicht mehr im Tempel, sondern in einem Menschen aus der Peripherie: in Jesus von Nazareth.[2]

Auf diesem Hintergrund sind Herrlichkeit und Niedrigkeit nicht gegeneinander auszuspielen oder gar zu halbieren. Herrlichkeit hat es auch mit ausgehaltenen Ohnmachtserfahrungen zu tun. Die Weihnachtsgeschichte ist dafür das sprechendste Beispiel. So sollen im Folgenden zwei Weihnachtserfahrungen von zwei Literaten vorgestellt werden, die einen konkreten Ort implizieren: Berlin.

1. Paul Celan, Weihnachten 1967 in Berlin.

> DU LIEGST im großen Gelausche,
> umbuscht, umflockt.
>
> Geh zur Spree, geh zur Havel,
> geh zu den Fleischerhaken,
> zu den roten Äppelstaken
> aus Schweden –
>
> Es kommt der Tisch mit den Gaben,
> er biegt um ein Eden –
>
> Der Mann ward zum Sieb, die Frau
> mußte schwimmen, die Sau,
> für sich, für keinen, für jeden –
>
> Der Landwehrkanal wird nicht rauschen.
> Nichts
> stockt.[3]

Ich möchte bei meiner Interpretation eine biographische Ebene und eine Motivebene unterscheiden, wobei diese Unterscheidung durch-

---

2 Vgl. dazu J. Wohlmuth, *Schönheit/Herrlichkeit,* in: P. Eicher (Hg.), NHThG, München 1985, Bd. 4, 104-113.

3 P. Celan, *Gesammelte Werke,* Bd. 2, 334. Zur Interpretation vgl. P. Szondi, *Celan-Studien,* Frankfurt/M. 1972, 113-125 sowie H.-M. Speier, *Celans Berlin. Daten einer poetischen Topographie,* in: ders. (Hg.), Gedichte von Paul Celan. Interpretation, Stuttgart 2002, 175-196.

aus künstlich ist, weil die beiden Ebenen im Gedicht nicht unterschieden sind, sondern einander ständig kommentieren.

Auf der biographischen Ebene erschließt sich das Gedicht auf folgende Weise. Celan hat dieses Gedicht Peter Huchel gewidmet zum 3. April 1968 und ihm die Angabe hinzugefügt: Berlin, 22./23.12.1967. Wir sind also über die Entstehungszeit und den Entstehungsort des Gedichts genau informiert. Es ist in einer Nacht kurz vor Weihnachten 1967 in Berlin geschrieben. Celan war im Dezember 1967 zum ersten und einzigen Mal in Berlin. Diese Tatsache ist vor dem Hintergrund seiner Biographie hochbedeutsam. Man kann sich ausmalen, welche Gefühle den Juden Celan in Berlin begleitet haben, dem Ort, von dem aus der Genozid am jüdischen Volk auf administrativem Weg seinen Anfang nahm. Celan hat im Holocaust seine ganze Familie verloren. Hintergrund für Celans Berlinaufenthalt war eine persönliche Einladung von Peter Szondi und Walter Höllerer zu einer Lesung im Studio der Akademie der Künste und einem kleinen Kreis von Studierenden und Hochschullehrern im Seminar für Allgemeine und Vergleichende Literaturwissenschaft. Darüberhinaus gab es für Celan keine weiteren Verpflichtungen.

> „Du liegst im großen Gelausche,
> umbuscht, umflockt“

Celan traf am 16. Dezember 1967 in Berlin ein. Er wohnte während seines Aufenthalts in der Akademie der Künste, einem modernen Bau im Hansa-Viertel. Sein Zimmer hatte einen Blick auf einen mit Büschen bepflanzten Teil des Tiergartens. Was im Gedicht sehr rätselhaft klingt, erweist sich als eine äußerst konkrete und präzise Ortsangabe.

> „Geh zur Spree, geh zur Havel,
> geh zu den Fleischerhaken,
> zu den roten Äppelstaken
> aus Schweden -...“

Ein Freund war mit Celan zur Hinrichtungsstätte nach Plötzensee gegangen, wo die Verschwörer des 20. Juli an Fleischerhaken erhängt wurden. Er führte ihn anschließend auf den Weihnachtsmarkt am Funkturm, wo verschiedene Länder ausstellten. An einem der Stände, dem schwedischen, wurde Celan auf einen aus rotgestrichenem Holz gefertigten Adventskranz aufmerksam, auf dem Äpfel und Kerzen gesteckt waren.

„Es kommt der Tisch mit den Gaben,
er biegt um ein Eden –
Der Mann ward zum Sieb, die Frau
mußte schwimmen, die Sau,
für sich, für keinen, für jeden...“

Celan hatte nichts zum Lesen dabei und bat deshalb Szondi um eine Lektüre. Dieser gab ihm ein gerade erschienenes Buch über den Mord an Rosa Luxemburg. Vor diesem Hintergrund zeigte Szondi Celan anschließend auf einer Fahrt zur Akademie der Künste vom Auto aus den Platz des einstigen Hotels „Eden“, in dem Rosa Luxemburg und Karl Liebknecht die letzten Stunden vor ihrer Ermordung verbrachten. Das „Eden“ liegt umittelbar neben dem Europa-Center, dessen Geschäfte für das kommende Weihnachtsfest geschmückt waren. Diese Einzelinformationen über Celans Aufenthalt in Berlin erschließen das Gedicht, das zunächst einmal sehr rätselhaft klingt, als eine präzise, beinahe protokollarische Beschreibung realer Vorgänge. Das Gedicht erzählt, was Celan in Berlin erlebt hat. Es erzählt aber auch von seiner Deutung. Damit ist die zweite Ebene des Gedichts angesprochen, die als Motivebene bezeichnet werden kann. Dabei werden ständig zwei Motive ineinander verwoben: Der politische Mord an Rosa Luxemburg und Karl Liebknecht sowie das christliche Fest „Weihnachten“.

„geh zu den Fleischhaken,
zu den roten Äppelstaken
aus Schweden...“

Beide, die Fleischhaken und die Äppelstaken, sind rot. Rot vom Blut der Gehenkten, aber auch geprägt vom Rot der Weihnachtskränze. Weihnachten ist der Geburtstag dessen, der am Galgen in seinem Blute hängen wird vergleichbar mit den Gehenkten in Plötzensee. Das freudige, festliche Rot der Weihnachtskränze wird durch die Verknüpfung, die Celan im Gedicht herstellt, zur eindringlichen Mahnung.

„Es kommt der Tisch mit den Gaben,
er biegt um ein Eden...“

Der Zusammenhang, den Celan sprachlich herstellt, ist noch abgründiger als der oben genannte. Der reich gedeckte Gabentisch an Weihnachten nämlich erinnert an das Paradies, an den Garten, der den Namen „Eden“ trägt. „Eden“ ist aber darüber hinaus der Name des Ortes, an dem der Mord an Rosa Luxemburg und Karl Liebknecht seinen Ausgang nahm. „Eden“ wird – obwohl als Paradies gemeint – durch die Hand der Menschen zur Hölle. Die Einheit von Paradies und Hölle in dem Wort „Eden“, die Indifferenz der Menschen, die zulässt, dass der letzte Aufenthaltsort von Rosa Luxemburg und Karl Liebknecht den Namen des paradiesischen Lustgartens trägt, war Celans poetologisches Credo. Ihm war die Erfahrung vertraut, dass die Milch schwarz ist und das Schwarze Milch sein kann.

> „Der Mann ward zum Sieb, die Frau
> mußte schwimmen, die Sau...“

Diese Worte sind sprachliche Anklänge aus den Vernehmungsprotokollen, die in dem Buch, das Szondi Celan geschenkt hatte, verzeichnet sind. Karl Liebknecht war von den Schüssen auf ihn durchlöchert wie ein Sieb. Einer der Mörder Rosa Luxemburgs, der Jäger Runge, hat ausgerufen: „Die alte Sau schwimmt schon“. Celan nimmt die Vulgärsprache in sein Gedicht auf. So dokumentiert er sprachlich die unerbittliche Realität und Gewalt, die kein Gedicht aus der Welt schaffen kann. Zugleich erinnert er aber auch an den Zusammenhang von Sprache und Mord. Auch der Holocaust hat in Worten seinen Anfang genommen.

> „für sich, für keinen, für jeden“

Diese Worte können auf Karl Liebknecht und Rosa Luxemburg bezogen werden, aber auch auf den an Weihnachten Geborenen. Auch sein Tod ist ein Tod „für sich, für keinen, für jeden“. Der Tod „für sich“ mahnt die Unerbittlichkeit des gestorbenen Todes an, jeder dieser drei Menschen stirbt seinen Tod, sie sterben als unverwechselbare Individuen. Der Tod „für keinen“ lässt die Vergeblichkeit ihres Tuns assoziieren. Alle drei sind in den Augen der Sieger „Gescheiterte“. Der Tod „für jeden“? Verbirgt sich darin vielleicht eine Hoffnung Celans, dass der Tod dieser drei Menschen doch etwas verändern könnte? Ist es ein Bogen von Weihnachten zu Ostern?

Abgründig dagegen wieder der Schluß des Gedichts:

„Der Landwehrkanal wird nicht rauschen".

Die hier geschilderten Tode haben die Welt nicht verändert. Alles scheint seinen gewohnten Gang weiterzugehen. Wirklich alles?

„Nichts
stockt".

Hier spüren wir höchste poetische Kunst am Werk. Zwei Worte nur, aber sie haben es in sich. „Nichts stockt" sagen die Worte zunächst einmal und beschreiben damit die unumkehrbare Realität. Und doch ist in diese Aussage in all ihrer Härte ein Hoffnungsschimmer eingraviert. Es ist nämlich die Sprache, die stockt, die über das Geschehene nicht einfach hinweggeht. Das Schriftbild des Gedichts macht dies bewusst.

Allein die schwache Stimme der Poesie wirft Celan in die Waagschale. Sie ist ungeschönte Beschreibung und Widerspruch in einem.

Dieses Gedicht von Paul Celan drückt also etwas aus von Ambivalenz und Ambiguität allen menschlichen Lebens: die Sprache sucht Unaussprechliches auszusprechen, dem Bedrängenden einen Ausdruck zu geben, dabei wird das Dunkel durch den angedeuteten Verstehensversuch nicht ausgelöscht oder überstrahlt, es behält seinen Ort. Dieses poetologische Prinzip von Paul Celan durchzieht sein dichterisches Schaffen. Leben geht nicht einfach glatt, sondern ist ge-zeichnet, gezeichnet vom Tod und angetaner Vernichtung. Leben hat immer Gravuren, hat von daher Gewicht und Bedeutung. Jedem Gedicht – so formuliert es Celan später, ist sein 20. Jänner eingraviert: wobei der 20. Jänner den Tag meint, als Lenz ins Gebirge ging, aber auch das Datum der Wannsee-Konferenz, als die Judenvernichtung beschlossen wurde, aber auch den Tag der Trennung Celans von Ingeborg Bachmann. Jedes Gedicht ist von dieser Gravur gekennzeichnet.[4]

4 Vgl. dazu die Büchnerpreis-Rede „Der Meridian", gehalten am 22.10.1960 in GW 3, 187-202. Für Celan wird das Gedicht zur „Vigilie". Er bezieht sich dabei in seiner Meridian-Rede auf die von Pascal inspirierte Karfreitagsmeditation von Leo Schestow aus dem Jahr 1923 „La nuit de Gethsemani", in der Pascal zitiert wird mit dem Satz „Jesus wird in der Agonie verharren bis zum Weltende: in dieser Zeit darf man nicht schlafen." Vgl. dazu B. Böschenstein,

Celans Gedicht kennt noch einen weiteren literarischen Bezug: Büchners „Dantons Tod“. Nach dem Tod von Camille durch die Guillotine trauert seine Frau Lucile:

> „Es darf ja alles leben, alles, die kleine Mücke da, der Vogel. Warum denn er nicht? Der Strom des Lebens müsste stocken, wenn nur der eine Tropfen verschüttet würde. Die Erde müsste eine Wunde bekommen, von dem Streich.
> Es regt sich Alles, die Uhren gehen, die Glocken schlagen, die Leute laufen, das Wasser rinnt und so so Alles weiter bis da, dahin – nein! Es darf nicht geschehen, nein – ich will mich auf den Boden setzen und schreien, dass erschrocken Alles stehen bleibt, Alles stockt, sich nichts mehr regt.
> *Sie setzt sich nieder, verhüllt sich die Augen und stößt einen Schrei aus. Nach einer Pause erhebt sie sich.*
> Da hilft nichts, da ist noch alles wie sonst, die Häuser, die Gasse, der Wind geht, die Wolken ziehen – Wir müssen's wohl leiden“.[5]

Das „Nichts stockt“ im Gedicht von Paul Celan ist die Erfahrung des „weiter so“ in einem Unrechtskontext. Nur die Sprache hat die ohnmächtige Macht einzuhalten. Paul Celan macht das sichtbar durch das Stocken des Sprachbildes. Es ändert sich nichts und doch ändert sich für den, der sehen kann, alles.[6]

2. Durs Grünbein, Weihnachten zur Jahrtausendwende in Berlin

Den poetologischen Ansatz von Durs Grünbein hat der Würzburger Literaturwissenschaftler W. Riedel treffend so gekennzeichnet:

Die Toten von Auschwitz und Treblinka als Grund von Celans Dichtung, in: W. Braungart/M. Koch (Hg.), Ästhetische und religiöse Erfahrungen der Jahrhundertwenden III: um 2000, Paderborn 2000, 19-28, hier 23.

5 Georg Büchner, *Dantons Tod*, in: Dichtungen, hrsg. von H. Poschmann, Frankfurt a.M. 2002, 88f.

6 Vgl. dazu Peter Handke: *„Das Poetische: das Fastnichts, das die Welt umspannt“*, in: ders., Gestern unterwegs. Aufzeichnungen November 1987 bis Juli 1990, Salzburg und Wien 2005, 428 sowie R. Kunze: *„Das, was das Gedicht zu bewirken vermag, ist wie Fast-Nichts“*, in: R. Kunze, Bleibt nur die eigne Stirn. Ausgewählte Reden, Stuttgart 2005, 51.

„Wissenschaftlicher Anschluss an die gegenwärtige Neurophysiologie und literaturhistorischer Anschluss an Benn."[7]

Ein Jahr vor der Wende – es war zugleich das Jahr der Entdeckung des in Dresden geborenen Literaten Grünbein – hielt er in dem Gedichtband „Grauzone morgens" folgendes fest:

> IN UNSEREN BREITEN ruft man die Dinge
> nicht an, jeder weiß das: kein
> Grund zur Beschwörung. Wer morgens
> aufwacht braucht nur den Wecker zur
> Orientierung, das Radio meldet sich
> pünktlich von selbst mit den
> vertrauten Tiefseegeräuschen.[8]

Gewöhnlichste Normalität wird hier umschrieben, das lyrische Ich notiert diffuse, im Frühlicht trübe aufscheinende Details, das Alltagsstenogramm hält Vertrautes fest und reklamiert Sicherheit, die Brüchigkeit und die Untiefen werden nur zwischen den Zeilen angedeutet.

Diese Brüchigkeit wird dann das Thema des nächsten Gedichtbandes „Den Teuren Toten. 33 Epitaphe" (1994). Grünbein überschreibt den Gedichtzyklus mit n.f.n.s.n.c. (= non fui non sum non curo). Die Gedichte verdanken sich angeblich einem Anonymus, P 13, ein Pseudonym für einen Dichter, der ein Konvolut von Nachrufen auf einem Dachboden in Dresden gefunden hat. Die Dingsymbole, die darin auftauchen, verweisen die Texte allerdings in die Gegenwart: Fernsehen, U-Bahn, Walkman usw.

Drastisch wird in diesen Gedichten Apathie („Nichts sagten") und Aggression („Du Arschloch") von Großstadtmenschen gezeichnet:

> Berlin. Ein Toter saß an dreizehn Wochen
> Aufrecht vorm Fernseher, der lief, den Blick
> Gebrochen. Im Fernsehn gab ein Fernsehkoch
> Den guten Rat zum Kochen.
>
> Verwesung und Gestank im Zimmer,
> Hinter Gardinen blaues Flimmern, später
> Die blanken Knochen.

---

7 W. Riedel, *Poetik der Präsenz. Idee der Dichtung bei Durs Grünbein*, in: IASL 24 (1999), 82-105, hier 98. Zu Grünbein vgl. auch den Artikel von H. Korte im KLG.

8 D. Grünbein, *Grauzone morgens. Gedichte*, Frankfurt M. 1988, 14.

Nichts

Sagten Nachbarn, die ihn scheu beäugten, denn
Sie alle dachten längst dasselbe: „Ich hab’s
Gerochen.“

Ein Toter saß an dreizehn Wochen...
Es war ein fraglos schönes Ende.

Jahrtausendwende[9]

Ein anderes Beispiel.

In einer U-Bahn, früh am Morgen, lag ein Toter
Erwürgt mit einem Draht. Aus seinen Ohren quoll
Musik aus einem Walkman irgendwo im Innern
Der Lederjacke, blutverschmiert. Sein kalter Schädel
Hing über die zerstochene Sitzbank wo mit Filzstift
In Kinderschrift geschrieben stand „Du Arschloch!“[10]

Wie Anekdoten oder Sensationsmeldungen in Zeitungen lesen sich diese 33 Epitaphe, die keine Nachrufe sind, sondern in die umschwiegene Tabuzone „Tod“ hineingerufen werden. Eher wird blankes Entsetzen evoziert als moralische Entrüstung.

Es sind zwei Blicke, die auf die Wirklichkeit geworfen werden. Zum einen wird der Müll der Zivilisation sichtbar, zu dem auch der Mensch gehört, zum anderen werden wie durch den Ausbruch eines Vulkans von heißer Lava auf Dauer gestellte Szenen festgehalten. Diesen Gedanken hat Grünbein in seinem Aufsatz „Vulkan und Gedicht“ entfaltet, wo er die Müllhalde um Dresden und den Ausbruch des Vesuvs miteinander in Beziehung bringt. Beides gehört zusammen: „Der zivilisatorische Auswurf und jene Lava, in der die ersten Augenblicke, Dinge und Gesten, Szenen und Gedanken, konserviert sind gleich überraschten Lebewesen.“[11]

Ein neuer Ton wird bei Grünbein hörbar in seinen Berliner Aufzeichnungen (2001). Grund dafür ist die Geburt der Tochter

---

9 D. Grünbein, *Den Teuren Toten.* 33 Epitaphe, Frankfurt M. 1994, 8.

10 Ebd. 35.

11 D. Grünbein, *Vulkan und Gedicht,* in: ders., Galilei vermißt Dantes Hölle, Frankfurt a.M. 1996, 34-39, hier 39. Vgl. dazu M. Zanucchi, *Das Diorama und der sarkastische Blick.* Kritische Bemerkungen zur Poetik Durs Grünbeins, WB 51 (2005), 219-235.

Vera, aber auch die Erfahrung der Bedrohtheit dieses anvertrauten Lebens: die Konversion vom unbeteiligten Stoiker zum passionierten Vater kommt zum Vorschein. Angesichts einer schweren Erkrankung der Tochter hält Grünbein fest: „Doch von jetzt an bist du gewarnt, Stoiker. Am seidenen Faden hängt, was dir als größte Kostbarkeit anvertraut wurde."[12]

Wohl selten sind Geburt und Erfahrungen der Geburt so einfühlsam geschildert worden wie in diesem Buch von Grünbein. Es lässt diese atemberaubenden, Leben und Tod umschließenden Erfahrungen geradezu miterleben. Längst vor der Geburt geht die Suche nach dem Vornamen los:

> „Immer öfter taucht nun der Vorname in Anspielungen auf. Lexika werden gewälzt, Romanfiguren und Helden der Zeitgeschichte auf ihre Verwendbarkeit hin geprüft. Was in der Luft liegt und als Echo durch sämtliche Kindergärten und Schulen geistert, wird sofort verworfen. Mancher Vorschlag wird schamvoll begraben, sobald die statistische Häufigkeit ins Auge springt. Mit diebischer Freude macht man sich über Todesanzeigen her, registriert das Ausscheiden gewisser anachronistischer Namen. Als sicherste Fundgrube gilt noch immer die Bibel. Favoriten unterliegen einer stillschweigenden Geheimhaltungsregel. Wer indiskret nachfragt, wird mit einem strafenden Lächeln beschieden. Nichts ist intimer als dieser lange verheimlichte Name, eine Lautfolge, leicht wie ein Federwölkchen am gemeinsamen Horizont."[13]

Dann die Schilderung, geradezu das Protokoll einer Geburt (129-133). Alles ist noch einmal ganz anders, dramatischer als vorgestellt, eine Grenzerfahrung, das Überschreiten einer Schwelle:

> „Doch dann die Wehen! Wie eine riesige Brandungswelle, von weither anrollend, braut jede sich in der Ferne zusammen, bevor sie den Körper, der längst verzagt hat, überschwemmt und jeden Widerstand mit sich reißt. Da erst versteht man die wahre Bedeutung solcher Interjektionen wie „Wehe!", „Weh mir!"... Die Zerreißung des Körpers findet in Zeitlupe statt. Am Ende liegt auch die stärkste Geduld unter Bergen von Schmerzen begraben."[14]

> „Und das Kind? ... Als sie endlich herausgeplumpst war, hilflos vornübergefallen auf allen vieren, den schweren Kopf und den Buddhabauch

---

[12] D. Grünbein, *Das erste Jahr. Berliner Aufzeichnungen,* Frankfurt M. 2001, 315.

[13] Ebd. 116f. Vgl. die schönen Bemerkungen zur Namensforschung bei T. Benner, *Gottes Namen anrufen,* Paderborn 2001.

[14] Ebd. 130.

gotterbärmlich auf das fleckige Laken gesenkt, vergingen ein paar furchtbare, bange Sekunden. Es waren die längsten in meinem bisherigen Leben. Nein, das war nicht die lang ersehnte Ekstase. Auf einmal wimmelte dort, mit Stacheln und Giftzähnen drohend, ein ganzes Knäuel von Gefahren. Und keine hatte sich angekündigt, vor keiner war man, in blinder Elternzuversicht, je gewarnt worden. Sicher, das Kind regte sich, aber nur so wie ein Vogeljunges, aus seinem Nest gefallen, konvulsivisch am Boden zuckte. Kein Laut drang aus der winzigen Kehle. Und die plötzliche Geschäftigkeit der versammelten Profis sagte einem, dass irgendetwas nicht stimmte.“[15]

Doch nach erfolgtem erstem Schrei und leergepumpter Lunge die Erleichterung und die schöne Erfahrung, dass das Kind am kompetentesten von allen agierte:

„Überhaupt schien sie uns von allen die Gelassenste zu sein. Seelenruhig sah sie den neuen Anforderungen entgegen. Keine zwei Stunden nach der Entbindung begann dieses schlaue Geschöpfchen zu trinken ... Der Mund hatte sein Hauptziel gefunden, die Mutterbrust. Der Moment der Vereinigung lief nicht weniger ingenieurstechnisch präzis ab als das Andocken der Raumfähre an einer Orbitalstation.“[16]

Aus diesen Erfahrungen formt sich dann ein poetischer Willkommensgruß:

Begrüßung einer Prinzessin

Willkommen an Bord, Däumling du, Menschlein, brandneu.
Zierliche Nymphe, zitternd wie Espenlaub, Milchtrinker, Wicht.
Alles dank dir, Glückskind, beginnt nun, gut griechisch, mit *Eu*...
Wie sie dich halten, Krabbenfang, ängstlich, dass nichts zerbricht.
Vergiß deine Höhle, die Mutter. Sieh sie dir gut an von draußen.
Beim Stillen, im Schlaf, halt dich fest, kleine Knospe am Stamm.
Laß die Welt ihre Runden drehen, ein fernes Ohrensausen.
Du bist die Mitte, um dich gehts: die zweieinhalbtausend Gramm.[17]

Doch dann urplötzlich die Erfahrung erster Bedrohung dieses jungen Lebens, eine tückische Krankheit. Genau an Weihnachten bricht sie aus, die Eltern versuchen zunächst eine eigene Behandlung, schrecken von einer Belästigung von Ärzten an diesen Tagen

---

15 Ebd. 132.
16 Ebd. 133f.
17 Ebd. 134.

zurück. Aber dann eine dramatische Zuspitzung, Lebensgefahr. Aus der Tochter wird eine Patientin.

> „Der Name steht auf dem Krankenschein, der in einer Klarsichthülle steckt am Fußende des eisernen Gitterbetts. Kranksein heißt, der Familie enteignet zu werden, rund um die Uhr Kontrolle. Nun liegt sie da, im geschlossenen Käfig, wie unberührbar, ein Findling in fremder Umgebung ... Der gewaltige technische Apparat und inmitten der Monitore und Kabel der winzige Körper gab der Szene den Anschein von Lebensgefahr... Lange nach Mitternacht, auf dem Heimweg in die verwaiste Wohnung, verfolgt mich das kleine zerknautschte Gesicht. Diese entsetzlich traurigen Augen, fast zugeweht unter der Schneedecke aus Verbandszeug und weißen Laken.“[18]

Diese Assoziationen von „Schneedecke“ und „Verbandszeug“ werden dann in dem Gedicht „Weiße Weihnacht“ aufgegriffen. Ein zärtliches Gedicht, das künftig in jedem Lesebuch stehen sollte:

Weiße Weihnacht

Erster Schnee. Nur sie hat nichts davon.
Schwitzt mit vierzig Fieber, Hagebuttenkopf,
Matt im Gitterbettchen, „auf Station“.
Leise rieselt die Glukose durch den Tropf.

Weich im Flockenfall von Mull und Watte
Liegt sie zwischen Schläuchen eingebettet.
Auf dem Monitor vorm grünen Schatten
Malt ihr Puls die Skyline von Manhattan.

Festlich aufgeputzt, das Krankenzimmer
Hat von Weihnacht nichts und Krippenspiel.
Da im High-Tech-Stall, apathisch wimmernd,
Teilt sie mit dem Christkind das Exil.

Dabei läßt ihr Mondgesicht im Kopfverband
Eher an den kleinen Dalai Lama denken.
Die Kanüle in der bandagierten Hand,
Muß sie sich aus Trotz den Arm verrenken.

Reisschleim, trübe wie geschmolzner Schnee,
Soll die Milch ersetzen. Strengste Quarantäne
Hat der Arzt verordnet. Von dem Magenweh
Steht im Augenwinkel glitzernd eine Träne.

---

18 Ebd. 314f.

In der Blutbahn toben sich die Viren aus.
Die Drei Könige mit leeren Schwesternhänden
Bringen nichts als Kälte in das Krankenhaus.
Erster Schnee. Was sieht sie? Weiße Wände.[19]

19 Ebd. 315f.

Reflexionen

„Herr“lichkeit?

Feministisch-theologische Überlegungen

Lucia Scherzberg

Auf den ersten Blick scheint kaum ein Begriff weiter entfernt von feministisch-theologischer Reflexion als „Herr“lichkeit – schon das Wort „Herr“, die Konnotationen von Majestät und Ehre sowie die sprachliche Nachbarschaft zu „herrisch“ oder „Herrschaft“ lassen den Verdacht aufkommen, eine theologische Betrachtung von „Herrlichkeit“ oder die Verarbeitung dieses Begriffs in der Gotteslehre diene eher dem Aufbau einer religiösen Machtideologie.

Ist die Herrlichkeit Gottes nur eine der vielen Varianten eines verzerrten Gottesbildes – angefertigt nach Maß des Mann-Seins – , das ohnehin für den Normalfall des Menschseins gehalten wird? Ein herrischer Gott, dessen Herrschaft im Himmel der Herrschaft der Männer auf Erden oder auch umgekehrt entspricht? Es sieht also mehr danach aus, dass feministische Theologie allenfalls mit Kritik auf die Rede von der „Herrlichkeit Gottes“ reagieren kann.

Ein Blick auf die biblische Verwendung des Begriffs, die in diesem Buch ja schon ausführlich erörtert wurde, bestätigt zunächst die Assoziation von Macht – denn Ehre, Majestät, Würde, Machtglanz sind durchaus gängige Wiedergaben des alttestamentlichen „kabod“ und der neutestamentlichen „doxa“. Ein weiteres Hinschauen zeigt jedoch, dass im Alten Testament „kabod“ ganz entscheidend mit der Gegenwart Gottes in Israel, seinem Volk, verbunden wird, sei es als Präsenz im Heiligtum, als nicht an einen Ort gebundene Gegenwart Gottes oder als endzeitliche für alle Völker gedachte Erscheinung der Gegenwart Gottes auf dem Zion.

Im Neuen Testament wird neben der „doxa“ Gottes von der „doxa“ Jesu Christi gesprochen, die sich aber nicht in Triumph und Machtgebaren äußert, sondern in Leiden, Kreuz und Erniedrigung.

Altes und Neues Testament reservieren den Begriff nicht für Gott und Jesus Christus, sondern sprechen auch von der Herrlichkeit der

Geschöpfe, die von Gott gegeben ist. Der Mensch kann dieser Herrlichkeit aber auch verlustig gehen bzw. hat sie schon durch die Abwendung von Gott und seinem Willen verloren.

Nehmen sich systematische Theologen der Thematik an, was nicht besonders häufig geschieht, stellen sie sie in den Rahmen einer theologischen Ästhetik. „Herrlichkeit“ erscheint als „Schönheit“. Der Ort dieser Reflexionen über die Schönheit Gottes ist neben der Schöpfungslehre insbesondere die Gnaden- und Versöhnungslehre. Für Hans Urs von Balthasar beispielsweise sind Schöpfung, Versöhnung und Erlösung eine Selbstdarstellung Gottes im weltlichen Stoff von Natur, Mensch und Geschichte – ein feministisch-theologisch interessanter Gedanke, weil die Verbindung von Gott, Mensch und Natur im Vordergrund steht sowie eine relativ optimistische Sicht von Welt und Mensch.

Die Liturgie ist generell weniger zurückhaltend mit dem Begriff der Herrlichkeit umgegangen als die Dogmatik. Den Begriff Herrlichkeit in vertrauten liturgischen Formeln durch Schönheit zu ersetzen, wäre sicherlich ein Weg, um die Herrlichkeit Gottes von Bildern militärischer Macht zu lösen. Wenn von dem „Herrn der Heerscharen“ oder dem „Herrn aller Mächte und Gewalten“ in der Weise gesprochen würde, dass Himmel und Erde erfüllt seien von der Schönheit Gottes, würden sicherlich andere Assoziationen in Gang gesetzt.

Andererseits ist der Begriff der Schönheit aus feministischer Perspektive betrachtet mehr als fragwürdig. Eine ganze Flut feministischer Literatur hat sich mit der Verbindung von Weiblichkeit und Schönheit sowie dem riesigen Potenzial an (Selbst-)Versklavung und (Selbst-)Verstümmelung beschäftigt, das die Verbindung von Weiblichkeit und Schönheit für Frauen bereithält, wenn sie sich herrschenden Schönheitsnormen, die an den Bedürfnissen und Fantasien von Männern orientiert sind, unterwerfen.

Die Ästhetik der Moderne hat spätestens seit Nietzsche den Zusammenhang von Wahrem, Gutem und Schönem aufgelöst, weil sich das Böse auch in der Maske des Schönen zeigen kann. Die ästhetische Inszenierung öffentlicher Auftritte durch die Nationalsozialisten oder die Darstellung des schönen Körpers im Sinne der NS-Propaganda dürften als Beispiel genügen, wie problematisch es ist, von der Einheit des Wahren, Guten und Schönen auszugehen.

Im Folgenden werden in Ausschnitten wesentliche Gedanken zu Herrlichkeit und Schönheit Gottes bei Thomas von Aquin, Karl

Rahner und Hans Urs von Balthasar dargestellt und auf einen möglichen feministischen Ertrag untersucht. Gegenübergestellt wird die Kritik Luthers an den Theologen der Herrlichkeit, der aber gleichwohl von der Schönheit der Sünder sprechen kann, sowie einige weitere Entwürfe evangelischer Theologen. Abschließend greifen wir die Deutung der Herrlichkeit Gottes als Gegenwart Gottes in Israel auf.

Die Teilhabe der Menschen an der Vollkommenheit Gottes

Quaestio 44 der Summa theologiae befasst sich mit dem Hervorgang der Geschöpfe aus Gott und mit dem Ziel der Geschöpfe.[1] Art. 4 fragt deshalb danach, ob Gott die Finalursache aller Dinge sei, d. h. ob alles zu Gott als seinem Ziel strebe. Dieser Artikel folgt der Feststellung, dass alle Wesen von Gott verursacht sind und allein Gott Sein in höchster Vollkommenheit zukommt. Nur Gott ist also selbst subsistierend und als solcher einer – alle anderen Wesen müssen also an etwas partizipieren. Die Vielfalt aller Dinge ist gewissermaßen im göttlichen Geist vorgeprägt; in dieser Vielfalt realisieren die verschiedenen Dinge die Ähnlichkeit mit dem göttlichen Wesen auf unterschiedliche Weise.

Nun strebt alles, was handelt, auf ein Ziel zu. Zugleich ist alles, das sowohl handelt als auch erleidet, unvollkommen. Gott dagegen ist ausschließlich Agens. Das Unvollkommene strebt im Handeln nach etwas, das ihm nützlich ist; das Vollkommene aber handelt nicht zu seinem Vorteil, sondern will allein seine Vollkommenheit, die seine Güte ist, an das Unvollkommene mitteilen. Jedes Geschöpf strebt danach, seine ihm eigene Vollkommenheit zu erlangen. Diese kann als ein Gleichnis der göttlichen Vollkommenheit und Güte betrachtet werden. Insofern ist die göttliche Güte das Ziel aller Dinge.

Die Herrlichkeit Gottes als Güte und Vollkommenheit wird bei Thomas von Aquin im Rahmen der Schöpfungslehre erörtert. Gott als höchste Vollkommenheit beansprucht diese nicht eifersüchtig für sich, sondern schenkt sie freigebig an seine Geschöpfe weiter. Im

1 Vgl. S. th. I, q. 44, a. 1.

Streben nach seinem gottgewollten Zweck bildet der Mensch die göttliche Güte und Vollkommenheit ab, ist er Ebenbild Gottes.

Wie verhält es sich aber mit dem Einwand, dass Gott nicht das Ziel aller Dinge sein könne, weil nicht alle Gott kennten, also auch nicht zu Gott streben könnten (4. Gegenargument)? Darauf antwortet Thomas, dass alles zu Gott als seinem Ziel strebe, wenn es nach dem Guten strebe. Dies kann verstandes- und gefühlsmäßig, aber auch unbewusst geschehen (appetitus naturalis). Denn es gibt nichts, das gut ist, das nicht die Güte Gottes widerspiegelt. Also kann der Mensch im Streben nach dem Guten gar nicht anders, als Gott zu seinem Ziel zu machen, ob er das nun explizit will oder nicht.

Genau diesen Gedanken hat Karl Rahner in der Vorstellung der Einheit von Gottes- und Nächstenliebe aufgenommen. Die Nächstenliebe gilt ihm als der einzige kategoriale Akt – man könnte sagen: weltliche Akt –, in dem der Mensch weder sich selbst noch den Nächsten oder Gott verfehlt.

> „Der Akt der Nächstenliebe ist also der einzige kategoriale und ursprüngliche Akt, in dem der Mensch die kategorial gegebene ganze Wirklichkeit erreicht, sich ihr gegenüber selbst total richtig vollzieht und *darin* schon immer die transzendentale und gnadenhaft unmittelbare Erfahrung Gottes macht.“[2]

Auch die kommunikative Freigebigkeit Gottes, die die Geschöpfe zumindest tendenziell zu Abbildern der göttlichen Güte und Vollkommenheit macht, erhält in Rahners Überlegungen zum Verhältnis von Natur und Gnade einen wichtigen Platz. Der Mensch kommt ganz von Gott her und ist gleichzeitig völlig von Gott verschieden. In der Zuwendung Gottes zum Menschen bleibt Gott Gott, der Mensch aber hat in der Gnade Anteil am göttlichen Wesen.

Die Menschwerdung Gottes und die Lehre von der hypostatischen Union deutet Rahner als Höhepunkt der Hineinnahme von Mensch und Materie in das göttliche Wesen. Dann dürfe der Mensch nicht gering von sich denken, weil er sonst ja gering von Gott dächte. Gott bleibt zwar Geheimnis, bleibt in unzugänglichem Licht, aber der Mensch ist „das ausgesagte Geheimnis Gottes“.[3]

---

2 K. Rahner, *Über die Einheit von Gottes- und Nächstenliebe*, in: ders., Schriften zur Theologie, Bd. VI, Einsiedeln 1965, 277-298, hier: 294 .

3 K. Rahner, *Grundkurs des Glaubens. Einführung in den Begriff des Christentums*, München 1976, 223.

Bei Thomas von Aquin und Karl Rahner ist „Herrlichkeit Gottes“ also keine splendid isolation, keine herrschende Machtausübung oder Majestätsbekundung, sondern Kommunikation in vollendeter Form, die den Menschen Anteil an der Herrlichkeit Gottes gibt.

Hans Urs von Balthasar entfaltet seine theologische Ästhetik, die den Titel „Herrlichkeit“ trägt, auf der Grundlage der Aussagen des Thomas über Gott als das absolut subsistierende Sein, das den von ihm geschaffenen Wesen Anteil an seiner Seinsfülle gibt.[4] Die Schönheit/Herrlichkeit Gottes ist interesselos, sie ist reines Strahlen des Wahren und Guten. Deshalb muss sie sich nicht abschließen, sondern kann sich neidlos preis- und weitergeben.

Die theologische Ästhetik Balthasars legt also die Transzendentalienlehre der mittelalterlichen Scholastik zugrunde und will die christliche Theologie im Blick auf das dritte Transzendentale, das Schöne, entfalten, d. h. das Wahre und Gute durch das Schöne ergänzen. Die Offenbarung als Schöpfung, Versöhnung und Erlösung gilt Balthasar als Selbstdarstellung Gottes im weltlichen Stoff von Natur, Mensch und Geschichte und damit als Erscheinung, die wahrgenommen werden kann. Balthasar unterscheidet zwischen der „Erblickungslehre“ als Lehre von der Wahrnehmung der Gestalt des sich offenbarenden Gottes und der „Entrückungslehre“ als Lehre von der Menschwerdung der Herrlichkeit Gottes und der Erhebung des Menschen zur Teilhabe an dieser Herrlichkeit. Das Licht des Glaubens vermittelt die ästhetische Erfahrung von der Herrlichkeit des göttlichen Seins. Dies ist jedoch keine bloße Wahrnehmung, sondern zugleich die Zustimmung zu einem absoluten Autoritätsanspruch. Nur diese Unterwerfung führe zur wirklichen Teilhabe.

> „Geht es so um eine ‚ästhetische‘ Erfahrung von der hehren Herrlichkeit des göttlichen Seins, so doch keinesfalls um ein bloßes Gewahrwerden, eine beseligende Anschauung, sondern vom Ursprung her um eine vollständige Unterwerfung unter die Souveränität dieses Wort-Lichtes, und nur diese Unterwerfung zeigt die durch Gnade erwirkte Konnaturalität zu Gott an ... Diese Haltung drückt sich darin aus, dass der Empfänger a priori bereit ist, jede aus dem Licht hervorbrechende Verfügung in ihrer

---

4 Vgl. H. U. v. Balthasar, *Herrlichkeit. Eine theologische Ästhetik*, Bd. I: Schau der Gestalt, Einsiedeln 1961; einen guten Überblick bietet V. Spangenberger, *Herrlichkeit des Neuen Bundes. Die Bestimmung des biblischen Begriffs der „Herrlichkeit“ bei Hans Urs von Balthasar*, Tübingen 1993.

> unbegreiflichen Freiheit als einen Ausdruck der tiefsten Notwendigkeit des Lichts zu betrachten und anzuerkennen.“[5]

Die Gestalt der Herrlichkeit Gottes ist Jesus Christus, auf den die ganze Offenbarung zuläuft und in dem sie ihren Höhepunkt erreicht. Für Balthasar ist zwar das Christentum ohne den Alten Bund nicht verstehbar, da das Neue Testament das Christusgeschehen vom Alten Testament her interpretiere und Jesus mit der alttestamentlichen Geschichte zusammen eine „Gestalt“ bildet. Allerdings bringt Jesus Christus für ihn etwas so Einmaliges und qualitativ Neues, dass dies im Gegensatz zum Alten Bund stehen müsse und diesen „auf eine andere Stufe theologischen Seins herabsinken“[6] lasse. „Als Erfüller der Geschichte Gottes mit den Menschen ist Jesus auf diese Geschichte nicht angewiesen, sie meint ihn, nicht er sie.“[7]

Dem antiken Judentum, das mit dem abwertenden Begriff „Spätjudentum“ etikettiert wird, spricht Balthasar die Präsenz der Herrlichkeit Jahwes kategorisch ab. Erst mit Johannes dem Täufer habe sich das wieder geändert. An die Stelle der Gegenwart der Herrlichkeit seien die Sehnsucht nach ihr getreten sowie die „Herrlichkeitssurrogate“ von Torah und Kult (von Balthasar „Sprachereignis“ und „Blutereignis“[8] genannt). Die Betonung von Buchstaben- und Gesetzesfrömmigkeit auf der einen und des blutigen (grausamen) Charakters das Opferkultes auf der anderen Seite greift auf antijüdische theologische Stereotypen zurück, erinnert aber auch fatal an die antisemitische Hetzpropaganda, wie sie sich beispielsweise in der Darstellung des Schächtens in NS-Propagandafilmen ausdrückte.

Das Einmalige, Unüberholbare gegenüber der Gegenwart der Herrlichkeit Jahwes in der Geschichte Israels ist für Balthasar die Fleischwerdung Gottes. „Denn die Fleischwerdung Gottes sollte noch viel ‚fleischlicher‘ sein, viel tiefer ins Fleisch hinabdringen, als Israel es sich träumen konnte.“[9]

Da Maria für die Fleischwerdung des Wortes eine entscheidende Rolle spielt, stellt Balthasar besonders die „marianische Gottes-

---

5 H. U. v. Balthasar, *Herrlichkeit*, Bd. I, 156.
6 H. U. v. Balthasar, *Herrlichkeit*, Bd. I, 597f.
7 H. U. v. Balthasar, *Herrlichkeit*, Bd. I, 595.
8 H. U. v. Balthasar, *Herrlichkeit*, Bd. III, 2: Theologie, Teil 1: Alter Bund, 346, 358.
9 H. U. v. Balthasar, *Herrlichkeit*, Bd. III, 2, Teil 1, 379.

erfahrung“ heraus.[10] Die Schwangerschaft Marias wird zum Bild einer Beziehung zwischen Gott und Mensch, die im Innern des Menschen beginnt. Das Wort Gottes scheint im Menschen enthalten zu sein, im Prozess des Wachstums wird jedoch deutlich, dass es sich umgekehrt verhält: das Wort Gottes umfasst den Menschen.

Dieses eigentlich sehr schöne Bild überträgt Balthasar dann auf die Kirche und verzerrt es dadurch – Maria als Typos der Kirche steht nun nicht nur in einem physischen Verhältnis zu ihrem Sohn, sondern zu allen Gläubigen. Ihre Erfahrung wird ihr gewissermaßen weggenommen und allen Kirchengliedern übereignet. Das Beraubtsein von menschlichen Grunderfahrungen stilisiert Balthasar dann zur Grundlage einer privilegierten Gotteserfahrung (z. B. im Blick auf den Zölibat).

Die Beschäftigung mit Balthasars Ausführungen zu einer theologischen Ästhetik haben mehrerlei deutlich gemacht:

- Die Teilhabe des Menschen an der Herrlichkeit Gottes im heilsgeschichtlichen Prozess von Schöpfung und Erlösung impliziert bei Thomas von Aquin, Karl Rahner und auch bei Balthasar eine optimistische Sicht der ursprünglichen Güte der Schöpfung und der menschlichen Natur, eine prinzipiell nicht sinnen- und leibfeindliche Einstellung, sowie ein Gottesbild, das weniger von Macht, Herrschaft und Gewalt als von liebender Zuwendung, Schönheit, Kommunikation und verschwenderischer Güte geprägt ist. Bei Balthasar allerdings zeigt sich ein unverkennbarer Zug zu einer an Autorität und Macht orientierten Deutung von Herrlichkeit. Konnaturalität mit Gott erreicht der Mensch nur durch die Unterwerfung unter einen absoluten Souverän.
- Die gnadenhafte Teilhabe des Menschen an der göttlichen Natur und die positive Beurteilung von Materie und Leiblichkeit sind wesentlich gestützt auf die Christologie, genauer die Inkarnationslehre. Inkarnation und hypostatische Union verbinden Gott und Mensch so miteinander, dass sie nicht mehr auseinander dividiert werden können. Bei Balthasar geschieht dies mit einer deutlichen Abgrenzung zu Israel bzw. zum Alten Bund, der für ihn nur vorbereitende, typologische Funktion hat, dem aber die Erfüllung versagt blieb. Israel*vergessenheit* kann man Balthasar zwar nicht vorwerfen, wohl aber die

[10] Vgl. H. U. v. Balthasar, *Herrlichkeit*, Bd. I, 326-330.

gezielte Abwertung, die sich bis zu der Behauptung versteigt, dass während einer ganzen Epoche Gott nicht in Israel gegenwärtig gewesen sei. Diese Abwertung hat die Funktion, Jesus Christus als vollendete, strahlende Gestalt der Herrlichkeit Gottes vor einem dunklen Hintergrund hervorzuheben. Der Preis des Antijudaismus für eine sinnen-, leib- und weltfreundliche Theologie wäre allerdings zu hoch.

Kritik an der Theologie der Herrlichkeit

Nun hat sich Luther bekanntermaßen vehement gegen eine Theologie der Herrlichkeit ausgesprochen, d.h. gegen die Erkennbarkeit Gottes aus seiner Herrlichkeit, und statt dessen eine Theologie des Kreuzes in den Vordergrund gerückt, die die Erkenntnis Gottes nur in Kreuz und Leiden findet. In den Thesen der Heidelberger Disputation[11] entfaltet Luther diese theologia crucis. Wer Gottes unsichtbares Wesen, d. h. seine Herrlichkeit erkennen wolle, sei kein rechter Theologe, sondern nur derjenige, der das sichtbare, den Menschen zugewandte Wesen Gottes in Kreuz und Leiden suche. Die Verblendung der Theologen der Herrlichkeit führe dazu, dass sie das Schlechte gut und das Gute schlecht nennen. Sie zögen die Werke dem Leiden, die Herrlichkeit dem Kreuz, die Kraft der Schwachheit und die Weisheit der Torheit vor. Deshalb hassen sie für Luther das Kreuz und das Leiden und rühmen die Werke. Da aber Gott nur im Kreuz und Leiden gefunden werden könne, sei ihre Sicht von Gott und Welt eine grundlegend verkehrte.

Gute Werke machen einen Menschen hochmütig und aufgeblasen, wenn er nicht zuvor durch Leid und Elend gegangen ist. Wie These 18 sagt, muss der Mensch zunächst an sich selbst verzweifeln, sich für ein Nichts halten, das der Sünde überführt ist. Erst dies bereitet ihn für den Empfang der Gnade vor.

Luthers Kampf gegen die Theologie der Herrlichkeit hat für weite Teile der protestantischen Theologie den Begriff der Herrlichkeit sowie eine theologische Ästhetik diskreditiert. Auch heute findet

---

11 Vgl. M. Luther, *Die Heidelberger Disputation*, in: WA, Bd. I, 353-365, insb. die Thesen 18-21 und 28.

sich beispielsweise kein Stichwort „Herrlichkeit" in der Theologischen Realenzyklopädie.

Aus feministisch-theologischer Perspektive betrachtet lässt Luthers Konzept keine Vorstellung eines herrischen, machtsüchtigen Gottes zu, nötigt aber den Menschen, gering von sich zu denken und den Verlust des Selbstbewusstseins und der Selbstliebe zur Voraussetzung für den Gnadenempfang zu akzeptieren. Dies ist ein wesentlicher Grund, warum feministisch-theologische Überlegungen zu Sünde, Gnade und Rechtfertigung sich, unabhängig von der Konfession der jeweiligen Theologin, näher am katholischen Typ der Sünden- und Gnadenlehre orientieren.[12] Überraschend kommt bei Luther der Begriff der „Schönheit" ins Spiel, der dann ebenso unerwartet auf die Sünder angewandt wird (vgl. These 28). Die Sünder seien schön, weil sie von Gott geliebt würden. Gott liebt sie nicht, weil sie schön sind, sondern wendet sich, anders als die menschliche Liebe, nicht dem Schönen, sondern dem Hässlichen zu und macht es durch diese Zuwendung schön. Ähnlich wie im Misstrauen der modernen philosophischen Kritiker der Metaphysik an der Verbindung von Gutem, Wahrem und Schönem, finden wir hier die Hinwendung zum Hässlichen, zum Leiden, an dem die göttliche Liebe als schön machend erscheint.

Evangelische Entwürfe zu einer theologischen Ästhetik

Herrlichkeit und Schönheit Gottes gelten zwar als „unprotestantisches" Thema. Dennoch haben immer wieder evangelische Theologen, vor allem reformierte, versucht, diese Begriffe in ihren theologischen Entwürfen zur Geltung zu bringen. Über Karl Barth findet sich in diesem Buch ein eigener Artikel.

Jürgen Moltmann hat sich in einem kleinen Büchlein von 1970 dafür stark gemacht, gegenüber dem Totalitätsanspruch der Ethik wieder die Freude an der Ästhetik herauszustreichen und die ästhe-

---

12 Vgl. L. Scherzberg, *Sünde und Gnade in der Feministischen Theologie*, 2. Aufl., Mainz 1992, 117f.

tischen Bilder und Kategorien der biblischen und theologischen Tradition wahrzunehmen und zu entfalten.[13]

Schöpfungstheologie und Auferstehungsglaube werden zu Eckpfeilern einer solchen theologischen Ästhetik. Dem Kreuz wird nichts von seiner Wichtigkeit genommen, aber es erscheint keineswegs als der einzige Ort der Gotteserkenntnis. Moltmann verwendet sowohl die Kategorie des Spiels als auch die der Schönheit. Die Schöpfung betrachtet er als Spiel Gottes. Sie verdanke ihr Dasein dem Wohlgefallen Gottes, das nicht Willkür bedeute, wohl aber die Nichtnotwendigkeit eines Schöpfungsaktes für Gott. In Schöpfung und Erlösung ist die Liebe Gottes das, das allem vorausgehe, sodass die christliche Theologie zwar von Sünde, Leiden, Kreuz und Tod sprechen müsse, aber eben auch von der überschwänglichen Freude an Gott und der Lust am Leben.

Herrlichkeit Gottes meint die Prachtentfaltung, Schönheit und Liebenswürdigkeit Gottes, auf die der Mensch mit Bewunderung, Verehrung und Lobgesang antwortet. Gottesliebe realisiert sich zwar besonders in der Nächstenliebe, aber auch im festlichen Spiel zur Verherrlichung Gottes.

Rudolf Bohren hat den Versuch unternommen, die praktische Theologie als theologische Ästhetik zu konzipieren.[14] In der Pneumatologie sieht er das Praktisch-Werden Gottes. Dieses Praktisch-Werden Gottes will er als Schön-Werden Gottes deuten, d. h. die Gegenwart Gottes als Schön-Werden für die Menschen und umgekehrt das Schön-Werden der Menschen für Gott. Die Orte dieses Schön-Werdens Gottes und der Menschen sieht Bohren in der Schöpfung, in Kunst und Kultur, in der Geschichte und in der Gemeinde (Kirche).

Christoph Gestrich macht „Herrlichkeit“ zur Leitmetapher seiner Sündenlehre, verwendet allerdings den Begriff des „Glanzes“, der auf der Schöpfung ruht und ihr ihre eigene Würde und Herrlichkeit verleiht.[15] Hierbei sind die Konnotationen von Macht, Gewalt und Herrschaft zurückgedrängt. Die Sünde jedoch zerstört den Glanz

---

13 Vgl. J. Moltmann, *Die ersten Freigelassenen der Schöpfung. Versuche über die Freude an der Freiheit und das Wohlgefallen am Spiel*, München 1971.

14 Vgl. R. Bohren, *Daß Gott schön werde. Praktische Theologie als theologische Ästhetik*, München 1975.

15 Vgl. Ch. Gestrich, *Die Wiederkehr des Glanzes in der Welt. Die christliche Lehre von der Sünde und ihrer Vergebung in gegenwärtiger Verantwortung*, Tübingen 1989.

und führt mit der Entbehrung des göttlichen Wohlgefallens zu einem Leben, das sich und andere ebenso wie die Umwelt zerstört.

Wie Beatrice Acklin-Zimmermann aufgezeigt hat, trifft sich Gestrich hier mit feministischen Positionen, insofern als Sünde im Zusammenhang mit der Zerstörung der Lebensverhältnisse gesehen wird.[16] Bei Gestrich zieht der Verlust des Glanzes deshalb die Zerstörung nach sich, weil der Mensch seine Bestätigung nun nicht mehr bei Gott, sondern woanders sucht und alles zu seiner Selbstrechtfertigung missbraucht. Ursache ist also der fehlende Glaube. Feministische Theologinnen dagegen sehen die Zerstörung des Lebensraums eher im Zusammenhang mit der Selbstverleugnung und Selbstverneinung von Frauen, die durch diese Verneinung und Unterlassung zu Mit-Täterinnen werden. Allerdings könne Selbstverneinung in Form von Selbstverleugnung und -aufopferung durchaus der Sünde des Stolzes zugerechnet werden – dann nämlich, wenn sich hinter ihr Hochmut und Tyrannei verbergen.[17]

Für feministisch-theologische Sündenlehre interessant wird Gestrichs Konzept an dem Punkt, an dem Sünde von ihrer Überwindung, d. h. von der Vergebung her gedacht wird. Hier ist mit Acklin-Zimmermann zu fragen, ob die biblische Rede von der Vergebung „nicht weit mehr meint als das, was mit authentischem Selbst, mit Individuation und Selbstverwirklichung ausgedrückt wird“.[18] Nicht so sehr die Suche nach eigener Ganzheit würde dann den Ansatz feministischer Sündenlehre bestimmen, sondern die neue Beziehung zu Gott, den Mitmenschen und sich selbst, die durch die Vergebung geschaffen wird. Besonders anzumerken ist in Gestrichs Sündenlehre, dass er auf den Zusammenhang von göttlicher und menschlicher Vergebung hinweist. Er zeigt die Gefahr auf, in der die Kirche sich stets befindet, wenn sie in falsch verstandener Gnadenbotschaft „jedermann die fragwürdige Gelegenheit gibt, Schuld in einer Weise mit Gott ‚abzumachen‘, daß man sich bereits befreit und in Ordnung fühlt, ohne anderen vergeben und, vor allem, ohne von anderen Vergebung erlangt zu haben.“[19] Ohne göttliche Hilfe wäre Vergebung Überforderung, aber Gott bzw.

---

[16] Vgl. B. Acklin-Zimmermann, *Die Sünde der anderen?*, in: Freiburger Zeitschrift für Philosophie und Theologie 51 (2004) 220-236, hier: 229f.

[17] Vgl. B. Acklin-Zimmermann, *Sünde*, 230.

[18] B. Acklin-Zimmermann, *Sünde*, 235.

[19] Gestrich, *Wiederkehr*, 368.

Christus dürften nicht als die einzigen Handelnden in diesem Prozess betrachtet werden.[20]

Zunächst erscheint Moltmanns Konzept ungleich ansprechender für feministische Theologie als die expliziten Kreuzestheologien. Denn es spiegelt eine positive Einstellung zu Leben und Welt wider, betont Schöpfungs- und Auferstehungsglauben und bleibt nicht fixiert auf Kreuz, Leiden, Selbsterniedrigung oder -verzweiflung.

Andererseits enthalten die kreuzestheologisch geprägten Ansätze weiterführende Gedanken, wie die Schönheit der Sünder und die schön machende Liebe Gottes, die sich gerade dem Hässlichen zuwendet.

Die Metapher des verlorenen Glanzes der Schöpfung und seiner Wiederkehr durch die Vergebung sowie die Zusammenschau von Sünde und Zerstörung des Lebensraums führt feministische Sündentheologie weg von der Fixierung auf Ganzwerdung und Identitätsfindung der individuellen Person (Frau) – wenn dies auch nicht unwichtig wird – hin zu einer umfassenden Sicht der Beziehung zwischen Gott und Menschen, unter den Menschen und zu sich selbst.

Herrlichkeit als Gegenwart Gottes inmitten seines Volkes

Zum Ende sei noch einmal der Faden aufgegriffen, der noch vom Beginn bereit liegt: die sinngleiche Verwendung von kabod/doxa mit der Shekinah. Die Wurzel skn bedeutet wohnen, lagern, sich niederlassen. Shekinah ist ein Hauptbegriff rabbinischer, targumischer und später auch kabbalistischer Theologie und bezeichnet eine Daseins- und Wirkweise Gottes. Gemeint sein kann sowohl die aktuelle Erscheinung Gottes als auch die ruhende Anwesenheit Gottes an einem Ort, im Heiligtum oder im Volk Israel. Die Shekinah ist Ausdruck der Selbstoffenbarung Gottes. Die Shekinah wirkt für Israel, wenn sie auch überall sein kann. Generell hat sie eine Neigung nach „unten", zur Erde, zu den Menschen, zu Israel,

---

20 Vgl. zu diesem Fragenkomplex K. v. Kellenbach, *Christliche Vergebungsdiskurse im Kontext von NS-Verbrechen: Ein protestantisches Plädoyer für eine revitalisierte Bußlehre*, in: L. Scherzberg (Hg.), Theologie und Vergangenheitsbewältigung, Paderborn 2005, 179-195.

zum Heiligtum. Die Sünde führt dazu, dass die Shekinah sich zeitweise entfernt, die Gerechten bzw. die guten Taten bewirken aber, dass sie erneut herabkommt. Zwischen dem unendlichen und unfassbaren Gott und „seiner" Shekinah besteht eine gewisse Dualität, die aber nie zu einer Gefährdung des Monotheismus führte.[21]

In jüdisch-feministischer Theologie wird sowohl in der systematischen Reflexion als auch in der liturgischen Praxis auf die Vorstellung der Shekinah zurückgegriffen und diese aufgewertet.[22] Da die Shekinah weiblich ist, ergibt sich von ihr her eine Möglichkeit, die androzentrische Rede von Gott zu durchbrechen. Jüdische feministische Theologinnen tun dies auf unterschiedlichste Weise, zum Beispiel durch eine Fülle von Bildern des Göttlichen, die auf die Shekinah übertragen werden, oder die Wahrnehmung der Gegenwart Gottes im kleinsten Winkel bei gleichzeitiger Vermeidung von Bildern oder wieder anders durch die Verbindung von Shekinah und Gottes Selbstoffenbarung in der Geschichte, für die Gott auf Menschen angewiesen ist. Gemeinsam ist allen, dass ihnen die Immanenz Gottes wichtiger ist als die Transzendenz – diese Wertschätzung teilen Sie mit christlichen und postchristlichen feministischen Theologinnen. Auch für diese ist die Kritik an der Betonung göttlicher Transzendenz und der Abgrenzung Gottes von Welt und Materie ein wichtiges Anliegen. Jüdisch-, christlich- oder postchristlich-feministisch gedacht, ist Gott also kein in den Wolken thronender Herrscher, sondern in Welt und Menschen gegenwärtig. Wie wichtig feministischen Theologinnen dieses Anliegen ist, zeigt auf besondere Weise Melissa Raphaels Entwurf einer feministischen Post-Shoah-Theologie.[23] Im Gegensatz zu den Konzepten männlicher jüdischer Theologen, die betont von der Abwesenheit Gottes in Auschwitz sprechen, greift Raphael auf die Vorstellung der Shekinah zurück und lässt diese und damit Gott in solidarischen, rettenden Beziehungen unter Frauen im Lager anwesend sein. Abwesend ist für sie dagegen in der

---

21 Vgl. *Gott III*: TRE; B. Janowski, *Gottes Gegenwart in Israel. Beiträge zur Theologie des Alten Testaments*, Neukirchen-Vluyn 1993.

22 Vgl. J. Plaskow, *Gott/Göttin (jüdisch-feministische Perspektive)*: Wörterbuch der Feministischen Theologie, hg. v. E. Gössmann u.a., 2. vollst. überarb. u. grundl. erw. Aufl., Gütersloh 2002, 254-257.

23 Vgl. M. Raphael, *The Female Face of God in Auschwitz*, London/New-York, 2003.

Shoah der patriarchale Gott, der von oben machtvoll in die Geschichte eingreift.

In der christlichen feministischen Theologie führt die Konzentration auf die Gegenwart Gottes zur Pneumatologie – oder sollte sie führen. Eine ausgearbeitete feministische Pneumatologie gibt es leider immer noch nicht, wohl aber einige Grundüberlegungen. Der Geistkraft Gottes wird in feministischer Theologie vor allem zugeschrieben, dass sie Differenzen anerkennen lasse und Trennungen überwinde. Das Wirken Gottes führt zu einer Gemeinschaft, die nicht beengt und erstickt, sowie zu einer Freiheit, die nicht einsam macht.

Als Ergebnisse „mittlerer Reichweite" können wir fest halten:

- Im Bereich der Liturgie wäre es sinnvoll, „Herrlichkeit" häufiger durch „Schönheit" zu ersetzen, d. h. von der Schönheit Gottes sprechen. Dies wäre sicherlich ein Beitrag zum Aufbrechen einer einseitigen Gottesrede und Wahrnehmung Gottes.
- Feministische Theologie als Ästhetik zu konzipieren hätte den Vorteil, die Immanenz Gottes und die Qualität der Schöpfung, sowie die Beziehung zwischen Gott und Mensch besonders herausstellen zu können. Demgegenüber gibt es aber Vorbehalte wie die Zerstörung der Einheit von Gutem, Wahrem und Schönem in der philosophischen Ästhetik der Moderne. Eine theologische Ästhetik auf der Grundlage der Transzendentalienlehre ist ein philosophischer Anachronismus. Auch die Zwiespältigkeit des Begriffs der Schönheit ist irritierend, sowie auch die Tatsache, dass die innerfeministische Diskussion darauf zusteuert, dass es keine eigentliche „weibliche" Ästhetik gibt.
- Bleibt einmal wieder der Verweis auf die Pneumatologie! Offensichtlich ist es tatsächlich an der Zeit, entweder eine feministisch-theologische Pneumatologie zu entwerfen oder die Aussage zu konkretisieren, dass die Pneumatologie der Gesamthorizont feministischer (wie auch nicht-feministischer) Theologie sein sollte.

„Dein ist die Majestät, die Schönheit und die Vollkommenheit.“[1]

Annäherungen islamischer Theologie an die christliche Rede von der „Herrlichkeit Gottes“

Anja Middelbeck-Varwick

1. Vorbemerkungen

Dieser Artikel geht in der islamischen Tradition auf die Suche nach Entsprechungen zu einem der christlich-theologischen Perspektive vertrauten, wenngleich gegenwärtig problematisch erscheinenden Begriff: „Herrlichkeit.“[2]

Die Verstehensweisen von „Herrlichkeit“ lassen sich schon innerhalb der jüdisch-christlichen Theologie keineswegs zu einem einheitlichen Konzept zusammenfassen. Vielmehr gilt es, auf vielfältige Definitionen und spezifische Deutungen zu verweisen. Zudem wird das mit dem Begriff zu Verbindende häufig im Kontext anderer Stichpunkte, wie Ehre, Schönheit oder Licht, verhandelt.[3] Trotz der Gegebenheit eines solch pluriformen Befundes der Begriffsdeutung bedarf es eingangs einer exemplarischen Vergewisserung des Ausgangspunktes innerhalb der eigenen Sicht. Bevor es gilt, die Nachbarreligion nach diesem Terminus zu befragen, sollen daher zunächst einige Kennzeichnungen der christlich-theologisch geprägten Rede von Herrlichkeit skizziert werden, um die intendierte interreligiöse Bezugnahme überhaupt zu ermöglichen.

---

1 Ausspruch des islamischen Mystikers Ḏū-n-Nūn al-Miṣrī (gest. 859). Zitiert nach: A. Schimmel, *Dein Wille geschehe. Die schönsten islamischen Gebete*, Kandern [5]2004, 75.

2 Die Problematik ergibt sich nicht zuletzt durch die angenommene Nähe zum Begriff „Herrschaft“.

3 G. Bachl, *Herrlichkeit, IV. Systematisch-theologisch*, in: LThK[3] 5 (1996) Sp. 24.

2. Das Herrlichkeitsmotiv im christlichen Kontext: Einige Aspekte

In der christlichen Dogmatik spielt der Begriff insgesamt keine zentrale Rolle, er begegnet allenfalls in der traditionellen Gotteslehre und ihrer Rede von den Eigenschaften Gottes, der „Doxa-Kunde“, die das Wesen Gottes in vielfältiger Weise zum Ausdruck zu bringen sucht.[4] Solange im Verstehen von Welt und Sein die Existenz Gottes unstrittig vorausgesetzt blieb, konnten in solcher Weise Bestimmungen Gottes mittels der „natürlichen Vernunft“ versucht werden. Mit der Neuzeit und der mit ihr einhergehenden Dekonstruktion des metaphysischen Denkens, mit der Anerkenntnis der Grenzen der Vernunft und der Infragestellung überkommener theologischer Aussagen und Denkformen, geriet die herkömmliche Doxa-Kunde in Bedrängnis und verlor ihren einstigen Stellenwert.[5]

In neuer Weise wurde nur vereinzelt, aber doch in sehr weitreichender Reflexion, der Versuch unternommen, die Rede von den Doxa aufzunehmen, um damit die Präsenz des unerkennbaren Gottes zum Ausdruck zu bringen: An prominenter Stelle ist hier Karl Barths Bezeichnung der göttlichen Eigenschaftslehre als die Lehre von „Gottes Vollkommenheiten“ zu nennen, die den zu untersuchenden Begriff zentriert: „Herrlichkeit ist der sichtbar werdende Inbegriff aller göttlichen Vollkommenheiten.“[6]

Eine umgekehrte Lesart der Lehre von den Eigenschaften Gottes legt W. Krötke vor. Er verbindet die Wahrheit, Liebe, Macht und Ewigkeit Gottes mit den Dimensionen menschlichen Lebens: Als

---

4 Prüft man den biblischen Befund, so treten diese zwei Begriffe hervor: „Herrlichkeit Gottes“ entspricht im Ersten Testament dem hebräischen „kabod JHWH“; im Neuen Testament wird dies mit dem griechischen *δόξα* übertragen. Im Bereich der Systematik ist Herrlichkeit vornehmlich ein Begriff der Liturgie, hier wird er auch mit „Ehre“ übertragen. Vgl. W. Schobert, *Herrlichkeit Gottes, IV. Dogmatisch*, in: RGG[4] 3 (2000) 1684-1685, hier 1685.

5 Vgl. W. Krötke, *Gottes Klarheiten. Eine Neuinterpretation der Lehre von Gottes „Eigenschaften“*, Tübingen 2001; 58. So verweist bspw. auch M. Moxter darauf, dass die Rede von der Vollkommenheit Gottes [und damit insbesondere auch die von seiner Herrlichkeit, AMV] nur einschlägig sei, solange ein Hiat zwischen Gott an sich und Gott für uns ausgeschlossen sei. Vgl. M. Moxter, *Vollkommenheit, II. Dogmatisch*, in: RGG[4] 8 (2005) Sp. 1200-1201, hier: 1200.

6 K. Barth, *Kirchliche Dogmatik II/1*, Zollikon-Zürich [4]1958, 725. Er unterscheidet Vollkommenheiten göttlichen Liebens und göttlicher Freiheit.

Auszeichnungen wahrhaften Menschseins sind sie „Gottes Klarheiten“.[7] Grundlegend formuliert Krötke die Schwierigkeit der traditionellen Doxa-Kunde treffend: „Daß Gott in einem unzugänglichen Licht wohnt (1 Tim 6,16) und es dennoch gilt, dieses Licht in den Relationen der Welt wahrzunehmen, ist ihr Problem.“

Krötke plädiert für einen Verzicht auf den Begriff „Herrlichkeit“, da er in ihm die biblischen Termini „kabod“ und „*doxa*“ als charakteristische Bezeichnungen des spezifisch Göttlichen nicht angemessen aufgehoben sieht: „Zu seinem [dem Begriff ‚*doxa*‘, AMV] Bedeutungsfeld gehört auch die ganze Metaphorik des Lichtes. Denn *doxa* meint einen Glanz, aber auch eine Macht Gottes, die mit dem deutschen Begriff ‚Herrlichkeit‘ nur unzureichend ausgedrückt wird. Gott ist in seiner *doxa* allem überlegen und entzogen, was Menschen von sich her zu erfassen versuchen.“[8]

Einen Zentralbegriff hingegen stellt der Terminus „Herrlichkeit“ in der theologischen Ästhetik Hans-Urs von Balthasars dar: Mit ihr hatte die Rede von der erscheinenden Herrlichkeit Gottes katholischerseits neuen, viel beachteten Einzug in das theologische Nachdenken gehalten. Mit der Aufnahme des Begriffs reformuliert Balthasar in systematischer Erschließung und Aneignung das hebräische Kabod bzw. das neutestamenliche Doxa – Gloria. Er begründet die Wahl seines Schlüsselbegriffs damit, dass es in der Theologie zunächst darum gehen müsse, der Offenbarung Gottes überhaupt ansichtig zu werden:

> „Gott kommt ... um Sich, das Herrliche seiner ewigen dreieinigen Liebe, zu zeigen und zu verstrahlen, in jener Interesselosigkeit, die die wahre Liebe mit wahrer Schönheit gemein hat. Zu Gottes Glorie ward die Welt erschaffen, durch sie und zu ihr wird sie auch erlöst. Und nur wer, von einem Strahl dieser Glorie getroffen, einen anfänglichen Sinn dafür hat, was unverzweckbare Liebe ist, kann der Anwesenheit der göttlichen Liebe in Christus ansichtig werden. *Aisthesis*, das Wahrnehmen, und *Aistheton*, das besondere, als strahlende Liebe Wahr-genommene, sind im Gegenstand der Theologie beisammen.“[9]

Das glorreiche Kommen Gottes, die sich zeigende Selbstgabe der Liebe, widerfährt und wird visuell erfahrbar. Der Mensch wird von

---

7 Krötke, *Klarheiten*, 34.

8 Krötke, *Klarheiten*, 35.

9 H.-U. von Balthasar, *Mein Werk. Durchblicke*, Einsiedeln/Freiburg 1990, 61-62.

der Glorie getroffen und in sie hineingestellt. Entscheidend hierfür ist es, der in Christus aufstrahlenden Liebe ansichtig zu werden. Damit wird zunächst zweierlei an der Verwendung der „Herrlichkeit“ bei Balthasar deutlich: Zunächst hat der Begriff seinen Ort fraglos in der Offenbarungslehre. Die hierbei zu bestimmende Erfahrungsdimension verweist jedoch zugleich auf die dem Begriff zukommende ästhetische Problematik, wie R. Hoeps aufschlussreich erörtert:

> „Sein Bedeutungsfeld [des Begriffs der H.G., AMV] ist gekennzeichnet durch eine bis an die Grenzen des Vorstellungsvermögens reichende Steigerung der Begrifflichkeiten von Macht, Prachtentfaltung und herrschaftlicher Majestät. Indem Herrlichkeit all dies meint, jedoch in einer irdische Maßstäbe überschreitenden Form, steht der Begriff für die Suche nach einem Ausdruck für das Paradox der Offenbarung, daß der transzendente und unfassbare Gott sich den Gesetzen des menschlichen Anschauungsvermögens aussetzt und in der Welt sichtbar wird. In den Schriften des Alten und Neuen Testaments ist Herrlichkeit in solcher Weise ein Inbegriff für die Erscheinung Gottes, daß darin das widersprüchliche Prinzip, auf dem sie beruht, die Verflechtung von Verborgenheit und Sichtbarkeit, zur Sprache gebracht wird. Unter der Vorstellung von Offenbarung Gottes geht es nicht zuletzt um die Frage, wie Präsenz Gottes in der Welt denkbar und darüber hinaus erfahrbar ist. Insofern es also nicht nur um Begriff und Repräsentation, sondern auch um anschaulich unmittelbare Erfahrung geht, bezeichnet der Topos der göttlichen Herrlichkeit auch ein eminent ästhetisches Problem.“[10]

Die zitierten Bestimmungsversuche verweisen verschiedentlich auf die in den biblischen Schriften bestehende semantische Verbindung der Rede von der „Herrlichkeit Gottes“ mit dem von Gott ausgehendem Licht, Schein, Strahl, Glanz bzw. auch seiner Pracht, Macht, Ehre und seinem Ruhm. So ist sie zunächst einerseits die gewichtige, universale, dynamische Anwesenheit des unsichtbaren Gottes in seiner Schöpfung: In ihr ist Gott zugleich verborgen und offenbar. Grundlegend steht die „Herrlichkeit Gottes“ damit in jener Spannung, der jede offenbarungstheologische Aussage unterliegt. Gott erscheint in seiner „Herrlichkeit“ als der, der er ist, bleibt aber zugleich verborgen. Er wird sichtbar, aber seine Herrlichkeit kann nicht in ihrer Vollkommenheit erfasst werden. Hiermit ist bereits ein zentrales Charakteristikum des Begriffs ausgemacht.

---

10 R. Hoeps, *Das Gefühl des Erhabenen und die Herrlichkeit Gottes. Studien zur Beziehung von philosophischer und theologischer Ästhetik*, Würzburg 1989, 118.

Andererseits: Gottes Erscheinen ist auf ein personales Gegenüber gerichtet, er gibt sich zu erkennen und seine Herrlichkeit wird vom Menschen erfahren.[11] Es gälte zu klären, an welcher Stelle das sinnliche Erfassen der Herrlichkeit seitens des Menschen an eine Grenze stößt. Zunächst ist diese Grenze des Vorstellbaren mit der Endlichkeit der menschlichen Wahrnehmungsfähigkeit gesetzt und kann nur als solche im Rahmen einer zuteil werdenden religiösen Erfahrung bestimmt werden. Die im ästhetischen Begriff der Herrlichkeit liegende Spannung vermag im Erfahren der größeren Unverfügbarkeit und bleibenden Verborgenheit Gottes aber zumindest das Bewusstsein für die menschliche Verwiesenheit auf jene Vollkommenheit auszuprägen. Erweist sich so die Rede von der „Herrlichkeit Gottes“ gerade aufgrund der reflexiven Unbestimmbarkeit ihres eigentlichen Gehalts als nützliche Kategorie zur Bezeichnung des „Paradox der Offenbarung“ (Hoeps)?

Festzuhalten ist, dass die „Herrlichkeit“ keinen reinen Reflexionsbegriff meint, sondern die Dimension einer visuellen Erfahrung des göttlichen Offenbarwerdens umschließt, so dass das ästhetische Erleben zur grundlegenden Erschließungskategorie wird. Dabei schafft die sinnliche Erfahrbarkeit keinen „Mehrwert“ in Bezug auf die Gotteserkenntnis, denn sie hebt die Grenze der Erkenntnis nicht auf, bestimmt diese jedoch nicht mehr ausschließlich begrifflich. Dies gilt auch für das von Balthasar geschilderte Zusammenkommen von „aisthesis“ und „aistheton“ in der Theologie, das sich im Getroffensein vom Strahl der Herrlichkeit und Ansichtigwerden der Glorie in Jesus Christus ereigne, für die die johanneische Doxa-Konzeption grundlegend ist. Zu prüfen wäre gleichwohl, inwiefern die bisherigen Überlegungen auch in christologischer Wendung Geltung beanspruchen können, worauf an dieser Stelle nur verwiesen werden kann.

Nur zwei Beispiele zur im Rahmen des Neuen Testaments vollzogenen Wendung seien in breve expliziert. Das Neue Testament diskutiert an vielen Stellen die Bedeutung der Menschwerdung Gottes, in die sich die Bedeutungsebenen des atl. „kabod“ nicht ohne entscheidende Konsequenzen integrieren lassen: Ist mit der Inkarnation eine vollkommene Sichtbarkeit Gottes erreicht? Oder

---

[11] So nimmt die Deutung der Herrlichkeit Gottes als „sinnenhafter Eindruck auf ein personales Gegenüber“ bereits im Kontext des Alten Orients und des Ersten Testaments ihren Ausgang; vgl. Th. Podella, *Herrlichkeit Gottes,* I. Alter Orient und Altes Testament, in: RGG[4] 3 (2000) 1681-1682, hier: 1681.

bedeutet sie vielmehr seine Verhüllung?[12] Was bedeutet dies für die Deutung von Leben, Tod und Auferstehung Jesu Christi, was für die menschliche Hoffnung auf eine noch kommende Vollendung? Fest steht: Im Neuen Testament wird Jesus Christus zum Träger der „Herrlichkeit Gottes“, zum heilbringenden Erlöser, die Rede von der Doxa erhält eine soteriologische wie eschatologische Relevanz, die in den ntl. Schriften in je anderer Weise theologisch gewichtet und ausgestaltet ist.[13]

In besonderer Weise verdichtet die johanneische Theologie die neutestamentlich geforderte Verknüpfung von „kabod“ und Inkarnation, für die die Vorstellung der Einheit von Sichtbaren und Unsichtbaren vorauszusetzen ist.[14] In ihrer auf das Kreuz ausgerichteten Konzeption der Herrlichkeit als Liebesgeschehen weist sie Jesus als Offenbarer aus:

> „Als Verwirklichung der Liebe, der Gnade und der Wahrheit (Joh 1,14) ist die in Christus inkarnierte Herrlichkeit Gottes akzentuiert.“[15]

In dieser Linie verbindet das Evangelium das Offenbarwerden Gottes aufs Engste mit dem in Jesus Christus sich Zeigenden. So heißt es im Prolog:

> „Niemand hat Gott je gesehen. Der einzige der Gott ist und am Herzen des Vaters ruht, er hat Kunde gebracht.“ (Joh 1, 18)

Die Doxa kann in Christus gesehen werden: Der Logos ist Fleisch geworden und die Selbstmitteilung Gottes somit unmittelbar.[16] Das Leben Jesu wird durchsichtig auf die Herrlichkeit Gottes, die erkennbar wird im Angesicht Christi, in der Fleischwerdung des Wortes, dem wahren Licht, das in die Welt kam. Insbesondere im Kreuzesgeschehen als Inbegriff der Fleischwerdung zeigt sich, wie hier die Theophanie in die Christologie integriert wird und dass die

---

12 R. Hoeps, *Gefühl*, 149.

13 An dieser Stelle wäre insbesondere auch die paulinische Theologie in ihrer breiten Aufnahme der Doxa und Bild-Motivik näher zu kennzeichnen. Vgl. hierzu Hoeps, *Gefühl*, 149-58.

14 R. Hoeps, *Gefühl*, 168.

15 J. Zumstein, *Herrlichkeit Gottes, III. Neues Testament*, in: RGG^4 3 (2000) 1683-1684.

16 R. Hoeps, *Gefühl*, 159.

Doxa in ihrer Anschaulichkeit von hier aus neu gefasst werden muss.[17]

Ein anderes Beispiel für die ntl. Aufnahme der Kategorie, das in besonderer Weise die Verschränkung der Lichtmetaphorik und des Herrlichkeitsmotives zeigt und deswegen vorgestellt sei, findet sich in Lk 2, 22-40: Im Ausgang dieser Erzählung erörtert A. Feucht die Bedeutung von Licht und Herrlichkeit.[18] Im Zentrum ihrer Untersuchung steht ein Sterbegebet, die das Kind Jesus preisenden Worte des Simeon:

> „Nun lässt du, Herr, deinen Knecht, wie du gesagt hast, in Frieden scheiden. Denn meine Augen haben das Heil gesehen, das du vor allen Völkern bereitet hast, ein Licht das die Heiden erleuchtet und Herrlichkeit für dein Volk Israel.“ (2, 29-33).

Mit W. Grundmann deutet die Autorin Simeon als ersten Erlösten, dessen „geistgeöffnete Augen“ in Jesus das messianische Heil für Israel und alle Völker sehen.[19] Ohne dies näher in die lukanische Doxa-Konzeption einzubinden, bleibt festzuhalten, dass Heil, Licht und Herrlichkeit in diesem Satz nicht nur nah beieinander stehen, sondern sich wechselseitig in ihrer Bedeutung verschränken. Das Sehen des Menschensohns bedeutet Licht und Heil, es erleuchtet und nimmt jetzt wie künftig alle in die Herrlichkeit Gottes hinein.

Diese beiden Beispiele vermögen nur knapp auf das ntl. Bedeutungsspektrum von Doxa-Gloria zu verweisen. Sie indizieren jedoch die entscheidende Relevanz, die der christologischen Dimension zukommt, dem Christus am Kreuz, ebenso wie dem zu den Menschen gekommenen Kind. Es gälte weiter zu diskutieren, inwiefern dem Ansichtigwerden der Herrlichkeit in Christus Unmittelbarkeit zugesprochen werden kann und wie diese zu denken wäre. W. Krötke formuliert zusammenführend den diesbezüglich nachdenkenswerten Gehalt der Lehre von den Eigenschaften:

> „Wir können diese doxa zwar in der Entsprechung eines menschlichen Lebens ‚sehen‘ (vgl. 1 Joh 14), aber ihre unmittelbare Schau wird erst im Eschaton möglich sein (vgl. Tit 2,13). Gott, gerade wie er in Jesus Christus

---

17 R. Hoeps, *Gefühl*, 170.

18 Diese Erörterung findet sich im Rahmen ihrer Dissertation über die Geschichte und Systematik des Festes der Darstellung des Herrn: Vgl. A. Feucht, *Licht und Herrlichkeit. Dogmatische Studien zur Darstellung des Herrn*, Paderborn 2006.

19 A. Feucht, *Licht*, 30.

> begegnet, behält darum den Hintergrund einer in sich alles überstrahlenden Wirklichkeit, in die kein Mensch sich hineinzuversetzen vermag, wie etwas, das in irgendeiner Weise zur Welt gehört. Dieses bleibend Unzugängliche will die Lehre von den Eigenschaften ernst nehmen und dennoch geltend machen, daß Gott kein in sich verschlossenes, sondern ein machtvoll ausstrahlendes Licht ist, das auch dort immer schon scheint und deshalb wahrgenommen werden kann, wo Jesus Christus unbekannt ist. In diesem Bemühen lässt sich das Fragen nach dem ‚Namen Gottes' ... gewissermaßen von der in Jesus Christus in ihrer inneren Dynamik erfahrenen doxa in die Dimensionen der Wahrnehmbarkeit und Aussagbarkeit dieser doxa in der Welt überhaupt mitnehmen. Sie ist in ihren Ursprüngen Doxa-Kunde in den Zusammenhängen der Welt. Sie will nicht erst herausfinden, ob ein Gott sei, um das Ergebnis dann mit ‚Eigenschaften' zu präzisieren. Sie geht davon aus, dass Gottes Wesen seine doxa ist, wie es das biblische Zeugnis sagt."[20]

Ebenso wie die christlich-theologische Reflexion zu prüfen hat, was sich mit und in Jesus Christus für den ‚Zugang' zur Herrlichkeit Gottes entscheidet, ist im Folgenden zu prüfen, ob und in welcher Hinsicht das oben ausgeformte Profil der christlichen Rede von Gottes Herrlichkeit überhaupt Bezugnahmen zur islamischen Theologie erlaubt.

3. Das Erscheinen und die Erhabenheit Gottes: Einige Aspekte islamischer Theologie

Die Sichtung der islamischen Tradition erfolgt zunächst mittels einer Analyse des koranischen Befundes zum Begriffsfeld. Gezeigt werden zudem die Aufnahme der Thematik in der islamischen Mystik und die im Untersuchungszusammenhang grundlegende Relevanz der vielfach bezeugten Schönheit des Korans.

3.1 Koranische Annäherungen

Allem voran gilt es festzuhalten, dass der Begriff „Herrlichkeit" im Koran und in der islamischen Theologie kein zentraler Grundbegriff ist, wie dies vielleicht für die christlichen, insbesondere die ntl. Quellen gelten mag. Kaum findet man das Wortfeld „Herrlichkeit –

---

[20] Krötke, *Klarheiten*, 35.

verherrlichen – Verherrlichung" in den Übersetzungen des Korans überhaupt verwendet. Verwiesen sei allerdings darauf, daß einige Übersetzungen das sehr häufig vorkommende Wortfeld „Lobpreis/lobpreisen" (Wurzel s-b-ḥ; subhān) mit Herrlichkeit übertragen, wie zum Beispiel in der Übertragung von Rückert von Koran 13:13: „Und der Donner lobpreist seine Herrlichkeit".[21] Der oft verwendete Begriff subḥān findet sich zudem oftmals verbunden mit der Rede von der Erhabenheit und Größe Gottes. In Muḥammad Ismāʿīl ibn Buḫārīs (194-256 H.) Sammlung der Aussprüche Muhammads heißt es, der Prophet habe Abū Huraira zufolge gesagt: „Es gibt zwei Worte, die auf der Zunge leicht, in der Waagschale schwer und beim Allerbarmer beliebt sind. Sie lauten: ‚Gepriesen sei Allah der Allmächtige' [subhān Allāh al-ʿaẓīm, AMV] und ‚Gepriesen sei Allah und alles Lob gebührt ihm' [subḥān Allāh wa-bi-ḥamdihi, AMV]."[22]

Wenngleich die der Rede von der Herrlichkeit auch zukommende Bedeutungsebene der Verehrung des preiswürdigen und erhabenen Gottes hier zum Ausdruck kommt, so findet sich hier wie auch generell kein unmittelbares Äquivalent.

Gleichwohl gilt es zu prüfen, welche Annäherungen an das hebräische *kabod* und das griechische *doxa* und ihrer jeweiligen Lesarten sich ausmachen lassen: Den höchsten „Glanz" und auch „Ruhm" Gottes beschreibend, findet sich im Koran das Wort *ǧalāl*, das etwa mit Majestät, Erhabenheit, Herrlichkeit oder auch Glorie zu übertragen wäre. Dies findet sich nur zweimal in Sure 55:[23] „Und nur das Antlitz deines Herrn wird bestehen, das *herrlich* ist zu nennen."[24] und „Gesegnet sei der Name deines Herrn, des *Erhabe-*

---

21 wörtlich: „preist im Lobpreis"; vgl. „Und der Donner lobpreist ihn." (13:13; Übers. Paret) „Und der Donner singt sein Lob" (13:13; Übers. Khoury).

22 M. I. al-Buḫārī, *Auszüge aus dem Sahih al-Buḫārī*, aus dem Arab. übertr. und kommentiert von Abu-r-Rida' Muhammad Ibn Ahmad Ibn Rassoul, Köln 1998; darin: „Die Bittgebete" (daʿwāt), Buch 11, Nr. 6406. Anmerkungen: „ḥamd" bedeutet „Lob; Preis"; „ʿaẓīm": „groß, stark, gewaltig, mächtig, bedeutend, wichtig, großartig, erhaben, prächtig, herrlich" – also ist obiges „allmächtig" schon Interpretation des Übersetzers. Vgl. andere Übersetzung: „Es gibt zwei Aussagen, die Gott, dem Wohltätigen, sehr teuer sind. Sie sind leicht auf der Zunge, aber ungeheuer schwerwiegend in ihrer Substanz: ‚Erhaben ist Allah in all Seiner Herrlichkeit' und ‚Erhaben ist Allah in all Seiner Majestät.'"

23 M. Mir, *„Glory"*, in: J. D. McAuliffe (Hg.), Encyclopaedia of the Qur' ān, Band 2, Leiden 2002, 315-316, hier 315.; vgl. al-Rāzī, Lawāmiʿ al-bayyināt fī-asmāʾ wa-l-ṣifāt 270,10.

24 vgl. Koran 55:27, Übers. Rückert; hier: *ǧalāl* (Majestät), in beiden Fällen mit „Besitzer, Eigentümer von" [dhū] konstruiert; vgl. Mir, *Glory*, 315. Diesselbe

nen und Ehrwürdigen."[25] Der Begriff „ǧalāl" repräsentiert ein Attribut, das ausschließlich zum Sein Gottes gehört. Die Bezeichung „al-ǧalīl" für Gott findet sich nicht im Koran, sondern stets die oben übersetzte Wendung („*ḏu l-ǧalāl wa-l-ikrām*"); dieselbe Formulierung nehmen auch die Hadithe auf. „*Al-ǧalīl*" findet sich nur im Hadith der 99 Namen Gottes.[26] Hier findet sich auch das Wort „maǧīd" [glorreich bzw. ruhmreich], das eine ähnliche Denotation wie *ǧalāl* besitzt,[27] das aber nicht nur exklusiv für Gott, sondern auch für den Thron Gottes und den Koran verwendet wird.[28] Rückert übersetzt *maǧīd* in 85:15: „Der glorreiche Herr des Thrones".[29] Als einer der Namen Gottes lässt sich „*al-maǧīd*" übertragen mit der Großartige, Glorreiche, Ruhmreiche oder auch der Preiswürdige, Gepriesene.[30]

Vielleicht ergiebiger, in jedem Fall aber ebenso bedeutend wie die Analyse einzelner Termini, ist die Frage nach dem koranischen Konzept von Herrlichkeit,[31] zunächst verstanden als Ehre, Glorie,

Stelle (55:27) lautet in anderen Übersetzungen: „Aber dein Herr, der *Erhabene* und Ehrwürdige (w.: das *erhabene* und erwürdige Antlitz deines Herrn) bleibt bestehen." (Übers. Paret); „Bleiben wird nur das Antlitz deines Herrn, das *erhabene* und ehrwürdige" (Übers. Khoury).

25 Koran 55:78; Übers. Khoury. Dieselbe Stelle, in der „ǧalāl" verwendet wird, lautet in Parets Übersetzung „Voller Segen ist der Name deines Herrn, des *Erhabenen* und Ehrwürdigen."; bei Rückert heißt es: „Gepriesen sei der Name deines Herren, der mit Ehrfurcht ist zu nennen."

26 D. Gimaret, *Les Noms divins en Islam. Exégese lexographique et théologique*, Paris 1988, 75-76. Zu Herkunft und Varianten des Hadith über die 99 Namen Gottes einschließlich der verschiedenen ihm angefügten Listen vgl. ebd. 51-83. Der Koran nimmt an vielen Stellen auf die Gottesnamen Bezug (7:180; 17:100; 20:8 und 59:24); Vgl. H. Molla-Djafari, *Gott hat die schönsten Namen. Islamische Gottesnamen, ihre Bedeutung, Verwendung und Probleme ihrer Übersetzung*, Frankfurt/M. 2001, 91. Die Koranexegese verweist in der Deutung von Koran 7:180 („Gott hat die herrlichsten Namen; ruft ihn mit diesen an") auf ein *hadith, das die sunnitische Tradition* auf Abū Huraira, die schiitische auf Ali zurückführt. Hierin heißt es, Muḥammad habe gesagt, Gott habe 99 Namen, wer sich dieser erinnere, werde ins Paradies gelangen: Vgl. Gimaret, *Noms* 51; Molla-Djafari, *Namen*, 120.

27 D. Gimaret, *Noms*, 217-219.

28 M. Mir, *Glory*, 315.

29 Ähnliche Textstellen: „Er [i.e. Gott] ist des Lobes und der Ehre würdig." (Koran 11:73; Übers. Rückert; hier: maǧīd); „Nein, es ist ein glorreicher Koran" (Koran 85:21; Übers. Rückert; hier: maǧīd); „Beim glorreichen Koran" (Koran 50:1; Übers. Rückert; hier: maǧīd).

30 vgl. z.B.: „(Er ist) der Herr des Thrones (ḏū l-ʿarši) und des Preises würdig." (Koran 85:15; Übers. Paret)

31 M. Mir, *Glory*, 315.

Ruhm bzw. Pracht. Als eine Schlüsselstelle kann hier Vers 143 der siebten Sure gelten, die von Gottes Antwort auf Moses Wunsch, ihn anschauen zu wollen, berichtet:

> „Als Mose zu unserem Termin kam und sein Herr mit ihm sprach, sagte er: ‚Herr! Laß mich (dich) sehen, damit ich dich anschaue!' Gott sagte: ‚Du wirst mich nicht sehen. Aber schau den Berg an! Falls er (bei meinem Erscheinen) fest auf seiner Stelle bleibt, wirst du mich sehen. Als nun sein Herr auf dem Berg erschien, ließ er ihn (durch seine bloße Gegenwart) zu Staub zerfallen. Und Mose fiel (wie) vom Blitzschlag getroffen (bewusstlos) zu Boden.
> Als er wieder zu sich gekommen war, sagte er: ‚Gepriesen seist du! (Wie konnte ich danach verlangen, dich anzuschauen!) Ich wende mich reumütig dir wieder zu und bin der erste von denen, die (an dich) glauben.'"[32]

Der zitierte Vers[33] spricht von der ehrfurchtgebietenden Manifestation der göttlichen Gegenwart, einem machtvollen Glanz. Schönheit und Majestät werden verschränkt. M. Mir unterstreicht die Lichtmetaphorik, die mit dem Erscheinen Gottes verbunden wird:

> „The Arabic word for ‚He manifested himself' is *tajallā*, which is suggestive of effulgence. In the light of this verse, divine glory could be described as God's holy magnificence and majestic splendor. But the verse clearly indicates, that even if this divine magnificence or splendor were to become visible, the physical eyes of humans in this world could not bear the sight."[34]

Das Erscheinen Gottes, das also auch hier deutlich mit Licht und Glanz konnotiert wird,[35] führt zu keinem unmittelbaren Erkennen Gottes, die Augen vermögen die ausstrahlende Schönheit nicht zu fassen, der Berg zerbirst und Mose stürzt, vom göttlichen Strahl

---

32 Koran 7:143, Übers. Paret.

33 Vgl. auch nachfolgend in der siebten Sure Vers 171 (Übers. Paret): „Und als wir (damals) den Berg (Sinai) über ihnen schüttelten, wie wenn er eine Hütte wäre, und sie meinten, er würde auf sie fallen (und sie unter sich begraben)! (wir forderten sie auf): Haltet fest (in eurem Besitz), was wir euch (als Offenbarungsschrift) gegeben haben, und gedenket dessen, was es enthält! Vielleicht werdet ihr (dann) gottesfürchtig sein."

34 M. Mir, *Glory*, 316.

35 Ähnlich heißt es in 39:69 vom Tag der Auferstehung über die Schöpfung: „Und die Erde erstrahlt im Licht ihres Herrn." (Übers. Paret). Im weiteren Zusammenhang der Beschreibung der Ereignisse am jüngsten Tag wird deutlich, dass hier den Menschen ein flüchtiger Blick auf Gottes Herrlichkeit zukommen könnte.

getroffen, zu Boden. Deutlich wird vielmehr die Ehrfurcht vor dem Erhabenen, zumal wenn die zitierte Stelle mit Koran 7:117 und 2:63; 93[36] in Zusammenhang gesehen wird. Sie ist offenkundig eine Aufnahme der im atl. Buch Exodus (Ex 19,16-19)[37] geschilderten Sinaitheophanie, auf die der Dekalog folgt.[38] Während der Rekurs auf die Sinaitheophanie in den genannten koranischen Versen vor allem in der Erwähnung der äußeren Zeichen und Begleitumstände und im Sprechen Gottes zu Mose deutlich wird, nimmt der im Koran 7:143 von Mose geäußerte Wunsch, *Gott* zu sehen, Bezug auf Ex 33,18-23:[39]

36 2:63 (Übers. Paret): „Und (damals) als wir eure Verpflichtung entgegennahmen und den Berg (Sinai) über euch emporhoben (indem wir euch aufforderten): ‚Haltet fest (in eurem Besitz), was wir euch (als Offenbarungsschrift) gegeben haben, und gedenket dessen, was es enthält!' Vielleicht würdet ihr gottesfürchtig sein."

37 Auf den Bezug zu Ex 17-18 verweist M. Mir, *Glory*, 316.

38 Dort heißt es: „Am dritten Tag. Im Morgengrauen, begann es zu donnern und zu blitzen. Schwere Wolken lagen über dem Berg, und gewaltiger Hörnerschall erklang. Das ganze Volk im Lager begann zu zittern. Mose führte es [das Volk, Anm. AMV] aus dem Lager hinaus Gott entgegen. Unten am Berg blieben sie stehen. Der ganze Sinai war in Rauch gehüllt, denn der Herr war im Feuer auf ihn herabgestiegen. Der Rauch stieg vom Berg auf wie Rauch aus einem Schmelzofen. Der ganze Berg bebte gewaltig und der Hörnerschall wurde immer lauter. Mose redete, und Gott antwortete im Donner." Chr. Dohmen, *Exodus 19-40* (HThK.AT), Freiburg i. Br. 2004, 71-77 (hier: 76f.) fragt und diskutiert in diesem Zusammenhang, in welcher Weise das nachfolgende Sprechen Gottes in Ex 20,2-17 dem Dialog zwischen Mose und Gott zuzuordnen ist. Er kommt zu dem nennenswerten Schluss, man müsse „die Dekalogmitteilung insgesamt, literarisch als Metaebene auffassen, die den Akteuren der Erzählung nicht zugänglich ist, also reine Leserinformation darstellt."

39 Auf diese Bezugnahme verweist R. Paret, *Der Koran. Kommentar und Konkordanz*, Stuttgart ^{7}2005, 173. Zum Vergleich: „Dann sagte Mose: Laß mich doch deine Herrlichkeit sehen! Der Herr gab zur Antwort: Ich will meine ganze Schönheit vor dir vorüberziehen lassen und den Namen des Herrn vor dir ausrufen. Ich gewähre Gnade, wem ich will, und ich schenke Erbarmen, wem ich will. Weiter sprach er: Du kannst mein Angesicht nicht sehen, denn kein Mensch kann mich sehen und am Leben bleiben. Dann sprach der Herr: Hier, diese Stelle da! Stell dich an diesen Felsen! Wenn meine Herrlichkeit vorüberzieht, stelle ich dich in den Felsspalt und halte meine Hände über dich, bis ich vorüber bin. Dann ziehe ich meine Hand zurück, und du wirst meinen Rücken sehen. Mein Angesicht aber kann niemand sehen." M. Bongardt, *Einführung in die Theologie der Offenbarung*, Darmstadt 2005, 19, verweist diesbezüglich u. a. auf folgende zwei Aspekte: „Zum einen wird betont, daß nicht der Mensch sich vor der unverstellten Gottesbegegnung zu schützen hat,

Wie in Ex 19 ist auch im Koran der Berg Sinai die Offenbarungsstätte, an der Gott Israel begegnen will. Im atl. Text erbittet Mose „eine sichtbare Weise der ihm gewährten Offenbarung ... Bevor aber seine eigene Gottesgemeinschaft sichtbar wird (vgl. Ex 34,30) ... geht Gott in grundlegender Weise auf das Phänomen des „Sehens Gottes“ ein.“[40] Im Unterschied zur Bitte im koranischen Vers, bittet Mose darum, Gottes *Herrlichkeit* (kabod), und nicht Gott selbst, schauen zu dürfen (Ex 33,18). Diese Bitte wird aufgenommen, so erörtert Dohmen, um „vom Motiv des Sehens her die Offenbarungsvorstellung abzuklären.“[41] Es liegt also Entscheidendes im genannten Unterschied zwischen den jeweiligen Bitten des Mose und in der Beschreibung dessen, was Mose widerfährt.

Dennoch: Gemeinsam ist beiden Texten die schon aufgezeigte paradoxe Verschränkung, die dem Begriff der Herrlichkeit eignet und in der Zwiespältigkeit der Erfahrung von Entzug und Zuwendung besteht. Diese Gratwanderung zwischen Erscheinen und Verbergen sei, so Hoeps, „mit der Konkretheit einer Theophanie und der Verbindlichkeit ihrer Mitteilung“ auf der anderen Seite nur schwer vereinbar.[42]

Insofern wird plausibel, dass der Koran zwar einerseits entschieden betont, dass eine unverstellte Schau Gottes dem Mose nicht zukommen durfte, andererseits aber in vielfältiger Weise vom Antlitz Gottes,[43] seinen Augen[44] und der Suche des Menschen nach dem Antlitz Gottes spricht.[45] Dabei wird insbesondere die Unver-

sondern daß Gott ihn davor bewahrt: Gott stellt Mose in einen Felsspalt, er hält seine Hand über ihn, bis er vorübergegangen ist (33,22). Der Schutz ist ein Akt göttlichen Erbarmens (33,19). Zum anderen will die Bildrede des letzten Verses beachtet sein: Die Verheißung, Mose werde Gottes ‚Rücken sehen‘ (33,23). Gott wird ‚im Nachhinein‘ erkannt.“

40 Chr. Dohmen, *Exodus 19-40*, 346f. Ex 34,30 lautet: „Als Aaron und alle Israeliten Mose sahen, strahlte die Haut seines Gesichtes Licht aus, und sie fürchteten sich, in seine Nähe zu kommen.“

41 Chr. Dohmen, *Exodus 19-40*, 348.

42 R. Hoeps, *Gefühl*, 48.

43 Vgl. z.B. „Gottes ist der Osten und der Westen. Wohin ihr euch wenden mögt, da habt ihr Gottes Antlitz vor euch [wörtlich: dort ist Gottes Antlitz].“ (Koran 2:115; Übers. Paret)

44 Vgl. z.B. „Und verfertige unter unseren Augen ...“ (11:37; Übers. Paret)

45 Vgl. z.B. „und die geduldig sind und dabei immer nur ihren Herrn vor Augen haben [wörtlich: im Streben nach dem *Antlitz* ihres Herrn]” (Koran 13:22; Übers. Paret) und „Ihr habt aber, wenn ihr Spenden gebt, immer nur Gott vor

gänglichkeit des Antlitzes Gottes betont.[46] In Koran 55:26-27 heißt es: „Alle, die auf der Erde sind, werden vergehen. Aber dein Herr, der Erhabene und Ehrwürdige [wörtlich: das erhabene und ehrwürdige Antlitz deines Herrn], bleibt bestehen.“ (Übers. Paret)[47] Aufgrund dieser koranischen Aussagen wurde in der islamischen Tradition die Frage diskutiert, inwiefern Gott gesehen werden könne. Der Koran selbst antwortet zum einen, dass die menschlichen Augen Gott nicht zu erreichen vermögen.[48] Andererseits heißt es vom Tag des Gerichts: „An jenem Tag wird es strahlende Gesichter geben, die auf ihren Herrn schauen.“[49] Es wird den Aufrechten das Sehen Gottes versprochen; schließlich gewinnt die ganze Schöpfung Anteil: „Und die Erde erstrahlt im Lichte ihres Herrn.“[50] Es wird zwischen dem Streben nach dem Antlitz Gottes im „Diesseits“ und dem Erfasstwerden von den Strahlen des Antlitzes am Tag der Vollendung unterschieden. Auch zwischen dem Sehen mit den Augen und dem Sehen mit dem Herzen differenziert: Nur Muḥammad, dem die Offenbarung eingegeben wurde, war das Sehen Gottes mit den Augen möglich, wie der Koran in 53:5-18 ausführlich schildert und 81:19-25 ebenfalls kund tut.[51]

Augen [wörtlich: Ihr spendet nur im Streben nach dem Antlitz Gottes].“ (Koran 2:272; Übers. Paret).

46 G. Böwering, *God and his attributes*, in: J. D. McAuliffe (Hg.), Encyclopaedia of the Qur' ān, Band 2, Leiden 2002, 316-331, hier: 323.

47 Ebenso wird in 28:88 im Kontext der Einheit und Einzigkeit Gottes gesagt: „Und ruf nicht neben Gott einen anderen Gott an! Es gibt keinen Gott außer ihm. Alles ist dem Untergang geweiht, nur er [wörtlich: sein Antlitz] nicht.“ (Übers. Paret).

48 In Koran 6:103 heißt es diesbezüglich: „Die Sehkraft (der Menschen) (al-abṣār) erreicht ihn nicht, wird aber von ihm erreicht.“ G. Böwering, *God*, 324. Auch die oben zitierte koranische Erzählung von der Sinaitheophanie, beschrieb das Zerbersten des Berges zu Staub beim Erscheinen Gottes, so dass kein unmittelbares Sehen angenommen werden kann.

49 Koran 75:22-23; Übers. Paret, vgl. auch Koran 10:26.

50 Koran 39:69; Übers. Khoury.

51 So heißt es in Koran 81:23 „Er hat ihn ja deutlich am Horizont gesehen.“ Vgl. hierzu auch G. Böwering, *God*, 324.

3.2 Zur mystischen Aneignung der koranischen Lichtmetaphorik

Insgesamt ist augenfällig, dass auch der Koran im zu untersuchenden Kontext sehr häufig von „Licht“ spricht: Gott selbst wird als Licht bezeichnet, aber auch im übertragenen Sinn finden sich zahlreiche Referenzen.[52] Insbesondere in der Bedeutung eines Lichts, das leitet, den rechten Weg weist, steht es in enger Verbindung mit der Offenbarung und der Offenbarungsschrift: Die Thora und das Evangelium werden als „Rechtleitung und Licht“ enthaltend bezeichnet.[53] Vor allem aber werden die Menschen aufgefordert, an das herabgesandte, rechtleitende Licht der koranischen Offenbarung, zu glauben. Sie selbst wird als offenkundige, klare Schrift bezeichnet.[54] In Bezug auf Gott selbst gibt es die Lichtverse: 39:22;[55] 9:32[56] und vor allem 24:35.[57] Der letztgenannte Vers aus der Sure 24, die den Titel „an-Nūr“ (das Licht) trägt, ist jedem Muslim geläufig:

> „Gott ist das Licht der Himmel und der Erde. Sein Licht strahlt wie aus einer Nische, in der eine Lampe steht, in ein Glas gefasst, das funkelt wie ein hell blinkender Stern; gespeist wird (die Lampe mit dem Öl) von einem gesegneten Olivenbaum, nicht östlich, nicht westlich, einem Öl, das fast schon leuchtete, selbst wenn das Feuer es noch nicht berührt haben

---

52 J. E. Jamal, *Light*, in: J. D. McAuliffe (Hg.), Encyclopaedia of the Qur' ān, Band 3, Leiden 2003, 186, 187 (hier: 186).

53 Vgl. Koran 5:44; 46: “Wir haben (seinerzeit den Kindern Israel) die Thora herabgesandt, die (in sich) Rechtleitung und Licht erhält ... Und wir ließen hinter ihnen her Jesus, den Sohn der Maria, folgen, daß er bestätige, was von der Thora vor ihm da war. Und wir gaben ihm das Evangelium, das (in sich) Rechtleitung und Licht enthält ...“ (Übers. Paret).

54 Vgl. näher Koran 64:8; 42:52; 4:174; 5:15; auf diese Verse verweist auch: J. E. Jamal, *Light*, 186.

55 „Ist denn einer, dem Gott die Brust für den Islam geweitet hat, so daß er nunmehr erleuchtet ist [wörtlich: in Licht vor seinem Herrn steht] ...“ (Übers. Khoury).

56 Hier heißt es von den Juden und Christen: „Sie wollen das Licht Gottes ausblasen [wörtlich: mit ihrem Mund auslöschen]. Aber Gott will sein Licht unbedingt in seiner ganzen Helligkeit erstrahlen lassen [wörtlich: will nichts anderes, als sein Licht voll machen].“ (Übers. Paret) Etwa wörtlich ebenso in Koran 61:8.

57 Vgl. hierzu auch J. E. Jamal, *Light*, 187.

sollte! Licht über Licht! Gott leitet zu seinem Licht, wen er will, und Gott prägt den Menschen Gleichnisse! Er weiß alles.“[58]

Die koranische Bezeichnung Gottes als „das Licht“ hat unzählige Verstehensversuche und Deutungen hervorgerufen. Insbesondere der zitierte Vers hat herausragende Bedeutung für die islamische Mystik gewonnen. Sowohl in der Praxis der Sufis als auch im muslimischen Neoplatonismus fand er – und damit die Kategorie Licht – besonderen Eingang.[59] An prominenter Stelle ist diesbezüglich exemplarisch die gemäßigte Mystik des großen Theologen und Philosophen Abū Ḥāmid al-Ġazālī (gest. 1111) zu nennen. Seine Abhandlung, „Die Nische der Lichter“, stellt nicht allein eine Deutung von Koran 24:35 dar. Sie fragt vielmehr nach dem „Gotteslicht“ sowie der Bedeutung der menschlichen Vernunft für die Erkenntnis.[60] Ausgangspunkt ist das sinnlich Wahrnehmbare, von dem aus über das Geistige der Weg zum göttlichen Licht führt, von dem die Menschen durch Schleier geschieden sind und somit aus verschiedenen Gründen unberührt vom erhabenen Licht bleiben. Aber nicht die Grenzen der Erkenntnis sind das eigentliche Thema: „Das geistige Licht ist die Grundlage, von der aus al-Ġazālī mit der Betrachtung des Korans und der göttlichen Bücher beginnt. Denn durch die Berührung der Vernunft mit der Weisheit, wobei die Sprache Gottes den höchsten Rang innehat, wird die Vernunft in actu eine schauende, nachdem sie es zuvor nur der Möglichkeit nach war.‘“[61] In den drei Stufen der Koranrezitation besteht im Erreichen der höchsten Stufe die Möglichkeit, Gott unverhüllt zu sehen, wie al-Ġazālī an anderer Stelle expliziert. Im Hören des Korans ereignet sich so die Offenbarung.[62]

Für die Mystiker, so erläutert N. Kermani übereinstimmend, bedeute das Rezitieren der Suren weit mehr als das Nachvollziehen der ersten Offenbarung. Der hörende Sufi vollziehe die Rezitation

---

58 Übers. bei T. Nagel, *Im Offenkundigen das Verborgene. Die Heilszusage des sunnitischen Islams*, Göttingen 2002, 195.

59 J. E. Jamal, *Light,* 187.

60 Die formuliert Elschazlī einleitend in: Abū Ḥāmid Muḥammad al-Ġazālī, *Die Nische der Lichter [Miškāt al-anwār]*, übers. und hg. v. ʿAbd-Elṣamad ʿAbd-Elḥamīd Elschazlī, Hamburg 1987, XI.

61 Ebd. XVI.

62 Vgl. N. Kermani, *Gott ist schön. Das ästhetische Erleben des Koran*, ²München 2003, 391. Kermani bezieht sich hier auf al-Ġazālīs Schrift „Iḥyāʾ ʿulūm ad-dīn“.

nicht nur mimetisch, sondern ihm werde potentiell tatsächlich eine Audition und Vision Gottes zuteil.[63]

Kermani verweist mit Adorno darauf, dass ästhetische und mystische Erfahrung im Letzten konvergieren.[64] In diesem Zusammenhang heißt es:

> „Das im Hören Erkannte, ‚Geschaute‘, lässt sich nur bilderlos denken, nur abstrakt bestimmen, als Vollkommenheit (kamāl), in der die göttliche Schönheit und Erhabenheit aufgehen, oder als Negation all dessen, was vorstellbar ist. ‚Das alttestamentliche Bilderverbot hat neben seiner theologischen Seite eine ästhetische‘, bemerkt Adorno. ‚Daß man sich kein Bild, nämlich keines von etwas machen soll, sagt zugleich, kein solches Bild sei möglich.‘ Die Schönheit, die der göttlichen Vollkommenheit zueigen ist, kann ‚von den Sinnen nicht erfaßt und durch Analogieschluß nicht festgestellt werden‘ lehrt ʿUmar as-Surawardī; ‚dem Verstand ist sie ohne Wie, und der Auffassungsgabe ist sie nicht erklärbar‘ ... Von solchem Glanz ist die Schönheit Gottes, das nur die Stärksten sie ertragen, wie eine Legende der Sufis illustriert: Als Moses vom Berg Sinai zurückkehrt, erblindeten alle, die ihn anschauten, ob des göttlichen Glanzes, der auf seinem Antlitz lag. Das Absolute ist nicht sichtbar, eben weil es in absoluter Nacktheit dem Auge offenbar ist – die überwältigende Nähe blendet das Auge, das unverhüllte Licht ist absolute Schwärze (nūr-e sīyah), und die Erkenntnis der absoluten Existenz geht dann nur noch einher mit der Erkenntnis des absoluten Nichts (nisti-ye moṭlaq), ein Gedanke, den die Mystiker oft ausgesprochen haben. Zu reden ist dann nicht mehr über das Geschaute andere, sondern nur, wie es im darin verschwindenden Subjekt sich offenbart.“[65]

---

[63] N. Kermani, *Gott,* 389. Kermani erörtert in der Darstellung des Erlebens der Sufis in Auseinandersetzung mit dem christlichen Theologen Rudolf Otto die in Bezug auf das religiöse Erleben korrelierende Bedeutung der Begriffe mysterium tremendum (Furcht) – mysterium fascinans (Seligkeit, Entzücktheit, Freude) und galal (Erhabenheit) – gamal (Schönheit); vgl. hierzu auch ebd. 392.

[64] Kermani, *Gott*, 418. Zum Beleg seiner Parallelisierung des Erleben der Sufis, das nicht in Sprache gefasst, nicht in Begriffe gebracht werden könne und Adornos ästhetischer Theorie zitiert Kermani aus Adorno: „Die Werke sprechen wie Feen in Märchen: du willst das Unbedingte, es soll dir werden, doch unkenntlich. Unverhüllt ist das Wahre der diskursiven Erkenntnis, aber dafür hat sie es nicht; die Erkenntnis, welche Kunst ist, hat es; aber als ein ihr Inkommensurables.“ Th. W. Adorno, *Gesammelte Schriften*, hg. v. R. Tiedemann, 20 Bde, Frankfurt/Main 1997; hier Bd. 7, 26. Kermani merkt an, dass der Koran hierbei keinesfalls als Kunstwerk misszuverstehen sei.

[65] Kermani, *Gott*, 419.

Auch bei al-Ġazālī wird deutlich, wie das Offenkundige und das Verborgene im Licht Gottes zusammenfallen. Nur das von Gott ausgehende, ursprüngliche Licht wirkt die Sichtbarkeit der Dinge. Dennoch kann nicht allein vermittels der Erkenntnis der sichtbaren Gegenstände Gott als das sie erhellende Licht erkannt werden. Das Licht Gottes ist vielmehr unveränderlich, ewig. Es kann nicht als nicht vorhanden gedacht werden. Somit kann das göttliche, physikalische Licht, das durch alles und durch das alles erscheint, nicht vom „geistigen" Licht Gottes unterschieden werden, sondern ist notwendig eines. Der Weg zur Erkenntnis dessen, was die Dinge sichtbar macht, ist daher zugleich versperrt. So formuliert al-Ġazālī:

> „Würde es (d.h. das göttliche Licht) jemals als Vergängliches gedacht, so würden Himmel und Erde zusammenstürzen. Dadurch würde man zur Unterscheidung gelangen, durch die man sich gezwungen sieht, zu erkennen, was die Dinge sichtbar macht. Weil alle Dinge aber in der Bezeugung ihres Schöpfers gleich geschaffen sind, wird der Unterschied aufgehoben, und der Weg zur Erkenntnis bleibt versperrt. Denn der deutliche Weg ist die Erkenntnis der Dinge durch ihre Gegensätze. Bei allem, was keinen Gegensatz hat und keiner Veränderung unterliegt, gleichen sich die Zustände im Bezeugen seiner (Existenz). Deshalb ist es möglich, dass es verborgen ist; seine Verborgenheit (beruht) auf der Stärke seiner Helligkeit. Man übersieht es wegen der (intensiven) Ausstrahlung seines Lichts. Erhaben ist Er, der vor Seinen Geschöpfen auf Grund der Stärke Seiner Sichtbarkeit verborgen und auf Grund der Ausstrahlung seines Lichts verhüllt ist."[66]

Al-Ġazālī unterstreicht, dass Gott das erste Licht ist. Damit aber ist keinesfalls gesagt, der Mensch könne das geistige Licht grundsätzlich nicht erfassen. Vielmehr gilt al-Ġazālī der Verstand als die vollkommene Sehkraft, als dessen Inbegriff der prophetische Geist, dessen Quelle Gott ist, zu gelten hat:[67]

> „Die Welt, die er geschaffen hat, wird von dem physikalischen Licht, vor allem aber von dem geistigen Licht durchströmt; ihre materielle Seite, des Seinsbereich des Offenkundigen, wird durch ersteres sichtbar und damit auch erschlossen; die geistige Seite, die Seite des Verborgenen, in dem die Herrschergewalt (arab. al-malukūt) des Schöpfers unmittelbar und unverschleiert ansichtig wird, vermag im geistigen Licht erfasst zu werden."[68]

---

66 Al-Ġazālī, *Nische*, 31.

67 T. Nagel, *Offenkundigen*, 196.

68 T. Nagel, *Offenkundigen*, 196.

Durch das Offenkundige ist jedem das Erkennen des Einen möglich, im Verborgenen manifestiert sich die Weisheit Gottes „in höchster Klarheit“.[69] Die somit sinnvolle, verstehbare Ordnung der Schöpfung zeigt die Majestät ihres Schöpfers. So weiß al-Ġazālī um die Verbindung von Offenkundigem und Verborgenem bzw. der göttlichen Souveränität: Das Übersteigen der rationalen Erkenntnis beschreibt er als Enthüllung, als ein Zeigen der Abbilder der Intelligibilien auf menschlichem Verstand wie auf einem Spiegel, nicht aber als eine unmittelbare Schau der göttlichen Souveränität, sondern vielmehr als Verschränkung der offenkundigen und verborgenen Welt, wie sie für al-Ġazālī selbstverständlich, zugleich aber bleibend geheimnishaft ist.[70] Durch die Rede Gottes im Koran, so betont er, vollende sich das Sehen des Verstandes, ihn bezeichnet er auch als „Sonne der Vernunft“.[71]

3.3 Zur Ästhetik des Korans

An dieser Stelle ist es unerlässlich, die Bedeutung der Ästhetik des Korans selbst zum Gegenstand einiger Überlegungen zu machen. Das Wunderzeichen des Islam, als das der Koran (iʿǧāz) den Muslimen aufgrund seines Klangs und seiner sprachlichen Vorzüglichkeit etwa seit dem 9. Jh. gilt, ist Ausdruck nicht allein einer ästhetischen, sondern vor allem einer religiösen Erfahrung, die im ästhetischen Erleben gründet. A. Neuwirth formuliert diesbezüglich:

> „Es ist also eine zentrale Erfahrung der Muslime von innerem Leben und innerem Glanz, eine ganz reale Erfahrung von metaphysischer Schönheit der Offenbarungsschrift, die schließlich, im 9. Jh., zur Formulierung des Dogmas von der Unnachahmlichkeit des Korans führte – nicht etwa nur theologische Spekulation oder gar gelehrte Sophisterei. Es ging um die Rationalisierung einer fundamentalen Erfahrung der ganzen Religionsgemeinschaft.“[72]

---

69 T. Nagel, *Offenkundigen*, 197.

70 T. Nagel, *Offenkundigen*, 207.

71 Al-Ġazālī, *Nische*, 14.

72 A. Neuwirth, *Das islamische Dogma der ‚Unnachahmlichkeit des Korans‘ in literaturwissenschaftlicher Sicht*, in: Der Islam 60 (1983), 166-183, hier: 170.

Nicht visuell, sondern auditiv begegnet die Herrlichkeit Gottes in der Schönheit des Korans, vielfach wird sogar der Wundercharakter seines *Inhalts* ausdrücklich bestritten.[73] Die Erhabenheit, Schönheit und Majestät Gottes wird durch das Hören des Korans offenbar. Die Offenbarung überzeugt nicht allein inhaltlich, sondern in der Weise, wie sie ästhetisch erlebt wird.[74] Das laute Vortragen, das rezitierende zu Gehörbringen des Korans, ist für die Offenbarungsrezeption konstitutiv. Im Klang der ergangenen Offenbarung bestimmt sich das für den Menschen an sich Unsagbare. Nicht der Inhalt der ergangenen Botschaft, sondern ihrem schönen Klang kommt die Offenbarungserfahrung zu, das Begriffliche bleibt nachgeordnet. Auch hier zeigt sich die ästhetische Dimension als besondere Ebene der religiösen Erfahrung. Das hörende oder auch rezitierende Erleben der koranischen Offenbarung bedeutet ein Eintreten in die Schönheit des Heiligen, die Verschränkung von Lobpreis und Ergriffensein von der Glorie wird erfahrbar. Der Klang ist der begrifflichen Fixierung enthoben.

In höchster Form findet sich dies wiederum in der Mystik ausgestaltet: Die koranhörenden Mystiker entwickelten die Rede von der Ehrfurcht gebietenden Erhabenheit (ǧalāl) und anziehenden Schönheit (ǧamāl) als Hauptqualitäten des Unaussprechlichen.[75] In der näheren Erörterung schließt Kermani sehr grundsätzlich das

73 N. Kermani, *Gott*, 247.

74 N. Kermani, *Gott*, 29.

75 N. Kermani vergleicht diese mit der Rolle, die die ästhetische Anschauung in der deutschen philosophischen Tradition, insbesondere bei Schelling, besitzt, sowie mit der Beschreibung eines genialen Kunstwerks in den ästhetischen Theorien des 18. und 19. Jahrhunderts. Er stellt eine große Nähe zwischen beidem fest: „Insbesondere die Mystiker entwickelten ganze Theorien und Systeme der koranischen Eigenschaften (oder genauer: der im Koran sich manifestierenden göttlichen Eigenschaften). In deren Zentrum diese beiden Begriffe stehen, wobei die jeweiligen Bedeutungs- und Assoziationsfelder sich größtenteils mit denen von Erhabenheit und Schönheit in der deutschen philosophischen Tradition decken." N. Kermani, *Gott*, 332f. An anderer Stelle (ebd. 421) formuliert er: „Es ist diese platonische Vorstellung der Erinnerung an das Urschöne, die von al-Ǧunayd und anderen Sufis, beeinflusst sicher vom neuplatonischen Gedankengut, aber ohne den Phaidros zu kennen, auf so elegante Weise in einen islamischen Kontext überführt worden ist, wie sie ja auch in der europäischen Ästhetik über die Romantik hinaus stark gewirkt hat, man denke nur an Hegels Definition des Schönen als sinnlichen Scheinen der Idee oder an Schellings Vorstellung von der Kunst als ‚Darstellung der Urbilder'."

sich ähnelnde Verhältnis von Philosophie und Kunst mit dem von Vernunft und Offenbarung zusammen. Für bemerkenswert erachtet er in diesem Zusammenhang, dass die Wahrheit nicht allein diskursiv, sondern eine „im Sinne von *aisthesis* sinnlich erfasste ist, genauso wie in der Genieästhetik dem Kunstwerk eine ästhetische auf sinnliches Empfinden und Fühlen gründende Wahrheit (veritas aesthetica) zugesprochen wird.“[76]

Das Ausgeführte konnte auf die Bedeutung der Schönheit des Korans als offenbarungstheologische Aussage hinweisen. So zeigt das ästhetisches Erleben des in der *risāla* (Botschaft) offenbar gewordenen die Unverfügbarkeit Gottes an und bestimmt den Rezitierenden in seiner Existenz vor dem erhabenen Gott. Die Schönheit des Korans, wie sie in der Rezitation erlebt wird, lässt dabei die Erhabenheit und Majestät Gottes sinnlich erfahrbar, genießbar werden, ohne sie darin begrifflich fassen zu können. Abschließend sei daher wiederum – nicht zuletzt zur Illustration des Gezeigten – Kermani zitiert, der den koranhörenden Mystiker beschreibt: „Im Lauschen der Offenbarung, die er verkündigt hat, scheint den Gläubigen dieses Wissen aufzugehen, scheint es aufzuleuchten, faszinierend und schauervoll als ‚Blitze‘ die aufleuchten und dann verlöschen, Lichter, die erscheinen und dann verschwinden‘, wie ein von al-Qusayri zitierter Sufi sagt: ‚Wie lieblich sie wären, wenn sie einen Augenblick bei ihrem Besitzer blieben.“[77]

4. Rückfrage

Die exemplarische Sichtung der beiden Traditionen hatte keine gemeinsame Reformulierung des untersuchten Begriffes zum Ziel. Dennoch lassen sich, wie deutlich geworden sein dürfte, ausgehend vom christlich-theologisch Bedeutungsgehalt der Rede von der Herrlichkeit Gottes gewisse Nähen, Konvergenzen und Parallelen innerhalb der jeweiligen Verstehensweisen des Menschen vor Gott ausmachen, die an dieser zusammengeführt werden sollen.[78]

---

76 ebd. 333.

77 Kermani, *Gott*, 412f.

78 Lohnend wäre allerdings vielmehr eine weitere Ausführung einzelner Aspekte: Eine von den Gedanken al-Ġazālī ausgehende Parallelisierung verschiedenster theologiegeschichtlich einflussreicher christlicher Positionen zur Erkenntnisfähigkeit des Lichtes der natürlichen Vernunft ebenso denkbar wie das Aufzeigen

Grundsätzlich konnte gezeigt werden, dass es in keiner der beiden Religionen genügte, die „Herrlichkeit Gottes" oder eine diesem Begriff entsprechenden Aussage als Prädikat Gottes zu isolieren. Vielmehr ist die Doxa Gottes stets bezüglich ihrer Erfahrbarkeit und der ihr gegebenen Deutung seitens des Menschen zu betrachten. Diese Erfahrung der Herrlichkeit Gottes kennzeichnet das Zusammenfallen von Offenbarem und Verborgenem. Einschließlich der sie umgebenden Lichtmetaphorik wäre vielleicht der Bedeutungsgehalt des atl. kabod eine mögliche Verständigungsbasis für den Ausdruck einer solch ambivalenten Erfahrung der Unfassbarkeit Gottes. Den im Offenbaren zu suchenden Gott als bleibend verborgen, entzogen und zukünftig anzunehmen, kann als gemeinsamer Grundzug offenbarungstheologischen Verstehens herausgestellt werden. Die Rede von der Herrlichkeit Gottes vermag als ästhetischer Grundbegriff die Bedeutung der Dimensionen des Wahrnehmens für die Erkenntnis zu erschließen und zugleich als uneinholbarer Begriff auf die größere Wirklichkeit der göttlichen Vollkommenheit zu verweisen.

Darüber hinaus ist der offenbarungstheologische Gehalt eines ästhetisch gefassten Herrlichkeitsbegriffs in seiner Relevanz für das wechselseitige Verstehen der Glaubensweisen von Christen und Muslimen zu erheben. Die aufzunehmende Diskussion mit der islamischen Theologie wird sich hier auf die Weise des Offenbarwerdens zu beziehen haben: Gottes gegenwärtige Präsenz wird in der Sinaitheophanie, der Schöpfung, der mystischen Begegnung und schließlich in Jesus Christus und im Koran in je anderer Weise erfahrbar. So sehr das in der Rede von der Herrlichkeit Gottes betont bleibende Verhülltsein Gottes und auch die begrenzte Erkenntnisfähigkeit des Menschen zu einem ergänzenden Nebeneinander oder wechselseitigem Integrieren dieser Kundgaben Gottes rät, so liegt doch gerade in der jeweiligen Erfahrungsweise der Grund für die konkrete religiöse Überzeugung und ihre spezifische Ausformung. Für Muslime wie Christen ist entscheidend, wie Gott sich mitteilt, was sein Offenbarwerden kennzeichnet, in welcher Weise es sich vollzieht. Denn diese Weise des Erfahrbarwerdens bestimmt Glaubensform wie Glaubensinhalt.

---

von Konvergenzen seiner Theologie mit christlicher Mystik. Auch wäre z. B. eine komplexe Analyse der jeweiligen Schriftbefunde ein Desiderat.

So liegt inmitten der Analyse der skizzierten Blickrichtungen auf das Herrlichkeitsmotiv schließlich die Frage nach der einen Wahrheit des einen Gottes. Es ist zugleich die Frage nach dem, was den Menschen unmittelbar angeht und sein gläubiges Selbstverstehen bestimmt. Was bedeutet es, durch Christus „Anteil“ an der Herrlichkeit Gottes zu gewinnen oder aber im Koran die Rechtleitung des erhabenen Gottes zu finden? Was bedeutet es, mittels der Schönheit des Erlebens des Korans das Antlitz Gottes zu suchen oder aber in der Erhöhung Jesu Christi am Kreuz seine Herrlichkeit zu schauen? Gilt es an dieser Stelle auch entschieden das eigene Bekenntnis zu begründen, so mag der dem Terminus der Herrlichkeit Gottes eignende Verweis auf das stete Vorausgehen der göttlichen Zuwendung und der bleibenden Unverfügbarkeit Gottes an die hierzu notwendige menschliche Bescheidenheit erinnern.

Erhabenheit und Herrlichkeit

Vom religionsphilosophischen Wurzelgrund einer ästhetischen Unterscheidung

Klaus Müller

1. Blinder Fleck in der Ideeninventur der Moderne

Der Begriff der Erhabenheit gilt gemeinhin als geklärt, seine Geschichte als geschrieben:[1] Wie Pseudo-Longinus im 1. Jahrhundert das Thema monographisch abhandelt[2] und diese Schrift nach langer Latenz ab dem 17. Jahrhundert in englischer und französischer Übersetzung gesteigertes Interesse findet; wie dann ab Mitte des 18. Jahrhunderts der Begriff in das Zentrum der jungen philosophischen Disziplin der Ästhetik rückt; wie ihm Edmund Burke in Absetzung vom Begriff der Schönheit zu spezifischem Profil verhilft;[3] wie Kant in seiner *Kritik der Urteilskraft* die klassisch-normative Ausarbeitung des Problemkomplexes leistet;[4] wie Schiller Erhabenheit zum Leitmotiv seines ästhetisch-aufklärerisch-pädagogischen Programms kürt[5] und schließlich dieses erzidealistische Theorem zumindest hinsichtlich einiger seiner Züge an prominen-

---

1 Vgl. die derzeit jüngste Kurzgeschichte der Erhabenheit in U. Eco (Hg.), *Die Geschichte der Schönheit*, übers. v. F. Hausmann u. M. Pfeiffer, München 2004, 275-297.

2 Vgl. Pseudo-Longinos, *Vom Erhabenen*, hg. u. übers. v. R. Brandt. 2. Aufl. Darmstadt 1983.

3 Vgl. E. Burke, *Vom Erhabenen und Schönen*, übers. v. F. Bassenge, neu eingel. u. hg. v. W. Strube, (PhB 324) Hamburg 1989.

4 Vgl. I. Kant, *Kritik der Urteilskraft*, in: Ders., Kant's gesammelte Schriften, hrsg. v. der Königlich Preußischen Akademie der Wissenschaften. Bd. V, Berlin 1913, 165-485.

5 Vgl. F. Schiller, *Vom Erhabenen [1793/94]; Über die ästhetische Erziehung des Menschen in einer Reihe von Briefen [1795]; Über das Erhabene [1801]*, in: Ders., Sämtliche Werke (Berliner Ausgabe 8), Berlin 2005, 224-273; 305-408; 571-586.

ten Systemstellen poststrukturalistischer Konzeptionen, namentlich bei J.-F. Lyotard,[6] wiederkehrt. Und auch der Begriff der Herrlichkeit ist alles andere als eine tabula rasa: Selbst wenn man seine singuläre Usurpation durch das gleichnamige theologische Großprojekt Hans Urs von Balthasars[7] abzieht, bleibt noch reicher Ertrag vorwiegend exegetischer Studien, in denen der alttestamentliche wie neutestamentliche Gehalt dieses Terms Aufklärung erfahren hat.[8]

Zudem ist auch längst die Brücke zwischen dem Erhabenen der modernen Philosophie und der theologischen Herrlichkeit geschlagen, ist herausgearbeitet, wie beide noch unterhalb offenkundiger Konvergenzen, aber ebenso markanter Differenzen auf eine Weise systematisch ineinander verwebt sind, die einem nur oberflächlichen Blick verborgen bleibt:[9] In übersichtliche Darstellung gebracht, konvergieren Herrlichkeit und Erhabenheit vor allem hinsichtlich ihrer ikonographischen Artikulation im Medium von Naturereignissen. Diese eignen sich besonders gut, als Verkörperung eines mächtigen und schlechthin Anderen das erfahrende Subjekt, es erschütternd, die eigene Grenze und Unzulänglichkeit gewärtigen zu lassen und auf es selbst zurückzuwerfen, ohne dass sich das Widerfahrende während des Ereignisses oder nachher reflexiv einholen und damit bewältigen ließe. Andererseits reicht die Differenz zwischen beiden bis in die jeweilige begriffsgenetische Wurzel zurück – hier (Herrlichkeit) biblische Selbstbekundung eines souverän handelnden Gottes, dort (Erhabenheit) antike Rhetorik und, auf sie gestützt, eine erkenntniskritische Attitüde in Absicht der Aufklärung der Grenzen menschlicher Vernunft. Gleichwohl ist gerade dem Aufkommen des modernen Begriffs von

6 Vgl. J.-F. Lyotard, *Die Analytik des Erhabenen. Kant-Lektionen. Kritik der Urteilskraft, Paragraphen 23-29*; München 1994. – Vgl. dazu auch S. Wendel, *Jean-François Lyotard. Aisthetisches Ethos*, München 1997 (dort weitere Quellen).

7 Vgl. H. U. v. Balthasar, *Herrlichkeit. Eine theologische Ästhetik*, 3 Bde., Einsiedeln 1961-1969. – Vgl. dazu als derzeit jüngste Interpretation St. van Erp, *The Art of Theology. Hans Urs von Balthasar's Theological Aesthetics and the Foundations of Faith*, (Studies in Philosophical Theology 25), Leuven 2004.

8 Vgl. R. Hoeps, *Das Gefühl des Erhabenen und die Herrlichkeit Gottes. Studien zur Beziehung von philosophischer und theologischer Ästhetik*, (BDS 5) Würzburg 1989, 118-171.

9 Vgl. zum Folgenden R. Hoeps, *Gefühl*, 229-230.

Erhabenheit in ganz eigenartiger Funktion ein Zug der biblischen Herrlichkeit implementiert: Die so genannte Physikotheologie des späten 17. und frühen 18. Jahrhunderts sucht zwar noch im Buch der Schöpfung Gottes Spur zu lesen, verliert aber angesichts der Unermesslichkeit des ptolemäischen Universums – unendliches All, das sich makroskopisch und mikroskopisch als grenzenlos reich ausgestattet entpuppt – ihre Orientierung und zieht darum gegen die daraus aufkommende Versuchung zu Deismus und Pantheismus ein Moment von Herrlichkeit im Sinn von aktiver Theophanie in ihren Diskurs hinein, um die Idee eines welttranszendenten Schöpfers zu sichern:

> „Daß Gott dem All transzendent ist, kann angesichts der für das menschliche Erkenntnisvermögen unvorstellbaren Unendlichkeit des Universums und seinen zahllosen Welten nur Gott selbst zeigen, das drohende ‚Hen kai Pan' kann nur er abwenden."[10]

Die Wucht der (in Naturereignissen wie Sturm, Erdbeben, Gewitter etc.) sich vollziehenden Selbstbekundung Gottes mit ihrer überwältigenden Plötzlichkeit wird – ohne biblischen Anhalt – funktional zur Stabilisierung eines brüchig gewordenen Schöpfungsgedankens beansprucht.[11] Aus der Verschränkung dieser Strategie zur Beherrschung einer Krise des Schöpfungsglaubens mit der epistemologischen Reflexion auf die Möglichkeit von Gotteserkenntnis im unendlichen Universum ist – das hat R. Hoeps eindrücklich gezeigt – „[...] schließlich das neuzeitliche Theorem des Erhabenen hervorgegangen",[12] wie es seine philosophische Spitzengestalt in Kants *Kritik der Urteilskraft* gefunden hat. Weil darum das Erhabene genetisch aus einem Zerbrechen der Schöpfungsordnung hervorgeht, artikuliert es sich vorzüglich in einer „Poetik der Ruinen"[13] und einer Ästhetik des Unendlichen, die alle Bildlichkeit hinter sich lässt:

> „Deshalb ist das bildliche Proprium des Erhabenen die Leere und das Dunkel, weil darin die über den Bereich der Anschauung hinaus zielende Bewegung selbst wieder anschaulich wird. Auch als ästhetische kann Naturerkenntnis den letzten Grund der Wirklichkeit nicht in bestimmter Gestalt vergegenwärtigen, sondern sich nur wie von einem in sich ganz

[10] R. Hoeps, *Gefühl*, 58.
[11] Vgl. R. Hoeps, *Gefühl*, 174, 231.
[12] R. Hoeps, *Gefühl*, 64.
[13] U. Eco, *Geschichte*, 285.

undefinierten Sog anziehen lassen in einer Empfindung größter Intensität."[14]

Obwohl sozusagen von der Energie der Herrlichkeit des im Gewittersturm auf dem Sinai sich manifestierenden Gottes durchtränkt, entstammt das Erhabene der modernen Ästhetik gleichwohl einer fundamentalen Kritik des biblischen Gottesbildes.[15]

Um so mehr erstaunt, dass selbst Hoeps' Studie nicht auf denjenigen religionsphilosophischen Zusammenhang zu sprechen kommt, in dem das Erhabene *als* Resultat einer Grundlagenkrise des theistischen Gottesgedankens seine tiefsten Wurzeln hat – und dies, obwohl Hoeps sogar wörtlich das nachgerade sprichwörtlich gewordene Schibboleth dieses Diskussionskomplexes für seine Beschreibung der Physikotheologie beansprucht: „HEN KAI ΠΑΝ" – und das ist nichts anderes als *das* Kennwort des Pantheismusstreits.

Bevor ich diesen darum zumindest im Umriss darstelle, verweise ich schon vorweg darauf, dass die Thematik des Erhabenen auf zweifache Weise unmittelbar aus dem ersten großen Streitfall der modernen Religionsphilosophie[16] heraus entwickelt ist: Zum einen dadurch, dass Kants *Kritik der Urteilskraft*, also sein Hauptwerk zur Ästhetik, nahezu ganz aus einer kritischen, teils wütenden Auseinandersetzung mit Johann Gottfried Herders Buch *Gott. Einige Gespräche*[17] hervorging, mit dem dieser 1787 in den 1785 ausbrechenden Pantheismusstreit eingegriffen hatte.[18] Insofern trifft in der Tat zu:

---

14 R. Hoeps, *Gefühl*, 232.

15 Vgl. R. Hoeps, *Gefühl*, 233.

16 Die anderen beiden, dem Pantheismusstreit folgenden und mit ihm verknüpften Streitfälle sind der Atheismusstreit und der „Streit um die göttlichen Dinge" (auch Theismusstreit genannt). Vgl. dazu ausführlich K. Müller, *Streit um Gott. Politik, Poesie und Philosophie im Ringen um das wahre Gottesbild*, Regensburg 2006, Kap. 3 u. 4 [Im Erscheinen].

17 J. G. Herder, *Gott. Einige Gespräche.* in: Ders., Sämtliche Werke, hg. v. B. Suphan, Hildesheim 1967, Bd. XVI, 401-580.

18 Vgl. dazu E. Herms, *„Gott". Herders Philosophie des Geistes.* in: W. Jaeschke (Hg.), Religionsphilosophie und spekulative Theologie. Der Streit um die göttlichen Dinge (1799-1812), (Philosophisch-literarische Streitsachen 3), Hamburg 1994, 56-73, 56.

„Die *Kritik der Urteilskraft* ist [...] zumindest teilweise eine verspätete Fortsetzung dessen, was als der ‚Pantheismusstreit' bekannt geworden ist."[19]

Die zweite Verwurzelung der Erhabenheitsthematik im Pantheismusstreit ist nicht nur eine vermittelte wie im Fall der *Kritik der Urteilskraft*, sondern läuft – ungleich verwickelter – über zwei Stationen mehr: Sie wird greifbar in Friedrich Schillers Ballade *Das verschleierte Bild zu Sais* (1795),[20] die eng mit einem Essay Schillers von 1790 (dem Erscheinungsjahr der *Kritik der Urteilskraft*), betitelt *Die Sendung Moses* (sic!),[21] verknüpft ist; bei dieser wiederum handelt es sich um ein Exzerpt oder eine Paraphrase einer Schrift von Karl Leonhard Reinhold, die sich von ihrer Vorlage einzig durch die Herausarbeitung des Begriffs des Erhabenen unterscheidet[22] – und die Reinholdsche Schrift ihrerseits, erschienen 1786 und dann nochmals 1787,[23] ist ein ambitioniertes Werk, das aus – wie sein Titel *Die Hebräischen Mysterien oder die älteste religiöse Freymaurerey* schon ahnen lässt – höchst überraschender Perspektive direkt auf den Pantheismusstreit hin geschrieben ist[24] und, wie gleich zu zeigen sein wird, unmittelbar mit der charakteristischen Epistemologie und Ästhetik des Erhabenen zu tun hat.

---

19 J. H. Zammito, *Herder, Kant, Spinoza und die Ursprünge des deutschen Idealismus*. in: M. Heinz (Hg.), Herder und die Philosophie des deutschen Idealismus, (Fichte-Studien-Supplementa 8) Amsterdam 1997, 107-144, 112.

20 Vgl. F. Schiller, *Gedichte. Sämtliche Werke Bd. 1*, Berlin 2005 (Berliner Ausgabe) 249-252.

21 Vgl. F. Schiller, *Die Sendung Moses*, in: C. L. Reinhold, Die Hebräischen Mysterien oder die älteste religiöse Freymaurerey, hg. u. komm. v. J. Assmann, im Anhang: F. Schiller, Die Sendung Moses, Neckargemünd 2001, (GegenSatz 4), 129-156. – Vgl. dazu auch R. Safranski, *Schiller oder Die Erfindung des Deutschen Idealismus*, München – Wien 2004, 243, 320-326. Safranski macht nicht zureichend deutlich, dass Schiller bis in lange Teile der Formulierung hinein direkt Reinhold folgt.

22 Vgl. J. Assmann, *Das verschleierte Bild zu Sais. Schillers Ballade und ihre griechischen und ägyptischen Hintergründe*, (Lectio Teubneriana VIII) Stuttgart 1999, 23, 34.

23 Vgl. C. L. Reinhold, *Mysterien* – Vgl. dazu auch M. Bondeli, *Reinhold, ein Denker der All-Einheit, ein Pantheist? Zu Jan Assmanns Neuausgabe von Reinholds Die Hebräischen Mysterien*, in: Athenäum 12 (2002), 253-261, 258.

24 Vgl. J. Assmann, Nachwort zu C. L. Reinhold, *Mysterien*, 157-199, 161.

Um dies sichtbar zu machen, bedarf es einer aufgegliederten Durchsicht dieser komplexen Debattenlage.[25]

2. Pantheismusstreit – ein Kampf um theologische Epistemologie

Mit dem Pantheismusstreit hebt jene ungeheuer dichte philosophisch-theologische Debattenkonstellation zwischen 1781, dem Tod Lessings und dem Erscheinen der ersten Auflage der *Kritik der reinen Vernunft* einerseits, und 1831/32, dem Tode Goethes und Hegels andererseits, an, die man wohl als einzige der Athener Situation in der Ära der attischen Klassiker an die Seite stellen und in Anlehnung an Reinhard Koselleck als „Sattelzeit" der modernen Religionsphilosophie bezeichnen kann.[26] Man darf sich hinsichtlich der Relevanz der Causa[27] nicht von den persönlichen Untertönen beirren lassen, die sich ab einem gewissen Punkt geltend machen. Auslöser des Pantheismusstreits war 1785 eine Mitteilung Friedrich Heinrich Jacobis, eines Verehrers und Freundes Lessings. Dieser habe ihm gegenüber kurz vor seinem Tode bekannt:

> „Lessing. [...] Die orthodoxen Begriffe von der Gottheit sind nicht mehr für mich; ich kann sie nicht genießen. Ευ και παυ! Ich weiß nichts anders [...] und ich muß bekennen, es gefällt mir sehr. Ich [sc. Jacobi; K.M.]. Da

---

25 Zum folgenden Abschnitt vgl. auch (ausführlicher) K. Müller, *Streit um Gott*, Kap. 4.

26 Vgl. zum Folgenden K. Müller, *Mehr als Kitt oder Stolperstein. Erwägungen zum philosophischen Profil von Religion in der Moderne*. in: M. Knapp/ Th. Kobusch (Hg.), *Religion – Metaphysik(kritik) – Theologie. Tagung Bochum 1999*, (Theologische Bibliothek Töpelmann, Bd. 112), Berlin 2001, 41-55; Ders., *Konstrukt Religion. Religionsphilosophischer Vorschlag zur Behebung eines religionstheologischen Defekts*, in: J. Quitterer/A. Schwibach (Hg.), Aufgang der Wahrheit. Konstruktion der Wirklichkeit (FS Carlo Huber), Zagreb 2001, 31-51; D. Henrich, *Grundlegung aus dem Ich. Untersuchungen zur Vorgeschichte des Idealismus Tübingen – Jena (1790-1794)*, 2 Bde., Frankfurt a. M. 2004, Bd. 2, 1434-1437.

27 Vgl. dazu u.a. bes. F. Beiser, *The Fate of Reason*, Cambridge 1987, mit der weitreichenden These (vgl. 44), der Pantheismusstreit sei langfristig gesehen für die Folgezeit bedeutsamer gewesen als das Erscheinen von Kants *Kritik der reinen Vernunft*.

> wären Sie ja mit Spinoza ziemlich einverstanden. Leßing. Wenn ich mich nach jemand nennen soll, so weiß ich keinen andern.“[28]

Jacobi ist perplex, weil er das mit anderweitigen religionsrelevanten Äußerungen Lessings nicht zusammenbringt. Andere sind – nach Kundgabe dieses Lessing-Diktums durch Jacobi – hoch irritiert, allen voran der Lessing-Freund Moses Mendelssohn, der gerade an einem Lessing-Buch arbeitet. Es entwickelt sich ein Disput hin und her, ob Lessing das wirklich gesagt habe, gesagt haben könne – dieses ΕΝ ΚΑΙ ΠΑΝ und wenn ja, was daraus folge. Der Ton zwischen Jacobi und Mendelssohn wird immer schärfer bis hin zu persönlichen Invektiven.[29] Mendelssohn sucht sozusagen eine theistische Ehrenrettung Lessings zu konzipieren, die diesen trotz jenes Diktums vom Verdacht des Pantheismus und damit Atheismus freistellt. Jacobi hält das für unmöglich, ohne deshalb postum die Hochschätzung Lessings zu mindern: Dieser habe eben gewusst, was er wo wem gegenüber hat sagen können und dürfen.[30] Aber eine Vermittlung von Theismus und Spinoza – niemals!:

> „Mit dem geläuterten Pantheismus, den er [sc. Lessing; K.M.] zu seiner Genesung einnehmen soll, wäre er nach meinem Urtheil, nur ein Halbkopf; und dazu will ich ihn nach seinem Tode nicht durch Mendelssohn erziehen lassen“[31]

– was natürlich auch heißt, dass, wer eine solche Absicht hege, selbst ein Halbkopf sei. Und um das so klar als irgend möglich zu machen, hatte Jacobi gleich 1785 sein Spinoza-„Büchlein“,[32] in zweiter Auflage 1798 mit wichtigen „Beylagen“ versehen, herausgebracht. In der Schrift, bestehend aus kommentierten Briefen an Mendelssohn, bietet Jacobi eine von größter Hochachtung für

---

28 F. H. Jacobi, *Über die Lehre des Spinoza in Briefen an den Herrn Moses Mendelssohn* (1785), in: Schriften über den Spinozastreit, Hg. von K. Hammacher/ I.-M. Piske. Hamburg 1998, (GA 1,1), 1-146, 16-17.

29 Vgl. dazu F. H. Jacobi, *Wider Mendelssohns Beschuldigungen betreffend die Briefe über die Lehre des Spinoza,* in: K. Hammacher/I.-M. Piske, Spinozastreit, 269-331.

30 Vgl. F. H. Jacobi, *Beschuldigungen*, 278-280.

31 F. H. Jacobi, *Beschuldigungen*, 280.

32 Das durchaus ridikülisierend gemeinte Diminutiv für ein (in der Erstauflage) mehr als 200 Seiten starkes Buch stammt von Matthias Claudius. Vgl. dessen [Asmus (Pseudonym; K.M.)]: *Zwei Rezensionen etc. in Sachen der Herren Leßing, M. Mendelssohn, und Jacobi,* Hamburg 1786. in: Ders., Sämtliche Werke, München 1968, 348-360, 352.

Spinoza[33] getragene Darstellung von dessen Denken, der es aber eben um den Nachweis zu tun war, dass eine solchermaßen deduktiv vorgehende Philosophie notwendig im Pantheismus und Atheismus münden müsse. Jacobi stellt Spinoza, von dem Lessing in jenem denkwürdigen Dialog noch hatte sagen können,

> „[...] die Leute [reden] doch immer von Spinoza wie von einem todten Hunde [...]“[34]

– ungewollt – so dar, dass er zum ersten Mal so richtig das geballte Interesse der Zeitgenossen auf sich zieht, weil sie in Spinoza Lösungspotenziale für die zentralen religionsphilosophischen Herausforderungen der Zeit entdecken,[35] als da sind: die Neubestimmungen des Verhältnisses von Vernunft und Glaube, von Absolutem und Endlichem, von Gottesbild und Menschenwelt, wie sie nach dem Ende der klassischen Metaphysik und ihren Erneuerungsversuchen unter dem Richtmaß der Kantischen Kritik und der ihm kritisch Folgenden fällig waren.

Einer von ihnen ist Karl Leonhard Reinhold. Lange, zu lange galt er – ähnlich wie Jacobi – als einer aus der zweiten Riege der Protagonisten der Sattelzeit, so sehr, dass er gegenwärtig regelrecht neu entdeckt und erschlossen wird,[36] und das obwohl schon länger offen gelegt ist, dass er zusammen mit Jacobi fast beiläufig einen unersetzlichen Beitrag zur neuzeitlichen Theorie selbstbewusster Subjektivität geleistet hat.[37] Aber das war nicht seine einzige und vielleicht nicht einmal seine größte Leistung. Denn Reinhold, zu-

---

33 Vgl. F. H. Jacobi, *Lehre*, 28; Ders, *Beschuldigungen*, 303.

34 F. H. Jacobi, *Lehre*, 27.

35 Erst das Erscheinen von Kants *Kritik der praktischen Vernunft* bringt die Flut der Pantheismusstreit-Publikationen zum Versiegen. Vgl. D. Henrich, *Grundlegung*, Bd. 1, 183; Vgl. auch D. Henrich, *Between Kant and Hegel. Lectures on German Idealism*, hg. v. D. S. Pacini, Cambridge 2003, 82-112.

36 Vgl. M. Bondeli/W. H. Schrader (Hg.), *Die Philosophie Karl Leonhard Reinholds* (Fichte-Studien-Supplementa 16), Amsterdam 2003; A. Lazzari, *„Das Eine, was der Menschheit Noth ist“. Einheit und Freiheit in der Philosophie Karl Leonhard Reinholds (1789-1792)* (Spekulation und Erfahrung II, 49), Stuttgart-Bad Canstatt 2003; D. Henrich, *Grundlegung*, Bd. 1, 227-440; R. Safranski, *Schiller*, 308-309.

37 Vgl. dazu: D. Henrich, *Die Anfänge der Theorie des Subjekts (1789)*, in: A. Honneth u.a. (Hg.), Zwischenbetrachtungen: Im Prozeß der Aufklärung, (FS Habermas), Frankfurt a.M. 1989, 106-170; Ders., *Grundlegung*. Bd. 2, 1432, 1434-1449, 1463.

nächst Jesuit und Priester, übrigens vor den späteren Konversionen einiger Romantiker der einzige Katholik in den Debatten der Sattelzeit und begeisterter Kantianer der ersten Stunde,[38] wird 1783, drei Jahre nach der Ordination, Freimaurer und Schwiegersohn von Christoph Martin Wieland und greift 1787 mit einer bis vor kurzem völlig vergessenen Schrift direkt in den Pantheismusstreit ein, für die Jan Assmann nicht ansteht, den Titel „[...] ‚Revolution', nicht im politischen, sondern im geistigen Sinne"[39] in Anspruch zu nehmen. Es ist die schon erwähnte Schrift *Die Hebräischen Mysterien oder die älteste religiöse Freymaurerey*. Sie entstand im Rahmen eines Forschungsprojekts der Wiener Freymaurerloge *Zur wahren Eintracht* über antike Mysterienreligionen. Obwohl in der Schrift weder die einschlägigen Termini wie ΕΝ ΚΑΙ ΠΑΝ oder All-Einheit noch die respektiven Namen Spinoza oder Lessing fallen, zielt Reinholds Schrift genau in die Mitte der hinter all dem stehenden Problemlage: Er möchte zeigen, dass schon Mose in Wahrheit die all-eine Gottheit verehrte, also Monist war, diesen Glauben und sein Geheimnis in Ägypten gelernt hatte, jedoch die Mitte des Mysteriums vor seinem eigenen Volk verbarg, weil es dieser Wahrheit (noch) nicht gewachsen war, und sie darum in die Kategorien des nationalen Schutzgottes JHWH kleidete:[40]

> „Mit einem Worte! Bey den aus Aegypten gekommenen Hebräern war alles ägyptisch, von den goldenen und silbernen Geschirren, die sie heimlich mit auf den Weg nahmen – bis zur Weisheit ihres Führers und Gesetzgebers"[41]

resümiert Reinhold, um daraus zugleich auf die biblisch artikulierte Vorrangstellung der Juden vor allen anderen Völkern zu schließen: Diese sei gerade dann anerkannt, wenn man annehme, dass ganz Israel aus Eingeweihten bestehe, also in ihm die Geheimreligion der ägyptischen Elite Volksreligion geworden sei, wenngleich übersetzt

---

38 Vgl. D. Henrich, *Grundlegung*, 72. – Über das Verhältnis Reinholds zu Kant und die Wandlungen im Verhältnis zu diesem vgl. M. Bondeli, *Von Herder zu Kant, zwischen Kant und Herder, mit Herder gegen Kant – Karl Leonhard Reinhold*, in: M. Heinz (Hg.), Herder und die Philosophie des deutschen Idealismus (Fichte-Studien-Supplementa 8) Amsterdam 1997, 203-234.

39 J. Assmann, *Das Geheimnis der Wahrheit. Das Konzept der „doppelten Religion" und die Erfindung der Religionsgeschichte*, in: Archiv für Religionsgeschichte 3 (2001), 108-134, 111.

40 Vgl. J. Assmann, Nachwort zu C. L. Reinhold, *Mysterien*, 161-162.

41 C. L. Reinhold, *Mysterien*, 30.

in Ritual und Gebotskodex.[42] Für die Notwendigkeit dieser Übersetzungsleistung beruft sich Reinhold dabei zum einen auf J. Spencer und historisch weit hinter diesen zurück auch noch auf den jüdischen Philosophen Maimonides (1135-1204), um die jüdische Schriftreligion mit ihrem Ge- und Verbotskatalog sowie dem kultischen Ritual als gottgewollte Akkomodation der Wahrheit an die Fassungskraft des Volkes zu erklären – das sind die von Reinhold so bezeichneten „Kleineren Mysterien"; zum anderen bezieht er sich unter dem Titel der „Größeren Mysterien" auf W. Warburton und teilt dessen Überzeugung, dass sich mit der im Mysterium verborgenen Wahrheit des All-Einen, die ja nicht mehr gelehrt, sondern nur noch geschaut werden könne, buchstäblich kein Staat machen lasse, weil auf einer Religion der Vernunft kraft der völkischen oder Klassengrenzen überschreitenden Verfassung der Vernunft kein Staatswesen zu errichten sei;[43] dafür habe Mose die Bundestheologie des eifersüchtigen Sinai-Gottes konzipiert – als politisch notwendige Fiktion. Das habe Mose de facto – wenn freilich in bester Absicht – zum Verräter der ägyptischen Mysterien werden lassen, ganz entsprechend dem italienischen Sprichwort „traduttore – traditore" (dass der Übersetzer immer auch ein Verräter ist). Dabei ist durchaus der Doppelsinn von „Verrat" im Spiel, wie die zuspitzende Aufnahme der ganzen Thematik in dem ebenfalls schon erwähnten Schiller-Essay belegt: Nicht nur Verrat von etwas, nämlich der Mysterienwahrheit des All-Einen, geschieht da, sondern auch Verrat an dieser Wahrheit, sofern Mose das, was die Eingeweihten des Mysteriums kraft ihrer Vernunft erkannten, zum Gegenstand blinden Glaubens gemacht habe,[44] so schließt Schillers Aufsatz.

Genau an der Überwindung dieses Hiats war Reinhold mehr als alles gelegen gewesen, weil er im Gang des Pantheismusstreits eine Verschärfung des Konflikts zwischen Naturalismus und Supranaturalismus, ein Ausspielen der Vernunft gegen Intuition und Gottesgefühl wahrnimmt, durch das beide Seiten – Religion und

---

42 Vgl. C. L. Reinhold, *Mysterien*, 33-34.

43 Vgl. J. Assmann, Nachwort zu C. L. Reinhold, *Mysterien,* 168. – Ders., *Geheimnis*, 115.

44 Vgl. F. Schiller, *Sendung,* 156. – Vgl. aber auch schon, wie Reinhold mit Bezug auf die Hieroglyphen einen Antagonismus von „gedacht" und „geglaubt" thematisiert. C. L. Reinhold, *Mysterien*, 17. – Vgl. dazu auch J. Assmann, *Geheimnis*, 111-115.

Metaphysik als „Hauptwissenschaft“[45] der Philosophie – nur Schaden nehmen können, weil dadurch „Pfafferey und Despotismus“[46] (erneut) Boden gewännen, wie er im ersten Abschnitt seines berühmtesten Werkes, den *Briefe[n] über die Kantische Philosophie* von 1790, befürchtet.[47]

„Umbildung des blinden Glaubens in Vernunft, das ist sein Programm.“[48]

Diese Vermittlungsabsicht erfüllt Reinhold durch eine zentrale These seiner *Hebräischen Mysterien*, der gemäß Gottes Namenskundgabe aus Ex 3,14, „Ich bin, der ich bin“, mit dem All-Einen der ägyptischen Mysterien koinzidiert. Das ergibt sich für ihn aus der unterstellten Deckungsgleichheit der biblischen Kennung, in LXX-Griechisch „ΕΓΩ ΕΙΜΙ Ο ΩΝ“, das er als „Daseyn von sich selbst“[49] übersetzt, mit einer als ägyptisch aufgefassten, von Plutarch und Proklos überlieferten Inschrift aus einem Isis-Tempel, die dann durch Schillers Ballade *Das verschleierte Bild zu Sais* berühmt wurde. Reinhold war es damit um Zweierlei zu tun: Zum einen wollte er zeigen, dass die biblische Offenbarung mit der ägyptischen Mysterienweisheit konvergiert und so allen Religions- und Konfessionskonflikten der Boden entzogen ist.[50] Das Zweite: Wahrheit ist auf beiden Seiten, bei den Ägyptern und bei Mose. Und beide Weisen sind in Ordnung, solange nur die Wahrheit des Mysteriums

45 C. L. Reinhold, *Briefe über die Kantische Philosophie,* 1. Bd., Leipzig 1790. 2. Bd., Leipzig 1792, 1. Bd., 5.

46 C. L. Reinhold, *Kantische Philosophie,* 1. Bd., 7.

47 Der Zusammenhang von Vernunft und Glaube bzw. Glauben und Wissen hat Reinhold durchgehend und im Vorfeld der *Hebräischen Mysterien* besonders intensiv in seinen 89 sog. „‚Dr.‘ -Rezensionen“ (1782-1783) beschäftigt. Vgl. dazu Y. K. Kim, *Zum Verhältnis von Wissen und Glauben in den „Dr.“-Rezensionen Reinholds* in: M. Bondeli/A. Lazzari (Hg.), Philosophie ohne Beynamen, System, Freiheit und Geschichte im Denken Karl Leonhard Reinholds (Schwabe Philosophica V), Basel 2004, 166-185. Zu beachten ist dabei auch, dass Reinhold mehrfach auch vor einem Missbrauch der Vernunft warnt. Vgl. Y. K. Kim, *Verhältnis,* 169-170, 184. – Zur entsprechenden Interpretation der *Hebräischen Mysterien* vgl. auch S. Roehr, *Reinholds Hebräische Mysterien oder die älteste Freymaurerei: Eine Apologie des Freimaurertums,* in: M. Bondeli/A. Lazzari (Hg.), Philosophie ohne Beynamen, 147-165, 157-158, 165.

48 S. Roehr, *Reinholds Hebräische Mysterien,* 165.

49 C. L. Reinhold, *Mysterien,* 41.

50 J. Assmann, *Moses der Ägypter. Entzifferung einer Gedächtnisspur,* München 1998, 183-184. – Vgl. dazu auch Y. K. Kim, *Verhältnis*, 181.

unter der Einkleidung in die Riten und Kodizes nicht vergessen wird und verloren geht, denn dann bestünde

> „[...] das Geheimnis in nichts anderem mehr [...] als im Verbergen der Tatsache, daß es nichts zu verbergen gibt“[51]

– und eben dem zu wehren ist die Aufgabe der Philosophie als kritisch-aufklärender Ursprungsbesinnung. Andernfalls würden die Mysterien zu Geheimniskrämerei und Religion zu einem sacrificium intellectus.[52] Umgekehrt freilich heißt das, dass genau dies passiert, wenn Vernunft und Glaube dissoziiert werden. Wenn die philosophische Reflexion im Zentrum des Ganzen ausfällt, verkommt alles zum hohlen Ritual. Reinholds Intention – das wird an diesen Transfergedanken greifbar – geht in keiner Weise auf eine Nivellierung des Biblischen aus,[53] sondern auf die prekäre Balance von Vernunft und Glaube. Genau diesem Horizont theologischer Epistemologie schreibt sich die vorausgehend schon markierte doppelte Genese des modernen Erhabenheitsbegriffs ein.

3. Deduktion des Erhabenen I: Schiller

Wenn ich in diesem Zusammenhang von „Deduktion“ spreche, dann in dem Sinn, in dem Kant in seiner Erkenntniskritik von diesem ursprünglich aus der Juristerei kommenden Begriff Gebrauch macht: Dieser meint nämlich den Ausweis der Legitimation von Rechtstiteln kraft Rekonstruktion ihres rechtsgemäßen Ursprungs, und Kant benutzt ihn zur Anzeige, dass es ihm um die Offenlegung von epistemischen Rechtsgründen, also Geltungsansprüchen zu tun ist.[54] In eben dieser Deduktionsproblematik liegen wesentliche

---

51 J. Assmann, *Moses*, 185-186. – Diese Möglichkeit, die für Reinhold (und Assmann) Resultat eines philosophischen Versagens wäre, unterlegt Safranski Schillers Ballade als deren Lebensphilosophie – mit der Konsequenz: „Die Großen Wahrheiten darf man nicht enthüllen wollen, denn dann stürzen sie einen in die Banalität; man muss sie vielmehr mit Enthusiasmus und Liebe ins Werk setzen, dann erst werden sie reich und schön.“ So R. Safranski, *Schiller*, 326. Vgl. 325-326.

52 Vgl. J. Assmann, Nachwort zu C. L. Reinhold, *Mysterien*, 184.

53 Vgl. S. Roehr, *Reinholds Hebräische Mysterien*, 152.

54 Vgl. dazu (vor allem gegen die Verwechslung des Deduktionsbegriffs mit einer syllogistischen Methode) D. Henrich: *Kant's Notion of a Deduction and the*

Wurzeln für Schillers Verständnis des Erhabenen. Auf diesen Zusammenhang kommt, wer Schillers Ballade *Das verschleierte Bild zu Sais* etwas näher in Augenschein nimmt. Schon Zeitgenossen rieben sich an dem Opus, nachdem Schiller es ihnen zugesandt hatte, so namentlich J. G. Herder und Ch. G. Körner. Letzterer meinte, es handle sich bei den Versen darstellungsmäßig um Gelungenes, „aber der Stoff hat für mich etwas Dunkles und Unbefriedigendes."[55] Das trifft auch nach der Überzeugung heutiger Interpreten zu. J. Assmann findet den Grund dafür darin, dass in dem Gedicht ganz heterogene Motivschichten zusammenschießen – eine biblische, die Themen von Erkenntnis und Schuld einspielend, eine platonisch-epistemologische, die Sein-Schein-Differenz betreffend, und eine ägyptisierende mit der Chiffre des Mysteriums.[56] Doch gerade die Letztere passt eigentlich nicht zu Schillers sonstigem Motivrepertoire[57] – außer, wenn man davon ausgeht, dass die Ballade sozusagen von Schillers Essay *Die Sendung Moses* herkommt. Offenkundig höchst fasziniert, nachdem ihm Reinholds Schrift über *Die Hebräischen Mysterien* bekannt geworden war, hatte Schiller 1789 eine Vorlesung mit dem Moses-Titel gehalten und diese ein Jahr später publiziert, obwohl es sich eigentlich um ein rein resümierendes Referat (unter Verzicht auf Quellenangaben) des Reinhold-Textes handelte – mit einer Veränderung: Schiller war offenkundig besonders an Reinholds Überzeugung gelegen, dass es sozusagen hinter der Außenseite des jüdischen Monotheismus und der ägyptischen Mysterienreligion eine gemeinsame Wahrheit gebe, der der Mensch auf einer via negativa, die alles Sprachlich-Begriffliche in einer enigmatisch anrufbaren Namenlosigkeit transzendiert, begegnen kann – und eben dies repräsentiert für ihn die Höchstform des Erhabenen:

> „Nichts ist erhabener, als die einfache Größe, mit der sie [sc. die ins Mysterium Initiierten; K.M.] von dem Weltschöpfer sprachen. Um ihn auf eine recht entscheidende Art auszuzeichnen, gaben sie ihm gar keinen

Methodological Background of the First Critique, in: E. Förster (Hg.), *Kant's Transcendental Deductions. The Three Critiques and the Opus postumum*, (Stanford Series in Philosophy. Studies in Kant and German Idealism) Stanford 1989, 29-46, 31-35.

55 So in einem Brief vom 02.09.1795, zit. nach F. Schiller, *Sämtliche Werke*, Bd. 1, 679.

56 Vgl. J. Assmann, *Bild zu Sais*, 10-11.

57 Vgl. J. Assmann, *Bild zu Sais*, 19.

> Nahmen. Ein Nahme, sagten sie, ist bloß ein Bedürfniß der Unterscheidung, wer allein ist, hat keinen Nahmen nöthig, denn es ist keiner da, mit dem er verwechselt werden könnte. [...] Keiner durfte den Tempel des Serapis betreten, der nicht den Namen Jao – oder J-ha-ho, ein Nahme, der mit dem Ebräischen Jehovah fast gleich lautend, auch vermuthlich von dem nehmlichen Inhalt ist – an der Brust oder Stirn trug; und kein Nahme wurde in Egypten mit mehr Ehrfurcht ausgesprochen, als dieser Nahme Jao."[58]

Es geht beim Erhabenen um eine „[...] Darstellung der Undarstellbarkeit des Undarstellbaren in einer Anschauung"[59] (daher im obigen Zitat der als bruchlos insinuierte Übergang von „keinen Nahmen" zum „Jao"-Gebrauch), und eben diese findet Schiller in den unter den Etiketten „Isis" und „Sais" tradierten Formeln „‚Ich bin, was da ist'" und „‚Ich bin alles was ist, was war und seyn wird, kein sterblicher Mensch hat meinen Schleyer aufgehoben'."[60]

> „Nicht weil sie [sc. die Gottheit; K.M.] unsichtbar ist, sondern weil sie alles ist, entzieht sie sich unseren Blicken."[61]

Vier Jahre nach dem Mose-Vortrag kommt Schiller in seinem Aufsatz *Vom Erhabenen* auf die zweite Isis/Sais-Formel zurück, wo er nochmals – übrigens in einer, wie J. Assmann herausfinden konnte, Paraphrase Klemens' v. Alexandrien[62] – die dargestellte Undarstellbarkeit als das Proprium des Erhabenen zur Geltung bringt, wenn er schreibt, alles Verhüllte, Geheimnisvolle trage zum Schrecklichen bei und sei deswegen der Erhabenheit fähig.[63] Dieser Erhabenheit des alles tragenden Geheimnisses und seiner Wahrheit gibt Schiller in der Ballade eine strikt erkenntniskritische Emphase: Dem auf die Wahrheit begierigen Jüngling, der nach Sais kommt,

---

58 F. Schiller, *Sendung*, 140-141.

59 R. Hoeps, *Gefühl*, 43. Vgl. auch 182.

60 F. Schiller, *Sendung*, 140.

61 J. Assmann, *Bild zu Sais*, 37.

62 Klemens hatte geschrieben: „Alles, was durch einen Schleier hindurch erscheint, zeigt die Wahrheit größer und erhabener." So in Clemens Alexandrinus: *Stromata* V, cap. IX. 56,5, in: Ders., Die griechischen christlichen Schriftsteller der ersten drei Jahrhunderte, hrsg. v. der Kirchenväter-Commission der Königlich Preußischen Akademie der Wissenschaften, Leipzig 1906, 2. Bd., 364.

63 Vgl. F. Schiller, *Vom Erhabenen*, Ders., Sämtliche Werke Bd. 8, (Berliner Ausgabe), Berlin 2005, 224-273, 244. – Vgl. dazu J. Assmann, *Bild zu Sais*, 44-45.

will nicht in den Kopf, dass der Priester ihn warnt, den Schleier aufzuheben, hinter dem sich doch die gesuchte Wahrheit nach dessen Wort befinden soll, weil die Gottheit selbst gesagt habe, keiner würde den Schleier lüften, bis sie selbst ihn hebe:

> „Ist dieser dünne Flor – Für deine Hand
> Zwar leicht, doch zentnerschwer für dein Gewissen."[64]

Aber Wahrheit ist doch zum Schauen da! Die brennende Wissbegier siegt. Nächtens hebt der Jüngling den Schleier.

> „Nun, fragt ihr, und was zeigte sich ihm hier?
> Ich weiß es nicht. Besinnungslos und bleich,
> So fanden ihn am andern Tag die Priester
> Am Fußgestell der Isis ausgestreckt.
> Was er allda gesehen und erfahren,
> Hat seine Zunge nie bekannt. Auf ewig
> War seines Lebens Heiterkeit dahin,
> Ihn riß ein tiefer Gram zum frühen Grabe."[65]

An die Darstellung der Undarstellbarkeit des Undarstellbaren lässt sich nicht folgenlos und ungestraft Hand anlegen.[66] Für Assmann resultiert diese epistemologische Deduktion des Erhabenen, die sich in der Ballade geltend macht, daraus, dass sich für Schiller bereits im Mose-Essay Reinholds ägyptisierende Mose-relecture und das Kantische Gotteskritik-Programm einer Klärung der Grenzen der menschlichen Vernunft verweben, wobei Schiller von niemand anderem als Reinhold selbst auf Kant und dessen Studium gebracht worden war. [67]

---

64 F. Schiller, *Gedichte*, 251.

65 F. Schiller, *Gedichte*, 252.

66 Verblüffend übrigens, wie weit an diesem Punkt heutige Interpretationen auseinandergehen. J. Assmann, *Bild zu Sais*, 49-50, findet im Schluss der Ballade so etwas wie Idee einer Schillerschen Dialektik der Aufklärung. R. Safranski, *Schiller oder Die Erfindung des Deutschen Idealismus*, München 2004, 320-326, liest Essay und Ballade religionskritisch zusammen und resümiert 326. „Die großen Wahrheiten darf man nicht enthüllen wollen, denn dann stürzen sie einen in die Banalität; man muß sie vielmehr mit Enthusiasmus und Liebe ins Werk setzen, dann erst werden sie reich und schön."

67 Vgl. J. Assmann, *Bild zu Sais*, 23.

4. Deduktion des Erhabenen II: Kant

Eben dieser Kant-Konnex aber erschöpft sich in keiner Weise darin, dass exakt im Jahr des Erscheinens von Schillers Essay (1790) auch Kants *Kritik der Urteilskraft* und damit die maßgebliche philosophische Behandlung des Erhabenen erschien. Der Zusammenhang reicht ungleich tiefer dergestalt, dass Kants dritte Kritik ihrerseits – genauso wie die für Schiller so wichtige Reinhold-Schrift – unmittelbar in den Problemkomplex des Pantheismusstreits und der von ihm indizierten Krise der theistischen Gottrede hineingeschrieben war. Der Anlass war – kurz gefasst – folgender:

Johann G. Herder, hatte sich – wie bereits kurz erwähnt – 1787 mit der Schrift *Gott. Einige Gespräche* in den Pantheismusstreit eingeschaltet und war dabei neben der schon länger bestehenden inhaltlichen Absicht, Konvergenzen zwischen Spinoza, Shaftesbury und Leibniz herauszuarbeiten, von drei systematisch-strategischen Motiven zugleich getrieben:[68] Er verteidigte den soeben durch Jacobi so interessant gemachten Spinoza gegen die Kritik seines Entdeckers und avancierte dadurch zum ersten wirkmächtigen Repräsentanten derjenigen, die in Spinoza die Ressourcen für die Lösung *der* philosophischen Frage ihrer Zeit, der Vermittlung von Absolutem und Endlichem bzw. Vielheit und Einheit, erblickten; damit verband sich zweitens die Ambition einer eigenen Konzeption von Metaphysik, die sich aus seinem Sturm-und-Drang-Naturbegriff, Spinoza und seinen genuinen theologischen Optionen speisen sollte; und drittens sah Herder darin die Gelegenheit gegeben, mit Kant, dem zwar immer noch geschätzten Lehrer, der ihn jedoch mit einer Rezension seines Werkes *Ideen zur Philosophie der Geschichte der Menschheit*[69] tief verletzt hatte, abzurechnen und die Kantische Theologiekritik ihrerseits der Kritik zu unterziehen.

Gegen diesen Angriff nun, der in Gestalt einer spinozierenden Theologie und Metaphysik auftritt, ist ein Gutteil der *Kritik der Urteilskraft* konzipiert – allerdings auf eine Weise, die sich dem von Spinoza ausgehenden, durch Jacobi ungewollt und Herder gewollt

68 Vgl. zum Folgenden auch J. H. Zammito, *Herder*, 110-130.

69 Vgl. I. Kant, *Recensionen von I. G. Herders Ideen zur Philosophie der Geschichte der Menschheit. Theil 1.2.* (1785). in: Ders., Kant's gesammelte Schriften, hrsg. v. der Königlich Preußischen Akademie der Wissenschaften, Bd. VIII, Berlin 1923, 43-66.

verstärkten Sog gar nicht mehr ganz entziehen konnte.[70] Hatte Kant zunächst (1786) Jacobi, unerachtet dessen Spinoza-Kritik, wegen seines Votums für ein nicht-deduktives, unmittelbares Wissen und eine daran anschließende Glaubensphilosophie der Schwärmerei geziehen und vor den politischen Folgen Letzterer für die gerade Fuß fassen könnende Aufklärung gewarnt,[71] so wird ihm wenige Jahre später (1789) Jacobi zum Bundesgenossen gegen die spinozistischen Tendenzen.[72] Das war ihm – Kant – um so wichtiger, als er sich genötigt sah, sich gegen eine spinozierende Interpretation seiner selbst durch Vertreter der nachfolgenden Generation zu verwahren, für die kein Problem darin bestand, Kant-Enthusiasten und zugleich Spinoza- oder wenigstens Spinozismus- bzw. Monismus-Anhänger zu sein und die sich dann gerade durch Kants Reaktion auf Spinoza/Herder in der *Kritik der Urteilskraft*, namentlich der darin zur Geltung kommenden „metaphysische[n] Wende",[73] aus theologischen Gründen zu einer Spinoza-Rezeption und monistischen Attitüde gedrängt fühlten:

> „To the generation of Hegel, Schelling, and their friends, Spinozism and Kantianism, despite of their obvious imcompatibilities did appear to be allied: both constitute fundamental criticisms of traditional Christian religion, and especially of theological doctrines that were dominant at that time. [...]
> So the thought that if there is a God – and Spinoza, of course, taught that there is one – it is not outside us, adressing us through demands and acts of revelation, but *inside* us. If God is acting at all, God is acting inside of us; and if we are free, it must be possible to think that our freedom is not simply in contradiction with, but something that is already essentially a part of the life of God. This is what the rallying cry of the ‚Spinozism of

---

70 Vgl. die Zusammenstellung der diesbezüglich wichtigsten Quellentexte in Ch. Jamme/F. Völkel (Hg.), *Hölderlin und der deutsche Idealismus. Dokumente und Kommentare zu Hölderlins philosophischer Entwicklung und den philosophisch-kulturellen Kontexten seiner Zeit*, Bd. 1, Im Tübinger Stift (1788-1793), (Specula 3.1) Stuttgart 2003, 320-373.

71 Vgl. I. Kant, *Was heißt: sich im denken orientieren?* (1786), in: Ders., Kant's gesammelte Schriften, hrsg. v. der Königlich Preußischen Akademie der Wissenschaften, Bd. VIII, Berlin 1923, 131-148.

72 Vgl. *Brief von Kant an Jacobi vom 30. 08. 1789*, in: Ders., Kant's gesammelte Schriften, hg. v. der Königlich Preußischen Akademie der Wissenschaften, Bd. XI., Berlin 1922, 75-77, 76.

73 J. H. Zammito, *Herder*, 128.

freedom' meant to the generation of Hegel, Hölderlin, Fichte, and Schelling."[74]

Das Paradebeispiel für diese Verflechtung scheint mir gleich der erste prominente Kantianer selbst, also Reinhold, zu sein: Denn in der Tat stellt sich die Frage, wie denn der oben verhandelte Traktat über die *Hebräischen Mysterien* ausgerechnet Karl Leonhard Reinhold zu seinem Autor haben konnte. War er – Reinhold – es doch, der sich nachgerade glühend für Kant und die Verbreitung von dessen Philosophie einsetzte, nicht nur mit den zeitgleich (1786/87) zu den *Hebräischen Mysterien* erschienenen *Briefe[n] über die Kantische Philosophie*, sondern mehr noch sozusagen durch persönliche Lobby-Arbeit; denn er war es, der Schiller zur Beschäftigung mit Kant drängte, und dieser hat dann seinerseits diesbezüglich Goethe motiviert. Und nicht weniger übte er durch seine Jenaer Lehrtätigkeit auf die ganze Frühromantik intensiven Einfluss aus.[75] Wie kann aber jemand, der sich so entschieden an Kant orientiert, zugleich Protagonist par excellence eines All-Einheits-Gedankens sein?[76] Hatte Kant doch in seiner Transformation von Metaphysik in Moraltheologie den Gottesgedanken im Raum der praktischen Vernunft neu verankert und damit als vernunftnotwendiges Gegenüber der autonomen Sittlichkeit konzipiert, deren Mitte „Freiheit" heißt und die zugleich den alles zusammenhaltenden Schlussstein der gesamten Kantischen Vernunftarchitektonik bildet.[77] Wie also kann jemand, der sich dieser Denkform verpflichtet weiß, so entschieden wie Reinhold einer monistischen Überzeugung folgen, auch wenn deren Stärke im Gang der intellektuellen Biographie erheblich schwankte und durchaus literaliter mit einer Kant korrespondierenden Spinoza-Kritik einhergehen

74 D. Henrich, *Between*, 94-95.

75 Vgl. J. Assmann, Nachwort zu C. L. Reinhold, *Mysterien*, 159-160.

76 Das war im Übrigen auch nicht allein bei Reinhold die Frage, sondern bei vielen Jüngeren der Zeit. Vgl. J. H. Zammito, *Herder*, 123. – Das monistische Motiv macht sich dabei durchaus innerhalb von Reinholds Herleitungen aus Kant selbst geltend. Vgl. D. Henrich, *Grundlegung*, Bd. 2, 1407.

77 Vgl. dazu und zum Folgenden: D. Henrich, *Between*, 46-61. – Ders., *Grundlegung*, Bd. 2, 1333-1334. – K. Müller, *Gottesbeweiskritik und praktischer Vernunftglaube. Indizien für einen Subtext der Kantischen Theologien*, in: G. Essen/M. Striet (Hg.), Kant und die moderne Theologie, Darmstadt 2005, 129-161.

konnte?[78] Die Antwort ist so einfach wie beirrend: Weil Reinhold einen „weiche[n]'",[79] das meint: einen konstitutiv, für Differenz sensiblen, Monismus vertritt und – noch viel wichtiger – weil Ansätze dazu bei Kant selbst aufzufinden sind.[80] Das gilt vom ersten theologisch einschlägigen, also noch vorkritischen Werk Kants an, durch die drei *Kritiken* und Zugehöriges hindurch bis ins *Opus postumum* hinein, jenen 13 Konvoluten aus Notizen und Fragmenten, in denen gleichwohl der Umriss jenes von Kant intendierten Spätwerks greifbar wird, von dem er nach verlässlichen Zeugnissen überzeugt war, es nahezu vollendet zu haben[81] (wobei das *Opus postumum* aus rein chronologischen und editorischen Grund für den hier zu erläuternden Zusammenhang natürlich ohne Belang ist, die Erinnerung an es gleichwohl zur Sachklärung beiträgt).

In seiner frühen Schrift *Allgemeine Naturgeschichte und Theorie des Himmels*[82] von 1755, die E. Bloch übrigens einen „Kanonen-

78 Reinhold fand von einer (monistisch imprägnierten) Herder-Gefolgschaft durch einen Kant-Enthusiasmus zu einem Kant und Fichte hinter sich lassenden „Rationalen Realismus", der einen jeden schulmäßigen Pantheismus kritisch abweisenden Alleinheits-Gedanken impliziert, „der das Eine als göttlichen Schöpfer ‚über' den Konnex und die Differenz von Einheit und Allesheit gestellt wissen möchte." So M. Bondeli, *Reinhold*, 261. Vgl. 258-261. Die Komplexheit der Tiefenstruktur des Kantischen Denkens erlaubt, der Entwicklung Reinholds mehr an Kontinuität einzuräumen, als Bondeli hier zugestehen möchte. Vgl. ausführlicher auch M. Bondeli, *Von Herder zu Kant*, 203-234.

79 Vgl. R. Ahlers, *Reinholds weicher Monismus – und Hegel: Reinholds Systemkonzeption in Auseinandersetzung mit Jacobi, Fichte und Bardili*, in: M. Bondeli/A. Lazzari (Hg.), Philosophie ohne Beynamen, 186-214, 209, vgl. 199-210.

80 Vgl. dazu auch R.-P. Horstmann, *Die Grenzen der Vernunft. Eine Untersuchung zu Zielen und Motiven des Deutschen Idealismus*, (KlostermannSeminar), 3. Aufl., Frankfurt 2004, 134-135.

81 Vgl. dazu D. Henrich, *Zu Kants Begriff der Philosophie. Eine Edition und eine Fragestellung*, in: F. Kaulbach/J. Ritter (Hg.), Kritik und Metaphysik, Studien, (FS. H. Heimsoeth) Berlin 1966, 40-59, 49-50.

82 I. Kant, *Allgemeine Naturgeschichte und Theorie des Himmels oder Versuch von der Verfassung und dem mechanischen Ursprunge des ganzen Weltgebäudes, nach Newtonschen Grundsätzen abgehandelt*, in: Ders., Kant's gesammelte Schriften, hg. v. der Königlich Preußischen Akademie der Wissenschaften, Bd. I., Berlin 1910, 215-368.

schuß“[83] nannte und ausdrücklich in die Genese von Kants Erhabenheitsbegriff einbezog, skizziert Kant in Absicht einer Zusammenführung der Newtonschen Physik mit Leibniz’ Metaphysik, ausgehend von einer Beschreibung des Sonnensystems durch dessen fraktale Replikationen,[84] so etwas wie die Mechanik eines unendlichen Universums mit unendlich vielen Welten, in dessen Reichtum sich die Souveränität und Unendlichkeit seines Urhebers spiegelt.[85] Die phasenweise staubtrockene, ins formal Mathematische gehende Darstellung hindert ihn dabei aber keineswegs, in dem Erstaunen, in das ihn das Beschriebene versetzt, von einem „[...] unendlichen Raum der göttlichen Gegenwart [...]“[86] zu sprechen, in der imaginierten Nahsicht brennender Sonnen der Teleologie und Erhabenheit des Universums ansichtig zu werden[87] und schließlich zu resümieren:

> „Die Gottheit ist in der Unendlichkeit des ganzen Weltraumes allenthalben gleich gegenwärtig: allenthalben, wo Naturen sind, welche fähig sind, sich über die Abhängigkeit der Geschöpfe zu der Gemeinschaft des höchsten Wesens empor zu schwingen, befindet es sich gleich nahe. Die ganze Schöpfung ist von ihren Kräften durchdrungen, aber nur derjenige, der sich von dem Geschöpfe zu befreien weiß, welcher so edel ist, einzusehen, daß in dem Genuße dieser Urquelle der Vollkommenheit die höchste Staffel der Glückseligkeit einzig und allein zu suchen, der allein ist fähig, diesem wahren Beziehungspunkte aller Trefflichkeit sich näher, als irgend etwas anders in der ganzen Natur zu befinden.“[88]

Da kann es dann eigentlich gar nicht mehr sonderlich erstaunen, Kant sämtliche drei Teile seiner Abhandlung mit hochgradig monistisch imprägnierten Versen des englischen Dichters Alexander Pope einleiten zu sehen,[89] zu dessen engstem Freundeskreis übrigens auch William Warburton, Reinholds Vermittler der EN KAI ΠAN-Formel, gehörte.[90]

---

83 E. Bloch, *Neuzeitliche Philosophie II: Deutscher Idealismus – Die Philosophie des 19. Jahrhunderts*, (Leipziger Vorlesungen zur Geschichte der Philosophie 1950-1956, 4; stw 570), Frankfurt a.M. 1985, 19. Vgl. 18-27.

84 Vgl. dazu auch M. Geier, *Kants Welt. Eine Biographie*, Reinbek b. Hamburg 2003, 59-87.

85 Vgl. I. Kant, *Naturgeschichte*, 247.

86 I. Kant, *Naturgeschichte*, 312, 313.

87 Vgl. I. Kant, *Naturgeschichte*, 327-328.

88 I. Kant, *Naturgeschichte*, 329-330.

89 Vgl. I. Kant, *Naturgeschichte*, 241, 259, 349.

90 Vgl. J. Assmann, Nachwort zu C. L. Reinhold, *Mysterien*, 179.

Kant-Kenner/innen, die mit monistischen Intuitionen generell und solchen des Königsbergers speziell nichts zu tun haben wollen, buchen Kant-Stellen wie die zitierten schnell auf das Konto von Residuen der pietistischen Herkunft ihres Autors und berufen sich für ihren monotheistischen Kant – manchmal ein bisschen triumphierend – auf die berühmte Stelle aus der *Kritik der Urteilskraft*, wo Kant im Rahmen seiner Überlegungen zum Gefühl des Erhabenen schreibt:

> „Vielleicht giebt es keine erhabenere Stelle im Gesetzbuche der Juden, als das Gebot: Du sollst dir kein Bildniß machen, noch irgend ein Gleichniß, weder dessen, was im Himmel, noch auf der Erden, noch unter der Erden ist u.s.w. Dieses Gebot allein kann den Enthusiasm erklären, den das jüdische Volk in seiner gesitteten Epoche für seine Religion fühlte, wenn es sich mit andern Völkern verglich, oder denjenigen Stolz, den der Mohammedanism einflößt."[91]

Aber exakt 20 Paragraphen später im gleichen Werk würdigt Kant mit haargenau der gleichen Eingangswendung die monistische Tradition mit Bezug auf eine Kombinationsform unserer beiden Isis/Sais-Formeln:

> „Vielleicht ist nie etwas Erhabeneres gesagt, oder ein Gedanke erhabener ausgedrückt worden, als in jener Aufschrift über dem Tempel der I s i s (der Mutter Natur): ‚Ich bin alles, was da ist, was da war, und was da sein wird, und meinen Schleier hat kein Sterblicher aufgedeckt.'"[92]

Wer oder was also jetzt? Sinai oder Sais? Kants Antwort in seinem prätendierten Abschlusswerk, dem *Opus postumum*, wird lauten: Beides! Andernfalls müsste man das perennierende Hin und Her der Fragmente zwischen einem personalen Gott einerseits und der Abwehr einer substanzialistischen Auffassung Gottes andererseits, zwischen Spinoza-Kritik und immer neuem, beinahe zwanghaftem Zurückkommen auf diesen heimlichen großen Inspirator der gesamten modernen Philosophie[93] als letzte Gesten eines ersterben-

---

91 I. Kant, *Kritik der Urteilskraft*, § 29 Allgemeine Anmerkung, 165-485, 274.

92 I. Kant, *Kritik der Urteilskraft*, § 49 Anm. *, 316.

93 Vgl. dazu jüngstens: E. Schürmann/N. Waszek/F. Weinreich (Hg.), *Spinoza im Deutschland des achtzehnten Jahrhunderts. Zur Erinnerung an Hans-Christian Lucas*, Stuttgart-Bad Canstatt 2002, (Spekulation und Erfahrung; II, 44). – M. Czelinski u.a. (Hgg.), *Transformation der Metaphysik in die Moderne. Zur Gegenwärtigkeit der theoretischen und praktischen Philosophie Spinozas*, Würzburg 2003.

den Geistes vermerken. Aber die Weise, wie den unmittelbar Kant Nachfolgenden die Spannung zwischen dessen subjekttheoretisch verankerter Freiheitslehre „und dem in Spinoza kondensierten Bewusstsein von der Wirksamkeit eines Absoluten (ob Natur oder Geist oder was immer), das nicht Gegenstand, sondern interner Grund des eigenen Lebens ist",[94] zur zentralen Herausforderung geriet, verrät retrospektiv, wie intensiv beides bei Kant selbst schon aufeinander bezogen war.[95] In jedem Fall ist unbeschadet seiner Abwehr eines ausdrücklichen Pantheismus und seiner (im übrigen alles anderen als sachgemäßen)[96] Spinoza-Kritik bis zum Ende eine durch nichts auszuschaltende Präsenz einer tiefen monistischen Intuition in Kants Denken zu konstatieren.[97] Assmann bezeichnet Kants Idee, das Erhabene mit dem Motiv des verschleierten Bildes von Sais zusammenzubringen, als „genial"[98] und erwägt, es könnte sich um einen nachträglichen Einfall handeln, der deswegen die Form einer Fußnote erhalten habe, weil er Kant durch eine vielleicht über Reinhold vermittelte Kenntnis des Schillerschen Moses-Essays zugespielt worden sei.[99] Zieht man den Pantheismusstreit als den eigentlichen Wurzelboden der Erhabenheitsthematik und den geschilderten monistischen Unterstrom bei Kant in Betracht, nimmt sich der Konnex eher nahe liegender als genial aus, wirkt aber als entdeckter um so beeindruckender, als er zugleich durch die Marginalität des Mysterium-Motivs in Kants Erhabenheits-Analytik abgedunkelt (verschleiert?) ist:

> „Vielleicht ist deshalb dieser Aspekt des Erhabenen, der mit Religion und Einweihung zu tun hat, bisher in der Auseinandersetzung um Kants Erhabenes auch nicht berücksichtigt worden. Das Erhabene übersteigt die Begriffe und die Einbildungskraft und ist uns doch auf besondere Weise zugänglich. Es erfüllt uns mit heiligem Schauer, gerade aufgrund seiner Entzogenheit und ‚Unangemessenheit', an der die menschliche Einbil-

---

94 D. Henrich/G. Irrlitz, *Deutschsprachiges Philosophieren – während der Teilung und in der Zukunft*, Interviewt v. Hans-Peter Krüger, in: DZPh 51 (2003), 779-804, [Henrich] 780.

95 Vgl. dazu auch K. Müller, *Gottesbeweiskritik*, 157-161.

96 Vgl. dazu J. H. Zammito, *Herder*, 125-128.

97 Vgl. auch Ph. Clayton, *Das Gottesproblem*, Bd. 1: Gott und die Unendlichkeit in der neuzeitlichen Philosophie, Paderborn u.a. 1996, 294.

98 J. Assmann, *Bild zu Sais*, 40.

99 Vgl. J. Assmann, *Bild zu Sais*, 40-43.

dungskraft scheitert, über die aber gleichwohl die Vernunft ins unnachvollziehbare hinauszugreifen vermag."[100]

Die monistischen Ressourcen liegen bei Kant ausweislich der vorausgehend schon in Betracht genommenen *Naturgeschichte* von 1755 mit ihren auffällig poetischen Passagen[101] der Sache nach ja schon früh bereit und sind ihm nicht erst im Gang der durch den Pantheismusstreit ausgelösten Spinoza-Attraktivität zugespielt worden. Dafür treten sie noch Jahre nachher viel zu intensiv auf, als der Pantheismusstreit längst von der intensiven Debatte über die kantische Ethik und ihre Neupositionierung der Gottesfrage überblendet war, d.h. der Monismus lag für Kant während der Gesamtzeit seines Schaffens als Denkform und mit seinem denkerischen Potenzial immer in Sichtweite,[102] in der Spätzeit gebunden an Spinozas Namen,[103] und wird ihm schließlich zum Lösungsreservoir für den gesuchten konsistenten Abschluss seiner gesamten denkerischen Bemühung. Gerade im Maß seiner freiheitstheoretisch-metaphysischen Anstrengung gewahrt der Königsberger, wie sehr die Vollendung seines denkerischen Ausgriffs von dem durch Spinoza repräsentierten monistischen Fundus zehrt. So kann der sensible Kantinterpret Herman Schmalenbach 1929 schreiben:

> „[...] die Metaphysik des pantheistischen Monismus, die ja doch das große Erlebnis des jungen Kant gewesen war und zudem auch von dem späteren niemals zu völligem Schweigen gebracht werden konnte, [hat] sich die Herabminderung zu bloß unselbständiger Antithesis und dann gar nur innerhalb des sie in sich einbeziehenden religiösen Dualismus zum wenigsten auf die Dauer nicht gefallen lassen: in der Kritik der Urteilskraft, der Lehre von der Erhabenheit des Unendlichen, bricht das in Wahrheit selbständige Erleben der kantischen Jugend, wenn auch jetzt

---

100 J. Assmann, *Bild zu Sais*, 43-44.

101 Vgl. etwa I. Kant, *Naturgeschichte,* 223, 247-248, 255-256, bes. 306, 314, 318, 321, 329-330 u. ö.

102 Vgl. etwa I. Kant, *Opus postumum*, erste Hälfte, in: Ders., Kant's gesammelte Schriften, hg. v. der Königlich Preußischen Akademie der Wissenschaften, Bd. XXI, Berlin 1936, 17, 21, 23, 25, 26 u. ö.

103 Vgl. etwa I. Kant, *Opus postumum*, 12, 13, 15, 17, 19, 22 u. ö. – Vgl. dazu auch R. Wimmer, *Kants kritische Religionsphilosophie*, Berlin 1990, (KSt; Erg.-H. 124) 248. – St. R. Palmquist, *Kant's Critical Religion*, Vol. II of Kant's System of Perspectives. Aldershot 2000, 370, 374.

> aus metaphysischem in angeblich nur ästhetischen Rang versetzt, mächtig wieder herauf."[104]

Unter dieser Voraussetzung versteht sich dann auch von selbst, dass Kant, unbeschadet aller sonst noch vorgetragenen Argumente, aus eben diesem Motiv seines Gottdenkens jeden Gottesbeweisgedanken verabschieden musste,[105] führte ein solcher doch notwendig in eine Distanzfigur zwischen Gott und Mensch, die die Wirklichkeit der Freiheit dementiert und sich auf eine Weise in die Frage des Zuordnungsverhältnisses von Unendlichem und Endlichem verstrickt, die es der Vernunft ungeheuer schwer macht, jenes Moment von Gottunmittelbarkeit und Gottesgegenwart zu bewahren, von dem Kant sein gesamtes Wirken hindurch überzeugt war, dass es zu einem philosophischen Gottesgedanken gehöre.[106] Mit Blick auf diesbezüglich besonders eindrückliche Wendungen in der *Kritik der Urteilskraft*[107] kommentiert Schmalenbach:

> „Denn in jenem höchsten Stehen vor Gott, das dennoch ein Stehenbleiben vor Gott ist, vollzieht sich auch die Wendung, daß nun, wo die Sinne nichts mehr vor sich sehen, Gott selbst dauernd bildnislos, völlig transzendent bleibt, die Seele also eigentlich überhaupt kein Gegenüber hat – in ihr das Bewußtsein reift: die ungeheuren Erlebnisse müssen aus ihr selbst, aus ihren eigenen verborgenen Tiefen aufgestiegen sein; aus einer Schicht des Selbst, die hinter allem Erscheinenden liegt, nie unmittelbar zutage tritt und nun als der Gedanke des intelligiblen Ich, genialer noch des transzendentalen Ich philosophischen Begriff erhält."[108]

Damit hat Schmalenbach aus theologischer Perspektive genau jenes Ineinander von Subjektivität und Substanzialität erreicht, aus dem der moderne Gedanke der Erhabenheit hervorgeht und das ohne monistische Imprägnierung der Denkform anscheinend nicht zu erreichen ist.

---

104 H. Schmalenbach, *Kants Religion*, (Sonderhefte der Deutschen Philosophischen Gesellschaft 1), Berlin 1929, 79, vgl. auch 123.

105 Vgl. dazu auch R. Wimmer, *Religionsphilosophie*, 269.

106 Vgl. dazu auch N. Fischer, *Die philosophische Frage nach Gott. Ein Gang durch ihre Stationen*, (AMATECA II), Paderborn 1995, 350. – Vgl. außerdem J. Kopper, *Kants Gotteslehre*, KSt 47 (1955/56), 31-61, 51-59. – R. Wimmer, *Religionsphilosophie*, 262, 265, 268-269. – St. R. Palmquist, *Kant's Critical Religion*, 331.

107 Vgl. I. Kant, *Kritik der Urteilskraft*, 250, 256, 264, 280.

108 H. Schmalenbach, *Kant*, 129.

Kant denkt aus intrinsischen Gründen die Vollendung seiner Metaphysik so monistisch, dass Reinhold ohne einen Hauch von Diastase gegenüber seinem philosophischen Leitstern auf die beschriebene Art mit den *Hebräischen Mysterien* in die Debatte des Pantheismusstreits eingreifen konnte. Freiheit und Monismus sind kein Widerspruch. Vielmehr ist der Monismus das Geheimnis jedes Theismus, der einen wirklichen Weltbezug impliziert. Beiläufig erwähne ich, dass Schmalenbach gegen Ende seines Kantbuches bemerkt, es gebe so etwas wie eine innere Affinität zwischen monistischem Alleinheitsdenken und Katholizismus,[109] und das könnte erklären, warum gerade und nur der Ex-Katholik Reinhold so fraglos seine Mission in Sachen Kantischer Philosophie mit einer so dezidiert monistischen Intervention im Pantheismusstreit zusammenbringen konnte.[110]

5. Das Erhabene als Theismuskritik

Gedeckt finden sich die vorstehenden Überlegungen zu einer monistischen Verankerung der Erhabenheitsthematik bei Schiller und Kant im übrigen auch von Seiten der ästhetischen Praxis dadurch, dass der erste deutsche Künstlerroman des Sturm-und-Drang, Wilhelm Heinses *Ardinghello*,[111] geschrieben 1785 und erschienen 1787, die Sprengung der überkommenen theistischen Schöpfungsidee und -ordnung, der er theoretisch und praktisch das Wort redet, am Vorbild der „alten Ägyptier" festmacht und passgenau als Ausdruck des Erhabenen interpretiert:

> „Alle Geschöpfe sind bloß Gedanken Gottes und des höchsten Vergnügens in ihrem Maße fähig.
> Gott dachte: ‚Es werde Licht!' und es ward Licht.

---

[109] Vgl. H. Schmalenbach, *Kant*, 132-133. – Völlig unabhängig davon sah N. Bolz in der dichten weltweiten Medienpräsenz des Katholizismus anlässlich des Todes von Johannes-Paul II. und der Wahl Benedikts XVI. ein ähnliches Motiv wirken. Vgl. N. Bolz, *Hauptsache, man glaubt überhaupt*, in: die tageszeitung Nr. 7646. 22.04.05, 16.

[110] Zu korrespondierenden Affinitäten in der katholischen Kantinterpretation des 20. Jahrhunderts vgl. K. Müller, *Kant*.

[111] Vgl. W. Heinse, *Ardinghello und die glückseligen Inseln. Eine italienische Geschichte aus dem sechzehnten Jahrhundert*, Nachwort v. R. Görner, Zürich 2000.

> Daß Gott demnach als Griechen gegen sich, die Trojaner streitet; als Paris sich, die schöne Helena, verführt; Stier, und Hund und Zwiefel, und das Verächtlichste, nach unsern Begriffen wird, sich selbst isst und verdaut, darf uns wenig kümmern; denn dieses folgt wohl aus den meisten eingeführten Systemen. Die alten Ägyptier verehrten vielleicht Gott erhabner, als der heutigen Menschen Verstand reicht; und wir sind gegen sie, was unsre Häuslein gegen ihre Obelisken und Pyramiden. Gott ist unendlich Eins, und in jedem Punkt Eins, und Eins in jedem angenommenen Maße, das dann Verhältnis in Bewegung und Verbindung nach seiner Realität und Form zueinander hat.
> Wie er unendlich wirkt und ist, allgegenwärtig, erhaltend und über seine Schöpfung erhaben, was weiß der Mensch! das [sic!] geht nicht in uns, wie er ein Ganzes sei nichts außer ihm; solche Gewalt und Schönheit ist der verschwindenden Kleinheit allzu unermesslich. Wir erliegen und können nur anbeten, bewundern und erstaunen."[112]

Die letzten Zeilen bestätigen ad litteram R. Hoeps' These von der Einwanderung der Herrlichkeit („Gewalt und Schönheit") ins Erhabene. Oder handelt es sich um eine Exilierung, weil die personale Gottrede unter der Bedingung der erkenntniskritisch angeschärften und hinsichtlich ihres Glutkerns, des Verhältnisses von Absolutem und Endlichem, in den Sichtbereich gerückten Gottesidee nicht mehr zum Verweilen der Herrlichkeit taugt, allenfalls zum „ignorantiae asylum"?[113] Dann wäre das Erhabene die Fortsetzung von Lessings Kritik der theistischen Prädikate aus dem Pantheismusstreit im Medium der theologia naturalis, die dieser (reformatorisch gebrochen) durchaus noch in Geltung gelassen hatte[114] – das Erhabene als ein Akt monistischer Verschärfung sozusagen.[115]

---

112 W. Heinse, *Ardinghello*, 365-366.

113 B. Spinoza, *Ethik in geometrischer Ordnung dargestellt,* neu übers., hg., mit einer Einleitung versehen v. W. Bartuschat, lat.-dt., (Sämtliche Werke 2, PhB 92) Hamburg 1999, I, App. (88).

114 Vgl. dazu J. v. Lüpke, *Auf der Suche nach besseren Begriffen von Gott und Mensch. Überlegungen zum Zusammentreffen von lutherischer Theologie und spinozanischer Philosophie bei Lessing,* in: E. Schürmann/N. Waszek/ F. Weinreich (Hg.), Spinoza im Deutschland des achtzehnten Jahrhunderts. Zur Erinnerung an Hans-Christian Lucas, (Spekulation und Erfahrung II, 44), Stuttgart – Bad Canstatt 2002, 171-191.

115 Und wenn das zuträfe, handelte es sich dann bei der gegenwärtig zu beobachtenden Umlenkung der Pilgerströme von den Kathedralen zu den Museen und Konzerthallen um ein Der-Herrlichkeit-Nachgehen – und umgekehrt um ein Indiz dafür, dass der kirchlichen Bezeugung des Herrlichen das Erhabene als adäquates Medium abhanden gekommen ist?

„Dein ist das Reich und die Kraft und die Herrlichkeit“?

Religionspädagogisch von Herrlichkeit reden

Franz-Josef Bäumer

Mariele Wischer

„Dein ist das Reich und die Kraft und die Herrlichkeit“ – Diese Worte aus dem Vaterunser kannte (und konnte) früher jedes Kind. Der Lobpreis der Herrlichkeit Gottes war Teil spirituell-gläubiger Praxis des Einzelnen und wurde in der Liturgie gemeinsam performativ zum Ausdruck gebracht. Die Rede von der Herrlichkeit war ein in der christlich geprägten Glaubens- und Gesellschaftskultur verankertes Allgemeingut.

Heute ist in einer Welt pluraler und individualisierter Religiosität weder davon auszugehen, dass die christliche Rede von der Herrlichkeit Gottes Kindern und Jugendlichen bekannt ist, noch dass diese unumwunden in diesen Lobpreis einstimmen werden. Ja nicht einmal mehr der Begriff selbst kommt im alltäglichen aktiven Wortschatz noch selbstverständlich vor. „Das ist ja herrlich!“ ist kein Ausruf von Neuntklässlerinnen. Im Alltag von „herrlichem Wetter“ zu sprechen, mutet für sie ähnlich anachronistisch an wie die Rede vom „Kaiserwetter“. Der Begriff Herrlichkeit kommt für die Jugendlichen deutlich antiquiert daher und ist eigentlich nur noch mit nostalgisch-verstaubtem Beigeschmack direkt zu gebrauchen. Die Religionspädagogik denkt und handelt jedoch in Bezogenheit auf die heutige Welt, in der die Rede von Gottesprädikaten alttestamentlicher und neutestamentlicher Überlieferung nicht selbstverständlich ist, ja nicht einmal die Begrifflichkeiten mehr geläufig sind.

Wie steht es also aktuell um die religionspädagogische Rede von Herrlichkeit? Wie kann religionspädagogisch in theoretischen Überlegungen und praktischem Handeln heute von Herrlichkeit die Rede sein? Und: Sollte überhaupt in den verschiedenen religionspädagogischen Bezügen von Herrlichkeit gesprochen werden?

Dazu gilt es zunächst, einen Einblick darin zu gewinnen, wie der Topos Herrlichkeit in der derzeitigen religionspädagogischen Diskussion und Praxis Verwendung findet. Von da ausgehend ist zu bestimmen, ob und warum religionspädagogisch von Herrlichkeit die Rede sein kann und welche Perspektiven sich daraus für theoretische Reflexionen und praktische Umsetzungen ergeben.

I. Wie wird religionspädagogisch von Herrlichkeit gesprochen?

Um Aussagen zur religionspädagogischen Rede von Herrlichkeit zu treffen, ist es nahe liegend, von einer Bestandsaufnahme der Verwendung des Begriffes Herrlichkeit in der aktuellen Religionspädagogik auszugehen. Schon bei einer ersten Durchsicht der in den letzten Jahren erschienenen einschlägigen religionspädagogischen Lexika und Handbücher zeigt sich ein ebenso eindrückliches wie eindeutiges Bild: Das „Lexikon der Religionspädagogik“[1] verzeichnet diesen Begriff ebenso wenig wie das komplett überarbeitete „Neue Handbuch religionspädagogischer Grundbegriffe“.[2] Auch in dem grundlegenden religionspädagogischen Werk „Religionsdidaktik“[3] von Georg Hilger, Stefan Leimgruber und Hans-Georg Ziebertz sucht man im Index vergebens nach dem Stichwort Herrlichkeit. Der zur Unterrichtsvorbereitung von Lehrerinnen und Lehrern gerne herangezogene Band aus der Reihe „Theologie für Lehrerinnen und Lehrer“, der sich explizit mit „Theologischen Schlüsselbegriffen“ im Hinblick auf die biblische Überlieferung, systematische Entfaltung und didaktische Reflexion beschäftigt, erkennt in Herrlichkeit offenbar keinen derartigen Schlüsselbegriff von Relevanz.[4]

---

1 N. Mette/F. Rickers (Hg.), *Lexikon der Religionspädagogik*, 2 Bde., Neukirchen-Vluyn 2001. (im Folgenden LexRp)

2 G. Bitter/R. Englert/G. Miller/K.-E. Nipkow (Hg.), *Neues Handbuch religionspädagogischer Grundbegriffe*, München 2002. (im Folgenden NHrpGB)

3 G. Hilger/S. Leimgruber/H.-G. Ziebertz, *Religionsdidaktik, Ein Leitfaden für Studium, Ausbildung und Beruf*, München 2001.

4 R. Lachmann/G. Adam/W. H. Ritter, *Theologische Schlüsselbegriffe, Biblisch – systematisch – didaktisch*, Göttingen 1999. Auch im Sachregister findet sich der Begriff der Herrlichkeit nicht.

Nicht von ungefähr ist eines der ‚jüngsten' auszumachenden religionspädagogischen Bücher, das den Begriff verwendet: „Zu erzählen Deine Herrlichkeit"[5] von Dietrich Steinwede aus dem Jahr 1965.

Aber die Rede von der Herrlichkeit fehlt nicht nur in der religionspädagogisch-theoretischen Diskussion, auch in der konkreten Unterrichtspraxis spielt die Herrlichkeit Gottes kaum eine Rolle. Der Begriff selbst findet sich zwar durchaus in Unterrichtsentwürfen, jedoch nur sofern hier Gebete, Psalmen oder biblische Texte zitiert werden. Eine explizite Thematisierung von Herrlichkeit, die damit die überlieferte Bedeutung und aktuellen Bedeutsamkeit des Begriffs ins Zentrum unterrichtlicher Überlegungen und Prozesse rückt, gibt es jedoch nicht.[6]

Dies könnte zu der Vermutung Anlass geben, dass Herrlichkeit zwar nicht als explizites Schlagwort, aber doch implizit in religionspädagogischen Diskussionen auftaucht. Denkbar wäre etwa eine Thematisierung der Herrlichkeit als Schönheit im Zusammenhang mit grundlegenden Überlegungen zum ästhetischen Lernen. Hier erfolgt jedoch über den Verweis auf das mehrbändige Werk „Herrlichkeit" von Hans-Urs von Balthasar[7] hinaus keine weitergehende inhaltliche Auseinandersetzung mit seiner am Herrlichkeitstopos orientierten Theologischen Ästhetik.[8] Auch bei der religionspädagogischen Thematisierung eschatologischer Heilsvorstellungen oder der Gottesnamen taucht die Herrlichkeit Gottes in den einschlägigen Artikeln nicht auf.[9] Lediglich Hans Zirker beschreibt unter dem Stichwort „Gott" in interreligiöser Perspektive die jüdisch-christ-

5 D. Steinwede, *Zu erzählen deine Herrlichkeit*, Göttingen 1965. Es handelt sich hierbei um ein Grundlagenbuch mit religionspädagogischen Überlegungen zum Erzählen biblischer Texte.

6 Nach der Recherche in: Comenius Instituts Münster (Hg.), *Datenbank Religionspädagogik, Kirchliche Bildungsarbeit, Erziehungswissenschaft*, CD-ROM, Ausgabe vom 8. Dezember 2004. Vgl. z.B. die Unterrichtsvorschläge in: *Herrlichkeit: Gott! – Den Menschen: Frieden! Die Weihnachtserzählung nach Lukas*, in: KatBl 119 (1994) Materialbrief Heft 4, 1-16.

7 H.-U. von Balthasar, *Herrlichkeit. Eine theologische Ästhetik*, Bd. 1: Schau der Gestalt, Einsiedeln 1961.

8 Vgl. hierzu G. Hilger: *Ästhetisches Lernen*, in: G. Hilger/S. Leimgruber/H.-G. Ziebertz, *Religionsdidaktik*, 305-318, 309, und J. Kunstmann, *Religion und Bildung, Zur ästhetischen Signatur religiöser Bildungsprozesse*, Freiburg 2002, 320. In beiden Fällen wird Balthasars Werk zwar benannt, in der inhaltlichen Auseinandersetzung jedoch nicht weitergehend aufgegriffen.

9 Hierzu wurde das LexRp herangezogen.

liche Bezogenheit Gottes auf die Welt mit Hinweis auf Jes 60,2, nämlich dass „seine Herrlichkeit erscheint".[10]

Mit diesem ersten, wenn auch skizzenhaften Blick in die derzeitige religionspädagogische Landschaft wird deutlich: Herrlichkeit wird weder auf religionspädagogisch-theoretischer Ebene in Bedeutung und Relevanz reflektiert, noch im konkreten Praxisfeld des Religionsunterrichts zur Sprache gebracht. So lässt sich die aktuelle Lage, wie religionspädagogisch von Herrlichkeit geredet wird, ebenso anschaulich wie prägnant auf den Punkt bringen: Gar nicht! Statt also inhaltliche Aussagen zu einer religionspädagogischen Rede von Herrlichkeit entfalten zu können, muss an dieser Stelle vielmehr deren Vermeidung diagnostiziert werden. Warum aber ist religionspädagogisch nicht von Herrlichkeit die Rede?

Es lassen sich hier nur erste Vermutungen darüber anstellen, welche Zusammenhänge einer unumwundenden Verwendung des Begriffes auch in der Religionspädagogik entgegen zu stehen scheinen und daher als Ursachen dieses Negativ-Befundes angesehen werden könnten.

Die Vorbehalte, dass die Betonung der Herrlichkeit Gottes zu schnell über das Leiden der Menschen hinwegzusehen droht, sind nicht neu.[11] Allerdings hat sich im vergangenen Jahrhundert die radikale Anfrage an die Rede von der Herrlichkeit Gottes mit der Vernichtung der Juden im Nationalsozialismus nochmals verschärft. Im Zuge einer Theologie nach Auschwitz muss die geschichtliche Wirkmacht Gottes in der Welt und damit eine ungebrochene Rede von der Herrlichkeit Gottes radikal angefragt werden. Der Holocaust markiert eine fundamentale Erfahrung der Abwesenheit und Verborgenheit Gottes, nicht die seiner Herrlichkeit. Insofern steht jede unkritische religionspädagogische Rede von Herrlichkeit im Verdacht, die Leiden in der Welt durch die Betonung der Wirkmächtigkeit Gottes zu verkürzen und damit die Theodizeefrage in ihrer Radikalität nicht ernst zu nehmen.

Insbesondere eine Rede von Herrlichkeit, welche in religionspädagogischen Kontexten ungebrochen die Schönheit und Vollkom-

---

10 H. Zirker, *Gott – Aus der Sicht der abrahamitischen Religionen*, in: LexRp I, Neukirchen-Vluyn 2001, 747-752, 751.

11 Z.B. schon bei Luther, der mit der Betonung der Erhabenheit des Negativen in der Welt ein Veto gegen die Rede von der Herrlichkeit einlegt. Vgl. G. Bachl, *Herrlichkeit Gottes, Systematisch-theologisch*, in: LThK V, Freiburg [3]1996, 24.

menheit Gottes betont, steht in der Gefahr, zu einer ästhetizistischen Verkürzung des Gottesbildes beizutragen. Ein Hingerissensein von der Herrlichkeit Gottes, welches die Leiden der Menschen und die Brüchigkeit und Unvollkommenheit der Welt aus dem Blick verliert, trägt religionspädagogisch dazu bei, durch „schönheitstrunkene Eile in die triumphierende Harmonie“[12] abzuheben. Ein derartiges Reden von Herrlichkeit würde die Lebenswelt der Menschen – aktuell wie historisch – in ihrer Ambivalenz letztlich negieren. Somit wäre das diagnostizierte Schweigen von Herrlichkeit als ein retardierendes Moment gegen eine allzu unbedarfte Rede von der Herrlichkeit Gottes angesichts des Leids zu verstehen.

Aber nicht nur eine ungebrochene Rede von der Schönheit und der Wirkmacht Gottes macht die religionspädagogische Rede von Herrlichkeit problematisch. Vielmehr stellt sich dabei zugleich ganz grundsätzlich die Frage nach der Rede von Gott in säkularen Zeiten der individualisierten und pluralisierten Religiosität überhaupt.

Falk Wagner geht von einer grundsätzlichen Krise des Gottesgedankens in der Moderne aus. Mit der kopernikanischen Wende des naturwissenschaftlichen Weltbildes wie der philosophischen Denkart der Moderne wurde es unmöglich, sich auf den Ausdruck Gott in Form gegenständlicher Erkenntnis zu beziehen. Vielmehr ist bei allen empirischen Erkenntnisprozessen von einem „methodologischen Atheismus“ auszugehen. Der Gottesgedanke selbst wird damit zu einem Konstrukt innerhalb einer metaphysisch-spekulativen Theologie; über seine übersubjektive Realität ist jedoch nichts auszumachen.[13] Daher ist Religion und die Vorstellung von Gott in der Moderne allein im Medium der Subjektivität darstellbar, sie wird eine reine „Angelegenheit individueller Selbstthematisierung“. Menschen können sich durchaus mit ihrem Sein auf einen Gott bezogen wissen, aber dieser erscheint nur, sofern er vom religiösen Bewusstsein des Subjekts vergegenwärtigt wird. Mit der Betonung des Individuums in der Moderne geht also einher, dass das Gottesbewusstsein abhängig wird von der individuellen Anerkennung durch den Menschen. Damit wird eine praktische Rede von Gott nur für diejenigen relevant, die diese Realität subjektiv anerkennen. Damit tritt die Entfaltung des Wortes „Gott“ durch

---

12 G. Bachl, *Herrlichkeit Gottes*, 24.

13 Vgl. F. Wagner, *Gott – Ein Wort unserer Sprache?* in: T. Faulhaber/ B. Stillfried (Hg.), *Wenn Gott verloren geht: Die Zukunft des Glaubens in der säkularisierten Gesellschaft* (QD 174) Freiburg 1998, 222-240, 224-225.

Metaphern, Bilder, Symbole und andere sprachliche Ausdrücke der überlieferten jüdisch-christlichen Gottesrede im allgemein-gesellschaftlichen Kontext jedoch immer mehr in den Hintergrund.[14]

In eine ähnliche Richtung geht auch die Diagnose von Johann Baptist Metz, dass sich unsere Zeit durch eine grundlegende Gotteskrise auszeichnet, bei der mitten in der (allgemein-)religiösen Dynamik der lebendige Gott der Bibel immer mehr in den Hintergrund gerückt wird.[15] Ausgehend vom aktuellen postmodernen Lebensgefühl, das eine starke Affinität zum Religiösen aufweist, betont Metz, dass dabei zugleich die Frage nach Gott immer weniger relevant ist. Um in der Postmoderne religiös zu sein, bedarf es scheinbar des lebendigen Gottes jüdisch-christlicher Tradition und Verheißung nicht. Kommt aber die Gottesbedürftigkeit der Menschen abhanden, so gibt es auch keinen Grund mehr, diesen Gott sprachlich auszusagen. Auch wenn wir also aktuell in einer Welt der Wiederkehr des Religiösen leben, so ist dennoch von Gott immer weniger die Rede.[16] Und wenn von Gott die Rede ist, dann wird Gott nicht mit konkreten Attributen und Namen angesprochen, sondern bleibt oft eine allgemein religiös-nebulöse Größe.

Mit der modernen Anfrage an den Gottesgedanken und der postmodernen Gotteskrise verflüchtigt sich die konkrete Gottesrede jüdisch-christlicher Provenienz immer mehr. Infolgedessen erscheint dann auch die Rede von Herrlichkeit als einem dichten Gottesprädikat biblischer und liturgischer Tradition obsolet. Denn: Wie und wozu von Herrlichkeit sprechen, wenn es keine Gottesrede mehr gibt? Somit ist anzufragen, ob mit der von Johann Baptist Metz benannten Gotteskrise in diesem Sinne nicht auch eine Krise der Gottesrede zu konstatieren ist, die deutlich in die Religionspädagogik hineinwirkt.

Insbesondere gilt dies für eine Religionspädagogik, die mit der anthropologischen Wende die Rede von Gott nicht mehr beim transzendenten Gott, sondern – entsprechend der Analyse Wagners – im religiösen Subjekt ansetzt. Ist aber die Gottesrede den Subjekten heute generell Schülerinnen und Schülern suspekt, so rückt auch die konkrete Rede von der Herrlichkeit noch stärker in

---

14 Vgl. F. Wagner, *Gott*, 229-230.

15 Vgl. J. B. Metz: *Gotteskrise. Versuch zur ‚geistigen Situation der Zeit‘*, in: J. B. Metz/G. B. Ginzel/P. Glotz: Diagnosen zur Zeit, Düsseldorf 1994, 76-92.

16 Diese beschränkt sich vielmehr auf die Binnenkommunikation der großen Religionen. Vgl. F. Wagner, *Gott*, 223.

den Hintergrund. Ist Religionspädagogik also aufgrund der religiösen Bedürfnislage ihrer Adressaten die Basis entzogen, in der Theorie wie in der Praxis konkret von Gottes Herrlichkeit zu sprechen?

Die Vermeidung einer religionspädagogischen Rede von der Herrlichkeit kann demzufolge hier verstanden werden als ein Indiz für den Zeitgeist der schwindenden Gottesrede oder als Reaktion auf die individualisierte Religiosität der Subjekte in religionspädagogischer Praxis.

Hier zeigt sich, dass tatsächlich einer allzu selbstverständlichen Rede von Herrlichkeit in religionspädagogischer Theorie und Praxis einiges im Wege steht. Aber folgt aus den guten Gründen, religionspädagogisch nicht ungebrochen, unbedacht oder ungefragt von der Herrlichkeit Gottes zu sprechen, tatsächlich, dass faktisch am besten gar nicht mehr davon die Rede sein sollte?

Sicherlich sind die aufgedeckten Facetten von Herrlichkeit – Eschatologie, Ästhetik und Gottesrede – zentrale Themen und Grundtheoreme der Religionspädagogik, insofern muss sie von Herrlichkeit reden. Aber sollte sie dies auch explizit tun? Sollte sie also den Herrlichkeitsbegriff nicht in andere Themenfelder auflösen, sondern ihn vielmehr zu einem eigenständigen Topos religionspädagogischer Diskurse machen? Inwiefern kann Herrlichkeit als ein solcher „Grundbegriff“ verstanden werden, der einen eigenen Aspekt in religionspädagogischen Hintergrundüberlegungen wie auch in konkreten Praxisprozessen markiert?

Dazu wäre zunächst genauer auszumachen, warum es trotz aller Bedenken und Einschränkungen notwendig sein könnte, religionspädagogisch von Herrlichkeit zu reden. Die Kategorie Herrlichkeit müsste dabei etwas zum Ausdruck bringen, was als unbedingt sinnvoll für aktuelles religionspädagogisches Reden in Theorie und Praxis ausgewiesen und nur so dargestellt werden kann.

II. Was macht Herrlichkeit zu einer relevanten Kategorie, von der es sich religionspädagogisch zu reden lohnt?

Wird Herrlichkeit als Begriff der Offenbarungsterminologie verstanden, der zum Ausdruck bringt, wie Gott sich den Menschen zu erkennen gibt, so muss die Religionspädagogik davon reden. Denn dies trifft ihr zentrales Anliegen: das christliche Zeugnis von Gott in Schrift und Tradition bei Menschen heute ins Spiel der Lebensdeutungen zu bringen. Wie aber zeigt sich das konkret am Begriff der Herrlichkeit?

Ausgehend von exegetischen Einsichten lässt sich die paradoxbalancierende Grundstruktur des Herrlichkeitsbegriffs aufzeigen:[17]

Die Herrlichkeit Gottes bezeichnet in der jüdischen Tradition „dasjenige am transzendenten, unsichtbaren Gott, der im Himmel thront, was sich bei den Menschen zur Erscheinung und Erfahrung bringen kann.“[18] In der rabbinischen Theologie wird Herrlichkeit daher mit der weiblich konnotierten Vorstellung der Shekhina, der konkret erfahrbaren Einwohnung Gottes bei den Menschen, zum Ausdruck gebracht.[19] Der biblische Begriff für die Herrlichkeit Gottes ist ‚kabod‘, eine aus der hebräischen Wurzel ‚schwer sein‘ abgeleitete Wendung. Diese meint ebenso ‚Gewichtigkeit‘ im physikalischen Sinne von ‚Erdenschwere‘ wie auch ‚Wichtigkeit‘ und ‚Bedeutung‘ im kulturellen Sinne und hat diese Doppelseitigkeit semantisch bewahrt. Bezeichnet ‚kabod‘ zunächst die Schwere, die Israel Gott zuerkennt und mit der die Beziehung Gottes zu Israel gefasst werden kann, so wird dies weiter entfaltet hin zu Reichtum, Autorität, Ehre und Glanz. Alle diese Wortfelder, die ‚kabod‘ umfasst, wurzeln in der Schwere, so dass mit dem Begriff selbst Gegensätzliches verbunden wird: Der Glanz und die Ehre Gottes

---

17 Es kann hier nicht das Anliegen sein, in diesem Zusammenhang Einzelheiten zu entfalten, dazu sei auf andere Beiträge in diesem Band verwiesen. An dieser Stelle werden lediglich Akzente hervorgehoben, die für die weiteren religionspädagogischen Überlegungen unverzichtbar erscheinen. Die Ausführungen beziehen sich dabei weitestgehend auf einschlägige Lexikonartikel.

18 H. Vorgrimler, *Herrlichkeit Gottes*, in: Ders.: Neues Theologisches Wörterbuch, Freiburg 2000, 286-287, hier 286.

19 Vgl. knapp zu der Verbindung von Herrlichkeit und Shekhina in der rabbinischen Theologie H. Liss: *Herrlichkeit Gottes, Judentum*, RGG III, Tübingen [4]2000, 1682-1683.

korrespondieren mit der Erden-Schwere, beide werden mit der Rede von der Herrlichkeit zugleich gefasst.[20]

Das ist die Grundspannung von Herrlichkeit, die auch dann gehalten wird, wenn es um die Verflechtung von Gott und Schöpfung geht, die er an seiner Herrlichkeit teilhaben lässt. ‚kabod' bezeichnet nämlich die Weise, wie Gott sich in seiner Schöpfung sinnlich erfahrbar zu erkennen gibt. In der nachexilischen Erscheinungstheologie wird diese „dialektische Konfiguration"[21] von Enthüllung in der Verhüllung durch den Begriff Herrlichkeit gefasst, ohne die darin liegende Polarität von Jenseitigkeit und Geschichtlichkeit aufzuheben. Die sinnliche Erscheinung der Präsenz Gottes in ihrer Entzogenheit charakterisiert ‚kabod' als ästhetisches Phänomen, das sich nicht in Reflexionen, sondern in erfahrbarer Umittelbarkeit erschließt.[22]

Das Neue Testament führt diese paradoxale Spannung weiter. Die Schwere des Glanzes, die Verhüllung in der Erscheinung wird auch in den neutestamentlichen Begriff ‚doxa' eingetragen. Zugleich wird dies vor allem bei Johannes christologisch entfaltet: Jesus Christus wird Träger der Herrlichkeit Gottes, in ihm wird die ‚doxa' offenbar und sichtbar.[23] Aber die Schönheit, der Lichtglanz der Herrlichkeit Gottes ist in Jesus Christus immer schon durchwirkt von der Kenosis, dem Abstieg Gottes in das konkrete Menschliche und die Entzogenheit der absoluten Schönheit der göttlichen Wirklichkeit. Paradox kommen hier die Herrlichkeit Gottes als höchste Schönheit des Schöpfers alles Schönen und die Kenosis Christi im leidenden Menschen ohne Schönheit zusammen. Auch in Jesus Christus zeigt sich damit die Herrlichkeit Gottes nicht als von der Welt abgehobene Schönheit und Allmacht, sondern stets von der Erdenschwere durchsetzt. Die Konnotation von Herrlichkeit und Schönheit ist damit in christlicher Theologie nur vor dem Hinter-

---

20 Vgl. hierzu M. Weinfeld, *kabod*, ThWAT IV (1984), 23-40.

21 J. Wohlmuth, *Schönheit/Herrlichkeit*, in: P. Eicher (Hg.), Neues Handbuch theologischer Grundbegriffe V, München 1991, 17-25, 19.

22 Vgl. R. Hoeps, *Das Gefühl des Erhabenen und die Herrlichkeit Gottes, Studien zur Beziehung von philosophischer und theologischer Ästhetik* (Bonner Dogmatische Studien 5) Würzburg 1989, 132-134.

23 Während bei Paulus sich die Herrlichkeit Gottes vor allem in der Auferstehung zeigt, ist bei Johannes die Präexistenz ebenso wie die Inkarnation des Sohnes von der Herrlichkeit durchwirkt. Hier läuft die Herrlichkeitskonzeption vor allem auf das Kreuz zu. Vgl. J. Zumstein, *Herrlichkeit Gottes, Neues Testament,* RGG III, Tübingen ⁴2000, 1683-1684, 1684.

grund der Inkarnation und des Kreuzes denkbar. Die Herrlichkeit Gottes, die in Jesus Christus offenbar wird, lässt sich also nicht gegen das Kreuz und das menschliche Leid ausspielen.[24]

Zugleich erhält die Rede von der Herrlichkeit durch die Christologie ein starkes Element eschatologischer Verheißung. Vor allem bei Paulus wird ‚doxa' im heilsgeschichtlichen Zusammenhang entfaltet. Die Rede von der Herrlichkeit in Jesus Christus bedeutet damit zugleich immer auch die Erwartung der Wiederkunft Christi und damit des Schauens der Herrlichkeit Gottes. Das NT bestimmt den Begriff der Herrlichkeit also vor allem in christologischer und von da aus auch in eschatologischer Hinsicht.[25]

Mit der Betonung der sinnlichen Erscheinung der Bildhaftigkeit Gottes in Jesus Christus wird von Paulus zudem ein Akzent theologischer Anthropologie gesetzt: Göttliche Erscheinung und menschliche Pracht fallen hier als Gottesebenbildlichkeit im Begriff ‚doxa' zusammen. Schon in Psalm 8 heißt es über den Menschen: „Du hast ihn nur wenig geringer gemacht als Gott, hast ihn mit Herrlichkeit (‚kabod') und Ehre gekrönt." In Jesus zeigt sich der Mensch als Herrlichkeit Gottes. Die innere Teilhabe mit Christus ermöglicht den Menschen die Partizipation an der Herrlichkeit Gottes, und zugleich bleibt diese Hoffnungsgut des Menschen auf Vollendung.

Obwohl dies hier nur angedeutet werden kann, zeigt der biblische Befund eine spannungsreiche Entfaltung der paradoxen Pointe des Herrlichkeitstopos: in der Verschränkung von Erdenschwere und Licht, Erscheinung und Verborgenheit, Welt und Transzendenz, sinnlicher Erfahrbarkeit und der Entzogenheit, Schönheit der Schöpfung und Kreuz, sinnlichem Anbruch des Heils im Hier und Jetzt und eschatologischer Verheißung. Herrlichkeit zeichnet sich durch die paradoxe Pointe aus, „diejenigen Erfahrungen zu benennen, deren Gegenstand die Unfassbarkeit Gottes ist"[26]. Es geht also um das Sichtbarwerden des Unsichtbaren, das unerfahrbar Göttliche wird in der unmittelbaren Erfahrung anschaulich. Dabei wird versucht im Begriff eine filigrane Balance zu halten, da Herrlichkeit „weder mit irdischen Phänomenen (...)

---

24 Vgl. J. Wohlmuth, *Schönheit/Herrlichkeit*, 21.

25 W. Schoberth, *Herrlichkeit Gottes, Dogmatisch*, RGG III, Tübingen ⁴2000, 1684f., hier 1685.

26 Ebd. 1684.

identifiziert werden, noch gänzlich zum Überirdischen stilisiert und damit zum Unanschaulichen verdünnt werden“[27] kann.

In dieser Balance wird zudem genauer zu fassen versucht, *wie* der transzendente Gott sich in menschlicher Anschauung zur Erscheinung bringt. Die Dynamik geht vom auf-uns-zukommenden Gott aus, der sich in seiner Herrlichkeit geschichtlich in Bezogenheit auf die Menschen zeigt und in den Menschen verwirklicht. Herrlichkeit wird also nie – weder in der Schöpfung, noch in der neuen Schöpfung durch Jesus Christus – außerhalb des Menschen initiiert oder gegenüber von ihnen, sondern mitten unter ihnen: „Es geht wirklich um die Vollendung im Endlichen“.[28] Gleichwohl aber setzt sich Herrlichkeit deutlich ab von einer Überhöhung innerweltlicher Ideale oder der Verlängerung der menschlichen Vorstellungen in die Ewigkeit, denn sie kommt vom transzendenten Gott her. Die Herrlichkeit Gottes ist damit als Entfaltung „aller göttlichen Vollkommenheiten“[29] different zur Welt, zugleich aber ist sie nur auf der Bühne der Welt erfahrbar.

Die Bewegung des Ereignisses der Herrlichkeit Gottes ist damit zwar von ihrem Ausgangspunkt her deutlich als von Gott her kommend zu bestimmen, aber in ihrer Wirksamkeit mit der Welt und den Menschen verflochten. Vom Menschen aus gesehen thematisiert Herrlichkeit als ästhetische Anschauung ein nicht herstellbares Widerfahrnis.

Eine originäre Bedeutsamkeit des Gottesprädikats Herrlichkeit, die sich aus dem biblischen Befund ergibt, liegt somit in der Betonung des Ereignisses der Erfahrbarkeit der Präsenz Gottes in paradoxaler Struktur.

Eine Rede von Herrlichkeit lässt sich daher inhaltlich nicht vollständig festlegen, sie bleibt in gewisser Weise immer unthematisch und ist insofern als poetisch aufzufassen. In Anlehnung an Henning Schröers Ausführungen zur Theopoesie lässt sich über das Gottesprädikat Herrlichkeit sagen, dass es ein Wort ist, ‚wie ein Sprung‘. Jeder Sprung ist als (Existenz-)Bewegung dialektisch und paradox, denn er „ist die Bewegung, in der wir für einen Moment leichter

---

27 Ebd. 1684.

28 H.-B. Gerl-Falkovitz, *Das Seufzen der Schöpfung nach der Herrlichkeit*, in: Una Sancta 57 (2004) 274-288, 276.

29 So Karl Barth, hier zitiert nach G. Bachl, *Herrlichkeit Gottes*, 24.

sind, als die Schwerkraft uns glauben macht."[30] Und zugleich gilt: „Wer springt, kann aber noch nicht fliegen, Absprung und Landung gehören dazu. Höhenluft und Erdenschwere bleiben einander nahe. Nähe erweist sich als die engste Beziehung von Differenz und Identität."[31] *Wie* der Topos Herrlichkeit die Präsenz Gottes in der Welt zum Ausdruck bringt, kann daher nicht einfach anders gesagt werden; auch nicht in religionspädagogischen Kontexten.

III. Annäherungen an eine religionspädagogische Rede von Herrlichkeit

Im Topos der Herrlichkeit wird somit verdichtet, worum es der aktuellen Religionspädagogik zentral geht: Die paradoxe Verschränkung von Gott und Mensch, Jetzt und Verheißung trifft sich mit der religionspädagogisch-korrelativen Grundspannung von Anthropologie und Theologie, von aktueller, lebensweltlicher Erfahrung und göttlicher Offenbarung. Wenn Herrlichkeit nun diese Verflechtung von Gott und Mensch in balancierender Spannung und charakteristischer Dynamik auf den Begriff bringt, so ist religionspädagogisch explizit von Herrlichkeit zu reden. Denn dann ist zu erwarten, dass eine Religionspädagogik, die Herrlichkeit thematisiert, eigene Akzente im Umgang mit diesem Spannungsverhältnis setzen kann. Von hier ausgehend lassen sich Überlegungen zu einer Rede von Herrlichkeit sowohl auf religionspädagogisch-theoretischer Ebene wie auch im Hinblick auf eine konkrete Praxis – etwa den schulischen Religionsunterricht – entfalten.

III.1 Aspekte einer religionspädagogisch-theoretischen Rede von Herrlichkeit

Für die religionspädagogische Theoriereflexion könnte sich Herrlichkeit als eine hermeneutische Kategorie erweisen, deren Relevanz weniger in *einer* bestimmten inhaltlichen Aussage begründet ist, sondern vielmehr in der dialektischen Struktur, in der hier Gottes Offenbarung und menschliche Erfahrung miteinander verwoben

---

30 H. Schröer, *Theo-poesie*, in: Ders., In der Verantwortung gelebten Glaubens, Praktische Theologie zwischen Wissenschaft und Lebenskunst (Praktische Theologie heute 39), Stuttgart 2003, 241-246, Zitat 242-243.

31 Ebd. 243.

sind. Von Herrlichkeit in religionspädagogischen Theoriezusammenhängen zu reden würde dann bedeuten, sich bei allen Überlegungen und Konzeptionen zu vergewissern, ob und wie Gottes Offenbarung und menschliche Lebenswelt in Verflechtung stehen. Herrlichkeit als hermeneutische Kategorie fordert dazu auf, die religionspädagogisch grundlegende Spannung des Verhältnisses von Gott und Mensch als paradoxe Balance zu halten und zu gestalten und eben nicht nach einer Seite kippen zu lassen.

Die Rede von der Herrlichkeit Gottes macht dabei für die religionspädagogischen Zusammenhänge nochmals deutlich, dass sich Gott nur in direktem Bezug zur menschlichen Wirklichkeit zeigt. Die Herrlichkeit Gottes ist nicht hinter den Dingen, sondern in der sinnlich wahrnehmbaren Welt erfahrbar. Zugleich aber bedeutet von Herrlichkeit sprechen immer von dem auf uns zukommenden Gott zu sprechen. Denn die Rede von der Herrlichkeit blickt auf das Offenbarungs-Erfahrungs-Geschehen von dem entgegenkommenden Gott her, transzendent und zugleich in der Gegenwart der Welt erkennbar und erfahrbar und doch unverfügbar sie überschreitend.

Während also die anthropologische Wende der Religionspädagogik das paradoxe Geschehen vom Subjekt her thematisiert, so bietet das Herrlichkeitstopos die Möglichkeit, dieses deutlicher von der Seite des auf die Menschen zukommenden Gottes in den Blick zu nehmen. Denn Herrlichkeit zeichnet dieses Beziehungsgefüge radikal von Gottes Aktivität her. Als ein Widerfahrnis, dessen Dynamik von der Seite Gottes her angestoßen wird. Von einem Gott, der als beglückend und überraschend anders von sich aus begegnet. Demnach bedeutet religionspädagogisch von Herrlichkeit zu reden, von Gott als dem Anderen zu sprechen. Von dem unverfügbaren Gott, der nicht allein in einer radikalen anthropologischen Wende aufgeht, sondern der die Welt durchwirkt und ihr zugleich gegenüber steht.

Mit der Verwendung von Herrlichkeit als hermeneutischer Kategorie könnte im religionspädagogischen Diskurs deutlicher problematisierbar werden, dass zwar jede Rede von Gott in religionspädagogischen Prozessen die Beziehung der Menschen zu Gott zum Ausdruck bringt, aber zugleich die Beziehung des Menschen zu Gott nicht allein vom menschlichen Bewusstsein abhängig ist, sondern von Gott her auf uns zukommt.

In seiner „Theologischen Ästhetik“[32] erschließt Hans-Urs von Balthasar diesen in seiner Herrlichkeit auf uns zukommenden Gott in besonderer Weise. In seiner „Transzendentallehre des Schönen“ wird Herrlichkeit als die grundlegende Weise göttlicher Offenbarung verstanden: In der Schönheit Gottes werden seine Güte und Wahrheit sinnlich unmittelbar erfahren, diese zeigt sich insbesondere in Jesus Christus. Daher ist die Offenbarung nach Balthasar ästhetisch zu fassen: als göttliche Mitteilung, in der sich die Herrlichkeit Gottes in ihrer Schönheit erschließt. Offenbarung hat darin objektive Evidenz, d.h. sie ist den Menschen nicht in ihrem subjektiven Erfahren oder der Reflexion ausgeliefert. Daher kann eine Bedingung der Möglichkeit der Schönheit Gottes ansichtig zu werden, nicht festgelegt werden. Vielmehr kann diese nur im ‚strikten Gegenüber der Schau‘ angenommen werden. Insofern hat die Herrlichkeit Gottes für den Menschen, der ihrer angesichtig wird, subjektive Evidenz. So behält die Schönheit der Offenbarung trotz ihrer Objektivität zwar ihre Unverfügbarkeit, aber um den Preis, dass die Offenbarung unbedingt göttlichen Redens und Wirkens mit keiner menschlichen Erfahrung korrespondiert. Herrlichkeit als rein ästhetische enthebt die Offenbarung jeder anthropologischen Frage. Dies bedeutet religionspädagogisch eine Absage an alle korrelativen Dynamiken kritisch-konstruktiver Bezogenheit von Offenbarung und Erfahrung.

Ein ästhetisches Lernen, das auf der ästhetischen Theologie von Balthasars beruht, macht das Schöne, die Herrlichkeit Gottes, auch für den Lehr-Lernprozess zum Transzendentalen. Für die Religionspädagogik würde ein Anschluss an einen solchen Umgang mit Herrlichkeit bedeuten, dass bei einer ästhetisch-theologischen Einführung in das Geheimnis Gottes alle subjektiv-erfahrbaren und reflexiven Möglichkeiten der Auseinandersetzung zurück treten müssten, da sie die Herrlichkeit Gottes letztlich destruierende Potentiale darstellen. Die sinnliche Wahrnehmung der Einzelnen und die kritische Reflexion, die immer schon ein „sich behaupten“ ist, müssen in ihrer Bedeutung gegenüber der reinen Schau zurücktreten. Das wäre nicht nur mit einem religionspädagogischen Rückgang hinter die anthropologische Wende, sondern auch mit

---

32 Vgl. zur theologischen Ästhetik von Balthasars die Ausführungen von R. Hoeps, *Gefühl des Erhabenen*, 202-219.

einem Rückzug aus einer allgemeinen Bildungsverantwortung verbunden.

Eine ästhetisch akzentuierte Rede von Herrlichkeit ermöglicht es einem „allzu sehr auf Selbstbestätigung bedachten menschlichen Bedürfnis eines Notwendigkeitserweises Gottes einen eigenartig zwanglosen Zwang der Faszinations- und Offenbarungserfahrung entgegenzustellen".[33] Dies kann für den Religionsunterricht jedoch nicht bedeuten, dass alle didaktischen Bemühungen davon ausgehen und darauf zulaufen sollten, dass die Schülerinnen und Schüler die Herrlichkeit Gottes gläubig vernehmen und lobpreisend annehmen. Auch wenn Hans-Urs von Balthasars Thematisierung der Herrlichkeit insbesondere den für ästhetisches Lernen zentralen Aspekt der Sinnlichkeit rehabilitieren kann, so erscheint sein Ansatz vor dem Hintergrund der vorangegangenen Überlegungen nur bedingt tauglich für die religionspädagogisch-theoretische Rede von Herrlichkeit.[34]

Wird der biblische Befund der Paradoxalität des Begriffes beachtet, so wird deutlich, dass auch die Herrlichkeit Gottes als Widerfahrnis sich letztlich nicht anders sinnlich ereignen kann, als in menschlichen Erfahrungen in dieser Welt. Gott wird in der Rede von Herrlichkeit eben nicht zu einem enthobenen jenseitig-transzendenten Subjekt, auf das die Menschen nur durch Unterwerfung unter seine Herrlichkeit reagieren können. Herrlichkeit Gottes fasst also das göttliche Selbstsein und menschliche Anderssein gerade nicht als Oben-Unten-Verhältnis, sondern beide bedingen sich bei aller Unvergleichbarkeit wechselseitig, stehen in einem balancierenden Verhältnis.

In einer Zeit, in der die Religionspädagogik sich fragen muss, wie nach der anthropologischen Wende in einem Kontext, der immer weniger durch christliche Sozialisation geprägt ist, Gott ins Spiel zu bringen ist, fordert die hermeneutische Kategorie der Herrlichkeit dazu auf, die ‚auf uns zukommende' Realität Gottes in religionspädagogischen Zusammenhängen neu zur Sprache zu bringen. Wird mit dem Herrlichkeitstopos die korrelative Dynamik vom ‚auf uns

---

33 J. Wohlmuth, *Schönheit/Herrlichkeit*,24.

34 Daher scheint ästhetisches Lernen in der Religionspädagogik eher an eine philosophische Ästhetik anzuschließen zu sein, als an das Herrlichkeitskonzept von Balthasar. Dies geschieht faktisch auch, vgl. hierzu G. Hilger: *Ästhetisches Lernen*, 305-318, und den Artikel von G. Otto/G. Otto, *Ästhetische Erziehung, Ästhetisches Lernen*, LexRp I, 12-18, bes. 12-14.

zukommenden Gott' her thematisiert, so bedeutet das religionspädagogisch durchaus den Wechsel der Blickrichtung. Dies allerdings, ohne dabei von den Erfahrungen der Subjekte in der Welt zu abstrahieren und so zu einer konfrontierenden Verkündigung zu kommen, die letztlich einer religionspädagogischen ,Rolle Rückwärts' hinter die anthropologische Wende gleichkommt.[35] Es verhilft dazu, das paradoxe Moment in korrelativen Prozessen hervorzuheben und damit die „Unmachbarkeit" zu betonen, die Entzogenheit des Resultats. Dabei wird sie jedoch unbedingt auf die Erfahrbarkeit und Verstehbarkeit von Menschen heute bezogen bleiben.

Herrlichkeit, die als hermeneutische Kategorie an die balancierende Dynamik des biblischen Topos anknüpft, wird in religionspädagogischer Reflexion dazu auffordern, den Sprung immer neu zu wagen, die darin liegende Spannung zu gestalten und dabei weder ganz in der ,Erdenschwere' stecken zu bleiben noch völlig in den ästhetisierten Glanz abzuheben.

Davon ausgehend kann der Begriff Herrlichkeit in konkreten religionspädagogischen Praxiszusammenhängen nicht rein vergangenheitsempirisch gebraucht werden, sondern muss in gegenwärtige alltägliche Lebenserfahrungen von Kindern und Jugendlichen verwebbar sein. Auch eine explizite Rede von Herrlichkeit in religionspädagogischer Praxis kann nur angemessen sein, wenn diese in Verflechtung mit den heutigen Menschen angestrebt wird.

III.2 In religionspädagogischer Praxis von Herrlichkeit reden?

Wenn eine Rede von Herrlichkeit für die religionspädagogische Reflexion nicht ersetzbar ist, weil sie etwas auf den Begriff bringt, das anders nicht zu sagen ist, so fordert dies auch dazu heraus, in der religionspädagogischen Praxis explizit von Herrlichkeit zu reden. Herrlichkeit ist somit konkret als inhaltliche Kategorie

35 Wie etwa bei den viel zitierten Überlegungen von Thomas Ruster, der für eine religionspädagogische Praxis plädiert, die Gott als den ganz Anderen gegen die lebensweltlichen Erfahrungen akzentuiert. Vgl. T. Ruster, *Der verwechselbare Gott, Theologie nach der Entflechtung von Christentum und Religion* (QD 181), Freiburg 2000, bes. 188-204.

religiöser Lernprozesse, zum Beispiel im Religionsunterricht, zu bedenken.

Dabei unterliegen alle Überlegungen zur Rede von Herrlichkeit in der Praxis der Unterscheidung zwischen dem Ereignis der auf uns zukommenden Herrlichkeit Gottes selbst und dem Versuch, das, was in diesem Begriff zum Ausdruck gebracht ist, bei den Kindern und Jugendlichen angemessen ins Spiel zu bringen.

Es kann demnach im Religionsunterricht nicht darum gehen, mit Herrlichkeit – wie es etwa eine religionspädagogische Rede von Herrlichkeit nach dem Modell von Balthasars nahe legen könnte – zu einer sinnlich unmittelbaren Begegnung mit dem Mysterium Gottes in seiner Herrlichkeit hinzuführen, damit das Verborgene in überwältigender Schönheit vor den Lernenden erscheint. Ein performatives Reden von der Realität der Herrlichkeit Gottes ist nie in distanzierender Weise möglich, denn es bedarf immer der (glaubenden) Annahme der unableitbaren Souveränität Gottes. Die angemessene Annäherungsweise an eine solche Erfahrung von Gottes Herrlichkeit selbst wäre dann nur als konfrontative Begegnung mit der Schrift als Kunstwerk Gottes und das Sich-öffnen vor Gott im Gebet vorstellbar. Eine solche Praxis findet jedoch nicht nur in der faktischen Säkularität der Kinder und Jugendlichen eine Grenze, sondern verfehlt auch den Auftrag des Religionsunterrichts an der öffentlichen Schule.

Religiöses Lernen im Schulunterricht soll die Kompetenz ausbilden, sich mit den Grundfragen menschlichen Lebens auf der Basis (christlich-)religiöser Überlieferung und Daseinsdeutung vieldimensional auseinanderzusetzen und sich begründet dazu verhalten zu können. Ein Religionsunterricht, der davon ausgeht, dass die Schülerinnen und Schüler frei mit dieser Lebensdeutung umgehen und die Inhalte konstruktiv verarbeiten, wird ihnen einen offenen Umgang damit ermöglichen. Er kann sie also nicht zu gläubiger Übernahme doktrinärer Glaubensinhalte verpflichten, ebenso wenig geht es um rein sachlich-unpersönliche Information über kirchliche Überlieferungsgegenstände. Vielmehr zielt das didaktisch-methodische Geschehen auf das je eigene Selbstverhältnis der Lernenden zum Unterrichtsgegenstand, der christlich-jüdischen Lebensdeutung.[36]

---

36 Vgl. zu dieser Einschätzung der Religion und damit der unterrichtlichen Bedingungen im gesellschaftlichen Prozess der (Spät-)Moderne: W. Gräb,

Für die Rede von Herrlichkeit im Religionsunterricht ist dann zu überlegen, wie den Schülerinnen und Schülern damit ein eigener Zugang zum Verstehen der spezifisch jüdisch-christlichen Deutung menschlichen Daseins ermöglicht werden kann. Ziel ist es somit nicht, die Herrlichkeit Gottes gläubig anzuerkennen, sondern Schülerinnen und Schülern zu ermöglichen, Herrlichkeit als unverzichtbares christliches Gottesprädikat kennen zu lernen und in seiner tieferen Bedeutung zu erschließen.

Um in diesem Sinne Herrlichkeit im religionsunterrichtlichen Geschehen zur Geltung bringen zu können, ist zu beachten, dass der Begriff von seiner verschwindenden alltäglichen Verwendung her nur sehr bedingt in der Lage ist, bei den Schülerinnen und Schülern lebendige Assoziationen oder spontane Verbindungen zu ihrer Lebenswelt hervorzurufen. Zudem trifft eine unumwundene Rede von der Herrlichkeit Gottes nicht unbedingt den Bewusstseins- und Fragehorizont heutiger Schülerinnen und Schüler.

Herrlichkeit als christliches Gottesprädikat verweist auf die Widerfahrnis der Göttlichkeit Gottes. Mit dieser hat jedoch in der säkularen pluralisierten Welt zunächst nur der zu tun, der an diesen Gott glaubt. Im Religionsunterricht sind durchaus Schülerinnen und Schüler anzutreffen, bei denen von dieser gläubigen Anerkenntnis nicht ausgegangen werden kann, für die der auf uns zukommende Gott keine unhinterfragte Größe ist. Die Rede von der Herrlichkeit Gottes hat damit nur für die Lernenden einen semantischen Gehalt, die eine Beziehung zur Realität Gottes für sich konstatieren. Ist dies nicht der Fall, so bedeutet auch die religionsunterrichtliche Thematisierung der Herrlichkeit Gottes zunächst einmal nichts. Eine Rede von der Herrlichkeit bleibt also für die Schülerinnen und Schüler leer, so lange sie von ihrem „Plausibilisierungshorizont" abgekoppelt ist und sich in der eigenen Selbstthematisierung nicht als gehaltvoll erweisen kann. Wird dies in der religionspädagogischen Praxis nicht berücksichtigt, so wird mit der konfrontativen Verwendung des Begriffes eine Verheißung angeboten, für die es gar keine Nachfrage gibt. Dann steht ein Sprechen von Herrlichkeit im Religionsunterricht schnell in der Gefahr gläubiger Vereinnahmung oder unfruchtbarer Konfrontation.

Lebensgeschichten, Lebensentwürfe, Sinndeutungen, Eine praktische Theologie gelebter Religion, Gütersloh 1998, 110-112.

Kann also nicht selbstverständlich von einem „Resonanzboden“ für die Rede von Herrlichkeit in religionsunterrichtlicher Praxis ausgegangen werden, so fragt sich, wie überhaupt die Bedeutung und Relevanz der Kategorie Herrlichkeit für die Lernenden erkennbar und verstehbar werden soll. Dies verweist umso dringlicher auf die hier zu klärende hermeneutische Grundfrage: Wie also kann im Religionsunterricht von Herrlichkeit gesprochen werden, um heute für Schülerinnen und Schüler sinn-voll erfahrbar werden zu lassen, welchen Bedeutungshorizont der Begriff aufreißt? Wie kann das, was Herrlichkeit elementar thematisiert, so ins unterrichtliche Spiel gebracht werden, dass die Schülerinnen und Schüler einen verstehenden Zugang dazu finden können, anstatt es rein als „alte Gewissheit“ einzuschärfen?

Ein Verstehen dieses zunächst lebensfernen Begriffes ist nur möglich, wenn die Rede von Herrlichkeit im Religionsunterricht anschlussfähig ist an die „Plausibilitätshorizonte“ der Lernenden. Dazu ist unweigerlich bei den Schülerinnen und Schülern selbst anzusetzen. Nur in Kontakt mit ihren Erfahrungen, Fragen und menschlichen Äußerungen, ist es möglich, dem auf die Spur zu kommen, was der Begriff Herrlichkeit Unverwechselbares zum Ausdruck bringt, so dass es sich auch für die Lernenden heute als erkennbar und erspürbar bedeutsam erweisen kann.[37]

Es geht religionsdidaktisch also darum, die „Resonanzfähigkeit“ der Lernenden für die Thematik zu entdecken und dadurch die Voraussetzungen dafür zu schaffen, dass sich überhaupt angemessenes Verstehen entwickeln kann. Hierfür gilt es noch einmal aufzugreifen, dass nicht nur deshalb unbedingt von Herrlichkeit zu reden ist, weil diese „theologisch zum Grundbestand biblischer Offenbarungs- und Erscheinungssprache gehört“,[38] sondern weil Herrlichkeit eine Struktur aufweist, die Charakteristisches über die jüdisch-christliche Lebensdeutung auszusagen vermag: Als dichtes Gottesprädikat spricht der Begriff, von dem entgegenkommenden Gott, dem Anderen in vieldimensionaler Verflechtung von mensch-

37 Das bedeutet jedoch nicht automatisch, dass die Herrlichkeit Gottes damit religionspädagogisch funktional einem rein individualistischen Nützlichkeitsprinzip unterworfen wird, oder dass die Rede von der Herrlichkeit als direkte Antwort auf Probleme der Lernenden verstanden wird. Vielmehr erwächst daraus überhaupt die Möglichkeit, heute die Herrlichkeit Gottes im Unterricht zur Sprache zu bringen.

38 J. Wohlmuth, *Schönheit/Herrlichkeit*, 17.

lichem Leben und göttlicher Verheißung. Eine religionspädagogische Rede von Herrlichkeit wird daher in der Praxis strukturell, mitten in der Ambivalenz des Begriffs ansetzen. Welche anthropologische Kategorie aber weist eine Sensibilität für diese paradoxale Verflechtung von Erfahrung und Verheißung auf und könnte daher „resonanzfähig“ für eine unterrichtliche Rede von Herrlichkeit machen?

Klaus König bezeichnet die Sehnsüchte der Menschen als eine Art „religionsdidaktischen Suchschlüssel“,[39] der es ermöglicht, die verwobene Erfahrung von Kontingenz und dem Verlangen nach Überschreitung aufzudecken. Sehnsucht geht, nach Wilhelm Gräb, der sich mit den Sehnsüchten von Kindern und Jugendlichen im religionspädagogischen Kontext befasst hat,[40] auf ein unbestimmtes, unendliches Verlangen zurück, das in einzelnen Sehnsüchten seinen konkreten Ausdruck findet und letztlich auf einer Sehnsucht nach gelingendem Leben gründet. Dabei ist die Sehnsucht durchaus nicht nur durch Vermissen gekennzeichnet, denn wir können nur vermissen, was wir schon erfahren haben, wenn auch immer in der Begrenztheit des Lebens. Eben daraus erwächst ja das Sehnen: Ausgehend von der Welt in ihrer Schönheit und ihrem Mangel wird eine Erfüllung ersehnt, die über das Materielle und Endliche hinausgeht. Insofern sind Sehnsüchte immer sinnlich begründet und zugleich ausgerichtet auf ein „mehr“ an Fülle. Sehnsucht zeichnet sich dadurch aus, dass sie, sofern sie uns existenziell umtreibt, über das hinausweist, was schon ist. Allerdings kann der Mensch seine Sehnsucht selbst nicht ganz erfüllen, die darin liegende Spannung von Erfahren und Vermissen nicht ganz lösen. Sehnsüchte gehen sinnlich von der Welt aus und verweisen zugleich auf ein Begehren, dass mehr sein soll, als schon ist und wir selbst machen können.

Damit ist Sehnsucht etwas im konkreten Leben Verwurzeltes und hat zugleich etwas Überbordendes. Sie beruht nicht auf einer rein fatalistischen Depression des Vermissens, sondern hat immer auch etwas Leichtes, weil sie zwar um das weiß, was fehlt, aber es

---

39 K. König, *Schmerz und Sehnsucht als religionsdidaktische Suchschlüssel bei Henning Luther*, in: E. Groß: Schmerz und Sehnsucht von Kindern und Jugendlichen, Interkulturelles religiöses Lernen in Kirche und Schule (Forum Religionspädagogik aktuell 4) Münster 2003, 63-76.

40 Vgl. dazu W. Gräb, *Sehnsucht und Sehnsüchte*, NHrpGB 144-147, auf den sich auch die folgenden Ausführungen beziehen.

zugleich überschreitet, weil sie etwas anderes herbeisehnt. Daher ist auch Sehnsucht immer leicht und erdenschwer zugleich. Dieses paradoxe Gefüge menschlicher Sehnsucht zeigt somit strukturelle und inhaltliche Korrespondenzen mit der Rede von Herrlichkeit: Die Poetik der Sehnsüchte hat die gleiche existenzielle Schwere und Leichtigkeit des Sprungs. Gleichzeitig weisen die Sehnsüchte als anthropologische Kategorie die nötige Offenheit auf, um resonanzfähig für eine Rede von Herrlichkeit zu machen, die vom auf uns zukommenden, ganz anderen Gott ausgeht. Im Vermissten der Sehnsucht wird ja „das Verlangen angesprochen, dass es mehr als alles geben muss, ein Ganzes erfüllten Sinns“.[41] Insofern ist der Sehnsucht eine Dynamik inhärent, die vom sinnlich erfahrbaren menschlichen Leben in seiner Kontingenz ausgeht, zugleich aber darüber hinaus verweist und dies transzendiert.

Damit ist weder gesagt, dass die Rede von der Herrlichkeit Gottes ganz in den Sehnsüchten der Lernenden aufgeht, noch dass sie einfach als Antwort auf menschliche Sehnsüchte eingesetzt werden soll. Vielmehr machen die Sehnsüchte der Schülerinnen und Schüler diese überhaupt erst „resonanzfähig“ für eine Rede von Herrlichkeit in religionsunterrichtlicher Praxis. Denn schließlich sind die menschlichen Sehnsüchte offen und poetisch genug, um von da aus den Sprung in die Theopoesie der Herrlichkeit zu wagen.

IV. Begriffsanalytischer Nachgang

Bis hierher haben wir Überlegungen dazu angestellt, inwiefern die Rede von der „Herrlichkeit Gottes“ religionspädagogisch hermeneutisch und korrelativ verortet werden kann. Die Verortung setzte u. a. ein Verständnis von Religionspädagogik voraus, das seinerseits im Theologumenon von der Herrlichkeit Gottes eine theologische Fundierung gewinnen kann. Dem sei im Folgenden noch einmal begriffsanalytisch nachgegangen.

---

41 Ebd. 144.

IV.1 Kurzformel des Glaubens – kumulativer Grenzbegriff

Im Zuge des Zweiten Vatikanischen Konzils kamen, nicht zuletzt angeregt durch Karl Rahner,[42] Forderungen nach Kurzformeln des Glaubens auf, in denen in konzentrierter Weise der Kern christlichen Glaubens zum Ausdruck kommen solle und den Menschen hier und heute den Kern christlichen Glaubens verständlich und nachvollziehbar mache. Sie sollten also eine doppelte Funktion erfüllen: authentische Zusammenfassung christlicher Glaubensüberlieferung (1) unter Einbeziehung konkreter Lebenskontexte und -erfahrungen (2).[43] Sie sollten der „Theologie und dem Leben“[44] verpflichtet sein. Die christliche Überlieferungsbildung ist voll solcher Kurzformeln des Glaubens. Rahner selbst verweist auf Apg 9,22, Joh 20,31, Röm 10,9, 1 Thess 1,9 sowie u. a. auf Augustins „Enchiridion“ und auf Luthers „Kleinen Katechismus“.[45] Karrer bringt Beispiele gegenwärtiger Bemühungen um die Bildung von Kurzformeln des Glaubens und ihre vielgestaltige praktische Verwendbarkeit auf[46] und macht darauf aufmerksam, dass die „semantischen Grenzen zwischen ‚Credo‘ und Kurzformeln des Glaubens“[47] fließend sind.

Es liegt nahe, auch die Rede von der Herrlichkeit Gottes, wie sie uns in der liturgischen Praxis und der biblischen Überlieferung entgegentritt als Kurzformel des Glaubens zu begreifen. Es dürfte nicht schwer fallen, in dieser Rede Kerninhalte christlichen Glaubens knapp zusammengefasst zu finden einschließlich des Bekenntnisses zu ihnen in Glaube, Hoffnung und Liebe.[48] Zugleich dürfte es nicht schwer fallen, in ihnen allgemeine Aussagen der Selbst- und Lebenserfahrung auszumachen. Paradigmatisch sei hier Paulus angeführt, wenn er von der Hoffnung auf die Herrlichkeit Gottes spricht angesichts der Erfahrung von Drangsal und Mühe (Röm 5,1ff.). Gleichwohl muss man angesichts o. a. Befunde auch konstatieren, dass der Rede von der Herrlichkeit Gottes kein

---

42 Vgl. K. Rahner, *Die Forderung nach einer „Kurzformel“ des christlichen Glaubens*, in: Ders., Schriften zur Theologie VIII, Einsiedeln 1967, 153-164.

43 So auch bei Karl Rahner. Vgl. ebd. 154f.

44 L. Karrer, *Kurzformeln des Glaubens*, in: LexRp I, 1144-1150, 1147.

45 Vgl. K. Rahner, *Forderung*, 156f.

46 L. Karrer, *Kurzformeln*, 1147f.

47 Ebd.1145.

48 Vgl. dazu bspw. die Schriftverweise bei G. Dautzenberg, *Herrlichkeit III. Neues Testament*, in: LThK^3 V, 23f.; H. Hegermann, δόξα, in: EWNT^2 I, 832-841.

gegenwärtiger „Sitz im Leben" des Menschen heute zukommt, dass ihr die für eine Kurzformel des Glaubens geforderte gegenwärtige Kontext- und Erfahrungsbezogenheit fehlt. Wird sie damit religionspädagogisch nicht doch wieder uninteressant? U. E. ist das nicht der Fall. Sie kann nicht übergangen werden, weil sie selbstverständlicher Bestandteil biblischer Überlieferung ist, und weil sie tagtäglicher, nichtmarginaler Bestandteil liturgischer Praxis ist. Allein ihre selbstverständliche Präsenz im Leben der Kirche fordert ihre religionspädagogische Beachtung. Doch in welcher Hinsicht? In der Hinsicht, „dass sie deutlich Christen und Christentum selbst kritisiert."[49] Damit meinen wir hier, dass die Rede von der Herrlichkeit Gottes in ihrer konzentrierten Fülle als Kurzformel des Glaubens dazu geeignet ist, zu einer kritischen Selbstreflexion der Religionspädagogik anzuhalten und anzuleiten. Um das zu skizzieren, ist noch etwas genauer auf den begrifflichen Status der Rede von der Herrlichkeit Gottes als einer Kurzformel des Glaubens einzugehen. Sie besteht aus zentralen Inhalten christlicher Glaubensüberlieferung zur Schöpfung, zur Geschichte als Erwählungs- und Heilsgeschichte, individueller und allgemeiner Eschatologie und der Christologie, zugleich besteht sie aus Aussagen allgemeiner Welt- und Selbsterfahrung, ferner enthält sie Aussagen über die gläubige Stellungnahme zu diesen Aussagen, schließlich ist sie eine Form gläubiger Praxis selbst, hier des liturgisch geformten Gebetes. In diesem Sinne ist sie zugleich innerster Kern und äußerster Horizont christlichen Glaubens und damit auch seiner Reflexion einschließlich religionspädagogischer Reflexion. Als solche ist sie eine Zusammenfassung von dem, was Kant zu den „Grenzbegriffen" zählt.[50] Grenzbegriffe zeichnen sich dadurch aus, dass sie zum einen uns den unendlichen Raum menschlicher Erkenntnis eröffnen und zugleich uns dazu anhalten, unsere Erkenntnisansprüche nicht zu überziehen. Sie haben eine konstitutive und eine regulative Funktion.[51] In dieser Lesart, nämlich die Rede von der Herrlichkeit Gottes als einen kumulativen Grenzbegriff anzusehen, kann die

---

49 K. Rahner, *Forderung*, 153.

50 Vgl. seine einschlägigen Auslassungen dazu in I. Kant, *Prolegomena zu einer jeden künftigen Metaphysik, die als Wissenschaft wird auftreten können*, in: Ders., Schriften zur Metaphysik und Logik, in: Ders., Werke in sechs Bänden, hg. v. Wilhelm Weischedel, Bd. III, Darmstadt 1998, bes. § 58; I. Kant: *Kritik der reinen Vernunft*, a.a.O. Bd. II, bes. 267-291.

51 Den Hinweis auf Kant verdanken wir Linus Hauser.

Religionspädagogik als praktisch-theologische Wissenschaft ein weites Feld wissenschaftlicher Reflexion, praktischen Handelns und beständiger kritischer Selbstreflexion eröffnen, in dem sich gläubige Annahme und Erfahrung einschließlich und ausdrücklich ihrer wissenschaftlichen Reflexion nicht ausschließen, sondern stets konstitutiv und spannungsvoll aufeinander zu beziehen sind. Herrlichkeit Gottes als kumulativen Grenzbegriff religionspädagogisch zugrunde zu legen hieße: theologische Annahmen über Gott, über den Menschen, seine individuelle wie gesellschaftliche Geschichte und seine Zukunft immer wieder am Konkreten, Empirischen, an Erfahrungen zu überprüfen und zugleich sie zu transzendieren auf die je größere Wirklichkeit Gottes und des Menschen als seines Ebenbildes hin. Das hieße, Vorstellungen religionspädagogischer Praxis und ihrer Zusammenhänge und Entwürfe religionspädagogischen Handelns stets vorbehaltlich und zugleich entschieden zu entwerfen und zu verfolgen. Das sei an zwei religionspädagogischen Themen verdeutlicht: dem über die religiöse Entwicklung nach Oser/Gmünder und dem der Bildungsstandards.

IV.2 Religiöse Entwicklung und Bildungsstandards

Das von Oser und Gmünder entwickelte Stufenmodell religiöser Entwicklung,[52] basierend auf den von Piaget und Kohlberg entworfenen Vorstellungen kognitiver Entwicklung, fand und findet aller Kritik zum Trotz religionspädagogische Beachtung bis dahin, dass es in einer „Didaktik der Elementarisierung“ als unverzichtbares Mittel angesehen wird, um die „elementaren Verstehensvoraussetzungen“ von Kindern und Jugendlichen in religiösen Lernprozessen und ihr unterrichtliches Arrangement zu erfassen.[53] Damit wird auch ausgesagt, dass man religiöses Lernen, verstanden als planvoll organisierten Prozess, als einen qualitativen Entwick-

52 Vgl. F. Oser/P. Gmünder, *Der Mensch – Stufen seiner religiösen Entwicklung*, Gütersloh [4]1996.

53 Vgl. z. B. F. Schweitzer/K. E. Nipkow/G. Faust-Siehl/B. Krupka, *Religionsunterricht und Entwicklungspsychologie. Elementarisierung in der Praxis*, Gütersloh 1995; F. Schweitzer (Hg.), *Elementarisierung im Religionsunterricht. Erfahrungen – Perspektiven – Beispiele*, Neukirchen-Vluyn 2003.

lungsprozess betrachtet, der sich empirisch nachweisen lässt.[54] Gabriel Moran[55] hat darauf aufmerksam gemacht, dass der von Oser/Gmünder zugrunde gelegte Entwicklungsbegriff deutlich nahe einem neuzeitlichen Fortschrittsbegriff steht, für den Zukunft letztlich nur in einer Extrapolation der Gegenwart besteht, mithin Zukunft als etwas Neues, das auf uns zukommt, nicht kennt. Zugleich macht er auf die Aporie im Entwicklungsbegriff aufmerksam, die darin besteht, dass Entwicklung, nur sinnvoll denkbar als nach vorne offene Entwicklung, hier als lebensgeschichtlich abschließbar gedacht wird, auch wenn man eine höchste Stufe postuliert, die sich empirisch nicht nachweisen ließ. Dass man in ein forschungslogisches Dilemma gerät, etwas empirisch nachzuweisen, was sich in seiner vollendeten Form empirisch nicht nachweisen lässt, liegt darin begründet, dass der Entwicklungsbegriff ein Grenzbegriff ist, der sich eben nicht empirisch nachweisen lässt, sondern der zugrunde gelegt wird, um empirisch Feststellbares in einen Ordnungszusammenhang zu bringen. Man kann mit diesem Begriff lediglich Unterschiede, bestenfalls Veränderungen religiöser Denkformen empirisch ausmachen. Die Logik, die er unterstellt, ist selbst empirisch nicht nachweisbar. Dadurch, dass der Entwicklungsbegriff unter der Hand zum Gegenstand der Empirie avanciert, stellt sich ein schwerwiegender Kategorienfehler ein: der Grenzbegriff, der lediglich konstitutive und regulative Funktion besitzt, mutiert zu einem Begriff empirischer Gegenstandserfahrung. Dieser Kategorienfehler ist schwerwiegend, weil er die Erfahrung von Kontinuität zum äußersten Horizont (lebens-)geschichtlicher Erfahrungen erklärt und damit die Erfahrung (lebens-)geschichtlicher Brüche und Diskontinuitäten, ja, Abbrüchen des Lebens und auch Einbrüchen (im Guten wie im Schlechten) ausblendet. Die Vergegenwärtigung der Rede von der Herrlichkeit Gottes in ihrer geschichtlich eschatologischen Dimension, ausdrücklich verstanden als grenzbegriffliche Rede, hält dazu an, sich in Erinnerung zu rufen, dass Menschen- und Menschheitsgeschichten mehr sind als unsere Vorstellungen von ihren „Fortschrittsentwicklungen“ mithin auch

---

54 Oser selbst traut sich zu, die Frage zu beantworten, „Wieviel Religion“ der Mensch braucht. Vgl. F. Oser, *Wieviel Religion braucht der Mensch? Erziehung und Entwicklung zur religiösen Autonomie*, Gütersloh 1988 u. ö.

55 Vgl. G. Moran, *Alternative Bilder der Entwicklung zur religiösen Lebensgeschichte des Individuums*, in: G. Büttner/V.-J. Dieterich (Hg.), Die religiöse Entwicklung des Menschen: ein Grundkurs, Stuttgart 2000, 159-174.

unseren Vorstellungen von religiösen Lernentwicklungen. Vorstellungen von der religiösen Entwicklung zum letzten Horizont empirisch vorfindbarer Religiosität zu erheben, führt umgekehrt zur Verdunkelung der Herrlichkeit Gottes und des Menschen als seines Ebenbildes.

Heißt das nun, religionspädagogisch dieses oder ähnliche Modelle zur religiösen Entwicklung des Menschen beiseite zu legen? Das heißt es sicher nicht. Es bedeutet aber, ihnen einen nur relativen Stellenwert einzuräumen im religionspädagogischen Bemühen um ein Verständnis kindlicher oder jugendlicher Religiosität und im Bemühen um Entwürfe religionspädagogischer Ziele oder Handlungsformen. Relativ soll hier heißen, dass sie in Beziehung zu setzen sind zu Kindern und Jugendlichen als Ebenbild Gottes, denen auch verheißen ist, angesichts der Erfahrung von Drangsal und Schuld der Herrlichkeit Gottes teilhaftig zu werden. Das heißt eben, die engen Modelle religiöser Entwicklung in den weiten Horizont kindlicher und jugendlicher Selbst- und Welterfahrung zu stellen, und in ihnen und ihrer Selbst- und Weltbewältigung mehr zu sehen als das, was sich unmittelbar oder mittelbar mit Hilfe dürrer Abstraktion (strukturgenetische Entwicklungsmodelle) zur Erscheinung bringt, nämlich Menschen, denen eine Verheißung gilt lange vor unserem religionspädagogischen Bemühen.

Wenden wir uns nun der Frage zu, wie die so genannten Bildungsstandards religiösen Lernens zu bewerten sind. Die deutschen Bischöfe[56] haben dazu für den Mittleren Schulabschluss verbindliche Richtlinien herausgegeben. Innerhalb der Religionspädagogik wird die Formulierung verbindlicher Bildungsstandards durchaus kontrovers diskutiert,[57] und auch die deutschen Bischöfe erkennen die Problematik an, wenn sie schreiben, dass „Einstellungen und Haltungen (...) nur begrenzt lehrbar (sind)",[58] aber in den Zielkanon des RU aufgenommen werden, weil es dem RU, so die Bischöfe, auch um die Ermöglichung des Glaubens selbst gehen muss.[59] Die kognitive Dimension, die Einstellungen und Haltungen besitzen, ist lehrbar, die der Einstellungen und Haltungen nicht

---

56 Vgl. *Kirchliche Richtlinien zu Bildungsstandards für den katholischen Religionsunterricht in den Jahrgangsstufen 5 - 10/Sekundarstufe I* (Mittlerer Schulabschluss), hg. v. Sekretariat der Deutschen Bischofskonferenz, Bonn 2004 (im Folgenden angegeben mit „Richtlinien").

57 Vgl. bspw. RPädB 53 (2004).

58 Richtlinien, 10.

59 Vgl. ebd.

unmittelbar. Damit auch sie in den Kanon der Standards einbezogen werden können, fordern die Bischöfe, „Haltungen ... erkenntnisbezogen und Wissen ... haltungsbezogen“[60] zu vermitteln. Die geforderte wechselseitige Verschränkung sehen sie u. a. ermöglicht durch die unterrichtliche Präsenz des Religionslehrers als Zeuge konfessionellen Glaubens.[61] Dabei legen die Bischöfe großen Wert auf das Konfessionalitätsprinzips des RU. „Religiöse Bildung vollzieht sich im katholischen Religionsunterricht in Korrespondenz mit der konkret erfahrbaren Glaubensgemeinschaft der katholischen Kirche, denn vom Neuen Testament her sind Glaube und Kirche unmittelbar miteinander verbunden.“[62] Darum sind durch die kirchliche „Teilnehmerperspektive“, durch „Besinnung“ und „Reflexion auf das eigene Glaubenszeugnis“ Offenheit und Dialogfähigkeit angeregt, und sie tragen bei den Schülerinnen und Schülern zur Ausbildung einer verständigungs- und dialogfähigen „kulturellen Identität“[63] bei.

Betrachten wir auch hier die gläubige Rede von der Herrlichkeit Gottes, eine Kurzformel des Glaubens, als einen kumulativen Grenzbegriff, der auch das Zeugnis, den konfessionellen Glauben, die Teilnehmerperspektive umfasst, kann man nicht ernsthaft eine wechselseitige Verschränkung von Haltung/Einstellung und Fähigkeiten/Wissen verlangen wollen, sondern lediglich eine spannungsvolle Bezogenheit aufeinander, die in unterschiedlichen Weisen und Formen gestaltet werden kann, aber immer so zu gestalten ist, dass ihre Spannung erhalten bleibt, mithin ihre Unterschiedenheit. Religionslehrerinnen und Religionslehrer als „Zeugen des Glaubens“ und Schülerinnen und Schüler, die ihre „kulturelle Identität“ ausbilden, als Adressaten religionspädagogischer Bildungsbemühungen sollen nicht Räume verschmelzen, sondern sie sollen gemeinsam Horizonte eröffnen mit Hilfe ihrer jeweiligen Erfahrungen und den ihnen zur Verfügung stehenden Reflexions- und Ausdrucksmitteln. Dass es diese Horizonte gibt, davon kündet die Rede von der Herrlichkeit Gottes, konstitutiv und regulativ. Diese Rede erinnert auch daran, dass die Kirche ihren Glauben nicht sich selbst verdankt. Und zurück zu den Bildungsstandards: die Rede von der Herrlichkeit Gottes lässt nicht vergessen, dass Kinder und

---

60 Ebd. 11.

61 Vgl. ebd.

62 Ebd. 8.

63 Ebd. 12, 8f.

Jugendliche mehr sind als die Summe ihrer evaluierbaren Kompetenzen. An diesem Mehr hat sich Bildung im Allgemeinen und religiöse Bildung im Besonderen zu orientieren. Für dieses Mehr im Horizont unserer Geschichten und Geschichte Räume und Ausdrucksweisen zu entdecken und zu erschließen ist nicht zu standardisierende Grundaufgabe religionspädagogischer Bildungsbemühungen. Dazu genügt nicht der Blick auf das Eigene, sondern das erfordert auch und gerade den Blick auf das Nichteigene, Unvertraute.

V. In Erwartung Seiner Herrlichkeit ...

Zwischen dem „Hier, Jetzt und Heute" und „Seinem Kommen in Herrlichkeit" in der Erinnerung Seiner Geschichte mit uns, den Lebenden und den Toten und denen, die nach uns kommen werden, ist ein inter- und transgenerationeller Raum eröffnet, den es religionspädagogisch zu gestalten gilt in Ansehung aller als Ebenbild Gottes, Seiner Herrlichkeit. Die Verheißung gilt allen, und das ist der letzte Grund dafür, Kinder und Jugendliche mit ihren Möglichkeiten, ihrem Erfahrungsreichtum, ihren erlittenen und selbst verschuldeten Begrenzungen, ihren Anstrengungen um ein würdiges, sinnerfülltes Leben als Subjekte, Täter und Opfer ihrer eigenen Lebensgeschichte anzusehen, ihnen respektvoll zu begegnen und alle nur denkbare religionspädagogische Kraft und Kreativität aufzubringen, dass sie ihrer Sehnsucht treu bleiben können und nicht aufhören, ihre endgültige Erfüllung für sich selbst und alle anderen zu erwarten und dafür einzustehen.

Stufenmodelle religiöser Entwicklung und Bildungsstandards tragen die Gefahr in sich, den Horizont, der sie allererst denkbar macht, zu verschließen. Haben die Termini dieser Kurzformel des Glaubens auch keinen Sitz im Leben der Kinder und Jugendlichen, so kann die Rede von der Herrlichkeit Gottes die Religionspädagogik doch dazu anhalten, in Kindern und Jugendlichen mehr zu sehen, als ihnen eine schmale theoretische Sicht zu sehen vorgibt oder die Routine des religionspädagogischen Alltags zu erfassen vermag. In Erwartung der Herrlichkeit Gottes, die alles neu macht, kann sie den Blick erweitern, das Urteil schärfen und das Handeln beflügeln, leise, klar und gelassen. Erbauung und theoretische Stringenz können konstitutiv und regulativ aufeinander bezogen sein.

Herrlichkeit in der Spiritualitätsgeschichte

Regina Bäumer

Michael Plattig

Der Begriff Herrlichkeit findet sich in unterschiedlichen Epochen der Spiritualitätsgeschichte als Formulierung für ein Attribut Gottes. Gottes Herrlichkeit, Herrlichkeit Jesu Christi, die Herrlichkeit des Vaters. Dabei beschreibt dieser Begriff verkürzt eine ambivalente Gotteserfahrung. Einerseits steht Herrlichkeit für die Andersartigkeit Gottes, dafür, dass der Mensch ihm nicht begegnen kann. Herrlichkeit beschreibt Gottes Unnahbarkeit und seine völlige Überlegenheit. Andererseits wird aber gerade im Zusammenhang dieser Beschreibung der Andersartigkeit Gottes mit Hilfe des Begriffs der Herrlichkeit unterstrichen, dass der Mensch durch die Gnade Gottes und seine Zuwendung von Gott befähigt wird, ihm trotzdem zu begegnen. Das bedeutet, Anteil zu haben durch Gottes Wirken an seiner Herrlichkeit.

Die ausgewählten Beispiele stehen stellvertretend für viele Quellen, sie sind eine Art „Florilegium", das keinen Anspruch auf Vollständigkeit erhebt. Im Text werden die deutschen Übersetzungen verwendet, wobei die tatsächliche Verwendung des Begriffs „Herrlichkeit" jeweils im Originaltext überprüft wurde.

Schon Irenäus von Lyon beschreibt diesen Zusammenhang in seinem Werk gegen die Häresie im vierten Buch, 20. Kapitel Nr. 5:

> „Die Propheten zeigten also an, daß Gott sich von den Menschen sehen lassen würde, wie es auch der Herr sagte: ‚Selig, die reinen Herzens sind, denn sie werden Gott sehen' (Mt 5,8). Aber seiner Größe und unaussprechlichen Herrlichkeit nach ‚wird niemand Gott sehen und am Leben bleiben' (Ex 33,20), der Vater ist ja unfaßbar. Seiner Liebe, Menschenfreundlichkeit und Allmacht nach gesteht er denen, die ihn lieben, auch zu, Gott zu sehen. Das prophezeiten auch die Propheten: Denn ‚was bei den Menschen unmöglich ist, ist bei Gott möglich' (Lk 18,27). Der Mensch kann Gott nämlich nicht von sich aus sehen; wenn Gott es aber will, dann wird er für die Menschen sichtbar, wem, wann und wie er will. Denn Gott kann alles. ... Denn wie die, die das Licht sehen, im

> Licht sind und an seinem Glanz teilhaben, so sind die, die Gott sehen, in Gott und haben an seinem Glanz teil. Der Glanz Gottes macht aber lebendig. Wer Gott sieht, empfängt Leben. Und deswegen macht sich der Ungreifbare und Unfaßliche und Unsichtbare sichtbar und faßbar und greifbar für die Gläubigen, damit er denen Leben gibt, die ihn durch den Glauben greifen und sehen. Denn wie seine Größe unerforschlich ist, so ist auch seine Güte unermeßlich, in der er sich sehen läßt und denen, die ihn sehen, Leben gibt. Denn ohne Leben zu leben ist nicht möglich, die Existenz von Leben kommt aber aus der Teilhabe an Gott, Teilhabe an Gott heißt aber Gott sehen und seine Güte genießen.“ [1]

Der Mensch ist also nach Irenäus von Lyon nicht nur dazu aufgerufen die Herrlichkeit Gottes zu schauen, wenn Gott es will, sondern auch Anteil zu haben am Glanz dieser Herrlichkeit, die ihn, den Menschen, lebendig macht und ihn teilnehmen lässt an Gottes Gütern.

Die Menschwerdung Gottes sieht Irenäus begründet in dem Bemühen, dem Menschen so zu begegnen, dass er Gottes Herrlichkeit aushalten und erfassen kann:

> „Und aus diesem Grund kam unser Herr in den letzten Zeiten zu uns, um alles in sich zu rekapitulieren, und zwar kam er nicht so, wie es in seiner Macht stand, sondern so, wie wir ihn anzuschauen vermochten. Er hätte nämlich in seiner unbeschreiblichen Herrlichkeit zu uns kommen können, aber wir konnten die Größe seiner Herrlichkeit nicht aushalten. Und darum bot er, der das vollkommene Brot des Vaters war, sich uns selbst als Milch dar wie Kindern, was seine Ankunft als Mensch bedeutet, damit wir, wie von der Brust seines Fleisches ernährt und durch solche Milchspeise daran gewöhnt, das Wort Gottes zu essen und zu trinken, das Brot der Unsterblichkeit in uns zu haben vermögen, das der Geist des Vaters ist.“[2]

Deshalb geht es auch für den Menschen, will er Anteil an der Herrlichkeit Gottes haben, um die eigene Menschwerdung, die Gott als Schöpfer anerkennt und offen ist für die künstlerische Gestaltung des Menschen durch seinen Schöpfer:

> „Wie will einer Gott sein, der noch kein Mensch ist? Wie will einer vollkommen sein, der erst kürzlich erschaffen ist? Wie einer unsterblich, der in seiner sterblichen Natur seinem Schöpfer nicht gehorsam war? Du mußt nämlich zuerst einmal die Ordnung des Menschen einhalten, dann

---

1 Irenäus von Lyon, *Adversus Haereses / Gegen die Häresien IV,20,5*, Bd. IV, Freiburg 1997, 161 u. 163.

2 Ebd., Adv. Haer. IV,38,1; 333 u. 335.

(kannst du) an der Herrlichkeit Gottes teilhaben. Denn nicht du machst Gott, sondern Gott macht dich. Wenn du also ein Werk Gottes bist, dann warte auf die Hand deines Künstlers, die alles zum günstigen Zeitpunkt macht, zum günstigen Zeitpunkt von dir aus gesehen, um dessen Erschaffung es geht. Biete ihm dein Herz an, sensibel und nachgiebig, und bewahre die Gestalt, in der der Künstler dich gestaltet hat; hab Feuchtigkeit in dir, um nicht zu verhärten und die Spuren seiner Finger zu verlieren. Bewahre aber die Gestalt, dann steigst du zum Vollkommenen auf; denn durch Gottes Kunst wird der Lehm in dir verborgen. Seine Hand hat die Substanz in dir geschaffen; sie wird dich von innen und außen mit purem Gold und Silber überziehen (vgl. Ex 25,11) und dich so herrlich schmücken, daß selbst der König nach deinem Anblick verlangt (vgl. Ps 45,12)."[3]

Herrlichkeit ist also für Irenäus von Lyon nicht ein Begriff, der Distanz ausdrückt, sondern ein Begriff der Distanz und Nähe in sich vereinigt. Denn auch für die Anschauung Gottes und das Genießen seiner Güter gilt, dass seine Unfassbarkeit fassbar, seine Unbegreifbarkeit begreifbar und seine Unsichtbarkeit sichtbar wird für die Gläubigen. Dies bedeutet jedoch nicht, dass die grundsätzliche Andersartigkeit Gottes aufgehoben ist, denn der Mensch erhält durch seine Erschaffung und das künstlerische Wirken an ihm Anteil, soviel und soweit Gott es will und soweit sich der Mensch dieser Gestaltung durch Gott öffnet. So bleiben also im Begriff der Herrlichkeit einerseits die Transzendenz Gottes und andererseits seine Immanenz in der Begegnung mit dem Menschen in Spannung aufgehoben.

Bernhard von Clairvaux bestimmt in seiner sechsten Predigt zur Weihnachtsvigil diese Herrlichkeit näher:

„Das Wort, sagt der Evangelist, ist Fleisch geworden und hat unter uns gewohnt. (Joh.1,14) Seit damals schließlich und immerfort haben wir seine Herrlichkeit gesehen, aber die Herrlichkeit des einzigen Sohnes vom Vater, ja, wir haben ihn gesehen voll Gnade und Wahrheit. Denn nicht die Herrlichkeit der Macht oder des Glanzes haben wir gesehen, sondern die Herrlichkeit der väterlichen Liebe, die Herrlichkeit der Gnade, von der der Apostel sagt: Zum Preis der Herrlichkeit seiner Gnade. (Eph 1,6)"[4]

In seiner Menschwerdung also offenbart Gott nach Bernhard von Clairvaux seine Herrlichkeit als eine Herrlichkeit der zuwendenden Liebe und nicht als eine der distanzierenden Macht oder des

---

3 Ebd., Adv. Haer. IV,39,2; 345 u. 347.

4 Bernhard von Clairvaux, *Sämtliche Werke*, Bd. VII, Innsbruck 1996, 215.

Glanzes. Damit betont Bernhard von Clairvaux eindeutig die sich den Menschen zuwendende Qualität der Herrlichkeit Gottes und weniger die Distanzierung Gottes durch seine Herrlichkeit.

In seiner 76. Predigt zum Hohen Lied unterstreicht Bernhard von Clairvaux, dass die Herrlichkeit des Sohnes vom Vater kommt und dass sie ihm, dem Sohn, als Einzigem geschenkt ist.

> „‚Meinem Herrn‘ (Ps 109,1) ist also einzig und allein vom Herrn gesagt, und ihm ist gegeben, zur Rechten seiner Herrlichkeit zu sitzen, ist er doch an Herrlichkeit ‚mitgleich‘, im Sein wesensgleich, aufgrund der Zeugung Gott gleich, an Majestät nicht unterschieden, an Ewigkeit nicht jünger. Dort, ja dort wird ihn finden, wer ihn sucht (Mt 7,8), und er wird seine Herrlichkeit schauen: nicht die Herrlichkeit eines von vielen, sondern wirklich die Herrlichkeit des einzigen Sohnes vom Vater (Joh 1,14).“[5]

Diese einzigartige Herrlichkeit des Sohnes ist nun durch seine Menschwerdung zugänglich geworden für den, der ihn sucht. Bernhard von Clairvaux ermuntert nun die Menschen, die Seele:

> „Lass dich durch jenes unzugängliche Licht oder die Erhabenheit nicht vom Suchen abschrecken und am Finden verzweifeln. Wenn du glauben kannst, ist dem Glaubenden alles möglich. ... Glaube, und du hast gefunden. Denn glauben heißt: gefunden haben. Die Glaubenden wissen, dass Christus durch den Glauben in ihren Herzen wohnt. Was ist näher? Suche also unbekümmert, suche demütig. Gut ist der Herr zur Seele, die ihn sucht. Suche mit Verlangen, verfolge mit Taten, finde im Glauben! Was wird der Glaube nicht finden? Er erreicht Unzugängliches, entdeckt Unbekanntes, umfasst Unermessliches, ergreift das Äußerste, umschließt mit seinem weitgespannten Schoß endlich die Ewigkeit selbst. Zuversichtlich getraue ich mir zu sagen: Die ewige und selige Dreifaltigkeit, die ich nicht begreife, glaube ich; im Glauben halte ich sie fest, die ich im Geist nicht fasse.“[6]

Der Glaube ist also für Bernhard von Clairvaux die Tür zu dieser Anteilnahme an der Herrlichkeit der Dreifaltigkeit. Im Stichwort des Glaubens wird nun wieder die ambivalente Erfahrung der Herrlichkeit Gottes deutlich. Denn im Glauben geht es nicht um das Begreifen, sondern um das Finden, um das Vertrauen. Die Teilhabe an der Herrlichkeit Gottes ist dem Menschen also in der gläubigen Suche möglich.

---

5 B. von Clairvaux, *Werke*, VI, 529.
6 B. von Clairvaux, *Werke*, VI, 531.

„Berühre den, der in himmlischem Glanz erstrahlt, gekrönt mit Herrlichkeit und Ehre, furchtgebietend in seiner göttlichen Majestät, aber gnadenvoll und sanft in seiner wesenhaften Huld!“ (28. Predigt zum Hohen Lied)[7]
„Gottes Gerechtigkeit ist es, nicht zu sündigen, des Menschen Gerechtigkeit ist das Verzeihen Gottes. Ich habe dies eingesehen und die Wahrheit des Wortes erkannt: Jeder, der aus Gott geboren ist, sündigt nicht, weil die himmlische Herkunft ihn bewahrt. Die himmlische Herkunft ist die ewige Vorherbestimmung, mit der Gott seine Erwählten in seinem geliebten Sohn geliebt und ihnen seine Gnade geschenkt hat vor der Erschaffung der Welt. So erscheinen sie vor ihm im Heiligtum, dass sie seine Macht und seine Herrlichkeit sehen. Dadurch sollen sie Teilhaber des Erbes dessen sein, an dessen Wesen und Gestalt sie Anteil haben. Diese betrachte ich, als hätten sie niemals gesündigt, denn wenn sie auch in dieser Zeit vielleicht als Sünder erscheinen, so zeigen sie sich doch in der Ewigkeit nicht als solche, weil die Liebe des Vaters viele ihrer Sünden zudeckt.“ (23. Predigt zum Hohen Lied)[8]

Das Anteil Erhalten an der Macht und der Herrlichkeit Gottes, das dem Menschen verheißen ist, führt dazu, dass selbst seine Sünden zugedeckt werden. Weil Gott dem Menschen verzeiht und ihm Anteil gibt an seiner Herrlichkeit, darf der Mensch hoffen, dass er endgültig erlöst ist.

Für Johannes vom Kreuz ist Herrlichkeit „die unverhüllte Selbstoffenbarung Gottes (klare Schau) und die gänzliche Gleichgestaltung des Menschen mit Gott. Beides kann der Mensch erst nach dem Tod erfahren. Doch werden dem Geläuterten und zur Vollkommenheit, d.h. zu der Gotteinung, die in diesem Leben möglich ist, gelangten Menschen, bereits in diesem Leben Vorahnungen und Vorformen dieser Herrlichkeit geschenkt.“[9] Dies beschreibt Johannes vom Kreuz in seinem Werk „Die lebendige Liebesflamme“:

„Von diesem Gut der Seele fließt zuweilen die Salbung des Heiligen Geistes in den Leib über und dann genießt das ganze sinnenhafte Wesen, alle Glieder und Knochen bis ins Knochenmark, nicht so zurückhaltend wie es im allgemeinen zu geschehen pflegt, sondern unter Verspüren großer Beseligung und Herrlichkeit, was man bis in die letzten Glieder der Füße und Hände hinein verspürt. Und da verspürt der Leib in der Herrlichkeit der Seele dann soviel Herrlichkeit, dass er auf seine Weise

7 Bernhard von Clairvaux, *Sämtliche Werke*, Bd. V, Innsbruck 1994, 447.
8 B. von Clairvaux, *Werke*, V, 347.
9 Johannes vom Kreuz, *Die lebendige Liebesflamme*, Anhang, Freiburg 2000, 202.

> Gott groß macht, indem er ihn in seinen Knochen fühlt, entsprechend dem was David sagt: Alle meine Knochen werden sagen: Gott, wer ist Dir gleich?“[10]

Ähnlich wie im Alten Testament, ist für Johannes vom Kreuz klar, dass der Mensch die Anschauung Gottes nicht überleben würde, denn sie würde ihn verzehren.[11] Nur durch Gottes Willen hält der Mensch diese Begegnung aus:

> „O große Herrlichkeit der Menschen, die ihr verdient, zu diesem höchsten Feuer zu gelangen, in dem sicher ist, dass es euch, statt euch ans Ende zu bringen, in Herrlichkeit unermesslich vollendet, wo es doch unendliche Kraft gibt, die euch ans Ende bringen und vernichten könnte.“[12]

Dabei bleibt der Erweis von Gottes Herrlichkeit zweideutig, ambivalent:

> „Denn so wie Gott dem Menschen Großartiges und Herrlichkeit erweist, um ihn mit Wonne zu erfüllen und groß zu machen, so erweist er ihm auch seine Gunst, damit er keine Einbuße erfährt, indem er die Natur beschützt und dem Geist bei Schonung der Natur seine Größe in Sanftheit und Liebe zeigt, wobei der Mensch nicht weiß, ob sich das innerhalb oder außerhalb des Leibes ereignet. Das vermag sehr wohl derjenige zu tun, der Mose mit seiner Rechten beschützte, damit er seine Herrlichkeit sähe (Ex 33,22). Und so verspürt der Mensch in Gott genausoviel Sanftheit und Liebe wie Macht und Herrschaft und Größe, denn in ihm ist alles eins. Und so ist die Beseligung wohl stark, aber stark ist auch der Schutz durch Sanftheit und Liebe, um eine starke Beseligung auszuhalten. Und so wird die Seele eher mächtig und kräftig als ohnmächtig.“[13]

Bei der Auslegung des letzten Satzes der vierten Strophe seines Gedichts holt Johannes vom Kreuz die Sprachlosigkeit der Gottesbegegnung ein und er beschließt sein Werk:

> „Und in deinem köstlichen Hauch,
> von Gutem und Herrlichkeit voll,
> wie zartkosend machst du mich verliebt!
> Über dieses von Gutem und Herrlichkeit und zarter Gottesliebe zum Menschen erfüllte Hauchen habe ich nie gern gesprochen und möchte es auch jetzt nicht. Denn ich sehe klar, daß ich es nicht im geringsten zu sagen verstünde, und wenn ich es sagte, erschiene es so, als wäre das alles.

---

10 J. vom Kreuz, *Liebesflamme*, 98.

11 Vgl. Ex 33,20.

12 J. vom Kreuz, *Liebesflamme*, 86.

13 J. vom Kreuz, *Liebesflamme*, 187.

Denn es ist ein Hauch, den Gott zur Seele hin atmet, in dem er ihr durch dieses Erwachen zur hohen Erkenntnis der Gottheit nach Maßgabe der Gewahrwerdung und Einsicht in Gott den Heiligen Geist zuhaucht, womit er sie zutiefst in den Heiligen Geist hineinsaugt und mit göttlicher Einmaligkeit und Zartheit verliebt macht, nach dem Maß dessen, was sie in Gott gesehen hat. Denn da der Hauch von Gutem und Herrlichkeit erfüllt ist, erfüllte der Heilige Geist die Menschenseele mit Gutem und Herrlichkeit, wodurch er sie in den Tiefen Gottes über alle Sprache und allen Sinn hinaus in sich verliebt machte; ihm sei Ehre und Herrlichkeit in saecula saeculorum. Amen."[14]

Teresa von Avila sieht ebenfalls die endgültige Teilhabe an Gottes Herrlichkeit als Ziel des Lebens in jenseitiger Vollendung, wenn sie von der Herrlichkeit spricht, die die Verstorbenen umgibt.[15] Die jetzt schon mögliche Anteilnahme an der Herrlichkeit Gottes in all ihrer Bruchstückhaftigkeit wie sie sich bei Johannes vom Kreuz findet, wird nun von Teresa von Avila aufgenommen und ausgebaut. Teresa sieht diese Teilhabe an der Herrlichkeit Gottes verbunden mit den ekstatischen Phänomenen, die sie auf ihrem Gebetsweg erlebt.

„Mir ist es bei dieser Gebetsweise gelegentlich passiert, daß ich so außer mir war, daß ich nicht wußte, ob es ein Traum war oder ob ich die Herrlichkeit, die ich verspürt hatte, wirklich erlebte. Doch als ich mich von Wasser überströmt sah, das mühelos mit solcher Heftigkeit und Geschwindigkeit hervorbrach, so daß es aussah, als würde es diese Wolke des Himmels ausschütten, sah ich ein, daß es kein Traum war. Das war an den Anfängen, und es ging schnell vorbei."[16]

Die Ambivalenz ihrer Gotteserfahrung drückt Teresa unter anderem durch differenzierten Gebrauch der Anrede aus. „König der Herrlichkeit"[17] oder häufiger „Majestät"[18] bringt die Distanz zwischen Gott und Mensch, Gottes Unnahbarkeit zum Ausdruck. Gleichzeitig aber ist Gott der „Freund":

---

14 J. vom Kreuz, *Liebesflamme*, 190f.

15 Vgl. Das Buch meines Lebens (Vida) 36,20; 34,19; 34,17; zitiert nach: Teresa von Avila, *Das Buch meines Lebens,* Freiburg 2001.

16 Das Buch meines Lebens (Vida) 18,1; zitiert nach: T. von Avila, *Buch meines Lebens,* 274.

17 Vgl. Das Buch meines Lebens (Vida) 37,6 u.a.

18 Das Buch meines Lebens (Vida) 15,2; 37,6 u.a.

> „Denn meiner Meinung nach ist inneres Beten nichts anderes als Verweilen bei einem Freund, mit dem wir oft allein zusammenkommen, einfach, um bei ihm zu sein, weil wir sicher wissen, dass er uns liebt.“[19]

Teresa bleibt gerade im Hinblick auf ihre Schwestern wichtig, dass sie vertrauten Umgang mit Gott pflegen, auch wenn Gott, der Herrscher des Himmels und der Erde ist. Dies hat zu tun mit dem zeitgenössischen Gottesbild, viel mehr aber mit dem zeitgenössischen Frauenbild, das Frauen keinen persönlichen Umgang mit Gott zutraute bzw. erlaubte, sondern höchstens einen formalisierten Umgang durch Gottesdienstbesuch und formelhafte Gebete.[20]

> „Man lasse ab von gewissen Anwandlungen von Scheu, die manche Leute haben und für Demut halten. Jawohl, denn die Demut besteht nicht darin, eine Gnade, wenn der König sie einem erweist, nicht anzunehmen, sondern sie anzunehmen, im Bewußtsein, wie unverdient sie euch zuteil wird, und euch daran zu freuen. Eine saubere Demut wäre das, den Gebieter des Himmels und der Erde bei mir zu haben, daß er also zu mir ins Haus kommt, um mir Gnade zu erweisen und sich an mir zu freuen, ich aber aus Demut weder auf ihn eingehen noch bei ihm bleiben möchte, sondern ihn allein lasse, und daß ich, wenn er mir immer wieder sagt, ihn zu bitten, aus Demut bedürfnislos bleibe, und ihn sogar wieder gehen lasse, weil er sieht, daß ich mit meinen Entschlüssen zu nichts komme! Sorgt euch nicht um solche Demutserweise, Töchter, sondern sprecht mit ihm wie mit einem Vater, einem Bruder und einem Herrn, mal auf diese, dann auf jene Weise; er wird euch schon beibringen, was ihr zu tun habt, um ihm zu gefallen. Hört auf, euch dumm anzustellen. Nehmt ihn beim Wort, denn er ist euer Bräutigam, der euch dann auch entsprechend behandeln soll. Schaut, es liegt für euch viel daran, diese Wahrheit richtig begriffen zu haben: daß der Herr in unserem Innern weilt und wir da bei ihm sein sollen.“[21]

Teresa erlebt sich als von Gott schrittweise in das Erleben seiner Herrlichkeit eingeführt:

> „Ich konnte nicht verstehen, warum sich der Herr nur so nach und nach zeigte, denn später sollte er mir die Gnade erweisen, daß ich ihn ganz zu sehen bekam, bis ich später verstand, daß mich Seine Majestät Schritt für Schritt so führte, der Schwäche meiner Natur entsprechend. Er sei für

---

19 Das Buch meines Lebens (Vida) 8,5; zitiert nach: T. von Avila, *Buch meines Lebens,* 156f.

20 Vgl. Ulrich Dobhan, *Gott-Mensch-Welt in der Sicht Teresas von Avila*, Frankfurt/M. 1978, 52-56.

21 Weg der Vollkommenheit 46,3; zitiert nach: Teresa von Avila, *Weg der Vollkommenheit*, Freiburg 2003, 237f.

immer gepriesen, denn soviel Herrlichkeit auf einmal hätte ein so unzulängliches, erbärmliches Geschöpf wie ich nicht ertragen können. Und als einer, der das wußte, bereitete mich der mitfühlende Herr nach und nach vor."[22]

In ihrer Gebetslehre schließlich verbindet Teresa von Avila das Hineingenommensein in die Herrlichkeit Gottes mit der Erfahrung des Trostes, der Nichtanstrengung und des Genusses.

Bei der letzten Stufe des Gebets ist die Arbeit des Gärtners (Gottes) „mit soviel Herrlichkeit und Trost für die Seele verbunden (ist), daß sie da nie herausgehen möchte, und so empfindet sie es nicht als Anstrengung, sondern als Herrlichkeit. Hier nun nimmt man nichts wahr, sondern genießt nur, ohne zu erkennen, was man genießt. Man erkennt zwar, daß man ein Gut genießt, in das alle anderen Güter eingeschlossen sind, doch erfaßt man dieses Gut nicht. Es sind alle Sinne mit diesem Genuß beschäftigt, so daß keiner mehr frei ist, um sich noch mit etwas anderem beschäftigen zu können, weder mit Äußerem noch mit Innerem."[23]

Der vertraute Umgang mit Gott und seine Herrlichkeit und Majestät bilden für Teresa keinen Widerspruch, sondern beschreiben für sie in dieser Spannung das Faszinierende ihrer Gottesbeziehung:

„Man kann gar nicht anders, als sehen, dass du in dir selbst ein großer Herrscher bist, denn es ist erstaunlich, diese Majestät zu betrachten. Aber noch mehr erstaunt es, zusammen mit ihr deine Demut zu sehen und die Liebe, die du so einer wie mir erweist."[24]

Elisabeth von der Heiligsten Dreifaltigkeit gibt in ihrer Meditation „Ein Lobpreis der Herrlichkeit" eine gewisse Definition:

„Ein Lobpreis der Herrlichkeit ist also mit anderen Worten eine Seele, die in Gott ruht, ihn in reiner, selbstloser Liebe liebt, ohne sich im süßen Genuss dieser Liebe selber zu suchen; es ist eine Seele, die ihn mehr als alle seine Gaben liebt, also auch dann, wenn sie überhaupt nichts von ihm erhalten würde, und die dem so geliebten Wesen nur Gutes wünscht. Wie können wir aber Gott auf wirksame Weise Gutes wünschen und zukom-

---

22 Das Buch meines Lebens (Vida) 28,1; zitiert nach: T. von Avila, *Buch meines Lebens*, 400.

23 Das Buch meines Lebens (Vida) 18,1; zitiert nach: T. von Avila, *Buch meines Lebens*, 263.

24 Das Buch meines Lebens (Vida) 37,6; zitiert nach: T. von Avila, *Buch meines Lebens*, 556.

men lassen wollen, wenn nicht dadurch, dass wir seinen Willen erfüllen, da doch dieser Wille alles zu seinem größten Ruhme anordnet?“[25]

Weiter beschreibt Elisabeth von der Dreifaltigkeit, dass ein Lobpreis der Herrlichkeit Gottes eine Seele sei, die in stiller Sammlung, einer Harfe gleich, für die geheimnisvolle Berührung des Hl. Geistes bereit steht, damit er ihr göttliche Melodien entlocke. Außerdem ist es eine Seele, die in gläubiger Einfalt unverwandt auf Gott ausgerichtet ist.

„Ein Lobpreis der Herrlichkeit Gottes, das ist endlich eine in ständiger Danksagung aufgehende Seele. Jede ihrer Handlungen und Regungen, jeder ihrer Gedanken und ihr ganzes Sehnen verwurzeln sie immer tiefer in der Liebe und erklingen zugleich wie ein Echo des aus den Tiefen der Ewigkeit hallenden Sanctus.“[26]

„Im Himmel seiner Seele beginnt der Lobpreis der Herrlichkeit Gottes bereits hienieden seinen Ewigkeitsdienst. Sein Gesang ist ununterbrochen, denn er steht unter dem Einfluss des Hl. Geistes, der alles in ihm wirkt. Und wenn er sich dessen auch nicht immer bewusst ist – denn die Schwäche der menschlichen Natur erlaubt es ihm nicht, ohne Zerstreuung in Gott gefestigt zu sein – so singt er doch ununterbrochen, betet immer an und geht sozusagen ganz im Lobpreis und in der Liebe auf, weil er leidenschaftlich danach strebt, seinen Gott und Herrn zu verherrlichen.“[27]

Der „Lobpreis der Herrlichkeit Gottes“ ist also für Elisabeth von der Heiligsten Dreifaltigkeit der Begriff, unter dem sie eine Seele beschreibt, die zu der Vollkommenheit gelangt ist, die auf dieser Erde möglich ist. Sie bezieht sich dabei auf Eph 1,12 wo von diesem Lobpreis der Herrlichkeit die Rede ist. Wörtlich heißt es dort: „Wir sind zum Lob seiner Herrlichkeit bestimmt, die wir schon früher auf Christus gehofft haben.“ So ist für Elisabeth die Beziehung zu Gott geprägt von dieser Haltung des Lobpreises seiner Herrlichkeit und damit wird auch in ihrer Meditation die Spannung deutlich, wie wir bereits öfter beschrieben haben, die Spannung zwischen menschlicher Schwachheit einerseits und göttlicher Gnade andererseits, die der menschlichen Schwachheit durch das Wirken des Hl. Geistes immer wieder Anteil schenkt an seiner Göttlichkeit, die sich ausdrückt im Begriff der Herrlichkeit. Lobpreis der Herrlichkeit ist

25 Elisabeth von der Dreifaltigkeit, *Lob seiner Herrlichkeit*, Einsiedeln 1954, 187.
26 E. von der Dreifaltigkeit, *Lob*, 188.
27 E. von der Dreifaltigkeit, *Lob*, 187f.

also die anbetende Haltung einem Gott gegenüber, der durch sein eigenes Wirken im Hl. Geist den Menschen in diese Haltung führt.

Marie Noël schreibt in ihren Notes intimes ein „Gebet der Hoffnung" mit Selbstgespräch auf, das verschiedene Motive der „Herrlichkeit" benennt und erörtert:

> „‚Ich hoffe ... auf *deine Gnade* in dieser Welt', und ‚wenn ich deine Gebote beachte', auf *deine Herrlichkeit* in der anderen Welt.
> Deine Gnade und Deine Herrlichkeit ist ein- und dasselbe: Dein Leben. Deines, nicht das meinige.
> *Deine Herrlichkeit.* Sie genügt. Ich werde *Deiner Herrlichkeit* dienen, wo immer ich sein mag. Amen.
> Ich kann also noch das Gebet der Hoffnung sprechen!
> Ich hoffe nicht für mich – ich weiß nicht, was mich daran hindert – aber aus tiefster Seele hoffe ich für Gott.
> Nichts weiter.
> Törichte! Was du dir selbst verweigerst, das schenkt dir dein Gott."[28]

Die Herrlichkeit und die Gnade sind für Marie Noël ein- und dasselbe, so dass sie in Umformulierung von 2 Kor 12,9 („Meine Gnade genügt dir; denn sie erweist ihre Kraft in der Schwachheit.") schreiben kann: „Deine Herrlichkeit. Sie genügt."

Dieser Herrlichkeit will sie dienen und das ist ihre Hoffnung für Gott, nicht für sich selbst. Doch Gott schenkt ihr Hoffnung, die sie sich selbst verweigert.

Dieser Abschnitt ist in gewisser Weise typisch für das Ringen Marie Noëls mit ihrer Gottesbeziehung. Motive des Glaubens, ihrer eigenen Erfahrung und ihres Nachdenkens mischen sich zu einem Text, der ein deutliches Engagement formuliert bei allem Zweifel, der ebenfalls mitschwingt.

Deutlicher noch wird Marie Noël in einem Eintrag zum Dreikönigstag 1952. Nachdem sie sagt, dass sie von den Geschenken der Könige anstatt eines Weihrauchkornes lieber ein Stück Myrrhe hätte, machen ihr Mutter und Kind deutlich:

> „Nimm den Weihrauch an. Lerne von uns heute die Demut des Ruhmes. Nimm diese Ehre des Nichts an, die deinem menschlichen Elend weder etwas hinzufügt, noch etwas wegnimmt, so wie das Kind heute diesen armseligen Rauch des Menschen annimmt, der seiner göttlichen Größe nichts hinzufügt ...

28 Marie Noël, *Erfahrungen mit Gott*, Mainz 2005, 72.

> Damit offenbar werde, wie in Ihm die Herrlichkeit Gottes, so auch in dir, der winzige Lichtschein Gottes, der von dir zu den Menschen getragen werden soll.“[29]

Weder dem Elend der Menschen, noch der göttlichen Größe des Kindes wird etwas hinzugefügt oder weggenommen und doch verändert die Herrlichkeit Gottes im Kind und im Menschen alles, denn sie macht ihn in allem Elend zum winzigen Lichtschein Gottes für die anderen. Im Symbol des Weihrauchkorns fängt Marie Noël in ihrer Bildsprache ein, was in der Tradition wie gezeigt verschiedentlich thematisiert wurde: die Offenbarung der Herrlichkeit Gottes ist untrennbar mit der Offenbarung seiner Demut und Niedrigkeit verbunden und dieser Zusammenhang gilt nicht nur für das Kind in der armseligen Krippe, sondern auch für den Menschen, dem diese Teilhabe geschenkt wird.

Vielleicht müssen wir heute die Rede von der Herrlichkeit Gottes eher wieder finden als dass sie uns flüssig von den Lippen geht.

Auf dem Hintergrund der ausgewählten Beispiele der Spiritualitätsgeschichte scheint dies ein lohnender Versuch!

Diese Rede von Gottes Herrlichkeit kann helfen, die Sprachlosigkeit angesichts der Unfassbarkeit und Unverständlichkeit Gottes (einfach) zu benennen und dabei der Ambivalenz zur Botschaft vom nahen, zugewandten, liebenden Gott glaubend zuzustimmen.

Wenn wir uns gläubig vergegenwärtigen, dass wir durch Gottes zuvorkommende Gnade teilhaben an seiner Herrlichkeit und sie nicht durch unsere Taten vergrößern oder verkleinern können, dann können wir vielleicht bei der Rede von der Herrlichkeit Gottes ab und zu für einen Augenblick bessere Menschen sein.

[29] M. Noël, *Erfahrungen*, 264.

Epilog

„Der Wunsch nach der Landschaft diesseits der Tränengrenze taugt nicht“ (Hilde Domin)[1]

Michael Bongardt

Für Pater Hermann Josef Lauter ofm †

Warum die Rede von Gottes Herrlichkeit nicht verstummen muss

Narziss ertrank in dem Wasser, das den Glanz seiner Schönheit spiegelte. Eine Wellenbewegung genügte ihm, in Verzweiflung und sich deshalb in den Tod zu stürzen. Glanz, der sich allein an sich selbst erfreut, balanciert am Abgrund tödlicher Verzweiflung. Wie gefährdet die reine Selbstbespiegelung ist, zeigt sich auch jenseits des Phänomens der Schönheit, wo immer es um Glanz und Ausstrahlung geht. Die Selbstgefälligkeit, die eher das Gegenteil als eine Verwandte in sich ruhender Selbstgewissheit ist, glänzt nicht anziehend, sondern erscheint schnell als abstoßendes Blendwerk. Und ein Blick in die Geschichte erlaubt es, diese Einsicht auch auf den Bereich der politischen Macht zu übertragen. Eine Herrschaft, die nur noch sich selbst sieht, allein dem eigenen Bestand dient, steht vor ihrem Ende, das sie viel zu oft durch zerstörerische Gewalt zu verhindern sucht und doch allenfalls hinauszögern kann.

Wenn dagegen der Glanz auf Selbstbespiegelung verzichtet: Sollte er nur glänzen, ohne jemandem zu erscheinen, einzuleuchten oder ihn auch zu blenden – er wäre ein folgen- und damit sinnloses Leuchten.

---

1 Aus: H. Domin, *Die Bitte*, in: Dies., Der Baum blüht trotzdem, Frankfurt 1999, 11.

Und schließlich: Zahllos sind die Situationen, in denen die Sehnsucht wächst, dass Glanz aufscheinen, Herrlichkeit sich zeigen möge. Doch die Erwartung allein erleuchtet nicht. Die Hoffnung auf kommende Herrlichkeit trägt nicht, wenn sie keinen Grund hat, wenn nicht wenigstens ein Vorausscheinen des Erwarteten sie bestärkt.

1. Ein voraussetzungsreicher Begriff

Diese assoziativen Beobachtungen bewegen sich in dem Bedeutungsspektrum, das der deutsche Begriff „Herrlichkeit" und seine fremdsprachlichen Äquivalente sowohl in ihrer Etymologie wie ihrer Verwendung öffnen. Die zahlreichen Farben dieses Spektrums werden in den Beiträgen des vorliegenden Bandes so differenziert sichtbar, dass das Unterfangen, sie erneut darzustellen oder gar zusammenfassen zu wollen, ebenso überflüssig wie vergeblich wäre. Deshalb geht es bei den einleitenden Hinweisen, die sich bewusst außerhalb der biblischen und theologischen Verwendung des Begriffs „Herrlichkeit" bewegen, um anderes. Sie wollen auf zwei Bedingungen aufmerksam machen, die für einen sinnvollen Gebrauch des Wortes Herrlichkeit offensichtlich gegeben sein müssen.

Zum einen eignet sich der Begriff „Herrlichkeit" nur schlecht, um die Eigenschaft einer isolierten Wirklichkeit zu bezeichnen, sei es einer einsamen Person, sei es eines unbeachteten Gegenstandes. Herrlichkeit setzt Bezogenheit auf anderes voraus. Herrlichkeit strahlt auf, um jemandem zu erstrahlen. Genauer noch: sie strahlt auf, indem sie jemandem erstrahlt. Darin ist sie nicht nur sprachlich,[2] sondern auch inhaltlich der Herrschaft verwandt. Denn von Herrschaft ist ebenfalls nur sinnvoll in einer Beziehung zwischen verschiedenen Beteiligten zu sprechen.[3]

Die zweite Bedingungen hängt mit der ersten eng zusammen: wenn Herrlichkeit als Ausstrahlung nur zum Ziel kommt, indem sie

---

2 Zur Wortverwandtschaft vgl. F. Kluge, *Art. „hehr", „Herr" und „Herrschaft"*, in: ders., Etymologisches Wörterbuch der deutschen Sprache, 23. Aufl., Berlin u.a. 1999, S. 363.371.

3 Darauf machen vor allem neuere Analysen des Phänomens „Macht" aufmerksam. Vgl. z.B. N. Luhmann, *Macht*, 3. Aufl., Stuttgart 2003, 15: Die Theorie der Kommunikationsmedien ist nicht in der Lage „Macht einem der Partner als Eigenschaft oder als Fähigkeit zuzuschreiben"; oder M. Foucault, *Analytik der Macht*, Frankfurt 2005, 251-257.

einleuchtet, wenn sie nur wirklich ist, indem sie wahrgenommen und erfahren wird, dann muss sie notwendig wahrnehmbar und erfahrbar sein. Es dürfte kein Zufall sein, dass den Begriffen, die das Phänomen beschreiben, die Verbindung zu sinnlicher Wahrnehmbarkeit von vornherein zu eigen war oder zumindest im Lauf ihrer Verwendung zuwuchs: das hebräische „kābōd" lässt das Gewicht, die fühlbare Schwere anklingen[4]; im Hintergrund des griechischen Begriffs „doxa"[5] steht die gleiche Spannung zwischen Wahrnehmung und Wirklichkeit, wie sie im lateinischen „videre" und im deutschen „Scheinen" begegnet; im lateinischen „gloria" schwingt der Glanz mit, der den Ruhm begründet und begleitet;[6] und das deutsche „Herrlichkeit" geht – wie auch die Begriffe „Herr" und „Herrschaft" – auf die Bezeichnung einer Farbe zurück. „Grau" hieß im germanischen „hehr". Diesem Begriff wuchs durch seine Verbindung mit den „ergrauten Weisen" die Bedeutung des Ehrwürdigen, Autoritativen zu.[7]

Der Blick auf die Rede von der Herrlichkeit Gottes in Bibel und christlicher Theologiegeschichte zeigt, dass beide genannten Bedingungen dort durchgängig als erfüllt angesehen werden.

Gottes Herrlichkeit wird nicht beschrieben als ein zielloses Strahlen. Sie erscheint vielmehr stets einem Gegenüber. Dies gilt nicht nur im Blick auf Menschen und Schöpfung, denen die Herrlichkeit Gottes begegnet. Wo immer die „himmlische" Wirklichkeit Gottes bedacht und bezeugt wird, ist ebenfalls von Wesen die Rede, denen Gottes Herrlichkeit erscheint und die diese Herrlichkeit rühmen.[8] Dabei gehen die biblischen Schriften von dem Gegebensein weltlicher und himmlischer Geschöpfe aus, ohne über die Möglichkeit eines „einsamen Gottes" zu spekulieren. Erst die nachbiblische Theologie hält es um der autarken Freiheit Gottes willen, der kein Gegenüber benötigt, um Gott sein zu können, für notwendig, Gott als Gott vor und ohne Welt zu denken. Nicht nur die Rede von der Herrlichkeit, auch und vor allem die Rede von der

---

4 Vgl. Chr. Dohmen, *Art.* כָּבֵד *I.*, in: ThWAT 4, 13-17; M. Weinfeld, *Art.* כָּבוֹד, in: ThWAT 4, 23-40.

5 Vgl. G. Kittel, *Art. δοκέω, δόξα u.a.*, in: ThWNT II, 235-240.

6 Vgl. die Belege zu „gloria" und „glorior" in: *Georges, Ausführliches Lateinisch-Deutsches Wörterbuch*, Bd. 1, 8. Aufl., Nachdruck Darmstadt, 2943-2945.

7 Vgl. F. Kluge, *Etymologie* [Anm. 2], 363.

8 Vgl. vor allem Ps 19,2-7; Jes 6,1-3; Apk 4.

Liebe Gottes gerät damit jedoch in Gefahr, aufgrund des fehlenden Gegenübers Gottes leer und damit sinnlos zu werden. Christliche Theologie wehrt dieser Gefahr durch den Verweis auf die Dreieinigkeit Gottes: Gott, so führt sie aus, ist in sich selbst liebende Bezogenheit.[9] In der liebenden Einheit von Vater, Sohn und Geist ist Gott Gott. In der wechselseitigen Verherrlichung der göttlichen Personen erscheint seine Herrlichkeit, fernab jeden Verdachts autistischer Selbstbespiegelung.[10]

Genauso wie die Bezogenheit von Gottes Herrlichkeit auf die Schöpfung steht für die Bibel und die theologische Tradition fest, dass diese Herrlichkeit für Menschen erfahrbar war, ist und sein wird, weil und indem Gott sich zu erfahren gibt. Auf die verschiedenen Orte einer möglichen Herrlichkeitserfahrung wird noch einzugehen sein. Deshalb seien hier nur die beiden Grenzen benannt, derer sich die überkommene Rede von der erfahrbaren Herrlichkeit Gottes stets bewusst ist: Wie die Wirklichkeit Gottes als ganze, so übersteigt auch seine Herrlichkeit das Fassungsvermögen der Menschen.[11] Deshalb wird in den Zeugnissen von und den Reflexionen über Erfahrungen von Gottes Herrlichkeit regelmäßig betont, dass sie den begegnenden Glanz Gottes immer nur unzureichend zu erfassen vermögen. Die zweite Einschränkung ist für das Leben der Glaubenden noch gravierender: In ihrer irdischen, endlichen Existenz bleibt das Aufscheinen und vor allem das Erkennen der Herrlichkeit offenbar unlöslich verbunden mit gegenteiligen Erfahrungen. Diese scheinen nicht nur nicht für, sondern vielmehr gegen eine Nähe von Gottes machtvoller Herrlichkeit in der Welt zu sprechen. Nichtsdestotrotz bleibt festzuhalten: Beide Begrenzungen sind der Bibel, sind auch weiten Teilen der theologischen Tradition kein Grund, die Herrlichkeit Gottes in Frage zu stellen oder auch nur von ihr zu schweigen. Allenfalls wächst die Bedeutung, die man dem künftigen, eschatologischen Selbsterweis Gottes zumisst, um

---

9 Dieser Zusammenhang zwischen dem Gedanken der „creatio ex nihilo", der die Freiheit Gottes sichern soll, und der Rede vom innergöttlichen, d.h. trinitarischen Handeln Gottes wird besonders prägnant dargestellt bei W. Pannenberg, *Systematische Theologie*, Bd. 2, Göttingen 1991, 15-49; vgl. auch G. Greshake, *Der dreieine Gott. Eine trinitarische Theologie*, Freiburg 1997, 219-243.

10 Vgl. G. Greshake, *Gott* [Anm. 9], 196-207.

11 Am deutlichsten in Ex 33,20: „Kein Mensch kann mich sehen und am Leben bleiben"; vgl. auch 1 Joh 4,12: „Niemand hat Gott je gesehen."

trotz der Erfahrungen, die seine Abwesenheit befürchten lassen, die Hoffnung auf ihn lebendig halten zu können.

Zu diesem Befund steht die gegenwärtige systematische Theologie in einem auffälligen Kontrast. Denn in ihr führt die überkommene Rede von Gottes Herrlichkeit eher ein Schattendasein.[12] Dies dürfte seinen Grund darin haben, dass die beiden genannten Bedingungen vielen Menschen, auch vielen Glaubenden nicht mehr gegeben scheinen.

Dass die erste Bedingung, die Einbindung der Herrlichkeit Gottes in seine Bezogenheit auf die Schöpfung, nur wenig bewusst ist, kann in der Theologiegeschichte selbst begründet liegen: Denn in ihr ist die Tendenz erkennbar, seine Herrlichkeit zunehmend den Eigenschaften Gottes zuzurechnen. Damit aber wird sie mehr und mehr als Bestimmung jener Transzendenz verstanden, die vorgeblich menschlicher Erfahrbarkeit und Erfassbarkeit prinzipiell entzogen ist.[13] Diese Überzeugung begegnet zwar auch schon in den biblischen Schriften, aber dort steht ihr das Zeugnis von Erfahrungen göttlicher Herrlichkeit korrigierend zur Seite.

Dagegen fällt in der westlichen Theologie der Gegenwart weithin eine deutliche Zurückhaltung in der Rede von möglicher Gottes-

---

12 Es ist auffallend, dass in der umfangreichen Theologischen Realenzyklopädie ein Artikel zur „Herrlichkeit" fehlt. Die Stichwortverzeichnisse wichtiger Standardwerke enthalten den Begriff gar nicht oder mit nur wenigen, meist auf die Eschatologie beschränkten Verweisen. Eine unübersehbare Ausnahme bildet bekanntlich die Theologie Hans Urs von Balthasars, der ein eigener Beitrag in diesem Band gewidmet ist (vgl. W. Löser, *Der herrliche Gott. Hans Urs von Balthasars „theologische Ästhetik"*), die wiederum ohne die entsprechenden Anstöße durch Karl Barth nicht vollständig zu erfassen ist. Bedeutsam auch W. Krötke, *Gottes Klarheiten. Eine Neuinterpretation der Lehre von Gottes „Eigenschaften"*, Tübingen 2001, der in einer ebenso ungewöhnlichen wie anregenden Weise den Begriff der „kābōd" Gottes als „Klarheit" Gottes übersetzt und ihn zum Kern einer erneuerten Eigenschaftslehre Gottes macht. Den drei hier genannten Theologen verdanken die folgenden Überlegungen mehr, als durch Fußnoten nachgewiesen werden kann.

13 Vgl. W. Krötke, *Klarheiten*, 34-42; zur Problematik einer in dieser Weise negativen Theologie vgl. M. Striet, *Offenbares Geheimnis. Zur Kritik der negativen Theologie*, Regensburg 2003, und A. Kreiner, *Das wahre Antlitz Gottes – oder was wir meinen, wenn wir Gott sagen*, Freiburg u.a. 2006, 35-74.

oder gar Herrlichkeitserfahrung auf.[14] Und damit wird auch das Gegebensein der zweiten Bedingung für eine angemessene Verwendung des Begriffs „Herrlichkeit" in Frage gestellt, wenn nicht gar geleugnet. Diese Zurückhaltung gründet in einer durchaus berechtigten Furcht vor einer „theologia gloriae", die der erfahrenen Wirklichkeit unangemessen wäre. Diese Furcht einschließlich ihrer Frontstellung gegen ein triumphalistisches Kirchenverständnis, das die Gläubigen der leidvoll widersprüchlichen Welt bereits enthoben glaubt, ist längst kein Proprium reformatorischer Theologie mehr. Auch auf katholischer Seite wächst die sensible Wachsamkeit gegenüber Selbstinszenierungen von Gläubigen und Kirchen, die von einer wirklichkeitsblinden Siegesgewissheit geprägt sind. Die – theologiegeschichtlich keineswegs neue – Ablehnung einer „theologia gloriae" hat ein bis dahin ungekanntes Gewicht bekommen, weil in den letzten hundert Jahren das von Menschen erlittene und von Menschen verschuldete Leiden ein ungeheuerliches Ausmaß erreicht hat. Angesichts dessen scheint die Theologie nur noch wählen zu können zwischen dem Schrei und dem Schweigen.[15] Wer sich dieser strikten Alternative verweigert, wird in der Regel behutsame Töne der Hoffnung zu finden suchen. Dabei scheint es sich zu verbieten, von der einst erfahrenen oder gar heute erfahrbaren Herrlichkeit Gottes zu sprechen. Von ihr ist deshalb allenfalls noch im Rahmen eschatologischer Traktate zu lesen und zu hören - dort allerdings in nahezu inflationärer Häufigkeit, die oft mit inhaltlicher Hilflosigkeit einhergeht. Denn je weniger der Begriff mit Erfahrung und Anschauung verbunden ist, desto leerer und beschwörender muss er klingen.[16]

---

14 Zur neueren Diskussion um die Möglichkeit von Gotteserfahrungen vgl. F. Ricken (Hg.), *Religiöse Erfahrung. Ein interdisziplinärer Klärungsversuch*, Stuttgart 2004.

15 Auf deutschsprachiger katholischer Seite kommt hier Johann Baptist Metz das Verdienst zu, die Theologie darauf verpflichtet zu haben, ihre Rede von Gott nach dem nationalsozialistischen Völkermord einer radikalen Prüfung und Veränderung zu unterziehen. Vgl. z.B. ders., *Unterwegs zu einer nachidealistischen Theologie*, in: J. B. Baur (Hg.), Entwürfe zur Theologie, Graz u.a. 1985, 209-233. Vgl. auch: B. Petersen, *Theologie nach Auschwitz? Jüdische und christliche Versuche einer Antwort*, Berlin 1996, sowie die zahlreichen Versuche, eine „Theologie nach Auschwitz" zu begründen und zu entfalten.

16 Man lese unter dieser Hinsicht z.B. die entsprechende Passage bei W. Pannenberg, *Systematische Theologie*, Bd. 3, Göttingen 1993, 668-674.

Es mag scheinen, dass Gottes Herrlichkeit heute in der Tat nur derart marginal zur Sprache gebracht werden kann. Doch die folgenden Überlegungen wollen die Möglichkeiten ausloten, im Anschluss an die biblische und christliche Tradition von Gottes Herrlichkeit zu sprechen. Dabei gilt es, die genannten Bedingungen einer sinnvollen Rede von Herrlichkeit ebenso zu beachten wie deren Schwierigkeiten, die die gegenwärtige Theologie mit guten Gründen betont.

Um zu der gesuchten Orientierung für die Rede von der Herrlichkeit Gottes zu gelangen, soll zunächst erinnert werden, welche Möglichkeiten (2.) und Hindernisse (3.) die christliche Tradition für die Erfahrung von Gottes Herrlichkeit gesehen hat. Wie sich zeigen wird, stand ihr die Widersprüchlichkeit menschlicher Erfahrung durchaus klar vor Augen. Entsprechend wichtig ist es, nach den Deutungen, ja sogar Begründungen zu fragen, die an diese Gegensätzlichkeit herangetragen wurden (4.). Sie müssen abschließend erkenntnistheoretisch und theologisch darauf geprüft werden, ob und wie sie heute noch tragfähig sind (5.).

2. Begegnende Herrlichkeit

Eine ganze Reihe biblischer Erzählungen berichtet von Theophanien, in denen Gott dem Volk oder Einzelnen erschien, ihnen seine Herrlichkeit sichtbar machte. Aufgrund ihrer Eindrücklichkeit werden diese Ereignisse in der Regel als die maßgeblichen Erfahrungen von Gottes Macht, Glanz und Liebe angesehen. Doch es wäre eine nicht nur unzulässige, sondern das biblische Gotteszeugnis sogar verfehlende Schlussfolgerung, die göttliche Herrlichkeit nur in diesen Ausnahmesituationen für erfahren, ja gar nur hier für erfahrbar zu halten. Dem widersprechen ein philologischer und ein inhaltlicher Befund: zunächst ist festzustellen, dass die biblischen Zeugnisse und die christliche Tradition auch außerhalb der unmittelbaren Theophanien von Gottes Herrlichkeit und Verherrlichung sprechen; sodann und vor allem aber ist festzustellen, dass in den außergewöhnlichen Erscheinungen keineswegs Außergewöhnliches mitgeteilt, geschaut und gehört wird. Gott zeigt sich in ihnen vielmehr als derselbe, der in Welt und Geschichte gegenwärtig ist und wirksam handelt. Seine Herrlichkeit, als die seine sorgende Wirkmächtigkeit erscheint, ist deshalb nicht nur zu erkennen, wenn Menschen ihrer in Visionen, Auditionen, Naturereignissen oder Träumen mit Faszination und Schrecken ansichtig werden. Sie wird auch sichtbar in seinem Wirken und seinen Werken. Die von Bibel und Tradition bezeugten Gotteserfahrungen kann man deshalb durchaus als Geschichte wechselseitigen Wiedererkennens lesen: In ihrer alltäglichen Erfahrung der zuverlässigen Begleitung durch Gott erkennen die Glaubenden den wieder, der sich in besonderen Situationen als der Herrliche sehen ließ. Und die, denen Theophanien geschenkt wurden, begegneten in ihnen dem Gott, der die Welt und sein Volk in Treue begleitet.[17]

Aufgrund dieses Zusammenhangs ist für die hier interessierende Fragestellung die Prüfung ausreichend, ob und wie Gott und seine Herrlichkeit außerhalb einzigartiger Ereignisse für Menschen erfahrbar sind. Die Möglichkeit solcher Erfahrungen wird von Bibel und christlicher Tradition vielfältig bezeugt.

(a) Gott erweist sich als herrlich in seiner Schöpfung.[18] Ein romantisch verklärter Blick auf die Welt, vor allem auf die als schön und harmonisch behauptete Natur droht den Zugang zu dieser theologischen Grundaussage eher zu verstellen als zu eröffnen. Denn nicht nur den Autoren der Bibel, auch der christlichen Theologiegeschichte ist über ihre längste Zeit hin eine solche Wahrnehmung der Welt fremd. Im Vordergrund stand für sie eine völlig andere Erfahrung: Das Leben, besonders das menschliche Leben ist ständig bedroht. Das Chaos kann jederzeit alles Leben vernichten. Und so erscheint Gott in den biblischen Schöpfungsaussagen zunächst und vor allem als der Mächtige, der Ordnung zu schaffen und zu erhalten vermag.[19] In dieser Ordnung erhält alles

---

17 Vgl. an zentraler Stelle Ex 3,6. Hingewiesen sei auch auf die so genannte „Verklärung Jesu", bei der Jesus den ihn begleitenden Jüngern im Gespräch mit Mose und Elija erscheint: Lk 9,28-26 parr.

18 Es gehört zu den besonderen und besonders gelungenen Aspekten der jüngst erschienenen Schöpfungstheologie von Medard Kehl, dass sie durchgängig verdeutlichen kann, dass und wie sich der Glaube an die Güte Gottes, der die Welt aus Liebe und auf ihr Heil hin erschaffen hat, in der Wahrnehmung der Welt und ihrer Geschichte bewähren und durchhalten kann. Vgl. ders., *Und Gott sah, dass es gut war. Eine Theologie der Schöpfung*, Freiburg u.a. 2006, z.B. 41-49.

19 Darin weist der biblische Schöpfungsglaube deutliche Parallelen zu ägyptischen Vorstellungen auf, nach denen Gott die geordnete Welt vor dem Chaos schützt. Vgl. dazu J. Assmann, *Ma'at: Gerechtigkeit und Unsterblichkeit im Alten Ägypten*, 2. Aufl., München 2006.

seinen Platz – und so öffnet sich allererst der Raum, in dem Leben entstehen und weitergegeben werden kann. Schützte Gott nicht beständig diesen Raum, wäre dem Leben sofort jede Grundlage entzogen. Diese Vorstellung eines die Welt weise und machtvoll ordnenden Gottes erwies sich in der frühen Kirche als anschlussfähig für die philosophischen Kosmos-Modelle der griechisch-römischen Antike.[20] Unter heutigen Bedingungen ist die Einsicht in die Komplexität und Gefährdetheit des Ökosystems so gewachsen, dass sich auch das Staunen darüber potenzieren kann. Und für Glaubende mag dieses Staunen – auch diesseits eines naiven Kreationismus oder einer angeblich zwingenden Annahme des „intelligent design“ – in die Bewunderung der Herrlichkeit Gottes münden, der diese Welt gewollt hat.

Noch näher als ein solches Ordnungsdenken dürfte heutiger Weltwahrnehmung das Bewusstsein von der radikalen Kontingenz alles Vorhandenen liegen.[21] Es ist nicht selbstverständlich, dass überhaupt etwas ist. Die Frage nach dem Warum und Woher alles Seienden findet theologiegeschichtlich eine Entsprechung in der wachsenden Überzeugung von der „creatio ex nihilo“, für die sich in der am Ordnungsdenken orientierten Bibel nur erste Anhaltspunkte ausmachen lassen: Gott ruft die Schöpfung aus dem Nichts ins Sein und erweist darin seine Macht.[22] Wo sie dankbar als Gabe empfangen wird, kann in der Schöpfung der Abglanz jener Herrlichkeit erblickt werden, als die sich der Schöpfer in ihr zeigt.

---

20 So schon bei Justin, der den Logos, durch den die Ordnung des Kosmos garantiert wird, christologisch interpretiert. Vgl. S. Hausamman, *Alte Kirche*, Bd. 1, Neukirchen-Vluyn 2001, 178-189.

21 Dieser Gedanke steht in der Schöpfungstheologie Wolfhart Pannenbergs im Mittelpunkt. Vgl. ders., *Theologie* 2 [Anm.9], 27-34.

22 Der Gedanke des Raum-Schaffens, der bereits in den Ordnungsvorstellungen eine Rolle spielte, bekommt in diesem Zusammenhang eine ganz neue Bedeutung: Wenn vor der Schöpfung nichts als Gott ist, setzt die Schöpfung voraus, dass Gott sich zurückzieht, um ihr Raum zu geben. Diese Rede von der räumlichen Selbstbegrenzung Gottes, die von der christlichen Schöpfungstheologie aus der jüdischen Kabbala übernommen wird, gewinnt theologische Brisanz, wenn man sie als Metapher versteht: Wenn die Zurücknahme Gottes als Zurücknahme seiner Macht verstanden wird, die eine eigenständige Schöpfung ermöglicht. Vgl. dazu vor allem H. Jonas, *Der Gottesbegriff nach Auschwitz. Eine jüdische Stimme*, Frankfurt 1987; in Aufnahme dieses Gedankens z.B. Jürgen Moltmann, *Gott in der Schöpfung. Ökologische Schöpfungslehre*, München 1985, 98-105.

(b) Abglanz und Bild dieser Herrlichkeit erkennt der Glaube in herausgehobener Weise in den Menschen. Menschen finden sich vor in ihrer Fähigkeit, die Welt zu gestalten, selbst Neues hervorzubringen, sich liebend der Schöpfung, den Mitmenschen und nicht zuletzt ihrem Schöpfer zuzuwenden. Menschen haben Anteil an der Schöpferkraft Gottes und sie können dem schöpferischen Wort, das sie ins Leben rief, antworten. Sie vermögen in ihrem Tun und in ihrem Leben Gott zu verherrlichen, indem sie ihn in seiner Herrlichkeit erkennen und anerkennen. Ihre Herrlichkeit besteht in genau diesen Begabungen, die ihnen von Gott geschenkt sind. Das Staunen über die Menschen, über ihre Freiheit und Fähigkeiten, ist bereits für die Bibel Anlass zum Lob Gottes.[23] In der christlichen Theologiegeschichte entwickelte sich das Nachdenken über den Menschen, seine Geschöpflichkeit, Würde und Gottebenbildlichkeit in schwer zu überschauender Vielfalt.[24] Die europäische Theologie der Neuzeit sieht in der menschlichen Selbstreflexion gar den wichtigsten Ausgangspunkt, von dem aus das Denken zur Idee Gottes gelangen und den Glauben an die Wirklichkeit Gottes als vernünftig erweisen kann.[25]

(c) Doch mit diesen verschieden akzentuierten Hinweisen auf die begegnende Wirklichkeit, in der christlicher Glaube die Herrlichkeit des Schöpfers zu erkennen vermag, sind die für die Bibel zentralen Orte der Herrlichkeitserfahrung noch nicht erreicht. Gotteserfahrung ist für die Bibel zuerst und vor allem die Erfahrung göttlichen

---

23 Vgl. Ps 8,5f.: „Was ist der Mensch, dass Du seiner gedenkst? /... Du hast ihn nur wenig geringer gemacht als Gott." Für die weitere Theologiegeschichte die größte Bedeutung entwickelte jedoch die Aussage des ersten Schöpfungsberichts, der Mensch sei nach dem Bilde Gottes geschaffen: Gen 1,26f.

24 Schon Irenäus von Lyon legt davon mit seinem vielzitierten Satz aus Adv. Haer. IV, 20, 5.7 Zeugnis ab: „Die Herrlichkeit Gottes ist der lebendige Mensch". Augustinus sieht in der Natur des Menschen gar die Dreieinigkeit Gottes abgebildet. Vgl. G. Greshake, *Gott* [Anm.9], 33. Bei Cusanus findet sich die Deutung, die Gottebenbildlichkeit des Menschen finde sich in seiner eigenen Schöpferkraft, mit der er ein Bild der von Gott geschaffenen Welt hervorbringen könne. Vgl. Nicolaus Cusanus, *Idiota de mente / Der Laie über den Geist*, lat.-dt., Hamburg 1995, Nr.72.

25 Einen erhellenden Überblick über das neuzeitliche Verständnis der Gottebenbildlichkeit des Menschen findet sich bei W. Pannenberg, *Anthropologie in theologischer Perspektive*, Göttingen 1983, 40-76. Zur „anthropologischen Wende" in der Theologie vgl. K. Rahner, *Art. Glaubenszugang*, in: SM 2, 414-420. In dessen kritischer Aufnahme Th. Pröpper, *Erlösungsglaube und Freiheitsgeschichte. Eine Skizze zur Soteriologie*, 3. Aufl., München 1991, 269-277.

Wirkens in der Geschichte.[26] Gott erweist sich als herrlich, indem er Israel rettet, indem er sein Volk aus Ägypten heraufführt, indem er ihm den Sieg über seine Feinde schenkt.[27] Sein rettendes Handeln wird vorgestellt als direktes, souveränes Eingreifen in den Lauf der Geschichte, der in Anfang, Weg und Ziel seinem Willen folgt.[28] Herrlich ist Gott in seiner Herrschaft über alles, was geschieht, herrlich ist er in seiner sorgenden Nähe zu seinem Volk.

Dieses biblische Zeugnis von Erscheinung der göttlichen Herrlichkeit in der Geschichte stellte und stellt die christliche Theologie gerade deshalb vor erhebliche Probleme, weil diese an der Hoffnung auf Gottes begleitende und rettende Nähe festhalten will. Diese Schwierigkeiten treten nicht erst mit der neuzeitlich zugespitzten Theodizeefrage auf. Schon zuvor wuchs das Bewusstsein, dass Menschen durch ihre Entscheidungen und Handlungen den Lauf der Menschheitsgeschichte, nicht selten auch die Entwicklung ihrer Umwelt maßgeblich beeinflussen, wenn nicht gar bestimmen. Damit aber wurde die theologische Aufgabe unabweisbar, das Verhältnis zwischen der göttlichen Lenkung der Geschichte auf der einen und menschlicher Freiheit und Handlungsmacht auf der anderen Seite zu klären. Es widerspricht der theologisch begründeten Überzeugung von der geschöpflichen Freiheit und Kreativität, sie als letztlich von Gott vorherbestimmt und gelenkt zu denken. Doch bei allem Bemühen sind die bis heute andauernden Versuche, göttliche und menschliche Freiheit nicht in Konkurrenz zueinander, sondern im wechselseitigen Bezug aufeinander zu verstehen,[29]

---

26 Vgl. zur Geschichte als Ort der Herrlichkeitserfahrung J. Schreiner, *Theologie des Alten Testaments*, Würzburg 1995, 57-98.

27 Vgl. z.B. Ex 14,31; Lev 10,3; Jes 66,5; Ez 28,25; 36,22f. – dann auch Joh 9,3.

28 Vgl. E. Zenger, *Einleitung in das Alte Testament*, 2. Aufl., Stuttgart u.a. 1995, 126: Die Geschichtstheologie Israels geht „davon aus, daß der Gesamtverlauf der Geschichte als eine einzige große Tat Gottes geglaubt werden muß, die seinem tiefsten Wesen entspricht, das es in der für Israels Geschichtserinnerung normativen Exodus-Tat geoffenbart hat.“

29 Zur Geschichte des theologischen Traktats von Gnade und Freiheit, in dem diese Verhältnisbestimmung gesucht wird, vgl. zusammenfassend G. Greshake, *Geschenkte Freiheit. Einführung in die Gnadenlehre*, Neuausgabe Freiburg u.a. 1992; O. Hermann Pesch/A. Peters, *Einführung in die Lehre von Gnade und Rechtfertigung*, Darmstadt 1981; K.-H. Menke, *Das Kriterium des Christseins. Grundriss der Gnadenlehre*, Regensburg 2003. Für die Überwindung eines Verständnisses, das göttliche Gnade und menschliche Freiheit in einem Konkurrenzverhältnis sieht, bleiben wegweisend S. Kierkegaard, *Reflexionen über Christentum und Naturwissenschaft*, in: ders., Werke, hgg. v. E. Hirsch

vielfältig – und auf je ihre Weise erhellend und unzureichend zugleich. Weitestgehend einig sind sie darin, dass sie die biblische Vorstellung eines Handelns Gottes in der Geschichte nicht aufgeben, aber modifizieren und mit dem Wirken der Geschöpfe zu vermitteln suchen.[30] Sie suchen nach Wegen, unter Anleitung des biblisch bezeugten Glaubens an Gottes Heilswillen für die Menschen jene Ereignisse zu benennen, an denen Gottes „Wille geschieht“[31]; und stoßen an ihre Grenzen, wenn sie genau bestimmen sollen, wie er geschieht. Nicht selten wird das rettende Handeln Gottes allein im Eschaton erwartet, in dem alle Ambivalenz geschichtlicher Erfahrungen von Gott überwunden werden soll. Und so zeigt sich erneut, dass von der Herrlichkeit Gottes nur schwer zu sprechen ist, wenn ihre Erfahrbarkeit fraglich und umstritten ist.

(d) Die so unterschiedlichen Aspekte des im Alten Testament entwickelten Verständnisses von der Herrlichkeit Gottes dienen den neutestamentlichen Autoren dazu, Leben und Geschick Jesu von Nazareth zu verstehen und ihn als den Christus zu verkünden. Nur zwei der vielen im Neuen Testament zu findenden Akzentuierungen seien hier erwähnt, weil sie für die Frage nach einer heute möglichen Rede von der Herrlichkeit Gottes von besonderer Bedeutung sind.

Zum einen ist die Verschränkung von Gegenwart und eschatologischer Zukunft in Jesus Christus bemerkenswert:[32] In Jesus von Nazareth, in seiner Botschaft, seinem Wirken und seinem Lebens- und Todesschicksal bricht, so die synoptischen Evangelien, das Reich Gottes an: durch ihn und in ihm wirkt Gott bereits das

---

u. H. Gerdes, 17. Abt., Gütersloh 1983, 123-140, bes. 124f.; K. Rahner, *Über das Verhältnis von Natur und Gnade*, in: ders., Schriften zur Theologie 1, 8. Aufl., Einsiedeln u.a., 323-346, Pröpper, *Erlösungsglaube* [Anm.25], 277-382.

30 Zur aktuellen Diskussion über das Handeln Gottes in der Geschichte vgl. R. Bernhardt, *Was heißt „Handeln Gottes“? Eine Rekonstruktion der Lehre von der Vorsehung*, Gütersloh 1999; K. v. Stosch, *Gottes Handeln denken. Ein Literaturbericht zur Debatte der letzten 15 Jahre*, in: ThRv 101 (2005), 89-108; ders., *Gott – Macht – Geschichte. Versuch einer theodizeesensiblen Rede vom Handeln Gottes in der Welt*, Freiburg u.a. 2006.

31 *„Gott handelt, wo sein Wille geschieht.“* So eine treffende, aber eben nicht alle Fragen beantwortende Formulierung von J. Werbick, *Soteriologie*, Düsseldorf 1990, 125 (Hervorh. i. Orig.).

32 Vgl. H. Kessler, *Art. Christologie*, in: Th. Schneider (Hg.), Handbuch der Dogmatik, Bd. 1, Düsseldorf 2000, 241-442, hier 267-272; kritisch zu diesem Verständnis H. Merklein, *Die Gottesherrschaft als Handlungsprinzip. Untersuchung zur Ethik Jesu*, 2. Aufl., Würzburg 1981, 115-117.

Heil, das er verheißen hat.[33] Die Rechtfertigung des Sünders, so Paulus, ist durch Tod und Auferstehung bereits geschehen.[34] Deshalb ist für das Johannesevangelium die Aussage möglich, dass Gottes Herrlichkeit im Fleisch gewordenen, unter uns wohnenden Wort sichtbar wurde.[35] Zugleich aber steht die vollendende Verwirklichung des Reiches Gottes noch aus. Christus wird bezeugt als der in die Herrlichkeit des Vaters Erhöhte, der wiederkommen wird, um als Richter und Retter die Welt und die Geschichte zu ihrem Ziel zu führen: zum Leben aller Geretteten in der Herrlichkeit des Himmels.[36]

Zum anderen verdient die johanneische Rede von der Herrlichkeit Gottes besondere Beachtung.[37] Denn sie stellt diese als ein interpersonales Geschehen wechselseitiger Verherrlichung dar. Ausgeführt wird dies an der liebenden Beziehung zwischen Vater und Sohn: Sie wird als eine Einheit beschrieben, die sich konstituiert aus der Zustimmung des Sohnes zum Willen des Vaters.[38] Durch sie verherrlicht der Sohn den Vater. Ihn liebend und ihm gehorsam lässt der Sohn die Herrlichkeit des Vaters erkennen, die in dessen wirkmächtiger Liebe zur Welt und den Menschen besteht. Der Vater aber verherrlicht den Sohn. Er gibt zu erkennen, dass im Sohn die göttliche Herrlichkeit erscheint. Der Zielpunkt dieser wechselseitigen Verherrlichung ist für das Johannesevangelium die „Erhöhung“ des Sohnes.[39] Sie vollzieht sich nach dieser Deutung in der Einheit der Erhöhung des sterbenden Sohnes am Kreuz mit dessen Erhöhung in die Herrlichkeit des Vaters. Diese als Verherrlichung beschriebene Einheit von Vater und Sohn wird verstanden als offener Raum, in dem die Glaubenden ihren Ort finden können und sollen. Glaubend sollen sie dem Sohn folgen, der die Herr-

33 Besonders deutlich: Lk 4,21; 11,20.

34 Vgl. Röm 3,21-26.

35 Vgl. Joh 1,14.

36 Vgl. die Beiträge von Matthias Blum und Marlis Gielen in diesem Band.

37 Vgl. zum Folgenden: R. Schnackenburg, *Herrlichkeit und Einheit (Joh 17,22-24)*, in: ders., Das Johannesevangelium. Ergänzende Auslegungen und Exkurse = HThKNT IV/4, Freiburg 1984, 173-183; vor allem aber K. Scholtissek, *In ihm sein und bleiben. Die Sprache der Immanenz in den johanneischen Schriften*, Freiburg u.a. 2000.

38 Joh 4,34: „Meine Speise ist es, den Willen dessen zu tun, der mich gesandt hat, und sein Werk zu Ende zu führen.“ Die inhaltliche Nähe zur synoptischen Perikope von Jesu Gebet in Getsemani (Mk 14,32-42 parr.) ist offensichtlich.

39 Vgl. Joh 3,14; 8,28; 12,32; 13,32.

lichkeit Gottes liebend anerkennt – und mit ihm sollen sie vom Vater geehrt und so ihrerseits verherrlicht werden.[40] Deutlicher lässt sich die eingangs entfaltete These nicht in Worte fassen, dass die Herrlichkeit keine Eigenschaft Gottes ist, sondern allein in der Bezogenheit Gottes auf sein Gegenüber erkennbar und damit wirklich wird.

3. Erlittene Abwesenheit

Nicht erst das Erdbeben von Lissabon, nicht erst die schrecklichen Verbrechen des 20. Jahrhunderts verdunkelten die Erfahrungen der Herrlichkeit Gottes, von denen die Bibel zeugt und der christliche Glaube spricht. Schon die Bibel weiß um jene Situationen, in denen Gott fern scheint, von seiner Herrlichkeit nichts erstrahlt, die erlittene Wirklichkeit der Rede von Gottes Herrlichkeit Hohn spricht. Je eindrücklicher einst seine erfahrene Herrlichkeit, desto schmerzhafter das scheinbar ausweglose Vermissen Gottes. Dies sei im Kontrast zu den gerade benannten Erfahrungsräumen der Herrlichkeit kurz erinnert.

(a) Von jetzt auf gleich kann die bestaunte und auf Gott zurückgeführte Ordnung der Welt zusammenbrechen. Erdbeben erschüttern die Festigkeit des Grundes, auf dem Menschen stehen; Fluten vernichten ihren Lebensraum; Dürren führen zu Hunger. Doch nicht nur das allzu häufig hereinbrechende Chaos lässt das Lob des Schöpfers verstummen. Die Ordnung selbst kann als grausamer Zirkel erscheinen, entsteht Leben doch immer um den Preis des Todes. Um Raum zu schaffen für neues Leben, um dem Wachstum Nahrung zu geben, muss anderes Leben enden. Was aus dem Nichts gekommen scheint, fällt ins Nichts zurück.[41] Und die Weiten des Weltraums, das Kreisen der Sonnensysteme lässt es höchst unwahrscheinlich erscheinen, dass diese Welt auf die Erde, gar auf den Menschen konzentriert, an seinem Schicksal interessiert

---

40 Vgl. Joh 17,20-26 und 12,26.

41 Es ist zweifellos richtig, dass für die meisten Schriften der Bibel die endlose Abfolge von Geburt und Tod im Willen und Wirken Gottes begründet ist. Deshalb klagen sie auch nicht grundsätzlich über den Tod, sondern nur über dessen frühzeitiges Hereinbrechen. Doch mit dem zunehmenden Bewusstsein für die Würde und den Wert jedes einzelnen Lebens wird der Tod grundsätzlich zu einer Frage an Gott und dessen Möglichkeit, den Tod zu überwinden. Vgl. 1 Kor 15,26: „Der letzte Feind, der entmachtet wird, ist der Tod“.

wäre.[42] Mag man all seinen Störungen zum Trotz den Kosmos auch als geordnet ansehen. In der Neuzeit rückt mehr und mehr die Frage in den Vordergrund, ob diese Ordnung, wenn es sie denn gibt, einen Sinn hat.[43]

(b) Die Freiheit der Menschen: Sie öffnet ihnen unzählige Möglichkeiten – und macht sie im schlimmsten Sinne des Wortes zu allem fähig. Sie tun Böses, das jedes Vertrauen, das jede Hoffnung, das Leben zerstören kann und zerstört. Ein Bild der Herrlichkeit Gottes?

(c) Wenn Gott, wie es die Bibel bezeugt und der Glaube bekennt, Herr der Geschichte und um die Menschen liebend besorgt ist, wieso schafft er eine Welt, in der das Leiden alltägliche Realität ist? Wieso greift er nicht ein, um, wenn schon nicht das Böse, so doch zumindest das Leiden der Opfer zu verhindern?

(d) Wieder sammeln sich die so verschiedenen Erfahrungen und Fragen im Brennpunkt des Geschicks Jesu. „Mein Gott, mein Gott, warum hast Du mich verlassen?“ (Mk 15,34 // Ps 22,2). Der schmähliche Tod Jesu am Kreuz stellt allen Glauben an die in seinem Leben erschienene Nähe Gottes radikal in Frage. Der als Retter Begrüßte endet im Tod - dem Augenschein nach rettungslos.

4. Widerspruch und Entscheidung

Menschliche Erfahrung ist, wie schon diese kurzen Hinweise zeigen, zutiefst widersprüchlich: auf der einen Seite Erlebnisse, die auf Gottes Herrlichkeit verweisen, als deren Erscheinung geglaubt werden können; auf der anderen Seite Abgründe, in denen Hoffnung und Sinn zu versinken drohen. Zu dieser Widersprüchlichkeit können und müssen Menschen sich verhalten.

Mit Hilfe der Mathematik ist hier ein Weiterkommen nicht möglich. Gutes und Schlechtes zu zählen, um es dann gegeneinander aufzurechnen, ist ein vergebliches Unterfangen. Schon das

42 Vgl. H. Blumenberg, *Die Legitimität der Neuzeit*, 2. Aufl., Frankfurt 1988, 229: „Zugleich bedeutet der Schwund der teleologischen Sicherungen im Naturbegriff, daß der Mensch sich auf die Auseinandersetzung mit der nicht für ihn eingerichteten Welt seinerseits einrichten muss.“

43 Vgl. A. Camus, *Der Mythos des Sisyphos*, Hamburg 1990: „Das Absurde entsteht aus dieser Gegenüberstellung des Menschen, der fragt, und der Welt, die vernunftwidrig schweigt.“

Zählen würde nicht gelingen, denn wie sollte Einigkeit darüber erzielt werden, was als gut, was als schlecht zu gelten hat? Bereits im Rückblick auf das eigene Leben sind Umdeutungen eher die Regel als die Ausnahme, kann sich die Bewertung des Geschehenen sogar mehrfach verändern. Wie sollten dann verschiedene Menschen die vielfältigen Ereignisse, die es zu berücksichtigen gälte, einmütig beurteilen?[44] Doch selbst gesetzt, die Rechnung führte zu einem allgemein anerkannten Ergebnis: In der Frage nach Gottes Herrlichkeit bliebe eine positive oder negative Bilanz der Aufrechnung menschlichen Erlebens genauso irrelevant wie der Rückgriff auf eine Wahrscheinlichkeitsrechnung.[45]

Zahlreich waren und sind die alternativen Wege, auf denen Glaubende die schmerzhafte Widersprüchlichkeit ihrer Welt- und Gotteserfahrung denkend zu klären suchten.[46] Bei aller Unterschiedlichkeit einzelner Motive und Argumente lassen sich zwischen diesen Versuchen Gemeinsamkeiten erkennen, die es erlauben, sie wenigen Grundtypen zuzuordnen.[47] Für den hier interessierenden Zusammenhang zwischen der Erfahrung göttlicher Herrlichkeit und dem Vermissen jeglicher Gottesnähe sind einige dieser Klärungs-

---

44 Auf das Argument, das in der Theodizeedebatte zugunsten Gottes angeführt wird, dass „doch ein jeder, so schlimm es ihm auch ergeht, lieber leben als tot sein will“, antwortet Kant lakonisch: „Allein, man kann die Beantwortung dieser Sophisterei sicher dem Ausspruche eines jeden Menschen von gesundem Verstande, der lange genug gelebt und über den Wert des Lebens nachgedacht hat, um hierüber ein Urteil fällen zu können, überlassen, wenn man ihn fragt: ob er wohl, ich will nicht sagen auf dieselbe, sondern auf jede andere ihm beliebige Bedingungen [...] das Spiel des Lebens noch einmal durchzuspielen Lust hätte“ (Kant, *Über das Mißlingen aller philosophischen Versuche in der Theodizee*, A 203). So selbstverständlich jedem Einzelnen, der sich dieser Frage stellt, seine Antwort auch erscheinen wird, so steht wohl – gegen Kants Absicht – zu erwarten, dass nicht alle die gleiche Antwort geben.

45 Dies bleibt auch gegen die hoch anspruchsvollen Argumentationen von R. Swinburne zur Wahrscheinlichkeit der Existenz Gottes einzuwenden. Vgl. dazu A. Kreiner, *Antlitz* [Anm.13], 206-211.

46 Das Bedenken stellt selbstverständlich nicht die einzige, nicht einmal die vorrangige Reaktion auf erlebtes Leiden dar. Das Mitleid, die Klage und das Mühen, Leid zu lindern, zu überwinden oder gar zu verhindern sind die Grundformen spontanen, menschlichen Umgangs mit Situationen des Leidens. Doch die Fragen, die sich angesichts ihrer der Vernunft stellen, kann diese nicht abweisen.

47 Solche Versuche finden sich in erhellender Weise bei A. Kreiner, *Gott im Leid. Zur Stichhaltigkeit der Theodizee-Argumente*, Freiburg u.a. 1997, 45-48; K. v. Stosch, *Gott* [Anm.30], 175-288.

versuche von besonderer Bedeutung. Allein sie sollen deshalb im folgenden Berücksichtigung finden.

Auffällig ist zunächst, dass in der Bibel häufig eine enge Verbindung zwischen Herrlichkeits- und Gerichtsaussagen begegnet.[48] Der Zusammenhang zwischen ihnen kann auf zwei verschiedene Weisen hergestellt werden: So kann die begegnende Herrlichkeit für den, der sie erfährt, zum Gericht werden. Angesichts der herrlich erscheinenden Güte, Ordnungs- und Weisungsmacht Gottes wird Israel oder den einzelnen Menschen schlagartig bewusst, wie weit ihr eigenes Leben und die von ihnen gestaltete Welt von der Güte und Ordnung Gottes entfernt ist, wie grundlegend sie der Weisung Gottes widersprechen.[49] Die Herrlichkeit Gottes lässt sich aber auch in Situationen des Leidens erschließen, indem diese als angemessene Strafe gedeutet werden. Auch als Strafender erweist sich Gott als herrlich: Sei es in der Bestrafung der Feinde Israels, sei es in der Bestrafung Israels, wenn es sich in Sünde von ihm abwandte.[50] Nach Aussage der Schriften des Alten Testaments ist dieser Herrlichkeitserweis Gottes in besonderer Weise auch denen einleuchtend, die nicht zu seinem Volk, nicht zu den Glaubenden gehören.

Das biblische Grundmotiv der Herrlichkeit Gottes, die sich *als* Gericht und *im* Gericht erweist, bleibt auch in der Theologiegeschichte wirksam, wo immer das Leiden als Strafe zu deuten versucht wird. Dem biblischen Zeugnis umfassend gerecht wird dieses Verständnis allerdings nur, wenn es die gegenteilige Möglichkeit Gottes, sich als herrlich zu erweisen, nicht ausblendet oder gar ausschließt: Will sich Gott nach Aussage der Bibel doch auch darin vom Menschen unterscheiden, dass er sich nicht den Regeln einer Strafgerechtigkeit unterwirft, sondern in seiner Bereitschaft und Fähigkeit, die Sünde zu vergeben, als herrlich erscheint.[51]

---

48 Vgl. G. Langer, *Herrlichkeit als kābōd in der hebräischen Bibel – mit einem Schwerpunkt auf dem Pentateuch*, in diesem Band, 50ff.

49 So besonders eindrücklich in der Berufungsvision des Jesaja – vgl. Jes 6,5: „Weh mir, ich bin verloren. Denn ich bin ein Mann mit unreinen Lippen und lebe mitten in einem Volk mit unreinen Lippen, und meine Augen haben den König, den Herrn der Heere gesehen.“ Ähnlich schildert das Lukasevangelium die Berufung des Simon Petrus, der nach dem wunderbaren Fischfang bittet: „Herr, geh weg von mir; ich bin ein Sünder“ (Lk 5,8).

50 Zu dieser Wechselseitigkeit von Gottes Herrlichkeitserweis an Israel und an seinen Feinden vgl. Sir 36,4.

51 Vgl. etwa Hos 11,8f.

Ein ganz anderer Weg wird beschritten, sobald der paradoxe Gedanke gefasst wird, dass Gott seine Herrlichkeit in seiner besonderen Nähe zu den Leidenden, in der Verborgenheit erweist.[52] Was schon im Alten Testament, etwa den Gottesknechtsliedern, als Möglichkeit des Glaubens in den Blick kommt, findet seine Entfaltung in der neutestamentlichen Deutung des Todes Jesu: Eine größere Nähe des Sohnes Gottes zu den Menschen ist nicht denkbar als seine Bereitschaft, das Todesschicksal mit ihnen zu teilen.[53] Doch Gottes Bereitschaft, selbst im Tod den Menschen gleich zu sein, bliebe hilflos ohne seine Macht, auf diesem Weg den Tod zu besiegen.[54] Indem er den Gekreuzigten auferweckt, nimmt er dem Tod die Macht, die Menschen – und die Schöpfung als ganze – endgültig von Gott zu trennen.[55] Indem er seine Macht an der

52 Vgl. z.B. K. Barth, *Der Römerbrief*, 2. Fassung, 15. Aufl., Zürich 1989, 80: „Die Offenbarung in Jesus ist ja, eben indem sie Offenbarung der Gerechtigkeit Gottes ist, zugleich die denkbar stärkste Verhüllung und Unkenntlichmachung Gottes." Zum Hintergrund dieser Rede bei Luther vgl. W. Krötke, *Klarheiten* [Anm.12], 42-49. K. v. Stosch, *Gott* [Anm.30], 337-398, hat einen bemerkenswerten Versuch vorgelegt, die Rede von Gottes Verborgenheit und Offenbarsein durch den Bezug auf die Trinität und die verschiedenen Weisen der Anwesenheit der drei göttlichen Personen konsistent durchzuführen.

53 Vgl. Phil 2,7f.; Joh 15,13. J. Moltmann, *Der gekreuzigte Gott. Das Kreuz Christi als Grund und Kritik christlicher Theologie*, 3.Aufl., München 1976, deutet die Heilsbedeutung des Kreuzes, indem er es als Geschehen der Verbindung des Sohnes wie des Vaters mit dem Tod der Menschen darstellt, wie folgt: „Es gibt kein Leiden, das in dieser Geschichte Gottes nicht Gottes Leiden, es gibt keinen Tod, der nicht in der Geschichte auf Golgotha Gottes Tod geworden wäre. Darum gibt es auch kein Leben, kein Glück und keine Freude, die nicht durch seine Geschichte in das ewige Leben, die ewige Freude Gottes integriert wäre."

54 So J. B. Metz, *Theologie als Theodizee?*, in: W. Oelmüller, Theodizee – Gott vor Gericht?, München 1990, 103-113, hier: 117, in polemischer Zuspitzung gegen Moltmann: „Wieso führt die Rede vom Leiden in Gott bzw. vom Leiden zwischen Gott und Gott nicht doch zu einer Verewigung des Leidens?"

55 Vgl. zu diesem Zusammenhang von Kreuz und Auferweckung z.B. H. Kessler, *Sucht den Lebenden nicht bei den Toten. Die Auferstehung Jesu Christi in biblischer, fundamentaltheologischer und systematischer Sicht*, Neuausgabe, Würzburg 1995, 104-125. Die Notwendigkeit einer Legitimation des gekreuzigten Sohnes durch den Vater, der ihn von den Toten auferweckt, wird von Hansjürgen Verweyen ausdrücklich bestritten. „Gottes letztes Wort" ist für Verweyen der Schrei Jesu am Kreuz – als Zeichen einer nicht auf sich achtenden, sich ganz hingebenden Liebe. Vgl. ders., *Gottes letztes Wort. Grundriss der Fundamentaltheologie*, Düsseldorf 1991, 441-480, in kritischer Würdigung dazu Kessler, aaO., 442-462.

Gestalt äußerster Ohnmacht, seine Liebe im Abgrund des Bösen, seine Herrlichkeit in der Dunkelheit des Todes erweist, erscheint Gott als Retter – und als Richter.[56] Denn so überführt er alle Herrlichkeit menschlich-irdischer Macht, die mit Opfern erkauft ist, ihrer Bosheit.[57]

Beide Wege, das Bekenntnis zur Herrlichkeit Gottes auch angesichts der Erfahrung des Leidens durchzuhalten, sind sich ihrer schmerzhaftesten Grenze bewusst: Weder in Gericht und Vergebung noch in seiner rettenden Nähe zu den Leidenden hat Gott sich bisher vor der ganzen Welt als herrlich erwiesen. Dieses Ereignis steht noch aus. Mag auch das biblische Zeugnis Gewicht haben, mögen auch über die Generationen hin Glaubende immer wieder Erfahrungen gemacht haben, die ihnen Grund zur Hoffnung gaben: Erfüllt ist diese Hoffnung noch nicht.[58]

So sehr diese Situation eine Grundsituation glaubender Menschen seit biblischen Zeiten ist, so sehr haben sich Rahmenbedingungen dieser Situation im Lauf der Geschichte christlichen Glaubens verändert. Bitte um Rettung, Klage und Anklage – das waren die wesentlichen Formen, in denen die Menschen, deren Glauben von der Bibel bezeugt wird, auf die Situation erlittenen Leids, empfundener Gottesferne reagierten. Sie wussten durchaus mit Gott zu rechten. Der Maßstab, an dem sie ihn dabei maßen, war seine Verheißung. Sie verpflichteten ihn auf das, was sie von ihm glaubten hoffen zu dürfen; im Rückblick auf die Erfahrungen, die sie mit ihm gemacht hatten, appellierten sie an seine Treue. Sie erhofften von ihm eine Antwort, die ihnen ihre aktuelle Leidenssituationen verständlich machte, vor allem aber ihre Rettung durch sein machtvolles Eingreifen.[59] Dem Psalmenbeter, Hiob und auch

---

56 Die theologische Rede vom Kreuz als Erlösung und Gericht ist vor allem von Martin Luther entfaltet worden. Vgl. z.B. Heidelberger Disputation, Thesen XVIII-XXV (Luther Deutsch Bd. 1, hg. v. K. Aland, Göttingen 1991, 388-392; dazu in diesem Band den Beitrag von Athina Lexutt.

57 Zur Problematik einer auf Opfern aufgebauten Gesellschaftsordnung vgl. F. J. Hinkelammert, *Der Glaube Abrahams und der Ödipus des Westens. Opfermythen im christlichen Abendland*, Münster 1989.

58 Vgl. Th. Pröpper, *„Daß nichts uns scheiden kann von Gottes Liebe..." Ein Beitrag zum Verständnis der „Endgültigkeit" der Erlösung*, in: ders., Evangelium und freie Vernunft. Konturen einer theologischen Hermeneutik, Freiburg u.a. 2001, 40-56.

59 So nicht nur Hiobs Beharren darauf, von Gott ins Recht gesetzt zu werden, sondern vor allem die Grundstruktur der Bitt- und Klagepsalmen.

Jesus in Getsemani wird schlimmstenfalls die Antwort verweigert. Damit wird von ihnen gefordert, die Unverständlichkeit des Handelns Gottes zu akzeptieren. Sie stehen vor der Entscheidung, ob sie den Weisungen Gottes auch in dieser Situation zu folgen bereit sind. Eine Bestreitung Gottes, seiner Existenz und Herrlichkeit liegt jenseits dessen, was im biblischen Kontext vorstellbar war.

Die europäisch-neuzeitliche Theodizee-Debatte verändert diese Rahmenbedingungen grundlegend – und stellt damit die Situation des Leidens in ein ganz neues Licht. Nach wie vor soll Gott angesichts des Leidens zur Rechenschaft gezogen werden. Doch nun, so die berühmte Formulierung Kants, vor einem anderen Tribunal: vor dem Gerichtshof der menschlichen Vernunft.[60] Hier geht es darum, ob der Glaube an einen Gott, der die Welt in ihrem faktischen Zustand gewollt oder zumindest zugelassen hat, vernünftig verantwortbar ist. Damit steht ganz Anderes auf dem Spiel: In der neuzeitlichen Theodizeedebatte geht es um die Alternative zwischen Glauben und bewusster Glaubensverweigerung, letztlich um die Frage der Existenz Gottes selbst. Und mag – wiederum mit Kant – die Vernunft auch einsehen, dass sie weder hinsichtlich der Existenz Gottes[61] noch hinsichtlich der Theodizeefrage[62] eine unbestreitbare Antwort zu geben vermag: Die Entscheidung zwischen der Anerkennung Gottes und der Bestreitung seiner Wirklichkeit steht unausweichlich im Raum. Und so bleibt die Möglichkeit, es angesichts des Leids in der Welt für Gottes beste Entschuldigung zu halten, dass er nicht existiert.[63] Die von Glaubenden angeführten Erfahrungen, die vorgeblich die Herrlichkeit Gottes erweisen, können aus dieser Perspektive dann nur als gegenstandslose Projektion, als vielleicht

---

60 Vgl. Kant, *Mißlingen* [Anm.44], A 194f.

61 Vgl. Kant, *Kritik der reinen Vernunft*, A 641, B 669: „Das höchste Wesen bleibt also für den spekulativen Gebrauch der Vernunft ein bloßes, aber doch *fehlerfreies Ideal*, ein Begriff, welcher die ganze menschliche Erkenntnis schließt und krönet, dessen objektive Realität auf diesem Wege zwar nicht bewiesen, aber auch nicht widerlegt werden kann."

62 Kant, *Mißlingen* [Anm.44], A 210, begründet die Vergeblichkeit des Versuchs, Gott angesichts des Leidens in der Welt vor der Vernunft zu rechtfertigen, damit, „daß unsre Vernunft zur Einsicht *des Verhältnisses, in welchem eine Welt, so wie wir sie durch Erfahrung immer kennen mögen, zu der höchsten Weisheit stehe,* schlechterdings unvermögend sei."

63 Zu diesem Diktum, das Stendhal zugeschrieben wird, vgl. Th. Pröpper, *Fragende und Gefragte zugleich. Notizen zur Theodizee*, in: ders., Evangelium [Anm.58], 266-287, hier 268.

verständliches, in jedem Fall aber falsches Produkt menschlicher Sehnsucht angesehen werden. Es geht dann nicht mehr allein um die Frage, ob man von der Herrlichkeit Gottes in einer erschreckend leidvollen Welt sprechen soll oder darf, sondern um die Frage, ob es eine solche Herrlichkeit überhaupt gibt.

5. Gott die Ehre geben

Diese Entscheidungssituation, wie sie sich heute darstellt, gilt es abschließend noch genauer zu bedenken. In ihr geht es, wie sich zeigte, um mehr als um die Verhältnisbestimmung von Erfahrungen der Herrlichkeit und der Abwesenheit Gottes. Dieser Verhältnisbestimmung voraus liegt bereits eine entsprechende Deutung der jeweiligen Erlebnisse. Doch alles den Menschen Begegnende ist vieldeutig. Es ist nicht selbstverständlich und alternativlos, die komplexe Ordnung der Wirklichkeit, das Gegebensein von Sein, bestimmte Ereignisse in der Geschichte, ja nicht einmal das Leben Jesu von Nazareth mit Gott in Verbindung zu bringen, in ihnen die Herrlichkeit Gottes zu sehen. Menschen können und müssen sich entscheiden, ob sie die Welt, in der sie leben, im Licht der Bibel und des christlichen Glaubens sehen wollen.[64] Dies gilt selbstverständlich ebenso für all die Situationen, die dieser Tradition als Zeiten der Verborgenheit oder Abwesenheit Gottes gelten. Erst dann ist auch von Menschen, die sich und ihr Leben in dieser Tradition betrachten und orientieren, die Entscheidung zu treffen, welchen Erfahrungen sie mehr Gewicht geben: ob ihnen die Freude an der im Glauben erfahrenen Nähe Gottes Grund genug ist, darauf zu hoffen, dass seine Herrlichkeit sich überzeugend durchsetzen wird; oder ob sie den gegenteiligen Erfahrungen eine so weitgehende Bedeutung geben, dass diese ihr Vertrauen in die Kraft Gottes erschüttern oder gar zerstören. Anders formuliert: Ob sie, um es mit Hilde Domin zu sagen, auch in der „Landschaft jenseits der Tränengrenze“ Gott die Ehre geben – selbst wenn die Klage und Anklage mitunter die einzige Form sein mag, in der dies gelingt;[65] ob sie

---

64 Zur Vieldeutigkeit alles Begegnenden und der jedem Verstehen zugrunde liegenden Entscheidung vgl. E. Cassirer, *Versuch über den Menschen. Einführung in eine Philosophie der Kultur*, 2. Aufl., Frankfurt 1990, bes. 15-51.336-346.

65 Noch einmal K. Barth, *Römerbrief* [Anm.52], 80: „Glaube an Jesus ist das radikale Trotzdem, wie auch sein Inhalt, Gottes Gerechtigkeit, radikales

hoffen und bitten, dass es in Gottes Macht und Willen steht, ihr Unglück nicht zum Unheil werden zu lassen[66]; ob sie, ihn so verherrlichend, seiner Herrlichkeit ansichtig werden. Oder ob sie, wenn auch am Ende langen Ringens, sich zu dieser Anerkennung nicht mehr bereit oder in der Lage sehen.

In diesem Ringen sind die Leidenden nicht allein auf sich gestellt. Die Bibel und die theologische Tradition führen, wie sich zeigte, zahlreiche Möglichkeiten vor Augen, auch angesichts des Leidens und des Bösen darauf zu hoffen, dass die Welt in der und durch die Herrlichkeit Gottes vollendet wird. Und die unter den Bedingungen der neuzeitlichen Theodizeefrage erarbeiteten Antwortversuche sind ebenfalls von Bedeutung für die von Menschen geforderte Entscheidung. Aufgrund ihrer Grenzen können sie den Ringenden die unabweisbare Entscheidung zwar nicht abnehmen. Aber sie vermögen zu erweisen, dass die Entscheidung gegen wie für den Glauben in intellektueller Redlichkeit und rational verantwortet getroffen werden kann.

Die in dieser erkenntniskritischen Beschreibung der Glaubensentscheidung deutlich gewordene Situierung des Menschen in der Welt kann ihrerseits noch einmal theologisch gedeutet werden. Dann erscheint die Vieldeutigkeit der Welt wie die Deutungsfreiheit der Menschen als Charakteristikum der Schöpfung. Und erneut erhebt sich die Frage, warum Gott die Welt in dieser Offenheit wollte; warum er sich nicht eindeutiger, unausweichlicher in ihr zeigt. Auch diesmal ist menschlichem Nachdenken allenfalls eine vorletzte Antwort möglich. Sören Kierkegaard hat ihr eine bedenkenswerte Form gegeben: Würde Gott in seiner Herrlichkeit den Menschen unverhüllt begegnen – sie würden in einer Weise überwältigt, die ihrer Freiheit keinen Raum mehr ließe.[67] Würden

Trotzdem ist. Glaube an Jesus ist das Unerhörte, des gänzlich ‚lieblosen' Gottes Liebe zu empfinden und zu begreifen, den immer anstößigen und ärgerlichen Willen Gottes zu tun, Gott in seiner ganzen Unanschaulichkeit und Verborgenheit Gott zu nennen."

66 Die sehr erhellende Unterscheidung von *Unglück* – das Gott in der von ihm freigelassenen Welt nicht verhindern kann – und *Unheil* – dessen Verhinderung in Gottes Macht steht, wenn der Mensch sich das Heil schenken lässt – führt M. Kehl, *Gott* [Anm.18], 78 ein. Zur Bedeutung dieser Unterscheidung für die Erfahrung des Leidens vgl. aaO. 270-278.

67 Die Erzählung „Vom König und vom Bettelmädchen" findet sich bei S. Kierkegaard, *Philosophische Brocken*, in: ders., Werke, hgg. v. E. Hirsch und H. Gerdes,

sie hingerissen durch die Macht der Erscheinung, wäre ihre Zuwendung zu Gott nicht mehr die von ihm erhoffte, also in Freiheit geschenkte Liebe. Doch offenbar will Gott den Menschen die Möglichkeit zu einer solch freien Antwort auf sein Wort nicht nehmen – und begegnet ihnen deshalb in Vieldeutigkeit verborgen. Für die Glaubenden erscheint diese Verborgenheit nicht als Verkleidung, sondern als die Wirklichkeit von Gottes freigebender Liebe und sie hoffen mit Gott darauf, dass diese Liebe spätestens im Eschaton alle überzeugen und zur Zustimmung bewegen wird.[68] Wo der Glaube in dieser Weise Gott die Ehre gibt, wird er sich stets zugleich als höchster Akt menschlicher Freiheit und als reines Geschenk göttlicher Gnade verstehen. Diese letzte Dialektik des Geschehens, in dem Gott und Mensch einander verherrlichen, tut weder dem Ernst des Glaubens noch der Herrlichkeit Gottes Abbruch. Weil Gott das Wagnis der Freiheit eingegangen ist, wird sie wohl auch dann noch bestehen, wenn sich alles Warten und Hoffen erfüllt hat.

---

10. Abt., 2. Aufl., Gütersloh 1985, 24-26. In ihr wird von einem König berichtet, der die Liebe eines armen Mädchens gewinnen wollte – und sich, um sicherzugehen, dass sie ihm nicht wegen seines Glanzes ihre Liebe vortäuschte, als Bettler verkleidete und so um sie warb. Kierkegaard verhindert das mögliche Missverständnis in der Übertragung des Bildes auf die Offenbarung Gottes in Knechtsgestalt, indem er, ebd. 30, betont: „Aber die Knechtsgestalt ist kein bloßer Umhang gewesen, darum muß der Gott alles leiden, alles dulden, hungern in der Wüste, dürsten in Martern, verlassen sein im Tode, schlechthin gleich dem Geringsten – ‚sehet welch ein Mensch'". Entscheidend für den so umworbenen Menschen ist es, dass er an dieser Erscheinungsform Gottes kein Ärgernis nimmt – sondern gerade in ihr die heilbringende Herrlichkeit Gottes glaubt (vgl. ebd. 46-53). Zu Kierkegaards Deutung der den Menschen von Gott geschenkten Freiheit vgl. W. Dietz, *Sören Kierkegaard. Existenz und Freiheit*, Frankfurt 1993, 58-89; D. Glöckner, *Kierkegaards Begriff der Wiederholung. Eine Studie zu seinem Freiheitsverständnis*, Berlin/ New York 1998, 248-288.

68 Dieses Verständnisses einer Verherrlichung Gottes in der Gebrochenheit aller Erfahrungen in der Endlichkeit verdankt sich den zahlreichen Beiträgen zur so genannten „free-will-defence" (Zusammenfassungen bei K. v. Stosch, *Gott* [Anm.30], 228-256, und A. Kreiner, *Antlitz* [Anm.13] 207-319). Es verdankt sich aber vor allem den Beiträgen zur Theodizeedebatte von M. Striet, *Versuch über die Auflehnung*, in: H. Wagner (Hg.), Mit Gott streiten. Neue Zugänge zum Theodizeeproblem, Freiburg u.a. 1998, 48-89, und Th. Pröpper, *Fragende* [Anm.63].